즐거운 지식

즐거운 지식
책의 바다를 항해하는 187편의 지식 오디세이

2011년 3월 4일 1판 1쇄

지은이 | 고명섭

편집 | 조건형·박미정
표지 디자인 | 김상보
본문 디자인 | 백창훈
제작 | 박흥기
마케팅 | 이병규·최영미·양현범

출력 | 한국커뮤니케이션
인쇄 | 천일문화사
제책 | 책다움

펴낸이 | 강맑실
펴낸곳 | (주)사계절출판사
등록 | 제 406-2003-034호
주소 | (413-756) 경기도 파주시 교하읍 문발리 파주출판도시 513-3
전화 | 031) 955-8588, 8558
전송 | 마케팅부 031) 955-8595 편집부 031) 955-8596
홈페이지 | www.sakyejul.co.kr **전자우편** | skj@sakyejul.co.kr
독자카페 | 사계절 책 향기가 나는 집 http://cafe.naver.com/sakyejul

ⓒ고명섭, 2011

값은 뒤표지에 적혀 있습니다.
잘못 만든 책은 구입하신 서점에서 바꾸어 드립니다.

사계절출판사는 성장의 의미를 생각합니다.
사계절출판사는 독자 여러분의 의견에 늘 귀 기울이고 있습니다.

ISBN 978-89-5828-532-8 03800

이 도서의 국립중앙도서관 출판시도서목록(CIP)은 e-CIP 홈페이지
(http://www.nl.go.kr/ecip)에서 이용하실 수 있습니다.
(CIP제어번호: CIP2011000576)

즐거운 지식

책의 바다를 항해하는 187편의 지식 오디세이

고명섭 지음

머리말

오디세우스
혹은 두려움을 모르는 자

1

"그러나 위험이 있는 곳에 구원 또한 있느니라." 독일 시인 프리드리히 횔덜린Friedrich Hölderlin(1770~1843)의 이 시구의 울림에 어울리는 인물로 누가 있을까? 호메로스의 서사시 『오디세이아Odysseia』의 주인공 오디세우스가 그런 인물 가운데 가장 고전적인 경우가 아닐까? 트로이아 전쟁에 나간 수많은 그리스 전사들 중에서 오디세우스는 가장 지략이 뛰어난 사람이었다. 트로이아를 무너뜨린 목마의 계략을 세운 사람이 바로 오디세우스였다. 승리의 영광을 뒤에 두고 고향 이타카로 귀환하는 바닷길은 모험심 강한 한 인간이 서구 문명의 시원을 헤쳐 나오는 신화적 경로였다. 갖가지 사건과 유혹이 그의 귀향을 10년이나 지체시켰으나 오디세우스는 그 난바다에서 살아남았다. 지혜의 덕이었다. 지략가 오디세우스의 두뇌는 앎에 대한 욕구로 들끓었다. 호메로스의 서사시는 오디세우스의 모험이 한복판을 지날 때쯤 '앎'(지식)이 유혹임을, 그것도 목숨을 거두어갈 수 있을 만큼 강력한 유혹임을 말해준다. 아이아이에 섬을 떠날 때 요정 키르케는 오디세우스에게 그가 앞으로 온갖 위험들을 만나게 될 것이라고 경고한다. 첫 번째로 부딪히게 될 위험이 바로 '세이렌의 유혹'이다.

> "그대는 먼저 세이렌 자매에게 가게 될 것인데 그들은 자기들에게 다가오는 인간들은 누구든 다 유혹해요. 누구든 영문도 모르고 가까이 다가갔다가 세이렌 자매의 목소리를 듣게 되면, 그의 아내와 어린 자식들은 (…) 그의 귀향을 반기지 못하게 될 거예요. 세이렌 자매가 풀밭에 앉아 낭랑한 노랫소리로 호릴 것인즉 그들 주위에는 온통 썩어가는 남자들의 뼈들이 무더기로 쌓여 있고 뼈 둘레에는 살갗이 오그라들고 있어요."(호메로스, 『오디세이아』 12권)

세이렌 자매의 노래에 홀려 사로잡히면 죽어서도 떠나지 못하고 그 주위에서 시체로 썩어가야 하는 것이다. 그런 말을 들었는데도 오디세우스는 세이렌의 섬이 나타나자 곧장 그 섬으로 다가간다. 키르케는 호기심 많은 오디세우스가 섬을 비껴가지 않을 거라는 걸 처음부터 알고 있다. 키르케는 세이렌의 노랫소리에 걸려들지 않고 살아남는 법을 알려준다. 오디세우스는 키르케가 가르쳐준 대로 먼저 밀랍으로 부하들의 귀를 모두 틀어막아 세이렌의 노래를 들을 수 없도록 한 뒤, 부하들에게 오디세우스 자신의 몸을 마스트(돛대)에 단단히 묶도록 한다. "그리고 내가 그대들에게 풀어달라고 애원하거나 명령하거든 그때는 그대들이 더 많은 밧줄로 나를 꽁꽁 묶으시오." 만반의 준비를 한 오디세우스는 세이렌 자매가 부르는 노랫소리의 달콤한 유혹에 자신을 완전히 내맡기면서도, 키르케가 알려준 방법으로 그 유혹의 힘을 견뎌낸다. 마스트에 묶인 몸이 발버둥칠수록 부하들은 더 단단히 오디세우스의 몸을 조인다. 자기가 스스로 세운 규율로 유혹의 힘에 저항하는 것이다. 그런데 호메로스의 이야기는 세이렌의 유혹이 그토록 강력한 것이 단순히 노랫가락의 아름다움 때문이 아님을 알려준다. 세이렌 자매는 속삭인다.

"이곳에 배를 세우고 우리 두 자매의 목소리를 들으세요. 우리 입에서 나오는 감미롭게 울리는 목소리를 듣기 전에 (…) 이 옆을 지나간 사람은 아직 아무도 없어요. 그 사람은 즐긴 다음 더 유식해져서 돌아가지요. 우리는 넓은 트로이아에서 아르고스인들과 트로이아인들이 신들의 뜻에 따라 겪었던 모든 고통을 다 알고 있으며 풍요한 대지 위에서 일어나는 일은 무엇이든 다 알고 있으니까요." (호메로스, 『오디세이아』 12권)

오디세우스는 "그들이 고운 목소리로 이렇게 노래하자 내 마음은 듣고 싶어했다"고 고백한다. 세이렌의 유혹은 가락의 유혹이 아니라 앎의 유혹이다. 트로이아 전쟁에 얽힌 과거의 일들뿐만 아니라 '풍요한 대지 위에서 일어나는' 현재의 일들도 모두 가르쳐주겠다는 것이 세이렌의 노랫말이다. 오디세우스는 바로 그런 앎의 유혹에 지고 싶어 자신을 풀어달라고 명령하지만, 부하들은 힘껏 노를 저어 세이렌의 섬을 빠져나간다. 세이렌 이야기는 앎의 대상과 앎의 주체 사이의 관계가 팽팽한 긴장 관계여야 한다는 것을 상기시킨다. 앎의 유혹에 넘어가 그 자장 안으로 빨려 들어가면 과거와 현재에 관한 지식을 얻을 수 있을지는 모르지만 그 자신은 미래를 저당 잡히고 끝내 삶을 잃어버리고 만다. 실존을 마스트에 묶어세움으로써 더 많이 알고자 하는 지식욕과 탐구심에 삶이 난파당하는 것을 막을 수 있는 것이다. 『계몽의 변증법 *Dialektik der Aufklärung*』의 저자들은 앎과 삶 사이에서 난파당할 위험을 뚫고 '자아'가 등장한다고 말한다. 오디세우스의 모험은 바로 자아가 강인한 힘을 길러 주인으로, 주체로 자신을 일으켜 세우는 과정이다.

"이 유혹을 겪은 주인공은 고통을 통해 성숙한다. 그가 견뎌내야 했던 다양한 죽음의 위기를 통해 자신의 '삶의 통일성', 인격의 '동일성'이 확고해진다."

"자아는 모험을 두려워하며 모험 앞에서 경직되는 것이 아니라 모험을 통해 강인한 자아, 즉 통일성을 부정하는 다양성 속에서 통일성을 갖게 되는 (강인한) 자아를 형성하게 되는 것이다."(테오도어 아도르노·막스 호르크하이머, 『계몽의 변증법』)

2

프리드리히 니체Friedrich Wilhelm Nietzschie는 1887년 『즐거운 학문Die fröbliche wissenschaft』 2판을 내면서 초판에 없던 글을 덧붙였다. 그는 새로 쓴 글(5부)에 '우리 두려움을 모르는 자들'이라는 대담한 제목을 붙였다. 니체가 생각한 '두려움을 모르는 자들'은 오디세우스적 인간들이다. 오디세우스의 모험은 세이렌의 유혹을 이겨내는 것으로 끝나지 않는다. 세이렌 자매의 섬에서 빠져나오자마자 오디세우스와 부하들을 태운 배는 스킬라라는 거대하게 솟은 바위 사이의 좁다란 해협과 카리브디스라는 무시무시한 소용돌이를 지나가야만 한다. 세이렌의 유혹은 유혹 자체로 끝나지 않고 더욱 무시무시한 죽음의 위험으로 이어지는 것이다. 오디세우스의 배는 그 위험을 정면으로 통과하지 않고는 달리 빠져나갈 길이 없다. 니체에게 인식의 항해는 이렇게 유혹과 위험과 공포 사이를 질주하는 오디세우스의 항해와 다르지 않다. 니체는 '우리 두려움을 모르는 자들'의 맨 앞에 배치한 글에서 이렇게 말한다.

"마침내 우리의 배가 다시 모든 위험을 향해 출항할 수 있게 되었다. 인식의 모든 모험이 다시 허락되었다. 바다가, 우리의 바다가 다시 열렸다."(프리드리히 니체, 『즐거운 학문』 5부 343절)

니체에게는 '신의 죽음'이 이 인식의 바다를 열어놓은 '근래 최대의 사건'이다. 신이 죽어버렸으므로 이제 우리는 두려움 없이 새로운 모험을 향해 떠날 수 있게 됐다고, 신이라는 절대자의 존재가 틀어막았던 한계 너머로 인식의 모험을 결행할 수 있게 됐다고 말하는 것이다. 마치 오디세우스가 문화의 시원에서 배 한 척에 의지해 앎의 바다를 건넜듯이, 신의 죽음이라는 사건이 열어놓은 새로운 시원에서 니체의 배는 다시 낯선 수평선을 향해 인식의 항해를 떠나는 것이다. 그 항해, 그 모험을 통해 얻는 깨달음의 내용을 니체는 '즐거운 학문'이라고 명명한다. 앎은 즐거운 사건이다! 그러나 이 항해의 흥분이 대양의 폭풍과 스킬라의 바위와 카리브디스의 소용돌이를 없애주지는 못한다. 모험에 나선 자는 훨씬 더 단호한 결심을 해야 한다. 그 결의의 단단함을 니체는 『즐거운 학문』 3부에서 이렇게 묘사한다.

"우리는 대지를 떠나 출항했다! 우리는 건너온 다리를 태워버렸다. 우리는 뒤에 남아 있는 대지까지 불살라버렸다! 자, 작은 배여, 조심하라. 대양이 너를 둘러싸고 있다."(프리드리히 니체, 『즐거운 학문』 3부 124절)

그리고 이 결심에 이어 니체는 더욱 강경한 목소리로 앎의 의지를 이야기한다. 앎을, 인식을 획득할 수 있다면 해적이 되는 것도 두려워하지 말고, 정복과 약탈의 즐거움에 탐닉하는 것도 두려워하지 말라고 말한다. 그렇게 위험하게 살지 않고서는 인식의 참된 기쁨을 얻을 수 없다! 니체의 수사는 우리 가슴속의 오래된 큰 북을 격하게 때린다.

"그러므로 나를 믿으라! 존재를 최대한 풍요롭게 실현하고 최대한 만끽하기 위한 비결은 바로 이것이다. '위험하게 살아라!' 베수비오 화산의 비탈에 너의 도시를 세워라! 지도에 표시되어 있지 않은 대양으로 너의 배를 띄워라! 너 자신에게 필적할 만한 자들과의 대립 속에서, 그리고 특히 너 자신과의 대립 속에서 살아라! 너 앎을 찾는 자여! 지배자나 소유자가 될 수 없다면, 약탈자, 정복

자가 되어라."(프리드리히 니체, 『즐거운 학문』 4부 283절)

3

여기에 묶은 글들은 『담론의 발견』(한길사, 2006) 이후 몇 년 동안 주로 『한겨레』 지면에 쓴 신간 서적 리뷰들을 모은 것이다. 부실한 리뷰를 빼고 일정한 분량이 되는 200편 가까운 글을 묶으니 200자 원고지 3,000매에 이르렀다. 이 글들은 지난 몇 년 내 생각과 관심의 방향을 어느 정도 반영하고 있다. 철학·사상, 특히 서구의 정치사상과 고대철학에 관심이 많았음을 원고를 정리하면서 새삼 느꼈다. 순전히 개인적인 관심의 발로라기보다는 우리 시대 정치적 전망 찾기의 어려움과 관련된 결과일 것이다. 시대를 밝히는 이념이 뚜렷하지 않을 때 사람들은 과거를 돌아보고 가장 어지러웠던 시대의 경험과 그 경험에서 얻은 사유에서 새로운 비전의 근거를 찾아내려고 한다. 우리 시대의 그런 분위기가 이 글들의 윤곽을 규정하는 보이지 않는 힘으로 작용했을 것이다.

제목 『즐거운 지식』이 니체의 『즐거운 학문』에서 빌려온 것임을 독자들은 알 것이다. 앎의 기쁨, 배움의 즐거움을 근본 동력으로 삼아 인식의 항해에 나섰던 것인데, 그 몇 년의 항해 기록을 보니 선상에서 우아한 사유의 만찬을 즐겼다기보다는 굶주린 하이에나가 짐승의 고기를 탐하듯 약탈자의 심정으로 게걸스럽게 지식을 물어뜯었음을 알았다. 그렇게 뜯어먹는 중에 앎의 유혹이 삶 자체를 낚아채지 못하도록 견디는 오디세우스의 저항법도 익혀야 했다. 삶이 풍요로워지지 않는다면 앎의 욕구는 자기 자신의 존재를 갉아먹는 탐욕에 지나지 않는다는 걸 절감한다.

'문제'를 뜻하는 영어의 '프로블럼problem'의 어원은 그리스어 프로블레마problema다. 이 프로블레마의 원뜻이 '앞에 던져놓은 것'임을 요한 하위징아Johan Huizinga(1872~1945)의 『호모 루덴스 *Homo Ludens: a study of the play element in culture*』가 알려준다. 이 말은 검투사들의 싸움과 관련이 있다. 상대에게 싸움을 걸 때 무언가 징표가 될 만한 것을 상대의 발밑에 던지는데, 그때 던지는 물건이 바로 프로블레마다. 다시 말해, 그것은 도전의 표시인 셈인데, 프로블레마는 자신을 보호하는 방패를 뜻하기도 했다. 도전의 징표로 방패를 앞에 던졌던 것 아닐까. 이 검투사의 싸움이 지식세계로 넘어왔다. 논리와 지식으로 무장하고서 상대방에게 한판 겨루자고 도전장을 내는 것, 그것이 지식세계의 프로블레마다. 앞의 프로블레마를 던진 대표적인 사람들이 고대 그리스 시대의 철학자들, 그리고 후대의 소피스트들이었다. 철학자들과 소피스트들은 수수께끼(그리포스griphos)에 가까운 까다로운 질문으로 라이벌을 궁지에 몰아넣었고 날카로운 논리로 그들을 공격했으며 자기 견해가 진리임을 입증했다. 철학자들의 도전과 질문과 논증이야말로 프로블레마인 것이다.

여기에서 리뷰의 대상으로 삼은 책들은 이런 의미의 프로블레마들을 담은 책들이라고도 할 수 있다. 저자들은 각자 자신들만의 '문제의식' 속에서 자기 시대를 향해 프로블레마들을 던진다. 그 프로블레마들은 소피스트적 자기과시라기보다는 이 세계가 제기하는 문제에 답하려는 진지한 도전이라고 해야 할 것이다. 이렇게 시대를 향해 문제를 던지는 책들이 여기에 소개한 책들인 셈이다. 이 프로블레마들이 저자가 대결했던 시대의 프로블레마들일 뿐만 아니라 우리 시대가 답해야 할 프로블레마들임은 더 말할 것도 없다. 우리 시대의 문제가 아니라면 과거의 지식은 골동품 수집 취향의 대상에 지나지 않을 것이다.

니체는 『즐거운 학문』 한 곳에서 이런 말을 한다.

"일찍이 다른 이들이 우리를 오해하고, 오인하고, 혼동하고, 폄훼하고, 잘못 듣고, 흘려듣는 것에 대해 우리가 한탄해본 적이 있었던가? 바로 이것이 우리의

운명이다. 오, 앞으로도 오랫동안!"(『즐거운 학문』 5부 371절)

그런가 하면 그다음 몇 장 뒤에서는 이런 말도 한다.

"글을 쓸 때 사람들은 이해되기를 원하는 동시에 이해되지 않는 것도 원한다. 어느 누군가가 책을 이해하지 못한다는 것이 그 책에 문제가 있다는 것을 의미하지는 않는다. 이것이 바로 저자의 의도였다면 말이다."(『즐거운 학문』 5부 381절)

여기 모인 글들이 그 대상이 된 책들을 모두 이해했다고 주장한다면 그것은 터무니없는 말일 것이다. 오해와 오인과 혼동으로 한탄을 받을 것들이 적지 않을 것이다. 그중 몇몇 책들은 저자 자신이 쉬 이해되지 않기를 의도했다고 볼 수밖에 없는 것들도 있다. 이해된다는 것은 파악된다는 것인데, 쉽게 정신의 손아귀에 잡히는 책이라면 그만큼 만만하다는 걸 뜻하는 것일 수도 있다. 어느 저자가 그런 운명에 놓이기를 바라겠는가. 그러나 단숨에 잡히지 않는 책들은 그만큼 생각할 거리를, 다시 말해 프로블레마들을 많이 던져주는 것들인 것도 거의 틀림없는 사실이다. 리뷰 대상으로 삼은 책들 중에 그런 책들이 적지 않았다고 믿는다.

어지러운 원고 더미를 정리해 갈래를 세우고 질서 있게 모아 반듯한 책으로 만들어준 사계절출판사와 편집자 조건형, 박미정 씨께 진심으로 감사드린다.

2011년 2월

고명섭

차례

머리말 — 오디세우스 혹은 두려움을 모르는 자 _5

I 사상의 바다

1. 철학자들의 전쟁
지젝, 혁명을 연기하는 배우? 「지젝」 _27
지젝, "변증법적 유물론을 되찾자" 「시차적 관점」 _31
잃어버린 혁명을 찾아서 「잃어버린 대의를 옹호하며」 _35
공포 없는 혁명? 카페인 없는 커피! 「마오쩌둥: 실천론·모순론」 「로베스피에르: 덕치와 공포정치」
　　　　「호치민: 식민주의를 타도하라」 「예수: 가스펠」 「트로츠키: 테러리즘과 공산주의」 _39
라클라우, 지젝, 버틀러의 '헤게모니' 논쟁 「우연성, 헤게모니, 보편성」 _43
'제국'의 지배를 극복할 힘은 '다중' 「다중」 _46
21세기 로마제국의 쿠데타 「네그리의 제국 강의」 _50
성실한 학자, 성난 전복자, 젊은 네그리의 두 얼굴 「네그리 사상의 진화」 _53
네그리의 '제국'에 대한 트로츠키주의의 반격 「제국이라는 유령」 _56
가라타니 고진의 '세계 혁명 선언' 「세계공화국으로」 _59
프로이트의 초자아, 칸트의 영구 평화, 가라타니의 세계공화국 「네이션과 미학」 _64
마르크스의 '브뤼메르 18일', '역사의 반복'을 말하다 「역사와 반복」 _67
위기의 '민주주의' 어떻게 구할 것인가 「민주주의는 죽었는가?」 _70

2. 데리다, 바디우, 랑시에르

텍스트 바깥에는 아무것도 없다 『자크 데리다의 유령들』 _77

마르크스가 불러낸 메시아라는 유령 『마르크스의 유령들』 _80

"진리를 복원하라" 현대 플라톤의 외침 『알랭 바디우 비판적 입문』 _83

사도 바울, 특권에 저항한 인간 해방 투사 『사도 바울』 _86

랑시에르, '배제된 자를 위한 정치' 『감성의 분할』 _89

정치가 종말을 고했다고요? 『정치적인 것의 가장자리에서』 _92

'무지한 스승'이 보여준 지적 능력의 평등 『무지한 스승』 『미학 안의 불편함』 _95

3. 정의란 무엇인가

공동선을 키우는 것, 그것이 정의다 『정의란 무엇인가』 _101

정의의 잣대로 본 유전공학 『생명의 윤리를 말하다』 _104

세상을 바꾸는 '분노'의 힘 『정치적 평등에 관하여』 _108

인정 욕구 충족은 자기 긍정의 조건 『정의의 타자』 _112

스피노자, "국가의 목표는 다중의 평화" 『정치론』 _115

홀로코스트는 어떻게 가능했는가 『전체주의의 기원』 _118

우리 안에 아이히만 있다 『예루살렘의 아이히만』 _121

불온한 사상가 슈미트의 자유주의 비판 『정치신학』 _125

근대 시민사회를 만든 상상력의 힘 『근대의 사회적 상상』 _129

마르크스주의도 유럽 중심주의에 갇혀 있다 『백색신화』 _133

4. 칸트의 이성과 니체의 광기

근대 정신세계를 혁신한 이성의 드라마 『판단력비판』 _139

현대 차이철학의 허무주의를 극복하라 『니체, 영원회귀와 차이의 철학』 _142

니체, 광기의 한계 체험과 영원회귀 『니체와 악순환』 _146

'형이상학자 니체' 부활시킨 하이데거 역작 『니체1』 _149

'숲길', 밤의 시대 진리의 미로 『숲길』 _153

'플라톤 파괴자' 들뢰즈의 반시대적 철학 『들뢰즈가 만든 철학사』 _156

'철학자' 애덤 스미스의 역지사지 도덕론 『도덕감정론』 _160

전통 형이상학 무너뜨린 언어철학의 세계 『비트겐슈타인 선집』 _164
인간 이성의 '자기반성 능력' 되살려라 『순수현상학과 현상학적 철학의 이념들』 _167
실존주의-구조주의 논쟁 촉발한 '그' 책 『변증법적 이성 비판』 _170
비평의 매혹, 비평의 운명 『문제적 텍스트 롤랑 바르트』 _174
인간은 나와 너, 만남 속 사이존재 『인간의 문제』 _178
바흐친, 일상인가 카니발인가 『바흐친의 산문학』 _182
20세기 유럽 지성사의 지도를 그리다 『의식과 사회』 『막다른 길』 『지식인들의 망명』 _186

5. 소크라테스와 친구들

소크라테스 뒤에 숨어 있던 플라톤의 육성 『편지들』 _191
'법의 지배' 세운 플라톤 최후의 대작 『플라톤의 법률』 _195
'좋은 삶'을 찾는 아리스토텔레스 윤리학 『니코마코스 윤리학』 _199
어떤 국가가 좋은 국가인가 『정치학』 _203
아리스토텔레스 '제1철학'을 만난다 『형이상학』 _206
데모크리토스-에피쿠로스-루크레티우스 원자론 『고대 원자론』 _209
아테네 10대 연설가들의 '말의 기술' 『위대한 연설』 _213
별처럼 빛났던 그리스·로마의 영웅들 『인물로 보는 서양 고대사』 _217
그리스 자유정신의 탄생 『고대 그리스인의 생각과 힘』 『고대 로마인의 생각과 힘』 _220
그리스는 어떻게 페르시아 제국을 물리쳤나 『그리스 전쟁』 _223
에우리피데스 비극, 아테네 정치를 걱정하다 『에우리피데스 비극 전집』 _226
소크라테스는 정말 지식 사기꾼이었을까? 『아리스토파네스 희극 전집』 _229
그리스 비극, 인간의 비극 『그리스 비극』 _233
오비디우스가 묘사한 고대 로마의 일상 『로마의 축제들』 _238
상상력의 원석 '일리아스' 읽기 『일리아스, 영웅들의 전장에서 싹튼 운명의 서사시』 _241

6. 고난의 역사, 사유의 모험

'고난의 역사'에 핀 '대자유'의 꽃 『씨알 생명 평화: 함석헌의 철학과 사상』 _247
이진경 혹은 맹렬한 '사유의 모험' 『사회구성체론과 사회과학방법론』 _251
마르크스주의의 새로운 단계 『미래의 맑스주의』 _255

자본주의에서 탈주하기 또는 '비계급 되기' 『모더니티의 지층들』 _259
플라톤과 니체의 전쟁사 『신족과 거인족의 투쟁』 _262
들뢰즈의 '탈주' 또는 소수자 되기 『천하나의 고원』 _265
프랑스 철학 전도사의 혹독한 자기반성 『해체주의와 그 이후』 _268
홀로주체 넘어 서로주체 되기 『서로주체성의 이념』 _271
부르주아는 어떻게 지배하는가 『부르주아의 지배』 _276
하이데거와 유식불교의 대화 『유식불교의 거울로 본 하이데거』 _280
친구·연인·동지보다 동무 『동무론』 _284
현실의 더러움을 닦는 철학의 더러움 『더러운 철학』 _288
조선 주자학의 담론과 권력 『조선 성리학, 지식권력의 탄생』 _291
박정희 '개발동원체제'의 해부도 『동원된 근대화』 _294
'5월 광주', 집단지성의 공동체 『공통도시』 _297

II 인문의 바다

7. 괴테의 심장, 호킹의 두뇌

스물여섯 살 괴테, 삶과 문학의 질풍노도 『괴테 자서전: 시와 진실』 _305
'파라오 콤플렉스' 히틀러의 건축가 『기억: 제3제국의 중심에서』 _309
'광기의 천재' 알튀세르의 자기 정신분석 『미래는 오래 지속된다』 _312
극단의 시대를 통과한 자의 '희망' 『미완의 시대』 _316
청교도혁명의 논객 밀턴의 자유정신 『밀턴 평전』 _320
'탕자에서 성자로', 역설과 모순의 작가 인생 『톨스토이』 _326
마르크스의 혁명 동지 엥겔스의 삶 『엥겔스 평전』 _329
아나키스트의 심장, 볼셰비키의 두뇌 『빅토르 세르주 평전』 _333
신철학자 레비가 그린 '사르트르의 세기' 『사르트르 평전』 _337
폴 포트 혹은 유토피아의 악몽 『폴 포트 평전』 _340
루이스 멈퍼드, 작은 것을 사랑한 아나키스트 『메트로폴리탄 게릴라』 _343
항우의 라이벌 유방의 진실 『유방』 _347

지식인 베버에게서 배워야 할 것들 『막스 베버, 이 사람을 보라』 —352
'새의 영혼'을 꿈꾼 르네상스 천재 『레오나르도 다빈치 평전』 —357
동성애 진통 거쳐 도달한 문화인류학 『루스 베네딕트』 —360
우리 것의 아름다움 재발견한 심미안 『특집! 한창기』 —363
뉴턴의 우주 무너뜨린 겸손한 혁명가 『아인슈타인의 우주』 『아인슈타인 삶과 우주』 —368
'불완전성 정리'만큼 기이했던 괴델의 삶 『불완전성: 쿠르트 괴델의 증명과 역설』 —373
물리학자 호킹의 '신 없는 우주' 『위대한 설계』 —376

8. 근대의 악몽에서 깨어나기

거대 통제사회, 그 괴물의 탄생기 『파놉티콘』 —383
금욕주의, 자본주의의 정신적 힘이었다 『프로테스탄티즘의 윤리와 자본주의 정신』 —388
폭력에 대한 위험한 찬가 『폭력에 대한 성찰』 —392
정원사인가, 사냥꾼인가 『모두스 비벤디』 —397
서양 전쟁이론의 고전 『전쟁론』 —400
반식민 민족주의와 유럽 아나키즘 『세 깃발 아래에서』 —406
후쿠자와 유키치는 왜 아시아를 버렸나 『후쿠자와 유키치의 '문명론의 개략'을 정밀하게 읽는다』 —410
그들은 왜 천황의 품에 뛰어들었나 『태평양전쟁의 사상』 —413
유럽 민주주의는 어떻게 자랐나 『유럽 민주화의 이념과 역사』 —416
민주주의 죽이는 나쁜 '법의 지배' 『민주주의와 법의 지배』 —419
'자유 시민'의 나라 공화국의 역사 『공화국을 위하여』 —423
스탈린 격하운동의 그 문건 『개인숭배와 그 결과들에 대하여』 —427
포퓰리즘이란 무엇인가 『포퓰리즘』 —431
누가 '시카고 보이스'를 만들었나 『궁정전투의 국제화』 —434

9. 악마의 맷돌과 애덤 스미스

'악마의 맷돌'은 국가가 만들었다 『거대한 전환』 —441
정부 개입 vs. 시장 자유, '세기의 논쟁' 『케인즈 & 하이에크: 시장경제를 위한 진실게임』 —447
신자유주의라는 비과학적 이데올로기 『국가의 역할』 —450

한국사회는 기업의 식민지인가 『1997년 이후 한국사회의 성찰』 _454
시장의 독재에서 자유를 선언하라 『시장전체주의와 문명의 야만』 _458
가와카미가 쓴 '가난 이야기' 『빈곤론』 _462
금융공황 예측한 베블런의 자본 이론 『자본의 본성에 관하여 외』 _466
인류학이 발견한 선물경제 『가치 이론에 대한 인류학적 접근』 _469
18세기 중국에서 발견된 애덤 스미스 『베이징의 애덤 스미스』 _472

10. 페미니즘 혹은 '여성 너머의 여성'

케이트 밀렛, 사적인 것이 정치적인 것이다 『성 정치학』 _479
나를 '제3세계 여성'이라 부르지 마라 『스피박의 대담』 _482
여성이 처음부터 여성인 것은 아니다 『주디스 버틀러의 철학과 우울』 _485
주디스 버틀러 "여성은 없다" 『젠더 트러블』 _488
버틀러와 스피박, 국가를 말하다 『누가 민족국가를 노래하는가』 _491
페미니즘의 계보학 『여성의 정체성』 _495
페미니즘 이전의 페미니스트들 『여성은 이렇게 말했다』 _500
페미니스트답게 외모를 꾸민다는 것 『외모 꾸미기 미학과 페미니즘』 _505

11. 정신분석과 분석심리

정신분석학이 밝힌 인간 이성의 위대함 『프로이트, 영혼의 해방을 위하여』 _511
프로이트는 왜 유대 민족 신화를 해체했나 『프로이트와 모세』 _514
무의식은 자기실현을 욕망한다 『융 기본 저작집』 _517
'욕망의 이론가' 라캉 다시 읽기 『에크리: 라캉으로 이끄는 마법의 문자들』 _521
"저는 망상에 시달리고 있습니다" 『한 신경병자의 회상록』 _524
잃어버린 아버지의 원형을 찾아서 『아버지란 무엇인가』 _527
인간은 왜 전쟁을 혐오하고 또 사랑하나 『전쟁에 대한 끔찍한 사랑』 _530
나를 다스리는 내 안의 '적응 무의식' 『나는 내가 낯설다』 _534

III 교양의 바다

12. 역사의 기관차에 오르기

20세기 '아마겟돈 전쟁'의 시작과 끝 『2차세계대전사』 ─ 543
역사의 기관차를 움직인 사람들 『핀란드 역으로』 ─ 547
프랑스 대혁명은 10년의 축제였다 『축제의 정치사』 ─ 551
메카에서 인도네시아까지 이슬람 역사 결정판 『이슬람의 세계사』 ─ 556
'문명의 교차로' 터키 역사 기행 『터키, 1만 년의 시간여행』 ─ 559
불교와 중국 사귀는 데 오백 년 걸렸다 『고대 세계의 만남』 ─ 563
'놀이 정신'으로 읽은 인간의 역사 『호모 루덴스』 ─ 566
실패를 실패하게 하라 『실패의 향연』 ─ 570
사무라이 내부의 집단과 개인 『사무라이의 나라』 ─ 575
외과용 메스로 연 일본의 근대 『에도의 몸을 열다』 ─ 579
부랑청년에서 문학청년으로, 청년의 탄생사 『문학청년의 탄생』 『부랑청년 전성시대』 ─ 582
바울과 베버 사이, '카리스마' 2,000년사 『카리스마의 역사』 ─ 585

13. 문학과 유토피아

르네상스 시대 유럽을 떠돈 '바보배' 『바보배』 ─ 591
지옥에서 천국까지 나를 찾는 여행 『신곡』 ─ 595
시대가 만든 지혜의 라이벌 『몽테뉴와 파스칼』 ─ 600
붓다와 니체와 조르바로 빚은 자유 영혼 『니코스 카잔차키스 전집』 ─ 603
반항인과 이방인 사이, 카뮈의 진실 『카뮈 전집』 ─ 608
"책은 언제나 의도와 다르게 이해된다" 『독서의 알레고리』 ─ 612
임화, 한국 근대문학의 척추 『임화문학예술전집』 ─ 615
유토피아를 꿈꾸는 떠돌이 인간의 귀향 『귀환』 ─ 620
시마에 들린 자에게 권하는 안도현 시작법 『가슴으로도 쓰고 손끝으로도 써라』 ─ 624

14. 아름다움과 숭고함

'숭고한 죽음'은 공동체를 깨운다 『아름다움의 미학과 숭고함의 예술론』 _633
열두 쌍 개념으로 살핀 동아시아 정신 『동아시아 미학』 _637
나카자와 인류학이 찾아낸 '대칭적 삶' 『나카자와 신이치의 예술인류학』 _641
창조 열정과 변혁 열망의 가장 아름다운 경합 『러시아 미술사』 _644
러시아 미술은 '혁명문학'이다 『눈과 피의 나라 러시아 미술』 _650
변기가 작품이 되는 '현대예술의 풍경' 『일상적인 것의 변용』 _653

15. 예수와 붓다의 저녁식사

테리 이글턴이 만난 신 『신을 옹호하다』 _659
진화생물학자의 '종교적 광신' 탄핵문 『만들어진 신』 _663
예수라는 유물론적 혁명가 『죽은 신을 위하여』 _668
잊힌 복음서로 만나는 예수 『큐복음서』 『도올의 도마복음 이야기1』 _672
허무주의 극복한 합리적 불교 사상 『다르마키르티와 불교인식론』 _675
신의 말씀을 통역한 성서 번역의 혁명가 『신의 베스트셀러』 _678
세상에서 가장 알쏭달쏭한 두 글자 『화두를 만나다』 _681

16. 동아시아 고전의 재발견

주역은 왜 과학적인가? 『실증주역』 _687
주역의 '정통' 해석을 깨다 『주역의 발견』 _691
『관자』, 목민과 경세의 백과전서 『관자』 _695
도올이 전하는 논어 읽기의 희열 『논어 한글 역주』 _698
'맹자의 보수' '오늘의 보수' 『맹자, 진정한 보수주의자의 길』 _702
『노자』에서 발견하는 생활의 지혜 『노자 강의』 _705
장자의 길, 노자의 길 『장자, 차이를 횡단하는 즐거운 모험』 _709

17. 교양의 힘

교양, '쓸모없는 것의 쓸모' 『교양, 모든 것의 시작』 _715

고전 깊이 읽기, 교양의 출발 『인문 고전 강의』 _719

창조적 상상력은 어떻게 작동하는가 『생각의 탄생』 _722

시대의 어둠을 고발하는 서경식의 문장들 『시대를 건너는 법』『사라지지 않는 사람들』 _726

'무엇을 할 것인가?' 러시아 인텔리겐치아의 '저주받은 질문' 『러시아 사상가』 _730

에피쿠로스에서 '바가바드기타'까지 행복의 기술 『행복은 어디에 있는가』 _734

파우스트와 데미안과 카뮈가 가르쳐주는 것들 『철학카페에서 문학 읽기』 _737

'미운 오리 새끼' 속 열림과 닫힘의 철학 『철학 정원』 _741

플라톤과 다윈이 들려주는 이야기의 철학 『서사철학』 _744

칸트의 물음을 나침반 삼은 교양 철학사 『세계철학사』 _748

100명이 벌이는 동서 철학자 논리 경연 『철학 vs 철학: 동서양 철학의 모든 것』 _751

토크빌과 아렌트가 말하는 민주주의 『누가 아렌트와 토크빌을 읽었다 하는가』 _754

반민주주의자 니체를 만난다 『반민주적인, 너무나 반민주적인』 _759

말리노프스키의 '참여 관찰' 인류학 『미개 사회의 범죄와 관습』 _763

찾아보기 _767

I

사상의 바다

CHAPTER

1

철학자들의 전쟁

지젝 이안 파커 지음 / 이성민 옮김 / 도서출판b

지젝,
혁명을 연기하는 배우?

철학을 농담처럼 하는 사람, 농담으로 철학을 하는 사람은 있겠지만, 그 농담 같은 철학 또는 철학적 농담으로 세계 지식계를 들쑤시고 어지럽히고 열광시키고 노하게 하는 사람은 슬라보예 지젝Slavoj Žižek(1949~) 밖에 없을 것이다. 지젝은 세계 철학계의 최전선에 서 있다. 그는 난데없이 출몰하고 도발하고 불 지른다. 말하자면 그는 철학의 게릴라, 사유의 빨치산이다. 그의 글들은 건드리면 터지는 이론의 지뢰밭이다.

국내에서도 사정은 그리 다르지 않다. 지젝에게 홀린 사람들의 노력으로 그의 책들은 1년에 두세 권씩 한국어로 번역되고 있다. 그러나 그는 '까다로운 주체'다. 논리의 그물에 잘 걸리지 않는다. 미꾸라지처럼 하염없이 이리저리 빠져나간다. 지젝의 책을 읽고 이해했다 싶으면 다음 책에서 아주 다른 이야기를 한다. 지젝이라는 이 모순적인 인간의 전모를 살필 방법은 없을까?

영국의 정신분석학 연구자 이안 파커Ian Parker가 쓴 『지젝 *Slavoj Žižek: A Critical Introduction*』은 이 잡히지 않는 인물을 포획해보려는 책이다. 지젝이 딛고 있는 핵심 거점을 중심으로 하여 그가 무엇을 노리는지 해설하고 있다. 그런 점에서 이 책은 지젝이라는 미로로 들어가는 데

도움을 주는 안내서다. 동시에 이 책은 지젝의 모순적 지점을 대놓고 지적하는 비판서이기도 하다. 요컨대 지젝에 관한 비판적 안내서다.

지젝이라는 철학적 난제를 이해하려면 이 문제적 인간의 출신 배경에 관한 지도를 그려보는 것이 먼저 필요하다고 이 책은 말한다. 알려진 대로 지젝은 옛 유고슬라비아연방에 속했던 슬로베니아 출신이다. 옛 유고연방은 자본주의 서구와 공산주의 소련 사이의 완충지대였다. 소련의 완전한 종속국도, 서구에 가까운 나라도 아니었다. 아니, 실상은 이 두 지역의 혼합체였다. 요시프 티토 Josip Broz Tito가 지배하던 시기에 이 나라는 경제적으로는 '자주관리'라는 이름의 자본주의 체제였고, 정치적으로는 스탈린주의적 관료지배 체제였다. 티토는 스탈린과 싸우면서 반反스탈린적 영웅이라는 이미지를 얻었지만, 그를 둘러싼 개인숭배는 스탈린 개인숭배와 거의 다르지 않았다. 티토가 사망하고 소련이 무력화된 뒤 유고연방은 여러 민족 단위로 해체됐고, 1990년대에 유고내전이라는 참혹한 전쟁을 겪었다.

지젝이 철학을 공부한 곳은 슬로베니아 수도의 류블랴나대학이다. 정치적·지리적 중간지대였던 이곳은 소련의 공식 철학보다는 서유럽의 철학에 더 친숙한 곳이었다. 지젝은 이곳에서 독일의 비판철학과 프랑스 현대철학을 연구했다. 1980년대에 지젝은 프랑스에서 공부할 기회를 얻었다. 1985년 파리8대학에서 그는 자크 라캉 Jaques Lacan의 정신분석학 연구로 박사학위를 받았다. 여기서 익힌 라캉 정신분석학은 이후 그의 이론의 초석 가운데 하나가 됐다. 1990년 지젝은 독립 슬로베니아의 첫 자유선거에서 대통령 후보로 나섰다. 네 명의 대통령으로 이루어진 집단지도체제에 자유당 후보로 나갔던 것인데, 5등으로 낙선했다. 자유당 후보라는 이력은 그의 모순적 삶의 한 측면을 보여준다. 급진좌익에 가까운 인물이 자본주의화를 지지하는 자유당 후보로 나섰던 것이다. 지젝은 자신의 이런 선택이 전술적으로 필요한 일이었다고 말한다.

흥미로운 것은 이 전술적 필요에 따른 선택이 그의 저술 작업에서도 그대로 관철된다는 사실이다. 그의 주장이 모순적으로 보이는 것은 그때그때의 상황에 따라 또는 주제의 성격에 따라 논리 구성이 바뀌기 때문이다. 반스탈린주의자인 듯 보였다가 어느 순간에는 스탈린을 찬양하는 듯이 비치기도 하는 것이 한 가지 예다. 그렇지만 전체적으로 보아 그의 이론에는 일관성을 부여해주는 이론적 벼리가 있다고 『지젝』의 지은이는 말한다. 그 벼리가 바로 헤겔Georg Wilhelm Friedrich Hegel과 라캉과 마르크스Karl Marx(1818~1883)다. 지젝은 이 세 지적 거인의 주장들을 자유자재로 인용하면서 그 묵직한 이론 안에 화장실 낙서 수준의 저급한 농담에서부터 싸구려 탐정소설과 할리우드 상업영화까지 온갖 사례를 끌어들인다. 그런 뒤섞기를 통해 매력적이면서 거북살스럽고, 도발적이면서 유희적인 철학적 진술이 흘러나온다.

이 책은 지젝의 지적 토대인 헤겔과 라캉과 마르크스 중에서 가장 중요한 것으로 헤겔을 지목한다. 그러나 그때의 헤겔은 우리의 상식으로 굳어진 헤겔, 다시 말해 정반합의 변증법적 과정을 거쳐 하나의 닫힌 체계를 완성한 국가주의 철학자 헤겔과는 정반대편에 있는 헤겔이다. 지은이는 지젝의 헤겔이 1930년대 프랑스에서 부활한 헤겔이라고 알려준다. 소련에서 망명한 철학자 알렉상드르 코제브Alexandre Kojève가 그려 보여줬던 헤겔은 부정과 거부와 분열의 헤겔이었다. 지젝이 자기 것으로 삼은 헤겔이 바로 이 헤겔, '끝없는 부정의 헤겔'이다. 이 부정의 정신으로 지젝이 행하는 것이 '이데올로기 비판'이다. 그 어떤 이론이든 체계든 그것이 사람들을 사로잡는 이데올로기로 작동하면, 그것을 부정하고 거부하고 깨부수는 비판 작업의 도구로 헤겔을 이용하는 것이다.

지젝이 기대고 있는 라캉도 이 코제브적 헤겔로 주조된 라캉이다. 라캉은 젊은 시절에 코제브의 헤겔 강의에 정기적으로 참석했는데, 여기서 자신의 정신분석학의 주요 개념을 익혔다. 헤겔의 부정 개념은 주체에 대해서도 적용될 수 있다. 영원한 자기동일성으로서의 주체는 존재하지 않으며, 주체란 언제나 '분열된 주체', 분열된 채로 자기정체성을 구성해나가는 주체다. 그 주체가 바로 라캉이 말하는 주체다. 이와 함께 지젝은 마르크스를 자기 사유의 토대로 삼고 있는데, 그때의 마르크스도 헤겔과 라캉의 색깔이 배어든 마르크스다. 특히 마르크스의 '이데올로기 분석'은 지젝이 자주 참조하는 지점이다.

특이한 것은 이렇게 거부와 부정과 반대로 일관하는 듯 보이는 지젝이 해체주의 철학에 비판적이라는 사실이다. 지젝이 목표로 삼는 것은 해체주의의 대책 없는 해체가 아니라 '긍정을 모색하는 부정'이라는 것이 이 책의 진단이다. 지젝은 보편적 혁명의 가능성을 포기하지 않는다. 그가 레닌으로 돌아가 레닌의 혁명 전략을 반복해서 강조하는 것도 이 때문이다. 그러나 『지젝』의 지은이가 보기에 지젝의 그런 모습은 '세계를 해석하기만 할 뿐 세계를 바꾼다는 생각은 하지 못하는' 실천적 무기력 증상을 내장한 자의 자기방어일 뿐이다. 지은이는 말한다. "지젝에게 주체의 근원적 위치는 히스테리적이다." 이때의 히스테리는 모든 곳에서 문제를 적발하고 그 문제를 불평하는 사람의 모습이다. 지젝 자신이 그런 히스테리적 주체라고 이 책은 말한다. 그런 히스테리 주체로서 지젝은 일종의 '연기'를 한다. 비난하고 거부하는 지젝의 모습은 정작 혁명은 하지 못하고 혁명적 연기만 하는 자의 모습일 뿐이라는 지적이다. 그렇게 대신 연기해주기 때문에 "우리는 지젝을 좋아한다"고 지은이는 덧붙인다. 이런 비판에 대해 지젝은 의외의 반응을 보인다. "이안 파커의 원고를 읽고서 나는 근저에서의 연대감을 경험했다. 명백한 차이들이 있지만 우리는 동일한 정치적 관심사와 전망을 공유한다. 그리고 그렇기 때문에 그의 비판적 언급들은 언제나 적실하다."

시차적 관점 슬라보예 지젝 지음 / 김서영 옮김 / 마티

지젝,
"변증법적 유물론을 되찾자"

『시차적 관점 The Parallax View』(2006)은 지은이 슬라보예 지젝이 스스로 '대작'이라고 부른 책이다. 한국어판으로 840쪽에 이르는 이 최신작은 『이데올로기라는 숭고한 대상』『까다로운 주체』『부정적인 것과 함께 머물기』에 이은 네 번째 주저의 자리에 놓일 만하다. 그는 이 책에서 앞에 쓴 모든 저작의 문제의식을 종합해 변혁의 새로운 출구를 열어보려고 한다. 출판사에서 붙인 한국어판 부제는 '현대철학이 처한 교착상태를 돌파하려는 지젝의 도전'인데, 현대철학의 최전선에서 그가 찾는 것은 철학적 돌파구라는 형식을 빌린 정치적 돌파구다.

이 책은 지젝의 다른 어떤 책보다 까다로운 책이다. 이 책에 대한 추천 글에서 테리 이글턴Terry Eagleton은 그 까다로움과 관련해 "지젝의 글이 가끔 이해가 안 된다면, 이는 그의 생각이 복잡하기 때문이지 결코 잘난 척해서가 아니다"라고 말한다. 그런 까다로움은 일차로 이 책의 비체계적 서술에 있다. 지젝은 형식상 3부로 나누어 철학적·과학적·정치적 분석을 하고 있지만, 내용은 서로 겹치고 섞인다. 지젝은 철학·종교·문학·영화·예술, 그리고 온갖 일화와 사례를 동원해 자신의 생각을 풀어나간다. 그리하여 이 책은 수많은 이야기의 접합으로 이루어진

철학적 콜라주가 된다. 그는 모든 통념·관습·도그마를 분쇄하고자 하고, 더 나아가 도그마에 도전하는 생각들 자체의 맹점을 지적하고 깨뜨리고자 한다. 지젝의 발본적이고 급진적인 사유는 책의 전편에 지뢰처럼 매복해 있다.

이 책의 출발점은 가라타니 고진柄谷行人의 2001년 저작 『트랜스크리틱Transcritique』이다. 지젝은 가라타니의 책에서 '시차적 관점'이라는 근본 주제를 얻은 것으로 보인다. 『시차적 관점』의 서문에서 지젝은 이렇게 쓴다. "가라타니 고진은 『트랜스크리틱』에서 '시차적 관점'의 중요한 잠재력에 대해 주장하려고 노력한다." 그러나 가라타니의 기여는 여기서 그친다. 지젝은 가라타니가 제시한 '시차적 관점'이라는 근본 발상만 수용할 뿐 그의 나머지 주장은 받아들이지 않는다. 가라타니는 그의 책에서 헤겔을 거부하고 칸트Immanuel Kant를 사유의 거점으로 삼는데, 지젝은 가라타니와는 반대로 칸트를 기각하고 헤겔을 승인한다. 헤겔주의자답게 그는 헤겔의 사유를 갱신하고 진척시킴으로써 오늘날의 정치적 난국에 대한 해결책을 찾으려 한다.

그런 노력의 한 양상이 '변증법적 유물론'에 대한 재사유다. 지젝은 변증법적 유물론이 패퇴해 철학사의 한 장으로 축소돼버린 것이야말로 전망이 부재한 오늘의 현실을 보여주는 철학적 사례로 이해한다. 변증법적 유물론의 패배는 마르크스주의 혁명, 더 구체적으로는 1917년 러시아혁명의 궁극적 실패와 같은 선상에 있는 사건이다. 러시아혁명이 실패로 끝남으로써 변증법적 유물론도 함께 매장된 것이다. 지젝은 변증법적 유물론이 퇴출당하고 난 뒤 좌파적 사유에 남은 것이 종합 없이 부정만을 반복하는 '부정 변증법'이라고 말한다. 그러나 그가 보기에 이 '부정 변증법'은 진정한 혁명을 사고할 수 없다는 치명적 한계를 안고 있다.

> "부정 변증법은 폭발적인 부정성 및 '저항'과 '전복'에 관해 상상할 수 있는 모든 형태들과 사랑에 빠졌으나, 정작 그 자신이 기존의 〔현실〕 질서에 기생하게 되는 일만은 극복할 수 없다."

부정 변증법만으로는 현실의 극복과 재건이 불가능하다는 이야기다. 바로 이런 이유로 지젝은 변증법적 유물론의 복권을 주장하는데, 그것은 다시 러시아혁명의 긍정적 핵심을 복권시키는 일과 연결된다.

그렇다고 해서 지젝이 과거로 되돌아가자고 주장하는 것은 결코 아니다. 그의 발상은 러시아혁명이 실패했다는 것을 인정한 상태에서 그 근본적 이유를 따져보고 거기서부터 다시 새로운 길을 찾는 데 있다. 그런 사유를 요약한 말이 '시차적 관점'이다. 여기서 '시차視差'(parallax)란 천문학에서 쓰이는 용어를 빌려온 것인 바, 관찰자의 위치가 바뀜에 따라 별자리가 달라지는 것을 가리킨다. 동일한 대상이라고 하더라도 주체가 어떤 위치에서 보느냐에 따라 그 대상에 대한 이해가 달라지는 것이 바로 시차이며, 이런 근본적인 차이를 낳는 관점이 '시차적 관점'이다.

지젝이 사례로 제시하는 것이 러시아 10월 혁명 때 함께했던 혁명가 레닌과 모더니즘 예술가들의 경우다. 화가 말레비치Kazimir Malevich나 시인 마야콥스키Vladimir Mayakovsky 같은 전위예술가들은 혁명 초기에 열광적으로 레닌의 혁명을 찬양했다. 그러나 이 예술가들은 1920년대 이후, 특히 스탈린Joseph Stalin(1879~1953) 시대에 모두 제거되거나 좌절하고 말았다. 이것은 스탈린의 잘못이라기보다는 스탈린에 앞서 레닌과 전위예술가들 사이에 있었던 근본적인 '시차적 관점'의 결과라는 게 지젝의 주장이다. 레닌이 좋아한 것은 고전예술이었다. 그는 결코 전위예술을 이해할 수 없었다. 마찬가지로 전위예술가들은 낭만적인 혁명 열정은 좋아했지만, 그 뒤의 고통스러운 시간은 받아들일 수 없었다. 동일한 사태에 대한 이 다른 시차를 어떻게 극복할 것이냐가 혁명을 다시 사유하는 데 관건적인 문제라고 지젝은 말한다.

잃어버린 대의를 옹호하며 슬라보예 지젝 지음 / 박정수 옮김 / 그린비

잃어버린 혁명을 찾아서

『잃어버린 대의를 옹호하며In Defense of Lost Causes』는 철학자 슬라보예 지젝의 근작이다. 2008년에 나온 이 책은 '잃어버린 대의를 옹호하는' 지젝의 급진적 견해가 다른 어떤 책에서보다 과격하고 선명하게 드러나 있다. 머리말에서 지젝은 말한다. "이 책은 일말의 거리낌도 없이 보편적 해방을 위한 투쟁이라는 메시아적 관점에 선다." 많은 진보주의자들이 프랜시스 후쿠야마Francis Fukuyama의 '역사의 종언' 주장을 비웃지만, 지젝이 보기에 후쿠야마의 테제는 지금의 세계 현실에 대한 정확한 진단이다. 진보·좌파가 저마다 대안을 이야기하지만, 그 대안이란 것들이 근본적 변혁을 포기한 채 자본주의 체제 안에서 맴돌고 있기 때문이다. 지젝은 이 '상식의 한계선'을 돌파하려면 '신념의 도약', 다시 말해 그 상식의 지평에서는 광기로밖에 보이지 않는 '잃어버린 대의에 대한 믿음'이 필요하다고 말한다.

지젝이 이 책에서 굳건한 연대의식을 보이는 철학자 알랭 바디우Alain Badiou의 발언은 지젝의 관점을 단적으로 드러낸다.

"우리는 대중적 규율을 필요로 한다. 더 나아가 '아무것도 갖지 못한 자들은 오

직 자신의 규율만 가지고 있다'라고 말할 수도 있다. 가난한 사람들, 아무런 재정적·군사적 수단도, 아무런 권력도 갖지 못한 사람들, 그들이 지닌 것은 규율과 단결력뿐이다."

지젝은 이런 '스파르타적' 요소야말로 변혁의 거점이라고 말한다.

"스파르타의 군사적 규율 안에는 해방적인 고갱이가 있다. 그래서 트로츠키가 '전시공산주의'의 어려운 시기에 소비에트연합을 '프롤레타리아 스파르타'라고 부른 것도 이상할 게 없다."

이런 주장에 당장 '전체주의·근본주의 아니냐'는 힐난이 날아들 것이 분명하다. 지젝은 이런 비난 앞에서 물러나서는 안 된다고 말한다. '전체주의'라는 비난이 두려워 근본적 변혁을 회피해서는 진정한 해방의 지평을 열 수 없다는 것이 지젝의 신념이다. 그런 신념에 입각해서 그는 스스로 '악몽의 호러 쇼'라고 부르는 이름들을 차례로 불러낸다. 진리를 앞세워 폭력과 공포를 휘둘렀던 혁명적 실험들, 곧 프랑스혁명의 자코뱅, 러시아혁명과 스탈린 체제, 마오쩌둥毛澤東의 문화혁명이 여기서 적극적으로 또는 긍정적으로 참조된다. 이 실험들이 실패했다는 것은 분명하지만, 거기에는 분명히 '해방적 고갱이'가 있었다는 것이 지젝의 판단이다. "우리는 더러운 물과 함께 아이까지 버려서는 안 된다."

지젝은 여기서 머물지 않는다. 그는 20세기 최악의 정치적 악몽이라 할 히틀러Adolf Hitler의 나치즘까지 적극적 검토의 대상으로 세운다. 그가 보기에 나치즘은 단순한 정치적 일탈이나 변종이 아니었다. 나치즘의 핵심 요소들은 좌익 혁명운동에서 빌려온 것이었다. 그 안에는 근본적 변혁에 대한 열망이 있었다. 지젝은 벼랑까지 사고를 밀어붙인다. "미친 주장일지 모르지만, 히틀러의 문제는 충분히 폭력적이지 않았다는 데 있다." 부연하면, "나치즘은 충분히 극단적이지 않아서 현대 자본주의 사회 공간의 근본 구조를 파괴하는 용기를 내지 못했다. 이 때문에 나치즘은 유대인이라는 창조된 외부의 적을 파괴하는 데 몰두한 것이다." 히틀러는 과격해서 비난받는 것이 아니라 비겁해서 비난받는다.

지젝은 나치즘 문제를 숙고하기 위해 '나치 참여 철학자' 마르틴 하이데거Martin Heidegger를 끌어들인다. 많은 하이데거 연구자들이 하이데거 철학이 나치즘과 무관하다거나, 그가 한때 나치였지만 실체를 알고 거리를 두었다거나, 처음부터 나치가 아니었다거나 하는 식으로 그를 변호한다. 그러나 지젝은 하이데거가 나치였을 뿐만 아니라, 나치에 참여했을 때 올바름에 가장 가까웠다고 말한다. "하이데거가 가장 많이 틀렸을 때, 다시 말해 그가 나치에 참여했을 때, 그는 가장 진실에 근접했다." 하이데거는 나치를 통한 근본적 변혁에 몰두했다는 것이다. 그 변혁의 내용이 좌익적 변혁과 그다지 다르지 않았음을 지젝은 일화를 들어 말한다.

"1968년 독일 학생운동 대표가 하이데거를 방문했을 때, 하이데거는 자신은 학생들의 의견에 전적으로 공감하며 그들이 하고 있는 일은 비록 정치적 입장은 다르지만 1933년 프라이부르크대학 총장으로 있을 때 하이데거 자신이 하고자 했던 것이라고 말했다."

지젝은 이렇게 파시즘을 뒤집어 해석하면서, 자유주의자들이 '파시즘적인 것'이라고 주장하는 것들, 곧 총체성·규율·집단성 같은 것들이 애초에 파시즘과는 무관한 것들이라고 강조한다.

"파시즘은 그것의 본디 창조자인 노동자들의 운동으로부터 그것을 훔쳐내서 자기화한 것이다. '원파시즘적' 요소들 중 어느 것도 그 자체로 파시즘적인 것은 없다."

일본 파시즘의 원형으로 묘사되는 '죽음을 초월한 사무라이 정신'도 파시즘과 관련이 없다. "우리는 이것을 파시즘적 군사주의의 일환으로 비난할 것이 아니라 근본적으로 혁명적인 입장의 구성요소로 간주해야 한다." 지도자라는 범주도 "대의를 향한 열광을 촉발하는 데" 꼭 필요한 요소라고 그는 말한다. 파시즘 운동의 특수한 접합이 이 모든 것들을 파시즘적인 것으로 비틀었을 뿐이다.

지젝은 이런 검토 위에서 과거 혁명들이 수행했던 것들, 다시 말해 진리의 정치, 당-국가-지도자 정치, 그리고 프롤레타리아 독재를 다시 과감하게 실험해야 한다고 말한다. 그렇다면 그런 정치를 수행하고 있는 사례가 있는가? 지젝은 우고 차베스Hugo Chavez 베네수엘라 대통령을 지목한다. 차베스의 정치는 여러 가지 약점과 결점이 있지만, '자기 몫이 없는 자들' 곧 빈민들과의 특권적 연대라는 방식으로 민주주의 형식 안에서 일종의 '프롤레타리아 독재'를 실험하고 있다는 것이다.

마오쩌둥: 실천론·모순론 마오쩌둥 지음 / 슬라보예 지젝 서문 / 노승영 옮김 / 프레시안북
로베스피에르: 덕치와 공포정치 로베스피에르 지음 / 슬라보예 지젝 서문 / 배기현 옮김 / 프레시안북
호치민: 식민주의를 타도하라 호치민 지음 / 월든 벨로 서문 / 배기현 옮김 / 프레시안북
예수: 가스펠 테리 이글턴 서문 / 대한성서공회·김율희 옮김 / 프레시안북
트로츠키: 테러리즘과 공산주의 레온 트로츠키 지음 / 슬라보예 지젝 서문 / 노승영 옮김 / 프레시안북

공포 없는 혁명?
카페인 없는 커피!

영국의 대표적인 진보 출판사 '버소'에서 2007년 펴낸 '레볼루션스' 시리즈인 『마오쩌둥: 실천론·모순론』, 『로베스피에르: 덕치와 공포정치』, 『호치민: 식민주의를 타도하라』, 『예수: 가스펠』, 『트로츠키: 테러리즘과 공산주의』는 이 시리즈가 제목 그대로 '혁명가들의 말과 글'을 텍스트로 삼고 있음을 보여준다.

이 시리즈는 원텍스트 앞에 저명한 지식인들의 긴 서문이 붙어 있다는 점이 특징이다. 오늘날 이 오래된 글들이 왜 다시 읽혀야 하는지 소개하는 글이다. 이 글들 가운데 특히 눈길을 끄는 것은 세계 철학계의 스타 슬라보예 지젝이 쓴 서문들이다. 지젝은 지난 200년의 근대 혁명의 인격적 대리자라 할 막시밀리앙 로베스피에르Maximilien de Robespierre, 레온 트로츠키Leon Trotsky, 마오쩌둥 세 사람을 재해석함으로써 이 시리즈의 근본 의도를 도드라지게 보여주고 있다. 시리즈가 발간된 2007년도면, 신자유주의 경제 질서가 결코 무너지지 않을 철옹성처럼 세계를 지배하고, 반자본주의적 혁명 열정은 주눅이 들어 '제3의 길' 따위 패배적 타협책에 안주하던 때다. 그런 상황은 본질적으로 지금도 지속되고 있다. 이런 전망 상실의 시대에 지젝은 혁명을 재사유하자고 이

야기한다. 더욱 눈길을 끄는 것은 지젝이 혁명을 재사유하는 방식에 있다. 로베스피에르·트로츠키·마오쩌둥의 텍스트 등이 보여주는 대로 지젝은 이들의 주장과 실천에서 '독재'와 '공포'를 사유의 중심으로 삼는다. 오랫동안 진보파들이 외면하고 회피했던 문제를 논의의 중심으로 끌어들이는 것이다. 지젝은 이 문제를 정면으로 돌파하지 않고는 혁명을 상상하는 것 자체가 불가능하다고 보는 듯하다.

지젝의 문제의식은 앞서 그가 편집하고 긴 해제를 단 레닌의 텍스트(『지젝이 만난 레닌』)의 연장선상에 있다. 그 텍스트에서 지젝은 레닌을 통해 러시아혁명을 다시 사유하자며 이렇게 말한다.

> "레닌을 반복한다는 것은 레닌으로 회귀하는 것을 의미하지 않는다. 레닌을 되풀이하는 것은 '레닌이 죽었다'는 것, 그의 특수한 해법이 실패했다는 것, 그러나 그 안에 구해낼 가치가 있는 유토피아적 불꽃이 있다는 사실을 받아들이는 것이다."

로베스피에르·트로츠키·마오쩌둥은 레닌의 기원이고 변주이며 전환이라 할 수 있다. 따라서 세 혁명가를 다시 사유한다는 것은 이들의 실패한 해법 안에 유토피아적 불꽃이 있다는 것을 적극적으로 시인하고 바로 그 지점을 파고드는 일이 된다.

지젝이 해석하는 로베스피에르는 근대 정치혁명의 출발이자 원형이다. 근대의 거의 모든 급진적 혁명은 로베스피에르가 이끌었던 자코뱅파의 혁명 원리를 이어받았다. 말하자면 로베스피에르는 자코뱅주의 공포정치·독재정치의 기원적 모델을 제공한 사람이다. 자코뱅주의야말로 근대혁명의 핵심 인자였던 것이다. 여기서 지젝은 많은 자유주의자들이 '1793년 없는 1789년', 다시 말해 자코뱅의 공포정치가 없는 프랑스혁명을 옹호하는 데 대해, '카페인이 제거된 커피'를 옹호하는 것과 같은 주장이라고 일축한다. 로베스피에르는 온건파 당통을 두고 '혁명 없는 혁명'을 원하는 사람이라고 비판했는데, 지젝이 자유주의자들을 비판하는 대목도 같은 맥락이다.

로베스피에르는 공포를 혁명과 불가분의 관계에 있는 것으로 보았다. "덕이 없는 공포는 재난을 부르고, 공포가 없는 덕은 무력합니다. 공포는 신속하고 엄격하고 강직한 정의의 다른 말입니다." 로베스피에르 연설의 특징은 '상반된 것들의 역설적 일체화'에 있다. "인류의 압제자를 응징하는 것, 그것이 바로 자비요, 그들을 용서하는 것, 그것이 바로 야만입니다."

문제는 혁명의 본질에 들어 있는 이 '공포'(테러)를 어떻게 이해할 것이냐다. 지젝은 공포가 정치적 해방에 필수요소로 깃들어 있다고 인정한다. 그러나 동시에 자코뱅파가 한없이 과격해지고 극단화한 데는 어떤 무능력이 깔려 있었다고 진단한다. 다시 말해, 사적 소유의 철폐와 같은 경제적 차원의 평등을 실현할 수 없었던 이 부르주아 혁명가들이 그 문제를 미봉하고 정치적 차원에서 정의를 실현해보려 몸부림치다 나타난 결과가 대공포였다는 것이다. 오늘날 많은 사람들이 로베스피에르를 겨냥해 '선한 테러리스트' '덕을 집행하는 악마'라고 규정한다. 그런 식의 규정은 트로츠키와 마오쩌둥에게도 똑같이 적용되고 있다. 이런 규정은 냉소적이기만 한 것일 뿐 자유와 해방에 대한 신념은 결여한 것이어서 받아들일 수 없다고 지젝은 말한다.

지젝은 철학자 헤겔이 『역사철학강의』에서 프랑스혁명을 두고 했던 발언이야말로 진실을 보여준다고 말한다.

"(프랑스혁명은) 영광스러운 정신적 여명이다. 사고하는 존재가 모두 이 시대의 환희를 나누었다. 고귀한 감정이 인간의 마음을 움직이고 정신적 열정이 전 세계를 흥분시켰다. 마치 신과 세상이 처음으로 화해한 듯했다."

헤겔의 이런 평가는 러시아 10월 혁명과 이후 중국혁명에 대해서도 마찬가지로 적용되어야 한다고 지젝은 말한다. 그는 근대의 주요한 급진 혁명들이 공포와 독재라는 본질을 공유하고 있었음을 인정하면서도, 그 본질을 단순히 부정해야 할 대상이 아닌 헤겔적 의미에서 '지양'해야 할 대상으로 이해한다. 그 문제에 담긴 해방적·창조적 내용을 보존하되 거기에 스며든 독성은 씻어내야 한다는 것이다. 이런 결론이 다소 추상적인 얼버무림으로 들리지만, 지젝의 강조점은 혁명을 상상하고 실천하기를 두려워해서는 해방은 오지 않는다는 지점에 놓여 있다. 두려움이야말로 상상력의 적이라고 지젝은 말한다.

우연성, 헤게모니, 보편성 주디스 버틀러·에르네스토 라클라우·슬라보예 지젝 지음 / 박대진·박미선 옮김 / 도서출판b

라클라우, 지젝, 버틀러의 '헤게모니' 논쟁

영국 진보 출판사 '버소'가 기획한 『우연성, 헤게모니, 보편성Contingency, Hegemony, Universality』은 주디스 버틀러Judith P. Butler, 에르네스토 라클라우Ernesto Laclau, 슬라보예 지젝의 정치철학적 대화를 묶은 책이다. 우리 시대의 가장 논쟁적인 급진 철학자들이 지상 토론을 벌인다는 사실만으로도 이 책은 흥미롭다. 1999년에 기획돼 집필된 책이지만, '좌파에 대한 현재적 대화들'이라는 부제가 가리키는 대로 10년이 지난 지금도 여전히 현재성을 잃지 않은 쟁점들을 품은 책이다.

　논쟁이 많은 소출을 내려면, 두 가지 조건이 필요하다. 하나는 당사자들이 상대방의 생각을 잘 알고 있어야 한다는 것이고, 다른 하나는 논쟁 당사자들이 인식의 지반을 어느 정도 공유해야 한다는 것이다. 다행히도 세 사람은 상대의 저서에 익숙할 뿐만 아니라 이 지상 토론 이전에도 몇 차례 서로 의견을 교환한 바 있고, 또 '민주주의의 급진적 재구성'을 지향한다는 점에서도 서로 통한다. 논쟁의 전제 조건이 일단은 충족된 셈이다.

　이 책은 구성이 독특하다. 세 철학자가 먼저 각각 다른 두 사람에게 '질문들'을 던진다. 그런 다음 제1라운드에서 이 질문들을 근거로 삼아 각각 자기주장을 편다. 이 제1라운드 글들에 대응하는 방식으로 다시 제2라운드 글이 이어지고, 마지막 제3라운드에서 논점을 명확히 하고 결론을 낸다. 시차를 두고 글로써 이루어진 토론을 묶은 것이다.

세 사람이 논쟁의 출발점으로 삼는 것은 논쟁자 중의 한 사람인 라클라우가 그의 지적 동업자 샹탈 무페Chantal Mouffe와 함께 쓴 『헤게모니와 사회주의 전략Hegemony and Socialist Strategy』(1985)이다. 이 책은 안토니오 그람시Antonio Gramsi가 제시한 '헤게모니' 개념을 발전시켜 고전적 마르크스주의가 간과하거나 해결하지 못한 변혁의 전략을 가다듬는다. 이른바 '포스트마르크스주의'의 이론적 전개에 전환점 구실을 한 것이다. 논쟁자들은 이 책의 기본 발상에 대체로 동의하고 있다. 논쟁에 입회할 때 세 사람의 관심은 '헤게모니' 개념이 내장한 정치철학적 쟁점을 좀더 깊이 따져 들어가, 이 쟁점을 상호 토론을 통해 더 분명하게 이해해보려는 데 있다. 그 쟁점의 핵심이 되는 것이 이 책의 제목에 들어 있는 '보편성Universality'과 '우연성Contingency' 문제다.

헤게모니 개념은 어느 한 집단이나 계급이 혼자 힘으로 권력을 단숨에 장악할 수 없고, 다른 경합 세력의 동의를 얻어내야만 지배적 지위에 올라설 수 있다는 주장을 함축하고 있다. 한 계급이 헤게모니를 장악한다는 것은 그 사회의 다양한 요구를 대변하는 보편적 지위를 획득한다는 것을 뜻하기도 한다. 보편적이지 않은 특수한 계급이 보편적 지위를 얻는다는 사실에서 '보편성' 문제가 드러난다. 특수한 계급들이 보편적 지위를 놓고 경합을 벌이는 상황이 우리 시대의 민주주의적 경쟁의 장소라는 것이 이 논의의 바탕에 깔린 생각이다. 또 보편성은 필연성과도 일정한 관련을 맺고 있는데, 고전 마르크스주의의 주장에서 그 관계가 뚜렷하다. 프롤레타리아계급은 보편 계급일 뿐만 아니라 역사 발전의 필연성을 구현할 계급이기도 한 것이다. 그러나 프롤레타리아계급이 단지 진보를 놓고 경합하는 여러 계급·집단들 중의 하나일 뿐이라면,

이들의 역사적 지위는 필연적이지 않고, 우연적인 것이 된다. 따라서 헤게모니 문제를 고민한다면, 필연성의 보장이 없는 특수한 계급이 어떻게 보편적 계급의 지위를 얻을 수 있는가 하는 문제는 정치철학적인 논점이 될 수밖에 없다.

이 책에서 벌어지는 세 사람의 논쟁은 라운드를 거듭하면서 점차 격렬해지고 또 공격적인 모습을 띤다. 때로는 세 사람이 혼전을 벌이고 때로는 2 대 1의 패로 나뉘기도 한다. 그러나 좀더 뚜렷한 대립전선은 지젝과 라클라우 사이에서 형성되는데, 이 전선은 '급진 민주주의 기획'에 대한 태도의 차이에서 비롯하는 것으로 보인다. 지젝은 라클라우를 향해 이렇게 쏘아붙인다. "(라클라우는) 자본주의적 시장경제와 자유민주주의적 정치체제의 근본 원리를 결코 문제 삼지 않는다." 여기에 대해 라클라우는 "이런 순진한 자기만족적 주장에 실소를 금할 수 없다"고 일축한다. 그는 "버틀러와는 대화가 되지만 지젝과는 정치토론을 시작도 할 수 없다"고 말한다. "(지젝이) 자본주의를 전복하라는, 또는 자유민주주의를 폐기하라는 명령"만 반복하기 때문이다. 근거를 충분히 대지도 않은 채 전복하고 폐기하라고만 이야기하는 건 무의미하다는 것이다.

라클라우의 비판에 대해 지젝은 "실상 이것(라클라우의 주장)은 오늘날 우리가 세계 자본주의의 실행 가능한 대안을 상상조차 할 수 없다는 것"을 뜻한다며, 라클라우의 고민이 자본주의 체제 안에 머물러 있다고 비판한다. 그러면서 지젝은 자본주의 체제의 협박에 굴복하지 말고 "불가능한 것"을 상상하고 요구하자고 말한다. 한쪽은 근거 없이 과격하다고, 다른 한쪽은 현존 체제에 굴복했다고 비판을 받는 것이다. 논쟁은 명확한 결말 없이 끝나지만, 그 논쟁을 거치면서 세 철학자들의 강점과 약점이 분명하게 드러난다는 점이야말로 이 책의 성과다.

다중 안토니오 네그리·마이클 하트 지음 / 조정환·정남영 옮김 / 세종서적

'제국'의 지배를 극복할 힘은 '다중'

지난 수년 사이 전 세계 혁명적 좌파 진영에서 가장 큰 논란을 불러일으킨 것은 안토니오 네그리Antonio Negri(1933~)와 마이클 하트Michael Hardt(1960~)의 『제국Empire』(2000) 출간이었을 것이다. 이탈리아 자율주의(아우토노미아) 운동이론가였던 네그리가 미국인 제자 하트를 만나 이루어낸 협업적 성과가 『제국』이었다. 21세기 벽두에 출현한 이 저작은 오늘날의 세계질서에 대한 하나의 인식 지도를 제시했다. 지도의 윤곽이 선명했던 만큼, 논쟁의 지점도 뚜렷했다. 윤곽의 선명함은 과격한 일반화와 성급한 개념화의 혐의를 안고 있었다. 지지·반대·절충의 목소리들이 이어졌다. 『제국』 출간 4년 뒤 네그리와 하트는 속편이라 할 『다중Multitude』(2004)을 다시 내놓았다. 『제국』과 짝을 이루는 저작이다.

  두 책이 하나의 세트를 이루고 있는 이상, 『다중』의 논점을 이해하려면 『제국』의 주장을 살펴보는 것이 필요하다. 『제국』에서 네그리와 하트는 과거와 다른 새로운 전 지구적 질서가 형성되는 중이라고 밝히면서 그 질서를 '제국'이라고 정의했다. 이때의 제국은 '제국주의 체제'와 본질적으로 다르다. 과거의 제국주의는 해외의 시장과 영토를 두고 벌어진 국민국가들 사이의 갈등 체제였다. 요컨대 제국주의는 국민국가

를 주권의 단위로 하는 질서였다. 이와 달리, 네그리와 하트는 오늘날 전 세계가 국민국가 단위를 넘어 단일한 제국 체제로 이행하고 있다고 본다. 개별 국민국가들이 형식적 주권을 행사하고 또 국민국가들 사이에 위계와 차별이 엄존하는 것이 사실이지만, 더 본질적이고 근본적인 경향은 이 국민국가들이 네트워크를 이루어 하나의 제국 질서를 형성해가는 것이라는 게 네그리와 하트의 진단이다.

이 제국의 네트워크는 지배의 네트워크이고 자본의 네트워크이며 생산과 교환의 네트워크다. 동시에 이 네트워크 체제는 새로운 주체를 창출한다. 그 주체가 바로 『다중』에서 분석하는 '다중'이다. '지구화'의 두 얼굴 가운데 한 얼굴이 제국의 얼굴이라면, 다른 한 얼굴은 다중의 얼굴이다. 제국이 네트워크이듯이 다중도 네트워크다. 지은이들의 표현을 빌리면 다중의 네트워크는 "모든 차이들이 자유롭고 평등하게 표현될 수 있는 개방적이고 확장적인 네트워크이며 우리가 공동으로 일하고 공동으로 살 수 있는 마주침의 수단들을 제공하는 네트워크"다. 제국은 다중을 만들어내고 다중은 제국을 극복할 역량과 대안을 만들어낸다.

다중의 존재론적 성격을 명료하게 규정하려면, 다중을 민중·대중·군중·계급 같은 유사 개념들과 비교해보는 것이 필요하다. 네그리와 하트가 다중 개념과 가장 직접적으로 대립시키는 것이 민중people 개념이다. 민중은 획일적 통일성·동일성의 집합이다. 민중은 민중을 구성하는 수많은 개별적 존재들의 차이·다름·특성을 평준화한다.

> "민중은 통일의 관점에서 파악된 것이다. 민중은 저 다양성을 통일성으로 환원하며 인구를 하나의 동일성으로 만든다. 민중은 하나다."

반면에 다중은 '다수'다. "다중은 하나의 통일성이나 단일한 동일성으로 결코 환원될 수 없는 수많은 내적 차이로 구성돼 있다." 다중은 집합이되, 차이가 소멸되지 않고 그대로 살아 있는 집합이다.

지은이들이 보기에 다중은 대중과도 다르다. '대중'은 통일성이나 동일성으로 환원되지 않는다는 점에서는 다중과 같지만, 차이를 유지하지도 생산하지도 못한다는 점에서 다중과 구별된다.

> "대중의 본질은 무차별성이다. 모든 차이들은 대중 속에 가라앉아 익사한다. 인구의 모든 색깔들은 회색으로 바랜다."

대중은 스스로 사유하지 못한다. 그들은 동형의 집합체를 형성해 하나로 움직이며, 지도자를 잘못 만나면 '폭중'으로 변할 수 있다.

다중의 특성을 뚜렷하게 보여주는 모델이 인터넷이라고 지은이들은 말한다. 인터넷이라는 '분산된 네트워크'는 각각의 사용자가 자기 자신으로 남아 있으면서 서로 드넓게 접속할 수 있으며, 또 언제든 새로운 접속이 추가될 수 있다. 다중이 집합적 지성을 갖추고 있다는 점은 더욱 중요한 특징이다. 네그리와 하트는 다중의 지성적 성격을 설명하는 방편으로 개미나 벌과 같은 무리에게서 발견되는 '떼지성swarm intelligence'(무리지성)을 끌어들인다. "개체로서의 흰개미들 중 어느 것도 높은 지능을 가지고 있지 않지만, 흰개미 떼는 어떤 중앙통제도 없이 지능체계를 형성한다." 마찬가지로 네트워크 체제로서 다중은 소통과 협력을 통해 집합적 지성을 창출한다. 그 집합적 지성은 노동하고 생산하는 지성이며 새로운 삶의 형식을 창안하는 지성이다.

지은이들은 이 책의 앞부분에서 제국 질서가 '항구적 전쟁 상태'에 놓여 있음을 밝힌다. 과거 로마제국이 그러했듯이 제국은 끊임없는 지구적 차원의 내전 속에서 그 내전을 통해 질서를 유지해간다. 전쟁 상태는 민주주의의 유예와 축소를 불러온다. 지은이들은 다중이야말로 바로 이 전쟁 상태를 끝장내고 민주주의를 실현할 주체라고 말한다. "다중은 민주주의, 다시 말해 만인에 의한 만인의 지배라는 법칙을 실현할 수 있는 유일한 사회적 주체다."

네그리의 제국 강의 안토니오 네그리 지음 / 서창현 옮김 / 갈무리

21세기 로마제국의
쿠데타

안토니오 네그리는 급진적 반자본주의 해방운동인 '아우토노미아' 운동을 창설하고 주도하고 있다. 그는 21세기 전 지구적 자본주의 체제와 그 내용을 독자적 이론으로 설명한 『제국』과 『다중』으로 유럽을 넘어 전 세계로 알려진 대중적 지식인이 됐다. 『네그리의 제국 강의*Empire and Beyond*』는 『다중』을 발간한 2004년 전후 1년 반 동안 유럽 여기저기를 여행하면서 행한 강연 내용을 묶은 책이다.

  네그리에게 유럽 여행은 오랫동안 삶을 옥죄던 족쇄에서 마침내 풀려났음을 뜻하는 개인적 사건이기도 했다. 1933년 이탈리아 파도바에서 태어난 네그리는 파도바대학 교수로 일하면서 노동자들의 급진적인 변혁운동에 참여했다. 실천운동 속에서 아우토노미아 사상을 발전시키던 네그리는 1979년 알도 모로Aldo Moro 이탈리아 총리 납치살해 사건에 관여한 테러리스트의 수괴라는 조작된 죄목으로 체포·투옥됐다. 1984년 프랑스로 망명해 당시 루이 알튀세르Louis Althusser와 질 들뢰즈Gilles Deleuze의 도움으로 파리8대학에서 정치학을 가르쳤다. 1997년 이탈리아로 돌아간 네그리는 다시 수감됐다가 풀려나 가택연금 생활을 했다. 13년의 망명 생활, 12년의 수감·연금을 포함해 모두 25년을 부

자유의 상태로 살았던 그는 2003년 4월에 자유의 몸이 됐다. 여권을 받은 직후부터 이듬해 말까지 지구 두 바퀴에 해당하는 거리를 옮겨 다니며 강연했는데, 그중 36건의 강연 내용이 『네그리의 제국 강의』에 담겼다.

이 책은 제목이 말하는 대로 네그리 자신을 지식 스타로 띄워 올린 『제국』과 『다중』에 대해 강의하는 것이 주요 내용이다. 그러나 단순한 내용 설명에 그치지 않고 자신의 이론을 부연하고 확장하고 새로운 가설을 제시한다. '제국'이 어떻게 작동하는지, '제국'과 '다중'은 어떤 관계에 있는지를 좀더 명료하게 밝힌다. 네그리의 이론을 쉽게 이해하려면, 제국이라는 것에 대해 먼저 뚜렷한 윤곽을 잡는 것이 필요하다. 네그리의 제국은 고대사에서 빌려온 개념이다. 아우구스투스가 열어젖혀 이후 수백 년 동안 고대 지중해 세계를 지배했던 '로마제국'이 네그리 제국의 모델인 셈이다. 로마제국의 영토가 전 지구적 차원으로 확장돼 더는 외부가 없는 단일한 전체가 된 것이 네그리가 말하는 제국이라고 할 수 있다. 네그리는 이런 제국이 1989년 사회주의권의 몰락과 함께 등장하기 시작했으며 전 지구적 자본주의 체제가 이 제국으로 이행·변모하고 있다고 말한다.

네그리는 제국의 구조도 로마제국의 지배구조와 유사한 형태로 이해한다. 다시 말해, 현재의 제국은 로마제국처럼 군주제(황제)와 귀족제(원로원)의 혼합체제로 이루어져 있다. 거기에 피지배층의 저항이라는 민주주의적 힘이 가세해 현재의 제국은 군주제·귀족제·민주주의라는 세 힘의 교합과 갈등 속에서 작동하고 있다. 여기서 군주의 역할을 하는 것이 미국이다. 군주세력 미국은 군사적·화폐적·문화적 헤게모니를 유지하고 있다. 네그리는 거대한 다국적 기업들, 지역적 지배력을 지닌 국민국가들, 그리고 세계은행·국제통화기금 같은 초국적 경제기구들이 제국의 귀족들이며 이들이 미국이라는 군주의 하위 파트너로 원로원을 구성한다고 본다. 제국은 군주와 귀족이 힘을 합쳐 공동으로 관리한다. "어떤 국민국가도, 심지어는 미국조차도 이 제국을 일방적으로 통치할 수 없다." 네그리는 이 군주세력과 귀족세력이 개별 국민국가 차원의 주권을 넘어 제국적 주권을 구성한다고 말한다. 이 제국적 주권은 일종의 권력 네트워크, 중심 없이 분산된 네트워크다.

이 제국의 지배 아래서 제국의 지배에 저항하는 주체가 바로 다중이다. 다중이란 제국 시대의 전 지구적 프롤레타리아를 가리키는 말이라고 할 수 있다. 네그리는 자본주의 체제에 대한 피지배자들의 저항이 승리한 결과로 제국이 탄생했다고 말한다. 1918년에 시작돼 1989년에 끝난 20세기는 말하자면 일종의 거대한 내전의 시기였다. 자본가계급과 프롤레타리아계급 사이의 그 싸움에서 프롤레타리아가 승리했고, 68혁명은 그 결정적 전환점이 되었다. 이후 '공장 안의 컨베이어벨트'로 대표되는 포드주의적 착취 시스템이 붕괴하고, 컴퓨터와 인터넷으로 대표되는 이른바 지식·정보시대의 '비물질노동'이 주도하는 새로운 자본주의 시스템이 등장했다. 전 지구적 차원의 그런 변화된 조건에서 탄생한 것이 다중이라고 네그리는 말한다. 이 다중은 제국의 실질적 구성원이자 제국을 넘어 새로운 세계를 만들어낼 주체이기도 하다. 그 다중은 단순히 한 덩어리의 집단적 힘으로 이해되던 과거의 민중이나 계급과 달리 각자의 '특이성'을 간직한 채로 '공통성'을 창출하는 존재다.

이 책에서 네그리는 2003년 조지 부시가 강행한 이라크 전쟁을 '제국적 질서 안에서 군주 세력이 도발한 일종의 내부 쿠데타'라고 설명한다. 부시가 '짐이 곧 제국이다'라고 허풍 치며 밀어붙인 것이 이라크 전쟁이라는 쿠데타였다. 그 쿠데타는 처절한 패배로 끝났다. 네그리의 이론을 따른다면, 그 패배의 후유증으로 미국은 지금 제국 안에서 군주적 지위를 더욱 빨리 잃어가고 있다고 할 것이다.

네그리 사상의 진화 　마이클 하트 지음 / 정남영·박서현 옮김 / 갈무리

성실한 학자, 성난 전복자, 젊은 네그리의 두 얼굴

마이클 하트는 자율주의 이론가 안토니오 네그리와의 공동 작업으로 유명해진 사람이다. 1990년대 이후 그의 지적 동지이자 스승인 네그리와 함께 『디오니소스의 노동』『제국』『다중』을 집필함으로써 국제적 명성을 얻었다. 『네그리 사상의 진화 The Art of Organization』는 하트가 1993년에 쓴 박사학위 논문 가운데 후반부를 번역한 책이다. 1960년대부터 1970년대 말까지 젊은 네그리의 이론적·실천적 투쟁을 추적한 것이 이 책이다. 하트의 박사학위 논문 전반부는 『들뢰즈 사상의 진화』(갈무리 펴냄)라는 이름으로 먼저 번역돼 나온 책에 소개됐다. 이 부분도 역시 질 들뢰즈 사상의 형성 과정을 집중적으로 살피고 있다. 말하자면 하나의 박사학위 논문이 두 권의 책으로 나뉘어 나온 셈인데, 그런 만큼 두 책을 묶어 함께 읽는 것이 하트의 문제의식을 이해하는 데 더 유용하다.

　하트가 들뢰즈와 네그리의 초기 작업에 공통으로 주목한 것은 두 사람이 각기 다른 방식으로 '헤겔 변증법'에 대항할 길을 찾았기 때문이다. 들뢰즈는 니체를 통해서, 네그리는 레닌을 통해서 헤겔 변증법 극복의 돌파구를 마련했다. 왜 이들이 반헤겔·반변증법의 기치를 올렸는지는 『들뢰즈 사상의 진화』 서론에 간명하게 서술돼 있다. 헤겔의 변증법

은 어떤 '부정'도 부정 자체로 놔두지 않고 지양을 통해 종합에 합류시켜 버리는데, 이 사실이 그들에게는 견딜 수 없는 일이었다. 지배체제를 부정해도 결국에 또 다른 지배체제로 포섭되고 마는 변증법이 문제였던 것이다. 이 변증법적 부정에 맞서 들뢰즈와 네그리가 공히 내세우는 것이 '비변증법적 부정'이다. "비변증법적 부정은 더 단순하고 더 절대적이다." 이 비변증법적 부정을 하트는 '절대적 부정' '총체적 부정' '근원적 부정'이라고 부른다. 종합으로 지양되지 않고 부정 그 자체로 끝나는 부정, 완전한 파괴·소멸·폐허만 남기는 부정, 그리하여 그 빈터에서 새로운 존재의 구성으로 이어지는 부정이 네그리와 들뢰즈가 말한 부정이다.

『네그리 사상의 진화』는 말하자면, 이 비변증법적 절대 부정에 이르는 과정을 설명하는 책이라고 할 수 있다. 하트는 먼저 1960년대의 네그리가 이론과 실천에서 보였던 내적 긴장에 주목한다. '오페라이스모 operaismo'(노동자주의)라는 이탈리아 이론 운동에 몸담았던 당시의 네그리는 흔히 '두 명의 네그리' 혹은 '분열된 인격'으로 묘사된다. 이론의 영역에서 네그리는 지적이고도 성실한 학자였다. "지적 도야와 사상의 모험에 매료된 순수한 지식인"의 모습이었다. 동시에 네그리는 공장 노동자들과 함께 학습하고 그들의 사보타주를 선동하는 "전의에 찬 성난 전복자"였다. '훌륭한 교수'와 '사악한 교사'라는 두 얼굴 사이에서 네그리는 찢겨 있었다. 이론의 영역에서 네그리는 자본주의 체제를 단숨에 극복할 방안을 찾지 못했지만, 실천의 영역에서는 노동자들의 전복적 투쟁을 옹호했다. 둘 사이의 분열과 긴장은, 그람시의 용어로 말하자면, '지성의 비관주의' 대 '의지의 낙관주의'의 갈등이었다. 하트는 이 긴장이 1970년대에 들어와 극도로 커진 뒤 파열·폭발로 이어졌다고 말한다. 그 폭발이란 노동자들의 힘에 입각한 실천을 통해 '자본의 변증법'을 깨뜨리는 길로 나아간 것을 말한다. 노동자들을 포섭하여 그 힘의 분출을 봉쇄하는 자본의 변증법적 운동을 폐지해버리고, 노동자들의 실천적 힘으로 새로운 세계를 구성할 수 있을 것이라는 결론에 이른 것이다. 그때 네그리는 선언했다. "변증법은 끝났다. 헤겔은 죽었다."

하트는 네그리가 이 비변증법적 부정의 지평을 발견한 것이 레닌을 재해석한 결과라고 말한다. 새롭게 해석된 레닌은 이론 자체보다 혁명 주체의 실천을 앞세우는 레닌이다. 더 흥미로운 것은 이때의 레닌이 니체와 다르지 않다는 하트의 해석이다. "니체와 레닌 사이의 유사성은 주체의 힘이 모든 논점들에 생기를 불어넣는다는 점에 있다." 니체는 이렇게 말한 바 있다. "'모든 것은 주관적일 뿐이다'라는 초라한 표현을 쓰지 말고, '그것은 또한 우리의 작품이다'라고 하자." 주체가 기존의 세계를 없애고 새로운 세계를 만들 수 있다는 이야기다. 니체와 레닌은 "파괴적 계기, 곧 그 파괴적 힘이 너무나 격렬하여 사물의 현재 상태를 완전히 깨부수면서 현재의 지평 전체를 무너뜨리는 힘"을 제시한다. 이런 레닌적 국면을 거쳐 네그리가 이후 아우토노미아 운동으로 나아간다고 하트는 말한다.

제국이라는 유령 알렉스 캘리니코스 외 지음 / 김정한·안중철 옮김 / 이매진

네그리의 '제국'에 대한 트로츠키주의의 반격

"제국이 바로 우리 눈앞에 구체화되고 있다. 과거 수십 년에 걸쳐서 식민지 체제가 무너지고, 그다음에 자본주의 세계시장에 대한 소비에트라는 장벽이 최종적으로 황급히 붕괴한 뒤에, 우리는 저항할 수도 되돌릴 수도 없는 경제적·문화적 교환들의 전 지구화를 목격해왔다. 전 지구적 시장 및 전 지구적 생산회로와 더불어 전 지구적 질서, 새로운 지배논리와 지배구조, 간단히 말해서 새로운 주권 형태가 등장했다. 제국은 이러한 전 지구적 교환들을 효과적으로 규제하는 정치적 주체, 곧 세계를 통치하는 주권 권력이다."

이 야심만만한 선언은 『제국』의 첫머리에 나온다. 이탈리아 자율주의 이론가 안토니오 네그리와 그의 지적 동업자 마이클 하트가 함께 써 2000년에 출간한 『제국』은 21세기에 출간된 좌파 이론서 가운데 가장 강력한 영향을 끼친 저작이자 가장 많은 논란과 반감을 불러일으킨 저작이다. 세계 좌익 운동은 『제국』을 환호하는 쪽과 『제국』에 반대하는 쪽으로 갈렸다고 해도 지나친 말이 아니다. 『제국이라는 유령Debating Empire』은 영국의 트로츠키주의 이론가 알렉스 캘리니코스Alex Callinicos를 비롯해 반대쪽에 선 사람들이 쓴 글 모음이다. 『제국』이 출간된 뒤,

이 논쟁적인 저작을 비판적으로 논평하는 서평들 가운데 밀도가 높은 것을 추려 모았다.

네그리와 하트가 말하는 '제국'은 과거 제국주의 시기의 제국과 전혀 성격이 다르다. 네그리와 하트의 제국은 국민국가의 경계를 허물고 전 지구적 차원에서 형성된 자본주의적 지배·착취 체제다. 지구가 곧 하나의 제국이다. 그러므로 이들이 묘사하는 제국이 국민국가의 확장과 팽창의 방식이었던 과거의 제국주의와 다르다는 건 더 말할 것도 없다. 네그리와 하트의 제국은 오히려 옛날의 로마제국을 닮았다. 자기 완결적 보편 구조였던 로마제국처럼 제국은 지구 전체를 그물로 엮어 스스로 작동한다. 로마제국이 기독교도의 끝없는 확산과 저항으로 점령당했듯이, 이 새로운 지구 제국은 인터넷 중심의 광범위한 네트워크를 기반으로 한 다중의 저항을 통해 극복될 것이라고 이들은 예견한다.

영국의 트로츠키주의 이론가 알렉스 캘리니코스는 네그리와 하트의 『제국』이 아무런 전략적 지침도 제시하지 못한다고 지적한다. 『제국이라는 유령』의 필자들은 네그리와 하트의 『제국』이 지적으로는 우아하고 현란하지만, 진단과 전망의 내용으로 보면 거의 공상에 가까운 책이라고 냉담하게 평가한다.

> "세계 자본주의를 구성하는 풍요로운 중심부와 종속적 주변부 사이의 거대한 물질적 격차가 사라지고 있다는 주장은 근거가 없다." (조반니 아리기)

> "『제국』의 지구화 패러다임은 자본주의적 사회질서의 재생산에 없어서는 안 될, 영토적으로 조직된 국가권력의 구실을 설명할 수 없다." (엘린 우드)

> "『제국』은 진지한 정치 현실주의가 아니라, 저항의 욕망에 위안을 전해주는 (…) 신화다." (티모시 브레넌)

알렉스 캘리니코스는 전략과 관련해 네그리와 하트가 유용한 말을 거의 하지 않는다는 점이야말로 『제국』의 약점이라고 지적한다. "네그리와 하트는 피억압자·피착취자를 익명의 무정형한 대중과 동일시하고, '도망·탈출·유목생활'을 민주주의적 힘이라고 선언하면서 이주민과 난민을 찬양한다." 네그리와 하트는 카를 마르크스의 『공산당 선언 Manifest der Kommunistischen Partei』의 유명한 구절을 비틀어 "하나의 유령이 세상에 출몰하는데, 그것은 이주라는 유령이다"라고 선언한다. 이 유령들, 곧 끝없이 이주하고 출몰하는 다중이 제국에 대항해 새로운 공간을 구성할 것이라고 네그리와 하트는 말하지만, 캘리니코스는 이 선언의 내용이야말로 실체 없는 것, 곧 유령이라고 본다. 제국은 유령일 뿐이다.

캘리니코스는 네그리가 여전히 자율주의의 핵심 이론가이며, 지난 40년 동안 혁명적 지식인으로 살아온 점을 존경할 수도 있고 또 그런 점에서 그와 연대해야 한다고 말한다. 그러면서도 그는 냉정한 평가를 거두지 않는다. 네그리의 사상은 지구적 자본주의에 대항하는 성공적인 운동이 발전하는 데는 장애물일 뿐이라는 것이다.

세계공화국으로 가라타니 고진 지음 / 조영일 옮김 / 도서출판b

가라타니 고진의 '세계 혁명 선언'

가라타니 고진(1941~)은 일본 지성계를 대표하는 비평가다. 1970년대까지 정치사상가 마루야마 마사오丸山眞男(1914~1996)가 누렸던 지위를 1980년대 이후 가라타니가 대체했다고 봐도 무리가 없다. 마루야마가 '사상계의 천황'이었다면, 가라타니는 그 천황의 자리를 뒤엎은 전복자다. 그는 무리를 거느리지 않은 단독자다. 그는 자객처럼 지배적 사상의 내부로 깊숙이 들어가 심장을 겨냥한다. 그의 무기는 전 방위로 뻗친 지식과 불온한 비판성이다. 문학에서부터 철학·경제학·역사학·언어학, 심지어 건축학과 인류학에 이르기까지 종횡으로 가로지르는 르네상스적 지식의 힘으로 그는 현실이라는 괴물의 딱딱한 외피를 뚫고 탄환처럼 그 속살을 관통한다. 그의 최근 작업은 그 괴물이 고꾸라지고 난 뒤에 열리는 시야를 보여준다. 그의 2006년 저작 『세계공화국으로世界共和國へ』에서 그 시야를 확인할 수 있다.

"이제까지 철학은 세계를 해석하기만 했다. 중요한 것은 세계를 변혁하는 것이다." 1845년 카를 마르크스가 쓴 「포이어바흐에 관한 테제」는 『세계공화국으로』를 쓴 가라타니의 경우에 정확히 대응한다. 이제까지 그의 작업이 불온성을 내장한 해석이자 비판이었다면, 『세계공화국으로』는 명백히 '변혁'을 지향한다. 따라서 이 책은 마르크스가 '테제'를 쓰고 3년 뒤 작심하고 집필한 『공산당 선언』과 동일한 성격을 지녔다. 말하자면 이 책은 팸플릿이고 선언문이며 새 세계를 향한 이행 전략론이다. 팸플릿 성격이 강한 만큼 이 책은 이해하기 어렵지 않다. 그의 다른 책들이 무수한 전문용어의 숲으로 이루어져 있어서 길을 잃기 십상이었지만, 이 책은 그런 점은 염려하지 않아도 된다. 지은이는 고등학생을 포함한 일반인이 읽어주기를 바란다고 밝히고 있다.

『공산당 선언』에서 마르크스가 당대의 여러 사회주의 조류와 대결했듯이, 가라타니도 이 선언문에서 기존 이념과 비판적으로 대결하고 있다. 요약하자면, 그의 대결 지점은 마르크스와 이마누엘 칸트다. 기존의 변혁 운동이 왜 실패로 끝날 수밖에 없었는지를 설명하는 논거로 마르크스가 동원된다면, 칸트는 마르크스를 넘어 세계 변혁의 방향과 전략을 보여주는 사례로 제시된다. 칸트의 한계를 마르크스가 뛰어넘었다는 전통적 견해를 거의 정반대로 뒤엎은 꼴이다.

가라타니가 보기에 마르크스 이론의 치명적 약점은 '국가론'이 결여돼 있다는 점이다. 마르크스는 자본주의 생산체제 분석에서는 탁월한 성취를 보여주었지만, '국가'에 관한 한 시종일관 프루동주의의 한계 안에 갇혀 있었다. 피에르 조제프 프루동Pierre Joseph Proudhon은 어떤 사람인가. 그는 국가 없는 세상을 꿈꾼 근대 아나키즘의 시발점이다. 프루동은 자본주의 착취 체제를 뒤엎고 '자유로운 사람들의 연합' 곧 생산자 협동조합 체제를 만들면 국가가 소멸할 것이라고 보았다. 국가는 자본주의 체제를 보장하는 외부적 장치일 뿐이므로 자본주의가 무너진다면 국가라는 껍데기가 한순간에 날아가버릴 것이라고 생각한 것이다. 마르크스는 프루동의 생각을 고스란히 이어받아, 프롤레타리아가 연합해 자본주의 세계체제를 무너뜨리면 국가가 사라진다고 믿었다. 두 사람 사이에 차이가 있었다면, 마르크스가 '프롤레타리아 독재'라는 일시적 국가기구를 상정했다는 점뿐이다. 그러나 마르크스의 독재론은 혁명의 구체적 상황에서는 국가기구를 일시적으로 틀어쥐는 것이 필요하다는 인식이었지, 국가의 자연스러운 소멸을 부정한 것은 아니었다.

가라타니는 프루동-마르크스가 국가 안에서 국가를 생각했기 때문에 잘못된 결론에 이르렀다고 단언한다. 그가 보기에, 국가란 다른 국가에 대항해서 존립한다. 국가를 내부의 힘으로 해체한다고 해도, 다른 국가들에게 먹혀 더 큰 국가가 만들어지는 것으로 끝나고 만다. 다른 국가들이 있는 한 국가는 해체되지도 소멸하지도 않는다. 프루동의 아나키즘은 순진한 사상이다. 그렇다면, 세계동시혁명으로 일거에 모든 국가를 철거해버리면 되지 않는가. 안토니오 네그리와 마이클 하트가 『제국』에서 그런 가능성을 내비쳤는데, 가라타니는 단호하게 이 책의 주장을 부정한다. 『제국』은 1990년 이후 세계가 아메리카를 중심으로 하여 하나의 제국이 됐다고 말하지만 현실은 여전히 수많은 국민국가들의 갈등과 경합 체제다. 다중의 반란이 제국의 그물을 찢어낼 것이라는 전망도 가라타니가 보기엔 환상이다. 다중의 반란은 세계혁명을 일으키기는커녕, 개별 국민국가만 더욱 강화시키고 말 것이 틀림없다. 네그리와 하트의 『제국』은 프루동-마르크스를 그대로 이어받은 '국가론 없는 아나키즘'이다.

그렇다면 변혁의 전망은 없는 것인가. 여기서 가라타니는 칸트의 '영구평화론'에 주목한다. 개별 국민국가들의 팽창 욕구를 억누를 수 있는 외부적 장치가 필요하다는 것이다. 국민국가 내부에서 그것을 극복하려는 노력은 그것대로 계속해야 하지만, 인류적 차원의 집합적 힘으로 국민국가의 준동을 억누르고 궁극적으로 그 국가를 소멸시켜야만 자본주의 세계체제를 총체적으로 넘어설 수 있다. 칸트는 그런 외적 장치로서 '세계공화국'이란 이념을 내놓았다. 현재의 국제연합UN이 장래의 세계공화국 모태라 할 수 있다. 그 실천의 첫발은 국민국가들의 군사

주권을 국제연합으로 넘기는 것이다.

가라타니가 보기에, 세계공화국은 먼 미래에야 이루어질 수 있다. 따라서 그것은 변혁이라기보다는 점진적 이행에 가깝다. 그러나 이 점진성이야말로 진정한 변혁의 경로다. 인류를 이끌어주는 이념 또는 이상 아래서 오늘의 현실과 싸우는 것, 가라타니가 그의 선언문에서 밝히는 전략이다.

■■ **주류에 끊임없이 저항하는 가라타니 고진** ■■

가라타니 고진은 문학에서 이력을 시작한 사람이다. 1969년 일본 근대문학의 아버지 나쓰메 소세키에 관한 글로 비평계에 입문한 뒤 1972년 첫 비평집 『불안에 떠는 인간』을 출간했다. 문학비평가로서 그의 이력은 최근까지도 이어져 2005년 『근대문학의 종언』을 펴내기도 했다. 그러나 문학비평가라는 규정은 가라타니라는 지식인을 구성하는 정체성의 극히 작은 부분일 뿐이다. 그의 삶을 일관하는 것은 '주류에 대한 저항 의식'이라고 할 수 있다.

그는 1970년대 일본 지식계에 프랑스 탈구조주의 운동을 소개하고 퍼뜨린 사람이었다. 뭉뚱그려 '포스트모더니즘'이라고 할 수 있는 사상 흐름을 앞장서서 받아들인 것인데, 그것은 근대주의적 억압 질서에 대한 지적 저항의 한 방식이었다. 1970년대 중반 미국 컬럼비아대학 교수 시절에 쓴 『일본 근대문학의 기원』은 그 저항의 학문적 결과라고 할 만하다. 이 책에서 그는 미셸 푸코Michel Foucault의 고고학 방법을 원용해 일본 근대문학의 기원을 파고 들어갔다. 근대적 국민국가가 형성되고 난 뒤 국민문학이 성립됐을 거라는 상식적 믿음을 깨뜨리고, 제도로서 형성 중이던 근대문학이 국민이라는 정체성을 만들어내는 데 핵심 요소로 작용했음을 입증했다. 국민이라는 관념이 성립한 것이 최근의 일임을 문학 연구로 보여준 것이다.

1978년 출간한 『마르크스 그 가능성의 중심』도 시대 흐름을 삐딱하게 보는 그의 반골 정신이 배어 있는 작품이다. 책이 출간되던 무렵 일본 지식계에서는 '마르크스' 하면 퇴물 취급을 받았는데, 이 책에서 그는 마르크스를 혁신적으로 재해석함으로써 하나의 '가능성'을 찾아내려 했다. 1980년대까지 프랑스 철학의 영향 아래 '해체주의'를 실천하던 그는 1989년 베를린 장벽이 무너지고 사회주의권이 붕괴하면서 비평적 태도에 깊숙한 변화를 겪었다. 해체주의란 사실상 스탈린주의적 사회주의의 영향력에 맞서 그 이념의 억압성을 고발하는 것인데, 그 사회주의가 파산해버린 것이다. 일본 안에서도 사회당과 공산당이 몰락하고 좌파가 궤멸했다. 현실 사회주의 체제가 무너지고 난 뒤에도 계속되는 해체주의란 사실상 자본주의 체제에 대한 이바지가 될 뿐이라는 게 그의 판단이었다.

가라타니는 모두들 '공산주의는 끝났다'며 돌아선 지점에서 다시 '코뮤니즘'을 되살리는 작업에 나섰다. "현실을 비판적으로 해명하는 것이 아닌 현실을 변화시키는 이론"이 필요함을 절감한 것이다. 10년 가까운 작업 끝에 내놓은 『트랜스크리틱』이 그의 새로운 관점을 담은 책이다. 『트랜스크리틱』 서문에서 그는 이렇게 말한다. "나는 근본적으로 다시 생각하려는 과정에서 칸트를 만났다. 내가 하려고 한 것은 마르크스를 칸트적 '비판'에서 다시 생각해보는 일이었다." "타자를 단지 수단으로만 취급하는 자본주의 경제에서 칸트가 말하는 '자유의 왕국'이나 '목적의 왕국'이 코뮤니즘을 의미하는 것은 분명하다. 반대로 코뮤니즘은 그런 도덕적 계기 없이는 존재할 수 없다."

『트랜스크리틱』의 후속 작업으로 그가 하고 있는 것이 『트랜스크리틱 2』 저술인데, 이 저술을 대중적 문체로 풀어내 미리 보여준 것이 『세계공화국으로』다. 『트랜스크리틱』에서 그는 자신이 "정치적으로 보면 오히려 아나키스트 쪽"이라고 밝히고 있는데, 그 아나키즘을 비판한 『세계공화국으로』는 일종의 자기비판인 셈이다. 그 자기비판으로써 가라타니는 새로운 세계전망을 보여주고 있는 것이다.

네이션과 미학 가라타니 고진 지음 / 조영일 옮김 / 도서출판b

프로이트의 초자아, 칸트의 영구 평화, 가라타니의 세계공화국

『네이션과 미학ネーツョンと美學』은 일본을 대표하는 사상가 가라타니 고진의 '네이션'(국민·민족·국가)에 관한 숙고가 담긴 논문을 모은 책이다. 특히 책 앞쪽에 배치된 두 편의 논문은 가라타니의 최근 사유를 집약적으로 품고 있다. 1990년대 말 이후 가라타니의 사상은 '트랜스크리틱'과 '세계공화국'이라는 말로 요약할 수 있다. 트랜스크리틱(횡단비판)이라는 방법으로 세계공화국이라는 이념을 도출하는 것이 가라타니의 최근 관심사인 것이다. 가라타니는 2001년 출간한 『트랜스크리틱』(한국어판 2005년)에서 이 '횡단비판'을 실험한 바 있다. 그 책에서 그는 '비판'의 두 대가라 할 이마누엘 칸트와 카를 마르크스를 불러내, "칸트로부터 마르크스를 읽어내고 마르크스로부터 칸트를 읽어내는" 시도를 했다.

『네이션과 미학』에서 가장 주목할 만한 논문 「죽음과 내셔널리즘-칸트와 프로이트」는 선행 작업을 이어받아 칸트와 지그문트 프로이트 Sigmund Freud를 횡단비판의 대상으로 삼고 있다. 두 사람을 겹쳐 읽음으로써 '네이션'의 구성과 기능을 밝히고, 그 네이션을 극복한 '세계공화국'의 이념으로 나아가는 것이 이 논문, 나아가 이 책의 목표다.

이 논문에서 가라타니가 초점을 맞추는 것은 '후기 프로이트'와 '후기 칸트'다. 이 둘 사이에는 외면하기 어려운 상동관계가 있다. "후기 프로이트와 후기 칸트가 유사한 것은 무엇보다도 후기에 그들 모두가 '영구평화'라는 문제에 온 힘을 쏟았다는 점이다." 말년의 칸트가 제출한 '영구평화론'은 제1차 세계대전이 참화를 남기고 끝난 뒤에 재발견됐다. 19세기 내내 칸트의 평화론은 아무도 거들떠보지 않았다. 같은 시기에 프로이트는 참전 군인들의 전쟁신경증을 통해 '초자아'를 발견함으로써 무의식의 구조를 재편했다.

전기 프로이트의 이론에서 '초자아'의 원형이 없었던 것은 아니다. 프로이트는 『꿈의 해석』(1900)에서 꿈의 소망 실현을 방해하는 '검열관'의 기능을 거론하는데, 이 검열관이 바로 초자아의 원형이라고 할 수 있다. 검열관은 말하자면, 무의식에 장착된 '아버지의 법'이나 '사회적 규범'이었다. 전기 프로이트는 초자아가 외부에서 일방적으로 강제·주입돼 생겨난 것으로 본 것이다. 이와 달리 후기 프로이트가 발견한 초자아는 외적 강제의 결과가 아니다. 프로이트는 초자아 형성 과정을 이렇게 설명한다. '죽음충동'이 외부로 향한 것이 '공격충동'인데, 이 공격충동이 본래의 장소로 되돌아와 그 장소를 공격함으로써 초자아가 만들어진다. 공격충동이 스스로 안으로 향한 결과로 나타나는 것이 초자아인 것이다. 중요한 것은 이 초자아가 양심과 죄의식을 낳아 공격충동 자체를 억제한다는 사실이다. 초자아가 긍정적인 기능을 하는 것이다. 여기서 가라타니는 초자아가 자아 안에서 '자율적으로' 만들어진다는 점을 강조한다.

초자아의 형성 메커니즘은 칸트의 '도덕법칙'에도 적용된다. "타인을 수단이 아닌 목적으로 대하라"라는 도덕법칙은 일종의 의무이자 명령인데, 칸트는 그 의무의 이행을 '자유'라고 말한다. 가라타니는 '의무가 어떻게 자유가 되는가?' 하고 자문한 뒤 답한다. 도덕적 명령을 다른 사람이 아니라 자기 자신이 스스로 입법했다면 그것을 따르는 것은 자율이고, 외적 강제 없이 스스로 행하므로 자유인 것이다. 그런 자율(=자유) 행위는 프로이트의 초자아가 스스로 자기 안의 공격충동을 다스리는 것과 같다.

이 대목에서 가라타니는 프로이트가 초자아를 네이션과 같은 공동체 차원에서도 발견했음을 강조한다. "공동체도 초자아를 가질 수 있다." 프로이트는 이 공동체적 초자아를 '문화'(문명)라고 불렀는데, 그 문명이 공동체의 건강성을 유지시키는 기능을 한다고 인식했다. 마찬가지로 칸트의 자율도 공동체적 차원에서 작동할 수 있음을 가라타니는 상기시킨다. 이 '초자아적 자율'을 논리적으로 밀고나가면 인류적 차원의 공격충동·파괴충동을 극복한 세계공화국의 이념이 나타난다. 가라타니는 말년의 칸트가 자신의 역사철학을 통해 이 세계공화국의 이념을 보여주었다고 말한다. 세계공화국 이념에 담긴 영구평화의 문제를 말년의 프로이트도 자신의 방식으로 고민했음은 물론이다.

문제는 이 세계공화국의 실현 가능성이다. 세계공화국이 실현된다는 것은 국민국가(네이션 스테이트)를 극복한다는 것을 의미하는데, 관건이 되는 것은 네이션이라고 가라타니는 말한다. 그가 보기에 네이션의 기능은 이중적이다. 네이션은 베네딕트 앤더슨의 말대로 '상상의 공동체'라 하더라도, 단순한 '상상'이 아니라 현실적 힘과 근거를 지닌 '공동체'다. 가라타니는 이 네이션이 전근대 사회의 농촌공동체나 종교가 했던 공동체적 상호부조 기능을 대신한다고 말한다. 자본주의 시장체제의 계급 착취에 대한 저항의 형태로 '국민·민족 공동체'가 호명되는 것은 이 때문이다. 이렇게 네이션(국민·민족)은 자본주의 체제의 약점을 보완하는 기능을 함으로써 자본주의 체제의 불가결한 보충물로 작동하게 된다. 따라서 내셔널리즘은 지적 계몽으로 비판한다고 해서 당장 해체할 수 있는 것이 아니며, 자본주의 체제 자체를 극복하는 장기적 실천을 통해서야 세계공화국 형태로 지양될 수 있다고 가라타니는 강조한다.

역사와 반복 가라타니 고진 지음 / 조영일 옮김 / 도서출판b

마르크스의 '브뤼메르 18일', '역사의 반복'을 말하다

일본의 사상가·비평가 가라타니 고진은 '근대문학의 종언' 주장으로 센세이셔널한 반향을 불러일으킨 바 있다. 『역사와 반복歷史と反復』은 가라타니의 근대문학 종언론의 출발이 되는 저작이자 그 종언론의 진화와 확장을 살필 수 있는 저작이다.

   이 저작은 다소 복잡한 경로를 거쳐 현재의 모습을 갖췄다. 이 책의 원텍스트는 '종언을 둘러싸고'라는 이름으로 1990년에 출간된 바 있는데, 1989년께 쓴 문학비평 논문들이 수록된 책이었다. 1989년이면, 동유럽 사회주의가 붕괴하던 때였고, 일본에서는 쇼와 천황이 사망한 해였다. 프랜시스 후쿠야마 부류가 '역사의 종언'이라는 말로 시대를 규정하던 때였다. 가라타니는 2000년대에 들어와 자신의 저작을 수정·증보해 다섯 권의 『정본집定本柄谷行人集』으로 묶어내는 작업을 했는데, 2004년 다섯 번째 권으로 출간된 것이 『역사와 반복』이다. 『역사와 반복』에는 「종언을 둘러싸고」 말고도, 1990년대 후반에 쓴 두 편의 역사 해석 논문이 포함됐다. 가라타니는 이 증보과정에서 원텍스트들을 대폭 고쳐 썼다. 따라서 『역사와 반복』은 2004년 시점에 쓴 텍스트라고 봐도 무방하다.

   그러나 그런 재편집 과정을 거쳤다 해도 이 저작에는 어쩔 수 없는 내적 균열이 있다. 「종언을 둘러싸고」에 수록됐던 글들에는 미시마 유키오三島由紀夫, 오에 겐자부로大江健三郞, 무라카미 하루키村上春樹 같은 일본 작가들과 대결함으로써 '근대문학의 종언'을 끌어내는 비평가 가라타니가 있다. 이와 달리 역사 해석 텍스트에는 '역사의 반복'이라는 주제와 씨름하는 사상가 가라타니가 있다. 이 두 모습이 균열된 채로 결합해 이 저작은 '종언을 포함한 반복'이라는 역사철학적 관점을 보여준다.

가라타니가 이렇게 역사에 대한 나름의 새로운 관점을 확보하는 데 결정적 준거로 끌어들이고 있는 것이 카를 마르크스의 『루이 보나파르트의 브뤼메르 18일 The Eighteenth Brumaire of Louis Bonaparte』(이하 『브뤼메르 18일』)이다. 마르크스의 이 저작은 나폴레옹 보나파르트Napoléon Bonaparte(1769~1821)의 조카 루이 보나파르트가 1848년 2월 혁명 뒤 대통령으로 당선되고 다시 쿠데타를 거쳐 황제 나폴레옹 3세가 되는 과정을 풍자적으로 고찰한 글이다. '브뤼메르 18일'이란 1799년 나폴레옹이 쿠데타로 권력을 장악한 날을 가리킨다. 이 저작은 '역사의 반복'이라는 문제를 다뤘다는 점에서 주목할 저작이라고 가라타니는 말한다.

마르크스는 그 반복의 문제를 이 저작 첫머리에서 먼저 밝히고 있다.

"헤겔은 어디에선가, 모든 거대한 세계사적 사건들과 인물들은 두 번 나타난다고 지적하고 있다. 그러나 그는 다음과 같이 덧붙이는 것을 잊었다. 한 번은 비극으로, 다른 한 번은 소극으로."

나폴레옹이 황제로 등극할 때에 고대 로마의 카이사르Julius Caesar를 반복했다면, 루이 보나파르트는 다시 숙부 나폴레옹을 반복했다. 마르크스는 루이 보나파르트가 나폴레옹의 겉모습만 흉내 내는 광대 짓을 하고 있다고 비꼬듯 쓰고 있는데, 가라타니는 여기서 그 풍자적 분위기를 걷어내고, '반복성'의 문제에 주목한다. 그는 이 저작이 "역사가 일종의 반복강박 안에 있다는 것을 드러내고 있다"고 말한다.

반복강박이란 말은 본디 지그문트 프로이트가 정신분석 용어로 만든 말이지만, 가라타니는 역사의 반복강박을 이해하는 데 굳이 프로이트를 끌어들일 필요가 없다고 이야기한다. 마르크스의 『브뤼메르 18일』을 정독하는 것으로 충분하다는 것이다. 이 반복강박은 경제 영역에서 뚜렷하게 드러난다. 호황과 침체를 반복하는 '경기순환'이야말로 반복강박의 가장 적실한 사례인데, 가라타니는 정치 영역에서도 이 반복이 나타난다고 말한다. 그때 경제의 반복은 정치의 반복의 조건을 이룬다. 일례로 1851년의 공황 때 루이 나폴레옹의 쿠데타가 일어났다.

그 정치적 반복을 설명하기 위해 가라타니가 꼼꼼하게 살피는 것이 『브뤼메르 18일』에서 분석되는 '보나파르트주의'다. 보나파르트주의는 노동자계급/자본가계급과 같은 적대적 계급 가운데 어느 한쪽이 다른 한쪽을 제압하지 못하고 팽팽하게 균형을 이룰 때 등장하는 독재적 권력의 성격을 가리킨다. 더 중요한 것은 보나파르트주의가 보통선거를 기반으로 하고 있다는 점이다. 인민의 보통선거를 통해 독재권력이 성립되는 것이다. 가라타니는 20세기의 파시즘들, 곧 이탈리아 파시즘, 독일 나치즘, 일본의 '천황제 파시즘'이 모두 이 보나파르트주의의 변종이라고 말한다. 또 미국 대공황기에 집권한 루스벨트 대통령도 보나파르트주의적이었다고 해석한다. 그렇게 보면 보나파르트주의는 60년 정도를 주기로 하여 다시 등장한 셈이 된다. 이런 정치의 반복을 포함해 역사의 반복이 일국적으로뿐만 아니라 세계적으로도 나타난다고 가라타니는 말한다. 그런 반복 속에 문학의 반복도 있다고 가라타니는 암시한다. 가라타니의 결론은 이렇다. "내가 생각하기에 '종언'은 역사에서의 '반복'의 한 과정에 지나지 않는다."

민주주의는 죽었는가? 조르조 아감벤 외 지음 / 김상운 외 옮김 / 난장

위기의 '민주주의' 어떻게 구할 것인가

19세기 프랑스 혁명가 루이 오귀스트 블랑키Louis Auguste Blanqui(1805~1881)는 1852년 투덜거리며 이렇게 썼다.

"그렇다면 내가 말하는 저 '민주주의자'란 무엇인가? 그것은 모호한데다 진부하며 특정한 의미도 없는 말이다. 고무처럼 쭉쭉 마음대로 늘어나는 말."

블랑키가 이 말을 했던 것은 당시 루이 나폴레옹의 권위주의 통치를 지지하던 보나파르트주의자들이 '민주주의 옹호자'라고 자처하는 상황이 주는 당혹감 때문이었다. 그렇다면 오늘날 상황은 블랑키 시절보다 더 나아졌는가? 민주주의는 이름값을 하고 있는가?
  에리크 아장Eric Hazan(프랑스 라파브리크 출판사 대표)이 기획한 『민주주의는 죽었는가?Démocratie, dans quel état?』는 우리 시대의 민주주의가 어떤 상태에 놓여 있는지 진단함으로써 민주주의의 논쟁에 새롭게 불을 붙여보려 하는 책이다. 세계적인 석학으로 꼽히는 조르조 아감벤Giorgio Agamben, 알랭 바디우, 다니엘 벤사이드Daniel Bensaïd, 웬디 브라운Wendy Brown, 장뤼크 낭시Jean-Luc Nancy, 자크 랑시에르Jacques

Rancière, 크리스틴 로스Kristin Ross, 슬라보예 지젝, 이렇게 여덟 명이 이 책이 마련한 민주주의 진단 작업에 참여했다. 현재의 민주주의를 자본주의와 본질적으로 다르지 않은 것으로 간주하면서 이 민주주의를 극복 대상으로 보는 바디우에서부터 민주주의가 지닌 해방적 능력을 신뢰하는 랑시에르까지 참여자들의 생각은 서로 차이가 난다. 그러면서도 이들은 대체로 지금 민주주의가 위기에 처해 있으며, 민주주의라는 말이 내용을 잃어버리고 껍데기만 남았다는 인식에 동의하고 있다. 이들 가운데 웬디 브라운(미국 캘리포니아대학 정치학 교수)은 민주주의 위기 진단과 관련해 여덟 사상가들의 생각의 교집합에 가까운 견해를 보여주고 있다.

브라운은 오늘날 민주주의가 역사상 전례 없는 인기를 누리고 있지만 개념은 더할 나위 없이 모호하고 내용은 빈약하다고 말한다. "민주주의란 말은 누구나 자신의 꿈과 희망을 싣는 텅 빈 기표다." 이탈리아의 부패한 총리 실비오 베를루스코니Silvio Berlusconi부터 팔레스타인의 하마스Hamas까지 온갖 정치 세력이 스스로 민주주의자라고 한다. 브라운은 민주주의가 이렇게 제멋대로 사용되는 데는 이유가 없지 않다고 말한다. 민주주의democracy는 어원상 인민demos과 통치kratos의 결합, 곧 '인민의 자기 통치'라는 추상적인 규정만 담고 있을 뿐 구체적인 것은 이야기하지 않고 있다. 이런 모호성이야말로 민주주의라는 말이 남발되고 남용되는 근거가 된다고 브라운은 말한다.

나아가 브라운은 오늘날 민주주의가 기업권력의 지배하에 떨어졌다는 것이야말로 민주주의의 위기를 보여준다고 말한다. 민주주의의 가장 중요한 아이콘인 '자유선거'마저 표와 자금을 노리는 정치 마케팅으로 전락했다는 것도 민주주의 위기의 뚜렷한 징표다. 브라운은 특히 신자유주의 합리성이 정치 영역에 침투해 민주주의 원리가 기업가적 원리로 대체되는 현상에 주목한다. 이 과정에서 인민이 민주주의로부터 퇴출당하고 그 자리에 기업적 효율성·수익성이 들어앉는다.

"신자유주의는 민주주의의 정치적 실체를 부스러기로 만들어버린 뒤 제 입맛에 맞게 민주주의라는 용어를 탈취했다."

이 대목에서 브라운은 민주주의라는 것이 통치 주체인 인민의 각성과 의지 없이는 제대로 작동하기 어렵다는 사실을 상기시킨다. 그런데 만약 인민이 민주주의에 적극적인 관심이 없다면, 또 인민이 민주주의가 약속하는 진정한 자유를 원하지 않는다면 어찌할 것인가? 여기서 브라운은 '인민주권론'을 세운 장 자크 루소Jean Jacques Rousseau의 발언을 주목한다. 루소는 타락한 인민이 공적인 삶을 향해 가도록 만드는 것이 얼마나 어려운지를 잘 알고 있었다." 루소는 『사회계약론』에서 이렇게 말한다.

"사회계약은 유명무실한 형식이 되지 않기 위해서 (…) 누구를 막론하고 그것을 따르도록 강요되어야 한다는 약속을 내포하고 있다. [이 약속은] 개인이 자유롭게 되도록 강요한다는 것 외에 다른 의미가 없다."

'개인을 강제로 자유롭게 한다'는 이 비참한 역설을 진지하게 고민해봐야 할 정도로 지금의 민주주의는 타락했고 인민은 민주주의로부터 동떨어져 있다는 것이 브라운의 진단이다.

크리스틴 로스(미국 뉴욕대학 비교문학 교수)는 브라운의 이런 우울한 진단을 이어받아, 민주주의가 "극소수 사람들만의 통치, '인민 없는 통치'만을 허용하는 체제를 정당화하는 이데올로기가 되어버렸다"고 말한다. 그가 보기에 민주주의라는 말은 서구 자본주의 국가들의 완전한 통제 아래 들어갔다. 자크 랑시에르는 이렇게 통제당하는 말의 참된 의미를 투쟁으로 되찾아야 한다고 말한다. "정치적 투쟁은 단어들을 우리 것으로 만들기 위한 투쟁이기도 하다." 랑시에르는 한국에서 벌어졌던 촛불시위를 사례로 들어, 서구에서 오랜 세월 마모되고 오염된 민주주의라는 말이 이곳에서는 여전히 힘을 행사하고 있다고 강조한다. 그는 특히 민주주의란 "자격 없는 자들의 권력"인 바, 그렇게 자기 몫이 없는 배제된 자들이 나서서 자기 몫을 주장하며 싸우는 것이 민주주의의 요체라고 말한다.

CHAPTER
2

데리다, 바디우, 랑시에르

자크 데리다의 유령들 니컬러스 로일 지음 / 오문석 옮김 / 앨피

텍스트 바깥에는
아무것도 없다

2004년 타계한 자크 데리다 Jacques Derrida(1930~2004)는 1930년 알제리에서 유대계 후손으로 태어나 프랑스에서 프랑스어로 활동한 철학자다. 이 문장에서 엿볼 수 있듯이 그는 명료하게 규정하기 어려운 사람이다. 하나의 뿌리, 하나의 정체성으로 수렴할 수 없는 모호하고 복합적이고 이질적인 것들이 이미 그 안에 들어 있다. 확정적이고 고정된 자기동일성이란 애초에 존재하지 않는다는 것, 이것이 데리다가 자신의 존재에서 확인하고 수십 권의 저작에서 무수히 되풀이한 주제였다. 정체성을 규정하는 단 하나의 근거, 단 하나의 중심, 단 하나의 원천 같은 것은 없다는 것을 그는 '해체deconstruction' '차연différance' '흔적trace' '산포dissémination' 같은 수많은 용어로 설명하려 했다.

니컬러스 로일Nicholas Royle(영국 서섹스대학 영문학 교수)이 쓴 『자크 데리다의 유령들 Jacques Derrida』은 데리다라는 철학자가 만들어낸 유령들, 다시 말해 데리다의 서명이 들어간 용어들을 그의 사상 속에서 설명하는 책이다.

유령이란 붙잡기 어려운 것이고 난데없이 출몰하는 섬뜩한 어떤 것이다. 정체성이 불분명한 것이 유령이다. 데리다는 의도적으로 유령을

불러내 세상을 어지럽히려 한다. 단단한 지반 위에 튼튼하게 지어올린 건축물이라고 여겼던 모든 사상, 세계관, 형이상학, 나아가 세계 그 자체가 사실은 그리 단단한 것도 튼튼한 것도 아님을 보여주려 한다. 이를테면, 1967년 그가 『그라마톨로지 Grammatologie』 『목소리와 현상 La voix et le phénomène』 『글쓰기와 차이 L'écriture et la différence』라는 세 권의 저서를 거의 동시에 폭탄처럼 세상에 내던졌을 때 이 유령들이 한꺼번에 튀어나왔다. 지식세계는 이제 어떻게든 이 유령들과 맞서 싸우지 않으면 안 되게 됐다. 로일의 이 책 또한 그런 싸움의 하나다.

데리다의 유령들 가운데 가장 유명한 것이 '해체'라는 유령일 것이다. 데리다의 다른 용어들처럼 이 말도 그가 새로 만들어낸 말이다. 해체란 구조 construction를 분해 de-하는 것인데, 이것은 단순히 건물을 부수는 것과는 다른 뜻이다. 하나의 구조로 이해되는 언어적 구성물, 곧 텍스트를 면밀히 살펴 그 내부의 자기모순, 자기배반을 드러냄으로써 그 구조물이 스스로 무너질 수밖에 없도록 하는 것이 해체의 전략이다. 어떤 구조물도, 어떤 텍스트도 내적 모순이 없는 것이 없고 따라서 해체를 피해갈 수 없다. 애초에 자기 완결적 구조란 것이 없기 때문이다.

구조가 없다면 그 구조를 구조로 만들어주고 지탱해주는 중심도 없을 것이다. 지은이는 데리다에게 핵심 관념이 하나 있다면 '어떤 중심도 없다'는 것이라고 말한다. 중심이 없으므로 주체중심주의나 이성중심주의 같은 모든 형태의 중심주의도 토대 없이 세워진 것일 수밖에 없다.

데리다의 명제 중에 '텍스트 바깥에는 아무것도 없다'라는 명제만큼 오해를 불러일으킨 것도 없다. 이 명제는 텍스트 바깥에서 텍스트를 설명해주는 사상적 구조물을 찾아선 안 된다는 의미를 품고 있다. 바꿔 말하면, 텍스트는 자기 완결적이지 않고 언제나 열려 있으며 하나로 규정할 수 없다.

데리다는 자신의 명제가 불러일으킨 오해를 풀어보려고 뒷날 그

'텍스트 명제'를 '콘텍스트 바깥에는 아무것도 없다'는 명제로 바꿨다. 지은이는 그 명제를 더 줄여 '콘텍스트밖에 아무것도 없다'라고 표현한다. 모든 텍스트는 자기 완결적이지 않고 열려 있으므로 콘텍스트 속에서만 이해될 수 있다는 것이 이 새 명제에 담겨 있다.

그러나 데리다에게는 그 콘텍스트조차 불안정하고 불완전한 것이다.

"어떤 의미도 콘텍스트 바깥에서는 결정될 수 없지만, 어떤 콘텍스트도 (그 의미를) 충족시킬 수 없다."

모든 규정은 다만 잠정적이고 보완적인 것일 뿐 영원하고도 완전한 규정은 없는 것이다.

데리다는 삶이, 세상이, 역사가 그렇다고 말한다. 단 하나의 고정된 중심에 들어앉아 오직 하나뿐인 진리를 호령하는 일은 불가능한 일이다. 그런 진리도 없고 그런 중심도 없다고 데리다는 말한다.

마르크스의 유령들 자크 데리다 지음 / 진태원 옮김 / 이제이북스

마르크스가 불러낸 메시아라는 유령

『마르크스의 유령들Marx' Gespenster』은 자크 데리다가 췌장암으로 사망하기 10여 년 전에 출간한, 그의 대표작 가운데 하나다. 데리다는 1960년대 이래 40년 가까운 세월 동안 80권이 넘는 저서를 펴냈고, 수백 편의 논문을 썼다. 프랑스 철학자들 중에 데리다만큼 왕성한 필력을 자랑한 사람도 달리 찾아보기 어렵다. 그렇게 많은 글을 썼지만, 그는 자신의 정치적 지향을 밝히는 데는 극도로 인색했다. 침묵에 가까운 이런 정치적 태도 때문에 좌파 전통이 강한 프랑스 지식계에서 그의 사상은 줄곧 의심의 대상이 됐다. 1970년대 이래 미국에서 그의 '해체주의'가 유행하면서, 의심은 더욱 커졌다. 도대체 '해체'를 통해 뭘 하자는 건가?

『마르크스의 유령들』은 말하자면, 이런 의심을 걷어내는 데 결정적 전기가 된 책이다. 이 책을 전후로 하여 죽는 순간까지, 그는 과거와는 확연히 다른 모습으로 정치적·실천적 발언을 쏟아냈다. 이 시기를 데리다의 '후기'라고 한다면, 『마르크스의 유령들』은 이 후기를 대표하는 저작이다. 그 대표성에는 화제성도 포함된다. 데리다의 저작 가운데 이 책만큼 널리 화제가 된 책도 없다. 프랑스에서 이 책의 내용을 각색해 연극으로 공연하기도 했다고 한다.

이 책은 한마디로 요약하면, '유령'에 관한 책이다. 좀더 부연하면, 카를 마르크스의 주위를 떠도는 유령에 관한 책이다. 유령이라는 모호한 존재는 근대철학을 포함한 근대학문에서는 금기 혹은 축출의 대상이었다. 명료성을 추구해야 하는 과학의 영역에서 유령이 들어앉을 곳은 없었다. 그런 점에서 이 철학서는 예외적인 책이다. 옮긴이의 감탄 섞인 표현은 이 예외성을 잘 보여준다. "데리다 이전에 과연 누가 유령을 주제로 하여 마르크스에 관한 책을 쓸 수 있다고 생각했겠는가."

이 책이 세간의 화제가 된 것은 출간 시기와도 관련이 있다. 1993년이면, 마르크스가 제시한 이념에 따라 건설한 현실 사회주의 체제가 붕괴한 직후였다. 여기저기서 마르크스주의의 파산선고가 잇따랐다. 데리다가 이 책에서 특별히 지목하고 있는 것이 미국의 역사철학자 프랜시스 후쿠야마의 『역사의 종언과 최후의 인간』이다. 1992년 출간된 후쿠야마의 책은 철학적 저작치고는 전례 없는 대중적 성공을 거두었다. 마르크스주의를 관에 집어넣어 뚜껑에 못을 박듯, 이 책은 자본주의 체제와 자유민주주의의 최종적·궁극적 승리를 선언했다. 역사가 이 시점에서 사실상 종언을 고했다고 득의양양하게 단언했다.

이 책이 왜 그토록 열광적으로 팔려나갔을까? 데리다는 그 열광이 일종의 '푸닥거리' 행위라고 이야기한다. 마르크스라는 유령을 몰아내 영원히 매장해버리려는 집단적 주술행위가 이 책에 쏟아진 열광이라는 것이다. 그러나 데리다가 보기에, 그런 열광이야말로 이 현존 체제의 취약함·허술함을 역으로 증명하는 일일 뿐이다. 푸닥거리는 이 체제가 실업·빈곤·증오·전쟁을 안은 부실하기 짝이 없는 체제임을 부인하려는 안간힘일 뿐이다. 그렇게 선언한다고 해서 유령이 사라지는 것은 아니다.

이 책에서 데리다가 더 공들여 해부하는 것은 '마르크스 안에 있는 유령'이다. 마르크스에게 유령은 이중적인 의미를 지닌다. 첫 번째 유령은 마르크스가 『공산당 선언』 첫 줄에서 불러들인 그 유령이다. "하나의 유령이 유럽을 배회하고 있다, 공산주의라는 유령이." 이때의 유령은 유럽의 지배자들에게 공포를 불러일으키는 유령이며, 곧 도래해 현실이 될 유령이다.

다른 한 유령은 마르크스가 축출하려고 애썼던 유령이다. 『독일 이데올로기』나 『자본』에서 마르크스는 현실 세계를 지배하는 유령적 존재들을 언급하는데, 물신숭배의 대상이 된 화폐나 상품이 그런 존재들이다. 마르크스는 이 유령적 존재들을 몰아낼 때 참다운 자유의 세계가 열린다고 생각했다. 그러나 데리다가 보기에 마르크스의 이런 생각은 순진하다. 유령은 사라지지 않는다. 데리다는 『공산당 선언』에서 등장한 유령이야말로 유령다운 유령이라고 본다. 그런 유령은 체제의 모순 위에서 출몰하며 체제 너머를 환기시킨다. 유령은 일종의 메시아다.

알랭 바디우 비판적 입문 제이슨 바커 지음 / 염인수 옮김 / 이후

"진리를 복원하라"
현대 플라톤의 외침

알랭 바디우(1937~)는 질 들뢰즈 사후 가장 주목받는 현존 프랑스 철학자다. 바디우가 주목받는 것은 들뢰즈로 대표되는 이른바 '탈근대철학'의 퇴조와도 관련이 있다. 바디우는 탈근대철학을 비판하고 전통철학의 주제를 복권하는 운동을 대표하는 철학자다. 영국의 탈마르크스주의 이론가 제이슨 바커Jason Barker가 쓴 『알랭 바디우 비판적 입문 *Alain Badiou: A Critical Introduction*』은 바디우 철학을 영어권에 널리 알린 저작이다. 2002년에 이 책이 출간된 뒤 바디우의 명성은 프랑스 바깥으로 퍼졌으며, 바디우의 연구서들도 이후 잇따라 등장했다. 이 책에서 지은이는 바디우를 "헤겔 이후 가장 야심 찬 사상가이면서 루크레티우스 이후 최고의 유물론자"라고 평가한다.

 이 책은 바디우의 기념비적 저작 『존재와 사건 *L'être et événement*』(1988)을 몸통으로 삼아 바디우 사상의 출발점에서부터 그 발전 경로를 통시적으로 살핀다. 바디우는 1937년 모로코에서 태어나 파리고등사범학교에서 수학했으며, 루이 알튀세르 문하에서 활동을 시작했다. '68혁명'을 겪으면서 바디우는 정치 활동의 전면에 나서는데, 특기할 것은 마오쩌둥주의를 받아들였다는 사실이다. 1970년 마오쩌둥주의 정치조직 건

설에 참여한 그는 1970년대 내내 마오주의에 근거를 둔 철학적 에세이 3부작을 썼다.

이때는 프랑스에서 탈근대주의 철학운동이 맹위를 떨치는 때였는데, 바디우는 이 흐름을 거슬러 사유하고 실천했다. 이 사유가 최고조에 이르러 응결된 것이 대표작 『존재와 사건』이다. 바디우는 오늘의 시대를 소피스트의 시대라고 규정하고 자신을 둘러싼 탈근대 사상가들을 현대의 소피스트라고 이름 붙인다. 이들이 플라톤 시대의 소피스트들처럼 상대주의를 밀어붙임으로써 합리주의를 위기에 몰아넣고 사유의 기반을 무너뜨린다고 바디우는 비판한다. 진리를 부정하고 주체를 해체하는 탈근대 사상에 맞서 진리를 수호하고 주체를 복원하는 일이야말로 자신에게 부여된 임무라는 것이 바디우의 철학적 작업 바탕에 깔린 생각이다.

흥미로운 것은 탈근대철학 흐름을 강력하게 비판하는 바디우가 그 철학 흐름의 대표자라 할 들뢰즈를 적극 인정하고 그를 대화 상대자로 삼고 있다는 사실이다. 들뢰즈가 죽고 난 뒤 출간한 『들뢰즈-존재의 함성 Deleuze: La Clameur de l'Être』(1997)이 바로 그런 경우인데, 여기서 바디우는 들뢰즈를 독특하게 재해석함으로써 자신의 철학을 지지하는 밑돌로 삼아버린다. "들뢰즈를 무한하게 차이를 만들어내는 차이의 철학자라고 간주하는 통상적인 해석"과 아주 다른 들뢰즈가 바디우의 들뢰즈다. 바디우는 들뢰즈가 차이들만으로 이루어진 다양체의 세계, 다시 말해 '아나키즘적 욕망'의 세계를 찬양하는 듯이 보이지만, 실제로는 그 차이들을 아우르는 '전일자全一者'(하나인 전체)를 미리 상정하고 있다고 지적한다. 들뢰즈는 '하나인 전체'를 전제하고서 차이를 이야기하는 사람이지, 어떤 동일성도 거부하는 차이의 철학자가 아니라는 것이다. 바디우의 비판을 통해 들뢰즈는 일종의 플라톤주의자로 재탄생한다.

들뢰즈 비판에서 보이듯, 바디우는 탈근대 사상가들을 단순히 부정하기만 하는 것이 아니다. 소피스트들의 비판을 변증법적으로 소화해 소피스트들을 넘어서는 것이 바디우의 방식인 셈이다. 그런 사유가 잘 나타나 있는 것이 '진리'와 '주체'라는 주제다. 바디우에게 진리는 '복수의 진리'이며 주체는 '출현하는 주체'다. 이 점에서 바디우는 전통철학의 혁신자로 평가받는다. 전통철학은 진리들 사이의 위계를 따져 최고 진리의 총체적 지배를 승인한다. 그런 진리는 진리의 독재, 진리의 폭정으로 떨어지기 쉽다. 탈근대 철학자들이 진리를 부정한 것은 실상 진리의 폭력적 지배를 부정한 것이었다.

여기서 바디우는 '복수의 평등한 진리들'을 이야기한다. 『존재와 사건』에서 바디우는 진리가 생산되는 영역으로 정치·과학·예술·사랑이라는 네 영역을 지목한다. 여기서 생산되는 진리들은 위계질서 없이 서로 평등하다는 것이다. 철학은 여기서 생산되는 진리를 사유하는 학문을 가리킨다. 바디우는 우리 시대에 진리를 다시 세움으로써 새로운 플라톤Platon이 되고자 한다.

바디우 철학에서 가장 중요한 지점이 이 진리가 생산되는 과정이다. 그 과정은 '사건'과 밀접한 관련이 있다. 진리는 사건을 통해 생산된다. 이때의 사건이란 기존 사회질서를 교란하고 균열시키는 예기치 못한 사태의 돌발이다. 이 사건은 기존의 지배적 관점에서 보면 규정할 수 없고 명명할 수 없는 '결정 불가능한 것'이다. 기존 사회의 이해 지평을 벗어난 사태가 바디우가 말하는 사건이다. 과학에서 지동설의 등장이나 상대성 이론의 등장은 기존 과학 체계로서는 해석할 수 없는 사태다. 마찬가지로 정치에서 프랑스혁명이나 러시아혁명은 기존 사회가 수용할 수 없는 사태다. 이런 상황에서 새로운 사태를 '진리'로 인식하고 결정하는 행위가 바디우가 말하는 '개입'이다. 그리고 이 개입을 통해 그 결정을 충실하게 밀어붙이는 과정에서 주체가 출현한다. 진리를 진리로 받아들여 실천하는 과정에서 주체가 만들어지는 것이다. 그 주체의 활동이 역사를 만든다고 바디우는 말한다.

사도 바울 알랭 바디우 지음 / 현성환 옮김 / 새물결

사도 바울,
특권에 저항한 인간 해방 투사

　기독교 세계의 실질적 정초자 사도 바울을 유물론적·급진적·혁명적으로 재해석하려는 철학적 시도는 프랑스를 중심으로 한 최근 유럽철학의 뚜렷한 특징 가운데 하나다. 기독교 보수주의의 규범을 만든 사람이라는 바울의 오래된 이미지를 뒤집어 인간해방을 위해 싸운 혁명 투사로 재탄생시킨 이론적 작업의 선두에 프랑스 철학자 알랭 바디우의 『사도 바울 Saint Paul』이 있다. 1998년 이 책이 출간된 뒤 바디우의 관심을 비판적으로 이어받은 이탈리아 철학자 조르조 아감벤의 『남겨진 시간 Le temps qui reste』(2000)이 출간됐고, 다시 슬로베니아 출신 철학자 슬라보예 지젝이 『죽은 신을 위하여 The Puppet and the Dwarf』(2003)에서 바울을 새롭게 해석했다. '바울 3부작' 맨 앞에 바디우의 『사도 바울』이 놓인다.
　1937년생인 바디우는 질 들뢰즈 이후 프랑스 철학계를 주도하는 생존 학자들 가운데 맏형뻘이다. 들뢰즈의 '차이의 철학'에 맞서 보편성·주체·진리와 같은, 전통적인 철학적 주제를 사유의 과녁으로 삼아 작업해왔다. 낡은 주제를 우리 시대의 조건들 속에서 생생한 문제로 부활시키는 것이 바디우의 철학이라고 해도 좋을 것인데, 『사도 바울』에서 그의 그런 관심을 확인할 수 있다.

바디우의 목표는 2000년 전의 인물인 사도 바울을 현대의 투사로 되살려내는 것이다. 더 직설적으로 말하면, 자본주의의 제국주의 질서에 맞서 볼셰비키당을 이끌었던 혁명가 레닌의 상을 이 열성적 전도자에게서 찾아내는 것이다. 바울과 레닌이 연결된다면, 십자가에서 죽은 예수는 『자본』을 쓴 마르크스와 연결된다. 이 책에서 바디우가 특히 주의 깊게 분석하는 것이 바울의 텍스트(편지들)인데, 그 텍스트들은 조직이 처한 구체적 상황에 개입하는 일종의 투사적 문건들이라는 점에서 레닌의 글들과 닮았다.

예수와 거의 같은 시대를 살았던 바울은 막 등장한 이단(기독교)을 열정적으로 박해한 바리새파 유대인이었다. 서기 33~34년께 기독교 박해라는 사명감에 들떠 다마스쿠스로 가던 중 그는 청천벽력과도 같은 계시 체험을 했다. 개종과 회심을 불러온 그 체험을 통해 그는 예수 그리스도가 십자가에 못 박혀 죽었다가 부활했음을 깨달았다. 그때부터 바리새파 유대인 '사울'은 기독교 사도 '바울'이 되었다.

그 계시 체험이 말하자면, 바디우가 말하는 '사건'이다. 길 위에서 예수 그리스도의 목소리가 난데없이 자기 안으로 들이친 것인데, 여기서 그는 진리와 소명에 눈뜨게 됐고 자기 자신을 주체로 일으켜 세웠다. 그때 진리란 예수 그리스도가 하느님의 아들로서 죽었다가 부활했다는 사실이고, 소명이란 그 진리를 모든 사람에게 전파하는 일이다.

바디우가 강조하는 것은 바울이 차별 없는 평등을 이 진리의 핵심으로 삼았다는 점이다. 성별이든 민족이든 신분이든 진리에 참여하고 진리를 공유하는 데는 조금도 장애가 되지 않았다.

"할례를 받거나 받지 않는 것이 중요한 것이 아니라 새롭게 창조되는 것이 중요합니다."(『갈라디아서』 6장 15절)

"유대 사람도 그리스 사람도 없으며, 종도 자유인도 없으며, 남자도 여자도 없습니다."(「갈라디아서」 3장 28절)

그 차별 없는 평등에 베드로 중심의 '유대-기독교인'과 바울의 차이가 있었다. 당시 베드로가 이끌던 초기 기독교는 할례 받은 사람, 곧 유대인만을 개종 대상으로 삼았는데, 바울은 오직 '진리'만을 앞세움으로써 기독교가 유대 울타리를 뛰어넘도록 했다. 바울은 신의 아들 예수 그리스도의 진리에 참여함으로써 모든 사람들이 평등한 신의 자식이 된다고 선포했다. 어떤 특권도 어떤 지배도 허락하지 않았다. "특권을 부여받은 모든 것들에 대한 반란자"가 바울이었다.

바울의 선교운동은 오늘날로 치면 혁명가들의 전위운동이었다. 바울은 가는 곳마다 교회=당을 조직하고 세포를 만들어냈다. 조직 건설은 진리를 전파하고 실천하려면 피할 수 없는 일이었다. 문제는 교회의 조직화가 역사의 시련을 견뎌내는 과정에서 거의 필연적으로 자기 목적화하고 권위주의화했다는 사실에 있다. 진리를 실천하려는 운동이 진리를 배반하는 과정이 되고 만 것이다.

이 배반에서 벗어날 길은 없을까. 바디우는 직접적 해답을 제시하는 대신에 바울이 보여준 '보편적 개별성'의 차원에 주목한다. 진리의 보편성은 개별성과 특수성을 뛰어넘을 것을 요구한다. 다시 말해 모든 차이와 차별을 초월해야 한다. 그러나 그 보편성이 차이의 억압이나 부정이 되어서도 안 된다. 차이가 보편을 부정하지도 않고 차별을 용인하지도 않는 차원을 바디우는 '보편적 개별성'이라고 지칭한다. 진리를 깨닫는 주체로서 개인의 개별성이 훼손되지 않으면서도 그 개인들이 모든 차이를 넘어 보편적 진리의 지평에 나란히 서는 것, 이것이 보편적 개별성이다. 바울의 텍스트는 바로 그 차원을 보여준다고 바디우는 말한다.

감성의 분할 자크 랑시에르 지음 / 오윤성 옮김 / 도서출판b

랑시에르,
'배제된 자를 위한 정치'

자크 랑시에르(1940~)가 국내 지식계에 출몰하기 시작한 것은 최근의 일이다. 이 철학자의 이론은 다른 여러 프랑스 철학자들이 그러하듯이 까다롭고 불친절하다. 익숙한 관념에 매달리는 사고의 관성을 깨뜨려 새로운 생각의 지평을 여는 일은 친절한 방식으로는 될 수 없다고 믿는 듯하다. 『민주주의에 대한 증오 La haine de la démocratie』(2005)와 번역 출간된 『감성의 분할 Le Partage du sensible』(2000)은 흐릿한 안개 속에 겨우 윤곽만 보인 랑시에르의 철학적 사유를 좀더 뚜렷하게 느낄 수 있게 해주는 랑시에르의 최근 저작들이다.

특히 프랑스에서 랑시에르를 공부한 오윤성 씨가 번역한 『감성의 분할』은 옮긴이의 소개문과 철학자 슬라보예 지젝의 발문('랑시에르의 교훈'), 그리고 랑시에르 용어 해설을 부록으로 달아, 랑시에르를 이해하는 데 길잡이 구실을 해준다.

1940년 프랑스 식민지 알제리에서 태어나 파리에서 공부한 랑시에르는 전형적인 '68혁명 세대' 좌파 이론가이자 '구조주의적 마르크스주의' 주창자 루이 알튀세르 문하 출신의 철학자다. 1965년 알튀세르가 그의 제자들과 함께 펴낸 『'자본'을 읽자』에 공저자로 참여했던 랑시에르는 68혁명의 열기 속에서 알튀세르를 떠나 프랑스 마오쩌둥주의로 옮겨 간다. 그를 유명인사로 만든 사건은 『알튀세르의 교훈La leçon d'Althusser』 (1974) 출간이었다. 이 책에서 그는 알튀세르가 자신의 지적 지배 위치를 지키고 지식 엘리트의 권력을 유지하는 데에만 관심을 쏟는다고 비난했다. 학문적 부친 살해라 할 이 책을 통해 그는 옛 스승 알튀세르와 떠들썩하게 결별했다. 이런 거침없는 도발 때문에 그는 '반목의 철학자'라는 타이틀을 얻었다.

그의 철학적 사유의 여정은 대체로 '정치'와 '미학' 두 단계로 나뉜다. 박사학위 논문인 「프롤레타리아의 밤」(1981)에서부터 그의 정치적 사유가 응집된 『불화La mésentente』(1995)까지가 '정치' 단계라면, 1996년 이후의 문학·영화·예술에 관한 저술들은 '미학' 단계를 이룬다. 이 미학 시기에도 그는 정치철학적 저작들을 몇 권 펴냈는데, 『민주주의에 대한 증오』가 그 가운데 하나다. 또 같은 시기에 출간한 『감성의 분할』은 부제가 보여주는 대로 미학과 정치를 동시에 주제로 삼은 저작이다.

랑시에르 철학의 독특한 영역은 민주주의와 평등이라는 낯익은 개념을 둘러싼 '정치'의 재해석에서 발견된다. 통상 자유주의 정치세계에서 정치는 이해가 상충하는 개인 또는 집단 사이에서 조정을 통해 합의를 끌어내는 것으로 이해된다. 그러나 랑시에르가 보기에 이런 과정은 정치가 아니다. 이미 정치적 주체로 받아들여진 공동체 주체들 사이의 통치 행위일 뿐이다. 그의 용어로, 이런 정치 과정은 기존 사회질서 유지를 목표로 하는 '치안police'에 해당한다. 진정한 정치 또는 본래의 정치는 '배제된 자들의 주체화'에 있다. 이를테면, 프랑스혁명기에 귀족과 교회의 지배에 대항했던 '제3계급'이 그런 주체의 모습을 보여주었으며, 고대 그리스에서 민주주의가 형성되는 과정은 정치의 본래 모습을 처음으로 보여주었다. 귀족계급 또는 과두지배자들에 맞선 '데모스Demos'(인민)의 등장이야말로 정치의 탄생이었던 것이다. 주체화란 지배 질서 안에서 보이지 않고 들리지 않던 자신들의 존재와 목소리를 보이게 하고 들리게 하는 것, 정치적 대화와 권력의 행사에서 정당한 상대자(파트너)로 서는 것을 말한다. 그것이야말로 랑시에르가 말하는 '본래의 정치'다.

『감성의 분할』은 그런 정치의 문제를 '미학'(감성학)의 엑스레이를 투과시켜 보여주는 책이다. 여기서 '감성'이란 감각되고 감지되는 것, 다시 말해 우리의 오감을 통해 볼 수 있고 들을 수 있고 느낄 수 있는 것을 가리킨다. 그 감성이 분할된다는 것은 볼 수 있고 들을 수 있는 것들이 나뉘어 어떤 부분이 배제된다는 것, 그리하여 존재하기는 하지만 존재하지 않는 것이나 다름없는 존재들이 있다는 것을 말한다. 랑시에르는 아리스토텔레스Aristoteles의 경우를 들어 이 문제를 설명한다.

> "말하는 동물(곧 인간)은 '정치적 동물'이라고 아리스토텔레스는 말한다. 그러나 노예는 언어를 이해할지라도 그 언어를 '소유'하고 있지는 않다."

노예는 '말하는 동물'에서도 '정치적 동물'에서도 배제돼 '보이지 않는 존재'인 것이다. 이 배제를 뚫고 일어서 자신의 언어를 되찾고 자신을 보이는 자리에 세우는 것이 말하자면 랑시에르적 정치다.

지젝은 랑시에르 철학을 두고 이렇게 말한다.

> "랑시에르의 사유는 오늘날 그 어느 때보다도 더 현실적이다. 좌파가 방향감각을 상실한 우리 시대에, 그의 글쓰기는 '어떻게 우리는 저항하기를 계속해야 하는가'에 대한 소수의 견실한 개념화들 가운데 한 가지를 제안한다."

정치적인 것의 가장자리에서 자크 랑시에르 지음 / 양창렬 옮김 / 길

정치가
종말을 고했다고요?

양창렬(파리1대학 박사과정) 씨가 번역한 『정치적인 것의 가장자리에서 *Aux bords du politique*』는 프랑스 철학자 자크 랑시에르의 대표작 가운데 하나다. 『정치적인 것의 가장자리에서』 원본은 두 번에 걸쳐 출간됐는데, 초판본과 재판본의 차이가 크다. 1986~1988년 사이에 쓴 논문 세 편을 묶은 초판본(1990)은 1980년대 이전 랑시에르의 정치철학적 사유가 압축돼 있다. 랑시에르는 1990년대에 쓴 논문 네 편을 덧붙여 1998년에 증보판을 다시 펴냈다. 특히 이 증보판에는 그의 대표작인 『불화』 (1996)에서 전개한 사유가 '정치에 대한 10가지 테제'라는 이름으로 요약돼 실렸다. 이로써 『정치적인 것의 가장자리에서』는 랑시에르의 첫 번째 정치철학 저서로 태어나 그의 사유를 가장 포괄적으로 보여주는 저작이 됐다. 한국어판은 1998년의 증보판을 옮긴 것이다.

이 책에 실린 논문들은 1980년대와 1990년대의 정치적 정황 속에서 태어난 것들이다. 마르크스주의의 혁명 이념이 패퇴하고 자유민주주의가 승리했다고 선언되던 때였다. 이 시기에 유행한 정치철학적 담론으로 랑시에르는 크게 두 가지를 거론한다. '정치의 종언'과 '정치의 회귀(귀환)'가 그것들이다. 프랜시스 후쿠야마의 '역사의 종언' 테제로 대표

되는 '정치의 종언'은 계급투쟁으로서의 정치가 종말을 고했다고 선언했다. 다른 한편에선 '진정한 정치로 회귀할 때가 됐다'라는 레오 스트라우스Leo Strauss의 정치철학적 선언이 떠돌았다. 경제적 이익을 둘러싼 갈등·조정으로서의 근대 정치를 뛰어넘어 고대 그리스의 '순수 정치'로 회귀해야 한다는 이야기였다. 랑시에르는 언뜻 대립되는 이 두 담론이 실은 해방의 정치를 제거하는 똑같은 기능을 한다고 비판한다. 그는 이 두 담론 사이에서 제3의 길을 모색하면서 '정치'를 다시 사유하려고 한다. 그 사유가 응집된 것이 '정치적인 것'이라는 개념이며, 이 책은 그 개념을 설명하는 글들의 묶음이라고 할 수 있다.

랑시에르가 '정치적인 것'의 개념을 드러내기 위해 구사하는 전략이 '치안'과 '정치'의 구분이다. 여기서 치안과 정치는 직접적으로 대립한다. 랑시에르는 우리가 흔히 정치라고 이르는 것을 두고 치안이라고 지칭한다. 치안이란 간단히 말하면, 국가를 경영하는 기술이다. 치안은 통치 과정이다. 인간들을 공동체(국가)로 결집시켜 동의를 조직하고, 그들 각자에게 자리와 기능을 분배해 위계를 유지시키는 것이 치안이다. 자유민주주의에서 말하는 정치가 전형적인 치안에 해당한다. 랑시에르는 이 치안에 정치를 맞세운다. 정치란 평등 과정이며 해방 행위다. 그것은 치안의 질서를 가로질러 그 위계에 의문을 제기하고 분배의 질서를 해체하는 작업이다. 랑시에르가 말하는 '정치적인 것'이란 바로 이 치안과 정치가 맞부딪치는 지점을 가리킨다. 치안과 정치가 부딪쳐 형성되는 선이 곧 정치적인 것의 가장자리, 테두리, 경계인 셈이다.

랑시에르는 정치와 치안의 이 관계를 '도로'의 사례를 들어 설명하기도 한다. "그냥 지나가시오! 여기에 아무것도 볼 것 없어!" 치안은 통행 공간이 통행 공간일 뿐이라고 말한다. 정치는 이 통행 공간을 주체들(인민·노동자·시민)의 시위 공간으로 바꿈으로써 성립한다. 정치의 출현과 함께 치안 질서는 순간적으로 와해되고 새로운 공간이 탄생하는 것이다. 그때 치안과 정치가 충돌하는 지점을 두고 그는 '정치적인 것'이라는 이름을 붙인다.

정치와 치안의 관계는 랑시에르가 『감성의 분할』에서 상술한 '감각적인 것의 나눔'(감성의 분할)으로 설명할 수도 있다. 정치든 치안이든 감각적인 것을 나누는 행위라는 점에서는 동일하다. 그러나 치안은 '여기엔 아무것도 볼 것이 없어!'라고 말하는 데서 드러나듯이, 감각·지각하는 일에서 어떤 특정한 질서를 고집한다. 반면에 정치는 여기에 볼 것이 있고, 할 것이 있고, 명명할 것이 있다고 주장함으로써 감각·지각에 새로운 변화를 일으킨다. 민주주의가 고대 그리스에서 성립하던 시기에 그 사회의 하층민이었던 데모스는 기존 지배자들에게는 보이지 않는, 들리지 않는 존재였다. 인민의 말은 말이 아니라 소음이었다. 그들이 스스로 정치 주체가 됨으로써 보이고 들리고 말하는 존재로 바뀌었다. 정치는 "보이지 않았던 것을 보이게 만드는 것, 소음으로만 들릴 뿐이었던 것을 말로써 듣게 만드는" 행위다. 그런 해방 과정으로서의 정치는 종말이 없다. 공동체는 체제를 지키기 위해 치안을 불러들이지 않을 수 없고, 그 치안의 질서는 어떤 식으로든 배제와 차별과 위계를 만들어낼 수밖에 없기 때문이다. 정치는 이 치안에 대한 항구적인 불화의 과정이다. 그 치안과 정치 사이에서 '정치적인 것'은 끊임없이 자신을 드러낸다고 랑시에르는 말한다.

무지한 스승 자크 랑시에르 지음 / 양창렬 옮김 / 궁리
미학 안의 불편함 자크 랑시에르 지음 / 주형일 옮김 / 인간사랑

'무지한 스승'이 보여준 지적 능력의 평등

프랑스 철학자 자크 랑시에르에 관한 관심이 고조된 가운데 그의 또 다른 책 두 종이 잇따라 번역돼 나왔다. 『무지한 스승 *Le maître ignorant*』은 1987년에 출간된 초기작이며, 『미학 안의 불편함 *Malaise dans l'esthétique*』은 미학이라는 틀을 통해 정치를 새롭게 이해하려 하는 랑시에르의 최근 관심을 반영한 2004년 저작이다. 두 책 사이의 시간상 간격은 크지만, 평등·민주주의·정치라는 정통적 주제를 급진적으로 재구성하려는 랑시에르의 문제의식이 일관성 있게 지속되고 있음을 확인할 수 있다.

　『무지한 스승』은 소재의 독특함 때문에 특히 눈에 띄는 책이다. 랑시에르는 1830~1850년대 프랑스 노동자 운동의 문서고를 뒤지는 고고학적 방법으로 자신의 문제 틀을 세웠는데, 그 첫 성과물이 박사학위 논문인 「프롤레타리아의 밤」(1981)이었고, 그 고고학적 발굴의 성과에 기댄 또 다른 작품이 『무지한 스승』이었다. 랑시에르가 발견한 것은 노동자들이 지적으로 각성함으로써 노동자적 정체성과 자긍심을 키운다는 전통 좌파의 가정을 무너뜨리는 새로운 노동자상이었다. 낮의 노동이 끝난 밤 시간에 노동자들은 시를 쓰고 철학을 공부함으로써 노동자의 삶에서 벗어나고자 했다. 노동자가 아닌 한 명의 시인 또는 철학자로서

살아가는 인간들, 그들이 바로 프롤레타리아들이었다. 노동자들은 '사유하는 인간'과 '노동하는 인간'이라는 전통적인 나눔(분할)을 가로질렀다. 그들이 보여준 것은 다른 인간들과 똑같이 읽고 쓰고 말하고 토론할 수 있는 '평등한 지적 능력'이었다.

『무지한 스승』은 이 '지적 능력의 평등'이라는 문제를 파고든 작품이다. 이 책에서 랑시에르는 문서고 탐사를 통해 찾아낸 독특한 인물 조제프 자코토Joseph Jacotot(1770~1840)를 등장시킨다. "1818년 루뱅대학 불문학 담당 외국인 강사가 된 조제프 자코토는 어떤 지적 모험을 했다." 자코토는 열아홉 살에 법학 박사학위를 받고 이른 나이에 에콜 폴리테크니크École Polytechnique(1794년에 세워진 가장 명성 높은 대표적인 공학 계열 그랑제콜) 교장 대리를 지내기도 한 수재였다. 1815년 부르봉 왕정이 복귀하자 그는 네덜란드가 지배하던 벨기에로 망명해 루뱅대학의 강사 자리를 얻었다. 기이한 경험은 이때 이루어졌다. 불문학 강사였던 그는 네덜란드어를 몰랐고, 학생들은 프랑스어를 몰랐다. '무지한 스승'은 학생들에게 『텔레마코스의 모험』이라는 책의 프랑스어-네덜란드어 대역본을 교재로 삼아 '강의'를 시작했다. 그는 학생들에게 네덜란드어 번역문을 사용해 프랑스어 텍스트를 익히라고 주문했다. 스승과 학생 사이에 서로 통할 수 있는 공통의 언어가 없는 상태에서 학생들은 스스로 프랑스어를 기초부터 학습했다. 스승은 그 자기학습의 조건이자 계기로만 존재했다. 이 말도 안 되는 상황에서 기적이 일어났다. 그들은 단어들을 조합해 프랑스어 문장을 만들었고 철자법과 문법도 스스로 익혀 완성시켰다. "더구나 그들이 구사하는 문장은 초등학생 수준이 아니라 작가 수준이었다."

이 우연한 경험을 통해 발견한 교수법을 자코토는 '보편적 가르침'이라고 명명했다. 그것은 전통적 교육을 넘어선 새로운 교육이었다. "자코토는 다른 선생들처럼 학생들에게 지식을 주입하고 앵무새처럼 되풀이하게 하는 것이 관건이 아님을 알았다." 랑시에르는 자코토의 경우를 들어 통상의 교육을 '바보 만들기' 교육이라고 말한다. 계몽주의자들의 진보적인 교육조차 흔히 '바보 만들기'의 개선된 형태에 머무르고 만다. 랑시에르는 가르치는 사람과 배우는 사람 사이에 놓인 불평등에서 그 이유를 찾는다. 스승이 학생보다 지적 능력에서 우월하다고 전제하고서, 우월한 스승이 열등한 학생을 가르쳐야 한다는 교육 관념으로는 영원히 불평등을 벗어날 수 없다. 랑시에르는 불평등을 출발점으로, 평등을 목표로 삼는 사고방식을 전복시켜야 한다고 제안한다.

"우리의 문제는 지적 능력이 평등하다고 가정함으로써 우리가 할 수 있는 것이 무엇인지를 보는 것이다."

스승과 학생 사이의 나눔·분할을 거부하고 평등한 자들의 공동체를 사유의 출발점으로 삼아야 한다는 것이다. 그렇게 되면 유식한 자가 지도하고 무지한 자는 지도를 받는다는 발상을 극복할 토대가 마련된다. 모르는 자가 모르는 자를 가르칠 수 있으며, 모르는 자가 스스로를 가르칠 수 있다. 이런 지적 능력의 평등은 기존 질서의 위계와 자리를 무효로 만들 수 있다. 지배의 작동 조건인 나눔과 분할의 선이 지워지는 것이다.

『미학 안의 불편함』은 이 '나눔을 통한 지배 질서의 작동' 문제를 미학의 틀로 다시 사유하는 텍스트다. 랑시에르는 미학을 '감성적 인식에 관한 학문'이라는 고전적인 정의에 가깝게 이해한다. 이때 감성적(감각적) 인식에 깊이 연루돼 있는 것이 정치다. "미학은 우연히 정치적인 것이 아니라 본질적으로 정치적인 것이다." 보이지 않던 것을 보이게 만들고 들리지 않던 것을 들리게 만드는 것이 정치다. 불평등의 구획 아래서 지배받거나 배제당한 자들이 그 구획을 거부하고 평등한 주체로 등장하는 것, 그것이 정치다. 그때 정치는 감성(감각)을 바꾸고, '감성의 분할'을 재구성하는 일이 된다.

CHAPTER
3

정의란 무엇인가

정의란 무엇인가 마이클 샌델 지음 / 이창신 옮김 / 김영사

공동선을 키우는 것, 그것이 정의다

정치철학자 마이클 샌델Michael Sandel(1953~ , 미국 하버드대학 교수)은 존 롤스John Rawls(1921~2002) 이후 영어권 정치 철학계를 대표하는 사람 중 하나다. 스물일곱 살에 하버드대학 교수가 된 샌델은 스물아홉 살 때 롤스의 '정의론'을 비판한 『자유주의와 정의의 한계』를 펴내 명성을 얻었다. 샌델은 이 책에서 롤스의 평등적 자유주의에 대응하여 '공동체주의'라는 용어를 처음 사용했다. 이후 샌델은 알래스데어 매킨타이어 Alasdair MacIntyre, 마이클 월저Michael Walzer, 찰스 테일러Charles Taylor와 더불어 공동체주의 4대 이론가로 알려졌다.

    샌델의 수업은 하버드대학에서 가장 인기 있는 강의 가운데 하나로 꼽힌다. 특히 그가 20년 넘게 계속하고 있는 '정의justice'라는 강의는 교수의 유창한 언변과 학생들의 열띤 참여로 하버드대 최고의 강의라는 명성을 얻었다. 2009년에 출간한 『정의란 무엇인가Justice: What's the right thing to do?』는 지난 20여 년 동안 수천 명의 학생들과 함께했던 '정의' 강의를 바탕으로 삼아 쓴 책이다. 통상의 정치철학서와 달리, 수많은 구체적인 사례를 실감나게 제시함으로써 '정의'라는 추상적인 개념을 생생하게 느낄 수 있도록 해준다. 그리하여 이 책은 설득력 있는 사례들로 무장

한 정치철학 입문서이자 샌델 자신의 견해를 비교적 분명하게 논증한 정치철학 이론서가 됐다.

철학적 고민은 둘 이상의 원칙이 서로 충돌할 때 그 모순을 해결하려는 노력에서 시작된다. 많은 사람을 살리기 위해 한 사람이 죽어야만 하는 상황을 가정해보자. 사람을 죽이면 안 된다는 것은 도덕적 원칙이다. 동시에 사람의 생명을 가능한 한 많이 살려내는 것도 도덕적 원칙이다. 이 두 원칙이 충돌할 때 어떤 선택을 해야 하는가? 이런 질문이 도덕철학의 출발점이 되는 셈인데, 정치철학도 다르지 않다. 샌델의 이 책은 '정의란 무엇인가'라는 질문에 대한 답을 찾아가는 과정에서 나타나는 딜레마를 다룬다.

샌델이 여기서 정의를 둘러싼 딜레마적 요소로 제시하는 것이 '행복'과 '자유'와 '미덕'이다. 전체의 행복을 극대화하는 것이 정의냐, 개인들의 자유를 최대한 보장하는 것이 정의냐, 아니면 공동체의 미덕을 장려하고 '좋은 삶'을 추구하는 것이 정의냐. 행복을 극대화하려다 보면 개인의 자유가 침해될 수 있고, 개인의 자유를 존중하다 보면 공동체의 미덕이 훼손될 수 있다. 이 딜레마적 상황을 살필 때 샌델이 먼저 검토하는 것이 제러미 벤담Jeremy Bentham의 공리주의다. 벤담의 공리주의는 '최대 다수의 최대 행복'으로 요약되는데, 전체의 행복이 최대치가 되게 하는 것을 정의로 간주한다. 벤담은 이런 생각을 1780년 『도덕과 입법의 원리』에서 피력했는데, 5년 뒤 칸트는 『도덕 형이상학을 위한 기초 놓기 *Grundlegung zur metaphysik der Sitten*』에서 벤담의 사상을 맹비판했다.

벤담의 논리는 전체의 행복을 위해 소수 개인들을 수단으로 삼을 수도 있다는 것인데, 그것은 결코 정의가 될 수 없다는 것이 칸트의 주장이다. 어떠한 경우에도 인간을 수단으로 삼지 않고 목적으로 대하는 것이 정의다. 인간이란 이성을 사용해 스스로 법칙을 세우고 그 법칙에 입각해 행위할 수 있는 존재다. 자기가 세운 원칙을 자기가 지키는 것,

이것이 바로 자유다. 인간은 누구나 이 자유를 지닌 존재로서 존중받아야 한다. 200년 뒤 롤스는 칸트의 이 주장에 입각해 '평등적 자유주의' 이론을 제시했다.

샌델은 칸트와 롤스의 자유이론이 매우 설득력 있는 것이긴 하지만, '무엇이 좋은 삶이냐'에 대한 대답을 괄호로 묶어놓은 채, 모든 사람의 자유를 존중해야 한다는 정의의 일반적 원칙만 이야기한다고 비판한다. 그리하여 샌델은 아리스토텔레스의 정의관으로 눈을 돌린다. 아리스토텔레스에게 정의는 좋은 삶이라는 미덕과 긴밀하게 연관돼 있다. 아리스토텔레스가 보기에 정치는 시민들에게 무엇이 좋은 삶인지 터득하게 해주는 것이다. "정치의 목적은 사람들이 고유의 능력과 미덕을 계발하게 만드는 것, 곧 공동선을 고민하고, 판단력을 기르며, 시민 자치에 참여하고, 공동체 전체의 운명을 걱정하게 하는 것이다." 이런 미덕을 장려함으로써 좋은 삶을 살게 하는 것이 정의다.

샌델은 오늘날 정의의 이론이 공동선의 정치를 이야기해야 한다고 말한다. 샌델이 보기에 1968년 미국 민주당 대통령 후보였던 로버트 케네디가 이런 공동선을 외쳤으나, 그가 암살당한 뒤 진보파가 이 문제를 놓아버렸다. 그랬던 것이 2008년 대선에서야 버락 오바마와 함께 공동선의 문제가 진보적 의제로 부활했다. 샌델은 지난 수십 년 동안 미국의 진보 정치가 시민의 도덕적·정치적 신념을 존중한다면서 그 신념의 내용을 외면하고 모른 척해왔다고 말한다. "그러나 이런 식의 회피에서 나온 존중은 가짜이기 십상이다." 샌델은 좋은 삶을 다 같이 고민하는 것이 정의로운 사회의 모습이라면서 정치가 개인들의 도덕적 판단과 실천에 어떤 식으로든 개입하는 것이 결국에 공동선을 키우는 데 도움이 된다고 강조한다. "도덕에 개입하는 정치는 (도덕을) 회피하는 정치보다 시민의 사기 진작에 더 도움이 된다. 더불어 정의로운 사회 건설에 더 희망찬 기반을 제공한다."

생명의 윤리를 말하다 마이클 샌델 지음 / 강명신 옮김 / 동녘

정의의 잣대로 본 유전공학

『생명의 윤리를 말하다 The Case against Perfection』는 정치철학자 마이클 샌델의 2007년 저작이다. 『정의란 무엇인가』보다 2년 먼저 출간된 책이다. 이 책에서 샌델은 생명공학·유전공학의 발전으로 논란이 커지고 있는 '생명윤리' 분야의 철학적 쟁점을 검토한다. 유전학 기술을 어디까지 허용해야 하는가에 대한 지은이의 진지한 고민과 답변은 이 질문이 생명윤리 분야에서 '정의란 무엇인가'를 묻는 일임을 보여준다.

 샌델은 자신이 이 주제와 관련해 밀도 높은 경험을 했음을 이 책에서 밝히고 있다. 2001년 말 조지 부시 정부가 만든 대통령생명윤리위원회에 위원으로 위촉된 것인데, 이 몇 년 동안 그는 배아 줄기세포 연구, 인간 복제, 유전공학에 대한 치열한 토론을 벌였다. 전체 열일곱 명으로 이루어진 이 위원회는 최대 쟁점이었던 '배아 줄기세포 복제 연구' 허용 문제에서 10 대 7로 연구를 금지해야 한다고 결정했다. 샌델은 이때 일곱 명의 소수파에 속했다. 인간 복제를 금지하되 줄기세포 연구는 지원해야 한다는 것이 샌델의 주장이었다. 2006년 조지 부시 대통령은 위원회의 결정을 받아들여 줄기세포 연구 지원 법안에 거부권을 행사했다. 샌델은 이 책의 에필로그에서 부시 대통령의 결정에 담긴 모순을 신랄

하게 비판한다. 부시는 '줄기세포 연구 지원에는 반대하지만 연구 자체는 막지 않겠다'고 밝혔는데, 지원에 반대하는 이유가 '무고한 인간 생명을 앗아가는 일에 돈을 줄 수는 없다'는 것이었다. 배아를 파괴하는 일이 인간 생명을 앗아가는 일, 곧 살인이라면 줄기세포 연구 자체를 금지해야 할 것 아닌가?

그러나 줄기세포 복제를 허용할 것이냐 말 것이냐가 이 책의 핵심 주제인 것은 아니다. 이 문제를 포함해 좀더 보편적이고 근본적인 차원에서 유전공학 자체가 야기하는 윤리학적 문제를 따져보는 것이 이 책의 목표다. 언제나 그렇듯이 샌델은 이 책에서도 생생한 사례에서 이야기를 시작한다. 그는 '프리미엄 난자'를 찾는 광고를 소개한다. 하버드 대학을 비롯해 미국 명문 '아이비리그' 대학 학보에 키 175센티미터 이상, 튼튼하고 날씬한 몸매, 대학수학능력시험 점수 1,400점 이상의 여성에게 난자를 받는 대가로 5만 달러를 지불하겠다는 광고였다.

> "그 광고에는 꺼림칙한 뭔가가 있는 게 틀림없다. 특정 유전형질을 겨냥해서 아이를 고르는 부모의 행동에 문제가 전혀 없다고 할 수 있겠는가?"

샌델의 결론을 먼저 말하면, 우수한 아이를 얻으려고 아이의 유전자를 고르거나 조작하는 일은 '선물로 주어지는 삶'이라는 삶의 원초적 조건을 파괴하는 일이다. 탄생의 신비를 정복하려는 부모의 충동은 우리의 욕구를 충족시키기 위해 자연을 다시 만들어내려는 '프로메테우스적 열망'이자 일종의 '우생학적 욕망'이다. 샌델은 생명을 부모가 마음대로 조작해서는 안 되는 '자연의 선물'로 이해해야 한다고 말한다. 인간이 자신의 역할을 신의 역할과 혼동해서는 안 된다는 것이다.

더 주목할 것은 인간이 '행운'을 선택할 수 있을 경우에 생기는 문제다. 자연이나 신이 나의 존재 조건을 만들었다는 생각이 주는 이점은 나의 존재 자체에 대해 전적으로 책임지지 않아도 된다는 점이다. 샌델은 미래에 발생할지도 모를 우스꽝스러운 사태를 가정한다.

"농구선수가 리바운드를 놓쳤을 때 코치가 야단치는 것은 선수가 제 위치에 없었기 때문이다. 미래에는 어떨까? '유전자 치료 좀 받지, 키가 작아서 리바운드도 못 받는 거 아니냐'고 야단치지 않을까?"

불가피한 운명에 좌우되던 존재 조건이 자신이 전적으로 책임져야 할 문제가 되고 마는 것이다.

이런 상황이 야기하는 결정적인 문제가 바로 '연대의식의 약화'라고 샌델은 지적한다. 자녀를 디자인해서 지적으로든 육체적으로든 더 우수한 인종으로 만들어낸다고 치자. 그렇게 될 경우 운명이 결정하던 영역이 이제 부모의 선택과 노력의 영역이 된다. 삶의 원초적 조건인 재능이나 능력이 유전학적 조작을 통해 만들어질 수 있다면, 그 재능을 '주어진 선물'로 보는 겸손한 태도가 흐려지고 말 것이라고 샌델은 걱정한다. 운명을 선택할 수 있게 되면 "성공하는 사람들은 그 성공은 자기 능력의 결과이고 혼자만의 것이라는 생각을 지금보다 더 할 것이다." 자연적 재능을 노력의 결과가 아니라 행운의 선물로 생각할 때, 거기서 사회연대 의식도 자란다고 샌델은 말한다. 운이 좋아 얻은 성공이니 운 없는 사람들과 나누는 것이 당연하며, 재능의 덕으로 성공했으니 재능이 없는 사람들과 이익을 공유할 책임이 있다.

"누구든 자신의 성공이 전적으로 자기 노력의 결과이기만 한 것은 아니라는 의식은 능력주의 사회가 빠지기 쉬운 함정으로 미끄러지는 것을 막아준다."

그런데 경쟁사회에서 성공하기 위해 생명공학을 동원해 아이와 자신을 생명공학적으로 바꾸는 것은 일종의 자유의 행사가 아닐까. 일단의 자유주의자들이 이런 주장을 하는데, 샌델은 그런 생각에 단호하게 반대한다. 그것은 우리의 본성에 맞게 세계를 만들어가는 것이 아니라 세상에 맞추기 위해 우리의 본성을 바꾸는 일이다. 이런 행위는 자유의 행사가 아니라 인간의 자율성을 포기하는 행위일 뿐이다. 그렇게 세계에 극단적으로 순응하게 되면 "우리는 세계를 비판적으로 볼 수 없다." 그리하여 세상을 바꾸고 개선하려는 노력도 죽게 된다고 샌델은 말한다. 유전공학과 생명공학은 치료 목적에 한정돼야 하며, 인간의 능력을 '강화'하는 유전학적 조작으로 이어져선 안 된다는 것이 이 책의 최종 결론이다. '유전학적 조작'으로 운명을 선택하는 것은 '선물로 주어진 삶'이라는 원초적 조건을 무너뜨릴 뿐만 아니라 인간의 사회적 연대마저 위태롭게 한다는 것이 샌델의 생명윤리학적 진단이다.

정치적 평등에 관하여 로버트 달 지음 / 김순영 옮김 / 후마니타스

세상을 바꾸는
'분노'의 힘

『정치적 평등에 관하여On Political Equality』는 정치학자 로버트 달Robert A. Dahl(1915~ , 예일대학 명예교수)의 2006년 저작이다. 1915년에 태어났으니 아흔한 살에 쓴 책이다. 156쪽짜리의 얇은 저작에는 평생 민주주의 연구에 분투해온 노학자의 민주주의에 대한 관심과 걱정과 비전이 응축돼 있다. 달이 이 책을 쓴 2006년은 조지 부시 정권의 패악질이 기승을 부리던 시절이었다. 테러리즘과 전쟁을 벌인다며 미국 민주주의의 숨통을 틀어막던 암울한 시기였다. 민주주의는 이렇게 후퇴하다가 절벽 아래로 떨어지고 말 것인가? 아니면 다시 힘을 얻어 전진할 것인가? 연로한 학자는 이 책에서 자꾸 어두워지는 마음을 달래며 평생 공부한 민주주의 역사를 등불로 삼아 낙관으로 난 길을 찾아나간다.

책의 제목이 알려주는 대로 지은이가 여기서 직접 탐구하는 주제는 '정치적 평등'이다. 민주주의가 모든 인간이 추구하는 정치적 이상이라면, '정치적 평등'은 그 민주주의의 이상을 실현하려면 반드시 갖추어야 할 선결 조건이다. 정치적 평등은 민주주의라는 다소 추상적인 가치의 실현을 뒷받침하는 구체적인 수단이자, 민주주의가 얼마나 실현됐는지 그 정도를 재는 척도인 셈이다.

달은 지난 2세기 동안 민주주의와 정치적 평등이 놀라울 정도로 전진했음을 먼저 이야기한다. 1776년 7월 열린 제2차 대륙회의에서 채택한 미국 독립선언서는 이런 구절을 품고 있었다. "우리는 다음과 같은 것을 자명한 진리라고 생각한다. 곧 모든 사람은 평등하게 태어났다." 그러나 이 독립선언서를 채택하는 데 찬성했던 55명의 대표자는 모두 남성이었다. "여성은 그 시대의 법률상 아버지나 남편의 소유물이었을 뿐이다." 아메리카 원주민도, 아프리카계 미국인도 처지는 다르지 않았다. 이들은 지난 200년을 지나면서 백인 남성과 동등한 시민권을 얻었다.

그렇다면 무엇이 정치적 평등을 진전시키는 동력 구실을 하는 것일까. 이것이 달이 이 책에서 던지는 가장 흥미로운 질문이다. 달의 질문을 그대로 인용하면 이렇다.

> "실제로 정치적 평등을 확대하도록 특권계급과 하층계급을 밀고가는 힘은 무엇인가? 왜 하층은 자신들을 지배하는 상위의 특권층과 정치적으로 동등한 자로 대우받아야만 한다고 주장하는 것일까?"

달이 이렇게 질문할 때 염두에 두고 있는 것을 다소 폭력적으로 요약하면 '이성이냐 감정이냐' 하는 이분법에 가까워진다. 그는 "가장 탁월한 철학자들 가운데 일부"가 "이성의 중요성을 지나치게 강조"해왔다고 본다. 단적으로 그는 이마누엘 칸트를 지목한다. 『도덕 형이상학을 위한 기초 놓기』에서 칸트는 이렇게 말한다. "결국 의무의 기반은 인간의 본성도, 그가 서 있는 세계의 환경도 아닌, 오로지 순수이성이라는 개념의 선험성에서 찾아야 한다."

그런데 정말 '순수이성'이 정치적 변화를 일으키는 진정한 힘인가? 달은 여기서 칸트의 주장을 반박하는 논거로 데이비드 흄David Hume의 주장을 제시한다. 흄은 『인간 본성론』에서 말한다. "이성이란 열정의 노예이며 그렇게 되어야만 한다. 그리고 이성은 열정에 봉사하고 그것에 복종하는 것을 넘어서서 결코 어떤 다른 역할을 자처할 수 없다." 흄만 그런 주장을 하는 것이 아니라 우리 시대 정치철학자인 마이클 월저도 같은 말을 한다. 달은 월저가 『정치와 열정』에서 한 말을 인용한다. "평등이나 민족의 독립, 그리고 해방과 권리 인정을 위한 어떤 운동도 위계 구조의 가장 낮은 위치에 있는 사람들을 참여시키는 투쟁적 열정을 불러일으키지 않는 한, 결코 성공할 수 없다." 월저는 그 열정에 시기·분개·분노가 포함된다고 말한다.

달은 칸트가 아니라 흄과 월저의 편에 선다. 그렇다고 해서 달이 이성의 구실을 완전히 부정하는 것은 아니다. "이성은 정의로운 행동을 하는 데 이바지할 수 있다. (…) 분명히 그렇다고 나는 생각한다." 그러나 달의 강조점은 이성의 앞면이 아니라 뒷면에 찍혀 있다. 그는 정의나 공정을 추구하도록 만드는 것은 '순수이성'이 아니라, "동정심이나, 시기, 분노, 증오와 같은 정서 내지 감정"이라고 단언한다. 이성이 아니라 감정과 열정, 다시 말해 "이건 불공평해!"라고 외치게 만드는 절박한 느낌이 정치적 평등과 같은 도덕적 목표를 추구하도록 밀어붙이는 힘이라는 것이다.

달은 이어지는 장에서 정치적 불평등이 미국에서 점점 더 커지는 양상을 추적하면서, 그 근본적 원인을 '소비문화의 지배'에서 찾는다. 소비문화의 범람이 정치적 참여의 중요성을 망각하게 만든다는 것이다. 이런 문화적 흐름 위에서 조지 부시 정권의 일탈이 가능했다고 달은 생각한다. 9·11 테러 이후 미국의 권력은 시민과 그 대리자인 의회의 통제에서 벗어나 대통령과 행정부에 과도하게 집중됐고, 이런 정치적 불평등의 확대는 미국 민주주의를 심각하게 훼손했다.

민주주의와 정치적 평등을 복구하고 전진시키려면 미국 시민들이 '소비주의 문화'의 자장을 이겨내고 '시민권 문화'를 되찾아야 한다. 달은 "그동안 미국인들이 잊고 살았던 것"이 있다며, "정치적 불평등을 줄일 수 있는 정책을 확실하게 채택하도록 시간과 에너지를 집중할 수 있는 한층 더 강력한 대중운동을 복원하는 일"을 강조한다. 그렇다면 그런 대중운동을 어떻게 하면 일으킬 수 있을까? 여기서 바로 답하지는 않지만, 대중의 마음속 깊은 곳에 잠복해 있는 감정, 곧 분노와 열정을 끄집어내는 것임을 짐작하기는 어렵지 않다.

정의의 타자 악셀 호네트 지음 / 문성훈·이현재·장은주·하주영 옮김 / 나남

인정 욕구 충족은
자기 긍정의 조건

『정의의 타자 Das Andere der Gerechtigkeit』는 독일 사회철학자 악셀 호네트 Axel Honneth(1949~ , 프랑크푸르트대학 교수)가 자신의 '인정 이론'을 '정의'의 문제와 관련지어 숙고한 책이다. 주로 1990년대에 쓴 논문들이 묶였다.

　호네트는 사회철학의 거두 위르겐 하버마스 Jurgen Habermas의 적통을 이어 프랑크푸르트 학파를 이끌고 있는 사람이다. 하버마스의 직계이긴 하지만 프랑스 철학과 긴밀하게 대화함으로써 이 학파의 비판이론에 역동성을 불어넣었다는 평가를 받는다. 특히 미셸 푸코의 '투쟁 이론'을 하버마스의 '소통 이론'과 결합함으로써 자신만의 독자적 사유 영역을 확보했다. 그의 대표작은 1992년에 출간한 『인정투쟁 Kampf um Anerkennung』인데, 이 책에서 그는 인정 개념을 사회철학의 중심 문제로 끌어들였다. 『정의의 타자』는 『인정투쟁』에서 펼친 논의를 좀더 확장해 인정과 정의의 관계를 새롭게 규정하려는 이론적 시도를 담고 있다.

　인정 문제를 철학의 영역 한가운데로 불러들인 사람은 게오르크 헤겔이다. 『정신현상학』을 쓰기 전 예나대학 재임 시기의 청년 헤겔은 인정투쟁을 전체 사회의 도덕적 발전의 중요한 동력으로 해석했다. 청년

헤겔의 논의에 기대어 호네트는 『인정투쟁』에서 인정의 사회적 함의를 탐구했다. 그가 보기에 '인정'은 인간이 자신의 삶을 성공적으로 실현시킬 수 있는 사회적 조건이자 개인들이 긍정적인 자기의식을 얻게 되는 심리적 조건이다. 그의 인정투쟁 테제의 핵심은 사회적 투쟁이 서로가 서로를 인정하는 상호 인정 상태를 목표로 한다는 명제에 있다.

『정의의 타자』는 『인정투쟁』의 이 논의를 출발점으로 삼는다. 그의 고민은 사회적 정의가 원리상 개인들의 삶의 특수한 국면들을 다 포괄하지 못한다는 데 있다. 정의의 원칙은 불편부당성을 핵심으로 한다. 모든 사람을 동질성을 공유한 보편적 존재로 간주하는 것이다. 다시 말해 개인들의 고유한 차이나 특수한 처지를 고려하지 않는 것이 정의의 원칙이다. 여기서 개인적 특수성은 정의 원칙의 바깥에 존재하는 타자, 곧 '정의의 타자'로 등장하게 된다. 이 정의의 타자를 어떻게 하면 윤리적 차원에서 포용하고 보호할 수 있는가 하는 것이 호네트의 관심이다.

정의의 원칙을 보완하는 대안적 원칙으로 호네트가 제시하는 것이 '배려의 원칙'이다. 개인의 특수한 처지를 배려하는 것은 불편부당성이라는 정의의 원칙에 비추어보면 위반 행위가 된다. 그러나 정의의 원칙이 무차별적으로 관철될 경우 여성·이주자·장애인·동성애자 같은 범주의 존재들은 배제와 억압의 상태에 놓일 수도 있다. 이것은 분명히 윤리적으로 옳지 못한 상황이다. 정의의 그런 한계를 보완하는 것이 특수한 처지에 있는 사람들을 보호하는 배려의 원칙이다. 여기서 더 나아가 호네트는 정의와 배려를 넘어 제3의 원칙을 제시하는데, 그것이 바로 '인정의 원칙'이다.

이때 호네트가 핵심 개념으로 삼는 것이 '좋은 삶' 또는 '행복한 삶'이다. 다시 말해, 호네트는 정의로운 행위나 정의로운 사회가 아니라 개개인의 좋은 삶, 행복한 삶을 보장하는 사회적 조건에 주목하면서 '인정'을 그 조건으로 제시하는 것이다. 개인은 사랑받고 인격을 존중받고 능력대로 대우받는 정서적·사회적 인정을 경험하면서 자기 자신에 대한 긍정적 의식을 형성하고 나아가 자기 자신을 실현할 힘을 얻는다. 인정의 경험이야말로 사회적 존재로서 인간의 자기 긍정의 필수조건인 셈이다. 인정이 이렇게 '좋은 삶'의 조건이라면, 인정을 개인들 사이의 의무로 규정하는 윤리적 원칙이 성립하게 되며, 개인의 성공적 삶을 떠받치는 사회적 인정 질서도 상정해볼 수 있게 된다. 이런 인정의 원칙은 인간의 보편적 권리에 상응하는 정의의 원칙을 배제하지도 않고 또 개인의 특수한 처지를 고려하는 배려의 원칙도 배제하지 않는다.

호네트는 인정 원칙이 사회적 관계 또는 개인적 관계에서 특히 모욕이나 무시와 같은 정서적 경험과 관련이 있다고 말한다. 모욕이나 무시를 당하는 것은 인정에 대한 욕구가 근본적으로 훼손되는 경험인 것이다. 이것은 도덕적 문제가 된다. 이런 문제는 개인적인 경우를 넘어서 사회적·정치적 차원에서도 발견될 수 있다. 호네트는 독일에서 나타난 '신나치 운동'의 사례를 분석하면서, 그 안에 인정 욕구가 자리 잡고 있음을 지적한다. 개인적·사회적으로 무시당하고 좌절을 겪은 청소년들이 그들의 자존감을 충족시켜주는 신나치 운동에서 출구를 찾는 것은 "사회적 무시의 경험이 정치적으로 어디를 향해 치달을 수 있는지 극명하게 보여준다." 사회적 인정의 연결망으로부터 소외되었다는 느낌이 사회적 저항과 반항을 낳을 수 있는 동기를 제공하는 것이다. 이런 이유 때문에 호네트는 인정을 사회적 원칙으로 세울 필요가 있음을 강조한다. "무시당한 사람들과 배제된 사람들이 자신들의 경험을 폭력적 저항문화 속에서 발산하도록 내버려두는 것이 아니라 그 경험을 민주적 공론장 안에서 올바르게 표현할 수 있도록 해주는 그런 도덕문화를 어떻게 만들 수 있는가." 그것이 관건이라고 호네트는 말한다.

정치론 베네딕트 데 스피노자 지음 / 김호경 옮김 / 갈무리

스피노자,
"국가의 목표는 다중의 평화"

네덜란드 철학자 베네딕트 데 스피노자Benedict de Spinoza(1632~1677)의 주저로는 『윤리학』『신학-정치론』『정치론』 세 종이 꼽힌다. 이 가운데 마지막 주저인 『정치론』이 새롭게 번역돼 나왔다. 새 번역본에는 주요 구절마다 옮긴이의 상세한 해설이 달렸다. 옮긴이 김호경 교수(서울장신대학 신학)는 질 들뢰즈, 안토니오 네그리, 에티엔 발리바르Étienne Balibar를 비롯해 스피노자 철학을 오늘의 사상으로 되살려내는 데 공헌한 현대 연구자들의 해석을 적극 참조해 해설을 썼다고 밝히고 있다. 그들의 해석을 통해 스피노자는 '전복적·급진적' 사상가의 모습을 좀 더 뚜렷이 드러낸다.

스피노자가 살았던 17세기는 근대국가의 태동기였다. 얼핏 보면 스피노자는 매우 관념적인 사유에 골몰했던 비현실적인 사람 같지만, 실상 그의 관심사는 삶의 구체적 지반을 떠난 적이 없다. 그는 촘촘하게 짜인 논리의 그물로 삶의 문제를 전면적이고 총체적으로 해명하려고 했다. 그런 만큼 삶의 현실을 규정하는 정치의 문제도 그의 사상 속에서 해명되어야 했다. 그 문제를 집중적으로 살핀 것이 『정치론』이다. 동시에 『정치론』은 먼저 저술된 『윤리학』과 『신학-정치론』의 연장선상에

있는 저작이다. 『윤리학』이 자연이라는 총체적 세계 안에 인간을 배치하고 그 인간의 본성을 포착하는 저작이라면, 『신학-정치론』에서는 신학과 함께 민주주의 문제가 탐구된다. 『정치론』은 『윤리학』의 인간 이해를 바탕으로 삼고 『신학-정치론』의 문제의식을 더욱 깊이 파고들어 이 사유들을 응집하고 확장한 저작이라고 할 수 있다.

『정치론』에서 스피노자는 국가의 세 형태로 군주정·귀족정·민주정을 제시하고 이들을 차례로 고찰한다. 스피노자는 세 정체가 다 나름대로 합리적 존재 근거를 지니고 있다고 본다. 그러나 그의 관심은 근본적으로 민주정에 맞춰져 있다. 민주정이야말로 사람들의 본성을 가장 넓게 실현시킬 수 있는, 가장 이상적인 정체라고 보기 때문이다. 안타깝게도 스피노자는 민주정 부분을 상세히 서술하지 못하고 폐병의 침탈을 받아 마흔네 살로 세상을 뜨고 말았다. 말하자면 이 책은 미완성 유작이다. 그렇지만 앞선 저작들과 연결 지어 살필 때 그의 민주주의 정치이론은 어렵지 않게 구성될 수 있으며, 특히 인간과 국가의 본성을 설명한 『정치론』 전반부를 통해 그의 정치사상은 비교적 충실하게 이해될 수 있다.

스피노자 사유의 출발점은 '코나투스conatus'다. 스피노자는 모든 존재에게 '자기보존 본능'이 내재한다고 말하는데, 그것을 가리켜 코나투스라고 부른다. 코나투스에는 정념과 이성이 함께 섞여 있다. 모든 인간은 이 코나투스를 실현하려고 하는데, 그것이 바로 욕망이다. 이 욕망에 휘둘려 정념의 노예가 될 때 인간은 부자유 상태에 빠진다. 반대로 이성이 욕망을 적절하게 제어하고 조절하면 그때 인간은 자유롭다고 스피노자는 말한다. 그러나 어떤 경우에도 욕망을 근절할 수는 없고, 욕망을 좋은 방향으로 전환시키는 것만이 가능하다. 욕망을 전환시키는 일을 하는 것이 이성이다.

인간이 욕망을 제거할 수 없다면 욕망과 함께 살아야 한다. 그러나 욕망을 날뛰게 하는, 사랑·미움·시기·분노 따위의 정념들 때문에 인간은 공동의 법이 없으면 갈등과 충돌에 빠질 수밖에 없다. 따라서 공동의 법을 통해 공동의 질서를 유지하는 국가가 필요하다. 국가는 인간이 보편적으로 자유를 누리려면 반드시 있어야 한다. 문제는 이 국가를 어떻게 이끌어가느냐 하는 데 있다. 스피노자는 국가도 인간과 같이 이성과 정념을 함께 지니고 있다고 본다. 국가가 이성의 명령을 따를 때 구성원의 보편적 자유를 실현할 수 있지만, 정념의 힘에 끌려가면 국가로서 제 기능을 하지 못하고 패덕의 나락으로 떨어진다. 이때 이 국가의 근본이 되는 것이 다중이다. 국가의 힘을 구성하는 것이 다중일 뿐만 아니라 국가의 목표도 다중의 평화와 자유다. 여기에 스피노자의 민주주의 사상이 배어 있다.

이 다중의 삶을 배반하는 국가는 국가로서 자격이 없다고 스피노자는 말한다. "대다수 사람들을 분노하게 만드는 것은 국가의 권리에 속하지 않는다." 국가는 자신의 권력으로 개인들의 자유를 최대한 보장해주는 것을 목표로 삼아야 한다. 정념에 휘둘리지 않는 이성적인 국가는 다중의 존경을 받지만, 이성적이지 못한 국가는 다중의 저항에 부닥친다. 그럴 때 국가는 권력을 유지하려고 공포를 조장하는데, 공포는 결과적으로 국가권력을 위태롭게 할 뿐이다. 다중이 소요를 일으키고 법을 경멸한다면 그 원인은 다중의 사악함에 있는 것이 아니라 국가의 사악함에 있다. "신민(국민)들의 부도덕과 무질서와 불복종은 국가에 원인이 있다." 이 모든 혼란은 국가가 덕이 없기 때문에 일어난다. 스피노자는 특히 다중의 자율성과 능동성을 강조한다. "맹종하는 것만을 익힌 양 떼처럼 신민들을 다루는 국가는, 국가라기보다는 황무지라고 부르는 것이 더 적절하다." 좋은 국가는 다중의 자율적이고 능동적인 참여로 만들어지고 유지된다는 것이다.

전체주의의 기원 한나 아렌트 지음 / 이진우·박미애 옮김 / 한길사

홀로코스트는
어떻게 가능했는가

아돌프 히틀러가 없었다면 한나 아렌트Hannah Arendt(1906~1975)는 아카데믹한 철학자로 평생을 살았을지도 모른다. 그의 박사학위 논문은 「아우구스티누스의 사랑 개념」이었다. 1906년 독일 하노버의 부유한 유대인 가정에서 태어난 아렌트는 열네 살 때 벌써 이마누엘 칸트의 『순수이성비판』을 읽었다. 그는 타고난 철학자였다. 나치의 집권이 모든 것을 바꿔놓았다. 1933년 그는 게슈타포에 체포돼 독일을 떠나라는 협박을 받고 프랑스로 망명했다. 제2차 세계대전은 이 망명 지식인을 다시 한 번 궁지로 몰아넣었다. 1941년 아렌트는 독일군이 점령한 프랑스를 떠나 미국 뉴욕으로 몸을 피했다. 1943년 그는 일생일대의 충격적인 소식을 들었다. 나치가 유럽 유대인을 조직적으로 집단 학살한다는 소식이었다. 전대미문의 홀로코스트는 이 섬세한 여성 철학자를 정치에 대한 숙고로 몰아넣었다. 충격과 당혹 속에서 그는 1945년 펜을 들었고 1949년 원고에 마침표를 찍었다. 1951년에 출간된 아렌트의 첫 저작 『전체주의의 기원The Origins of Totalitarianism』은 이렇게 해서 태어났다.

이 책은 아찔한 사태 앞에 선 인간의 이론적 대응이자 실존적 투쟁이다. 이해할 수 없는 일을 이해하려는 지적 싸움이다. 동시대 많은 지

식인들이 '어떻게 문명국가에서 이런 끔찍한 야만이 그토록 집요하게 실행될 수 있는가?'라고 넋 나간 듯 부르짖은 그 현상을 아렌트는 전체주의라는 개념으로 설명해보려 한다. 책의 제목이 알려주듯, 그는 전체주의 자체를 해명하기에 앞서 그 전제 조건을 탐색한다. 1부와 2부를 구성하는 '반유대주의'와 '제국주의'를 아렌트는 전체주의의 조건으로 지목하고 그 형성 과정을 파헤친다. 말하자면, 반유대주의와 제국주의는 나치즘의 두 가지 작동 원리와 일치한다. 안으로는 반유대주의를 작동시켜 내부의 모든 적을 유대인에게 투사해 배제하고 밖으로는 제국주의적 욕망을 발산시켜 거대한 영토 확장과 세계 지배를 꾀한다. 나치즘은 이 두 원리 위에 구축된 전례 없는 체제였다.

3부에서 아렌트는 이 책의 목표인 '전체주의 해명'을 시도한다. 전체주의의 최종 형태는 '절대 악'이다. 그것이 절대 악인 것은 인간적 상식으로는 도저히 납득할 수 없는 악이기 때문이다.

> "절대 악은 (단순히) 사악한 동기로는 이해할 수도 없고 설명할 수도 없다. 그래서 분노로도 복수할 수 없고, 사랑으로도 참을 수 없으며 우정으로도 용서할 수 없다."

전체주의는 '총체적 지배 체제'다. '자유의 완전한 폐지'를 전체주의는 욕망한다. 아렌트에게 인간의 본질은 '자유'에 있기 때문에 전체주의의 승리는 곧 인간성의 파괴와 다르지 않다. 전체주의 국가의 모범적 시민은 "파블로프의 개"이고 "가장 기초적인 반작용으로 축소된 인간 표본"이다. 그들은 행위하는 것이 아니라 반응할 뿐이다.

그러나 전체주의 체제의 시민이 단순한 꼭두각시인 것만은 아니다. 전체주의를 떠받치는 것은 대중의 적극적 운동이다. 그 운동 위에서 전체주의는 작동한다. 전체주의 운동을 구성하는 대중은 "조직되지 않고 구조화되지 않은 대중, 절망적이고 증오로 가득 찬 대중"이다. 이 대중을 묶어세우는 것이 지도자이며, 지도자를 지도자로 만들어주는 것이 대중이다. "지도자 없는 대중은 한갓 무리에 지나지 않으며, 대중이 없다면 지도자는 아무런 존재도 아니다." 이 대중운동에서 힘을 얻어 절대 권력을 장악한 정권이 완전하고도 총체적인 지배를 지향한다. 그 결과의 하나가 홀로코스트라고 아렌트는 말한다.

아렌트는 이 전체주의에 독일 나치즘뿐만 아니라 소련의 스탈린 체제도 포함시켰다. 히틀러와 스탈린은 서로서로 자극을 받았고 영향을 주었다. 독일의 소련 침공으로 배반당하기는 했지만 스탈린은 한때 히틀러를 좋아했고 그의 성공을 바랐다. '지도자 숭배'를 포함해 둘 사이에는 일치점이 한둘이 아니었다. 그러나 두 체제를 일반화해 전체주의로 묶을 수 있느냐는 의문은 이후 이 책을 학문적 논란의 대상으로 만들었다.

예루살렘의 아이히만 한나 아렌트 지음 / 김선욱 옮김 / 한길사

우리 안에 아이히만 있다

정치철학자 한나 아렌트는 한국에서는 비교적 최근에 발견된 사상가다. 그의 지적 계보를 잇는 독일 철학자 위르겐 하버마스가 『의사소통행위이론』으로 1980년대에 널리 알려진 데 반해, 아렌트는 1990년대 후반에 들어서야 저작이 번역되기 시작했다. 아렌트의 사상에 알게 모르게 기대고 있는 '시민의 정치참여'가 이 땅에서 대중적 슬로건이 된 것을 감안하면, 그를 발견하기까지 시간이 너무 걸렸다고 해야 할 정도다. 그 뒤늦음을 만회하려는 듯 그의 주요 저작이 속속 우리말로 옮겨지고 있다. 『예루살렘의 아이히만 Eichmann in Jerusalem』도 그 가운데 하나다.

『예루살렘의 아이히만』은 난이도 높은 그의 사상서 중에서 유일하게 대중적인 저작이다. 1961~1962년 예루살렘에서 열린 나치 시대 유대인 학살 실무책임자 아돌프 아이히만 Karl Adolf Eichmann(1906~1962)의 재판 과정을 이야기체로 풀어 쓴 것이 이 책이다. 『예루살렘의 아이히만』은 아렌트에게 대중적 명성을 안겨주었고 동시에 그를 엄청난 논란의 소용돌이 속으로 밀어넣었다. 이 저작은 책의 대중적 성격과는 상관없이 아렌트 정치철학의 핵심 주제를 포괄하고 있어 그의 사상을 살필 수 있는 용이한 통로를 제공한다.

『예루살렘의 아이히만』의 원고는 애초에 잡지 『뉴요커』에 연재한 기사였다. 1960년 5월 아르헨티나에 숨어 지내던 아이히만이 이스라엘 비밀경찰에 체포돼 예루살렘으로 압송되자 아렌트는 대학 강의를 중단하고 『뉴요커』 특파원 자격으로 그의 재판을 취재했다. 『뉴요커』는 지식인들, 특히 교육받은 뉴욕 사람들을 주요 독자층으로 삼은 대중잡지였다. 독일 출신으로 나치 박해를 피해 미국에 정착한 유대인이라는 아렌트의 '신분'이 유대인 학살자 아이히만 재판의 현장 취재기자라는 '신분'과 만나는 것만으로도 독자의 관심을 끌기에 충분했다.

아렌트의 글은 연재되자마자 유대계 사회의 거친 분노에 휩싸였다. 아렌트가 홀로코스트라는 참극의 희생자인 유대인의 고통에 동참하지 않고 있으며, 마치 자신은 유대인이 아니라는 듯 국외자처럼 사건을 대하고 있다는 것이 분노의 이유였다. 실제로 글 안에서 아렌트는 홀로코스트에 유대인 사회가 어떻게 협력했는지 밝혔을 뿐만 아니라, 그 야만의 집행자 아이히만을 묘사할 때도 감정을 앞세우지 않고 그를 이해하려는 태도를 보였다.

아렌트는 아이히만을 홀로코스트 범죄의 책임자라기보다는 희생자에 가까운 사람으로 그렸다. 그도 그럴 것이 아이히만은 '유대인 절멸'을 기획하고 교사한 사람들, 곧 히틀러를 정점으로 한 나치 지도부의 명령을 받는 처지에 있었던 사람이다. 그는 나치당의 강령도 알지 못했고 히틀러의 『나의 투쟁 Mein Kampf』도 읽지 않았다. 그의 직급은 나치 친위대의 중간관리자(중령급)에 지나지 않았다. 히틀러는 그를 대면할 기회가 없었을 가능성이 크며, 설령 대면했다 해도 아이히만의 이름은커녕 얼굴도 기억하지 못했을 가능성이 높다. 법을 준수하는 '건실한 시민'이었던 아이히만은 명령받은 일을 이행하는 걸 의무라고 느꼈고, 유대인 전문가로서 그들을 수용소에 배분하는 일을 착실히 수행했다.

'양심'의 문제가 여기서 불거졌다. 아이히만은 자신이 범죄를 저지른다고는 생각하지 못했으며, 그의 양심은 상부의 명령을 정확히 행동에 옮기라고 요구했다. 그는 피고석에서 "명령받은 일을 하지 않았다면 양심의 가책을 느꼈을 것"이라고 말했다. 이 대목에서 아렌트는 양심이란 타고난 것이 아니라 사회적 여건에 제약되고 자신을 둘러싼 환경 속에서 형성되는 것이라고 강조한다.

이상주의적 열정도 아이히만의 정신을 점유하고 있었다. 그는 유대인 독립국가 건설 운동인 시온주의에 열렬히 공감했으며, 그들이 이상주의자라는 점에서 자신과 같은 사람들이라고 생각했다. 다만 그의 이상주의는 관념이 아니라 실천의 문제였고, 그것도 과격한 실천이라는 점에서 독특했다. 아렌트는 아이히만의 이상주의를 이렇게 설명한다.

> "이상주의자란 자신의 이상을 삶을 통해 실천하는 사람이고, 자신의 이상을 위해서라면 어떤 사람이라도 희생시킬 각오가 된 사람이다. 필요하다면 자신의 아버지마저도 죽음으로 보냈을 것이라고 경찰 심문에서 말했을 때, 그는 자신이 얼마나 이상주의자로서 살아왔는가를 보여주려 한 것이었다."

그러니까 아이히만은 난데없이 나타난 악마가 아니라 자신의 삶을 규칙과 명령과 '주어진 이상'에 맞추려고 노력한 특별하지 않은 사람이었던 것이다. 아이히만이라는 인간형이 이렇게 분석되고 난 뒤, 이 책으로 하여 결정적인 의미를 띠게 된 '악의 평범성'이라는 말이 책의 마지막에 튀어나온다. 아이히만은 스스로 악인이 되려고 한 적도 없고, 반듯하고 올바른 사람으로 살려고 노력하기까지 했다.

> "아이히만은 이아고도 맥베스도 아니었고, 리처드 3세처럼 '악인임을 입증하기로' 결심한 사람도 아니었다. 그는 단지 자기가 무엇을 하고 있는지 전혀 깨닫지 못한 것이다."

아렌트는 이 '순전한 무사유', 곧 사유하지 않음이야말로 아이히만의 진정한 특성이라고 말한다. 그의 '생각 없음'은 바꿔 말하면, '다른 사람의 처지에서 사유하고 판단할 능력이 없음'을 뜻한다. 사회적 환경에 제약된 양심을 품고 이상주의로 무장하고서 이 '무사유'를 실천할 때 얼마나 가공할 일이 벌어지는지를 아이히만은 적나라하게 보여준 것이다. 아렌트는 다른 글에서 이렇게 밝혔다.

"그의 행위가 아무리 괴물 같다고 해도 그 행위자는 괴물 같지도 또 악마적이지도 않았다. 그의 유일한 특징은 어리석음이 아니라, 사유의 진정한 불능성이었다."

아렌트는 정치의 영역을 시민들이 저마다 인격을 걸고 의견을 표출하여 경쟁하는 장으로 여겼다. 그 정치 공간에서 사람들은 상대방의 처지에서 사유하고 판단하는 훈련도 할 수 있을 것이다. 그것은 말하자면 이상적인 공론장이다. 그런 정치의 장이 마련되고 강화될 때 아이히만과 같은 사례가 반복되지 않을 것이라고 보았던 것이다. 아이히만이 평범한 것은 우리가 언제든 그가 될 수 있기 때문이다. 아렌트는 말한다. "우리 안에 아이히만이 있다."

정치신학 카를 슈미트 지음 / 김항 옮김 / 그린비

불온한 사상가 슈미트의 자유주의 비판

독일의 헌법학자·정치철학자 카를 슈미트Carl Schmitt(1888~1985)의 이름은 불온하고 위험한 20세기 지식인 리스트의 앞자리에 놓인다. 그의 주저 가운데 하나인 『정치신학 Politische Theologie』이 김항 씨의 번역으로 나왔다. 슈미트는 '나치 법학자'로 낙인찍혔지만, 그의 사상의 독창성과 심원함이 지닌 힘은 이 낙인을 뚫고 슈미트라는 이름을 지식세계의 복판에 다시 세웠다. 특히 샹탈 무페(『정치적인 것의 귀환』), 조르조 아감벤(『예외상태』) 같은 급진적 좌파 이론가들이 이 보수 반동적 학자의 사상을 되살리는 데 앞장섰다는 사실은 역설적이다. 슈미트 사상은 그만큼 중층적이고 급진적인 데가 있다.

    슈미트 사상은 1918년을 기점으로 하여 변화의 급류를 탔다. 그 전까지 한스 켈젠Hans Kelsen으로 대표되는 당대의 자유주의 법학의 흐름에 한 발을 담그고, 다른 한편으로 아나키즘적 낭만주의 사상에도 관심을 보였던 슈미트는 제1차 세계대전에서 독일이 패망해 승전국들의 굴욕적 강압 속에서 베르사유 체제가 성립하고 이어 국가의 혼란이 거듭되는 상황을 겪으며 국가주의와 권위주의가 결합된 '결단과 독재'의 사상으로 나아간다. 1933년 나치 집권 이후 그는 나치즘의 법학적 대변자가 된다. 나치에 가담하기까지 그의 사상의 변신과 도약은 당대의 논적들을 공격하는 정치적 팸플릿 성격의 저술 작업으로 나타났다. 『독재』(1921)에서 예외상태를 뚫고 나가는 수단으로 '독재'라는 제도에 주목하고, 『정치적인 것의 개념』(1927)에서는 '적과 동지의 구분'이야말로 정치적인 것의 본질이라고 선언한다. 또 『헌법의 수호자』(1931)에서는 당시 비상대권에 의지해 바이마르 공화국을 지탱하던 파울 폰 힌덴부르크 Paul von Hindenburg 대통령을 '헌법의 수호자'로 옹호하고, 『합법성과 정당성』(1932)에서 의회민주주의의 원칙이라 할 다수결주의의 무능을 규탄한다.

1922년에 펴낸 『정치신학』은 10여 년에 걸쳐 급진화하는 이 보수 사상의 핵심을 보여주는 저작이다. 이 책에서 슈미트는 주권이론을 새롭게 세워 이 이론을 거점으로 삼아 자유주의 이념을 규탄하고 나아가 극좌이념을 비판한다. 이 책은 '주권자란 무엇인가?'라는 단도직입적인 질문에 대한 답을 제시하면서 시작한다. "주권자란 예외상태를 결정하는 자다." 이 명제는 힌덴부르크의 통치 사례로 설명될 수 있다. 바이마르 헌법 48조가 보장하는 '대통령의 비상대권'에 의지해 힌덴부르크는 1929년 이후 몇 년 동안 '긴급명령'으로 국가를 통치했다. 의회의 기능이 고장 난 이런 예외상태에서 대통령이 사실상 주권자로서 정치적 결정을 임의로 했던 것인데, 여기에서 "주권자란 예외상태를 결정하는 자"라는 명제의 엇비슷한 사례를 발견할 수 있다.

이 책에서 슈미트는 19세기 스페인의 반혁명적 보수 사상가 후안 도노소 코르테스 Juan Donoso Cortés(1809~1853)를 불러내 자신의 분신으로 내세운다. 코르테스는 1830년 7월 혁명으로 등장한 프랑스의 7월 왕정을 자유주의적 부르주아지의 정부로 규정하고, 이 정부의 단호하지 못한 자유주의적 태도를 강도 높게 비판했다. 여기서 이 책의 제목 '정치신학'의 의미가 뚜렷해진다. 자유주의 부르주아지들의 신학이 7월 왕정의 정치학과 상동관계에 있음이 드러나는 것이다. 코르테스는 '이신론理神論', 곧 신은 세계를 창조했지만 운행에 개입하지 않는다는 이론을 부르주아 신학의 전형으로 제시한다.

"자유주의적 부르주아지는 신을 원하지만 이 신은 활동해서는 안 된다. 마찬가지로 부르주아지는 군주를 원하지만 그 군주는 무력해야만 하는 것이다."

코르테스의 자유주의 부르주아지 비판은 여기서 멈추지 않는다.

"부르주아지는 자유와 평등을 요구하면서도 교양과 재산에 따라 선거권을 유산계급으로 한정할 것을 요구한다."

"부르주아지는 혈통 및 가계에 기초한 귀족지배를 폐기하면서도 가장 파렴치하고 저급한 금권적 귀족지배를 용인한다."

코르테스는 자유주의 부르주아지를 '토의하는 계급'이라고 정의하는데, [예외상태에 봉착해] 결단을 행해야 할 시점에 '자, 이 문제에 대해 토론합시다' 하며 결정을 회피하는 자들이라는 뜻이다. 모든 정치적 활동을 의회의 논의에 내맡기고 진정한 투쟁을 거부하는 자들, 영원히 대화만 하는 자들, "결정적 대결, 피비린내 나는 결전을 의회의 토론으로 바꿀 수 있고 '영원한 대화'를 통해 영원히 유보상태에 머물 수 있다"고 기대하는 자들이라는 것이다.

슈미트는 보수주의자 코르테스에게 '불구대천의 적'은 자유주의적 부르주아지가 아니라 무신론적 아나키스트·사회주의자였다고 말한다. 그러나 코르테스는 그 불구대천의 적들이 자유주의적 유약함을 거부하고 결단할 줄 안다는 점에서 그들의 "악마적 위대성"을 존경했다.

이 점에서 코르테스와 슈미트는 하나다. 슈미트는 의회주의의 어정쩡한 틀 안에 모든 정치적 적대를 뭉뚱그려 넣고 회피하는 자유주의 부르주아 세력을 경멸했을 뿐만 아니라, 경제적 이해관계가 정치이념을 압도하여 '진정한 정치'를 없애버리는 현대 부르주아 국가를 규탄의 대상으로 삼았던 것이다. 바로 이 지점에서 현대 급진주의 이론이 슈미트를 주목하는 이유가 발견된다.

근대의 사회적 상상 찰스 테일러 지음 / 이상길 옮김 / 이음

근대 시민사회를 만든 상상력의 힘

『근대의 사회적 상상Modern Social Imaginaries』은 정치철학자 찰스 테일러(1931~)의 2004년 저작이다. 테일러의 저작 활동은 '철학적 인간학'과 '서구 근대성 탐구'라는 두 축으로 이루어지고 있는데, 이 책은 서구 근대성을 '사회적 상상social imaginaries'의 관점에서 살피는 저작이다. 지은이는 근대의 사회적 상상을 특징짓는 세 가지 형식으로 '시장경제' '공론장' '인민주권'을 제시한다. 이 세 가지 형식에 대한 탐구가 이 책의 본론을 이룬다.

캐나다 몬트리올에서 태어난 테일러는 영국 옥스퍼드대학에서 철학·경제학·정치학을 공부했다. 캐나다로 돌아온 뒤 맥길대학과 옥스퍼드대학 교수를 지냈으며, 현재는 미국 노스웨스턴대학 교수로 있다. 그는 일찍부터 학문 활동과 정치 실천을 함께 한 다소 특이한 이력의 소유자다. 영국에 유학하던 시절에 신좌파 정치운동을 했으며, 귀국한 뒤에는 사회민주주의 계열 신민주당의 핵심 이론가로 활동했다. 자신의 정치적 열정과 경험을 철학적으로 담론화하려는 행동주의자의 면모가 저작마다 깊이 배어 있다는 평가를 받는다. 그의 정치사상은 흔히 '자유주의적 공동체주의'로 요약되는데, 개인의 자율성과 공동체 귀속을 어

떻게 조화시킬 것인가가 주요 고민인 것으로 보인다.

그런 고민의 과정에서 테일러는 '서구 근대성'에 대해 집요하게 질문하고 해석하는 작업을 벌였는데, 『근대의 사회적 상상』에서 그런 작업을 확인할 수 있다. 이 책에서 지은이가 제시한 '사회적 상상'이라는 말은 베네딕트 앤더슨Benedict Anderson의 『상상의 공동체』를 연상하면 다소 수월하게 감이 잡힌다. 지은이 자신도 앤더슨의 그 책에서 아이디어를 얻었다고 본문에서 밝히고 있다. 집단적 상상이 현실적인 힘을 행사할 때 그것을 두고 '사회적 상상'이라고 할 수 있는데, 논리 정연한 이론이 아니라 모호하고 흐릿한 이미지와 이야기로 퍼져 나가기 때문에 '상상'이다. 이 사회적 상상 중에서 결정적으로 근대를 규정한 세 가지 형식이 경제·공론장·인민주권이라는 것이 지은이의 기본 가정이다.

먼저 지은이는 '사회적 상상'이라는 것이 어떻게 싹터서 자라나는지를 설명한다. 시작은 이론이다.

> "이론이란 처음에 몇몇 사람들이 주장하다가 소수 엘리트의 사회적 상상 속으로, 이어 사회 전체의 사회적 상상 속으로 침투해 들어간다."

지은이는 17세기에 '근대적인 사회적 상상'을 뒷받침하는 이론이 처음 출현했으며, 그 이론을 제출한 사람이 네덜란드 법학자 휘호 흐로티위스Hugo Grotius(그로티우스·1583~1645)와 영국의 철학자 존 로크John Locke(1632~1704)였다고 딱 짚어 말한다. 이 두 사람은 평등한 개인들이 계약을 체결해 공동의 이익을 추구하는 질서를 만든다는 관념을 이론으로 제시했다.

여기서 결정적인 것은 개인들의 평등성과 상호 이익인데, 이것이 바로 근대적 도덕질서의 핵심을 구성한다. 이 근대적 도덕질서가 사회적 상상 속으로 침투해 들어가 상상 자체를 바꾸고 진전시킨다. 그 결과로 나타난 근대의 사회적 상상체가 '평등한 상호 이익의 세계' 곧 '시민사회'라고 지은이는 말한다. 이 시민사회 가운데 첫 번째로 등장한 것이 '시장경제'다. 경제에 대한 근대적 이미지를 선명하게 보여주는 것이 18세기 '정치경제학의 아버지' 애덤 스미스Adam Smith의 『국부론 The Wealth of Nations』이다. 평등한 개인들의 이기적 활동이 전체의 이익을 증진시킨다는 '보이지 않는 손'의 질서가 이 경제다.

지은이가 강조하는 두 번째 '사회적 상상'은 '공론장'이다. 공론장을 처음 제대로 규명한 사람은 위르겐 하버마스다. 하버마스는 『공론장의 구조변동 Structural Transformation of the Public Sphere』에서 18세기에 '공론'이라는 새로운 개념이 서유럽에 처음 등장했으며, 여기저기 흩어져 있는 사람들이 일종의 토론 공간 안에서 서로 연결됐다고 말한다. 이때 흩어져 있는 사람들을 묶어준 공통의 공간이 책·팸플릿·신문 같은 인쇄물이었다. 인쇄물 자체가 실제의 공간은 아니므로 공통 공간, 곧 공론장은 장소를 초월한 일종의 '상상적 존재'다. 그러나 이 공론장은 정치권력에 매우 큰 영향을 끼쳤다. 테일러는 공론장이 권력의 외부에 있다는 점이야말로 고대의 아고라Agora와 다른 점이라고 강조한다. 고대 그리스의 토론장인 아고라가 권력을 직접 행사하는 정치 내부의 장이었음과 달리, 근대의 공론장은 정치 외부에서 정치권력에 영향을 주는 기능을 하는 것이다.

그런데 공론장이 정치에 규범적 힘을 발휘할 수 있었던 것은 그 배후에 '인민주권'의 관념이 깔려 있었기 때문이라고 지은이는 말한다. 공론을 만드는 것은 궁극적으로 인민이며, 이 인민이 주권자이므로 정치권력이 인민의 감독과 견제를 받는 것이 당연하다는 생각인데, 이런 생각을 통해 '스스로 지배하는 주권적 인민'이라는 '사회적 상상'이 사회 전체로 퍼졌다. 그 결과가 미국혁명과 프랑스혁명이었으며, 이 두 혁명이 인민주권을 확고부동한 것으로 만들었다고 지은이는 말한다. 테일러는 이 책의 근대성 논의를 더 밀고나가서, 2007년에 펴낸 대작 『세속의 시대 A Secular Age』에서 포괄적으로 상술하고 있다고 옮긴이는 전한다.

백색신화 로버트 J. C. 영 지음 / 김용규 옮김 / 경성대학교출판부

마르크스주의도
유럽 중심주의에 갇혀 있다

로버트 J. C. 영Robert J. C. Young(뉴욕대 영문학·비교문화학 교수)은 '트리콘티넨털(3대륙) 탈식민주의' 이론을 제창한 사람이다. 3대륙 탈식민주의 이론이란 아시아·아프리카·라틴아메리카의 억압받는 서발턴Subaltern(하위계급·기층 민중)의 관점에서 마르크스주의를 비롯한 서양의 주류 반체제 이론을 비판하고 그 이론들의 진보적 유산을 3대륙 현실에 맞게 번역해 소화하려는 이론이다. 『백색신화White Mythologies』는 영의 이론 활동에서 전환점이 된 책이다. 프랑스 포스트구조주의 이론에 몰두했던 영은 이 책 집필을 계기로 하여 탈식민주의로 이동했다.

이 책이 주목받는 이유는 지은이 자신의 이론적 전환점이라는 의미를 넘어 탈식민주의 이론의 출현을 알린 저작이라는 역사적 의미를 품고 있다는 데 있다. 탈식민주의 이론의 대표자 가운데 한 사람인 호미 바바Homi K. Bhabha의 표현을 빌리면, 이 책은 "탈식민주의 사유의 역사적 계보학을 수립하는 데 의미심장한 기여"를 한 저작이다. 탈식민주의의 이론적 장이 막 형성되고 있던 때 그 장의 형성을 역사적 차원에서 보여준 것이 이 저작인 셈이다.

더 중요한 것은 이 책이 탈식민주의 이론의 장을 드러내는 방법으

로 서구의 주류 반체제 이론을 비판하고 해체하는 전략을 구사한다는 사실이다. 헤겔의 변증법을 이어받은 마르크스주의와 그 계승인 사르트르를 비판하고 알튀세르·푸코 같은 포스트구조주의 이론가들의 기여와 한계를 동시에 검토하는 것이다. 이어 이들의 사유를 극복하려 한 에드워드 사이드Edward Wadie Said, 호미 바바, 가야트리 차크라보르티 스피박Gayatri Chakravorty Spivak의 이론을 탐색한다. 이런 검토 작업에서 중심을 이루는 개념이 '유럽중심주의'와 '탈식민주의'다. 유럽 마르크스주의가 유럽중심주의에 갇혀 있었다면, 사이드 이후 탈식민주의는 이 유럽중심주의 신화를 해체하려는 이론적 도전이었던 셈이다. 그러나 지은이는 이 책에서 탈식민주의 이론의 한계를 지적하는 것도 잊지 않는다.

이 책은 1990년 초판이 출간된 뒤 2004년에 재판이 나왔다. 2004년 판에서 영은 '다시 읽는 『백색신화』'라는 제목으로 긴 서문을 썼다. 한국어판은 이 재판을 옮긴 것이다.

이 책의 토대가 된 것은 사이드의 기념비적 저작 『오리엔탈리즘 Orientalism』(1978)이다. 사이드는 『오리엔탈리즘』에서 서양의 그 어떤 지식도 오리엔탈리즘의 그물에서 벗어나지 못했음을 보여주었는데, 영은 한발 더 나아가 서양의 가장 진보적인 이론들조차 유럽중심주의적 백색신화에 갇혀 있음을 입증한다. 이때 영이 맨 먼저 공략 대상으로 삼는 것이 헤겔이다. 헤겔의 변증법은 타자를 흡수함으로써 주체를 더 큰 주체로 끌어올리는 방식으로 주체-타자 대립을 해소한다. 지은이는 헤겔의 변증법이 19세기 제국주의 기획을 철학적으로 모방한 것이라고 말한다. 타자의 주권을 박탈해 주체에 통합시키는 변증법의 지식 구성 방식이 서구가 비서구를 지리적·경제적으로 통합하는 과정을 흉내 낸 것이라는 설명이다.

그런가 하면 마르크스주의는 헤겔의 관념론을 뒤집었을 뿐 유럽중심주의와 공모하는 개념체계의 작동양식을 뒤집지는 못했다. 마르크스주의는 유럽중심주의의 연장이었다. 지은이는 유럽의 정통 마르크스주의가 모든 인간 현상들을 경제결정론으로 환원시켰으며, 인간의 역사적 과제를 근대성 달성에 귀속시킴으로써 유럽 역사를 모범으로 제시했고, 혁명 주체를 프롤레타리아계급으로 수렴시켰다는 데 문제가 있다고 말한다. 그리하여 마르크스주의 담론은 "여성, 인종, 다른 소수집단들, 나아가 식민화되거나 식민화를 경험한 제3세계 국가의 사람들처럼 다양한 방식으로 억압을 겪은 사람들을 보이지 않게 만드는 기능"을 했다. 영국이 인도를 식민화한 것은 미래의 계급투쟁을 위한 조건을 창출했기 때문에 결국 최선이었다고 한 마르크스의 진단은 마르크스주의 내부의 유럽중심주의를 단적으로 보여준 사례다.

지은이는 사르트르가 식민지 해방 투쟁에 동참했지만, 결국 헤겔주의적 마르크스주의의 유럽중심주의 한계를 반복했다고 비판한다. 지은이가 보기에 당시 유럽 마르크스주의는 제3세계에 대한 '생색내는 온정주의'에 물들어 있었다. 말할 수 없는 제3세계 민중을 대신해 발언하면서 그들을 종국엔 지워버리는 유럽 마르크스주의를 지은이는 이렇게 비판한다.

"서발턴은 말할 수 없는 것이 아니다. 다만 지배세력들이 그들의 말을 들으려 하지 않았을 뿐이다."

이런 한계는 알튀세르·푸코·데리다·들뢰즈를 포함한 광의의 포스트구조주의 이론가들의 노력으로 어느 정도 극복됐다. 그리고 그런 이론적 바탕 위에서 사이드의 『오리엔탈리즘』이 출현했다. 그러나 사이드는 오리엔탈리즘의 작동 시스템을 폭로하기는 했지만, 그 시스템을 획일적으로 인식함으로써 비서구 내부의 모순·갈등을 보지 못했다. 이런 한계는 다시 바바와 스피박의 비판을 받았으며, 이들이 등장함으로써 탈식민주의 사유의 새 지평이 열렸다고 지은이는 말한다.

CHAPTER
4

칸트의 이성과 니체의 광기

판단력비판 이마누엘 칸트 지음 / 백종현 옮김 / 아카넷

근대 정신세계를 혁신한 이성의 드라마

"그의 철학은 너무나도 파괴적이었고 많은 결과를 초래했으며, 그의 사상은 근대 의식에 엄청난 영향력을 행사했다."(노르베르트 힌스케 『현대에 도전하는 칸트』)

이 문장의 주인공이 바로 독일 철학자 이마누엘 칸트(1724~1804)다. 근대철학의 혁신자이자 계몽정신의 산마루였던 칸트는 파괴자였던 것만큼이나 건설자였다. 그는 낡은 세계를 무너뜨리고 정신의 새 건축물을 세웠다. 이 파괴와 건설의 논리적 드라마가 펼쳐지는 곳이 그의 3대 비판서 『순수이성비판 *Kritik der praktischen Vernunft*』 『실천이성비판 *Kritik der reinen Vernunft*』 『판단력비판 *Kritik der Urteilskraft*』이다. 이 세 비판서 가운데 마지막 저작 『판단력비판』이 칸트 전문 연구자 백종현 서울대 교수의 번역과 주해를 거쳐 새롭게 나왔다. 앞서 백 교수는 『실천이성비판』(2002)과 『순수이성비판』(2006) 번역·주해본을 펴낸 바 있다. 이로써 칸트 3대 비판서가 백종현판으로 완역됐다. 40년에 걸친 칸트 연구의 결실이다.

우리에게 각인된 칸트의 이미지는 파괴자라는 말이 주는 격정과는 어울리지 않는다. 그는 일점일획의 오차도 없는 단조롭고 엄격하고 규칙

적인 삶을 산 사람으로 알려져 있다. 쾨니히스베르크의 걸어다니는 시계가 그의 이미지다. 그러나 이 이미지는 후년의 칸트를 칸트 생애 전체로 확대한 모습이다. 젊은 시절 칸트는 자유분방하고 유쾌한 사람이었다. 내기 당구를 즐기고 살롱과 클럽을 드나들고 흥겨운 대화로 사람들을 끌어모으는 사교계의 총아, 멋쟁이 신사가 칸트였다. 그랬던 그는 1770년 쾨니히스베르크대학 정교수 취임을 전후해 완전히 다른 사람으로 바뀌었다. 칸트는 사교계에 발을 끊고 은둔자가 됐다. 그 무렵 하나의 거대한 문제가 그를 엄습했던 것이다. 철학의 근본 문제를 해결해야 한다는 강박적 의무감이었다. 골방에 틀어박힌 칸트는 고투에 고투를 거듭한 끝에 10여 년 뒤 한 권의 책을 출간했다. 그 책이 바로 『순수이성비판』(1781)이다. 칸트는 이 책에 이어 7년 뒤 『실천이성비판』(1788)을 완성했고, 다시 2년 뒤 『판단력비판』(1790)을 세상에 내보냈다. 3대 비판서를 완성한 후의 칸트는 젊은 날의 습성을 까마득히 잊어버린 노인이 돼 있었다.

칸트가 세 주저에 '비판'이라는 제목을 붙인 것은 그가 계몽정신의 아들임을 보여준다. 『순수이성비판』의 초판 머리말에서 그는 자신의 시대를 "모든 것이 비판에 부쳐져야 하는 진정한 비판의 시대"라고 규정한 뒤 이렇게 말한다.

"이성은 오직, 그 자신의 자유롭고 공명정대한 검토를 견뎌낼 수 있는 것에 대해서만 꾸밈없는 존경을 승인한다."

이성이 모든 것을 비판에 부친다면, 이성 자신도 그 비판의 법정에 서야 할 것이다. 이성이 이성 자신을 소환해 심문하는 것, 이것이야말로 칸트 비판철학의 놀라운 전환이다. 인간 이성이 이성 자신을 규명함으로써, 인식할 수 있는 것과 인식할 수 없는 것, 마땅히 행해야 하는 것과 행해서는 안 되는 것을 분간해내는 것이 이성 비판의 제1과제라고 칸트는 본 것이다. 그러므로 이성 비판이란 이성 자신의 기능과 능력을 밝히고 그 한계를 찾아내는 일이다. 여기서 그 한계를 모르는 이성은 가차 없이 탄핵당한다.

칸트의 비판 작업은 정신과 세계의 관계에 대한 '코페르니쿠스적 전환'을 이루어냈다. 이성의 자기비판 작업을 통해 칸트는 우리 정신이 세계 인식을 가능하게 하는 근거를 자기 안에 가지고 있으며, 그 인식을 통해서 사물 자체의 존재가 확실해진다는 결론에 이르렀다. 다시 말해, 인간 이성이 적어도 부분적으로는 현상세계의 창조자 노릇을 하고 있는 셈이다. 그리하여 이제까지 신이 담당하던 창조자 구실이 인간의 이성 안으로 옮겨졌다. 세계 존재의 근거가 신에게서 인간으로 바뀐 것이다. 존재하는 모든 것들이 우리 의식의 규정을 받는다는 이 발상, 신의 업무를 인간의 업무로 바꿔놓은 이 발상이 바로 '코페르니쿠스적 전환'이다.

그렇게 의식이 창조자 노릇을 한다고 해도 제멋대로 하는 것은 아니다. 의식은 엄격한 법칙을 따른다. 이렇게 의식이 따르지 않으면 안 되는 '자연의 법칙'의 근거를 밝히는 것이 『순수이성비판』이라면, 그런 자연의 법칙 안에 종속돼 있으면서도 동시에 자유의지로써 세계를 바꾸고 도덕적 이상을 구현해가는 정신 능력의 근거를 규명하는 것이 『실천이성비판』이다. 물론 이때도 정신은 엄격한 내적 법칙 곧 도덕법칙을 따른다. 『판단력비판』은 이 두 저서 사이의 가교 노릇을 하는 책이다. 판단력은 자연과 자유 사이, 순수이성과 실천이성 사이를 이어주는 다리다. 행위하고 실천하려면 먼저 판단해야 한다. 그렇게 판단하는 마음의 능력의 원천을 찾아내는 과정에서 칸트가 먼저 탐구하는 것이 '미적(미감적) 판단력'이다. 이 미적 판단력 규명이 이후 철학적 미학의 진정한 출발점을 이룬다. 나아가 칸트의 미적 판단력은 현대의 정치철학에도 자양분을 제공하는데, 한나 아렌트의 '정치 판단 이론'은 칸트의 이 판단력비판에서 영감을 얻은 것으로 알려져 있다.

니체, 영원회귀와 차이의 철학 진은영 지음 / 그린비

현대 차이철학의
허무주의를 극복하라

프리드리히 니체(1844~1900)는 관문이다. 그를 통과해야 현대철학의 지평이 제대로 열린다. 『니체, 영원회귀와 차이의 철학』은 니체 철학 전공자 진은영 씨가 모교인 이화여대 대학원에서 받은 박사학위 논문을 갈무리해 펴낸 책이다.

"현대철학의 가장 중요한 성과는 '차이'라는 개념을 적극적으로 도입했다는 것이다. 이 성과는 특히 하이데거·바타유·푸코·데리다·들뢰즈 같은 일군의 탈근대 철학자들이 이루어낸 것이다. 위르겐 하버마스는 이들을 모두 니체의 후계자로 지목했다. 이들은 하나같이 니체 철학을 베이스캠프로 사용해 현대철학이라는 산을 등정했다는 것이다."

그는 현대철학의 출발점에 니체 철학이 있는 이상, 니체를 공부할 이유는 분명하다고 말한다. "탈근대철학에 도입된 차이 개념을 사유하고 차이의 철학을 발전시키는 작업은 니체의 철학에 대한 이해를 통해 효과적으로 진행될 수 있다"는 것이다. 현대철학이 '차이' 개념에 주목하는 것은 근대철학의 폐해를 극복할 길이 거기에 있다고 보기 때문이다. 근대철학이란 요약하자면, 동일성의 철학이다. 하나의 보편적 기준을 상정하고 모든 이질적인 것들을 거기에 폭력적으로 복속시키거나 복속되지 않으면 배제하고 추방해버리는 철학이 동일성의 철학이다. 이 철학의 폭력성을 극복하자는 것이 탈근대철학이고, 그때 탈근대철학이 구사하는 가장 중요한 전략이 '차이를 적극적으로 사유하는 것'이다. 니체는 말하자면, 차이의 철학으로 가는 직행로다.

이 책에서 가장 중요하게 등장하는 개념이 니힐리즘Nihilismus, 힘에의 의지Wille zur Macht, 영원회귀Die Ewige Widerkunft, 그리고 그것들을 모두 아우르는 '차이의 철학'이다. 이 가운데 니힐리즘은 니체가 평생을 두고 싸운 사유의 주제였다. "니체의 가장 중요한 철학적 목표는 '니힐리즘의 자기극복'이었다." 왜 니힐리즘이 그렇게 중요한 문제인가. 니체는 자기 시대가 니힐리즘에 철저하게 감염돼 있다고 보았다. 니체가 니힐리즘이라고 부르는 것은 '세상 모든 것이 헛되다'라고 탄식하는 단순한 허무의식이 아니라, 현실의 세계 자체를 적극적으로 인정하지 않고 현실 너머의 '진짜 세계' '초월적 본질'을 찾는 모든 본질주의적 사고방식을 가리키는 말이다. 현상계 너머의 영원한 이데아를 찾는 플라톤주의와 그것의 쌍둥이인 기독교의 유일신 신앙이 현세 부정의 관념으로서 전통적 니힐리즘이다. 신이 죽어버림으로써 이 전통의 니힐리즘은 끝났지만 그것을 대체해 새로운 신이 등장했다고 니체는 말한다. 현실 세계를 관통하는 어떤 법칙을 찾아내 거기에 매달리거나 자본·화폐·국가 같은 것을 맹목적으로 숭배하는 것이 니체가 인식한 현대의 니힐리즘이라고 지은이는 말한다. 니체는 이 니힐리즘을 극복해야 할 질병이라고 규정했다. "그 질병을 극복하려는 과정에서 니체가 발견한 개념이 '힘에의 의지'다.' '힘에의 의지'를 니체의 말로 풀면 이렇다.

"이 세계는 곧 시작도 끝도 없는 거대한 힘이며, 힘들과 힘의 파동의 놀이로서 하나이자 동시에 다수이고, 자기 안에서 휘몰아치며 밀려드는 힘들의 바다이며, 영원히 변화하며 영원히 되돌아오고, 어떤 포만이나 권태나 피로도 모르는 생성이다. 영원한 자기 창조와 영원한 자기 파괴의 세계가 '힘에의 의지'다."

이 힘들의 흐름은 영원히 되돌아와 영원히 되풀이되는데, 그것을 가리켜 니체는 '영원회귀'라고 말한다. 그때의 영원회귀는 똑같은 것이 한 치의 오차도 없이 반복된다는 뜻이 아니다. 영원회귀는 차이의 반복이다. 다시 말해, 차이를 만들어내는 반복이다. 그리하여 삶은 끝없는 변화와 생성 속에서 반복하되 항상 차이 나는 반복이 된다. 삶과 세계는 차이의 바다, 차이의 축제가 된다. "그런 식으로 니체는 차이를 새롭게 사유했고 적극적으로 끌어안았다." 근대의 동일성 철학을 돌파하는 차이의 철학은 바로 여기에서 성립했다. "그러나 이 차이의 철학은 차이라는 개념에 머물러서는 안 된다." 왜냐하면 오늘날 유행하는 탈근대적 차이 철학에도 동일성 철학의 폐해가 끼어들고 있기 때문이다. 다시 말해 차이를 불변의 어떤 것으로 만들어버리는 경향이 있기 때문이다. 차이를 '승인'하는 형태의 철학에서 그런 경향이 발견된다고 지은이는 말한다. 다름을 인정하고 그걸로 끝내버리는 것인데, 그래서는 차이와 차이의 진정한 만남도 없고 그 만남을 통한 또 다른 차이의 생성도 없다. 이런 '차이 승인'의 철학을 그는 '탈근대적 니힐리즘'이라고 부른다. 이 현대적 니힐리즘을 극복하려면 차이·다름을 단순히 받아들이기만 하는 것이 아니라, 차이를 적극적으로 생산하는 사유로 나아가야 한다고 그는 말한다. 차이를 두려워하지 않고 차이를 즐기는 것, 그 차이를 만들어내는 '차이 생산 활동'을 통해 기쁨을 느끼는 것이 그가 말하는 진정한 차이의 철학이다.

그러나 이런 '차이 생산 철학'도 오늘날 자본주의적 지배 전략으로 전용되고 있다는 걸 부인하기 어렵다. 끝없이 새로운 제품을 생산하면서 '차이'와 '다름'의 판매 전략을 구사하는 것이 지금 자본주의 모습이기 때문이다. "그런 점에서 차이의 철학은 거기에 합당한 정치학과 윤리학으로 나아가야 한다." 이 책은 차이의 철학이 자본의 논리에 빠져들지 않고 자본의 포획 욕망에 저항해 그 욕망을 극복하는 방법으로 '소수 정치학'을 내세운다. 지배의지로 뭉친 다수성의 논리와 맞서 싸워 다름의 풍요로움을 지켜내고 또 그 풍요로움을 창조하는 소수성의 정치학이 필요하다는 것이다. "그럴 때에만 '차이의 철학'은 니힐리즘을 극복하고 새로운 세계를 열어 보일 수 있을 것이다."

니체와 악순환 피에르 클로소프스키 지음 / 조성천 옮김 / 그린비

니체, 광기의 한계 체험과 영원회귀

프랑스 작가 피에르 클로소프스키Pierre Klossowski(1905~2001)의 저작 『니체와 악순환 Nietzsche Et Le Cercle Vicieux』은 프리드리히 니체의 핵심 개념 가운데 하나인 '영원회귀'를 중심으로 니체의 사유를 해석한 독특한 연구서다. 클로소프스키의 니체 연구의 결산이라고도 할 책이자, 한국어로 번역된 클로소프스키 첫 저작이기도 하다.

클로소프스키는 한마디로 규정하기 어려운 인물이다. 부모가 모두 화가였던 클로소프스키는 그 자신도 화가로서 대단한 명성을 누렸다. 그러나 화가 생활은 클로소프스키 삶의 일부일 뿐이다. 청소년기에 라이너 마리아 릴케Rainer Maria Rilke와 앙드레 지드Andre Gide의 영향을 짙게 받은 그는 1950년대에 소설들을 발표해 큰 관심을 끌었다. 클로소프스키의 집요한 탐구 영역은 인간의 한계 체험으로서의 '광기'에 있다고 할 수 있다. 1928년 독일 시인 프리드리히 횔덜린의 시들을 번역한 것은 광기 탐구의 전초전이라 할 일이다. 1934년 철학자이자 소설가인 조르주 바타유Georges Bataille를 만나 니체의 세계로 깊숙이 빠져들었다. 횔덜린도 니체도 광기의 폭발로 삶을 암흑으로 밀어넣은 사람들이다. 1947년에는 '에로스의 광인'이라 할 사드 후작에 관한 연구서 『내

이웃 사드 Sade mon prochain』를 발표했다. 클로소프스키는 스스로 "나는 기인maniaque(광인)이다"라고 했는데, 그 말이 암시하는 대로 수수께끼 같은 특이한 인물이었다.

1969년에 출간한 『니체와 악순환』은 마르틴 하이데거의 『니체』, 질 들뢰즈의 『니체와 철학』과 함께 니체에 관한 가장 영향력 있고 독창적인 해석을 제공한 책이라는 평가를 받고 있다. 1960년대에 쓴 열 편의 소논문을 묶은 이 책은 내용뿐만 아니라 형식에서도 독특함을 보여준다. 짧은 논문들이 모여 니체 일생의 모자이크화를 그려내기 때문이다. 클로소프스키는 니체가 지인들에게 보낸 편지, 그리고 출간하지 않고 남겨둔 단편들을 주로 참조해 주인공의 두뇌 속으로 들어간다. 니체 삶의 역사를 바탕에 깔고 그 위에서 사유의 국면 국면을 조명해 니체 사상의 변곡점들을 확인한다.

이 책이 다른 니체 연구서들과 구별되는 지점은 먼저 니체의 광기에 관한 꼼꼼한 추적에 있다. 클로소프스키는 니체의 사유가 착란(광기) 주위를 돈다는 점이 이제까지 충분히 밝혀지지 않았음을 이 책의 서문에서 강조하고 있다. 니체의 글에서 이 착란의 중심은 '벌어진 틈'으로, '심연'으로, '간극'으로, 그리고 결정적으로 '카오스'로 표현되는데, 이 카오스가 니체를 유혹하고 끌어당기는 강력한 힘이었음을 니체의 글은 보여준다. 니체는 어린 시절 아버지가 죽은 뒤부터 이 카오스를 보기 시작해 발광 때까지 그 심연에 매혹당했다. 다른 니체 연구서들이 니체의 광기를 삶의 파국에 등장하는 에피소드로 보는 데 반해, 클로소프스키는 광기를 니체의 삶 전체를 관통하는 힘으로 이해한다. 중요한 것은 니체가 이 광기에 휘말리지 않고 사유의 명석함으로써 광기의 힘을 해부하고 거기에 저항했다는 사실이다. 니체의 발광은 그 대결이 마침내 끝났음을 의미한다. 카오스와 명석함의 이 지속적인 대결이 니체 사상을 풍성하게 만들었다고 클로소프스키는 해석한다.

클로소프스키가 니체 사유에서 주목하는 또 다른 주제이자 이 책에서 가장 힘주어 해명하려는 주제가 '영원회귀'다. 영원회귀는 1881년 여름 서른일곱 살의 니체가 알프스산맥 질스마리아에서 얻은 계시적 체험의 내용이다. 삶이 영원히 되돌아오고 영원히 되풀이된다는 이 돌연한 계시를 받고 니체는 깨달음이 주는 '환희의 눈물'을 한없이 흘렸다고 한다. 그런데 이 깨달음의 내용이 니체 자신에게 매우 모호한 의미를 지녔는데, 그 의미를 밝히는 작업이 니체의 나머지 인생이었다고 클로소프스키는 말한다.

클로소프스키가 여기서 강조하는 영원회귀는 '나 자신이 아닌 다른 삶을 반복해 사는 것'이다. 니체는 "역사의 모든 이름들, 결국 그것은 나다"라고 썼는데, 이것이 뜻하는 것은 무수히 다른 모습으로 내가 다시 산다는 것이다. 그렇게 되면, 과거에서 미래로 흐르는 시간 속에서 단 한 번뿐인 삶이라는 동일성, 그 삶의 주인인 '나'라는 동일자는 사라지게 된다. 나는 나 아닌 것들의 삶을 반복해서 살게 된다. 삶은 목적도 없고 방향도 없고 의미도 없다. 끝없이 되돌아오고 끝없이 되풀이되는 악순환만 남는다. 이런 인식은 '자아'라는 이름의 동일성을 근원적으로 파괴하는 결과를 낳는다. 니체는 서양의 기독교 문화가 모두 '자아라는 동일성'에 기반을 둔 사유의 산물이라고 보았는데, 그 모든 것을 부정하는 근거를 발견한 셈이 된다. 클로소프스키가 해석하는 니체는 '탈근대적 급진주의자 니체'의 모습이다.

니체는 1889년 1월 이탈리아 토리노에서 최후의 발광을 하고 정신을 놓아버렸다. 그 사건은 니체 내부의 카오스가 그의 명석함을 집어삼켰다는 뜻도 되지만, 니체 자신이 자기동일성의 마지막 끈을 놓아버렸다는 뜻도 된다. 니체는 자아라는 완강한 정체성으로부터 풀려나 '무한한 자유'를 누리게 됐다고 클로소프스키는 해석한다.

니체 1 마르틴 하이데거 지음 / 박찬국 옮김 / 길

'형이상학자 니체' 부활시킨 하이데거 역작

독일 철학자 마르틴 하이데거(1889~1976)가 가장 집요하게, 되풀이해서 대결했던 철학자가 프리드리히 니체다. 니체에 대한 하이데거의 대결은 1961년 두 권으로 출간된 대작 『니체Nietzsche』에 집약됐다. 이 두 권 중 첫 번째 권이 하이데거-니체 연구자 박찬국 서울대 교수의 노력으로 처음 우리말로 옮겨졌다. 박 교수는 1990년대 중반에 『니체』 두 번째 권의 일부를 우리말로 옮겨 『니체와 니힐리즘』이라는 이름으로 펴낸 바 있다. 옮긴이는 『니체와 니힐리즘』에 담긴 내용을 포함해 나머지 전체를 번역해 『니체2』로 펴낼 예정이다.

『니체』는 하이데거가 1936~1940년에 프라이부르크대학에서 했던 강의의 기록을 정리해 묶은 것이다. 하이데거는 이 기간에 '예술로서의 권력의지(힘에의 의지)' '동일한 것의 영원회귀' '인식으로서의 권력의지' '유럽의 니힐리즘', 이렇게 네 학기 강의를 했다. 또 1940~1946년에 몇 편의 니체 논문을 집필했다. 그중 앞의 세 강의록이 『니체1』에 수록됐고, 나머지 강의와 논문이 『니체2』에 묶였다. 이 강의와 논문은 주제의 연속성이 있으면서도 각각 별도로 성립된 것이어서, 『니체1』만으로도 나름의 완결성 있는 저작을 이룬다.

하이데거의 『니체』는 20세기 후반 니체 사상 부활의 기폭제가 됐다는 점에서 중요한 문헌이다. 이 저작이 출간되고 1년 뒤 질 들뢰즈의 『니체와 철학』이 출간됐으며, 이후 니체에 관한 관심과 해석은 폭발적으로 증가해 탈근대철학의 급류를 이루었다. 하이데거의 『니체』는 20세기 후반을 휩쓴 그 흐름의 출발점에 놓인 책이다. 니체 해석자라면 누구나 하이데거의 『니체』를 들여다보지 않을 수 없고, 하이데거의 해석과 정면 대결하지 않을 수 없을 정도로 이 책은 압도적인 고전의 지위를 누렸다.

『니체』는 하이데거 자신의 이력과 관련해서도 중대한 전환점을 보여주는 책이다. 1933년 나치 집권 직후 프라이부르크대학 총장에 임명된 하이데거는 그해 5월 나치당에 입당하고 '급진적인 나치 이념가'로서 자신을 드러내 보였다. 그러나 나치당은 하이데거의 급진성에 불편함을 느꼈고, 하이데거는 총장이 된 지 1년이 안 돼 총장직에서 물러났다. 그 후 이루어진 니체 강의는 나치 안에서 나치에 대항하는 하이데거의 철학적·이념적 고투를 그대로 반영하고 있다. 하이데거는 그 시절에 유행하던 니체 해석을 비판함으로써 나치를 간접적으로 비판했다. 특히, 이 강의에서 하이데거는 나치 철학자 알프레트 보임러Alfred Baeumler의 니체 해석을 직접 거명해 비판대에 올린다.

하이데거의 니체 해석은 당대의 기준으로 보면 파격적이라고 할 만큼 새로운 것이었다. 하이데거는 당대의 유행하는 니체 해석이 니체 철학을 제대로 드러내지도 비판하지도 못한다고 말한다.

"니체와의 대결은 아직 시작되지도 않았으며 그런 대결을 위한 전제도 아직 마련되지 않았다. (…) 대결이란 진정한 비판이다. 그러한 대결이야말로 하나의 사상가를 진정으로 기릴 수 있는 최고의, 그리고 유일한 길이다."

이 강의를 통해 하이데거는 니체를 낭만적인 '시인 철학자'가 아닌 '가장 엄격한 사유'를 한 형이상학자로 일으켜 세웠으며, 서양철학 전체와 맞섰던 사상가, 서양 형이상학의 한계를 극복하려고 분투한 철학자로 주조했다.

이런 니체의 모습을 그려내는 데 하이데거가 동원한 것이 니체 사상의 핵심 중의 핵심이라 할 '권력의지'와 '동일한 것의 영원회귀' 두 개념이다. 하이데거가 보기에 '권력의지'라는 개념은 인간을 포함해 모든 존재하는 것들, 곧 존재자의 근본성격을 규정하는 개념이며, '영원회귀'는 그 존재자들의 존재형식을 보여주는 개념이다. 하이데거는 니체가 권력의지를 영원회귀로서 사유하고 고찰한다고 말한다.

여기서 주목할 것이 니체 사상의 핵심을 찾아들어가는 하이데거의 방식이다. 하이데거는 니체가 직접 발간한 저서들을 거의 배제하고, 사후에 『권력의지Der Wille zur Macht』로 묶인 유고에 의존해서 니체 사상의 본질을 밝히려 한다. 하이데거가 보기에 니체 철학의 정수인 '권력의지'와 '영원회귀'는 발간된 책들에서 짧은 암시로만 간접적으로 드러나 있을 뿐 그 본질은 침묵 속에 감추어져 있기 때문이다.

"〔생전에 발간된 책만으로는〕우리는 니체가 이미 알았고 끊임없이 철저하게 사유했지만 공표하지 않았던 것을 결코 경험할 수 없을 것이다. 자필 유고를 들여다볼 경우에만 비로소 한층 명료한 상을 얻을 수 있다."

하이데거는 이렇게 유고를 비판적으로 해석함으로써 권력의지와 영원회귀를 니체가 체험했던 것처럼 추체험하려 한다. 그리하여 하이데거의 해석 속에서 니체는 서양 형이상학의 파괴자이자 극복자가 아니라 서양 형이상학의 완성자, 서양 니힐리즘의 극단으로 나타난다. 하이데거의 이런 니체 이해 방식은 뒤에 많은 논쟁과 비판을 불러일으켰다. 니체 전기를 쓴 레지널드 홀링데일Regenald J. Hollingdale은 하이데거가 유고를 가지고 니체 철학을 재구성한 것을 두고 "하이데거 머릿속에서 만들어낸 니체"라고 비판하기도 했다.

숲길 마르틴 하이데거 지음 / 신상희 옮김 / 나남

'숲길',
밤의 시대 진리의 미로

20세기 독일을 대표하는 철학자 가운데 한 사람인 마르틴 하이데거는 100권이 넘는 방대한 저작을 남긴 다작의 사상가이기도 하다. 그의 수많은 저술 가운데 출세작 『존재와 시간 Sein und Zeit』을 포함해 다섯 종이 최고의 걸작으로 꼽힌다. 『숲길 Holzwege』은 『철학에의 기여』『이정표』『강연과 논문』과 함께 나머지 네 종을 이루는, 후기 하이데거의 대표작 가운데 하나다.

하이데거 전문가 신상희 씨의 10년 노고 끝에 우리말로 전모를 드러낸 『숲길』은 하이데거 후기 사유의 정수가 담긴 책이자, 수많은 논란과 해석과 영감을 낳은 논문들을 품은 책이다. 예술작품에 관한 새로운 해석을 제출한 「예술작품의 근원」, 신의 죽음이라는 니체의 명제에 깃든 '니힐리즘'을 해부한 「신은 죽었다는 니체의 말」 '궁핍한 시대의 시인'의 의미를 독일 시인 횔덜린의 경우를 통해 밝히는 「무엇을 위한 시인인가?」와 같은 유명한 논문들이 이 책에 포함돼 있다. 각각의 논문은 서로 독립적이지만 이들은 한데 엮여 20세기라는 기술문명시대를 근원적으로 비판하는 하이데거주의의 본질을 밝혀 보여준다.

『숲길』의 원제는 '홀츠베게 Holzwege'라는 옛 독일어 단어다. 이 단어를 책 제목으로 삼은 이유를 하이데거는 책머리에 시적으로 설명해놓았다.

"수풀Holz은 숲Walt을 지칭하던 옛 이름이다. 숲에는 대개 풀이 무성히 자라나 더는 갈 수 없는 곳에서 갑자기 끝나버리는 길들이 있다. 그런 길들을 숲길 Holzwege이라고 부른다. 길들은 저마다 뿔뿔이 흩어져 있지만 같은 숲 속에 있다. (…) 나무꾼과 산지기는 그 길들을 잘 알고 있다. 그들은 숲길을 걷는다는 것이 무엇을 뜻하는지 알고 있다."

숲이 '존재의 진리'를 의미한다면, 숲길은 그 진리를 찾아가는 사유의 미로를 가리킨다. 그리고 그 길을 잘 알고 있는 나무꾼 또는 산지기는 하이데거 자신을 뜻한다고 할 수 있을 것이다. 자신이 진리의 숲을 알고 지킨다는 자부가 담긴 글인 셈이다.

책의 맨 앞에 실린 「예술작품의 근원」은 그 존재의 진리에 이르는 산지기의 진지한 사유노동의 한 모습을 보여준다. 여기서 하이데거는 예술작품의 근원적 의미를 드러내기 위한 방편으로 '사물'과 '도구'를 거론한다. 돌이나 나무 같은 사물은 자족성과 자생성 안에서 스스로 존재한다. 반면에 도끼나 신발 같은 도구는 용도성과 제작성을 본질적 특징으로 삼는다. 다시 말해, 어떤 특별한 용도를 위해 누군가가 제작한 것이 도구라는 말이다. 작품은 누군가 제작했다는 점에서는 도구와 유사하지만, 스스로 충만하다는 점에서는 사물과 유사하다. 그러나 이런 설명은 예술작품의 본질에 관해 아무것도 말해주지 않는다. 하이데거는 여기서 빈센트 반 고흐의 그림 〈구두〉를 예로 들어 예술작품의 근원으로 들어간다. 그는 시적 상상력으로 그림 속 낡은 구두와 구두의 주인인 아낙과 구두를 둘러싼 세계를 묘사한다.

"너무 오래 신어서 가죽이 늘어나버린 신발이라는 이 도구의 안쪽 어두운 틈새로부터 밭일을 나선 고단한 발걸음이 엿보인다. (…) 이 도구에서는 빵을 확보하기 위한 불평 없는 근심과, 고난을 이겨낸 후에 오는 말없는 기쁨과, 출산이 임박해서 겪어야 했던 〔산모의〕 아픔과 죽음의 위협 앞에서 떨리는 전율이 느껴진다. 이 도구는 대지에 속해 있으며, 농촌 아낙네의 세계 속에 포근히 감싸인 채 존재한다."

고흐의 그림은 이렇게 구두라는 도구의 진리를 알게 해준다고 하이데거는 말한다. 예술작품은 낡은 구두가 진실로 무엇을 뜻하는지 보여준다. "예술작품 속에서 존재자(존재하는 것)의 진리가 작품 속으로 스스로를 정립하고 있다." 그렇게 예술작품은 진리를 밝히고 세운다. 더 정확히 말하면, 예술작품을 통해서 진리가 존재하게 된다. 하이데거는 고대 그리스 신전을 예로 들어 그런 사태를 설명한다. 신전이 대지 위에 건립됨으로써 그 신전의 세계 안에 신들이 비로소 거주하게 된다는 것이다. 신전이 신들의 세계를 마련하듯이, 예술작품은 진리를 세워 드러나게 한다. "예술이란 진리가 생성되며 일어나는 하나의 행위다."

그런 의미에서 예술이란 본질상 '시 짓기Dichtung'라고 하이데거는 말한다. 왜냐하면 지어냄을 통해 진리를 드러내는 것이 시 짓기이기 때문이다. 건축이든 회화든 음악이든 그것이 진리를 세우고 밝히는 일이라면 결국엔 일종의 시 짓기가 된다. 예술은 시 짓기다. 그런 시 짓기는 언어를 통해 이루어진다. 그리하여 언어는 존재의 진리를 들이고 보존하는 '존재의 집'이 된다. 하이데거는 다른 논문 「무엇을 위한 시인인가?」에서 모든 존재자를 몰아세우고 닦달하는 근대 기술문명의 지배를 '세계의 밤' '궁핍한 시대'라고 지칭하면서, 그런 밤의 시대에 시인은 "온전한 것" 곧 '진리'를 노래함으로써 이 시대의 물음에 답한다고 말한다.

들뢰즈가 만든 철학사 질 들뢰즈 지음 / 박정태 엮어 옮김 / 이학사

'플라톤 파괴자' 들뢰즈의
반시대적 철학

질 들뢰즈(1925~1995)는 20세기 후반 이래 가장 큰 영향력을 발휘한 철학자 가운데 한 사람이다. 그는 쉬운 이해를 허락하지 않는다는 점에서 가장 까다로운 철학자 가운데 한 사람이기도 하다. 그의 주요 저서가 모조리 우리말로 번역됐는데도 그의 철학이 오독과 오해의 늪에서 벗어나지 못하는 것도 이 까다로움 때문이다. 그의 사유 범위는 너무 넓고 그의 개념 어휘는 너무 낯설다.

들뢰즈 전공자인 박정태(프랑스 파리8대학 박사) 씨가 엮어 옮긴 『들뢰즈가 만든 철학사』는 들뢰즈라는 철학적 미궁을 비교적 안전하게 답사하게 해줄 아리아드네의 실과 같은 책이다. 이 책-실은 여러 가닥의 짧은 실을 묶어 길게 늘인 실이다. 다시 말해, 들뢰즈가 쓴 짧은 논문들을 계통을 따져 가지런히 엮은 것이 이 책이다. 들뢰즈는 단행본 저작 외에, 1950년대 초반부터 타계할 때까지 40여 년에 걸쳐 40여 편의 소논문을 썼는데, 그 가운데 엮은이가 보기에 특별히 중요한 22편이 이 책에 모였다.

이 소논문들이 중요한 것은 들뢰즈 사유의 씨앗이 싹트고 성장하는 과정이 여기에 들어 있기 때문이다. 칡덩굴처럼 뻗어나간 들뢰즈 사유

의 출발점들이 선명하게 각인돼 있는 글들인 것이다. 특히 이 편역판은 옮긴이 박정태 씨의 꼼꼼한 주석과 해설이 돋보인다. 들뢰즈에게로 가는 구불구불한 길의 어두운 지점마다 옮긴이의 주석이 가로등처럼 서 있다. 편위(클리나멘)·환영(시뮬라크르)·내재성·차이·반복 같은 용어들을 설명한 주석들은 그 자체로 작은 개념어 사전을 이룬다.

이 책이 '들뢰즈가 만든 철학사'인 것은 들뢰즈가 선별하고 들뢰즈가 해석한 철학자들이 모여 특이한 철학 역사를 이루기 때문이다. 들뢰즈는 주저 가운데 하나인 『차이와 반복 Différence et Répétition』에서 "철학사는 회화의 한 장르인 콜라주의 구실과 아주 유사한 구실을 해야 한다"라고 했는데, 이 책이 바로 그 콜라주 기법으로 이루어진 철학사라 할 만하다.

여기서 콜라주의 단편으로 등장하는 것이 플라톤·루크레티우스·스피노자·흄·루소·칸트·니체·베르그송 Henri Louis Bergson·푸코, 그리고 들뢰즈 자신이다. 해석이란 일종의 반복행위다. 들뢰즈는 이 반복에 '최대한의 변경'을 가함으로써, 바꿔 말해 할 수 있는 한 창조적으로 해석함으로써 철학자들의 익숙한 모습을 바꿔놓는다. 『차이와 반복』의 표현을 빌리면, "철학적으로 수염을 기른 헤겔을, 철학적으로 면도를 한 마르크스를" 그의 해석은 보여주는 것이다.

더 중요한 것은 이때의 철학사가 비주류의 철학사를 이룬다는 점이다. 서양철학의 주류를 만든 철학자는 비판적으로 해체하고, 주류 바깥에 머물러 있던 철학자는 적극적으로 재해석함으로써, 시대에 대항하는 '반시대적' 철학사로 조합해내는 것이다. 들뢰즈는 자신의 철학적 스승이라 할 스피노자·니체·베르그송의 사유를 이 비주류 철학사 서술의 핵심 거점으로 삼는다. 그리하여 이 독특한 철학사를 통해 들뢰즈 사상의 토대와 뼈대가 확연히 드러난다.

옮긴이의 설명을 따르면, 들뢰즈의 사유는 "엄격하게 방향이 잡힌

해석상의 일관성"을 보여주고 있다는 점에서 특징적이다. 초기의 철학사 공부에서 이룬 성취가 후기의 자기 사상 서술에 거의 바뀜 없이 적용되고 있다는 것이다.

이 논문 모음에서 들뢰즈가 최대의 극복 대상으로 삼고 있는 사람은 플라톤이다. 그는 '플라톤 파괴자'를 자처한다. 플라톤을 파괴하는 일이야말로 "모든 파괴 중에서 가장 결백한 파괴"라고 단언한다. 플라톤이야말로 서양철학의 잘못된 길을 닦은 최초의 철학자이자 오늘날에 이르기까지 가장 큰 영향력을 휘두른 철학자이기 때문이다.

들뢰즈가 지목하는 플라톤 철학의 오류 가운데 핵심이 '초월성'이다. 플라톤은 초월주의 철학을 정초한 사람이다. 플라톤이 초월철학을 세운 데는 아테네의 '혼란스러운' 민주주의가 배경으로 있다. 아테네는 동방의 전제군주 국가들과 달리, 모든 시민이 평등한 사회였다. 말하자면 '친구들의 공동체'였다. 문제는 그 평등성·동등성 때문에 어떤 의견도 지배적 기준 노릇을 할 수 없었다는 데 있다. 소피스트들이 활보한 것이 그 혼란스러움의 단적인 사례다.

플라톤은 이 혼란을 극복하려면 의견들을 선별할 초월적 기준이 필요하다고 생각했고, 그래서 제시한 것이 '이데아'였다. '이데아'는 머지않아 서양 사유의 독재적 준거로 선다. 들뢰즈가 공격하는 것이 바로 이 초월적 이념이다. "이처럼 초월성을 철학에 물고 들어갔다는 사실, 그리고 초월성에 그럴듯한 철학적 의미를 부여했다는 사실, 바로 이것이 플라톤주의가 우리에게 남긴 '독이 든 선물'인 것이다."

들뢰즈는 이 초월성의 목을 쳐버린다. 그러면 남는 것은 동등성·평등성의 세계다. 그것을 들뢰즈는 '내재성의 평면Plan d'immanence'이라고 부른다. 어떤 것도 초월적 지위를 점하지 못하고, 그 어떤 것도 지배적인 권력으로 존재하지 않는 세계가 내재성의 평면이다. 이 평면은 끊임없이 운동하고 변화하고 생성하는 세계다. 요컨대, '영원회귀'의

장이다.

영원회귀는 '차이와 반복'을 원리로 삼는다. 끝없이 반복하되 언제나 차이 나는, 차이를 만들어내는 반복이다. 이 반복은 '시련'이자 '시험'이기도 하다. "영원회귀는 시련을 감당하지 못하는 모든 어정쩡한 것들을 제거해버린다." 시련과 시험을 통해 살아남는 것만이 반복하며, 그 반복을 통해 차이를, 새로움을 생산한다. 들뢰즈는 이 차이와 반복의 세계로서 '내재성의 평면'을 개인이든 집단이든 각자가 자기 안에서 건설해야 한다고 말한다. 이렇게 자기 안에 내재성의 장을 세운 자들은 현재의 질서를 고정시키려는 지배적 힘들에 대항한다. 지배적 힘에 대항해 그것을 무너뜨리되 자기 자신을 지배자로 만들지 않는 것, 그것이야말로 '반시대적 철학'이 해야 할 일이라고 이 책은 말한다.

도덕감정론 애덤 스미스 지음 / 박세일·민경국 옮김 / BBbooks

'철학자' 애덤 스미스의 역지사지 도덕론

애덤 스미스(1723~1790)의 가장 유명한 저작은 『국부론』이다. 근대경제학의 탄생을 알린 저작이기도 하다. 그러나 스미스를 유명인사로 만든 출세작은 『국부론』보다 앞서 집필한 『도덕감정론 The Theory of Moral Sentiments』(1759)이다.

 스미스는 '경제학의 아버지'로 불리지만, 그 자신은 경제학자라고 생각해본 적이 없었다. 그도 그럴 것이 경제학이 분과학문으로 독립한 것은 20세기의 일이다. 『도덕감정론』으로 명성을 얻었을 때 사람들은 그를 '철학자 스미스'라고 불렀다. 스코틀랜드 소도시에서 유복자로 태어난 스미스는 글래스고대학과 케임브리지대학을 나온 뒤 1752년 글래스고대학 도덕철학 교수로 임용됐다. 그 자리는 전 시대에 도덕철학자로 이름을 날린 스미스의 스승 프랜시스 허치슨 Francis Hutcheson의 뒤를 이어받은 것이었다. 도덕철학은 오늘날의 사회철학에 해당한다. 스미스는 이 시기에 유창한 강의로 학생들의 사랑을 받았다. 도덕철학자 스미스의 강의가 책으로 열매를 맺은 것이 바로 『도덕감정론』이다.

 『도덕감정론』은 『국부론』만큼이나 오해의 안개에 싸여 있는 저작이다. 『국부론』이 인간의 이기심을 찬양하는 저작인 데 반해 『도덕감정론』은 이타심을 강조한 저작이라는 것이 그런 오해의 한 양상이다. 『국부론』의 이기심을 『도덕감정론』의 이타심으로 제어하고 교정하려 했다는 것이다. 그리하여 『국부론』에서 시장원리주의를 설파한 스미스가 그보다 먼저 『도덕감정론』에서 복지국가론·후생경제학을 주창했다는 주장도 나온다. 그러나 이런 식의 이해는 스미스의 사상을 통합적으로 인식하지 못한 데서 오는 오류임이 분명하다. 『도덕감정론』과 『국부론』은 동일한 원리 위에 세워진 중층 건물과도 같은 저작이다. 『도덕감정론』 위에 『국부론』이 얹힌 모습인 것이다.

'도덕감정론' 하면 도덕심 또는 이타심이 떠오르기 십상인데, 도덕감정을 이타심으로 한정하여 이해한 사람은 스미스의 스승 허치슨이었다. 스미스는 스승의 생각을 비판하고, 이타심뿐만 아니라 이기심도 도덕감정이 될 수 있다고 보았다. 그가 도덕감정의 근거로 제시하는 것은 '공감sympathy 능력'이다. 사람에게는 다른 사람의 기쁨·슬픔·욕구·분노를 함께 느낄 수 있는 능력이 있다는 것이다. 다른 사람의 감정에 공감할 경우 즐거움을 느끼고 그 감정에 공감하지 않을 경우엔 불쾌함을 느낀다.

스미스는 공감하느냐 공감하지 않느냐를 가르는 기준은 '적정성'이라고 말한다. 이타심이라고 해서 꼭 공감을 불러일으키는 것은 아니다. 자신과 가족을 팽개치고 남을 돕는 행위는 그것이 아무리 이타적이라고 해도 공감을 얻기 어렵다. 마찬가지로 자기 이익을 도모하는 이기적 행위도 그것이 적정한 수준이라면 공감을 불러올 수 있다. 처지를 바꿔 생각해보는 역지사지의 상상력이야말로 공감 능력의 비밀이다. 그렇다면 그 적정성을 어떻게 판단할 것인가. 스미스는 여기서 '제3의 공정한 관찰자'를 제시한다. 인간 행위의 경험적 축적 위에서 그런 관찰자를 상정할 수 있으며 사람들 각자의 마음속에도 그런 관찰자가 있다고 보는 것이다. 그 관찰자의 공감을 불러일으킬 수 있으면, 이기심이든 이타심이든 도덕성을 획득했다고 볼 수 있다.

요컨대 스미스가 규명하려고 하는 것은 이기심이 사회적 조화와 질서를 깨뜨리지 않고 개인의 발전과 사회의 발전을 동시에 가져올 수 있는가 하는 물음이다. 스미스는 공감의 원리가 이기심을 조절할 수 있기 때문에 그런 조화와 발전이 가능하다고 본다. 마치 중력의 법칙에 따라 하늘의 행성들이 태양 주위를 질서 있게 운행하듯이, 인간의 이기심도 질서에 위배되지 않을 것이라고 생각하는 것이다. 『도덕감정론』의 이런 규명 위에서 『국부론』의 논의가 펼쳐진다.

그렇다고 해서 스미스가 인간의 이기심을 무조건 찬양하는 것은 아니다. 그는 냉정한 경험적 관찰을 통해 이기심의 강력성을 인정하고, 그 이기심이 적정하게 제어되고 공정하게 관리될 경우 사회적 이익 증진에 도움이 될 수 있다고 보았을 따름이다. 스미스가 활동하던 시대는 매뉴팩처(공장제 수공업) 시대였다. 노동과 자본이 분화되지 않고, 자본가도 다른 노동자들과 함께 일하고 먹고 자고 하던 시대였다. 스미스가 생각한 '보이지 않는 손'의 조화와 질서는 소박한 단순상품생산 시대의 목가적 세계상을 반영하고 있다. 그의 이론을 노동과 자본이 극단적으로 분화된 현대 독점자본주의·금융자본주의 시대에 곧바로 적용하는 것은 잘못이라고 옮긴이는 말한다. 신자유주의 이론가들이 스미스의 '자유방임' 논리를 자신들의 근거로 끌어들인 것은 시대착오인 셈이다. 더구나 스미스의 '자유방임' 주장은 그 시대의 상업자본가들의 독점과 특권에 대한 통렬한 비판이었다. 그는 이기심이 제어되지 않고 폭주할 경우에 사회를 무너뜨릴 수 있다고 경고했다.

"인애仁愛가 없어도 사회는 존속할 수 있지만, 정의가 부재하면 사회는 붕괴한다."

모든 반칙과 특권에 반대하는 '급진적 철학자'가 애덤 스미스였던 것이다.

비트겐슈타인 선집 루트비히 비트겐슈타인 지음 / 이영철 편역 / 책세상

전통 형이상학 무너뜨린 언어철학의 세계

17세기 이래 서양철학을 지배했던 '의식의 문제'는 20세기에 들어와 '언어의 문제'에 자리를 내주었다. 의식철학은 언어철학으로 전환했다. 이 전환에 결정적 기여를 한 사람이 루트비히 비트겐슈타인Ludwig Josef Johann Wittgenstein(1889~1951)이다. 철학은 그의 두뇌를 통과하면서 새로운 지평 위에 놓였다. 이영철 부산대 철학과 교수가 번역한 『비트겐슈타인 선집』(전7권)은 이 특출한 철학자의 저작을 모은 한국어판 선집이다. 20세기 철학의 향배를 규정한 이 예외적 인간의 사유 세계를 온전히 들여다볼 수 있는 기회를 준다.

    비트겐슈타인은 평생 단 한 권의 철학 저작만을 출간했다. 그의 저술은 대부분 책의 형태를 갖추기 전 상태에 머물렀다. 그는 머리에서 짜낸 생각을 공책에 기록해두거나 메모로 남겼다. 일부는 강의실에서 학생이 받아썼고, 어떤 것은 출간을 염두에 두고 타자본으로 묶었으나 결국 생전에 빛을 보지 못했다. 완벽주의자였던 비트겐슈타인은 자신의 생각을 끊임없이 바꾸고 교정했으며, 결말은 한없이 뒤로 미루어졌다. 따라서 이 선집에 묶인 책들은 한 권만 빼면 그의 후학들이 스승이 남긴 원고 더미를 꼼꼼히 따져 주제별·성격별로 갈무리한 결과다.

이 선집 가운데 『논리-철학 논고 Logisch-philosophische Abhandlung』 『철학적 탐구 Philosophische Untersuchungen』 『확실성에 관하여 Über Gewiβheit』 『문화와 가치 Vermischte Bemerkungen』는 1990년대에 번역자가 우리말로 옮겨 내놓은 바 있다. 이 책들은 그사이에 새로운 판본이 나오거나 새로운 교정이 추가됐는데, 이번 선집에서 번역자는 이 변화를 담아냈고 기존 번역의 부실한 지점도 보완했다. 『소품집』 『쪽지 Zettel』 『청색책·갈색책 The Blue and Brown Books』은 이번에 처음으로 번역한 것이다. 이로써 전기부터 말기까지 비트겐슈타인 철학의 흐름을 끊김 없이 살필 수 있게 됐다.

비트겐슈타인은 가벼운 자폐증을 앓았다. 다른 사람들이 친숙하게 받아들이는 세계가 이 고지능 자폐인에게는 언제나 낯설었다. 그는 낯선 시선으로 친숙한 것 중에서도 가장 친숙한 것, 곧 언어의 세계를 들여다보았다. 낯선 세계의 혼란스러움을 깔끔하게 정돈하는 것은 언어를 투명하게 이해함으로써 가능하다는 것이 그의 생각이었다. 20대의 비트겐슈타인은 제1차 세계대전의 최전선 포연 속에서 『논리-철학 논고』의 원고를 완성했다. 이 첫 저작에서 그는 철학상의 모든 오해와 혼란은 '말할 수 없는 것'을 말하려 하는 데서 빚어진다고 보았다. 그는 '말할 수 있는 것'과 '말할 수 없는 것'의 한계를 분명히 그으려고 했다. '말할 수 없는 것'이란 과학적 명제로 표현할 수 없는 것을 가리키는데, 전통 형이상학의 주제였던 윤리·종교·미학의 영역이 '말할 수 없는 것'에 속했다. "말할 수 없는 것에 관해서 우리는 침묵해야 한다."

비트겐슈타인은 형이상학적 언어를 완벽히 배제한 과학적 언어로 세계를 그림처럼 그려낼 수 있다고 믿었고, 그것이 어떻게 가능한지를 『논리-철학 논고』에서 증명해 보이고 있다. 이 증명에 성공했다고 확신했던 그는 머리말에서 "나는 문제들을 최종적으로 해결했다"라고 철학 사상 가장 오만한 선언을 했다. 철학이라는 질병을 완치시켰다고 생각한 그는 즉각 철학계를 떠났다. 10년이 지난 뒤에야 그는 자신의 해결이 결정적인 것이 아니라는 의혹에 부닥쳤고 철학계로 되돌아왔다. 이 선집의 나머지 책들은 이렇게 철학적 문제를 다시 붙들고 고심하면서 쓴 것들이다. 그는 이제 '말할 수 있는 것' '말할 수 없는 것'이라는 구분을 폐기하고, 언어를 사람들의 삶의 흐름 속에 놓인 도구로 이해하는 방식을 택했다. 언어는 세계를 정확하게 그려내는 '그림'이 아니라 매일매일의 생활에 사용되는 '연장'이 된 것이다. 단어의 의미는 그러므로 그 사용 안에서 파악돼야 하며, 영원한 본질적 의미 같은 것은 없다. 20여 년 계속된 그의 연구는 후기의 대표작 『철학적 탐구』에 담겼다. 『철학적 탐구』는 하나의 명사는 영원불변하는 본질적 이념을 담는다는 전통 형이상학을 붕괴시키는 결과를 낳았다. 비트겐슈타인은 가장 강력한 형이상학 파괴자로 등장했고 20세기 철학계에 불어닥친 탈형이상학 바람의 진원지 가운데 하나가 됐다.

순수현상학과 현상학적 철학의 이념들 에드문트 후설 지음 / 이종훈 옮김 / 한길사

인간 이성의
'자기반성 능력' 되살려라

현상학의 창시자 에드문트 후설Edmund Husserl(1859~1938)의 대표작 가운데 하나인 『순수현상학과 현상학적 철학의 이념들Ideen zu einer reinen Phänomenologie und Phänomenologischen Philosophie』(전3권)이 이종훈 춘천교대 교수의 번역으로 완역됐다. 옮긴이는 『시간의식』『유럽 학문의 위기와 선험적 현상학』『데카르트적 성찰』『엄밀한 학문으로서의 철학』과 같은 후설의 주요 저작을 번역한 후설 전문 연구자다.

    현상학은 지난 세기 벽두에 출현해 20세기 철학 흐름에 원천을 제공한 새로운 사상운동의 출발점이었다. 실존주의의 대표자라 할 마르틴 하이데거를 비롯해 카를 야스퍼스Karl Jaspers, 장폴 사르트르Jean-Paul Sartre, 모리스 메를로퐁티Maurice Merleau-Ponty, 에마뉘엘 레비나스Emmanuel Levinas 같은 당대 최고의 철학자들이 현상학의 자장 안에서 성장했다. 그러나 정작 그 운동을 만들어낸 후설은 자신의 철학이 제대로 이해되지 못한 채 곡해와 편취의 대상이 되는 것에 안타까움을 감추지 않았다. 후설이 아끼던 제자들마저 그의 뜻을 온전히 받들지 못했다. 후설이 "현상학, 그것은 하이데거와 나다"라고 선언했을 정도로 사랑했던 수제자 하이데거는 스승과의 견해 차이로 결국 결별했고, 나중에 나

치에 가담했다. 유대인 후설은 나치 치하에서 학문적 박해를 받다가 1938년 사망했다.

후설 현상학이 막대한 영향을 끼쳤으면서도 정작 철학 자체가 오해의 덫을 벗어나지 못한 것은 후설의 학문 태도에도 원인이 있다. 그는 자신의 철학 사상을 통일적인 '체계'로 보여주지 못했는데, 그것은 그가 체계에 무심했기 때문이 아니라 생각의 엄밀함을 추구했기 때문이다. 지적인 정직성을 결벽증에 가깝게 추구했던 후설은 자신의 견해를 거듭 수정하고 그마저도 부족하다 싶으면 다시 출발점으로 돌아갔다. 이런 이유로 그는 체계를 세워 서술에 돌입했다가도 중도에 고심을 거듭하다가 끝을 보여주지 못했다. 원고는 서랍에서 잠자기 일쑤였다.

『순수현상학과 현상학적 철학의 이념들』은 이런 시기의 한중간에 집필한 저작이다. 그는 지식계의 급증하는 관심과 요구에 부응해 자기 철학의 방법과 목적을 체계적으로 서술하겠다는 뜻을 품고 1913년 이 책을 쓰기 시작했다. 그러나 전체 3부로 계획된 책은 결국 1부(이 책의 첫 권)만 묶여 나왔고, 나머지는 보류되고 말았다. 2부는 1부와 함께 집필됐으나 또 수정과 가필을 거듭하다가 사후에야 출간됐다. 그것이 이 책의 2권과 3권이다. 마지막 3부는 초고도 쓰지 못했다. 그리하여 이 책의 제목 가운데 '순수현상학' 부분만 전체 3권으로 묶인 셈이 됐고, '현상학적 철학의 이념들'은 구상 단계에 머무르고 말았다. '현상학적 철학의 이념들'의 내용은 말년의 저작 『데카르트적 성찰』, 『유럽 학문의 위기와 선험적 현상학』에 일부가 나뉘어 담겼다고 옮긴이는 말한다. 말하자면 이 저작은 초기 후설의 사유를 건네받아 후기 후설로 이어주는 일종의 미완성 종합이다.

후설 현상학의 오해는 '현상학적 방법'과 '현상학적 철학'이 분리된 뒤 그 방법만 수용된 것과도 긴밀한 관련이 있다. 현상학Phänomenologie이란 말은 그리스어 '파이노메논phainomenon'을 어근으로 한 말이다.

파이노메논은 '자신을 스스로 드러내 보여주는 것' '나타나는 것' '현상하는 것'을 뜻하는데, 바로 이것을 해명하는 학문이 현상학이다. 후설의 현상학은 기존의 모든 편견과 관념에서 벗어나 '의식에 직접 주어지는 사태 자체Sachen Selbst'를 직관함으로써 본질을 인식하는 것을 방법론으로 삼는다. 기존의 편견과 관념에서 벗어나려면 우리의 자연적 인식 태도를 '판단중지epoche'시켜야 하며, 대상 세계 전체를 괄호로 묶어놓은 채, 순수한 사태 자체로 향해야 한다.

이렇게 본질을 직관하는 의식의 구조를 분석하는 것이 이 책 『순수현상학과 현상학적 철학의 이념들』의 중심 내용 가운데 하나인데, 여기서 후설이 제시하는 개념이 '의식작용Noesis'과 '의식대상Noema'이다. '의식작용'이 객관 세계의 감각자료에 의미를 부여해 구성한 것이 '의식대상'이다. 의식작용과 의식대상은 서로 관계를 맺고 있는데, 그 둘 사이를 묶어주는 의식의 원초적 태도가 지향성intentionalität이다. 이때 지향성은 인간의 의식 안에서 시간 체험을 통해 구성된다. 과거를 기억하고 미래를 기대하는 인간은 어떤 상태를 지향하는 존재일 수밖에 없다. 이 지향성 위에서 사태(현상)가 의미를 얻게 되는 것이다. 이것이 후설 현상학의 방법론이다.

옮긴이는 후설 현상학이 제시한 방법은 과정이자 도구일 뿐이라고 말한다. 후설은 현상학적 방법을 통해 인간 이성을 비판하고 새롭게 구축하는 것을 목표로 삼았다. 19세기 이래 학문의 지배적 이념이 된 실증주의는 이성 자체를 문제 삼지 않고 표면적 목표만 추구했는데, 그런 이성 망각이 유럽 학문에 위기를 가져왔고 인간성을 위태로운 국면으로 들이밀었다는 것이 후설의 진단이다. 후설 현상학은 이성의 자기반성 능력을 되살려 앎과 삶의 주체인 인간 이성의 본디 모습을 되찾고자 하는 바, 이것이 후설의 철학적 목적이라고 옮긴이는 말한다.

변증법적 이성 비판 장폴 사르트르 지음 / 박정자·변광배·윤정임·장근상 옮김 / 나남

실존주의-구조주의 논쟁 촉발한 '그' 책

『변증법적 이성 비판 Critique de la Raison dialectique』은 프랑스 철학자 장폴 사르트르(1905~1980)의 후기 사상을 대표하는 저서다. 프랑스 지식계를 뒤흔들었던 1960년대 실존주의-구조주의 논쟁의 진원이 된 저작이기도 하다. 1960년 『변증법적 이성 비판』 1권(한국어판 1·2권) 출간 뒤 인류학자 클로드 레비스트로스 Claude Lévi-Strauss가 『야생의 사고』에서 사르트르의 저서를 정면으로 비판함으로써 논쟁은 일파만파로 번졌다. 그 논쟁을 타고 이른바 '구조주의 시대'가 열렸다. 미완으로 남은 『변증법적 이성 비판』 2권(한국어판 3권)은 사르트르 사후인 1985년에 유고 상태로 출간됐다. 이 기념비적 저작 전체가 한국어로 번역돼 나온 것은 이 책 1권이 프랑스에서 출간된 지 50년 만의 일이다. 한국사르트르연구회 소속 전공자 네 사람의 공동 노력의 소산이다.

이 저작의 번역이 이렇게 늦어지게 된 것은 1,400쪽에 이르는 원서의 방대한 분량에도 이유가 있지만, 한국의 사르트르 수용 역사와도 관련이 있다. 1950년대 전후戰後 상황에서 사르트르의 실존주의 철학은 한국 지식인들의 황폐한 마음을 다독여주는 지적 안정제 노릇을 했다. 전기 사르트르 사상을 대표하는 『존재와 무 L'Être et le Néant』(1943)가 이

런 분위기 속에서 일찍이 번역됐다. 그러나 1960년대 이후 그의 급진적 좌익 활동이 알려지면서 '과격파 사르트르'가 외면받기 시작했고, 후기 사상이 집대성된 『변증법적 이성 비판』도 관심권에서 멀어졌다.

사르트르가 이 책을 쓴 것은 1957년에서 1960년 사이 3년 동안이었다. 대작을 쓰는 과정에서 사르트르는 건강을 잃어 곧 죽을지도 모른다는 강박관념에 시달렸다고 한다. 그는 다가오는 죽음의 땅거미에 쫓겨 미친 듯이 글을 썼고, 각성제 코리드란을 끼고 살았다. 시몬 드 보부아르Simone de Beauvoir는 그때의 사르트르를 이렇게 묘사했다.

"아주 빠른 속도로 펜을 휘갈겨대도 머릿속에 떠오르는 생각들을 따라잡지 못할 정도였다. 심지어 하루에 코리드란 한 튜브를 복용하기도 했다. 해질 무렵이면 그는 녹초가 됐다. 그는 가끔 모호한 제스처를 하기도 했고 헛소리를 하기도 했다."

이렇게 쓰고도 대작을 완성하지 못했고, 다만 건강을 되찾았다.

『변증법적 이성 비판』이 사르트르 후기 사상을 대표한다는 말은 곧 그의 후기 활동을 종합한다는 뜻이기도 하다. 제2차 세계대전 와중에 그는 현실 자체와 마주쳤다. 이 시기에 그는 '첫 번째 개종의 경험'을 했다. 종전 이후 사르트르는 마르크스주의·공산주의·소련의 '동반자' 길을 걷기 시작했다. 1952년 사르트르는 '두 번째 개종의 경험'을 하게 되는데, 이때 그는 공산주의와 자신을 거의 일치시켰다. 그는 이렇게 선언했다. "반공산주의자는 개다. 나는 평생 결코 공산주의에서 빠져나오지 않을 것이다." 그러나 1956년 소련이 헝가리를 침공하자 그는 다시 공산주의와 거리를 두기 시작했고, 이후 미국도 소련도 아닌 제3세계 사회주의 혁명으로 관심을 돌리게 된다. 『변증법적 이성 비판』은 바로 이 20년에 걸친 정치적 실천이 사상으로 응축된 작품이다.

이 저작의 출발점이 된 것은 '1957년의 실존주의 상황'을 주제로 한 글을 써달라는 폴란드 잡지사의 요청이었다. 거기에 응해 쓴 글이 이 책의 서두에 놓인 「방법의 문제」다. 170쪽 분량의 이 글이 사실상 결론에 해당하는데, 그 뒤의 본문은 이 결론에 이르는 긴 도정이라고 할 수 있다. 「방법의 문제」는 원제가 '실존주의와 마르크스주의'였는데, 이 제목이 주장의 요체를 좀더 쉽게 파악하게 해준다.

사르트르의 관심은 마르크스주의에 실존주의를 수혈하는 데 있었다. 그가 보기에 당시 마르크스주의는 딱딱하게 굳은 상태였다. 마르크스주의가 역사의 주체인 인간들 각각의 삶을 사물로, 대상으로만 취급할 뿐 살아 있는 실존으로 이해하지 못한다는 것이 사르트르의 진단이었다. 세계를 창조하는 살아 있는 주체를 불러들임으로써 마르크스주의의 공백을 메워야 한다. 그러려면 역사 창조의 주체인 인간에게 합당한 지위를 줄 필요가 있다. 다시 말해 인간학을 정립해야 한다.

그런 구상에 입각해 이 책에서 세워나가는 것이 '구조적이고 역사적인 인간학'이다. 전기의 『존재와 무』가 나(개인)와 타자 사이의 갈등과 대립을 주제로 삼고 있다면, 이 후기의 대작에서는 그 개인이 집단적 주체를 이루어 역사적·사회적 지평에 선다. 이 인간 집단이 역사와 사회를 만들고 다시 역사와 사회가 인간 집단을 제약하고 형성하는 이중적 과정이 변증법적 과정이고, 이 변증법을 포착하는 이성이 '변증법적 이성'이다. 『변증법적 이성 비판』은 이 이성의 힘과 한계를 시험하고 탐구하는, 다시 말해 칸트적 의미에서 '비판'하는 저작이다.

그러나 이 웅장한 작품은 곧바로 혹독한 공격을 받았다. 출간 이듬해 레비스트로스는 인류학 저서 『야생의 사고』의 한 장(9장 '역사와 변증법')을 할애해 사르트르를 "자기 사유에 갇힌 포로", 서구문화 안에 갇힌 존재라고 비판했다. 사르트르가 서구 문명인 사회만 '참된 변증법'의 대상으로 보고, 이른바 '미개 사회'를 저차원으로 깔아뭉갰다는 것이었다.

더 결정적인 것은 사르트르의 '주체'였다. 사르트르가 역사 창조의 주인공이라고 보았던 그 주체를, 레비스트로스의 구조주의는 '구조의 효과', 곧 구조가 만들어내는 결과로 보았던 것이다. 옮긴이들은 구조주의의 맹위에 밀려 사르트르의 주체가 모욕받은 채 후퇴했지만, 이제 그 구조주의도 퇴각한 마당에 사르트르의 주체는 다시 주목받아 마땅하다고 말한다.

문제적 텍스트 롤랑 바르트 그레이엄 앨런 지음 / 송은영 옮김 / 앨피

비평의 매혹,
비평의 운명

1960년대 프랑스 구조주의 운동의 기수였던 롤랑 바르트Roland Barthes (1915~1980)는 문학·예술·문화 전반에 걸쳐 비평의 새로운 지평을 열어젖혔다. 이 매혹적인 비평가는 규정당하는 것에 근원적인 불안을 느꼈던 사람이었다. 동시대인 루이 알튀세르가 '호명interpellation'이라고 했던 것, 곧 누군가를 지목해 이름을 부름으로써 그 사람을 이데올로기적 주체로 만드는 것이 그의 실존적 다양성과 가능성을 제약하고 한정하고 속박한다고 느꼈다. 모름지기 자유인이라면, 아니 자유로워지고자 하는 인간이라면 자신의 존재가 특정한 이름에 갇히는 것을 거부할 것이다. 롤랑 바르트는 그런 사람이었다.

그가 특별해진 것은 그런 의지를 자신의 글로써 구체화하고 실천해 많은 사람들을 설득했기 때문이다. 그레이엄 앨런Graham Allen이 쓴 『문제적 텍스트 롤랑 바르트 Raland Barthes』는 규정당하고 구속당하기를 거부한 이 글쓰기의 실천가를 그의 텍스트를 중심에 놓고 간명하게 살핀 책이다.

무명의 그에게 지성계의 한자리를 할당해준 것이 그의 첫 저작 『글쓰기의 영도 Le degré zéro de l'écriture』(1953)다. 이 책은 그 시절 맹위를 떨

치던 실존주의 철학자 장폴 사르트르의 『문학이란 무엇인가』의 영향을 받아 거기에 비판적으로 응답한 책이다. 『문학이란 무엇인가』에서 사르트르는 현대의 전위 작가들이 직면한 딜레마를 '소외'의 관점에서 분석하고 있다. 사르트르가 보기에 급진적 작가들은 자유를 향한 참을 수 없는 열망을 글로써 표출하고 싶어하지만, 문제는 그 글을 읽어줄 사람들이 바로 이 사회의 지배질서를 이루는 부르주아 대중이라는 사실이다. 부르주아 사회를 거부하는 작가들이 부르주아 대중을 대상으로 하여 글을 쓸 수밖에 없는 상황 때문에 작가들은 자신의 독자인 부르주아 대중을 공격하고 그들을 혼란에 빠뜨리고 끝내는 그들과 소통하기를 거부하는 글을 쓴다. 이게 아방가르드(전위) 문학의 전략이다. 사르트르는 이런 전략이 작가가 독자로부터 소외돼 있음을 보여주는 것이며, 작가 자신이 속한 문화와 작가의 글을 읽어줄 독자를 작가가 증오하고 혐오하고 있음을 보여주는 것이라고 지적한다. 사르트르는 이런 진단을 내린 뒤 실존주의를 이 불행한 운명에 대한 처방으로 제시한다. 작가들은 이런 어두운 상황에서도 자유를 향한 실존적 결단과 참여를 감행할 수 있다고 말하는 것이다.

바르트는 사르트르가 근본적으로 글쓰기의 형식 자체를 살피지 않았다고 비판한다. 사르트르에게 우선 중요한 것은 글의 내용이고 독자와의 소통이기 때문에 그 소통을 거부하는 전위 문학은 비판의 대상이 된다. 그러나 바르트는 형식 자체가 하나의 메시지, 곧 내용임을 강조한다. 소통 거부의 형식은 그만큼 강렬한 혁명적·반역적 열정의 표현이다. 바르트는 작가가 나름의 의도를 품고 구사하는 이 개별적 형식을 '글쓰기écriture'라고 명명한다. 이를테면, 프랑스혁명기의 급진 혁명가 자크 에베르Jacques Hébert는 자신이 발간한 신문에 글을 쓸 때마다 서두를 비속어, 욕설로 장식했는데, 이것이 바로 바르트가 말하는 메시지로서의 형식, 곧 '글쓰기'의 전형적 사례다. 에베르가 욕설로 글을 시작하는 것은 욕설을 넘어선 어떤 것을 지시하며, 그 욕설은 사회에 대한 어떤 혁명적인 태도와 관련된다는 것이다.

> "자크 에베르의 글쓰기가 혁명적 정치에 참여할 수 있는 것은, 형식을 통해서 전달되는 관념(내용)이 아니라 공격적이고 도전적인 욕설이라는 형식 자체를 통해서다."

문제는 이 글쓰기의 형식이 그 새로움을 잃어버리고 기존 질서에 포획당할 운명이라는 데 있다. 아무리 혁신적인 글쓰기도 그것이 지속될 경우 상투적 형식으로 굳어져버리고, 또 그 글을 쓴 작가를 손쉽게 분류하는 도구로 떨어질 위험이 있다. 그리하여 처음엔 매우 예리하게 지배질서를 베어내던 글쓰기도 그 날이 무뎌지자마자 그 지배질서에 포섭되고 만다. 부르주아 문학은 모든 형식의 글쓰기를 진공청소기처럼 빨아들여 자기 것으로 만들어 재가동시킨다.

이 진공청소기의 흡인력에 저항하며 자기를 지키는 글쓰기로 바르트가 제시하는 것이 바로 '영도零度의 글쓰기'다. 아무런 스타일도 없는 중립적이고 비활성적인 무색의 글쓰기가 바로 영도의 글쓰기다. 바르트는 이런 글쓰기만이 신뢰할 수 있으며 부르주아의 흡인력에 맞설 수 있다고 말한다. 그런 사례로 그가 제시하는 것이 알베르 카뮈Albert Camus의 『이방인』, 그리고 누보로망 작가 알랭 로브그리예Alain Robbe-Grillet의 소설들이다. 그러나 이 글쓰기의 영도도 결국은 기존 제도로 흡수돼 '영도'라는 자리를 잃어버릴 수밖에 없다는 것을 바르트는 알고 있다. 부르주아 제도는 그 영도의 글쓰기조차 집어삼킨다.

> "아무리 자유로운 언어를 창조하려고 애쓴다 해도 그것은 규격화돼 돌아온다. (…) 따라서 글쓰기는 막다른 골목이다. 사회부터가 막다른 골목이기 때문이다."

바르트는 비관적이다. 작가가 할 수 있는 일은 끊임없이 글쓰기의 탈주를 행하는 것뿐이다. 부르주아 문학 질서의 손아귀가 자신을 잡아채려 다가올 때마다 다른 자리로 도망가는 것이다. 이후 바르트가 쓴 글들은 자신의 주장대로 글쓰기의 끝없는 변이와 이동을 보여준다.

1957년에 나온 『신화론 Mythologies』은 현대 프랑스 문화의 다양한 양상을 비판적으로 읽은 문화비평서다. 이 책에서 바르트는 전작 『글쓰기의 영도』에서 불안에 떨면서 보았던 부르주아 지배 문화를 향해 정면으로 해부의 칼날을 들이댄다. 바르트가 말하는 '신화'는 특정한 시대, 특정한 계급의 문화를 보편적이고 자연적인 문화로 둔갑시키는 것을 가리킨다. 다시 말해 부르주아의 가치를 보편적이고 영원한 자연적 가치로 만들어내는 보이지 않는 이데올로기가 신화인 셈이다. 바르트는 기호학의 도움을 받아 현대 프랑스 부르주아 문화의 여러 양상의 배후에 깔린 신화를 끄집어내 그것을 탈신화화한다.

이 기호학을 징검다리로 삼아 바르트는 구조주의와 포스트구조주의의 세계로 들어간다. 그 세계에서 그는 '저자의 죽음'을 선언한다. 모든 텍스트는 상호텍스트이므로, 다시 말해 무수한 인용과 영향의 산물이므로 텍스트의 고유한 창조자이자 주권자로서 저자는 없다는 것이 바르트의 주장이다. 저자의 죽음은 유일한 기원, 단 하나의 중심 같은 오랜 서양 형이상학의 가정을 분쇄한 자크 데리다의 해체론의 영향권 안에서 내놓은 명제다. 일본을 여행하고서 쓴 『기호의 제국 L'Empire des signes』에서 바르트는 이 극동의 섬나라를 명확하고 안정적이고 단일한 의미에 대한 서구적 강박관념에서 자유로운 해체론적 공간으로 묘사하고, 도쿄 한가운데 있는 천황의 거주지를 텅 빈 중심, 기의 없는 기표로 읽어낸다.

인간의 문제 마르틴 부버 지음 / 윤석빈 옮김 / 길

인간은
나와 너, 만남 속 사이존재

죽기 몇 년 전 한국을 방문한 에드워드 사이드(1935~2003)는 이런 이야기를 했다.

"나는 영국령 예루살렘에서 태어났다. 열세 살 때인 1948년에 유엔이 이스라엘을 국가로 인정하자, 팔레스타인인이었던 우리 가족은 모든 재산을 빼앗기고 예루살렘에서 쫓겨나 카이로로 피난을 가야만 했다. 그때 우리 집을 접수해 살았던 사람은 유대인 철학자 마르틴 부버였다. 내 집을 빼앗은 사람이 『나와 너』의 책의 저자라는 사실은 그 후 오랫동안 나를 괴롭혔다." (『에드워드 사이드 다시 읽기』)

서양과 동양의 '잘못된 만남' '착취적 관계'를 파헤친 『오리엔탈리즘』의 지은이가 당혹해했을 법도 하다. 자기 집에 들어앉은 이가 '만남의 철학자' '대화의 철학자'로 알려진 노년의 마르틴 부버Martin Buber (1878~1965)였기 때문이다. 부버 자신이 나치 정권에 핍박받고 쫓겨난 망명자였다는 사실은 비극적 아이러니다.

부버에게 '나와 너'의 '만남'은 결정적인 의미를 지닌 필생의 철학적

주제였다. 그때의 만남은 당연히 일방적이거나 착취적이거나 부적절한 만남이 아니라 인간을 인간이게끔 하는 참된 만남이었다. 철학자 김상봉 전남대 교수는 『서로주체성의 이념』에서 서양철학사 전체를 나르시시즘에 갇힌 '홀로주체'의 역사였다고 평가하면서, 그 홀로주체의 '닫힌 상태'를 넘어 만남을 탐구한 사람으로 부버를 꼽았다. 비록 '사이드 일화'를 남기기는 했지만, 부버는 서양철학사와 대결해 그 철학의 한계를 넘어서려 한 예외적인 존재 가운데 한 사람이었다.

『인간의 문제Das Problem des Menschen』는 그가 젊은 날의 고민을 응집해 1943년에 펴낸 책이다. '철학적 인간학'이라는 항목으로 분류될 이 책에서 지은이는 철학자 이마누엘 칸트의 유명한 질문 '인간이란 무엇인가?'를 다시 묻는다. 말하자면, 이 책은 이 질문에 대한 지은이의 답변인 셈이다. 지은이는 자신의 대답을 내놓기에 앞서 서양철학의 역사가 이 질문에 어떤 식으로 답했는지 먼저 검토한다. 그가 역사를 되짚을 때 사용하는 개념적 탐침이 '집이 있는 상태'와 '집이 없는 상태'다. 인간은 집이 없는 상태가 돼야 불안과 고독에 젖어 진지하게 자신을 되돌아보고 자신에 대해 물음을 던진다는 것이 부버의 생각이다.

서양철학사 초기의 플라톤과 아리스토텔레스는 매우 견고한 철학의 집을 지었던 사람들이다. 당연히 인간에 대한 진지한 물음은 실종됐다. 중세 시대엔 '신의 집'이 거처였다. 신이 지어준 집이 붕괴한 근대에 들어와 인간학적 질문이 곳곳에서 터져 나왔다. 칸트의 '인간이란 무엇인가?'라는 물음은 그 폭발을 상징하는 사건이었다. 그러나 칸트조차 이 물음을 던지고 돌아섰을 뿐 대답을 내놓지는 않았다. 헤겔은 이성이라는 거대한 체계를 세워 다시 그 물음을 봉쇄했다. 뒤이은 포이어바흐Feuerbach가 이 봉쇄를 뚫고 질문에 대한 답을 내놓았다. 그는 인간을 고립된 개인으로 보지 않고 '인간과 더불어 존재하는 인간'으로 보았다. 그러나 포이어바흐는 이 명제에 머물렀을 뿐 앞으로 더 나아가지 못했다. 비슷한 시기에 마르크스, 키르케고르Søren Kierkeggard, 니체가 나름의 답변을 제시했지만, 지은이가 보기에 그들 또한 인간에 대한 진정한 인식에 이르지 못했다. 부버와 동시대인인 하이데거도 인간이라는 존재에 대해 진지하게 숙고했지만, 그의 인간은 자기 안에 갇힌 채로 타자를 향하고 있을 뿐 타자와 만나거나 대화하지 못하는 존재다.

그들이 모두 인간을 규명하는 데 실패한 것은 인간의 구체적 실존에서 문제를 풀어가지 않았기 때문이다. 그가 보기에 인간이란, 포이어바흐와 마찬가지로 다른 인간과 더불어 있는 존재다. 부버는 이렇게 언제나 이미 더불어 존재하는 인간을 두고 '사이존재'라고 부른다. 인간이란 말하자면 나와 너의 만남 속에 있는 사이존재다. 나는 다만 나로 있는 것이 아니라, 너와 나 사이에 존재하고 있다는 것이다. 부버는 이 사이존재에서 칸트의 질문에 대한 답을 찾을 수 있을 것이라고 보았다. 그러나 부버 자신도 여기서 더 나아가 사이존재를 명확히 해명하지는 못했다고 책을 옮긴 윤석빈 씨는 평가한다. '사이드의 집에 들앉은 부버'는 부버 철학의 불철저함을 보여주는 일화일지도 모른다.

■■ **부버의 출세작 『나와 너』** ■■

『인간의 문제』는 부버 철학을 대표하는 책 가운데 하나지만, 그를 서양철학계의 샛별로 띄워올린 것은 그보다 20년 전에 펴낸 『나와 너Ich und Du』였다. 독일어 원서로 100쪽밖에 안 되는 짧은 분량이지만 그는 이 책을 쓰는 데 꼬박 6년을 바쳤다. 그만큼 문장의 밀도가 높고 사유의 심도가 깊다. 책의 첫 부분에서 그는 이렇게 말한다.

"사람의 태도는 그가 말할 수 있는 근원어의 이중성에 따라 이중적이다. 근원어는 낱개의 말이 아니고 짝말이다. 근원어의 하나는 '나-너'라는 짝말이다. 또 하나의 근원어는 '나-그것'이라는 짝말이다. '너'라고 말할 때는 짝말 '나-너'의 '나'도 함께 말해진다. 근원어 '나–너'는 온 존재를 기울여서만 말할 수 있다."

부버는 '나' 그 자체란 없으며 오직 '나–너' 사이의 '나' 아니면 '나–그것' 사이의 '나'가 있을 뿐이라고 말한다. 여기서 본질적인 관계, 다시 말해 온 존재를 다해 만나는 관계는 '나와 너'의 관계다. 풀어 쓰면, '나와 너'의 관계는 '사랑의 관계'다. 사랑할 때 나는 너 없이는 존재할 수 없고, 너 안에서만 '나'가 된다. "'나'는 너로 인하여 '나'가 된다. '나'가 되면서 '나'는 '너'라고 말한다."

부버는 참된 삶은 나와 너의 만남으로 이루어지며, 그것이야말로 '은혜'라고 말한다. 이 만남의 형이상학에서 출발해 그는 철학 전반을 반성하는 뒷날의 『인간의 문제』로 나아간다.

바흐친의 산문학 게리 솔 모슨·캐릴 에머슨 지음 / 오문석 외 옮김 / 책세상

바흐친,
일상인가 카니발인가

미하일 바흐친Mikhail Bakhtin(1895~1975)은 살아서 재발견된 사람이다. 1950년대 초반 바흐친의 도스토옙스키 연구서를 우연히 찾아내 읽은 일군의 모스크바 대학원생들이 재발견의 주인공들이었다. 그들은 이 텍스트의 저자가 아직 살아 있는 사람이며, 모스크바 동쪽 외딴 도시 사란스크의 대학에 재직 중이라는 사실을 알고서 그곳으로 순례여행을 떠났다. 사람들 사이에서 완전히 망각됐던 바흐친은 이렇게 해서 다시 세상 속으로 돌아왔다. 1960년대에 복권된 그는 곧바로 프랑스에 알려졌고 이어 미국에도 소개됐다. 한동안 바흐친 담론이 서구 지식계에서 맹위를 떨쳤다.

    한국에서 바흐친은 제대로 대접받지 못한 경우다. 1980년대 말에 그의 저작 가운데 일부가 번역됐지만 충분히 소화되지도 않은 상태에서 곧 잊혀졌다. 마르크스주의와 포스트모더니즘 사이에 끼여 표류한 셈이다. 포스트모더니즘도 가라앉은 최근에 들어와 그의 주저 가운데 하나인 『프랑수아 라블레의 작품과 중세 및 르네상스의 민중문화』가 번역된 뒤로 바흐친에 대한 관심은 좀더 차분한 방식으로 다시 꿈틀거리고 있다. 미국의 러시아문학 권위자 게리 솔 모슨Gary Saul Morson과 캐릴

에머슨Caryl Emerson이 함께 쓴 『바흐친의 산문학Mikhail Bakhtin: Creation of a Prosaics』은 소생하기 시작한 바흐친 담론에 활력을 불어넣어줄 만한 풍성한 해설서다. 이 책이 바흐친 해설서인 건 분명하지만 저자들의 관점은 도발적일 정도로 과감한 데가 있어서 기존의 바흐친 해석과는 큰 차이를 보이고 있다.

바흐친 텍스트에 들어가기에 앞서 저자들은 그의 생애를 간략히 살피고 있다. 페테르부르크대학에서 고전학과 문헌학을 전공한 바흐친은 1929년 그의 주저 가운데 하나가 될 『도스토옙스키 창작의 문제』를 발간했다. 이 무렵 스탈린주의가 체제로서 틀을 잡았다. 책 발간 직후 바흐친은 지하 러시아정교회에서 활동했다는 혐의로 체포돼 카자흐스탄에서 6년 동안 유배생활을 했다. 1936년 그는 사란스크의 신설 모르도비아 국립사범대 교수로 채용됐다. 골수염을 앓았던 그는 1938년 오른쪽 다리를 절단했다. 1941년 바흐친은 박사학위 논문으로 라블레 연구서를 제출했으나, 10년이 지나서야 통과됐다. 스탈린 사망 후 1950년대에 그는 재발견됐고, 1963년 그의 도스토옙스키 연구서가 재발간되었으며, 이어 오랫동안 원고로 묵혀 있던 바흐친의 다른 텍스트들이 속속 출간됐다. 1975년 세상을 떴을 때 바흐친은 소련에서 거의 숭배의 대상이 됐고, 국외에서도 열광적인 찬사의 대상이 돼 있었다.

바흐친이 그렇게 열렬한 숭배와 찬사를 받은 것은 그가 독창적인 개념을 여럿 제출함으로써 문학 연구는 물론이고 문화 연구에서도 새로운 돌파구를 열었기 때문이다. 이 책의 저자들은 바흐친의 서명이 새겨진 독특한 개념들 중에서도 특히 '산문학Prosaics' '종결 불가능성' '대화' 세 가지를 가장 중요한 개념적 공헌으로 꼽는다.

산문학은 그중에서도 가장 중요한 개념이다. 엄밀히 말하면 산문학은 바흐친의 용어가 아니고, 이 책의 저자들이 만든 신조어다. 산문에 관한 바흐친의 담론을 한 단어로 응축한 셈인데, 시학Poetics에 대립하는 위치에 산문학이 있다. 시학은 아리스토텔레스 이래 문학과 동의어였다. 시적인 것이야말로 문학적인 것이며 창조적인 것이다. 시는 일상의 체험 바깥에서 오는 돌연한 영감의 산물이며 이 영감의 힘으로 친숙한 세계를 낯설게 경험함으로써 새로운 세계를 창조한다. 문학이란 모름지기 이 시의 세계를 지향해야 한다. 그런 관점을 따르면, 일상의 세계 안에서 일상의 세계를 기술한 산문은 함량 미달의 문학일 뿐이다. 바흐친은 이 오래된 정의를 뒤집어 산문이야말로 문학의 본령이며, 따라서 산문의 대표 형식인 소설이야말로 문학의 최고 위치를 점한다고 재정의했다. 바흐친이 시와 산문의 관계를 뒤엎은 것은 산문적인 것, 다시 말해 일상적인 것, 평범한 것에 삶의 진실이 들어 있다고 보았기 때문이다. 모든 변화와 창조의 원천이 일상 안에, 사소하고 범상하고 자질구레한 생활 안에 있다고 본 것이다. 시는 이런 세계를 포착하고 표현하는 적절한 문학적 도구가 될 수 없다. 시에 비해 문학적 가치가 떨어진다고 보았던 소설이야말로 이런 세계를 적실하고도 풍부하게 형상화할 수 있다. 바흐친의 산문학은 소설을 특권화하고 동시에 일상을 특권화한다.

일상의 세계는 언제나 체계나 법칙으로 다 포획할 수 없는 잉여의 장소다. 이론체계나 역사법칙은 결코 일상을 가득 채운 사소한, 그러나 의미심장한 사건들을 포착할 수도 설명할 수도 없다. 세계는 결코 완벽한 해석도 이해도 허락하지 않는다. 일상의 세계는 열린 공간이다. 바흐친은 여기서 세계의 종결 불가능성을 이야기한다.

"세계는 열려 있고 자유로우며 모든 것은 여전히 미래에 놓여 있고 또한 언제나 미래에 있게 될 것이다."

삶이 법칙에 예속돼 있지 않기 때문에 인간에게는 자유가 있고, 따라서 책임도 있다. 삶은 인간이 끝없이 만들어나가는 것이다.

그렇게 매일매일 만들어나가는 삶의 본질은 '대화'에 있다. 태초에 말씀logos이 있었던 것이 아니라 대화dialogos가 있었다. 자유와 책임을 각자 할당받은 개인들은 자기 자신을 타자에게 완전히 내맡기거나 헌납하지도 않고, 또 자기 안에만 갇혀 독백을 내뱉기만 하는 것도 아니다. 고립된 단독자도 아니고 역사법칙이나 사회체제로 환원되는 몰개성적 무리의 일원도 아닌 존재, 언제나 열려 있어 받아들이고 내어주는 경계 위의 존재, 그것이 바흐친이 본 대화적 존재로서 인간이다. 세계가 끝이 없듯, 이 대화도 끝이 없다. 삶이란 끝이 나지 않는 대화다. 이 대화적 존재는 변증법적 존재와 대립한다. 바흐친이 말하는 변증법적 존재는 대화의 형식만 취하고 있을 뿐, 본질적으로는 자기 완결적이고 자기 귀속적인 존재다. 거기에는 타자와 세계를 받아들여 자기화하는 구심적 힘만 있을 뿐 진정한 대화가 없다. 바흐친은 그걸 두고 '독백'이라고 말한다. 바흐친은 이렇게 변증법적 세계 인식에 반대함으로써 1960년대 프랑스에서 반反변증법 운동이 일어나는 데 곁불 노릇을 했다. 또 체계나 법칙이나 구조를 경멸하고 개체의 다양성과 삶의 복수성을 강조함으로써 탈구조주의 운동이 번지는 데도 일조했다.

바흐친의 또 다른 이론적 기여는 라블레 연구에서 천착한 '카니발'에 있다. 모든 공식적 규칙과 질서를 뒤엎고 도취와 열광과 광란으로 삶을 해체하는 중세의 카니발에 대해 바흐친은 매우 긍정적인 의미를 부여했다. 하지만 이 책의 저자들은 그의 카니발론이 전체적 차원에서 볼 때 오히려 예외적이며 극단적인 사례일 뿐이라고 진단한다. 카니발은 삶을 혼란에 빠뜨림으로써 대화를 단절시킨다는 것이다.

의식과 사회 H. 스튜어트 휴스 지음 / 황문수 옮김 / 개마고원
막다른 길 H. 스튜어트 휴스 지음 / 김병익 옮김 / 개마고원
지식인들의 망명 H. 스튜어트 휴스 지음 / 김창희 옮김 / 개마고원

20세기 유럽 지성사의 지도를 그리다

20세기 사상의 나무를 그린다면 가장 굵직한 가지는 무엇일까. 1960년대 프랑스 철학계는 카를 마르크스, 프리드리히 니체, 지그문트 프로이트 세 사람을 20세기 사유의 문을 열어젖힌 사람이라고 지목했다. 폴 리쾨르Paul Ricoeur는 이 세 사람을 가리켜 '의심의 세 대가'라고 규정하기도 했다. 가차 없는 의심의 태도로 근대적 인간관을 뿌리까지 파고들어가 뒤엎음으로써 사유의 전복자가 됐다는 것이다. 20세기 후반 이래 이 프랑스적 규정은 거의 보편적인 설득력을 얻었다. 그러나 이들만큼 영향력이 크지는 않았어도, 이들과는 다른 시선으로 20세기 사상의 흐름을 살핀 사람도 여럿 있었다.

미국의 지성사학자 H. 스튜어트 휴스H. Stuart Hughes(1916~1999)도 다른 시선으로 20세기 유럽 사상사의 흐름을 통찰한 사람이다. 그의 대표 저작은 1950년대 중반부터 20년에 걸쳐 쓴 『의식과 사회Consciousness and Society』『막다른 길The Obstructed Path』『지식인들의 망명The Sea Change』 3부작이다. 이 세 권 가운데 특히 첫째 권 『의식과 사회』는 지은이 휴스를 지성사의 대가 반열에 올려놓은 작품이다.

시기상으로 보면 이 책은 제2차 세계대전의 참화에서 벗어난 지 10

여 년 뒤, 그리고 20세기 후반의 결정적 사건인 68혁명이 일어나기 10여 년 전에 쓰여진 책이다. 따라서 68혁명이 낳은 탈근대주의 사상의 영향은 나타나지 않는 반면에, 제2차 세계대전으로 귀결한 20세기 전반기 역사에 대한 참혹한 기억은 생생하다.

『의식과 사회』에서 지은이가 분석하는 시기는 1890~1930년이다. 이른바 세기 말과 세기 초로 이야기되는 이 시기는 20세기를 준비한 사상이 만들어져 1929년 대공황과 1933년 독일 나치 체제의 성립으로 이어지는 시기다. 지은이는 이 시기에 왕성하게 활동했던 사상가·지식인들의 사상 형성과 영향에 주목하고 있다. 출생 시기로 보면, 1856~1877년에 걸쳐 있고 특히 1860년대 후반 출생자들이 중심이다. 이들이 사유의 어떤 공통분모를 지니고 한 세대를 풍미했다는 것이다. 지은이가 여기서 최고의 지성인으로 꼽는 세 사람이 오스트리아인 지그문트 프로이트(1856~1939), 독일인 막스 베버Max Weber(1864~1920), 이탈리아인 베네데토 크로체Benedetto Croce(1866~1952)다. 이들의 사상이 20세기 전반기 지성사 지도의 큰 윤곽을 그렸다고 보는 것이다.

책의 도입부에서 지은이는 자신의 관점을 비교적 명확하게 이야기함으로써 논의가 어떤 방향으로 흘러갈지 미리 알려주고 있다. 미국에서 태어나기는 했지만, 지적인 교양은 유럽적 전통에서 물려받았으며, 특히 영국·프랑스·독일·이탈리아의 사상 안에서 훈련받았다고 그는 자신을 설명한다. 특히 기본 노선과 관점은 18세기 계몽주의를 따르고 있으며, 그 합리주의 사고방식으로 사태를 균형감 있게 보려 한다고 고백한다.

이런 관점 위에 서서 그는 19세기 말~20세기 초의 지성사 흐름이 독특한 역설을 품고 있었다고 지적한다. 그 시대의 유행이었던 반지성주의 또는 비합리주의에 격렬히 반발하면서, 결과적으로는 그것을 고무했다는 것이다. 지은이가 이 시기 가장 위대한 지성으로 꼽는 프로이트가 그런 역설을 선명하게 보여준다. 무의식이라는 비합리적인 세계를 합리적으로 이해해보려 했던 프로이트는 그 놀라운 발견으로 오히려 비합리적인 것의 활보에 문을 열어준 꼴이 되고 말았다. 베버의 경우는 그 면도날 같은 위태로운 길에서 가까스로 균형을 유지했다고 지은이는 평가한다. 이를테면 '카리스마'라는 용어를 사회과학적 개념어로 만든 베버는 그 자신이 카리스마적 존재였다. 그러나 그는 이 비합리적 힘의 '악마적 측면'을 불신하고 멀리했다. "그는 자신의 사고에 잠재해 있는 위험을 잘 알고 있었다. 따라서 그는 지적 지도자의 역할을 거부했다." 이렇게 서술할 때 지은이는 베버 사후 권력자로 등장해 유럽을 집어삼킬 히틀러라는 카리스마를 염두에 두고 있음이 분명하다.

첫째 권을 펴내고 10년 뒤 쓴 후속 작 『막다른 길』은 1930년부터 1960년까지 프랑스 사회 사상을 살피면서 실존주의와 구조주의의 등장에 특히 주목한다. 셋째 권 『지식인들의 망명』은 앞 책과 같은 시기를 다루지만, 히틀러의 집권과 세계대전으로 망명을 택했던 유럽 지식인들의 지리적·사상적 이동을 추적한다.

CHAPTER

5

소크라테스와 친구들

편지들 플라톤 지음 / 강철웅·김주일·이정호 옮김 / 이제이북스

소크라테스 뒤에 숨어 있던 플라톤의 육성

『편지들 Epistolai』은 플라톤(기원전 427~347)의 육성이 담긴 유일한 1차 자료다. 플라톤 전집을 번역하고 있는 정암 학당이 이 편지들을 우리말로 옮겨 펴냈다. 희랍어 원전을 대본으로 삼은 최초의 한국어 번역본이다.

    이 책은 모두 열세 편의 편지 묶음이다. 내용상 예순 살 이후 노년기 플라톤이 이 편지의 주인공이다. 『편지들』이 그동안 번역이 안 된 것은 플라톤 전집의 체계적 번역 작업이 없었던 탓도 있지만, 플라톤 저작 중 위작 시비에 가장 오래 시달린 탓도 있다. 후대의 사람들이 플라톤의 권위를 빌려 편지를 위조했다는 주장이 가시지 않았다. 그러나 긴 시간 문헌학자들의 면밀한 검증 작업을 거쳐 이 가운데 상당수가 진짜인 것으로 판정이 났다. 특히 일곱째 편지는 예외 없이 진본으로 본다.

    이 일곱째 편지가 중요한 것은 다른 편지들보다 월등하게 분량이 많을뿐더러 내용도 풍부하기 때문이다. 이 편지에는 플라톤 자신이 철학에 입문하게 된 이유와 자신의 정치철학 주장의 체험적 근거가 밝혀져 있어, 일종의 간략한 자서전 구실을 한다. 플라톤은 이 편지들 말고 수십 편의 대화편을 썼지만, 자기 스승 소크라테스를 주인공으로 내세운 탓에 플라톤 자신의 육성을 듣기 어렵다. 『소크라테스의 변명』에 두

번, 『파이돈』에 한 번, 자기 이름이 슬쩍 언급될 뿐이다. 살아 있는 인간 플라톤은 대화편에서 철저하게 침묵하고 있는 것이다. 그런 이유로 플라톤의 편지들은 그의 생애를 추적하는 데 결정적으로 중요한 자료 구실을 해왔다.

이 일곱째 편지를 보면, 젊은 시절 플라톤에게 강한 정치 참여 열정이 있었음이 분명히 드러난다.

"난 내가 나 자신의 주인이 되면(성인이 되면) 곧바로 나라의 공적 활동에 뛰어들겠노라 생각하고 있었습니다."

그러나 이 결심은 머잖아 환멸로 끝난다. 조국 아테네가 펠로폰네소스전쟁(기원전 431~404)에서 스파르타에 패배한 뒤 들어선 '30인 과두제'의 참혹한 학정을 겪고, 그 뒤 30인 체제를 뒤엎고 복귀한 민주파가 스승 소크라테스를 죽음으로 몰아넣는 것을 목격한 것이다. "그리하여 나는 처음엔 공적 활동에 대한 열정이 넘쳐흘렀으나 그런 것들을 바라보면서 급기야 현기증을 느꼈습니다." 그런 체험 속에서 플라톤은 "올바르고 진실되게 철학하는 사람들이 권좌에 오르거나 아니면 권력자들이 신의 도움을 받아 진정 철학을 하기 전에는 인류에게 재앙이 그치지 않을 것"이라는 결론을 내렸다. 그는 삶의 방향을 정치에서 철학으로 틀고, 이후 긴 시간 나라 바깥을 여행했다.

그 여행 중에 들른 곳이 시칠리아의 그리스 식민도시 시라쿠사Siracusa였다. 시라쿠사는 아테네·스파르타에 이어 신흥 제국으로 발돋움하고 있었다. 기원전 387년 시라쿠사에서 플라톤은 참주 디오니시우스Dionysios 1세의 처남인 디온을 만나게 된다. 당시 디온은 명민하고 열성적인 스무 살 청년이었는데, 그에게서 플라톤은 '철인哲人 정치가'의 싹을 발견한다. 디온과의 교유는 플라톤의 마음을 들뜨게 했다. 그러나 그 만남이 훗날 플라톤의 삶을 구렁에 빠뜨리는 계기가 됐다. 20년 뒤 디오니시우스 1세가 죽고 아들 디오니시우스 2세가 참주 자리를 이어받았다. 플라톤은 두 차례 디오니시우스 2세를 방문한다. 한 번은 디온의 요청으로, 다른 한 번은 디오니시우스 2세 자신의 요청으로 이루어진 방문이었다. 플라톤은 디오니시우스 2세를 잘 가르쳐 훌륭한 군주로 만들어보자는 기대를 품었으나, 두 차례 방문은 모두 참담한 실패로 끝나고 말았다. 디오니시우스 2세는 숙부인 디온을 추방했고, 플라톤도 위태로운 지경에 빠져 겨우 살아 돌아왔다. 그 뒤 디온은 시라쿠사를 참주의 학정에서 해방시키겠다며 군사를 일으켰다. 시라쿠사는 내전에 휘말려들었고, 기원전 353년 디온은 측근에게 살해당했다.

일곱째 편지는 바로 이즈음에 플라톤이 죽은 디온의 친척과 동지들에게 보낸 편지다. 이 편지의 1차적인 목적은 수신인들에게 정치적 조언을 하는 것이지만, 그 과정에서 플라톤은 디온과 관련된 자신의 체험을 상세히 이야기하고, 특히 디온과 공유했던 정치적 이상을 설파한다. 그가 이 편지에서 말하는 가장 좋은 정치는 "최선의 법에 따라 살아가는 자유인의 삶"을 보장하는 정치다. 노예가 아닌 자유인의 삶을 살되, 그 삶이 '최선의 법'의 지배를 받는 것이다. 여기서 법의 지배, 곧 법치는 전제정의 분별없는 '인치人治'와 대립한다. 법이 왕 노릇을 하는 입헌주의 체제가 플라톤이 현실적 방안으로 제시하는 좋은 정치의 모습인 셈이다. 이런 주장은 '철인왕'의 조건을 강조하던 중기 저작 『국가Politeia』에서 법치를 강조하는 말기 저작 『법률Nomoi』로 이행하는 과정을 보여준다.

이 편지는 공개 해명의 성격도 지니고 있다. 당시 플라톤은 디오니시우스와 연루된 일로 참주정을 옹호한다는 의심을 사고 있었다. 그런 오해를 씻으려는 의도가 이 편지에 담겨 있는 것이다. 플라톤은 명확한 어조로 참주정에 대한 혐오감과 적개심을 드러낸다. 그런데도 이런 오해는 20세기에 카를 포퍼Karl Raimund Popper가 플라톤을 전제정치 옹호자로 본 데까지 이어졌다.

플라톤의 법률 플라톤 지음 / 박종현 역주 / 서광사

'법의 지배' 세운 플라톤 최후의 대작

플라톤 최후의 대작 『법률』이 희랍어 원전 번역으로 첫 한국어 완역판을 얻었다. 플라톤 철학 전문 학자인 박종현 성균관대 명예교수가 방대한 주석을 달아 우리말로 옮겼다. 옮긴이는 플라톤의 『법률』에 함께 따라다니는 위작僞作 『미노스』와 『에피노미스』도 아울러 우리말로 옮겨 부록으로 실었다. 이로써 한국어판 『플라톤의 법률』은 1,000쪽이 넘는 육중한 책이 됐다. 옮긴이는 이 번역 작업이 "꼬박 5년에 가까운 긴 세월"의 학문적 대장정이었다고 밝히고 있다.

앞서 플라톤의 또 다른 주저 『국가』를 번역한 바 있는 지은이는 『법률』의 학문적 위상을 『국가』에 견주어 설명한다. "『법률』은 『국가』편과 함께 그 논의의 규모 면에서나 중요성에서 플라톤 철학을 이루고 있는 대화편들 가운데서도 쌍벽을 이루는 것들이라 할 것이다." "『국가』편이 50대의 야심 찬 플라톤의 열정이 담긴 거작이라면, 『법률』편은 70대 초입을 지나 철학자로서 원숙한 경지에 이른 그가 팔순에 생을 마감할 때까지 필을 놓지 않고 매달린 또 하나의 초대형 거작이라 할 것이다." 이 설명대로, 모두 열두 권으로 이루어진 『법률』은 열 권으로 이루어진 『국가』보다도 규모가 큰 저작이다. 플라톤 저술의 전체 분량 가운데 약 20퍼센트를 『법률』이 차지한다.

플라톤은 이 저작을 쓰는 데 생애의 말년을 바쳤으나 결국 간행을 보지 못한 것으로 알려져 있다. 말하자면 『법률』은 초고 상태에서 끝난 저술이다. 플라톤이 '밀랍서판'에 써놓고 따로 정서하지 못한 것을 제자가 파피루스 두루마리에 옮겨 적었다는 것이 정설이다. 그런 만큼 이 저작은 『국가』에 비해 문장이나 표현의 완성도가 떨어진다. 하지만 내용에서는 완결성을 이루었다는 평가를 받고 있다. 옮긴이는 『법률』의 불완전한 문장 때문에 고통스러운 번역 과정을 거쳤다고 토로하고 있다.

『법률』은 분량에서만 『국가』와 비교되는 것이 아니라, 내용에서도 『국가』의 맞수 자리에 놓이는 저작이다. 연구자들마다 『국가』와 『법률』을 직접 비교해 대립적 성격을 강조하는 데서도 두 저작의 위상을 확인할 수 있다. 『국가』가 혈기 왕성한 장년기 플라톤의 이상주의를 품고 있다면, 『법률』은 이상주의 정치를 포기하고 현실로 눈을 돌려 실현 가능한 국가를 논의했다는 것이 많은 연구자들의 평가다. 그러나 옮긴이는 이런 식의 대립적 평가는 올바른 독해의 결과가 아니라고 강조한다. 『국가』가 이성이 지배하는 '최선의 나라'를 그리고, 『법률』이 법이 지배하는 '차선의 나라'를 묘사한 것은 사실이다. 그러나 그런 변화를 이상주의에서 현실주의로 생각이 바뀐 결과로 보아서는 안 된다고 옮긴이는 말한다.

『국가』에서 플라톤이 철인치자哲人治者가 다스리는 이상 국가, 곧 '아름다운 나라Kallipolis'를 지상에 실현할 수 있는 나라로 믿은 것이 아니었다는 것이다. 실제로 『국가』 안에서 플라톤은 그가 그려본 최선의 나라가 "이론상으로나 성립하는 나라"이며, "지상 어디에도 존재하지 않을 나라"라고 단정적으로 말하고 있다. 말하자면, 플라톤의 이상 국가는 일종의 '본本'(파라데이그마paradeigma=패러다임)으로 설정된 나라인 셈이다. 플라톤이 이상 국가를 설계한 것은 그런 '본'이 있어야 판단이나 실천의 준거(척도)를 확보할 수 있게 되고 그 준거에 따라 현실에서 올바름(정의)을 세워갈 수 있다고 보았기 때문이라는 것이다. 따라서 『국가』의 나라가 이데아로 존재하는 '최선의 나라'라면, 『법률』의 나라는 이 이데아가 반영된 현실의 나라, '차선의 나라'인 셈이다.

플라톤의 다른 대화편들이 거의 다 스승 소크라테스를 주인공으로 삼고 있는 데 반해 이 최후의 저작에서는 '아테네에서 온 손님'이라는 익명의 존재가 주인공 노릇을 하고 있다. 플라톤 자신을 대행하는 이 인물은 가상의 나라 '마그네시아 Magnesia'를 세우는 데 필요한 것에 관해 거침없이 자신의 생각을 밝히고 있다. 거기서 플라톤이 가장 중요한 것으로 꼽는 것이 '법률'이다. 『국가』가 최고도의 지성과 지혜가 다스리는 '이성의 나라'를 보여준다면, 『법률』은 그런 이성이 순수하게 통하지 않는 '경험의 나라'를 보여준다. 세속의 경험에서 드러나는 갈등과 분란을 조정하고 화합하려면 가장 먼저 필요한 것이 법률의 제정인 셈이다.

요약하면, 『법률』이 묘사하는 나라는 '법이 지배하는 나라'다. 이 법치국가에서 법은 모든 사람이 복종하고 준수해야 할 최고 권위의 비인격적 통치권자다. 플라톤이 걱정하는 것은 현실의 통치자가 법을 무시하는 상황이다. 그는 통치자들을 "법률에 대한 봉사자"라 부르며 이렇게 말한다.

> "법이 휘둘리고 권위를 잃은 나라에는 파멸이 닥쳐와 있는 게 보인다. 그러나 법이 통치자들의 주인이고, 통치자들이 법의 종인 곳에서는 구원이, 그리고 신들이 준 온갖 좋은 것들이 생긴다."

더 나아가 플라톤은 "법률이 일부의 사람들을 위한 것일 경우에" 이 사람들을 '시민'이라고 부를 수 없고 '도당'이라고 불러야 한다고 말한다. 법의 이름으로 소수의 이익을 추구할 때 시민이 아니라 도당이 번성한다는 경고다.

니코마코스 윤리학 아리스토텔레스 지음 / 이창우·김재홍·강상진 옮김 / 이제이북스

'좋은 삶'을 찾는
아리스토텔레스 윤리학

아리스토텔레스(기원전 384~322)는 2,000년 넘게 이어진 서양철학의 체계를 세우고 서구 학문의 토대를 닦은 사람이다. 그는 광범위한 영역에서 저작을 남겼는데, 그 가운데 가장 널리 읽히고 가장 많이 활용된 저작이 『니코마코스 윤리학 Ethica Nicomachea』이다. 이 책은 고대 그리스인들의 윤리적 사유의 비판적 집대성이자 윤리학을 철학의 한 분과로 만든 결정적 저작이다. 서양 윤리 사상의 정수를 담고 있는 이 고전이 국내 그리스 철학 전공자들의 5년에 걸친 작업 끝에 우리말로 번역됐다. 『니코마코스 윤리학』은 과거 한 차례 번역된 바 있으나, 전공자들이 그리스어 원전을 한 글자 한 글자 철저히 따져 옮긴 것은 이번이 처음이다. 고전 중의 고전이 비로소 제 모습을 있는 그대로 내보인 셈이다.

아리스토텔레스는 그리스 변방인 스타게이로스 출신이다. 열일곱 살 때 그리스 문화의 중심지 아테네로 가 플라톤의 아카데메이아 Acadēmeia에서 20년 동안 공부했다. 플라톤이 죽자 그는 아테네를 떠나 아소스에서 아카데메이아 분교를 세우고 독자적인 사상을 펼치기 시작했다. 마흔두 살 때 마케도니아 왕 필리포스 Philippos의 부탁을 받고 그의 아들 알렉산드로스 Alexandros를 가르치는 사람이 됐다. 7년 뒤 알렉

산드로스가 아시아 원정을 준비하자 아테네로 돌아와 리케이온Lykeion 이라는 학원을 세웠다. 그는 제자들과 이 학원의 뜰을 거닐며 학문을 논했는데, 여기서 페리파토스학파(소요학파)라는 말이 생겼다. 기원전 323년 알렉산드로스가 죽자 그의 스승이었다는 이유로 기소된 아리스토텔레스는 아테네를 떠나 이듬해 어머니 고향에서 죽었다.

아리스토텔레스의 활동기는 혼란의 시기였다. 그리스 폴리스 질서가 붕괴돼가고 소피스트들의 사이비 담론이 기승을 부렸다. 아리스토텔레스는 '구체적 실천'과 '상식적 감각'으로 무장한 학문으로 이 혼란기를 극복하려 했다. 그는 스승 플라톤의 초월적 이상주의를 비판적으로 검토했고 동시에 소피스트들의 '궤변적' 상대주의에 치열하게 맞섰다. 이 두 방향의 싸움 속에서 상식주의자 아리스토텔레스가 탄생했다. 『니코마코스 윤리학』은 당대 윤리적 견해들 전체와 벌인 싸움의 기록이자 그의 상식주의적 통찰이 윤리적 사유에서 도달한 정점이다.

그의 상식적 감각은 책의 첫 장에서부터 드러난다. 아리스토텔레스가 초점을 맞추는 것은 '인간의 행복'이다. '행복'이란 좋은 것 중에서도 '가장 좋은 것'(최고선)이다. 가장 좋은 삶이 행복한 삶이다. 그렇다면 행복을 어떻게 이룰 것인가. 무엇이 행복을 구성하는가. 아리스토텔레스는 이 질문을 던져놓고 대답을 '탁월성'에서 찾는다. 이 번역본에서 탁월성으로 옮긴 '아레테arete'는 그동안 일반적으로 '덕德'으로 번역돼온 말이다. 이 '덕'이란 말은 고대 그리스인들의 관념에 중세 기독교의 관념이 섞여 있어 본디 뜻을 제대로 드러낼 수 없다는 것이 옮긴이들의 판단이다. 이를테면 덕이라는 관념에는 '여성이 순결을 지키는 것'도 포함되는데, 그리스적 의미의 아레테는 남성 시민들의 문제였다. 생활에서든 활동에서든 정신에서든 남성 시민으로서 탁월함을 보이는 것이 아레테였다.

아리스토텔레스는 바로 이런 의미에서 탁월성을 살핀다. 그는 탁월성을 '지적 탁월성'과 '성격적 탁월성'의 두 종류로 나눈다. 이 가운데 성격적 탁월성이 이 책에서 집중적으로 논의된다. 상식주의자답게 아리스토텔레스는 성격적 탁월성이 좋은 습관의 축적으로 형성된다고 말한다. 탁월성은 교육으로 습득되고 스스로 노력함으로써 완전해지며, 우리의 품성 상태가 '중용中庸'의 원칙과 일치할 때 확연히 드러난다. 중용이란 말하자면 양극단을 배제한 중간의 자리다. '무모'와 '비겁'이 양극단이라면 그 중용이 '용기'다. 그러나 중용은 단순한 산술적 평균이 아니며 여러 사정을 고려한 복합적 균형이다. 예를 들어, 자동차 경주 선수에게는 과감함이 중용이겠지만, 유치원 통학버스 운전자에게는 조심스러움이 중용일 것이다.

『니코마코스 윤리학』은 탁월성을 보여주는 이 중용의 덕목들을 하나하나 살핀다. 이를테면, 사람됨의 영역에서 '허풍'과 '자기비하'의 중용은 '진실성aletheia'이다. 여기서 진실성이란 흔히 '진리'라고 번역되는 말인데, 그 어원을 따지면 '감추어진 것을 드러내 보인다'는 뜻이 들어 있다. 진실한 사람이란 감추지 않고 드러내는 사람, 위선이 없는 사람, 그래서 참된 사람인 것이다.

아리스토텔레스는 이런 탁월성의 덕목들을 습관을 통해 갖추고 그것을 실천을 통해 발휘할 때 '가장 좋은 삶'을 살 수 있으며 그것이 곧 행복이라고 말한다. 그러나 행복한 삶이 항상 즐겁기만 한 삶은 아닐 수도 있다. 탁월성을 실천하는 삶은 고통을 동반하기도 한다. 그것을 그는 전쟁터의 용기를 예로 들어 설명한다.

"죽음과 부상은 용감한 사람에게도 고통스럽고 내키지 않는 것이 될 것이지만, 그는 이것을 견뎌낼 것이다. 그렇게 하는 것이 고귀하며 그렇게 하지 않는 것은 부끄러운 일이기 때문이다. 그가 탁월성을 더 많이 지닐수록, 또 더 행복해질수록 죽음에 대한 생각은 그를 더 괴롭힐 것이다. 그러나 그럼에도 불구하고 그는 그 어떤 사람 못지않게 용감하며, 아마 그 어떤 사람보다 더 용감할 것이다. 그는 전쟁에서 이 모든 좋은 것들 대신에 고귀한 것을 선택하기 때문이다."

행복한 삶을 살려는 사람은 때때로 두려운 일에도 뛰어들어야 하며, 괴로운 일도 자청해야 할 때가 있음을 이 윤리학의 창시자는 강조한다. 그러므로 가장 좋은 삶은 이기적인 삶보다는 공의로운 삶에 가깝다. 『니코마코스 윤리학』이 옛날에는 물론이고 현대에도 여전히 생생히 살아 있는 도덕 교양서로 통하는 이유일 것이다.

정치학 아리스토텔레스 지음 / 천병희 옮김 / 숲

어떤 국가가
좋은 국가인가

아리스토텔레스의 『정치학 *Politika*』이 천병희 단국대 명예교수의 희랍어 원전 번역으로 새롭게 나왔다. 이로써 서구 정치학의 고전이자 정치학 이론의 뿌리라 할 저작을 좀더 가깝게 다가가 읽을 수 있게 됐다.

  아리스토텔레스는 청년 시절에 스승 플라톤의 학원 '아카데메이아'에서 20여 년을 공부하고 가르친 뒤 40대에 새로운 학원 '리케이온'을 열어 당대 젊은이들을 가르쳤다. 그 시기에 아리스토텔레스는 방대한 분량의 저술 작업을 했는데, 형이상학에서부터 윤리학·정치학·자연학까지 거의 모든 학문 분야에 걸쳐 400여 편을 쓴 것으로 알려져 있다. 그의 저술은 일반 대중을 대상으로 한 저술들(엑소테리카 exoterica)과 학원 내부용 강의 노트들(에소테리카 esoterica)로 나뉘는데, 외부용 저술은 다 사라지고 현재 전해지는 것은 50편 정도의 내부용 저술뿐이다. 『정치학』도 그 가운데 하나다.

  『정치학』은 먼저 저술된 『니코마코스 윤리학』과 짝을 이루는 저작이다. 개인의 행복이 무엇인지, 그 행복을 얻으려면 어떻게 해야 하는지를 탐구하는 것이 『니코마코스 윤리학』이라면, 『정치학』은 그 개인들이 함께 살아갈 수밖에 없는 국가 공동체를 탐구의 대상으로 삼는다.

『니코마코스 윤리학』의 마지막 구절은 "자, 이제 (국가에 대해) 논의를 시작해보자"로 끝나는데, 『정치학』은 이 문장을 이어받아 그 국가(폴리스)의 발생과 구조와 최선의 형태를 논의하는 것이다. 이렇게 아리스토텔레스는 정치학을 윤리학의 일부로 보았는데, 『니코마코스 윤리학』의 핵심 원칙인 '중용'이 『정치학』에서도 핵심 원칙으로 작동한다. 개인의 행복이 중용에 있듯이, 훌륭한 국가도 중용에 의지하고 있다는 것이다.

아리스토텔레스의 『정치학』이 서구 정치학의 뿌리이기는 하지만 그 뿌리의 뿌리라 할 저작이 없는 것은 아닌데, 스승 플라톤의 『국가』가 그것이다. 아리스토텔레스는 플라톤의 가장 탁월한 제자였으면서도 스승과는 견해가 달랐고 스승에 대한 직접적인 반박도 서슴지 않았다. 『정치학』도 그런 저작 가운데 하나다. 플라톤의 『국가』가 이상국가라는 이념을 상정하고 그 국가의 성립 조건을 상상력을 동원해 밝히고 있다면, 아리스토텔레스는 『정치학』에서 현실 세계의 국가들을 경험적으로 분석해 거기서 최선의 정치체제를 찾아내는 방식을 구사한다. 플라톤이 이상주의적이라면 아리스토텔레스는 상대적으로 현실주의적이다.

『정치학』은 '국가 공동체'(폴리스)의 기원과 성립에서 이야기를 시작하는데, 이 출발점에서 논의되는 것이 '가정家庭'(오이코스)이다. 폴리스는 다수의 가정 공동체로 구성돼 있기 때문에 폴리스를 알려면 가정 공동체를 먼저 알아야 한다는 것이다. 이 대목에서 '최초의 경제학자'로서 아리스토텔레스의 모습이 등장한다. 경제학의 어원인 '오이코노미아 Oikonomia'란 바로 '가사 관리'를 뜻한다. 여기서 가정이라고 번역된 오이코스Oikos를 그 시대의 실상대로 이해하면, 한 명의 가장 아래 아내와 자식들, 그리고 몇 명의 노예들과 일정한 넓이의 토지로 이루어져 있는 일종의 장원莊園이라고 할 수 있다. 오이코노미아는 이 소규모 공동체를 가꾸고 이끄는 것을 가리키는 말이다. 내친김에 아리스토텔레스는 경제의 다른 양상들도 밝히는데, 물물교환에서 화폐가 탄생하고 상업이 성립하고 독점이 발생한다는 것까지 설명한다. 그의 설명 가운데 생산된 물건이 '사용가치'와 '교환가치'를 지닌다는 대목은 훗날 카를 마르크스의 상품 분석에 중대한 영향을 준다.

『정치학』의 모든 주장 가운데 가장 널리 알려진 명제가 '인간은 정치적 동물'이라는 명제일 것이다. 이 번역서는 그 명제를 "인간은 '국가 공동체를 구성하는 동물zoion politikon'이다"라고 번역했다. 이 명제는 나중에 라틴어로 번역돼 '인간은 사회적 동물이다'라는 명제로 바뀐다. 국가는 자연의 산물이며 인간은 본성적으로 국가 공동체를 만들고 거기서 살아가는 동물이라는 아리스토텔레스의 주장은 폴리스가 보편적 질서였던 당대의 현실을 반영하고 있다.

아리스토텔레스는 국가의 목표가 구성원에게 단순한 생존이 아닌 훌륭한 삶을 제공하는 데 있다고 말한다. 그 훌륭한 삶을 전체적으로 보장하는, 다시 말해 '공공의 이익'을 보장하는 정치체제는 올바른 것이지만, 다스리는 자들의 개인적인 이익만을 추구하는 정치체제는 잘못된 것이고 왜곡된 것이다. 아리스토텔레스는 왕정이든 귀족정이든 민주정이든 모두 올바르게 운영하면 공공의 이익을 보장할 수 있다고 말한다. 그러나 그가 보기에 현실적으로 가장 잘 작동할 수 있는 정치체제는 '혼합정체'다. 민주정체의 좋은 요소와 귀족정체(과두정체)의 좋은 요소가 결합한 것이 그가 말하는 혼합정체인데, 민주정체는 다수의 참여와 지배를 보장하고, 귀족정체는 뛰어난 개인들의 '탁월함'을 활용할 기회를 보장한다. 이 혼합정체가 원만히 유지되려면, 그 중심에 중간계급이 넓게 포진해 있어야 한다. 이 중간계급이 중심을 잡고 민주정과 귀족정의 장점을 떠받치는 것이 국가에서 실현되는 '중용'인 셈이다.

형이상학 아리스토텔레스 지음 / 김진성 역주 / 이제이북스

아리스토텔레스
'제1철학'을 만난다

"아리스토텔레스는 지금까지 역사에 등장한 가장 풍부하고 심원한 천재 학자 가운데 한 사람이었다. 어느 시대도 그에게 필적할 만한 것을 내놓지 못했다."

철학자 게오르크 헤겔의 이런 상찬이 아니더라도, 아리스토텔레스가 스승 플라톤과 더불어 서양철학의 실질적 기원이자 후대 학문에 결정적 영향을 끼친 학자라는 데는 이론이 없다. 그가 쓴 저술은 400편에 이르는 것으로 추정되는데, 그 가운데 일부만이 지금까지 전한다. 그러나 그 남아 있는 저작만으로도 고대 세계를 통틀어 유례를 찾기 어려울 정도로 방대한 분야를 포괄했다. 자연학 저술에서부터 논리학·윤리학·정치학·시학에 이르기까지 그의 저작이 다루지 않은 분야는 거의 없었다. 말 그대로 그는 '학문의 군주'였다. 특히 체계적 서술이란 점에서 그의 저술은 오늘날에 이르기까지 모든 학문의 원형이자 모델로 통한다. 그도 그럴 것이 근대 학술 연구 자체가 아리스토텔레스의 연구방법론을 충실히 모방한 것이기 때문이다.

드넓은 연구 영역에 포진한 그의 저술 가운데 대표작을 하나만 들라면 『형이상학*Metaphysica*』이 첫 손가락에 꼽힐 것이다. 내용의 풍부

함과 사유의 독창성에서 이 저작과 대비를 이루는 작품은 플라톤의 대작 『국가』밖에 없다고 해도 지나치지 않다. '철학 중의 철학' 곧 '제1철학'으로 통용되는 '형이상학'이라는 철학 분과가 이 저작에서 발원했음은 물론이다. 서양철학사의 상징적 저작이라 할 이 책이 아리스토텔레스 전문 연구자 김진성 씨의 노력으로 우리말로 옮겨졌다. 『형이상학』은 아리스토텔레스의 다른 저작들과 달리 순수사유를 다루는 이론철학이어서 독해하기가 그만큼 어렵다. 그 때문에 방대한 내용의 일부를 옮긴 경우는 있었지만 그리스어 원전 『형이상학』 전체를 완역한 것은 이번이 처음이다.

옮긴이는 이 번역본을 완성하는 데 꼬박 6년을 바쳤다고 한다. 철학과 대학원 시절 아리스토텔레스를 전공 분야로 삼고 독일에서 12년 유학하는 동안 아리스토텔레스만 붙들었던 옮긴이의 이력이 번역본 전편에 꼼꼼하게 배어 있다. 2,371개에 이르는 옮긴이 각주는 그 꼼꼼함을 보여주는 단적인 실례다. 번역 작업에 활용한 참고문헌 목록만 30쪽이 넘는다. 특히 본문에 등장하는 아리스토텔레스의 용어 1,870개를 골라 150쪽에 걸쳐 '그리스어-한글' '한글-그리스어' 두 형식으로 설명한 부록은 그대로 그리스어 소사전을 이룬다. 그리스어를 모르는 독자도 이 사전을 활용하면 아리스토텔레스의 원뜻에 한층 분명하게 다가갈 수 있다. 새로운 번역 용어를 만들어낸 것도 이 번역본의 특징이다. 그동안 '형상'으로 번역되던 것을 '꼴'로 옮기고, '질료'로 옮겨지던 것을 '밑감'으로 옮긴 것은 그 작은 보기다.

영어로 '메타피직스metaphysics'라고 부르는 '형이상학'의 그리스어 원어는 '메타-피시카meta-physika'인데, 이 책 제목은 아리스토텔레스가 붙인 것이 아니다. 기원전 1세기 학자 안드로니코스Andronikos가 아리스토텔레스의 저작을 정리하면서 붙인 것이 '메타-피시카'다. '메타'는 '뒤에' '다음에' '너머'의 뜻을 품은 말이다. 안드로니코스는 아리스토텔레스의 저술을 분류하면서 '자연학'(피시카) '뒤에'(메타) 이 저작을 놓는데, 그런 서지학적인 제목이 그대로 이 유명한 저작의 이름이 됐다. 안드로니코스의 서지학적 분류는 학문의 연구 순서를 포함하기도 하는데, '형이상학'의 주제는 '피시카'를 먼저 알고 난 '다음에'(메타) 연구해야 한다는 뜻을 함축하는 것이다. 자연 만물에 대한 이해를 얻은 후에 그 만물을 아우르는 존재 원리를 논하는 것이 순서라는 얘기다. 후대에 메타–피시카는 자연학을 '넘어'(메타) 초월적 세계를 다룬다는 의미까지 껴안았다.

아리스토텔레스는 열일곱 살 때 플라톤의 아카데메이아에 들어가 스승이 죽을 때까지 20여 년 동안 공부했는데, 이 학원이 배출한 가장 뛰어난 제자였다. 그러나 이 수제자는 스승의 철학과 많은 점에서 부딪쳤고 대립했다. "내게 플라톤은 소중하지만 진리는 훨씬 더 소중하다"라고 아리스토텔레스는 말했다.

그 대립에서 서양 사유의 원천이 결정적으로 풍부해졌다. 제자가 스승의 견해를 그대로 따랐다면 서양철학은 지금보다 훨씬 빈약했을 것이다. 스승에 대한 지적 대결은 여러 저술에서 이루어졌다. 『형이상학』에서도 그 양상을 볼 수 있다. 플라톤의 가장 중요한 개념은 '이데아'(형상)인데, 그는 사물의 실체인 이데아가 현실 너머의 하늘나라(본체계)에 존재한다고 생각했다. 그러나 아리스토텔레스는 스승의 이데아를 현실 세계 안으로 끌어들여 개별적으로 존재하는 사물들 속에 앉혔다. 형상(꼴)은 질료(밑감·재료)와 따로 떨어져 존재하는 것이 아니라는 이야기다.

고대 원자론 장 살렘 지음 / 양창렬 옮김 / 난장

데모크리토스-에피쿠로스 -루크레티우스 원자론

『고대 원자론 L'Atomisme Antique: Démocrite, Epicure, Lucréce』은 '원자론' 이라는 이름으로 묶이는 고대 그리스·로마의 세 철학자 데모크리토스 Democritos(?기원전 460~?370), 에피쿠로스Epicouros(기원전 341~270), 루크레티우스Titus Lucretius(?기원전 94~?55)의 사유 세계를 해설한 책이다. 고대철학 전문 연구자인 장 살렘Jean Salem 프랑스 파리1대학 교수가 이 분야에 관심이 있는 일반인용으로 썼으며, 그 밑에서 에피쿠로스 철학으로 박사학위 논문을 준비하고 있는 양창렬 씨가 우리말로 옮겼다.

이 원자론자들이 오늘날 우리에게 지닌 의미는 이 책의 부제 '쾌락의 원리로서의 유물론'에 드러나 있다. 지은이는 이 세 사람이 유물론적 세계관을 정초했으며, 거기에 입각해 '쾌락의 윤리학'을 설파했다고 말한다. 이 세 원자론자, 그중에서도 특히 데모크리토스와 에피쿠로스의 원자론이 현대철학의 관심사가 된 것은 젊은 카를 마르크스의 연구에 힘입은 바 크다. 스물두 살의 마르크스는 박사학위 논문으로 이 두 사람의 사상을 비교한 「데모크리토스와 에피쿠로스 자연철학의 차이」를 썼다. 마르크스는 이 논문을 통해 헤겔 관념론의 자장 안에서 커가던 자신의 사유를 일신할 계기를 마련했다. 일종의 유물론적 도약의 발판을 찾아낸 셈이다.

장 살렘의 『고대 원자론』은 마르크스의 이 논문을 서술의 배경 또는 발단으로 삼고 있다. 그러나 마르크스와는 다른 방식으로 이 고대 유물론자들의 사상을 해석한다. 마르크스가 데모크리토스와 에피쿠로스를 극적으로 대립시켜 선배를 기각하고 후배의 편에 선다면, 살렘은 두 원자론자의 차이보다는 같음 쪽에 무게를 싣는다. 원자론이라는 큰 묶음 속에서 두 사람의 생각의 이어짐을 추적하는 것이다.

그렇다면 에피쿠로스와 루크레티우스의 관계는 어떤가. 지은이는 에피쿠로스와 루크레티우스를 각각 장을 나눠 따로 설명하고 있지만, 근본적으로 두 사람의 철학은 포개진다고 말한다. 에피쿠로스보다 200여 년 뒤에 살았던 로마 시인 루크레티우스는 철두철미하게 에피쿠로스주의자였다. 그는 자신의 저작에서 에피쿠로스의 발자국을 그대로 좇았다. 루크레티우스의 의미는 에피쿠로스 철학의 탁월한 주석에 있다고 할 수 있다. 에피쿠로스는 300편에 이르는 많은 저작을 남겼지만, 그 가운데 현존하는 것은 극소수에 불과하다. 따라서 그의 사상을 알려면 루크레티우스의 충실한 해설의 뒷받침을 받아야 한다. 지은이가 이 책에서 루크레티우스를 설명하는 것도 궁극적으로는 에피쿠로스 철학을 이해하려는 노력이라고 할 수 있다.

데모크리토스와 에피쿠로스가 공유하는 유물론적 세계관은 "전 우주는 물체와 허공으로 이루어져 있다"라는 명제로 집약된다. 우주는 시작도 없고 끝도 없다. 그 내부는 물체로 채워져 있되, 물체가 운동할 수 있는 것은 허공이 있기 때문이다. 이때 물체는 더는 나눌 수 없는 미립자의 집합이다. 이 미립자, 곧 원자를 일종의 레고라 한다면, 이 세계는 그 레고들의 결합인 셈이다. 이 '레고랜드'에는 창조주나 절대자가 끼어들 틈이 없다. 그런 신적 존재 없이 이 세계는 스스로 작동하고 변화한다. 여기까지는 두 사람의 생각이 다르지 않다. 두 사람이 갈라지는 지점은 '원자의 운동'이다. 데모크리토스는 원자들이 무게를 지니고 있어서 빗방울처럼 위에서 아래로 같은 속도로 떨어진다고 말한다. 떨어지면서 충돌하고 되튀고 얽힌다.

그런데 같은 속도로 평행하게 떨어진다면 서로 충돌할 일이 없다. 이 모순을 해결하는 것이 에피쿠로스가 제안하는 '클리나멘clinamen'(편위)이다. 에피쿠로스는 위에서 아래로 떨어지는 원자들이 조금씩 수직에서 비껴나는 이탈 운동을 한다고 말한다. 이 이탈이 바로 편위다. 이 편위가 있기 때문에 원자들은 서로 충돌할 수 있고 일종의 '브라운 운동'(액체나 기체 안에서 떠서 움직이는 미소 입자의 불규칙한 운동)을 할 수 있으며, 그 편위의 자유 운동 속에서 모임과 흩어짐을 통해 세상 만물을 만들어낼 수 있다. 이런 원자론적 자연학의 기반 위에 윤리학이 펼쳐진다. 에피쿠로스에게 자연의 세계는 윤리의 세계와 친연성을 넘어 어떤 일치성이 있다. 자연의 클리나멘은 사유의 클리나멘으로 이어지며, 이 사유의 클리나멘에서 사유의 의지, 사유의 자유가 도출된다.

에피쿠로스의 철학은 흔히 '쾌락주의 철학'이라는 꼬리표를 달고 있는데, 그때의 쾌락주의는 '오늘을 즐겨라'(카르페 디엠) 식의 '안달하는 쾌락주의'와는 종류가 전혀 다르다고 지은이는 말한다. 에피쿠로스가 쾌락이야말로 최고선이라고 한 것은 사실이다. 그러나 이 쾌락은 욕망의 절제를 통해 얻을 수 있는 '고통의 부재'에 가깝다. 에피쿠로스는 그런 쾌락을 두고 '아타락시아ataraxia'(평정심)라고 했고, 아타락시아를 통해 행복을 찾을 수 있다고 했다. 그가 아테네 교외의 정원에 세운 학교('에피쿠로스의 정원')에서 가르친 것은 아타락시아에 이르는 길이었다. 철학이란 "추론과 토론을 통해 행복한 삶을 얻어내는 활동"이었다. 에피쿠로스는 유물론적 세계관이 신의 심판에 대한 두려움 없이, 다시 말해 죽음 이후에 대한 두려움 없이 삶을 지혜롭게 통찰해 행복에 이르는 길을 찾을 수 있게 해준다고 믿었다. 유물론이 쾌락의 원리, 행복의 원리가 되는 이유다.

위대한 연설 김헌 지음 / 인물과사상사

아테네 10대 연설가들의 '말의 기술'

아돌프 히틀러는 『나의 투쟁』에서 "이 세상에서 가장 위대한 혁명들을 일으킨 힘은 펜의 힘이 아니라 말의 힘이었다"고 단언했다. 이 희대의 연설가는 유례없이 저열한 방식으로 말의 힘을 남용했지만, 그 주장의 바탕에는 유구한 서구 역사의 한 갈래가 이어져 있다. 고대 그리스 시대로 거슬러 올라가는 수사학이 그 갈래의 기원이다.

서양고전문헌학자 김헌(서울대 인문학연구원 HK 연구교수) 씨가 쓴 『위대한 연설』은 바로 이 수사학의 유래를 살피는 저작이다. 고전문헌학이란 고전기 그리스·로마의 역사·철학·문학 텍스트를 연구하는 학문이다. 지은이는 고전기 문헌 가운데 수사학 텍스트를 전공했다. 그는 수사학이야말로 그리스·로마 시대 삶과 앎의 풍경을 다른 어떤 학문 분야보다 풍성하게 알려준다고 말한다. 이 책은 안티폰Antiphon에서부터 데이나르코스Deinarchus까지 기원전 5~4세기를 수놓은 아테네 10대 연설가들의 활동을 통해 이 풍경을 들여다보고 있다.

지은이는 먼저 수사학에 대한 통념 또는 오해를 깨는 데서부터 이야기를 풀어간다. 수사학 하면 단어를 고르고 문장을 꾸미는 표현 방식을 먼저 떠올리지만, 이것은 근래의 관념이다. 수사학이라는 말의 그리스어는 레토리케rhetorike인데, 이 말을 분석해보면 '공식적인 자리에서 연설을 하는 사람의 기술'을 가리킴을 알 수 있다. 수사학은 '문학적 기교' 이전에 '연설의 기술'이었던 것이다. 지은이는 수사학 출현의 배경으로 고전 그리스의 민주주의를 제시한다. 모든 시민이 평등한 주권자가 된 민주주의 시대에 자기 생각을 공개적으로 설득하거나 자기주장을 변호해야 하는 상황에서 태어난 것이 수사학이었던 것이다. 의회·법정·예식의 장이 수사학이 꽃핀 곳이었다.

지은이는 고전 시대의 삶을 이해하는 데는 수사학이 철학이나 문학보다 더 유용하다고 말한다. 수사학이란 '말의 기술'인데, 이때의 말은 곧 이성·논리·지식을 함축하는 말이다. 동시에 수사학은 기술로서 일상의 실천 속에서 제 기능을 다해야 했다. 지식과 현실이 맞닿은 곳에서 수사학은 자라났던 것이다. 바로 이 점에서 수사학은 그 세계를 구체적으로 들여다보는 데 유리하다고 지은이는 말한다. 수사학은 일종의 실용지식이었으므로, 시민으로서 공적 생활을 능숙하게 하려면 누구나 익혀야 했다. 수사학은 소수를 위한 특수학문이 아니라 일반인을 위한 교양과목이었다. 이 교양과목을 가르친 선생들이 바로 민주주의 대로를 활보하던 소피스트들이었다.

소피스트들의 수사학이 대세를 이루고 악용되는 사례가 많아지자 거기에 대항해 진리를 지키는 파수꾼이 되겠다며 등장한 것이 철학이었다고 지은이는 말한다. 그때의 철학이 말하자면, 플라톤 철학이다. 같은 철학이라 해도 아리스토텔레스는 생각이 달랐다. 그는 수사학을 적극 인정했다. 진리·정의가 거짓·불의와 대결할 때 수사학으로 무장하면 이길 수 있지만, 수사학의 도움을 받지 못하면 패배한다는 것이 그의 생각이었다. 수사학은 진리의 갑옷이었던 것이다. 그는 『수사학』에서 이렇게 말했다.

"몸을 사용해 자신을 보호하지 못하는 것도 수치스러운 일인데, 인간 본성에 가장 중요한 요소인 말과 이성을 사용해 자신을 보호하지 못한다면, 이보다 더 수치스러운 일은 없을 것이다."

지은이가 10대 연설가 가운데 특히 탁월한 역량을 보여준 사람으로 꼽는 세 사람이 리시아스Lysias(기원전 459~380), 이소크라테스Isokrates(기원전 436~338), 데모스테네스Demosthenes(기원전 384~322)다. 이 가운데 리시아스는 수사학을 비난했던 플라톤도 인정한 이 분야의 진정한 대가였다. 그는 '30인 참주정'의 공포정치에 대항하는 데 자신의 연설 능력을 활용한 민주투사였다. 민주주의가 회복된 뒤 그는 법정 연설문 작성자로 활동했으며, 그 분야에서 최고의 역량을 발휘했다. 간결하고 담백한 그의 언어는 인물과 상황을 생생하게 묘사함으로써 그 시대 삶을 실감 나게 이해하게 해준다.

그리스 민주주의 말기에 활동한 데모스테네스는 의회연설의 일인자로 꼽힌다. 그는 정치가로서 마케도니아의 제국주의에 대항해 평생 싸웠다. 기품과 명분과 정의를 강조하는 그의 연설은 마케도니아에 맞서는 말의 무기였다. 그러나 연설의 힘도 마케도니아의 무력을 끝내 막지 못했는데, 패배한 그는 독약을 마시고 자살했다. 그의 죽음은 그대로 아테네 민주주의의 죽음이었다. 리시아스와 데모스테네스 사이에 살았던 이소크라테스는 수사학을 철학의 지위로 끌어올린 사람이었다. 그 자신 소피스트의 한 사람이었던 이소크라테스는 수사학이 마치 모든 것을 다해줄 것처럼 떠들고 다니는 소피스트들을 사기꾼이라고 비판했다. 그는 이런 말을 남겼다.

"수사학 교육은 대중을 설득하는 말솜씨를 가르치는 것에서 그치지 않는다. 수사학은 단순히 혀의 싸움에서 쓸모 있는 무기나 도구가 아니다. 진정한 설득은 그럴듯한 말에서 나오지 않는다. 말을 통해 전해지는, 그리고 그 생각을 올곧게 만들어주는 품성에서 나온다."

그런 수사학에 이소크라테스는 철학이라는 이름을 붙여주었다.

인물로 보는 서양고대사 허승일 외 지음 / 길

별처럼 빛났던
그리스·로마의 영웅들

'키케로니아누스'라는 말이 있다. '키케로Marcus Tullius Cicero(기원전 106 ~43)의 신봉자'를 뜻하는 이 말은 키케로의 문체를 모범으로 삼아 라틴 어를 구사한다는 속뜻을 담고 있다. 이 말을 유행시킨 사람은 서구 르네 상스 시대 말기의 인문주의자 데시데리위스 에라스뮈스Desiderius Erasmus(1466~1536)였는데, 그는 1528년 쓴 책 『키케로니아누스 또는 최상의 문체』에서 '키케로니아누스'를 남용하는 당대 글쓰기 행태를 비판했다. 인문주의 정신의 대표자가 나서서 키케로 문체 모방을 문제 삼을 정도로 그 시대의 고대 문화 탐닉은 맹렬했다.

그러나 고전 그리스·로마 문화를 부흥시킨 그 맹렬한 탐닉이야말로 근대 서구 문명 발전의 지칠 줄 모르는 원동력이 됐다. 르네상스 시대에 재발견된 그리스의 민주정과 로마의 공화정은 프랑스혁명을 거치며 근대 민주주의의 몸통으로 더 화려하게 부활했고, 오늘날 전 세계에서 통용되는 보편적 정치체제로 자리 잡았다. 고대 그리스·로마의 역사는 좋든 싫든 우리 시대의 뿌리이며 원형이다.

『인물로 보는 서양 고대사』는 이렇게 우리 시대의 정신을 규정하는 고대 그리스와 로마의 역사를 인물로 그려낸 책이다. 허승일 서울대 명예교수를 필두로 하여 국내 서양 고대사 연구자 대다수가 필자로 참여해, 하늘의 별처럼 빛났던 시대의 대표자들을 불러냈다.

그리스신화와 역사의 중간지대에 놓인 반신화적 인물 테세우스부터 로마 제정기 마지막 철학자이자 서양 중세의 신학적 성채를 세운 아우구스티누스까지 서른아홉 명이 여기에 모였다. 39편의 초상화들이 촘촘히 모여 서양 고대 1천 년 역사를 담은 거대한 모자이크 벽화가 그려졌다. 이 책은 말하자면, 오늘의 시각에서 쓴 서양 고대에 관한 '사기열전'이자 국내 학자들이 함께 쓴 '플루타르코스 영웅전'이다.

르네상스 시대에 만사에 통달한 '전인全人'이 있었듯이, 고대 로마에 전인이 있었다면 마르쿠스 툴리우스 키케로가 그 전인의 대표자였다. 키케로는 그리스철학을 철저히 익혀 라틴어로 풀어낸 그 시대의 위대한 교양인이었고, 로마 시대 전체를 통틀어 가장 탁월한 웅변가였으며, 웅변의 원리를 방대한 수사학 저서에 담아 체계화한 저술가였다. 그리고 다른 어떤 것 이전에 정치가였다. 귀족과 평민 사이 신흥 기사계급 출신이었던 그는 '말의 힘'만으로 정치계의 스타가 됐고, 최고 직위인 콘술consul(집정관·통령)이 됐으며, 한때 '국부'라는 칭호까지 얻었다.

그가 활동하던 시대는 원로원이 주도하는 로마공화정이 붕괴돼가던 '혁명 시기'였다. 공화정의 위기는 키케로가 태어나기도 전에 벌써 심각한 상황에 도달해 있었다. 원로원의 귀족계급이 국부를 틀어쥐자 평민계급의 불만이 막을 수 없을 정도로 커졌던 것이다.

기원전 2세기 말에 그라쿠스Gracchus 형제가 이 계급 갈등의 한가운데 등장했다. 그라쿠스 형제는 민중의 지지를 등에 업고 귀족계급을 공격해 '분배의 정의'를 세우는 개혁을 단행했다. 이들은 로마 역사상 최초의 민중 선동 정치가였다. 그러나 기득권 세력의 저항은 이들을 차례로 죽음으로 내몰았다. 로마는 이제 두 세력의 엎치락뒤치락 싸움이 100년 동안 계속될 참이었다.

키케로는 이 세력 판도에서 원로원 세력 편에 서 있었다. 원로원의 권위 아래 질서가 유지되던 그라쿠스 이전의 로마 공화국을 이상국가로 보았던 그는 공화정의 붕괴를 어떻게든 막아보려 발버둥 쳤다.

위대한 인문주의자였던 그는 정치적으로는 낡은 세력의 대표자였다. 카이사르가 암살된 뒤 키케로는 제1차 삼두정치의 한 축이던 안토니우스Marcus Antonius에 대항해 자신의 웅변술을 무기로 삼아 격렬하게 싸웠다. 기원전 43년 키케로는 안토니우스가 보낸 자객에게 머리를 잘렸다. 비판적 필봉을 휘두르던 두 손목도 함께 잘렸다.

키케로의 죽음은 로마공화정 몰락의 상징이었다. 13년 뒤 옥타비아누스Gaius Octavianus가 권력을 장악해 황제로 등극했다. 제정시대가 열린 것이다.

고대 그리스인의 생각과 힘 이디스 해밀턴 지음 / 이지은 옮김 / 까치
고대 로마인의 생각과 힘 이디스 해밀턴 지음 / 정기문 옮김 / 까치

그리스 자유정신의 탄생

『고대 그리스인의 생각과 힘 The Greek Way』과 『고대 로마인의 생각과 힘 The Roman Way』은 미국 저술가 이디스 해밀턴Edith Hamilton(1867~1963)의 출세작이자 대표작이다. 여성의 고등교육이 드물었던 시대에 대학에서 석사학위를 받은 해밀턴은 1896년부터 25년 동안 미국 메릴랜드주의 브린모어 여학교 교장을 지냈다. 교장직에서 은퇴한 뒤 1930년에 쓴 것이 『고대 그리스인의 생각과 힘』이다. 이 책으로 예순세 살의 해밀턴은 일약 스타덤에 올랐다. 독자의 찬사에 힘입어 2년 뒤 『고대 로마인의 생각과 힘』을 썼고, 이후 죽을 때까지 여러 작품을 남겼다.

두 책에서 지은이는 고대 그리스인과 로마인의 정신세계를 깊숙이 탐색한다. 어려서 그리스어와 라틴어를 익혔고 생애 내내 고전 그리스·라틴 문학을 즐겨 읽었던 그는 자신의 지식과 소양을 풀어내 탐스러운 인문 교양서를 탄생시켰다. 『고대 그리스인의 생각과 힘』에서 그는 핀다로스Pindaros부터 아리스토파네스Aristophanes까지 기원전 5세기 문학·역사·철학을 자료로 삼아 그리스인의 내면 속으로 들어간다. 또 『고대 로마인의 생각과 힘』에서는 기원전 3세기부터 기원전 2세기까지 로마공화정의 전성기를 수놓았던 인물들의 문학작품을 실마리로 삼아

그 시대 로마인들의 정신을 탐험한다. 지은이는 그리스와 로마야말로 서구 정신의 기원이자 마르지 않는 사유의 원천이라고 말한다. 특히 먼저 쓴 『고대 그리스인의 생각과 힘』에서 그 원천의 풍부한 수량을 확인해볼 수 있다. 지은이는 기원전 5세기의 그리스, 그중에서도 아테네를 인류 역사상 가장 아름답고 창조적인 시대로 묘사한다. 그 시대에 처음으로 철학이 탄생했고 위대한 비극작가들이 잇따라 출현했다. 그 시대는 "짧지만 찬란한 천재성의 개화기"였으며, 치열한 정신적 활력의 탁월함이 전무후무한 업적을 남긴 시대였다. 그 시대의 그리스에 비하면 로마 문명은 그리스의 서툰 모방이자 후퇴로 보일 정도다.

지은이가 보기에 그리스 정신의 위대함은 초시간적 현재성에 있다.

"그리스인과 함께 전혀 새로운 무엇인가가 세상에 출현했다. 그리스인은 최초의 서양인이었다. 서양의 정신, 곧 근대정신은 그리스의 발견이며, 그리스인이 있어야 할 자리는 근대세계에 속한다."

여기서 오래된 서양 문명의 편견이 얼핏 드러난다. 해밀턴은 그리스를 서양에, 그리고 다른 고대 문명을 동양에 놓는다. 그리스 문명은 근대의 기원이며, 근대정신 자체다. 동양의 고대 문명은 근대의 대립물, 전근대의 상징이 된다. 해밀턴 저작의 이런 약점은 그리스 정신의 보편적 힘을 설득력 있게 보여주는 본문의 내용을 통해 상쇄된다.

지은이는 그리스인들이 삶의 활기, 삶의 기쁨을 예찬한 사람들이었다는 사실을 강조한다. 다른 문명이 죽음을 생각할 때 그리스인은 삶을 생각했다. "이집트에는 무덤이, 그리스에는 극장이 있다." 삶의 활기는 그리스인의 창안물이었다. "그리스인은 가장 암울한 순간에도 결코 삶의 기쁨을 잃지 않았다." 삶의 기쁨은 자유의 공기와 함께했다. 자유야말로 그리스 정신의 요체다. 그 자유의 소중함을 단적으로 보여주는 것이 페르시아전쟁을 다룬 아이스킬로스Aeschylos 비극 『페르시아 사람들』의 한 구절이다. 그리스인들이 가장 소중한 것, 곧 자유를 지키기 위해서 자유인으로서 싸움에 임했다는 사실이 페르시아 대왕 크세르크세스Xerxes의 어머니에게 전해진다. 대왕의 어머니가 묻는다. "그들에게 왕은 없는가?" "없습니다."

지은이는 이 자유의 공기가 사유의 힘을 길렀다고 말한다. 그리스인들은 전통이나 관습이나 미신에 얽매이지 않고, 자유로운 정신으로 모든 것을 의심하고 관찰하고 추론했다. 여기서 이성이 자라났고, 이성은 앎에 대한 가없는 사랑, 세상 모든 것에 대한 불타는 호기심, 곧 철학을 탄생시켰다. 이성은 자유를 키우고, 자유는 다시 이성을 양육한다. 자유로운 이성, 이성적인 자유는 이제 그리스인의 본질을 이룬다. 그때의 자유는 누구에게도 양도할 수 없고 어떤 경우에도 포기할 수 없는 최고의 가치, 삶 그 자체가 된다.

이 자유의 정신이 위기를 이겨내고 두 발로 서는 극적인 과정을 보여준 사람이 헤로도토스Herodotos였다고 지은이는 말한다. 헤로도토스는 『역사』에서 페르시아전쟁을 "살과 피의 대결"을 넘어 "서로 공존할 수 없는 정신의 능력 사이의 대결"로 이해한다. 페르시아인들은 전제군주의 노예였다. 반면에 그리스는 자유인의 연합이었다. 『역사』는 그리스인들이 페르시아 장군에게 이렇게 말했다고 전한다. "당신은 노예가 되는 것이 어떤 것인지 잘 알고 있겠지만, 자유는 한 번도 경험해보지 않았으니 자유가 얼마나 달콤한지는 모르오." 페르시아전쟁은 자유인과 예속인의 싸움이었다. 별 볼일 없는 조그만 땅 그리스는 거대한 제국 페르시아에 대항해 기적의 승리를 거둔다. "자유를 수호하기 위해서 싸우는 자유인의 기백에 맞서 페르시아의 수적인 우세는 아무런 힘이 없었다. 자유가 그 힘을 증명했다." 그 승리 위에서 그리스 정신의 가장 아름다운 정수가 꽃을 피웠다고 지은이는 말한다.

그리스 전쟁 필립 드 수자·발데마르 헤켈·로이드 루엘린 존스 지음 / 오태경 옮김 / 플래닛미디어

그리스는 어떻게 페르시아 제국을 물리쳤나

『그리스 전쟁 The Greeks at War』은 서구 역사의 원형을 주조한 세 건의 주요 전쟁, 곧 그리스-페르시아전쟁(기원전 490~479), 펠로폰네소스전쟁(기원전 431~404), 그리고 알렉산드로스 정복전쟁(기원전 336~323)을 살핀 저작이다. 서양 고대사를 전공한 지은이 필립 드 수자 Philip De Souza, 발데마르 헤켈 Waldemar Heckel, 로이드 루엘린 존스 Lloyd Llewellyn Jones는 3부로 이루어진 이 책을 각각 나누어 집필했다. 지은이들은 해당 전쟁의 기원과 전개와 결과를 꼼꼼히 기술하고 있으며, 특히 주요 전투의 상황을 상세하게 설명하고 있다.

이 세 전쟁의 서막을 연 그리스-페르시아전쟁은 그리스와 페르시아라는 두 대립적인 세계의 첫 충돌이자, 그리스인들이 자신을 발견한 전쟁이었다. 이 전쟁에서 승리함으로써 그리스인들은 자신들의 역량, 자신들의 정치체제에 대한 무한한 자부심을 느끼게 됐다. 그도 그럴 것이 그리스의 전쟁 상대는 발칸반도 북부에서부터 인더스 강 유역까지 거의 5,000킬로미터에 걸쳐 펼쳐진 최대의 제국이었기 때문이다. 그리스 동맹은 자그마한 도시국가들의 연합이었다. 객관적인 전력으로 보아 맞수가 되지 않는 그리스 동맹이 아테네와 스파르타의 지도력을 앞세워

거인을 거꾸러뜨린 셈이다.

두 세계가 맞붙게 된 1차 원인은 페르시아 제국의 영토 팽창 욕심에 있었다. 기원전 491년 제국의 다리우스Darius 1세는 그리스 주요 도시국가들에 사절을 보내 상징적 공물로서 '흙과 물'을 바치라는 뜻을 전했다. 여러 도시국가들이 이 요구를 받아들였으나 아테네와 스파르타는 페르시아 대왕의 권위를 인정하지 않았다. 아테네에서 페르시아의 사절은 범죄자 처형 장소로 쓰이던 구덩이에서 살해당했다. 다리우스 1세는 600척의 전함을 포함한 2만 5,000명의 병력을 모아 진격시켰다. 페르시아군은 아테네를 만만하게 보았으나 결과는 참패였다. 아테네 장군들은 중장보병 9,000명을 이끌고 마라톤 평원에서 페르시아군을 선제공격해 진형을 무너뜨렸다. 페르시아는 6,400명의 병력을 잃고 퇴각했다. 아테네의 병력 손실은 고작 192명이었다.

10년 뒤, 다리우스 1세의 왕위를 이어받은 크세르크세스가 발칸반도 전체를 삼켜버리겠다는 결심으로 군사를 일으켜 직접 진두에 섰다. 헤로도토스는 『역사』에서 페르시아가 출병한 군대가 보병만 170만 명에 이르렀다고 썼으나, 오늘날 학자들은 육군과 해군을 합쳐 35만 명 전후일 것으로 본다. 그러나 그 수만으로도 그리스 동맹 전체를 압도하고도 남았다. 당시 스파르타는 육군 중심이었다. 직사각형의 밀집대형(팔랑크스phalanx)을 이루어 진군하는 중장보병 전술의 달인이 스파르타인이었다. 스파르타와 달리 아테네는 해군 중심이었다. 170명의 노잡이와 30명의 전투원으로 이루어진 3단 노선은 아테네 해군의 주력이었다.

페르시아 대군은 테르모필레에서 그리스 연합군 선봉대와 마주쳤다. 테르모필레의 중앙부는 바다와 절벽 사이 통로가 15미터에 불과해 소수 병력이 대규모 병력과 맞서 싸우기 좋은 길목이었다. 스파르타 왕 레오니다스Leonidas가 이끄는 정예부대 1,400명은 페르시아 대군과 처절한 혈전을 벌였다. 크세르크세스의 주력부대 지휘관은 "두려워하는 페르시아군을 전투에 밀어넣으려고 채찍까지 사용할 정도"였다. 레오니다스는 현장에서 전사하고, 살아남은 스파르타군은 "칼은 물론이고 맨손으로 싸우는가 하면, 심지어는 이빨로 적을 물어뜯으며 페르시아군과 싸웠다." 테르모필레 전투는 스파르타 정예부대의 장렬한 몰사로 끝났으나, 전면전은 살라미스 섬 해협에서 벌어졌다. 이번에 앞장선 것은 아테네 해군이었다. 700척이 넘는 페르시아 함선을 향해 그리스의 전함 300척이 공격했다. 좁은 바다에 풍랑까지 이는 곳에서 뱃머리를 황동으로 씌운 아테네의 3단 노선은 어뢰처럼 페르시아 함선의 허리를 쳤다. 한나절을 꼬박 싸운 끝에 그리스 해군은 페르시아군을 패주시켰다. 크세르크세스는 본토로 돌아갔고, 전쟁은 이윽고 끝났다. 그리스인들은 이 전쟁을 "노예제에 대한 민주주의의 승리"로 인식했다.

페르시아전쟁의 승리는 아테네와 스파르타의 자부심을 한없이 키워주었다. 그러나 바로 그 시점부터 그리스는 거대한 내분 속으로 휘말려 들었다. 아테네 중심의 델로스 동맹과 스파르타 중심의 펠로폰네소스 동맹으로 나뉘어 갈등하던 끝에 두 나라는 30년 전쟁(펠로폰네소스전쟁)을 치렀고, 스파르타는 아테네를 굴복시켰으나 긴 전쟁은 두 나라를 모두 쇠락의 길로 이끌었다. 그때 북부의 마케도니아 왕국이 일어나 발칸반도를 휩쓸었고, 알렉산드로스 대왕은 마침내 숙적 페르시아를 멸망시키고 인도 북부에까지 힘을 떨쳤다. 그의 정복전쟁은 동서 교류의 물꼬를 튼 사건으로 기록됐다.

에우리피데스 비극 전집 에우리피데스 지음 / 천병희 옮김 / 숲

에우리피데스 비극,
아테네 정치를 걱정하다

'그리스 정신의 가장 위대한 구현'으로 불리는 3대 비극작가의 작품이 완역됐다. 그리스·로마 고전 번역에 매진하고 있는 천병희 단국대 명예교수가 『아이스킬로스 비극 전집』(전7편)과 『소포클레스 비극 전집』(전7편)을 펴낸 데 이어 다시 『에우리피데스 비극 전집』(전19편)까지 완역·출간함으로써 그리스 3대 비극작가의 작품 전체가 국내 최초로 원전 번역을 통해 한국어본을 얻었다. 그리스 정신의 깊숙한 곳을 우리말로 읽어낼 수 있게 된 것이다.

세 비극시인은 그들의 고국 아테네의 전성기가 낳은 아들들이자 기원전 5세기를 그리스 문화의 황금기로 만든 주역들이다. 후대의 그리스인들은 세 사람을 모두 살라미스 해전(기원전 480)과 연결해 기억했다고 한다. 살라미스 해전은 페르시아 대군의 침략에 맞서 아테네가 승리함으로써 그리스의 패자覇者가 되는 기점이다. 아이스킬로스(기원전 525~456)는 마흔다섯 살 때 이 해전에 전사로 참가해 싸웠다. 10대 소년이었던 소포클레스Sophocles(?기원전 496~406)는 해전 승리를 찬양하는 축제에서 합창단 선창자로서 신을 찬미하는 노래를 불렀다. 또 그리스인들은 에우리피데스Euripides(?기원전 484~?406)가 이해에 출생했다고 믿었

다. 실제로는 그보다 4, 5년 앞서 태어난 것으로 추정되지만, 어쨌거나 이 일화에는 세 비극시인을 살라미스 해전과 함께 기억하려는 그리스인들의 소망이 담겨 있다. 요컨대 세 비극작가는 아테네의 영광과 거의 동일시되는 인물들이다.

세 사람은 그리스 비극 전성기의 초기·중기·후기를 각각 대표한다. 가장 앞선 아이스킬로스는 합창 중심의 조잡한 무대에 대화를 도입함으로써 비극을 정립한 사람이다. 아이스킬로스와 더불어 비극이 비극으로서 탄생했다. 소포클레스는 극중 대화 장면을 늘리고 규모를 키움으로써 비극을 완성시켰다. 이어 에우리피데스는 인물들의 내면을 입체적으로 구현함으로써 비극의 성격을 전환했다. 에우리피데스 이후로도 그리스 비극은 만들어졌지만 한 번도 앞 시대의 영화를 재현하지는 못했다. 3대 비극작가와 함께 그리스 비극은 태어나고 완성되고 변모한 뒤 사멸하고 만 것이다. 그것은 그대로 아테네 문화의 흥성과 쇠퇴를 반영한다.

세 비극작가의 작품은 거의 모두 영웅신화를 소재로 삼는다. 그러나 주제로 들어가면 세 사람의 작품 세계는 뚜렷하게 나뉜다. 아이스킬로스 비극의 주인공은 인간이라기보다는 신이다. 신들은 인간들의 운명에 직접 개입한다. 인간은 '죄와 벌'의 사슬에 묶여 극한의 고통에 몸부림친다. 아이스킬로스의 최고 성과로 꼽히는 『오레스테이아』 3부작은 이 죄와 벌의 긴 사슬을 장대하게 보여준다. 아르고스의 왕 아가멤논이 트로이아 전쟁에 출전하기 위해 딸 이피게네이아를 제물로 바치자, 왕비 클리타임네스트라는 돌아온 왕을 죽여 딸의 원수를 갚는다. 아가멤논의 아들 오레스테스는 아버지를 죽인 어머니에게 복수한다. 오레스테스의 복수는 모친 살해라는 또 다른 죄를 낳을 수밖에 없는데, 갈등하는 오레스테스에게 복수를 명령하는 이가 아폴론이다. 신이 주재하는 질서 안에서 한없이 고통받던 인간이 그 고통을 통해 지혜를 얻는다는 것이 아이스킬로스가 비극을 통해 보여주려 한 세계 인식이었다.

소포클레스의 비극에서 중심이 되는 것은 인간이다. 주인공이 신에서 인간으로 바뀐 것이다. 소포클레스에게 신들은 이해할 수 없는 존재이며, 그들이 인간에게 부과하는 운명은 당혹스러운 수수께끼다. 그 운명 안에서 인간은 결연한 의지로써 난국을 돌파하려 하지만, 그럴수록 인간은 운명의 수렁에 빠져든다. 『오이디푸스 왕』에서 주인공 오이디푸스는 자기 나라에 역병이 돌게 된 원인이 선왕의 억울한 죽음에 있다는 말을 듣고 무슨 일이 있어도 선왕 살해자를 찾아내 응징하고야 말겠다고 다짐한다. 결국 그 자신이 범인으로 밝혀지는데, 스스로 현명하다고 믿었던 오이디푸스는 '보고도 보지 못한' 자신의 눈을 찌르는 자기 처벌을 감행한다. 소포클레스와 더불어 '비극적 아이러니'는 최고의 효과를 발휘하며 운명에 갇힌 인간의 한계를 겸허히 인식하게 한다.

에우리피데스에 이르러 인간은 신과 무관한 인간 자신이 된다. 인간들은 스스로 알아서 행동하되 모든 결과에 대해 책임져야 하는 존재다. 이때 비극을 끌어가는 힘으로 등장하는 것이 인간 내면의 심리작용이다. 증오와 사랑, 고통과 환희라는 내면의 격정이 무대 위에서 처음으로 적나라하게 펼쳐지는 것이다. 에우리피데스 비극의 인물들은 격정 속에서 복수의 칼을 휘두른 뒤 후회와 두려움에 휩싸인다. 에우리피데스가 비극을 쓰던 때는 아테네 정치가 위태로운 국면에 접어든 때였다. 그의 작품에는 쇠락해가는 시대의 분위기가 짙게 배어 있으며, 안으로 민주주의가 위축되고 밖으로 제국주의적 행패가 심해진 아테네에 대한 깊은 걱정이 담겨 있다. 옮긴이는 이런 시대 비판적 태도 때문에 에우리피데스가 앞 시대 작가들만큼 인기를 얻지 못했다고 말한다. 그러나 에우리피데스의 우려는 펠로폰네소스전쟁 패배 후 아테네의 몰락으로 현실이 된다.

아리스토파네스 희극 전집 아리스토파네스 지음 / 천병희 옮김 / 숲

소크라테스는 정말 지식 사기꾼이었을까?

그리스 3대 비극작가(아이스킬로스·소포클레스·에우리피데스)의 비극 전집을 옮긴 바 있는 그리스·라틴 고전 번역가 천병희 단국대 명예교수가 그리스 희극의 대표 작가 아리스토파네스(?기원전 445~?385)의 희극 전집을 번역해 두 권으로 펴냈다. 아리스토파네스는 모두 40여 편의 작품을 쓴 것으로 알려져 있는데, 이 중 11편이 온전히 전한다. 이 번역 전집에 이 11편이 모두 담겼다. 기원전 5세기에 만들어진 그리스 '고희극 archàia' 수백 편 가운데 현전하는 것은 아리스토파네스의 이 작품들뿐이다. 옮긴이는 "그의 생기발랄하고 재기 넘치는 작품을 읽어보면 아리스토파네스가 세계문학사상 가장 위대한 희극작가라는 데 이의를 제기할 사람은 아무도 없을 것"이라고 말한다.

아리스토파네스는 페리클레스가 아테네를 이끌던 민주주의 전성기에 태어나 펠로폰네소스 전쟁기에 주로 활동했다. 그는 공동체의 전통적 가치관을 존중하고 유지하는 것을 사명으로 알았던 듯하다. 그는 자신의 작품을 보수적 관점을 드러내는 장으로 삼아, 새로운 흐름이나 위험한 경향을 신랄하게 비판했다. 특히 당대의 유명 정치인이나 지식인을 표적으로 겨누어 실명으로 혹은 익명으로 가혹하게 풍자했다. 『기

사들*Hippeis*』이라는 작품에서 페리클레스에 이어 아테네를 이끈 급진적 민중지도자 클레온을 형편없는 아첨꾼으로 묘사한 것이 그런 경우에 속한다.

특히, 소크라테스를 일종의 '지식 사기꾼'으로 그린 『구름*Nephelai*』이라는 작품은 직접적인 인신공격이다. 이 작품은 소크라테스를 그른 것도 옳은 것으로 뒤집을 수 있는 방법을 가르쳐주는 악질 소피스트로 묘사한다. 소피스트들을 논적으로 삼아 집요하게 비판했던 소크라테스의 처지에서 보면 무척 억울한 일이 아닐 수 없다. 아리스토파네스의 보수적인 눈에는 상대주의적 요설로 가치기준을 어지럽히는 소피스트나, 낡은 신념을 고수하는 사람들을 모두 가차 없이 비판해 아테네의 '등에' 노릇을 하던 소크라테스나 똑같이 공동체의 안정을 흔드는 부류로 보였던 것이다. 『구름』에서 놈팽이 아들 때문에 막대한 빚을 진 주인공 남자는 아들을 소크라테스에게 보내 교묘한 논리와 말솜씨를 배워 오게 한다. 그리하여 채권자들을 따돌리고 돈을 갚지 않아도 되는 상황이 된 것까지는 좋았는데, 아들이 아버지를 두들겨 패고 나서 소크라테스에게서 배운 논리로 자신이 정당함을 입증하기에 이른다. 훗날 소크라테스가 아테네의 젊은이를 타락시킨다는 죄목으로 재판에 회부될 때, 거기에 동원된 구실을 아리스토파네스의 이 희극이 먼저 보여준 셈이다.

『구름』은 애초 기원전 423년에 써 그해 경연에 냈던 작품인데, 거기서 꼴찌(3등)를 한 바람에 몇 년 후 다시 고쳐 썼다. 지금 전해지는 것은 이 개작 판본이다. 희극 장르는 중간에 '파라바시스*Parabasis*'(앞으로 나섬)라는 대목이 있는데, 배우들이 모두 퇴장한 상태에서 코로스*choros*(합창대)와 코로스장이 앞으로 나서서 관객에게 직접 말을 건다. 『구름』에서 코로스장은 작가 아리스토파네스를 대신해 이렇게 말한다.

"나는 사실 여러분이야말로 가장 올바른 관객이며, 여기 이 희극이야말로 내

희극들 중 가장 지혜로운 작품이라 믿었소. 그래서 내게 가장 많은 노고를 안겨주었던 이 희극을 맨 먼저 감상하도록 내놨으나, 부당하게도 하찮은 자들에게 져 물러났소."

파라바시스에서는 통상 작품의 플롯과 무관한 주제로 관객과 이야기하는데, 이 작품에서 아리스토파네스는 관객에게 '왜 내 작품을 안 뽑아주었냐'고 서운한 마음을 털어놓는 것이다.

『리시스트라테 Lysistrate』(기원전 411)는 아리스토파네스 희극 중 그 내용이 가장 많이 알려진 작품일 것이다. '섹스파업'이라는 센세이셔널한 가상의 사건을 그렸기 때문이다. 펠로폰네소스전쟁이 계속돼 도시가 피폐해지자 아테네의 여자들이 적국 스파르타의 여자들과 공모해, 남자들이 전쟁을 끝내는 그날까지 잠자리를 거부하기로 결의한다. 일종의 동맹파업인 셈인데, 여자들의 공동전선이 끝까지 유지돼 결국 남자들이 손을 들고 평화조약을 체결한다. 아리스토파네스의 작품은 해학·조소·야유·풍자의 성찬이라고 할 수 있는데, 이 작품에서는 특히 외설스러운 표현이 거의 포르노그래피 수준에 육박한다. 파업 지도자 리시스트라테가 여자들을 앞에 놓고 "앞으로 우리는 남근을 삼가야 해요"라고 말하자, 여자들이 일제히 대든다. "난 못해요. 전쟁이야 계속되든 말든." "불속에라도 뛰어들겠어요. 남근을 삼가느니 그편이 낫겠어요."

그런 여자들을 달래 파업으로 이끄는 과정에서 이들이 주고받는 대화는 2,400년 전 아테네라는 고대 도시의 일상생활, 아니 은밀한 사생활이 어떤 모습이었는지 생생히 그려보게 해준다.

"아모르고스산 속옷을 입되 아랫도리에는 아무것도 걸치지 않고 삼각주의 털을 말끔히 뽑은 채 남편들 앞을 지나가면 남편들은 발기되어 하고 싶을 거예요.

그때 딱 잘라 거절하는 거예요. 그러면 남편들은 서둘러 휴전하게 될 거예요."

바로 이 생동감 넘치는 묘사의 활력이 아리스토파네스를 최고의 희극작가로 만든 힘일 것이다.

그리스 비극 임철규 지음 / 한길사

그리스 비극,
인간의 비극

그리스 비극은 인류사에 최초로 등장한 희곡 문학 형식이다. 이 비극은 그때 다만 등장한 것이 아니라 등장과 거의 동시에 정점에 이르렀다. 싹이 트자마자 가장 화려한 꽃을 피운 그리스 비극은 서양 문화의 원천이자 원형이 되었다. 그 원형은 너무나 압도적인 원형이어서 뒤를 이은 모든 비극 작품을 무색하게 했다. 비극이 문학의 최고 형식이라면, 그리스 비극은 이 최고 형식의 꼭대기에 선 최고의 문학이다. 문학을 탐구하는 사람이라면 이 거대한 기념비적 창조물에 도전해보고 싶은 마음이 없지 않을 것이다. 영문학자 임철규 연세대 명예교수가 이 도전을 감행했다. 『그리스 비극』이 이 도전의 결과물이다.

 아무나 에베레스트산을 등정할 수는 없는 법이다. 지은이가 그리스 비극에 도전할 수 있었던 것은 충분한 준비와 경험이 뒷받침돼 있었기 때문이다. 40여 년 전 학창시절에 그리스어와 라틴어를 배우고 미국에서 유학할 때 그리스·로마의 고전문학으로 석사학위를 받은 것이 준비에 해당한다면, 정년을 앞두고 5년여 동안 대학원생들을 상대로 하여 그리스 비극을 강의한 것은 경험의 축적이라 할 것이다. 이 책에서 그 준비와 경험이 얼마나 탄탄한 것인지 확인할 수 있다. 그리스 비극에 관한 수많은 주석서·이론서를 참고할뿐더러 서양사상사의 굵직한 성과들을 수시로 동원한다. 넓게 보지 못하면 깊게 볼 수 없다. 깊이는 넓이를 전제로 한다. 그런 점에서 이 책의 방대한 주석은 통찰의 깊이를 가늠케 해주는 지표 노릇을 한다.

지은이는 "그리스 비극 전체를 조명하는 깊이 있는 책을 쓰는 데 충실하고자 했다"고 밝히고 있는데, 자부 섞인 고백 그대로 이 책은 작품 포괄의 범위에서도 그 넓이를 자랑한다. 3대 비극작가 아이스킬로스·소포클레스·에우리피데스의 거의 모든 주요 작품을 논의의 대상으로 삼았기 때문이다. 아이스킬로스의 경우엔 현존하는 작품 일곱 편을 모두 분석했고, 소포클레스는 여덟 편 중 일곱 편, 에우리피데스는 열아홉 편 중 일곱 편을 꼼꼼히 살폈다. 지은이는 말한다. "이 정도면 그리스 비극 전체를 광범위하게 다룬 책으로서 별로 모자람이 없을 것이다."

그리스 비극이 꽃핀 기원전 5세기는 아테네 민주주의가 영광을 누리던 시절이었다. 비극 공연은 이 민주주의 공동체(폴리스)가 벌이는 축제의 대미를 장식했다. 아테네 시민은 물론이고 그리스 전역에서 초청된 사람들이 한꺼번에 비극을 관람했다. 그리스 비극은 말하자면, 아테네 번영의 상징이었고 시민적 결속의 중심이었다. 그러나 이 시대는 단지 번영만 구가하던 시대가 아니라, '혼란이 잠재한 전환'의 시대이기도 했다. 갈등과 균열과 모순을 안고 있는 시대였던 것이다. 호메로스의 서사시가 보여주는 신화적인 '황금시대'에 비하면 이 시대는 확실히 불완전한 시대였다. 지은이는 비극이 탄생한 시대의 이런 성격에 주목한다. "갈등에 찢긴 현실을 보여줌으로써 그것을 문제시하는" 것이 그리스 비극이라는 것이다.

지은이는 그리스 비극이 당대의 시민들에게 여러 가지 방식으로 해석되고 수용됐음을 상기시킨다. 정치적 수용이 그 가운데 하나다. 그리스 시민들에게 비극은 일종의 이데올로기적 텍스트였다. 이를테면, 아이스킬로스의 『페르시아인들』에서 비극의 이데올로기적 성격을 확인할 수 있다. 이 작품은 그리스를 침공한 페르시아의 군주 크세르크세스의 오만과 파멸을 다루고 있다. 아이스킬로스는 크세르크세스가 일으킨 전쟁을 '예속 대 자유'의 대결로 설정한다. "아이스킬로스에게 그리스가 페르시아에 대항해 거둔 승리는 노예사회에 대한 민주사회의 승리다." 그리하여 페르시아 전쟁은 "페르시아적 가치에 대한 그리스적 가치의 승리, 더 나아가 동양문명에 대한 서양문명의 승리"로 받아들여졌다. 지은이는 에드워드 사이드의 견해를 소개하면서, '오리엔탈리즘의 기원'이 이 작품에 있다고 말한다.

그러나 그리스 비극이 이런 정치적 텍스트에 머물렀다면 인류 보편의 고전이 되지 못했을 것이다. 지은이가 힘주어 분석하는 것은 그리스 비극의 '형이상학적 비극성'이다. 인간 존재의 근원적 모순을 그리스 비극 작품들이 탁월하게 형상화했다는 것이다. 인간 존재의 모순은 신과 인간의 대결 또는 운명과 자유의 대결로 나타난다. 『페르시아인들』의 주인공 크세르크세스도, 『테바이를 공격하는 7인의 전사』의 주인공 에테오클레스도 이 대결이 낳은 비극적 결말을 보여준다. 이 주인공들은 하나같이 '자유의지의 담지자'들이다. "자기 자신의 자유의지에 따라 결정 내리고 행동하는 '독립적인' 인간"이 이들이 보여주는 모습이다. 그러나 그 자유는 언제나 신들 혹은 신적인 힘이 설정한 운명에 갇힌 자유다. 주인공들은 자신들의 의지를 실현하려 발버둥 치지만, 그럴수록 운명의 수렁에 휘말려든다. 소포클레스의 『오이디푸스 왕』은 그 자유와 운명의 모순을 극명하게 보여준다. 자식에게 죽임당하고 아내를 빼앗길 것이라는 신탁을 받은 왕은 그 신탁을 피하려고 자식을 버리지만, 그렇게 버림받아 자란 자식은 아버지를 아버지로 알지 못하기 때문에 아버지를 죽이고 어머니와 결혼한다. 등장인물들에게 자유의 행위였던 것이 운명의 수행이 되고 마는 것이다. 그리스 비극의 이 모순에서 근대 철학자 게오르크 헤겔의 '자유와 필연의 변증법'이 나왔음이 분명하다. 개인은 자유로운 행위를 통해 운명적 법칙을 실어 나르는 것이다. 지은이는 여기서 인간 존재의 보편적 조건을 찾아낸다. 인간의 불완전한 지혜는 운명에 부딪혀 깨질 수밖에 없다. 거기서 존재의 비극성이 솟아난다. 그리스 비극은 이 비극성을 안고 살아갈 수밖에 없는 모든 사람들을 위로하고 어루만지는 '애도의 노래'다. "인간이 신이 되지 않는 한, 인간에게 고통과 절망은 그치지 않는다. 이것이 인간의 조건이다."

■■ 임철규의 책으로 본 지적 여정 ■■

임철규 연세대 명예교수는 과작의 저술가다. 『그리스 비극』은 그의 네 번째 저작이다. 그림으로 치면 그의 저작은 오래 공들여 그린 대작이다. 책의 갈피마다 농도 짙은 사유가 깊게 배어 있다. 그의 저작 출간은 대략 10년 터울이다. 첫 번째 책 『우리 시대의 리얼리즘』(한길사 펴냄)이 나온 것이 1983년이었다. 이 시기 그의 고민이 집중된 것이 '리얼리즘'이다. 리얼리즘은 문학 방법론을 지칭하는 것이기도 하지만, 더 크게는 현실을 바라보는 자세를 가리키는 말이기도 하다. 1970년대 후반 유신독재가 맹위를 떨치던 시절 그리고 5공화국 정권이 민주주의를 유린하던 시절에 그는 리얼리즘의 정신으로 문학을 이해하고 현실을 설명하고자 했다. "현실의 모순을 극복하여 이 현실에서 새로운 세계를 창조하고자 하는 것이 리얼리즘의 기본 정신이다."

이 책에 이어 1994년에 나온 것이 『왜 유토피아인가』(민음사 펴냄)다. 리얼리즘의 정신을 근저에서 받쳐주던 사회주의 이념이 이 책의 글을 쓰던 시기에 퇴출당했다. 지은이는 역사적 전망이 흐려진 그 시기에 '유토피아'를 들고 나왔다. 아무리 미래가 암담하더라도 그 미래를 향한 '희망의 원리'를 포기해서는 안 된다는 것이 그의 주장이었다. 유토피아의 정신은 손에 잡히지 않는 공허한 것일지 몰라도 그것 없이는 아무것도 이룰 수 없다. "막스 베버가 갈파했듯이 만약 인간이 불가능한 것을 향해 몇 번이나마 손을 뻗지 않았더라면, 가능한 것을 얻을 수는 없었을 것이다." "유토피아의 포기와 더불어 인간은 역사를 형성하려는 그의 의지를 잃고, 이와 함께 역사를 이해하려는 그의 능력을 잃어버리게 될 것이다."

다시 10년 뒤 그는 『눈의 역사, 눈의 미학』(한길사 펴냄)으로 인류 역사를 총체적으로 조망하는 간단치 않은 작업을 했다. 이 책에서 그는 인류의 역사가 '비극의 역사'임을 확인한다. 그가 말하는 인간의 '눈'은 추적하고 발견하고 인식하고 지배하려는 인간 욕망의 표상이다. 그 욕망 때문에 우리의 삶은 비극적일 수밖에 없지만, 그 욕망을 눈의 기능인 '눈물'로써, 다시 말해 타자의 고통을 슬퍼함으로써 제어할 수 있을 것이라고 말한다. 그리고 『그리스 비극』에서 인간 삶의 비극성을 총체적으로 극화한 그리스 비극 작품으로 들어가 그 비극성을 다시 한 번 철저하게 검토한다.

그가 삶을 비극으로 인식하는 데는 그 자신의 삶의 터전이었던 이 땅 역사의 비극성이 배경으로 놓여 있다. "이 땅의 고난에 찬 분단의 역사, 수난의 역사, 억압의 역사를 숙명적으로 껴안아야"(『눈의 역사, 눈의 미학』) 했던 그는 이 책에서 그 숙명 때문에 인간 삶의 비극성을 서구의 다른 학자들보다 좀더 깊이 이해할 수 있었다고 말한다. 리얼리즘의 정신에서 출발해 유토피아의 꿈을 통과해온 그의 지적 여정은 그가 말하는 비극성이 체념과 순응이 아니라, 위로와 공감을 통한 공동체 가치의 확인에 대한 열망임을 보여준다.

로마의 축제들 오비디우스 지음 / 천병희 옮김 / 숲

오비디우스가 묘사한 고대 로마의 일상

로마 시인 오비디우스Publius Ovidius Naso(기원전 43~기원후 17)의 서사시『로마의 축제들Fasti』이 천병희 단국대 명예교수의 번역으로 새롭게 나왔다.『로마의 축제들』은『변신 이야기Metamorphoses』와 함께 오비디우스의 걸작으로 평가받는 작품이다.

 오비디우스는 선배 시인 베르길리우스Publius Vergilius Maro(기원전 70~19)와 자주 비교된다. 두 사람은 로마 초대 황제 아우구스투스 시대를 수놓은 서사시의 두 대가이자 라틴문학의 양대 산맥으로 꼽힌다. 그러나 생전에 두 사람이 직접 교류했던 것 같지는 않다. 스물일곱 살 어린 오비디우스는 당대 최고의 시인 베르길리우스를 먼발치에서 보았을 뿐이다. 베르길리우스는 생애 말년에『아이네이스Aeneis』를 써 로마 건국 신화를 장대한 서사시로 형상화했고, 오비디우스는『변신 이야기』에서 그리스·로마 신화 속 250가지 변신 사건을 탁월한 문체로 묘사했다. 살아생전에 최고의 서사시인이라는 명성을 얻은 두 사람은 사후에 라틴문학의 가장 높은 자리를 놓고 다투는 막강한 라이벌이 되었다. 라틴어가 문학 언어였던 중세 시대에 오비디우스는 그리스·로마 시대 작가들 가운데 단연 가장 많이 읽히는 사람이었다. 특히 12~13세기는

'오비디우스 시대'로 불릴 정도였다. 마찬가지로 베르길리우스는 사후에 신적인 후광을 얻어 예언자·마법사로 불렸고, 시성詩聖의 지위에 올랐다. 그는 14세기 단테의 『신곡』에서 단테를 지옥과 연옥을 거쳐 천국의 문 앞까지 안내하는 사람으로 등장하기도 했다.

오비디우스는 초기에 연애시로 인기를 얻었다. 어떻게 하면 이성의 호감을 살 수 있는지 속삭여주는 『사랑의 기술Ars Amatoria』, 실연의 아픔에서 벗어날 수 있는 방법을 가르쳐주는 『사랑의 치료약Remedia Amoris』 같은 작품은 그에게 커다란 성공을 안겨주었다. 이런 명성을 발판으로 삼아 그는 시인으로서 승부를 거는 작품 창작에 들어가는데, 기원후 2년께부터 『변신 이야기』와 『로마의 축제들』을 함께 쓰기 시작했다. 그러나 기원후 8년께 아우구스투스의 명으로 난데없이 로마에서 쫓겨나 흑해 서안 오지로 유배를 당하고 말았다. 근대의 감각으로 말하면 시베리아 유형에 처해진 것이다. 이 일로 그는 『로마의 축제들』 집필을 중간에 접어야 했다. 그는 유배지에서도 가필과 수정을 계속했지만 끝내 이 작품을 완성하지 못했다. 오비디우스는 유배지에서 10년을 보내다 거기서 삶을 마감했는데, 그 시절의 비참하고 쓰라린 마음을 거기서 쓴 『비탄의 노래Tristia』 『흑해에서 보낸 편지Epistulae ex Ponto』에 절절하게 담아 표현했다.

『로마의 축제들』은 로마 시대의 축제들을 월별로 묶어 설명해주는 서사시다. 우리 식으로 말하면 세시풍속 안내서인 셈인데, 여기서 오비디우스는 로마 축제들의 기원과 관습을 설명해주고 별자리에 얽힌 신화를 들려주고 로마 역사상의 흥미로운 일화들을 전해준다. 미완성인 탓에 이야기는 1월 초하루에 시작해 6월 30일로 끝난다. 조탁彫琢된 언어와 함축적 표현으로 무장한 오비디우스의 시는 신선함과 현실감과 생동감이 넘친다. 그래서 신들의 이야기를 전할 때조차 상상력 풍부한 회화적인 묘사력 덕에 당대 로마사회의 생활인들을 옆에서 보는 듯한 착각을 불러일으킨다. 『로마의 축제들』에서도 이런 묘사의 힘을 확인할 수 있다.

이 작품에서 오비디우스는 자신을 여러 모습으로 제시하는데, 때로는 시인의 자격으로 나서는가 하면, 때로는 당대 문화 연구자로 자처하기도 한다. 『로마의 축제들』은 그런 연구자의 실증적 자세가 빛나는 작품이다. 그리하여 이 작품은 아우구스투스 시대 로마의 생활상을 생생하게 알려주는 귀중한 문헌이 됐다. 오비디우스는 이야기를 풀어가는 전략으로 인터뷰 형식을 쓰기도 한다. 모르는 것을 신에게 묻고 신의 대답을 듣는 방식으로 시를 쓰는 것이다. 그런 전략을 잘 보여주는 것이 1월의 축제를 설명하는 첫 부분이다.

1월은 라틴어로 '야누아리우스Januarius'(영어로 January)라고 하는데, 두 얼굴을 지닌 전쟁과 평화의 신 야누스Janus에서 유래했다. 야누스의 달이 1월인 셈이다. 시인은 야누스가 대문 모습을 하고 있음을 상기시키며 "왜 그대는 평화로울 때는 닫혀 있고 전시에는 열려 있습니까?"라고 묻는다. 야누스는 이렇게 답한다. "내 문이 열려 있는 것은 전쟁터에 나간 백성이 귀향할 수 있게 하기 위함이지요. 평화로울 때 닫혀 있는 것은 평화가 떠나지 못하게 하려는 것이오." 이 시는 당시 로마 사람들이 1월 첫날 서로 덕담을 하고 돈을 선물하기도 했음을 알려준다. 시인이 돈을 선물하는 까닭을 묻자 야누스가 답하는데, 그 내용이 몹시 풍자적이다.

"만약 그대가 손에 들어온 돈보다 꿀을 더 달콤하다고 여긴다면 그대는 그대의 세기를 잘못 알고 있는 것이오. (…) 사람들은 가장 많이 갖고 있으면서도 더 많은 것을 추구했지요. (…) 그들은 물을 마실수록 더 갈증을 느끼는, 수종증으로 배가 부어오른 사람들과 같았소. 지금은 돈이 제일이오. 재력이 관직도 가져다주고 재력이 우정도 가져다주지만 가난한 자는 어디서나 유린당하지요."

그때나 지금이나 세상 사는 모습은 다르지 않은 것 같다.

일리아스, 영웅들의 전장에서 싹튼 운명의 서사시 강대진 지음 / 그린비

상상력의 원석
'일리아스' 읽기

그린비 출판사의 '리라이팅 클래식' 시리즈의 하나로 나온 『일리아스, 영웅들의 전장에서 싹튼 운명의 서사시』는 『오디세이아』와 짝을 이루는 고대 그리스 서사시 『일리아스』를 소개하는 책이다. 이 책은 국내 연구자가 쓴 최초의 『일리아스』 해설서라고 할 수 있는데, 지은이 강대진 씨는 『일리아스』 연구로 박사학위를 받은 이 분야 전문가다. 지은이는 '고전은 지루하다'는 흔한 탄식이 나오는 것은 "고전 읽는 법을 제대로 배우지 못한 탓"이라고 말한다. 아주 오래전에 만들어진, 낯선 언어의 텍스트를 재미있게 읽으려면 그 텍스트에 대한 사전 지식과 정보가 필요하다는 것이다. 지은이는 잘 아는 길을 안내하듯 이 책에서 『일리아스』의 특징과 성격을 일목요연하게 보여준다.

　　지은이는 본론에 들어가기에 앞서 '호메로스 문제'라는 것을 거론한다. 고전 연구자들 사이에서 오랫동안 논란이 된 것이 이 '호메로스 문제'인데, 『일리아스』와 『오디세이아』의 지은이로 거론되는 호메로스가 어떤 존재냐 하는 문제다. 연구자들은 호메로스가 기원전 8세기에 소아시아 이오니아 지방에 실존했던 인물이라는 점에는 대체로 합의를 보았다고 한다. 그러나 두 서사시가 동일 인물의 작품인지 아니면 작가

가 서로 다른지는 의견이 팽팽하게 갈려 있는 상태다. 이 책에서는 어느 한쪽에 가담하지 않고 '『일리아스』의 시인' '『오디세이아』의 시인'이란 식으로 중립적인 표현을 쓴다.

『일리아스』는 그리스(헬라스·희랍) 연합군이 트로이아 연합군과 맞붙어 싸운 10년의 전쟁, 곧 트로이아 전쟁을 그린 이야기라고 알려져 있다. 그러나 실제로는 10년이 아니라 전쟁 막바지 시기의 50일을 대상으로 삼고 있으며 그중에서도 특히 나흘 동안의 사건을 집중적으로 이야기하고 있다. 『일리아스』의 시인은 전쟁의 발단에서부터 결말까지 시간순으로 나열하지 않고 결정적인 국면으로 바로 뛰어들어가 거기서부터 사건을 서술한다. 이런 서술을 로마 시인 호라티우스Quintus Horatius Flaccus는 '사태 한가운데로'라고 표현했다고 한다. 중심 사건 속으로 뛰어들어간 뒤 차차 그 앞과 뒤를 채워나감으로써 전쟁 전체를 그려내는 것이다.

그렇다면 『일리아스』에서 포착되는 그 '사건'은 무엇인가. 한마디로 요약하면 '아킬레우스의 분노'다. 『일리아스』의 '서시'는 이렇게 시작한다.

"분노를 노래하소서, 여신이여. 펠레우스의 아들 아킬레우스의 파괴적인 분노를."

아킬레우스는 그리스 연합군 최고의 장수이자 이 서사시의 사실상 주인공인데, 이 영웅이 터뜨리는 분노에서 이야기가 전개돼 점차 트로이아 전쟁 전체를 보여주는 것이다. 여기서 눈치챌 수 있듯이 아킬레우스의 분노는 『일리아스』의 핵심적 주제를 구성한다. "이 서사시는 아킬레우스의 분노가 어떻게 시작되고 어떻게 방향을 틀어서 어떤 식으로 해소되는지 노래하고 있다." 트로이아 전쟁이 『일리아스』의 배경을 이루는 '먼 주제'라면, 아킬레우스의 분노는 이 서사시의 몸통을 이루는 '가까운 주제'인 셈이다.

지은이가 이 책에서 강조하는 『일리아스』의 형식적 특성은 '반복 구조'다. 『일리아스』 전체 24권은 아주 독특한 반복 형식으로 이루어진 건축물이다. 먼저 수미 쌍관적 구조를 거론할 수 있다. 처음 1~3권의 이야기 구조가 마지막 22~24권의 구조와 같다. 더 오묘한 것은 작은 단위의 반복이 큰 단위의 반복으로 이어지는 일종의 프랙털 구조를 이 작품이 지니고 있다는 점이다. 트로이아 전쟁의 원인이 그리스 최고의 미인 헬레네를 트로이아에 빼앗긴 데 있듯, 아킬레우스 분노의 원인은 자신이 전리품으로 얻은 여인을 그리스 연합군 총사령관 아가멤논에게 빼앗기는 데 있다. 또 트로이아의 영웅 헥토르가 아킬레우스의 절친한 친구 파트로클로스를 죽이고, 여기에 분노한 아킬레우스가 헥토르를 죽이는 그 연쇄 과정도 반복 구조를 보여준다.

『일리아스』와 같은 고전 서사시를 읽을 때 주의할 점은 '상투적 관용구'가 많다는 사실이다. 이를테면, 아폴론을 말할 때는 '멀리 쏘는 아폴론'이라 하고, 아킬레우스는 '발이 빠른 아킬레우스'라고 한다. "이 영웅은 항상 발이 빠른 것으로 되어 있어서 심지어 가만히 있을 때조차 이 수식어가 붙는다." 지은이는 이런 관용구가 시의 운율을 맞추려는 것과 관련이 있다고 말한다. 서사시가 가객의 '구송시口誦詩'로 시작해 뒷날 문자로 정착했다는 것을 알게 해주는 흔적인 셈이다.

『일리아스』는 고대 영웅 시대를 찬양하는 작품인 만큼 귀족 영웅들이 주인공으로 등장하는데, 예외적으로 영웅의 안티테제라 할 '악역'이 등장해 분위기에 변화를 주기도 한다. 그 인물이 테르시테스인데, 『일리아스』에서 이 악역은 이렇게 묘사된다.

"그는 안짱다리에다 한쪽 발을 절었고 두 어깨는 굽어 가슴 쪽으로 오그라져 있었다. 그리고 어깨 위엔 원뿔 모양의 머리가 얹혀 있었고 거기에 가는 머리털이 드문드문 나 있었다."

『반지의 제왕』에 묘사된 '골룸'의 원형이 여기 있다. 이런 사실을 확인하는 것도 고전을 읽는 재미라고 할 수 있다. 고전은 수없이 변형되고 가공되는 상상력의 원석인 셈이다.

CHAPTER 6

고난의 역사, 사유의 모험

씨알 생명 평화: 함석헌의 철학과 사상 씨알사상연구회 엮음 / 한길사

'고난의 역사'에 핀 '대자유'의 꽃

한반도의 지난 100년은 세계사의 온갖 모순이 집약되고 중첩된 시대였다. 부패한 왕조의 멸망, 가혹한 식민주의 경험, 동족상잔의 분단과 전쟁, 기나긴 독재와 비인간적 산업화, 목숨을 건 민주화 투쟁…. 피로 쓴 역사란 이를 두고 하는 말일 것이다. 이토록 혹독한 역사라면, 그 역사를 자양분 삼아 큰 사상이 나왔을 법도 한데, 그 역사의 무게에 걸맞은 사상이 우리에게 없다는 것이 안타까운 일이라고 말하는 이들이 많다. 그러나 이 안타까운 역사에 하나의 예외가 있다고 말하는 이들 또한 적지 않다. 씨알 사상가 함석헌(1901~1989)을 두고 하는 말이다. 함석헌이 없었다면 우리 역사는 그야말로 피만 남고 꽃은 없는 역사였을지도 모른다.

『씨알 생명 평화: 함석헌의 철학과 사상』은 이 예외적 인물의 철학과 사상을 살필 기회를 주는 글 모음이다. 함석헌의 사상을 연구하는 씨알사상연구회(회장 박재순)가 지난 4년 동안 매달 열었던 연구모임에 발제된 글 가운데 열아홉 편을 모았다. 철학과 신학을 공부하는 국내 학자들이 각각 그린 함석헌 사상의 지도라 할 글들인데, 글쓴이들마다 관점과 견해가 조금씩 달라 지도의 모양에 차이가 있지만, 그 차이는 함석헌

의 사유가 그만큼 넓다는 뜻이기도 할 터다. 글을 엮은 박재순 회장은 "함석헌 사상에 대한 본격적이고 진지한 연구 성과를 담고 있다"는 자부심을 감추지 않는다.

함석헌은 종교인이었고 신학자였고, 동·서양 철학의 회통을 꾀한 철학자였으며, 인간과 우주와 역사를 한눈으로 통찰한 사상가였고, 그 모든 것 위에서 현실의 불의와 맞붙어 싸운 실천가였다. 그의 사유는 20권에 이르는 『함석헌 전집』에 담겨 있다. 그의 저서 가운데 핵심이 되는 한 권을 꼽으라면 아마도 『뜻으로 본 한국역사』(초판 제목 '성서적 입장에서 본 조선역사')일 것이다. 이 책을 놓고 철학자 김상봉 교수는 "이 한 권이 있어 20세기에 한국철학이 있었다고 나는 단언한다"라고 힘주어 말한 바 있다.

함석헌 사상의 출발점은 기독교 신학이다. 도쿄 유학 시절(1924~1928) 일본 기독교 사상가 우치무라 간조內村鑑三의 무교회주의無教會主義를 깊이 받아들였고, 오산학교 시절 스승으로 모신 다석 류영모의 유·불·도 통합사상을 전수받았다. 이어 테야르 드 샤르댕Pierre Teilhard de Chardin의 진화론적 기독교 신학이 그의 사상 속으로 들어왔고, 퀘이커 교단의 평화주의도 그의 사상의 한 젖줄이 됐다. 이 지류들이 모두 모이고 섞여 함석헌 사상의 넓은 바다를 이루었다.

그의 사상을 뭉뚱그리는 말을 찾는다면, '자유'와 '사랑'이 맨 앞자리에 놓일 것이다. 그에게 역사는 '고난의 역사'였다. 고난의 역사는 우선은 식민주의에 신음하고 전쟁과 폭압에 짓눌린 이 땅의 역사를 가리키는 것이었지만, 인류사, 나아가 우주사 자체가 그에게는 고난이다. 그러나 고난은 다만 고통에서 끝나지 않는다. 고난에는 '뜻'이 깃들어 있다. 생명활동 자체가 고난을 통하여, 고난을 극복하며 앞으로 나아간다. 생명의 역사, 우주의 역사가 고난의 극복사이며, 그 고난 속에서 자유가 핀다. 글쓴이 가운데 한 사람인 이규성 교수(이화여대 철학과)는 자유야말로 함석헌 사상의 한 핵심 축이라고 말한다. "함석헌의 우주관은 자유의 완성을 의미로 가지고 있는 일종의 목적론"이다. 우주의 진화, 생명의 진화 속에 인간이 있다. 인간의 본질은 자유다. 그 자유를 향해 나아가는 길은 언제나 고난의 길이다.

자유를 본질로 하는 생명은 또한 사랑을 본질로 한다. 사랑이 없다면 진화도 없고 진보도 없을 것이다. 함석헌에게 사랑은 '십자가 구조'로 이해된다고 이규성 교수는 말한다. 수직으로는 영원한 존재인 신과 관계하고, 수평으로는 평등한 존재인 다른 인간과 관계한다는 것이다. 수직적 사랑이 종교의 형식을 띤다면, 수평적 사랑은 정치 형식을 띤다. "수평적 사랑은 사랑의 본성에 어긋나는 정치적 현실 세계로 돌아오게 하고, 그것과 충돌하게 한다." 자유의 실현을 가로막고 사랑의 관계를 단절시키는 정치 현실에 대한 저항은 그러므로 함석헌 사상 안에서 보면 당연한 일이 된다.

함석헌은 『대학』의 구절을 들어 종교와 정치, 자유와 사랑의 관계를 설명한 바 있다.

> "하나님이 내 마음에 있는 것으로 하면 명명덕明明德(밝은 덕을 밝혀 보여줌)이요, 이웃에 있는 것으로 하면 친민親民(백성을 아끼고 섬김)이요, 통틀어 말하면 지어지선止於至善(최고의 선에 이르러 머무름)이다."

함석헌은 "인간이 그 모든 타락과 혼란에도 불구하고 궁극적으로 '지어지선'에 이를 것으로 믿었던 사람"이라고 김상봉 교수는 말한다.

함석헌은 기독교를 사상의 뿌리로 간직한 사람이었지만, 후년에 이르러 그 기독교마저 대자유의 정신에 자리를 내주었다. 1965년에 쓴 『뜻으로 본 한국역사』 제4판 서문에서 그는 이렇게 말한다.

"고난의 역사라는 근본 생각은 변할 리가 없지만 내게는 이제 기독교가 유일의 참종교도 아니요, 성경만 완전한 진리도 아니다. 모든 종교는 따지고 들어가면 결국 하나요, 역사철학은 성경에만 있는 것이 아니다. 나타나는 그 형식은 그 민족을 따라 그 시대를 따라 가지가지요, 그 밝히는 정도의 차이는 있으나, 그 알짬이 되는 참(진리)에서는 다름이 없다는 것이다."

김상봉 교수는 함석헌의 '큰 정신'을 거듭 강조한다. "함석헌은 그렇게 큰 정신이었다. 그는 편견 없이 생각할 줄 알았던 사람이었다. 그는 어떤 것 앞에서도 위축되거나 불안해하지 않았다. 그가 염려한 것은 오직 정신의 진보였다."

사회구성체론과 사회과학방법론 이진경 지음 / 그린비

이진경
혹은 맹렬한 '사유의 모험'

그때가 6월항쟁이 일어나기 직전이었다. 1987년 5월 『사회구성체론과 사회과학방법론』이 출간됐을 때 그 책의 지은이 이진경이라는 이름도 처음 세상에 나왔다. '사사방'이라는 약칭으로 통용되던 그 책은 조금 과장 섞어 말하면, 세상을 둘로 갈라놓았다. '사사방'을 찬탄하는 사람들은 그 책을 사회과학의 교과서로 삼았고, 경원하는 사람들은 그 책을 서구 이론의 맹목적 추종으로 보았다. 그러나 비판자든 옹호자든 그 책을 읽지 않고는 시대를 이야기하기 힘들었다. 한국사회를 '과학적으로' 분석하자는 제안은 많았지만, 그 과학적 분석의 방법론을 수미일관하게 제시한 책은 '사사방'이 사실상 처음이었다. 1980년대 남한 혁명운동을 대표하는 책을 한 권만 꼽으라면, 스물네 살의 젊은이가 쓴 그 책이 맨 앞자리에 놓일 것이다.

 그리고 20여 년이 흘렀다. '사사방'의 지은이 이진경(본명 박태호·서울산업대 교수) 씨는 그때나 지금이나 맹렬한 탐구의 한가운데 있다. 1999년 세운 '연구공간 수유+너머(와 거기에서 파생한 수유너머N)'가 그가 용맹정진하는 곳이다. 연구와 생활을 함께 하는 이 공동체는 말하자면, 사유의 실험실이고 탐구의 양산박이며 공부의 청석골이다. 지식과 지혜를 훔

치고 싶은 이들이 이곳에 출몰한다. 『문화정치학의 영토들』(그린비 펴냄) 과 『모더니티의 지층들』(그린비 펴냄)은 이 열린 소굴의 멤버들과 함께 쓴 책들의 일부다. 그 20여 년 동안 그가 쓴 책은 몇 권이나 될까. "글쎄, 잘 모르겠는데 20여 권 될까…." 그 자신도 자기 책이 정확히 몇 권인지 모를 정도로 끝없이 공부하고 그 결과를 책으로 냈다. 책을 낼 때마다 매번 생각이 조금씩 바뀌었고 때로는 급격한 변곡점을 그리기도 했다.

그 변곡점 가운데 가장 큰 것이 프랑스 철학자 질 들뢰즈와의 만남일 것이다. 1990~1991년 시국사건으로 감옥에 있는 동안 소련이 무너졌다. 마르크스주의의 현실태가 파산한 것이다.

"그 사태를 보면서 마르크스주의를 처음부터 다시 검토해봐야겠다는 생각을 했다. 그때 감옥 안에서 미셸 푸코를 알게 됐다. 푸코의 글 '철학극장'을 읽는데, 거기서 '언젠가 20세기는 들뢰즈의 세기로 기억될 것이다'라는 구절을 만났다. 그게 첫 만남이었다."

출소 후 들뢰즈의 대표작 『안티오이디푸스 Anti-Oedipus』를 읽었다.

"4장쯤 읽는데 뭉클한 것이 솟아올랐다. 변화된 시대 조건에서 혁명을 다시 사유하려는 그의 노력이 감동적이었다."

이어 들뢰즈의 또 다른 대표작 『천 개의 고원 Mille Plateaux』을 공부했다. 그에게 들뢰즈는 기존의 마르크스주의자들과는 다른 방식으로 사유하는 마르크스주의자로 다가왔다.

말하자면 그는 들뢰지언-마르크스주의자가 됐다. 그에게 들뢰즈는 "친구이자 스승"이었다. 2002년 들뢰즈의 철학을 해설한 두 권의 두툼한 강의서 『노마디즘』(휴머니스트 펴냄)을 낸 것은 오랜 학문적 도제수업이 끝났음을 알리는 신호였다. 들뢰즈의 말을 앵무새처럼 되풀이하는 것이 아니라 들뢰즈의 사유방식을 체화해 자신의 목소리로 재해석하는 것, 그것이 이진경 씨의 특징이라면 특징이다. 들뢰즈를 사숙하던 그 시절에 그의 정신의 안테나에 걸려든 또 하나의 사유가 불교였다.

"1999년이었는데, 가까운 사람들과의 관계가 큰 고통이 돼 내 마음을 짓눌렀다. 어느 날 관악산 약수터에 올랐다가 불현듯 깨달음이 왔다. 나는 옳고 남은 틀렸다는 집착에서 고통이 오는 거구나. 이게 '아상我相'이구나. 그런 깨달음이 들자 '차이'가 새롭게 인식됐다. 차이를 적대시하면 그 이질성을 견디지 못하지만, 내 생각을 내려놓고 차이를 받아들이면, 그게 오히려 나를 갱신시키는 힘이 된다는 것을 알았다. 불교의 '무아사상'이라는 게 들뢰즈의 '차이철학'과 다르지 않다는 것도 알게 됐다. 그때 머리를 박박 깎았다. 사유의 회통이라고나 할까. 서로 멀리 떨어져 있던 사상들이 하나로 꿰지는 순간을 경험했다. 남들에게는 서로 적으로 보일 수 있는 마르크스와 들뢰즈와 불교가 나에게는 하나였다."

그 한 묶음의 사유가 탄생시킨 것이 '외부에 의한 사유' 또는 '외부를 통한 사유'라는 독자적인 유물론이었다. 그에게 유물론이란 '물질이 우선이고 의식은 물질의 2차적 파생물'이라는 전통적인 유물론과는 전혀 다르다. 본질이나 본성이 따로 존재하지 않고, 모든 것은 그것을 둘러싼 외부적 조건과 관계의 산물이라는 것이 '이진경 유물론'의 핵심이다. 불교식으로 말하면, 모든 것은 '연기緣起적 관계'의 산물이다. 우리가 '나'라고 말하는 것은 수없이 얽힌 인연의 실타래일 뿐이다. 카를 마르크스의 역사유물론이란, 역사라는 외부가 어떤 것의 본질을 규정한다는 말과 다르지 않다. "흑인은 흑인이다. 일정한 관계 속에서만 그는 비로소 노예가 된다."(마르크스『임금노동과 자본』) 플랜테이션 농업이라는 특수한 생산관계 속에서만 흑인은 노예가 되는 것이다. 들뢰즈는 '의미'란 '사건 관계'의 파생물이라고 말한다. 맞고 들어온 아들을 대신해 아버지가 폭력을 휘둘렀다는 사건은, 알고 보니 그 아버지가 재벌 회장이었다는 다른 사건과 만나 '돈 많은 자는 법을 우습게 안다'라는 의미를 낳는 것이다. 의미든 본질이든 자기 스스로 고유한 것은 없고 오직 외부적 조건에 따라, 외부적 관계를 통해서 형성되는 것임을 이진경 씨의 유물론은 지시한다.

'외부에 의한 사유'가 이진경 씨의 연구 방법론이라면, 그의 연구 목표는 '코뮌주의'다. 이때의 '코뮌주의'는 흔히 공산주의로 번역되는 '코뮤니즘'과는 아무런 관련이 없다. 또 공동체주의와도 인연이 멀다. 공동체라는 말을 굳이 쓴다면, 그의 '코뮌'은 '외부를 향해 한없이 열린 공동체'라고 할 수 있다.

이 공동체는 이진경식 유물론에 근거한 세계 인식의 결과이기도 하다. 어떤 것도 고립된 개체로 존재하는 것은 없다. 우리 몸은 세포라는 생명체 200조 개가 모여 이룬 집합적 생명체다. 세포 또한 수많은 하위 개체의 집합체다. 지구는 어떤가. 이산화탄소와 산소의 유기적 순환으로 자기를 유지하는 거대한 집합적 생명체다.

그렇게 본다면 모든 생명체는 최소단위에서부터 최대단위까지 그 자체로 개체이자 집합체다. 이 집합적 개체를 두고 이진경 씨는 '중-생체'라고 부른다. 모든 개체는 뭇 생명이 모여 이룬 공동체라는 것이다. 인간 사회만 예외가 될 수는 없다. 그의 코뮌은 인간이 평등하게 모여 서로서로 선물(도움)을 주고받는 상생의 공동체다. 공동체를 지키기 위해 외부를 적으로 돌리지도 않는다. 외부가 들어와 내부를 더욱 활성화하게 될 것이다. 이렇게 외부로 열린 공동체의 한 사례가 '수유+너머'다. 이 공간에서 벌인 삶의 실험이 없었다면 그의 사유가 이렇게 풍요로워지기 어려웠을지도 모른다.

미-래의 맑스주의 　이진경 지음 / 그린비

마르크스주의의
새로운 단계

'마르크스주의의 알튀세르적 단계'라는 말이 있다. 마르크스의 사상과 이론을 엄밀한 과학으로 정립하려 했던 20세기 프랑스 마르크스주의 이론가 루이 알튀세르의 시도를 지칭하는 말이다. 이진경 씨의 『미-래의 맑스주의』는 '마르크스주의의 이진경적 단계'의 구성을 시도한 책이라고 불러도 좋을 책이다. 그러나 '알튀세르적 단계'와 '이진경적 단계'는 그 '단계'의 높이가 다르다. 알튀세르가 마르크스주의 안에서 마르크스주의를 내적 정합성을 지닌 체계로 완성하려 했던 것과는 달리, 이진경 씨는 마르크스의 본질적·혁명적 문제의식을 마르크스의 언어로 되살리되, 그 문제의식을 끝까지 밀어붙여 마르크스의 한계 바깥으로 탈주하는 것을 두려워하지 않는다. "부처를 만나거든 부처를 죽여라"라는 선불교의 가르침을 떠올리게 하는 태도로 그는 마르크스로 직입해 그의 사상의 핵심이라고 보는 것들을 품에 안은 채 사상의 경계를 뚫고 더 멀리 나아간다.

　이진경 씨의 많은 저작은 구성의 통일성과 일관성을 갖춘 단일 저작이다. 그런 점에서 보면 『미-래의 맑스주의』는 건축적·미학적으로 완전한 작품을 이루는 것은 아니다. 별도로 쓴 논문들이 묶인 탓에 겹침과 분산이 발견되는 것이다. 그러나 이 저작은 이진경 씨의 다른 어떤 저작보다 더 명료하게 '이진경적 사유의 윤곽'을 보여준다. 그가 지적 탐색 과정에서 찾아낸 철학적 방법론, 인간론, 계급론, 그리고 변혁론이 여기에 하나의 체계를 이루며 모여 있는 것이다.

이 책은 고전적 마르크스주의 이론에 친숙한 사람에게는 도발적이고도 당혹스러운 책으로 느껴질 것이다. 그러나 고전 마르크주의 체계의 답답함과 둔탁함을 절감한 사람이라면 이 책에서 싱싱한 사유가 힘차게 내뿜는 맑은 공기를 느낄 것이다.

도발적이고도 신선한 그의 주장은 '유물론'을 재정의하는 데서부터 벌써 나타난다. 마르크스주의 유물론은 물질이 먼저고 의식이나 관념이나 정신은 그것의 반영이라는 것을 입론의 주춧돌로 삼았다. 지은이는 이런 물질주의적 관념에서 유물론이 벗어나야 한다고 말한다. 유물론이란 다른 어떤 것이기 이전에 먼저 '외부에 의한, 외부를 통한 사유'다. 외부적 조건이 내적 본질을 구성하고 규정하고 변형하는 '연기적' 조건임을 인정하는 것이 유물론이다. 그것은 관념론이 모든 것을 내부화하는 사유인 것과 정확히 반대되는 사고방법이다. 헤겔의 관념론에는 내부의 본질을 규정하고 바꾸는 외부적 조건이란 존재하지 않는다. 유물론은 그 외부적 조건이 언제 어디서나 내적 본질을 규정하는 힘으로 존재함을 승인하는 사고다. 마르크스가 생각한 유물론이 바로 그런 뜻이었다고 지은이는 강조한다. 마르크스는 『임금노동과 자본』에서 이렇게 말한다.

"흑인은 흑인이다. 일정한 관계 속에서만 그는 비로소 노예가 된다. 면방적기는 면방적을 하는 기계다. 일정한 관계 속에서만 그것은 자본이 된다. 이러한 관계로부터 분리되었을 때 그것은 자본이 아니다."

지은이의 신선한 주장은 계속된다. 그 가운데 하나가 '부르주아지가 자본주의를 탄생시켰는가?'라는 질문과 관련된다. 그 대답은 '자본주의는 부르주아지가 탄생시킨 것이 아니다'라는 것이다. 부르주아지라는 말은 어원상 도시의 시민을 뜻하는데, 중세 자유도시의 상인과 수공업자가 바로 그들이었다. 이들은 원격지 교역을 통해 부를 쌓았지만, 초과이윤을 독점적으로 확보하려고 시장의 확장을 막았다. 자본주의는 전국적 규모의 시장이 창출돼야 작동하는데, 그 자본주의적 시장의 등장을 막은 것이 도시 부르주아지였던 것이다. 지은이의 설명을 따르면, 자본주의적 시장은 농촌의 토지를 장악한 귀족과 대지주가 앞장서 만든 것이었다. 절대주의 왕정은 '자본의 초기 축적'을 가능케 한 외부의 힘이었다. 귀족과 지주가 농업자본가로서 자본주의 질서를 만들어낸 뒤 도시의 공업생산에도 적극적으로 뛰어들었고, 그런 자본주의적 진군을 뒤따른 것이 전통적 부르주아지였다.

더 눈을 끄는 것은 이렇게 형성된 자본주의 체제에 계급이 단 하나뿐이라는 주장이다. 전통적으로 자본주의 체제는 부르주아지 혹은 자본가계급과 거기에 대항하는 노동자계급이라는 두 주요한 계급으로 나뉘어 있다는 것이 상식이다. 그러나 지은이는 들뢰즈와 가타리Felix Guattari가 『안티오이디푸스』에서 했던 주장을 실마리로 삼아 '부르주아 단일계급'의 타당성을 검토한다. 『안티오이디푸스』에서 들뢰즈와 가타리는 이렇게 썼다.

> "자본의 공리계라는 관점에서 자본주의 사회에는 부르주아지와 대립하는 오직 하나의 계급만이 존재한다. 프롤레타리아트는 부르주아지와 대립하는 하나의 계급이 아니라 비계급이다."

노동자계급은 일종의 부르주아계급이다. 자본의 논리, 자본의 의지를 대행한다는 점에서 그러하다. 자본가가 자본의 자기 증식 의지를 수행하는 대행자이듯이, 노동자는 자본가에게 고용돼 자본가의 의지, 다시 말해 노동을 통해 가치를 생산하려는 자본가의 의지를 대행한다. 그러므로 노동자는 자본의 논리에 포섭돼 있다. 부연하면, 자본주의 체제 작동의 동력이자 자본주의 질서의 절대자인 화폐의 힘에 포섭돼 더 많은 화폐를 얻으려 자신의 인격, 육체, 의지를 넘기는 모든 존재는 부르주아다. 자유로운 사람의 활동이 노동이 되는 것은 자본에 고용된 뒤의 일이다. 노동자는 노동을 통해서만 스스로 인간이 된다고, 그러지 않으면 스스로 인간이 아니라고 느끼는데, 그런 점에서 노동자는 정확히 자본가와 같은 욕망을 지닌, 자본과 화폐의 논리에 포섭된 존재다. 따라서 더 많은 임금을 얻으려는 노동자의 경제투쟁은 노동자 자신을 자본의 질서에 더욱 단단히 편입시키는 결과를 낳는다. 노동조합은 경제투쟁에 머물러 있는 한 자본주의 질서의 보충물일 뿐이다.

지은이는 프롤레타리아트를 이 부르주아지라는 단일 계급 바깥으로 떨어져나간 존재, 곧 비계급이라고 말한다. 그러므로 진정한 계급투쟁이란 이 부르주아계급과 비계급 사이의 투쟁이다. 프롤레타리아트는 우선은 생산수단을 박탈당한, 체제 밑바닥으로 내던져진 비참한 존재지만, 이 운명을 적극적으로 받아들여 역전함으로써 자본주의적 질서 바깥에서 새로운 삶의 양식을 찾아나가는 존재가 될 수도 있다. 이때의 프롤레타리아트는 단일한 자기동일성을 지닌 계급이 아니라, 이질적인 것들이 각각의 차이를 통해 삶을 더 풍부하게 창조해나가는 소수자들의 연합이다. 그들이 이루어가는 자본주의 외부의 삶이 코뮌이며, 그런 코뮌을 실천하는 운동이 코뮌주의다.

모더니티의 지층들 이진경 엮어 지음 / 그린비

자본주의에서 탈주하기
또는 '비계급 되기'

이진경 씨와 '연구공간 수유+너머'의 다른 회원들이 함께 쓴 『모더니티의 지층들』은 '현대사회론 강의'라는 부제를 달고 있다. 대학의 사회학 교양서로 쓰려는 뜻이 분명한 책인 셈이다. 그러나 대다수 사회학 개론서들이 주요 이론가들의 주장을 연대순으로 나열하는 것과는 달리, 이 책은 사회학의 연구대상인 현대사회와 그 사회를 창출한 근대 체제를 통째로 조망하는 것을 목표로 삼고 있다. 여러 명의 필자가 참여했지만, 이진경 씨의 기획과 주도 아래 집필된 것이어서 그의 관심과 지향이 책을 관통하고 있다. 카를 마르크스, 막스 베버, 미셸 푸코, 안토니오 네그리, 특히 질 들뢰즈의 사회이론이 이 책의 논리를 받치는 주춧돌 노릇을 한다.

현대를 알려면 이 시대를 포괄하는 지평으로서 근대를 알아야 한다. 그래서 이 책은 서구가 만들어낸 근대라는 시대의 본질적 특성을 규명하는 데서 이야기를 시작한다. 근대는 이성의 시대, 합리성의 시대다. 어떤 사회든 나름의 합리성이 작동하고 있지만, 근대 서구인들은 자신들이 세운 근대 체제만이 이성적이고 합리적인 세계라고 생각했다. 다른 사회는 모두 불합리하고 비이성적인 사회로 낙인찍었다. "근대에 출현한 합리성이 어느덧 합리성의 개념이나 척도를 독점해버렸다."

그렇다면 그렇게 독점적 지위를 차지한 서구의 근대적 합리성의 특징은 어디에 있는가? 이 책은 '계산 가능성'에서 그 특징을 찾는다. 근대적 합리성은 세상 만물을 수학적으로 계산 가능한 것으로 이해했다. 자연의 운동법칙을 수학 공식으로 설명한 것이야말로 근대적 합리성의 결정적 특성이다. 계산할 수 있다면 예측할 수도 있다. 예측할 수 있다면 통제할 수도 있다. 그리하여 수학에 기반한 과학의 발전은 자연을 지배하고 통제할 힘을 인간에게 주었다.

그러나 근대인은 여기에서 멈추지 않는다. 자연을 계산하고 예측하고 통제하는 그 지식을 이제 인간에게 적용한다. 인간관계, 인간 사회가 계산과 예측과 통제의 대상이 된다. 계산하는 이성은 산업혁명을 낳고 산업혁명은 자본주의를 전면적으로 발달시킨다. 자본주의 질서 안에서 계산적 이성은 모든 것을 효율성과 생산성의 관점에서 본다. 최소비용으로 최대효과를 내는 것이 지상명령이 된다. 이 명령의 수행을 거부하거나 이행 능력이 없는 자는 도태당하고 쫓겨난다. 우리는 모두 그 자본주의의 체제 안에서 산다.

이 책은 그 자본주의를 '착취 체제'라고 규정한다. 잉여가치를 쥐어짜고 더 늘리는 것이 삶의 목적이 된 체제다. 대다수가 이 착취 체제의 피지배자다. 그런데도 자본주의 체제는 붕괴하지 않는다. 왜 그런가. 이 책은 화폐 증식의 욕망, 다시 말해 더 많은 돈을 벌려는 욕망을 모든 사람이 공유하고 있기 때문이라고 말한다. 자본가의 욕망을 노동자도 똑같이 지니고 있다. 따라서 자본주의 체제 안에서 더 많은 것을 얻으려고 벌이는 투쟁은 체제를 더 강화할 뿐 그 체제를 해체하지 못한다. 욕망이라는 관점에서 보면, 자본주의 체제에는 오직 하나의 계급, 부르주아계급만이 있을 뿐이다. 노동자도 부르주아의 일부일 뿐이다. 부르주아는 자본의 논리에 복종하는 한에서 노예계급이며, 모든 계층이 다 부르주아계급이므로, 자본주의 체제 안에서는 하나의 노예계급만이 있을 뿐이다. 이 책은 여기서 들뢰즈의 발언을 인용한다. "'나 또한 종이다'라고 하는 것이 주인이 하는 새로운 말이다."

그러므로 자본주의 체제를 극복하려면 노동자들의 경제투쟁만으로는 부족할 뿐만 아니라 그 투쟁 자체가 무망한 일이다. 그렇다면 대안은 없는가. 자본주의 체제가 산출한 부르주아계급 질서 바깥으로 탈주하는 '비계급 되기'를 이 책은 극복 방안으로 제시한다. 부르주아이기를 거부하고 화폐 증식의 욕망 회로에서 벗어나는 것이야말로 자본주의 극복의 출구다. 그 출구는 자본주의 바깥으로 통해 있지만, 그 바깥은 사실은 내부에 있다. 부르주아 체제 안에서 비부르주아적인 공간을 만들어내고 자본주의에 구멍을 내는 것이다. 그 구멍이 무한히 많아지면 자본주의는 구멍만 남게 될 것이고, 그때는 이미 자본주의가 아닐 것이다. 이 책은 그렇게 미래를 전망한다.

신족과 거인족의 투쟁 이정우 지음 / 한길사

플라톤과 니체의
전쟁사

철학자 이정우 씨의 『신족과 거인족의 투쟁』은 제목만 보면 『반지의 제왕』 부류의 판타지 소설을 연상하기 쉽지만, 실은 서양철학사 전체를 철학의 근본문제인 존재론의 차원에서 조망한 책이다. '이데아와 시뮬라크르'라는 부제가 이 책이 겨냥하는 바를 제대로 보여준다. 여기서 신족과 거인족의 투쟁은 존재와 비존재, 실재와 가상, 진짜와 가짜, 이데아와 시뮬라크르라는 이원적 대립 항들의 철학적 투쟁에 대한 은유다.

이 은유는 플라톤의 후기 저작 『소피스테스』에 등장한다.

"실재를 둘러싼 논쟁이 너무나도 격렬해서 사실 우리는 그들 사이에 마치 (신족과) 거인족의 전투라도 벌어지는 것 같은 인상을 받게 되는구려."

이 싸움을 플라톤은 자기 앞 세대 그리스 철학사를 명료하게 정리하는 차원에서 불러들이는데, 지은이는 이 플라톤의 싸움을 서양철학사 전체의 근본적인 싸움으로 확장한다. 플라톤을 필두로 한 신족에 대항해 거인족들이 벌인 싸움으로 철학사를 보는 것이다. 그 거인족의 선두에 프리드리히 니체가 서 있고, 앙리 베르그송이 니체의 계보를 잇는다.

이 책의 출발점은 '신족과 거인족' 비유가 등장하는 플라톤의 『소피스테스』다. 이 책은 "존재 물음을 체계적으로 다룬 최초의 텍스트다." 지은이는 이 텍스트를 꼼꼼히 분석해 존재의 문제가 어떻게 철학의 근본문제로 탄생하고 확정되는지를 보여준다. 『소피스테스』라는 제목에서 드러나듯이, 이 텍스트는 흔히 궤변론자로 번역되는 소피스트(그리스어로 소피스테스)가 누구인가라는 현실적인 질문에 대한 답을 구하는 텍스트다.

이 텍스트는 플라톤의 모든 저작이 그렇듯이 '대화'로 이루어져 있다. 지은이는 이 '대화'라는 텍스트 성격에 특별한 의미를 부여한다. 철학은 대화에서 태어났다는 것인데, 좀더 강하게 표현하면, 대화 형식의 투쟁에서 철학이 생겨났다는 것이 지은이의 설명이다. 무기를 들고 벌이는 전쟁이 아니라, 로고스(말·논리·이성)로 하는 전쟁, 아고라(광장)에서 입으로 벌이는 정치적 전쟁이야말로 철학의 발생 지점이었다. 그러니까 철학은 단순한 관조나 사유에서 시작한 것이 아니라 정치적 싸움, 정치적 공방에서 시작됐다는 것이다. 요즘으로 치면, 정치적 주도권을 둘러싼 '담론투쟁'이 철학의 자궁이었던 셈이다. 그 자궁의 풍경을 가장 생생하게 보여주는 텍스트 가운데 하나가 이 『소피스테스』다.

그런데 왜 소피스트라는 문제에서 존재론적 문제인 '이데아'가 도출되는 것일까. 플라톤에게 소피스트는 '가짜 지식인' '가짜 철학자'였다. 문제는 그들이 대단한 지식과 논변으로 진짜처럼 보이는 외관을 하고 있었다는 점이다. 그리스 후기의 혼탁한 시대에 가짜들이 진짜 행세를 하고 다녔던 것이다. 어떻게 진짜와 가짜를 구별할 수 있을 것인가. 거기서 플라톤은 가짜와 구별되는 '영원한 진짜'를 상정하게 된다. 이 '영원한 진짜', 참된 실재가 이데아다.

정치가를 사례로 들어 설명하면 더 이해하기 쉽다. 수없이 많은 가짜 정치가들 사이에서 진짜 정치가를 어떻게 식별할 수 있을 것인가. 플라톤은 정치가의 이데아, 곧 참된 정치가의 형상이 따로 있으며, 현실의 정치가는 그 이데아를 나누어 가지고 있다고 보았다. 따라서 이데아를 적게 나눠 가질수록 저급한 정치가이며, 많이 가질수록 훌륭한 정치가가 된다.

그 이데아의 관점에서 보면 현실은 이데아의 모방·모사인데, 그것이 바로 시뮬라크르다. 시뮬라크르는 실재인 듯 보이지만 진정한 실재가 아닌 일종의 환영, 외관, 거짓 이미지일 뿐이다. 소피스트들은 철학자의 외관만 갖춘 가짜가 된다. 플라톤은 여기서 시뮬라크르를 기각하고 이데아를 참된 존재, 곧 실재로 삼는다. 플라톤의 이데아론은 그 시대의 절박한 문제를 해결하려는 치열한 고민의 소산이었다. 그 플라톤주의 이분법이 2,000년 서양철학사를 규정했다.

이 장대한 역사에 반기를 들고 단기필마單騎匹馬로 전쟁을 벌인 사람이 바로 니체였다고 지은이는 말한다. 거인족의 반격이 시작된 셈이다. "니체 이후 철학은 하나의 모토를 반복해왔다. '플라톤주의를 전복하라!'" '플라톤주의의 전복'이란 말하자면, 이데아를 내치고 시뮬라크르를 복권시키는 일이다. 플라톤에게 시뮬라크르는 이데아의 모사일 뿐만 아니라 변화무쌍한 것, 끝없이 바뀌고 운동하고 흩어지고 사라지는 어떤 것이었다. 니체의 전복은 바로 이 변화와 생성과 운동이 영원히 움직이지 않는 실재인 존재의 자리를 차지했다는 것을 뜻한다. 지은이는 니체의 '영원회귀'가 말하는 생성, 그리고 베르그송의 '생명과 지속'이 가리키는 생성이 그 새로운 존재론, 다시 말해 '생성존재론'을 보여준다고 말한다. 그러나 니체도 베르그송도 그 생성존재론을 추상적으로만 밝혔을 뿐 구체적으로 파고들어가지 못했다. 따라서 지금 중요한 것은 생성존재론의 구체적 양상을 해명하고, 거기에 입각해 윤리학과 실천철학을 구성해내는 일이라고 지은이는 말한다.

천하나의 고원 이정우 지음 / 돌베개

들뢰즈의 '탈주' 또는 소수자 되기

철학자 이정우 씨의 『천하나의 고원』은 프랑스 철학자 질 들뢰즈, 펠릭스 가타리의 공저 『천 개의 고원』(1980)의 해설이자 보충이다. 책의 제목이 '천하나의 고원'인 것은 『천 개의 고원』의 주요 개념을 그의 관점에 따라 충실하게 설명하는 데서 한발 더 나아가 그 책의 미흡한 부분을 보완함으로써 하나의 고원을 덧세우고 있기 때문이다. 이때 새로 배치된 고원이 이 책의 부제에 담긴 '소수자 윤리학'이다. 윤리학의 관점에서 『천 개의 고원』을 다시 읽은 것이 이 책인 셈이다.

 들뢰즈의 관심은 『차이와 반복』, 『의미의 논리』와 같은 전기의 순수 이론철학에서 가타리와 함께 작업한 『안티오이디푸스』, 『천 개의 고원』과 같은 후기의 실천적 사회철학으로 옮겨갔다. 특히 『천 개의 고원』은 들뢰즈 사유의 물줄기가 모두 모여들어 넘실대는 저수지와 같은 저작이다. 전기의 존재론적 사유가 저류를 이루고 그 위에 사회철학적 사상이 난만하게 꽃핀 연못이라고도 할 수 있다. 『천하나의 고원』은 『천 개의 고원』의 이런 특성을 고려해 존재론에서 윤리학으로 설명을 진전시킨다. 그리고 그 과정에서 들뢰즈의 존재론과 윤리학은 서로 긴밀하게 연결돼 있음이 드러난다.

지은이가 『천하나의 고원』에서 가장 먼저 해명하는 것이 '배치 agencement'라는 개념이다. '배치'는 『천 개의 고원』을 떠받치고 있는 개념적 토대이자 전략적 거점이다. 이 배치 개념을 이해하려면, 배치의 요소라 할 '기계machine'라는 독특한 개념에 먼저 익숙해져야 한다. 들뢰즈는 각종 생명체들을 포함해 모든 개체들을 두고 '기계'라고 부른다. 왜 기계인가. 다른 것들과 접속함으로써 그 자신의 속성이 달라지기 때문이다. 개체들은 각자 변치 않는 단일한 속성을 지닌 단독체가 아니라 다른 것들과 어떤 식으로 연결되느냐에 따라 성격이 달라지는 존재다. 가령 '혀'를 예로 들어보면, 혀–기계는 관계의 성격에 따라 '거짓말하는 혀'가 되기도 하고 '맛보는 혀'가 되기도 하고 '사랑하는 혀'가 되기도 한다. 기계는 접속을 통해 기능이 규정되는 존재인 셈이다.

이 기계들이 접속하여 선을 이루고 나아가 면을 이루면, 그 장을 가리켜 '배치'라고 한다. 기계들의 배치가 말하자면 '기계적 배치'다. 그러나 배치에는 '기계적 배치' 외에 '언표적 배치'도 있다. 야구경기를 예로 들어보자. 야구는 야구장에 심판과 선수가 모여 공과 글러브와 방망이를 들고 하는 경기다. 이 배치가 바로 기계적 배치다. 동시에 야구가 성립하려면, 규칙이 있어야 한다. 그 규칙이 바로 '언표적 배치'다. 이 기계적 배치와 언표적 배치가 합쳐져 야구경기를 성립시킨다. 세계란 기계적 배치와 언표적 배치가 합쳐진 장이다.

들뢰즈는 배치를 이루는 모든 기계를 가리켜 '욕망하는 기계'라고 말한다. 이때의 욕망은 '차이를 생성하는 의욕'을 뜻한다. 들뢰즈는 모든 개체에 이런 의욕이 있다고 본다. 그러니까 모든 개체의 존재양식은 '차이 생성'이다. 스스로 변화하고 달라지는 종결 없는 과정이 개체들의 운명인데, 이 차이 생성의 일시적 응결 형태가 존재이고 동일성이다. "동일성의 섬들은 차이 생성의 바다 위에 구성되고 해체된다."

이 욕망하는 기계들의 배치는 그 욕망 때문에 끝없이 변화할 수밖에 없다. 배치가 만들어지는 것을 '영토화'라고 하면, 그 배치가 풀리는 것이 '탈영토화'이고, 그 배치에서 벗어나는 것이 '탈주'다. 욕망이 있는 한 기존의 배치를 뛰어넘으려는 움직임은 멈추지 않는다. "우리는 다른 삶, 다른 존재방식, 지금의 나를 규정하고 있는 울타리 바깥을 꿈꾸게 된다." 이때 "그 배치를 바꾸고 싶은 욕망, 그 욕망은 우리의 삶을 지탱해주는 생명의 불꽃과도 같은 것이다." 이렇게 다른 삶으로, 바깥으로 이행하는 것을 두고 들뢰즈는 '되기devenir'라고 부른다.

이 '되기'의 존재론적 지평 위에서 이제 윤리학적 사유가 펼쳐진다. '되기'는 차이를 가로지르는 실천적 활동이다. 흑인과 백인의 차이, 남자와 여자의 차이에서 볼 수 있듯 차이가 차이로 남아 그 차이들의 관계가 굳어질 때, 이 차이를 뚫는 저항과 창조의 행위가 '되기'다. "되기론은 동일성의 고착, 그리고 그렇게 고착된 동일성들 사이에 성립하는 차이의 윤리를 극복하기 위한 사유다." '흑인 되기' '여성 되기' '아이 되기' '장애인 되기'가 되기의 구체적인 모습이다. '하루 감옥 체험'이나 '시각장애인 체험'은 이 되기의 극히 작은 사례라고도 할 수 있다. 여기서 지은이는 '되기'가 진정한 윤리적 내용을 획득하려면 언제나 '소수자 되기'여야 한다고 강조한다. '소수자 되기'는 모든 되기의 보편적 지평이며, 정치적 실천의 윤리적 토대다. 소수자 되기를 통해, 자기 내부의 '다수자'를 극복하고 기존의 지배질서를 바꿔 새로운 배치를 창조할 수 있기 때문이다.

해체주의와 그 이후 이광래 지음 / 열린책들

프랑스 철학 전도사의
혹독한 자기반성

이광래 강원대 철학과 교수는 프랑스 '탈근대철학'을 한국에 소개한 최초의 학자군에 속한다. 1989년 펴낸 『미셸 푸코』는 프랑스 탈근대철학의 한 대표적 지식인을 비교적 충실하게 소개한 책이었다. 이 책을 기점으로 삼아 프랑스 현대철학은 포스트구조주의(탈구조주의) 또는 해체주의라는 이름으로 널리 퍼졌고, 여러 지적 사도들을 불러 모았다. 프랑스 철학의 유행은 1980년대 마르크스-레닌주의 유행의 반작용이기도 했다.

역사의 목적지를 알고 있다고 자부하는 사람들이 진두지휘하는 스크럼의 진군은 많은 이들에게 폭력적·억압적인 것으로 느껴졌다. 또 1980년대 말 현실 사회주의 실험의 파산은 이런 느낌에 확신을 심어주었다. 1990년대 이후 내내 탈근대철학이 호응을 얻은 것은 이런 사정에서 기인하는 바 컸다. 이광래 교수는 이 새로운 흐름에 물꼬를 튼 사람이라고 할 수 있는데, 정작 그 자신은 탈근대철학이 맹위를 떨칠 무렵 이 흐름과 거리를 두기 시작했다. 이 철학운동에 대한 신념이 흔들렸던 것이다.

『해체주의와 그 이후』는 지난 10여 년 동안 그가 거리를 두었던 프랑스철학에 대한 전반적 진단과 나름의 결론을 담은 책이다. 이 책에서 그는 20세기 후반 프랑스 철학운동을 이끌었던 미셸 푸코, 자크 데리다, 질 들뢰즈, 장 프랑수아 리오타르 Jean-François Lyotard, 장 보드리야르 Jean Baudrillard, 줄리아 크리스테바 Julia Kristeva 같은 대표급 철학자들의 핵심 주장을 소개하고 그 주장들의 한계를 짚은 뒤 새로운 철학의 가능성을 검토한다.

익히 알려진 대로 프랑스 탈근대철학의 현대적 기원은 프리드리히 니체다. 이 책에서도 지은이는 니체 철학이 후대 철학에 미친 영향을 먼저 살피고 있다. 니체의 영향은 역사를 만들고 진리를 실현해가는 주체에 대한 믿음, 이성에 대한 믿음을 흔들었다는 데 있다. 스탈린주의와 자본주의에 모두 반대하는 1968년의 급진적 학생운동을 전후해 니체의 사상이 재발견됐고 재탄생했다. 지은이의 표현을 따르면, 푸코는 니체라는 휴화산에서 마그마를 분출시킨 사람이었다.

이성중심주의·주체중심주의 같은 근대적 믿음을 해체하는 일에서 푸코는 선구자 노릇을 했다. 그는 이런 말을 했다.

> "나는 '언제나 반드시 당연하다'고 간주되는 것, '모든 경우에 적합하다'고 간주되는 것을 파괴하는 지식인이고 싶다. 그런 지식인은 현재의 타성이나 강제의 한복판에서 다양한 돌파구를 끝까지 찾는다."

푸코에 이어 '해체'를 자신의 사명으로 삼아 최전선에서 실행한 사람이 데리다다. 데리다는 "철학의 머리를 절단하는 것"이야말로 자신의 철학적 관심이라고 말했다. 그는 서양철학의 오래된 토대를 무너뜨리고 구조를 철거하려고 했다. 들뢰즈는 이성적 주체가 아닌 '분열증적 주체'가 자본주의를 전복할 수 있을 것으로 생각했다. 욕망의 생산적 흐름이 억압적 사회질서를 해체할 수 있을 것이라고 보았다. 해체철학은 승리한 철학인가? 지은이는 크리스테바가 1990년에 쓴 자전적 철학소설

『사무라이들 Les Samouraïs』을 사례로 들어 해체철학이 노쇠와 쇠퇴 속에서 스스로 주저앉았다고 이야기한다. 크리스테바가 이 소설에서 동시대 철학자들을 등장시켜 '해체주의자들의 종언'을 사실상 선언한다는 것이다.

한국에서 해체철학 또는 프랑스 탈근대철학의 유행에 대한 지은이의 평가는 신랄하다. "프랑스철학의 대변인 같았고 전도사와도 같았던" 지은이 자신에 대한 자책감도 '과격하게' 드러낸다. 지난 시절의 프랑스 철학 탐닉이 "서양 명품(푸코)에 우쭐해하고 유행(데리다)에 들떠 있던 그 허심한 객기" "새롭고 낯선 맛에 반해 그것을 짝사랑하고 그것을 흉내 내며 뽐내던 치기"였다는 것이다. 그러나 그런 가혹한 자기비판과 함께 그는 이런 말도 한다. "철학은 시대에서 나오며, 시대를 반영하는 동시에 시대를 수정한다." 그렇다면 해체철학에도 나름의 시대적 사명이 있었음이 분명하다. 그도 이 점을 긍정하지만, 해체주의가 너무 멀리 나아갔다고 보는 것이다.

서로주체성의 이념 김상봉 지음 / 길

홀로주체 넘어
서로주체 되기

우리 역사는 최소한 지난 100년만 돌아보면 자기 상실의 역사였다. 자기를 잃어버리기만 했을 뿐, 자기를 자기로서 정립하지 못했다. 자기를 자기로 세우지 못했다는 것은 주체가 아니었다는 뜻이고, 자유인이 아니었다는 뜻이다. 주체만이 자유인일 수 있기 때문이다. 자유인만이 주체일 수 있기 때문이다. 우리 역사의 지평 위에서 자유와 주체 문제를 집요하게 물어온 철학자가 김상봉 교수다.

그는 서양에서 빌려온 주체의 개념이 아닌 우리 역사 속에서 찾아낸 주체의 개념을 철학적으로 정립하려고 쉼 없이 '정신의 노동'을 반복했다. 그 고된 노역에서 발견한 개념이 '서로주체성'이다. 그의 저작 『서로주체성의 이념』은 그의 땀이 밴 '서로주체성' 개념을 '홀로주체성' 개념과 명확히 대비시킨 뒤, 그 개념의 근거를 도출하고 확인하는 작업의 결과물이다. 전작 『나르시스의 꿈』(한길사 펴냄)에서 서양 정신의 특성으로 제시했던 홀로주체성을 더 과감하고 더 투철하게 규명하고, 그 한계를 넘어 참된 보편적 주체성으로서 서로주체성을 이끌어낸다.

그가 우리의 주체성 개념을 세우는 데 심혈을 다하는 것은 주체란 것이 애초에 자기 힘으로 자기를 해명하고 형성하는 것 위에서만 이야기될 수 있는 것이기 때문이다. 자기를 해명한다는 것은 세계를 해명한다는 것과 같은 말이다. 세계를 해명할 때 자기를 해명할 수 있고, 자기를 자기 힘으로, 자기 언어로 말할 수 있을 때 진정한 주체, 진정한 자유인이 된다고 그는 말한다. "자유는 오직 자기 자신의 세계를 스스로 형성해가는 활동 속에서만 온전히 실현되는 것이다."

그런 점에서 본다면 우리는 지난 시절에도 자유인이 아니었고 현재도 자유인이 아니다. 남이 가진 세계지도와 남이 만든 설계도에 의존해서 사는 사람에게는 자기의 세계가 없기 때문이다. "그가 거주하는 곳은 타자의 지도에 의해 구획되고 규정된 남의 세계"일 뿐이다. 남의 세계에 사는 사람은 노예이거나 머슴이거나 기껏해야 손님일 뿐 자유인은 아니다. 남의 언어를, 남의 생각을 빌려 쓰며 앵무새처럼 되풀이하는 '정신의 빈곤' 상태가 오늘 이 땅의 모습이다. 우리는 너무나 오랫동안 서양 정신에 매혹당했고 압도당했을 뿐, 우리의 지도를, 우리의 설계도를, 다시 말해 우리의 정신을 세우지 못했다고 이 책은 이야기한다.

지은이는 서양 정신을 '나르시시즘의 정신'이라고 규정한다. 나르키소스Narcissos가 물에 비친 제 모습에 매혹돼 자기와 사랑에 빠졌듯, 서양 정신은 자기 안에서 자기와 사랑했을 뿐, 한 번도 타자를 사랑해본 적이 없다고 그는 말한다. 사랑이란 사랑하는 대상에게 자기를 양도하고 그럼으로써 자기를 잃어버리는 경험이다. 자기를 자기 아닌 타자에게 잃어버린 적이 없다는 것, 이것이야말로 서양 정신의 특성이다. 그것을 가리켜 지은이는 '홀로주체성'이라고 말한다. 반면에 우리는 나르키소스에게 반해 사랑에 빠진 에코Echo처럼 끝없이 그가 하는 말의 메아리만을 되풀이했다.

서양 정신이 자기만을 사랑한 건 그만큼 그들의 긍지가 높았기 때문이다. 그 긍지는 그들이 자유의 발견자요 자유의 개척자라는 사실에서 비롯한다고 지은이는 말한다. "자유로운 삶의 방식에 관한 한 서양 문명은 언제나 역사의 개척자였다." 문제는 그 자유가 홀로 아름답고 홀로 긍지를 느끼는 상태의 자유였다는 사실이다. 홀로주체의 자유는 모든 타자를 배제하고 부정하는 자유다. 서양철학의 역사는 그 홀로주체의 자유를 면면히 드러내 보인다. 이마누엘 칸트의 철학은 그 홀로주체의 자기정립을 정점에서 보여준다. 뒤 세대 게오르크 헤겔은 타자를 사유함으로써 칸트를 극복해보려 했지만 끝내 실패했다고 지은이는 말한다. 자기 안에서 자기를 객관화함으로써 자기를 타자로 삼고, 그 타자를 다시 자기 안에 통합함으로써 더 큰 홀로주체가 됐을 뿐이라는 것이다.

헤겔과 대결했던 프리드리히 니체의 사정도 다르지 않다. 니체의 권력의지는 내 안의 힘을 발견하고 그 힘으로써 나를 극복하려는 자기의지여서, 나르시시즘의 변주에 지나지 않는다. 20세기의 새로운 세계관을 열었다는 지그문트 프로이트도 타자를 자기 안의 무의식으로 설정했을 뿐이다. 서양 정신의 이런 나르시시즘은 제국주의로 귀결했으며, 거기에 대한 어떤 진지한 철학적 반성도 주체와 타자의 참된 '만남'을 사유하지 못했다.

지은이는 이런 진단 위에서 서로주체성을 선언한다. 진정한 주체는 홀로 서서는 성립할 수 없으며, 오직 너와 나의 만남을 통해서 우리가 되는 서로주체일 때만 주체로서 성립한다. 만남이란 능동적인 것임과 동시에 수동적인 것이다. 내가 의욕하는 만남도 있지만 내게 닥쳐오는 만남도 있다. 닥쳐오는 만남은 자주 수난이 되고 고통이 된다. 우리 역사에서 서양 정신과의 만남은 수난과 상실을 동반하는 만남이었다. 그러나 그 수난과 상실 속에서도 참된 만남이 가능하다고 지은이는 말한다. 왜냐하면 만남의 깊이를 결정하는 것은 자기 상실의 깊이이기 때문이다. 자기를 철저히 잃어본 적 있는 자만이 만남의 뜻깊은 은혜를 안다.

만남은 부름과 응답의 교환이다. 너와 내가 만나 부르고 응답할 때, 그리하여 내가 너를 형성하고 네가 나를 형성할 때, 그리고 다시 그 너와 내가 우리가 될 때 참된 주체가 나타난다고 지은이는 말한다. 그 참된 주체의 이름이 서로주체다. 주체는 언제나 나인 채로 우리인 주체, 곧 서로주체다. 더 중요한 것은 이 서로주체를 다만 이념으로, 철학으로 제출하는 것이 아니라 현실에서 실현하는 것이다. 동쪽과 서쪽, 남쪽과 북쪽이 서로주체로 만날 때 서로주체성의 이념은 현실이 될 것이다.

■■ **김상봉 교수의 다른 책** ■■

김상봉 교수는 지금까지 모두 일곱 권의 철학적 저서를 냈다. 그 저서들에서 그는 서로주체성이라는 주제의 씨앗을 뿌리고 싹을 틔우고 개념의 나무로 키웠다. 첫 철학 저작 『자기의식과 존재사유』(한길사 펴냄)에서 그는 서양철학의 근본 문제인 '존재'(있음)의 문제를 파고들어 비판적으로 규명하려 했다. 벌써 이 책에서 그는 서로주체성을 말한다.

"존재의 진리는 고립된 홀로주체로서의 '나'가 아니라 서로주체성으로서 발생하는 '우리'의 자기의식이다. 그리하여 우리는 이제 나 속에서가 아니라 우리 속에서 존재의 진리를 이끌어내야 한다."

두 번째 책 『호모 에티쿠스』(한길사 펴냄)에서 그는 서양 윤리학의 역사를 탐색한다. 그러나 언제나 그렇듯이 그의 관심은 우리 역사에 놓여 있다.

"어떤 민족도 윤리와 도덕을 포기한 채 오로지 행복과 쾌락만 추구하면서 그들이 바라던 대로 즐겁고 행복한 삶을 산 예는 일찍이 없었다. (…) 인간의 행복은 우리가 행복에 대해 적당히 거리를 두는 법을 배울 때에만 우리 곁에 가까이 온다. 다시 말해 내가 나 자신의 행복을 삶의 최고 목표로 삼지 않을 때, 욕망이 아니라 선과 도덕을 행복보다 더 중요한 가치로 숭상할 때, 도리어 행복은 우리 모두에게 더 가까이 오는 것이다."

세 번째 철학 저작 『나르시스의 꿈』에서 그는 '서양 정신의 극복을 위한 연습'을 본격화하고 홀로주체성을 면밀히 따지기 시작했다.

"서양철학은 한 번도 자기 밖으로 걸어 나와 타자적 정신 속에서 자기를 상실한 적이 없는 닫힌 정신만을 보여줄 수 있는 꿈의 파노라마다. 나르시스는 타자적 주체를 알지 못하는 정신이다. 그는 언제나 홀로주체로서 존재한다. 그의 세계에서는 자기만이 주체이며 다른 모든 것은 그의 객체다."

『그리스 비극에 대한 편지』(한길사 펴냄)는 서양 정신이 홀로주체성에 갇힌 정신이지만, 동시에 우리가 배워야 할 자유의 정신을 시원에서부터 고민하고 발전시킨 정신임을 그리스 비극에 담긴 자유인의 긍지를 살핌으로써 뚜렷하게 보여준다. 이어 출간한 『학벌 사회』(한길사 펴냄)에서 그는 서로주체성을 사회철학적 차원에서 탐구하면서 한국사회의 질병인 '학벌'의 문제를 규명했다. 『도덕교육의 파시즘』(길 펴냄)은 이 땅의 도덕교육이 어떻게 진정한 도덕을 가르치지 못하고 정신의 노예를 기르는 노예도덕이었는지 성찰하면서 참된 도덕교육의 길을 찾는다. 그 길은 지은이의 용어로 말하면, 서로주체를 기르는 데 있다.

부르주아의 지배 이종영 지음 / 새물결

부르주아는
어떻게 지배하는가

정치사회학자 이종영(파리8대학 박사) 씨의 주요 연구 작업은 마르크스주의와 정신분석학을 결합해 우리 시대의 지배체제를 여러 각도에서 분석하는 것이다. 『지배와 그 양식들』 『성적 지배와 그 양식들』 『내면성의 형식들』 『사랑에서 악으로』 『정치와 반정치』로 이루어진 '이행' 시리즈를 펴내 이 연구를 진척시킨 바 있다. 이번 책 『부르주아의 지배』는 이 선행 연구들의 성과에 기초해 부르주아 체제의 지배 메커니즘을 규명하는 것을 목표로 하고 있다.

    논리를 펼치기에 앞서 지은이는 부르주아 또는 부르주아계급을 먼저 명확하게 규정한다. 부르주아계급은 자본가계급과 그 동맹자들로 이루어져 있다. 여기서 '동맹자'들은 흔히 '신중간계급'으로 분류되는 집단의 핵심 부분을 가리킨다. 자본가계급으로부터 지배 기능을 위임받아 대행하는 하위 파트너가 이 동맹자들이다. 부르주아 지배체제를 집행하는 자본가계급과 동맹자 집단이 부르주아계급을 이룬다고 지은이는 말한다.

    부르주아 체제는 이 부르주아계급의 지배가 관철되는 사회구성체다. 이때 관건이 되는 문제가 '지배'다. 이 지배의 원천을 밝히고 메커니즘을 드러내고 효과를 규명하는 것이 이 책의 목표다. 부르주아는 왜 지배하는가. 결론을 먼저 말하면, '지배를 향유하는 것'이 지배의 이유다. 지배의 향유는 좀더 구체적인 차원에서는 '권력의 향유'로 나타난다. 권력의 향유는 다른 모든 것을 희생해서라도 획득해야 하는 욕망의 대상이다. 지은이는 권력 욕망의 강도를 제임스 프레이저James George Frazer의 『황금가지The Golden Bough』맨 앞에 나오는 '이탈리아 네미 마을 성소의 사제'를 예로 들어 설명한다. 이 성소의 사제는 왕이라 불리는데, 그 사제직은 현재의 사제를 살해한 자에게 계승된다. 프레이저는 이렇게 쓴다.

> "그는 불안스러운 밤을 새워야 하며 혹은 무서운 악몽 때문에 괴로워하지 않으면 안 된다. (…) 잘못하다가는 잠자리에서 목숨을 빼앗기는 수도 있다."

중요한 것은 이 치명적 위험에 아랑곳하지 않고 많은 사람들이 목숨을 걸고 사제직을 차지하려고 한다는 사실이다. "죽음의 위협에도 불구하고 권력을 추구한다는 것, 이것은 권력 향유의 강렬함을 말해줄 뿐이다."

그렇다면 권력 향유, 다시 말해 지배 향유에 대한 욕망의 원천은 무엇인가. 지은이는 여기서 지배의 욕망이 사랑의 욕망을 닮았음을 강조한다. 지배나 사랑이나 모두 타자를 자기에게 복속시켜 자기의 일부로 만들기를 욕망한다. 그러나 사랑과 지배는 그 전개 양상이 전혀 다르다. 사랑은 자유의지에 따라 자신의 자유를 헌납함으로써 상대에게 복속하는 상호적 관계다. 서로 복속함으로써 자유의 관계를 이루는 것이 사랑이다. 반면에 지배는 상대를 자신의 힘 아래 두는 것이다. 타자의 의지에 반해 타자를 강제로 자기에게 복속시키는 것이 지배다. 지배는 타자를 자기 것으로 만듦으로써 자기애(나르시시즘)적 욕망을 충족하려 하지만, 결국엔 '사랑의 결여'만을 보여준다.

부르주아 체제의 특징은 화폐를 매개로 삼아 이 지배를 관철한다는 데 있다. 화폐가 지배를 가능하게 해주는 것이다. 전前자본주의 체제에서는 지배가 화폐를 획득하게 해주었다. 또 화폐는 과시적 소비의 대상이었을 뿐, 지배의 조건은 아니었다. 그러나 자본주의 체제에서는 화폐를 먼저 획득한 뒤 이 화폐의 힘으로 노동자계급을 비롯한 타자를 굴복시키고 지배체제를 완성한다. 이 책은 화폐가 정치를 장악해 부르주아 체제를 성립시키는 과정을 상세하게 분석한다. 그런 메커니즘을 거쳐 부르주아는 '지배의 향유'에 이르게 된다. 그러나 그 향유는 다수의 자존과 자립을 희생시킨 소수만의 향유다. 더구나 그 향유는 사랑의 향유를 목표로 삼지만, 진정한 사랑의 관계를 이루지 못함으로써 사이비 향유, 자기기만적 향유로 끝난다. 지은이는 여기서 부르주아적 지배 향유를 넘어선 보편적 향유의 양식을 제시한다. 비부르주아적 자유인들의 자립성과 연대성, 그리고 친밀성에 기반을 둔 코뮌적 향유를 대안으로 내놓는 것이다.

지은이는 이런 결론에 이르는 과정에서 기존의 학설을 수정하거나 뒤집고 있는데, 이 점도 눈길을 끈다. 예를 들어, 급진적 대안운동에서 새로운 민주주의 지평을 제시하는 것으로 이해되는 스피노자의 논리를 지은이는 가차 없이 부정한다. 스피노자는 『윤리학』에서 실체(신)의 인식에 따른 능동적 기쁨을 강조하고 양태들 사이의 관계(인간관계)에 따른 수동적 기쁨을 폄하하는데, 이런 논리는 부르주아적이고 병리적이라는 것이다. 또 지은이는 네그리가 이해한 것과는 반대로 스피노자가 다중의 자유를 신뢰하지 않았다고 단언한다. 마르크스의 노동가치설에 대해서도 지은이는 반대한다. 노동력의 가치가 노동시간으로 정해진다는 마르크스의 설명은 순진하다는 것이다. 왜냐하면 노동력의 가치는 말하자면 '생활임금'인데, 그 생활의 수준은 처음부터 정해진 것이 아니라 계급투쟁을 통해 결정될 수밖에 없기 때문이다. 따라서 노동력의 가치는 단순한 노동시간의 가치가 아니라 '정치적 가치'라는 것이 지은이의 설명이다.

유식불교의 거울로 본 하이데거 　권순홍 지음 / 길

하이데거와 유식불교의 대화

독일 철학자 마르틴 하이데거의 철학과 불교의 사유 사이에 유사성 또는 일치점을 발견하려는 노력은 일찍부터 있었다. 하이데거 사유 자체가 선불교와 노장사상에 젖줄을 대고 있다는 연구도 있다. 후년의 하이데거가 중국인 제자와 함께 『노자』를 독일어로 옮기는 작업을 시도했다는 사실도 하이데거와 '동양철학'의 친연성을 방증하는 사례로 거론된다. 그러나 하이데거가 명시적으로 자신의 철학과 불교·도교가 직접 연결돼 있다고 밝힌 적은 없다. 그러기는커녕 하이데거는 중국철학을 폄하하기도 했다. 1966년 『슈피겔Spiegel』과 한 장문의 인터뷰에서 그는 이렇게 말했다. "내가 확신하는 것은, 현대 기술 세계가 발생했던 동일한 장소로부터만 어떤 전환이 준비될 수 있다는 것, 그러므로 그 전환은 선불교나 그 밖의 다른 동양의 세계 경험을 통해서는 일어날 수 없다는 것입니다."

사정이 이러한데도 하이데거와 불교 또는 동양사상을 겹쳐 읽어보려는 움직임은 줄지 않는다. 그만큼 두 사상 사이에 공통점이 많기 때문일 것이다. 권순홍 군산대 교수가 쓴 『유식불교의 거울로 본 하이데거』도 이런 학문적 계통의 연장선상에 있다. 하이데거 전공자인 지은이는 머리말에서 그에게 하이데거와 불교의 접점을 숙고하도록 자극한 것이 김형효 교수의 『하이데거와 마음의 철학』(2000)이었다고 밝히고 있다. 지은이는 김형효 교수의 책에 대해 "하이데거의 기초존재론을 유식唯識불교의 눈으로 풀이한 최초의 연구서라는 점에서 그 학문적인 가치와 의미가 남다르다"고 공을 인정한다. 그러나 동시에 이 책이 유식불교와 하이데거 사이의 동일성에 지나치게 집착함으로써 '해석의 과잉'이라는 오류를 저지르고 있다고 말한다. 그 견강부회牽强附會를 걷어내고 하이데거와 유식불교의 같은 점과 다른 점을 냉정하게 분별함으로써 둘 사이에 대화의 장을 마련하는 작업이 이 책의 내용을 이룬다. 그렇다면 하이데거와 유식불교가 만나는 지점은 어디인가.

지은이는 먼저 두 사상이 공히 반본질주의·반실재론, 요컨대 반실체론을 사유의 전제로 삼고 있음을 강조한다. 하이데거의 사유는 서양 형이상학의 근본 가정을 부정하고 해체한 니체 철학의 계승이라 할 수 있다. 이때 하이데거가 거부하는 것이 플라톤의 이데아로 대표되는 영혼·실체라는 관념이다. 이 세상에 변하지 않는 영원한 실체는 없다. 모든 것이 생성·변전의 흐름 속에 있다. 마찬가지로 유식불교도 자아니 실체니 하는 영원한 동일성을 부정한다. 유식불교는 중관中觀불교와 함께 대승불교의 2대 계보를 이루고 있는데, 특히 유식불교는 소승불교의 '설일체유부說一切有部'를 정면으로 비판·부정함으로써 자신의 체계를 세웠다. 설일체유부는 세상 만물이 모두 실재하고 있으며, 자성自性(자아·자기동일성)이 만물에 내재하고 있다고 설파한다. 유식불교는 바로 이 실재론·실체론을 급진적으로 거부한다.

지은이는 이런 전제를 공유하는 하이데거와 유식불교가 '마음'이라는 공통 지반에서 서로 만난다고 말한다. 유식불교에서 모든 것은 마음의 기능이고 마음의 작용이다. 마음이 작용해 만물에 실체성을 부여하는 것일 뿐, 그 마음을 떠나면 어떤 것도 실재하지 않는다고 유식불교는 말한다. 유식불교의 이 마음(아뢰야식阿賴耶識)에 해당하는 것이 하이데거의 '근원적 시간'이라고 지은이는 말한다. 하이데거는 『존재와 시간』에서 이렇게 말한다. "시간을 모든 존재 이해 일반의 가능한 지평으로 해석하는 것이 이 논술의 잠정적인 목표다." 하이데거의 설명을 따르면, 인간 현존재는 시간 안에서 생기하는 존재다. 인간은 죽음이라는 절대적 사태를 향해 미리 달려가봄으로써 자신의 존재 전체를 문제 삼는다. 그때 드러나는 것이 존재의 지평인 '근원적 시간'이다. 이 시간 안에서 인간 현존재는 그때그때마다 세계와 내적·외적으로 관계하면서 끊임없이 변화하고 유전한다. 끝없는 달라짐의 연속이 현존재다. 현존재는 실체적 동일성이 아니라 개방성이며 차이성이다. 하이데거 철학은 이 끊임없는 생성·변화를 긍정한다.

'실체가 따로 없는 차이의 연속'이라는 하이데거 사상의 이 지점이 바로 불교의 제행무상諸行無常·제법무아諸法無我와 통한다고 지은이는 말한다. 그러나 하이데거와 유식불교의 공통점은 여기서 그친다. 결정적인 것은 유식불교가 종교인 데 반해 하이데거는 철학이라는 사실이다.

> "중생이 걷는 열반의 길에는 말 그대로 열반이라는 최종 목적지가 있지만, 현존재가 걷는 본래적인 실존의 길에는 어떠한 목적지도 없다."

지은이는 하이데거 철학이 불교에 비해 사태를 더 깊숙이 해명하지 못하는 지점이 있다는 것, 특히 삶의 목적에 대해 답을 주지 않는다는 것이야말로 하이데거 철학의 미흡한 부분임을 암시한다. 모든 것이 변전하고 생멸한다는 것에서 불교는 괴로움을 본다. 아름다움이 스러져 추함으로 흩어질 때 괴로움을 느끼지 않을 수 없다. 불교는 그 괴로움에서 벗어날 길을 찾는다. 반면에 하이데거 철학은 차이를 만드는 생성에서 '실존의 활력'을 발견한다. "그러나 한 번쯤 우리는 반드시 물어야 한다. 정녕 하이데거에게도 '차이화'의 사건은 괴로움이 아닌가?"

동무론 김영민 지음 / 한겨레출판

친구·연인·동지보다 동무

철학자 김영민 씨의 『동무론』은 한마디로 규정하기 어렵다. 지은이는 이 책에서 자신의 철학적 사유가 응결된 '동무론'을 난만하게 펼쳐 보여준다. 머리말에서 지은이는 "1990년대 초부터 '장미와 주판(www.sophy.pe.kr)' 중심으로 인문학 공동체 운동을 꾸려오면서 겪고 누리고 공부하고 실천한 일들을 토대로" 하여 이 책을 썼다고 밝히고 있다. '걸으면서 철학하는 사람들'이라는 부제를 단 '장미와 주판'은 독서와 여행, 공부와 실천을 일치시킴으로써 인문학적 깨달음의 생활화를 지향하는 사람들의 인터넷 모임이다. 여기서 만나 연대한 동무들의 '인문 좌파적 실천'이 이 글의 바탕이자 결실이 됐다고 지은이는 말한다. 먼저 출간된 『동무와 연인』은 이 책의 내용을 축적하는 과정에서 덤으로 맺은 열매라고도 할 수 있다.

『동무론』은 우선 글의 형식이 제목의 '론'과 마찰을 빚는다. 통상 '론' 자가 들어간 글이면, 논문 형식 안에 서-본-결이 있기 마련인데, 이 책은 이런 형식을 의도적으로 무시하고 있다. 일기 같기도 하고 잠언 같기도 하고 논술 같기도 한 글들이 잇따라 배치돼 있다. 몽테뉴나 파스칼이나 니체의 글쓰기 방식이 보여준, 비체계성 속의 사유의 번득임을 겨냥하는 듯하다. 지은이는 이 책 안에서 "체계는 체계에만 관심을 갖는다"라는 명제를 인용하며, 체계적 글쓰기가 빠지기 쉬운 자폐성의 함정에 대한 거부감을 얼핏 드러낸다.

동시에 이 책에 실린 글들은 아주 쉽게 읽히지 않는다는 특징도 지니고 있다. 읽는 이가 글쓴이의 의도에 가 닿으려면 나름의 지력과 노력을 바쳐야 한다고, 그것이 공부의 본디 자세라고 주장하는 듯하다. 이 문제와 관련해서도 지은이는 이 책 안에서 이해의 실마리를 남겨놓고 있다. "읽히는 글이 더는 글이 아닌 시대 속에서 우리는 살아가고 있다." 쉽게 읽히는 책은 이 시대와 불화하지 않은 채 그 세속적 흐름에 휩쓸려가는 책이라는 것이 지은이의 생각이다. 그가 말하는 '인문 좌파적 실천'이란 이 속물의 시대와 화해하지 않고 거기에 맞서는 인문학적 실천을 가리키는 것으로 이해할 수 있다.

이 책에서 지은이가 펼쳐 보이는 '동무론'의 '동무'를 포착하려면, 그 이웃 말인 친구·연인·동지 따위의 말 들을 살피는 것이 좋다. 지은이는 동무가 친구와도 다르고 연인과도 다르며 동지와도 다르다고 확언한다. 그는 친구를 "친구야, 우리가 남이가?" 할 때의 그 친구로 이해한다. "한 번도 제대로 '남'이 되어보지 못한 관계의 기억은 완악하고 집요하고 추잡스럽다." 연인이란 자기애 또는 이기심에 기초한 친밀성의 관계이지만, 상처와 배반으로 끝나기 십상이다. 동지는 목표와 깃발 아래 하나로 뭉쳤으되, 목표가 사라지거나 깃발이 꺾이면 흩어지고 마는 관계다.

지은이의 설명을 따르면, 동무는 화이부동 和而不同을 본질적 속성으로 삼는다. 동무란 차라리, 같음同이 없는無 사이다. 그런 동무관계의 한 비근한 모습을 지은이는 연암 박지원의 말을 빌려 보여주기도 한다.

"벗을 사귐에 '틈'이 가장 중요하다. 둘이서 무릎을 맞대고 자리에 나란히 앉았다 해서 '서로 밀접하다'고 말할 수 없고, 어깨를 치며 소매를 붙잡았다고 해서 '서로 합쳤다'고 말할 수 없으므로, 그 사이에는 틈이 있을 뿐이다."

그 동무관계는 '친밀함'이 아닌 '서늘함'을 기반으로 삼는다. 지은이는 동무관계를 보여주는 사례로 조선 후기 북학파의 벗이었던 이덕무와 박제가의 관계를 든다. 박제가는 급진파였고 이덕무는 온건파였다. 이덕무는 박제가의 어떤 점이 몹시 못마땅했다. 그는 벗에게 이런 충고를 했다.

"나는 그대의 됨됨이와 성격이 남다른 것을 늘 유감스럽게 생각하였네. 더구나 그대는 동방예의지국인 우리나라에서 태어나고 자라면서도 되레 우리와 다른 천 리 먼 중원의 풍속을 사모하는군."

이런 이덕무를 박제가는 높이 평가했다.

"신체는 허약하나 정신의 견고함은 지키는 바가 내부에 있기 때문이요, 외모는 냉랭하나 마음은 따뜻하니 몸가짐이 독실하기 때문이다."

동무는 사적인 호의 또는 호감을 넘어서 신뢰로 묶여야 한다. 사적인 친밀성이 사회적 객관성을 띤 믿음으로 진화하지 않는 한 동무관계는 성립할 수 없다. 호의 또는 호감에서 시작하지만, 상대의 삶과 신념의 올바름에 대한 신뢰의 시험을 통과한 뒤 한층 높은 차원의 만남이 이루어질 때 진정한 동무라고 할 수 있다. 그런 관계로 만나는 동무들이 인문적 삶의 실천으로 나아가는 것, 이것이 이 책의 부제가 가리키는 '인문연대의 미래형식'이라 할 것이다. 이때의 '인문'은 '무능'을 내적 본질로 한다. 돈 되는 것만을 유능한 것, 값진 것으로 보는 이 시대에 인문은 무능할 수밖에 없다. 돈과 값에 저항하기 때문이다. 그 무능의 인문정신을 급진화하여 시대의 결을 거스르는 것, 그것이 이 책이 말하는 '인문 좌파적 실천'인 셈이다.

더러운 철학 김진석 지음 / 개마고원

현실의 더러움을 닦는
철학의 더러움

일찍이 '철학의 빈곤함'에 관한 책을 쓴 철학자는 있었지만 '철학의 더러움'에 관한 책을 쓴 철학자는 여태 없었던 듯하다. 철학자 김진석 인하대 교수가 쓴 『더러운 철학』이 '철학의 더러움'에 관한 최초의 책이 아닐까. "철학은 더럽다"라고 선언하는 이 책은 철학이 왜 더러운지, 어떻게 더러워졌는지 따져보는 철학적 에세이자, 철학이 더러워질 수밖에 없는 우리 현실의 더러움을 진단하는 정치적 에세이기도 하다. 지난 10여 년 우리 사회 현실에 개입해 적극적으로 발언해왔던 지은이의 정치적·철학적 고민이 '더러움'이라는 말에 집약돼 있다. 지은이는 먼저 자신의 직업이자 소명인 철학의 존재론적 현황 혹은 철학자의 실존적 사태를 고백조로 규명한다. 오늘날 철학은 더러운 학문이 되었고, 철학자는 더러운 직업이 되었다는 것이다. "철학적 말들이 대상을 찾지 못하고 제 집도 찾지 못한 채 더러운 바닥에서 방황하고 뒹구는 모습"이 오늘 철학의 실상이다. 철학이란 보편적인 개념을 통해 세계의 근본, 문제의 근원을 따져들어가 밝혀내는 고상하고도 심오한 일을 하는 것으로 여겨져왔다. 그런데 지은이가 보기에, 오늘날 철학은 이런 지위를 잃고 더러운 진창에 떨어졌다. 더 안타까운 것은 자신의 더러움을 인정하지 않고 고고한 표정을 짓는 것, 이것이 철학이 진짜 더러운 모습임을 알지 못하는 철학의 현실이다.

그렇다면 철학의 더러움을 인정하고 더러운 모습 그대로 내버려두고 말 것인가. 지은이는 이 더러움의 와중에도 철학이 할 일이 있고 철학의 출구가 있을 수 있다고 말한다. 철학이 더러움에 빠졌음을 흔쾌히 인정하고, 이런저런 세상의 더러움을 다 받아들여 그 더러움을 무릅쓰는 것이다. 더러움과 함께 더러움 속에서 뒹굴면서 기어 나아갈 때 세상의 더러움을 조금이라도 씻어낼 수 있을 것이라는 이야기다.

지은이가 더러움에 빠진 철학의 사례로 거론하는 것이 '노자 철학의 무위자연無爲自然'이다. 노자의 무위자연이라는 말은 '더러운 현실'의 대안으로 자주 제시되는 개념이다. 환경 파괴적·생태 착취적 자본주의 삶의 대안이 노자의 무위자연이다. 그런데 노자의 무위자연을 그렇게 갖다 쓰는 것이야말로 노자 철학을 더럽히는 일이라고 지은이는 말한다. 듣기 좋고 보기 좋아 무위자연이지, 그 개념을 현실에서 그대로 실천할 수 있는가.

> "지식인이 하는 일이 무엇인가? 말과 지식을 통한 위선을 말과 지식으로 경계하는 것 아닌가? 실천도 하지 않으면서 무위자연을 말하는 지식인들의 태도는 얼마나 공허한가?"

이 공허한 허세 때문에 무위자연은 더러운 말이 되고 만다. 무위자연을 앞세운 생태주의는 또 '생태 근본주의' 담론이 될 위험성이 있다. 지은이는 생태 근본주의가 그 근본주의적 태도로 현실의 더러움을 모조리 부정하다가 위선이라는 더러운 상태로 떨어지게 된다고 지적한다. 결국 삶의 구질구질함과 거리를 두고 마냥 고고해지는 철학적 담론은 자신이 부정했던 더러움, 곧 자기기만의 언어가 되고 만다. 지금 수없이 많은 학문 담론들, 지식인 언어들이 이 위선에 빠져 있다고 지은이는 진단한다.

그렇다면 세상의 더러움을 회피하지 않고 그 더러움과 정직하게 만나는 길은 없을까? 지은이는 여기서 '더러움을 무릅쓰기'를 제안한다. 지은이가 이 책에서 주목하는 것이 '노마디즘Nomadism'(유목주의)과 관련한 논쟁들이다. 질 들뢰즈와 펠릭스 가타리가 이야기한 노마디즘은 국가·지배·억압에서 탈주하는 삶의 긍정적인 사태를 설명하는 용어로 요즘 유통되고 있다. 지은이는 노마디즘을 이렇게 '착한 개념'으로만 이해하는 것은 노마디즘 자체에 대한 리얼한 인식이 아니라고 말한다. 들뢰즈와 가타리에게 노마디즘은 언제나 '전쟁기계'와 결부된 말이었다. "유목민이야말로 전쟁기계의 발명자다." 전쟁기계는 공격성·침략성·폭력성을 내장한 장치다. 그러므로 전쟁기계를 이야기하지 않고 노마디즘만 이야기하는 것은 유목주의의 더러운 측면을 외면하는 일이다. 유목주의와 전쟁기계는 동전의 양면과 같다. 그렇기 때문에 유목주의는 국가를 공격할 수도 있고 해체할 수도 있지만, 동시에 억압과 폭력을 저지를 수도 있다. 전쟁기계가 없는 '착한 노마드'는 노마디즘의 현실을 가리는 기만의 개념, 그래서 더러운 개념이다.

전쟁기계와 결부된 노마디즘이 폭력과 전쟁의 개념이고 그래서 삶의 더러움에 물든 개념인 것은 사실이다. 그러나 지은이는 전쟁기계의 그 더러움을 무릅쓰는 노마디즘 개념이야말로 현실을 제대로 설명하는 개념이자 현실의 더러움을 닦아낼 수 있는 개념이라고 말한다. 그렇게 더러움 속에서 더러움과 함께 나아가는 존재를 지은이는 '더러운 주체'라고 명명한다. 엉뚱하고 삐딱한 주변인들, 곧 더러운 주체들이 정치에 대해 발언하고 정치적 실천을 감행하는 것이 필요하다고 지은이는 강조한다. 더러운 철학이 살아 있는 철학이고, 더러운 주체가 살아 있는 주체다. 지은이는 그렇게 생각한다.

조선 성리학, 지식권력의 탄생 김용헌 지음 / 프로네시스

조선 주자학의 담론과 권력

지식과 권력 혹은 담론과 권력의 내밀한 관계를 밝힌 사람은 프랑스 철학자 미셸 푸코다. 권력이 담론을 동원하고 담론이 권력으로 작동하는 방식을 역사적으로 추적하는 학문 방법을 푸코는 계보학이라 했다. 한국철학을 전공한 김용헌 한양대 교수가 쓴 『조선 성리학, 지식권력의 탄생』은 이 계보학의 방법론을 빌려 조선 주자학 담론과 정치권력의 관계를 살핀 책이다.

지은이가 이 책에서 집중적으로 다루는 사람은 정도전·정몽주·조광조·이황·조식·이이 여섯 명이다. 이들이 후대에 어떤 평가를 받느냐 하는 것은 권력투쟁과 긴밀한 관계가 있는 일이었다. 조선은 주자학을 국가이념으로 삼은 나라였으므로, 주자학 안에서 특정 담론 계보를 도통으로 세우는 일은 정치권력을 장악하는 일과 분리되지 않았다. 특히 학맥의 우두머리를 공자의 사당에 함께 모셔 제사 지내는 '문묘종사文廟從祀'는 사활이 걸린 문제였다. 이런 사정을 한눈에 보여주는 것이 율곡 이이의 문묘종사 경위다. 율곡을 문묘에 종사하자는 제안은 인조 즉위 직후인 1625년에 처음 발의됐다. 율곡의 계보를 잇는 서인들이 발의자였다. 그러나 퇴계 이황의 학맥을 잇는 남인들의 반대 때문에 57년

이 지난 뒤 숙종 8년(1682)에야 성사됐다. 사건은 여기서 끝나지 않았다. 숙종 15년 기사환국으로 남인이 집권하자 율곡의 위패가 문묘에서 철거됐다. 다시 5년 뒤 갑술환국으로 서인이 재집권하자 율곡의 위패는 제자리로 돌아왔다. 그제야 사건이 완결됐다. 이렇게 문묘종사는 단순히 유학 내부의 문제가 아니었다. "그것은 언제나 학문이나 진리를 넘어 정치의 문제였고 권력의 문제였다."

조선 주자학의 첫머리에 놓이는 정도전과 정몽주에 대한 평가의 반전은 드라마틱하다. 정도전은 조선 건국을 설계한 기획자이자 역성혁명을 주도한 혁명가였고, 주자학을 통치원리로 세운 유학의 대가였다. 그러나 그는 조선왕조 500년 내내 간신으로 낙인찍혀 배척당했다. 그가 공식적으로 복권된 것은 고종 2년(1865)이었다. 경복궁을 설계한 공이 있다는 것이 복권 이유였는데, "경복궁을 설계한 공은 인정받았으나 조선왕조를 설계한 공은 끝내 인정받지 못했다." 반면에 조선 건국 세력과 대립했던 정몽주는 오래지 않아 조선 주자학의 우두머리로 등극했다. 이런 반전의 과정에 권력의 논리가 작용했다고 지은이는 말한다.

20대의 젊은 정도전에게 주자학을 전한 사람이 정몽주였다고 이 책은 말한다. 정몽주의 영향과 지도를 받아 정도전은 유학, 그중에서도 특히 『맹자』를 심중 깊숙이 받아들였다. 젊은 정도전은 정몽주가 전해준 『맹자』를 "하루에 반 장 내지 한 장을 읽을 정도로 정독했다." 정도전은 정몽주에 이어 과거에 급제해 정치 무대에 등장했으나, 30대 중반부터 10년 가까이 유배생활과 낭인생활을 했다. 그 시기에 이성계를 만났다. 정도전과 정몽주는 사상의 바탕으로 주자학을 공유했지만, 새 나라를 창건하는 문제에서 뜻이 갈렸다.

1392년 7월 이성계는 왕위에 올라 즉위교서를 발표했다. 여기서 이성계는 임금의 존재 이유를 간략히 밝혔다.

"하늘이 백성을 낳고 임금을 세운 것은 임금으로 하여금 백성을 길러 서로 살게 하고 백성을 다스려 서로 편안하게 하도록 하기 위함이다. 그러므로 군도君道에는 득실이 있고 인심에는 복종과 배반이 있으니, 천명이 떠나가고 머물러 있음은 여기에 달려 있다. 이것은 변하지 않는 이치다."

정도전이 쓴 이 교서는 『맹자』의 혁명 논리를 그대로 보여주고 있다. "임금이 임금의 임무를 다하지 못했을 때 인심이 돌아서고 천명이 떠난다는 것이 바로 그것이다."

정도전은 『맹자』의 민본주의를 자기 사상의 근본으로 삼았다. "유교적 민본주의에서는 군주의 정통성을 천명에 두고 있으며 그 천명은 궁극적으로 백성에 의해서 확보되고 유지된다. 맹자에게 정치적 행위의 현실적 근거가 민심이라면, 이념적 근거는 하늘이라고 할 수 있다. 바로 이 점이 유교적 민본주의의 두드러진 특징이며, 정도전도 이 틀을 벗어나지 않는다." 정도전은 태조 이성계를 "얼굴마담"으로 끌어들여 자신의 건국이념에 맞춰 조선을 만들어갔다. 그러나 또 다른 실력자 이방원이 그 건국의 길에 최대 걸림돌로 등장했는데, 결국 그는 이방원 세력한테 붙잡혀 참수당한다. 조선의 설계자 정도전은 난신적자亂臣賊子의 지위로 떨어졌다. 반면에 역성혁명에 반대하다가 이방원의 철퇴에 맞아 죽었던 정몽주는 그 이방원이 조선의 3대 왕이 된 직후 복권돼 충신의 자리에 오른다. 이어 중종 때 문묘에 종사됨으로써 조선 주자학의 태두가 된다.

정몽주 복권은 충신 이데올로기를 확립하려는 왕권의 뜻과 주자학 이념을 튼튼히 세우려는 신진 사대부의 뜻이 맞아떨어졌기 때문이라고 지은이는 말한다. 이런 권력의 논리는 정몽주가 문묘에 종사되는 데서도 결정적인 구실을 했다. 중종 때의 정치 지도자 조광조와 그를 따르던 사림파가 유학자 정몽주를 우두머리로 한 도학의 계보를 세움으로써 유교 지식인인 자신들에게 법통이 있음을 입증하려 했던 것이다.

동원된 근대화 조희연 지음 / 후마니타스

박정희 '개발동원체제'의 해부도

『동원된 근대화』는 박정희 독재체제를 붙들고 숙고해온 사회학자 조희연 성공회대 교수의 야심작이다. 지은이는 2007년 출간한 『박정희와 개발독재시대』에서 박정희 시대의 역사를 사회학자의 시선으로 조망한 바 있다. 『동원된 근대화』는 이 역사 서술을 전제로 삼아 박정희 체제의 근본성격과 작동방식을 복합적으로 분석함으로써 박정희 시대 이해의 지평을 넓혀놓는다.

지은이는 박정희 독재를 규정하는 핵심 용어로 '개발동원체제'를 제안한다. 지은이의 설명을 따르면, 개발동원체제는 후발 국가들이 국민을 동원하여, 개발·발전·성장으로 요약되는 '근대화'를 지향하는 체제다. 이 체제는 식민지에서 독립한 후-후발 국가들에서 특히 전형적으로 나타나는데, 박정희 체제는 바로 '후-후발 국가의 개발동원체제'라고 할 수 있다.

지은이가 이 책에서 반복해서 강조하는 것이 '복합적 분석'의 중요함이다. 박정희 체제를 '폭압 독재'의 틀로만 이해하거나 반대로 '경제 발전'의 눈으로만 바라보는 단선적·일면적 시선은 이 시대의 복합적 성격을 제대로 규명하지 못한다는 것이다. 이 책의 부제인 '박정희 개발동원체제의 정치사회적 이중성'에서 말하는 '이중성'이 이 복합적 성격을 가리킨다. 박정희 체제는 국민을 억누르고 쥐어짜는 '수탈국가'이기만 한 것도 아니었고, 경제가 비약적으로 발전한 '성장국가'이기만 한 것도 아니었다. 두 성격은 서로 내적으로 연결돼 상호작용했으며, 이 상호작용을 통해 체제가 작동하고 위기를 겪고 파국으로 나아갔다고 이 책은 말한다.

박정희 개발동원체제에서 지은이가 먼저 주목하는 것이 '동원'이다. 말하자면 '어떻게 국민을 동원했는가' 하는 물음이다. 이때 국가 또는 권력이 국민을 동원할 수 있는 사회심리적 전제가 필요한데, 지은이는 그 전제를 '결손국가·결손국민'이라는 말로 표현한다. 나라가 독립은 했지만 여전히 경제적 종속상태·후진상태에 있다는 국민적 인식이 이 '결손'에 담긴 의미다. 그렇다면 어서 빨리 경제를 발전시켜 정상국가·정상국민이 되어야 한다. 바로 이 심리적 공감대에서 동원체제가 작동할 수 있는 근거가 마련된다. 여기에 더해 한국의 경우, 이승만 시대에 형성된 '반공규율사회'가 사회적 조건으로 따라붙었다. 이런 조건 위에서 박정희 체제는 '반공주의'와 '개발주의'라는 이데올로기를 강력하게 가동해 국민을 끌어들였다.

지은이가 두 번째로 주목하는 것이자 이 책의 몸통에 해당하는 것이 '헤게모니 분석'이다. 지은이는 안토니오 그람시의 헤게모니 이론을 재구성해 박정희 개발동원체제의 작동방식을 설명하는 데 필요한 도구로 삼는다. 그람시가 말하는 헤게모니는 지배권력이 순전히 강압으로만 지배하는 것이 아니라는 사실을 강조한다. 피지배집단이 지배에 동의할 때 안정적 지배가 이루어지는데, 이 동의를 이끌어내는 지적·도덕적·문화적 주도권이 헤게모니다. 그람시는 그런 헤게모니가 어떻게 형성되는가 하는 것을 밝히는 데 주력했다. 이와 달리 지은이가 눈여겨보는 것은 헤게모니 형성이 아니라 헤게모니 균열이다. 헤게모니란 언제나 분열·갈등·적대를 내적 속성으로 안고 있다. 일시적·잠정적으로 그 틈이 봉합될 뿐이다. 이 봉합이 뜯겨 그 내부의 갈등과 적대가 드러나는 것이 헤게모니의 균열이다.

지은이가 볼 때 박정희 개발동원체제는 이 헤게모니가 일시적으로 형성됐다가 이후 봉합이 해체되면서 균열이 드러나고 커지는 과정을 거쳤다. 박정희 체제는 폭력과 강압을 일상적으로 활용했던 것이 사실이다. 박정희 집권 18년 동안 절반 정도를 위수령·계엄령·긴급조치 따위로 연명했다. 그러나 동시에 강력한 반공주의·개발주의 이데올로기로 국민을 규합해 동의를 끌어내기도 했다. 박정희 체제는 나라를 준군사적 총력동원체제로 바꾸어 경제성장의 '효율성'을 최대치로 끌어올리려 했다. 그러나 그 효율성이 관철되면 될수록 균열성과 파괴성이 함께 커졌다는 데 박정희 체제의 '모순적 이중성'이 있다고 지은이는 강조한다.

경제가 성장해 그 과실의 일부가 국민에게 돌아가자 생각의 여유, 곧 권리의식이 커졌고, 또 동시에 그 과실이 한쪽에 편중됨으로써 국민의 비판의식이 커졌다. 경제가 성장할수록 국민은 저항주체, 곧 민중이 되어갔다. 1960년대에 국민의 자발적 동의를 부분적으로 얻었던 박정희 개발동원체제는 1970년대에 들어와 그 동의의 근거를 상실했다. 박정희는 1972년 유신체제를 세워 이 위기를 돌파하려 했다. 그러나 그 결과는 순전한 강압과 폭력이었고, 동의 기반은 완전히 무너졌다. 그 최종 결과가 박정희 체제의 파국이었다고 지은이는 말한다.

공통도시 조정환 지음 / 갈무리

'5월 광주', 집단지성의 공동체

조정환 씨의 『공통도시』는 '아우토노미아' 이론가 안토니오 네그리의 개념을 빌려 '5월 광주'를 재해석하는 신선한 시도다. 아우토노미아 연구·운동 모임인 '다중지성의 정원' 대표이기도 한 지은이는 이 책에서 광주민중항쟁을 "기념해야 할 기억 속의 사건이 아니라 지금 여기에서 살아 움직이는 현재적 사건"으로 다룬다. 이런 현재화 작업에서 다중·제헌권력·공통도시라는 네그리적 개념이 새로운 해석의 열쇳말 구실을 한다.

    1980년 5월 18일부터 27일까지 열흘간 지속된 광주항쟁은 지은이의 해석 지평 안에서 '다중의 제헌권력이 출현한 사건'으로 이해된다. 여기서 제헌권력이란 정치질서의 근본 규칙을 새로 만드는 권력을 의미한다. 기존 체제가 붕괴했을 때 제헌의회를 열어 헌법을 새로 제정하는 것을 떠올리면, 제헌권력의 의미가 또렷해진다. 제헌권력이란 이렇게 기존 체제를 해체하여 새로운 체제를 만들고 새로운 규칙을 세우는 혁명적 권력이다. 5월 광주에서 이 제헌권력이 나타났다는 것인데, 그 권력의 주체를 지은이는 '다중'이라고 명명한다. 네그리의 개념장치 안에서 다중은 인민people과 대립한다. 인민은 국가주권을 구성하는 집합체이지만, 다중은 이 주권의 바깥에서 "집단지성으로 결합하는 창조적 무리"다. 지은이가 보기에 5월 광주는 국가주권, 곧 계엄사령부가 폭도라고 규정하여 국가질서 바깥으로 축출한 '벌거벗은 목숨들'이 모여 새로운 자치질서를 만든 제헌권력의 출현 현장이었다.

지은이는 당시 5월 광주를 둘러싸고 세 가지 권력 경향이 힘겨루기를 하고 있었다고 말한다. 하나가 호헌파이고 다른 하나가 개헌파이며, 세 번째가 바로 제헌파다. 호헌파는 유신폭압체제를 지키려 한 전두환 신군부를 가리키며, 개헌파는 유신체제를 개혁하려 한 재야 민주파를 가리킨다. 1980년의 초기 양상은 호헌파와 개헌파가 맞서 싸우는 모습으로 드러났는데, 5월 광주에서도 그런 모습이 나타났다고 지은이는 말한다. 호헌파의 공수부대가 물러난 뒤 5월 22일 지역의 유지·지식인 중심으로 구성된 5·18 수습대책위원회가 이 개헌파의 논리를 뒤따랐다. 지은이는 이 수습위원회가 국가주권을 승인하고 그 아래서 계엄군의 선처와 관용에 호소하는 전략을 통해 사태를 수습해보려 했다고 지적한다. 개헌파의 이런 전략은 "거리의 다중들이 시민이 아니라 폭도이며, 그들의 행동이 저항이 아니라 난동이라는 '주권의 지각양식'을 정당화해준다." 그리하여 수습위원회에 맞서 민주시민투쟁위원회가 결성되는데, 이들이 제헌권력을 떠맡게 된다.

새로 결성된 민주시민투쟁위원회를 이끈 것은 박남선·윤상원 같은 '특이한 개인들'이었다. 골재 채취 차량 운전사였던 박남선은 200여 명의 시민군을 조직한 뒤 시민군 상황실을 맡고 있었다. 학생운동 출신으로 '들불야학'을 이끌던 윤상원은 민주수호범시민궐기대회를 조직했다. "이 특이한 개인들의 활동이 시민군에 내재하던 제헌적 잠재력을 기폭시킴으로써, 광주의 '폭도들'은 호헌파에 맞설 힘을 회복할 수 있었다." 지은이는 민주수호범시민궐기대회를 특히 주목한다. 23일부터 매일 오후 2시 도청 앞 광장에서 열린 이 대회는 "시민들과 민중들이 참여하여 다양한 문제를 논의하고 결정하면서 정치적 집단지성과 집단의지를 생산하는 다중 자치의 공간이 되었다." 박남선이 지도한 시민군은 공동체를 수호하는 군사조직 구실을 했으며, 도청에 자리 잡은 민주시민투쟁위원회는 일종의 '혁명적 자치정부'의 성격을 띠었다.

지은이는 이 항쟁을 통해, 주권체(국가) 안에 갇혀 있던 민중이 주권체 바깥의 다중으로 바뀌어갔음을 강조한다. "광주의 다중들은 국가에 대한 모든 의무를 거부한다." 그리하여 투사가 된 이 다중들은 스스로 투쟁적 자치의 주체로 일어선다. "광주에 투쟁과 삶의 공동체가 출현한 것은 다중이 자신들을 제헌적 주체성으로, 내전의 주체로 구축한 바로 이 순간이었다." 지은이는 이 대목에서 혁명사 연구자 조지 카치아피카스Georgy Katsiaficas의 '5월 광주' 해석을 소개한다. 카치아피카스는 투쟁을 통해 형성된 5월 광주의 공동체를 '코뮌'으로 부른다. 1871년 파리에서처럼 광주에 코뮌이 등장했다는 것이다.

"지난 2세기 동안 민중들의 자발적 통치능력을 보여주는 두 개의 사건이 있었는데, 그것은 바로 1871년 파리코뮌과 1980년의 광주민중항쟁이다."

지은이는 이렇게 5월 광주를 제헌권력이 출현한 사건으로 해석한 뒤, 5월의 그 제헌적 힘이 신자유주의가 전면화한 21세기 '지구제국' 시대에 "제국 대 다중의 모습으로 확대돼 재출현한다"고 말한다. 이런 상상력의 뒷받침을 받아 광주는 지구적 차원의 현재성을 얻는다. 지은이는 5월 광주의 '코뮌'이 전 지구적인 '공통도시'의 원형이었다고 말한다. 다중들이 꾸려가는 주체적이고 창조적이며 협력적인 삶이 함께 어우러지는 도시, 곧 다중들의 공통공간을 광주 코뮌이 선명하게 보여주었다는 것이다.

II

인문의 바다

CHAPTER

7

괴테의 심장, 호킹의 두뇌

괴테 자서전: 시와 진실 요한 볼프강 폰 괴테 지음 / 전영애·최민숙 옮김 / 민음사

스물여섯 살 괴테, 삶과 문학의 질풍노도

요한 볼프강 폰 괴테Johann Wolfgang von Goethe(1749~1832)의 자서전 『괴테 자서전: 시와 진실Aus mienem Leben: Dichtung und Wahrheit』이 독문학자 전영애 서울대 교수와 최민숙 이화여대 교수의 공역으로 새롭게 나왔다. 전영애 교수는 『괴테 시 전집』도 함께 번역해 펴냈다.

『괴테 자서전: 시와 진실』은 괴테 생애 후반기 위기의 산물이다. 중병으로 목숨이 위태로웠던 시기를 겪은 뒤 자신의 삶을 총체적으로 재구성해보겠다는 결심으로 쓰기 시작한 것이 이 자서전이다. 괴테는 60대 전반기에 이 작품을 집중적으로 집필해 전체 4부 중 3부를 완성했다. 그러나 4부에 착수하고 얼마 안 돼 중단한 뒤 죽음을 앞둔 말년에 다시 집필해 나머지를 탈고했다. 그렇게 해서 완성된 자서전은 출생에서 시작해 괴테 생애 결정적 전환점인 스물여섯 살 여름에 끝난다. 이때 괴테는 바이마르 공국의 군주인 카를 아우구스트 대공의 초청을 받아 바이마르로 간다. 자서전을 여기서 종결한 것과 관련해 만년의 괴테는 요한 페터 에커만Johan Peter Eckermann과의 대화에서 이렇게 밝혔다.

"도대체가 한 개인에게서 가장 중요한 시기는 발전의 시기다. 내 경우 이 발전

의 시기는 내가 자세하게 기록한 '진실과 시'와 함께 끝난다."(『괴테와의 대화』)

괴테가 이 자서전을 구상할 때 염두에 둔 것은 '식물 변형론'이었다고 한다. 인간의 발육과 형성을 식물의 생장에 빗대어 서술하려는 것이었다. 괴테는 발표하지 않고 남겨둔 자서전 3부 서문에서 이렇게 말한다.

"나는 이 책들을 식물의 변형이 우리에게 가르쳐주는 법칙들에 따라 구성하고자 마음먹었다."

그리하여 1부에서는 어린아이가 뿌리를 뻗고 떡잎을 펼치게 되며, 2부에서는 소년이 생동하는 초록빛으로 가지들을 키우게 되고, 3부에서는 줄기가 꽃망울을 틔워 꽃을 피우는 청년기를 묘사하는 것이다. 그러나 이 생물 변형론은 끝까지 관철되지 못하는데, 삶에 끼어드는 우연적 요소의 힘을 깨달은 것이 그런 서술을 방해했다고 한다.

"얼마나 많은 열매들이 채 익기도 전에 갖가지 우연으로 인해 떨어지는가."

자서전의 제목 '시와 진실'은 본디 '진실과 시'로 돼 있었으나 운율을 고려해 뒤에 '시와 진실'로 바꿨다고 한다. 이 제목의 두 단어는 이 자서전의 구성 방식을 암시한다. '진실'이 시대와 삶의 사실들을 가리킨다면, '시'는 문학적 가공을 뜻한다.

괴테는 자서전이 결코 사실들만의 나열로 이루어질 수 없음을 처음부터 알고 문학적 픽션을 동원하겠다는 생각을 했다고 한다. 괴테는 엄밀한 사실과 허구적 요소를 버무려 이 자서전을 서술했다. 그 결과로 일종의 교양소설(성장소설)과도 같은 작품이 탄생했다. 이 작품 안에서 괴테는 당대의 정신사·문화사·사회사를 꼼꼼히 기술하면서 그런 외적 힘들이 주인공의 내적 성장에 어떤 영향을 주는지를 묘사한다.

이 자서전은 실존의 위기가 주인공의 창조성을 자극했음을 알려준다. 청년 괴테의 위기는 연애 사건으로 다가오는데, 샤를로테 부프Charlotte Buff와의 이루어질 수 없는 사랑의 열병을 앓은 뒤 『젊은 베르테르의 슬픔 Die Leiden des jungen Werthers』이 태어나고, 릴리 쇠네만Lili Schönemann과의 약혼과 파혼이 희곡 『에그몬트 Egmont』를 탄생시키는 계기가 된다. 삶의 위기를 더 큰 창조력으로 돌파하는 것인데, 그런 과정에서 '질풍노도 문학'의 대표작이 터져나온다. 그리하여 이 자서전은 "우정과 사랑이 가장 아름답게 빛나던 시절"의 폭풍과도 같은 열정이 독일 문학사의 청춘 시기를 창출했음을 증언한다.

괴테의 자서전은 청년 괴테의 삶을 빼어나게 묘사한 자서전 문학의 전범이자 후대의 사상가들에게 창조적 사유의 씨앗을 제공한 저작이기도 하다. 지그문트 프로이트는 이 자서전의 처음 몇 장면에서 어린아이의 심리에 관한 통찰을 이끌어냈다. 괴테는 네 살 무렵 소꿉놀이를 하다가 집에 있는 자기 그릇들을 모조리 창밖으로 내던져 깨뜨렸음을 기억해내는데, 프로이트는 「괴테의 '시와 진실'에 나타난 어린 시절의 추억」에서 이 충동적 행위를 남동생의 출생에 따른 상실감으로 해석했다. 부모의 사랑을 두고 경쟁해야 하는 이 난데없는 침입자를 창밖으로 내던져버리고 싶다는 소망이 나타난 것이라는 해석이다.

괴테는 이 자서전 4부의 마지막을 '데몬적인 것'(마성적인 것)에 대한 묘사와 설명으로 채우고 있는데, 이 설명은 청년 죄르지 루카치György Lukács가 『소설의 이론 Die Theorie des Romans』의 논리를 구축하는 데 주춧돌 구실을 한다.

괴테는 '거대하고 파악할 수 없는' 마성적인 것을 이렇게 묘사한다.

"그것은 비이성적으로 보이니 신적인 것은 아니었고, 지성을 갖고 있지 않으니 인간적인 것도 아니었다. 선을 행하니 악마적인 것도 아니었고, 종종 남의 불행을 보고 고소해하니 천사 같은 것도 아니었다."

인간의 영혼을 침탈할 뿐만 아니라 세계의 질서를 흔들어버리는 이 마성적인 힘이야말로 근대 소설 주인공의 내면에 웅크린 힘이라고 루카치는 해석한다.

"소설은 신에게서 버림받은 세계의 서사시다. 소설 주인공의 심리는 마성적이다."(『소설의 이론』)

이 마성적인 힘은 인간의 식물적·자연적 성장을 뒤틀어버리는 힘인데, 괴테의 자서전은 이 힘에 대한 인식으로 끝나는 것이다.

기억: 제3제국의 중심에서 알베르트 슈페어 지음 / 김기영 옮김 / 마티

'파라오 콤플렉스' 히틀러의 건축가

화가가 되기를 열망했던 청년 아돌프 히틀러(1889~1945)가 1907년과 1908년 연거푸 빈 미술아카데미 입학시험에 낙방하지 않았더라면 어떻게 됐을까? 20세기의 역사가 달라졌을까? 자신만만했던 히틀러는 첫해 시험에 떨어진 뒤 낙방 이유를 알고 싶어 아카데미 교장을 찾아갔다. "그림보다는 건축 쪽에 재능이 있는 것 같네." 교장의 권고대로 대학에서 건축을 공부하려면 고등학교 졸업장이 필요했다. 중퇴자 히틀러에게 대학은 사실상 닫힌 문이었다. 훗날 나치당(국가사회주의독일노동자당)의 퓌러(지도자)가 되고 제3제국의 총통이 되었을 때에야 그는 권력의 힘으로 젊은 날의 예술가적 이상을 펼쳐 보일 수 있었다. '건축가' 히틀러가 몽상에 가까운 꿈을 현실이라는 설계도 위에 그려낼 때 가장 가까운 곳에서 그를 보좌하고 그의 뜻을 이행한 사람이 알베르트 슈페어Albert Speer(1905~1981)다.

　히틀러의 최측근이었고 제3제국의 건축가였으며 제2차 세계대전 때 군수장관이었던 슈페어는 전후 뉘른베르크 전범 재판에서 나치 지도자들 가운데 유일하게 사형을 면한 사람이었다. 20년형을 선고받고 수감된 슈페어는 감옥 안에서 자신이 살아온 삶을 회고하는 자서전을 집

필했다. 형기를 마치고 출감한 뒤 그는 자서전을 출판했다. 그의 자서전은 제3제국의 최정점에서 활동했던 핵심 권력자의 첫 육필 증언이라는 점에서 대단한 관심을 모았고, 히틀러 연구에 큰 자극제가 됐다. 『기억: 제3제국의 중심에서*Erinnerungen*』가 히틀러 연구자들 사이에 빼놓을 수 없는 문헌이 된 그 자서전이다.

히틀러 체제의 대다수 참모들이 나치당 초기부터 히틀러와 동고동락했던 것과 달리, 슈페어는 뒤늦게 '지도자'를 알게 된 경우다. 부유한 건축가의 아들로 태어나 아버지의 뜻을 따라 건축가의 길을 가겠다고 결심한 슈페어는 베를린 샤를로텐부르크 공과대학의 건축과 조교를 하고 있을 때 히틀러를 처음 보았다. 1931년 겨울 히틀러가 그 대학 학생들을 상대로 연 연설회에 별 생각 없이 갔던 것인데, 그것이 그 자신의 삶에 일생일대의 전환점이 되리라고는 상상도 하지 못했다.

"처음 보였던 수줍음이 사라지고 어느덧 음성이 높아졌다. 그는 다급한 듯 말했고, 마치 최면을 거는 듯한 설득력을 발휘했다. 그가 풍기는 분위기가 연설 내용보다 훨씬 심오했다. 나는 그의 열정에 빨려들어갔다."

슈페어는 자신이 히틀러를 만나기 전 『나의 투쟁』을 읽어보지도 않았고, 나치운동은 물론이고 정치 일반에 문외한이었다고 말한다. 나치의 반유대주의에도 공감하지 않았다고 고백한다. 그가 매료된 것은 나치즘이 아니라 히틀러 개인이었다. 그는 히틀러의 연설을 듣고 난 뒤 "마치 희망이 보이는 것 같았다"고 털어놓는다. "우리는 이제 새 이상과 지식, 새로운 임무를 부여받은 것이다." 몇 주 뒤 그는 나치당 가입 신청서를 냈다. 1931년 12월 그는 47만 4,481번째 당원이 됐다. 그렇다고 해서 그의 삶이 당장 달라진 것은 아니었다. 1933년 1월 30일 히틀러의 총리 취임 소식을 그는 신문을 보고서야 알았다. 최악의 경기침체로 일거리가 없었던 그는 베를린 나치당 관구 사무실을 개조하는 일에 참여했고, 그 일로 알게 된 선전장관 요제프 괴벨스Paul Joseph Goebbels가 자신의 관저를 수리하는 일을 맡겼다. 슈페어는 1933년 가을 베를린 총리 관저를 개축할 때 조수로 보좌했는데, 그때 비로소 히틀러의 눈에 들었다. 히틀러는 그를 저녁식사에 초대했다. "자네가 식사하는 동안 내 주의를 끌었네. 나는 나의 건설계획을 맡길 만한 건축가를 찾고 있었지. 젊은 친구를 원했는데 먼 미래까지 내다본 구상이었기 때문이었네. 내가 죽은 뒤에도 내가 부여한 권한으로 그 계획을 실현해줄 사람이 필요했어."

스물여덟 살의 젊은이는 일약 히틀러의 최측근이 되었고, '지도자'의 건축적 이상을 따르는 일에 '파우스트처럼' 영혼을 던졌다. "나는 나의 메피스토펠레스를 찾은 것이다." 1934년 부부 동반 식사에 초대받았을 때 히틀러는 슈페어의 부인에게 이렇게 말했다. "부인의 남편께서는 나를 위해 지난 4,000년 동안 한 번도 만들어지지 않았던 건물을 세우려고 하십니다." 1937년 '제국 수도 건설 총감독관'에 임명된 슈페어는 역사상 가장 위대하고 가장 거대한 기념물들로 이루어진 수도 건설 계획을 입안했다. 기념비적 거대 건축물에 집착한 히틀러의 '파라오 콤플렉스'는, 슈페어의 증언을 빌리면, '세계지배를 향한 소망'의 미학적 발현이었다.

미래는 오래 지속된다 루이 알튀세르 지음 / 권은미 옮김 / 이매진

'광기의 천재' 알튀세르의 자기 정신분석

『미래는 오래 지속된다L'Avenir dure longtemps, suivi de Les Faits』는 20세기 마르크스주의 철학의 대표자 가운데 한 사람인 프랑스 철학자 루이 알튀세르(1918~1990)의 자서전이다. 알튀세르의 이 자서전은 두 판본의 자서전이 하나로 묶인 특이한 구조로 이루어져 있다. 1976년에 쓴 '사실 Les Faits'이라는 제목의 첫 번째 자서전과 1985년에 쓴 '미래는 오래 지속된다L'Avenir dure longtemps'라는 제목의 두 번째 자서전이 하나로 합쳐져 알튀세르 사후에 출간된 것이 이 자서전이다.

그 두 자서전의 한중간에 알튀세르 삶의 결정적 비극, 곧 '끔찍이도 사랑했던 아내 엘렌을 목 졸라 죽인 사건'이 놓여 있다. 이번에 나온 증보판 번역본은 초판본에는 없었던, 150쪽에 이르는 자서전적 자료들이 함께 묶여 그 비극적 사건을 이해하는 데 도움을 주고 있다. 특히, 이 부록 가운데 알튀세르가 자신의 철학적 사유의 전환을 설명하려고 따로 쓴 「스피노자」와 「마키아벨리」는 우발성의 유물론 또는 마주침의 유물론이라는 말년의 알튀세르 사유를 보여주고 있다는 점에서 주목할 만하다. 두 번째 자서전 「미래는 오래 지속된다」는 살인 현장에 대한 자기 목격에서 시작한다. 1980년 11월 16일 아침, 정신이 든 자서전의 주인

공은 자신의 아내가 죽어 있는 것을 발견한다. 그는 미친 듯이 외친다. "내가 엘렌을 목 졸라 죽였어!" 그는 곧 정신감정을 받게 되고 정신착란 상태에서 살인을 한 것이 인정돼 면소 판결을 받는다. 이 책은 아내 살해라는 이 비극적 사건의 기원을 해명하려는 시도라고 할 수 있다. 다시 말해, 자기 자신의 삶을 통째로 정신분석한 것이 이 자서전이다.

부모의 결혼과 출생에 얽힌 비밀을 이야기하는 대목은 이 자서전이 자기 자신의 정신분석임을 확연하게 보여준다. 알튀세르의 어머니는 루이라는 사랑하던 남자 대신 그 남자의 형 샤를과 결혼한 사람이었다. 제1차 세계대전에 참가한 루이가 전사하자 형이 대신 청혼한 것인데, 얼결에 청혼을 받아들인 여자는 곧 그 결혼을 후회한다. 동생과 기질이 전혀 다른 형을 아내는 조금도 사랑하지 않았다. 아들이 태어나자 여자는 그 아들의 이름을 루이라고 붙여준다. 아들은 죽은 남자 루이의 대리물이었다! 어린 루이는 자신이 '존재하지 않는 존재' '가짜 존재'라고 느끼게 된다. "루이는 내 어머니가 사랑했던 삼촌이었지 내가 아니었다."

알튀세르의 이후 삶은 자기 존재의 이 태생적 결함을 메워보려는 '생사를 건 투쟁'이었다. 그는 어머니의 욕망을 실현시키려고, 어머니가 사랑했던 남자가 돼 그 사랑을 얻어내려 분투한다. 정신분석가 자크 라캉이 말한 그대로 '타자의 욕망을 욕망하는' 삶이었다. 동시에 알튀세르는 그런 가짜 존재, 껍데기 삶을 벗어나 자기 자신으로 사는 진짜 삶을 열망하게 된다. 이 모순적 욕망은 그의 내부에 감당하기 어려운 두려움을 만들어낸다. 어머니의 욕망을 거역해 자기 자신이 되려는 욕망이 처벌로 이어지지 않을까 하는 두려움이다. 그 두려움이 일찍부터 그의 정신에 우울증이라는 질병을 심어놓는다. 이 자서전에서 알튀세르는 자신이 성인이 된 이후 열다섯 차례나 우울증 악화로 입원 치료를 받았음을 밝힌다.

이 우울증의 한 사례가 알튀세르 자신을 프랑스 마르크스주의 철학의 대표자로 끌어올린 저작 『마르크스를 위하여 *Pour Marx*』와 『자본론을 읽는다 *Lire Le Capital*』 발간과 관련돼 있다. 1965년 가을 거의 동시에 발간된 이 출세작은 그를 지독한 우울증 상태로 빠뜨렸다. 이 자서전에서 그는 도발적일 정도로 솔직하게 자신이 마르크스에 대해 아는 것이 별로 없으며, 자본론도 1권만 겨우 읽은 상태였다고 고백한다. 바로 그런 이유로 그는 책 발간 직후 그 책들로 인해 자신의 무식과 무지가 적나라하게 드러나고야 말 것이라는 생각 때문에 "견딜 수 없는 두려움"에 사로잡힌다.

> "그런 파국에 대한 두려움 속에서 나는 그 파국 속으로 스스로 뛰어들어 엄청난 우울증에 걸렸다."

두려움과 우울증의 이 변증법은 이후에도 계속 증폭됐는데, 마침내 그것이 아내 살해라는 극단적 행위로 나타났다고 자서전의 지은이는 해석한다. 온전히 자기 자신으로 살고자 하는 욕망과 그것을 근원적으로 부정하는 존재의 결핍감 사이에서 고통받다가, 끝내 자기를 소멸시킴으로써 자기 존재의 근원적 부재를 증명하고 그 증명을 통해 고통에서 해방되는 길이 아내 살해였다는 것이다. 아내 살해는 자기 파괴의 매개물이었던 셈이다.

자서전은 바로 여기서 끝나는 듯한데, 알튀세르는 이 지점에서 마지막 한 장을 덧붙여 이 모든 해석에 도전함으로써 이 자서전을 문제적 저작으로 만든다. 그런 수미일관한 과학주의적 해명은 아내 살해 사건을 그 자체로 해명하지 못한다는 또 다른 설명을 제시하는 것이다. 살인이라는 사건은 내적 필연성의 결과로만 볼 수 없고, 그 사건을 전후한 여러 우연적·우발적 요소들이 결부된 결과로 봐야 한다는 것이다. 바로 이 설명을 통해 이 자서전은 알튀세르 철학의 '인식론적 단절'의 한 국면을 보여준다. 명징한 과학주의를 주창했던 그는 말년에 이르러 과학적 법칙성·필연성으로는 설명되지 않는 우리 삶과 역사의 의외성을 마주침(우연한 만남)의 유물론으로 설명해보려 했는데, 바로 그 사유의 전환을 이 자서전에서 보여주고 있는 것이다.

미완의 시대 에릭 홉스봄 지음 / 이희재 옮김 / 민음사

극단의 시대를 통과한 자의 '희망'

영국의 마르크스주의 역사학자 에릭 홉스봄Eric Hobsbawm(1917~)이 20세기를 '극단의 시대'라고 묘사한 건 적실했다. 인류 역사상 그토록 광범위한 정치적 실험이 진행된 적도 달리 없었고, 그토록 파멸적인 침략과 전쟁이 벌어진 적도 달리 없었다. 20세기는 '극단'이란 말 말고 다른 어떤 말로도 규정하기 어렵다. 홉스봄은 그 20세기를 통째로 산 사람이다. 『극단의 시대 The Age of Extremes』는 역사의 격류 한가운데서 그 자신이 하나의 물방울이 되어 휩쓸리고 표류했던 한 세기에 대한 관찰이자 기록이고 반성이었다.

2002년에 출간한 『미완의 시대 Interesting Times』는 그 자신의 표현을 빌리면, "『극단의 시대』의 뒷면"이다. 『극단의 시대』가 객관적 엄밀성이라는 학문의 요구에 맞춘 역사학 저서인 데 반해, 『미완의 시대』는 한 개인의 실존적 삶을 통해 동일한 시대를 이야기하는 회고록이기 때문이다. "역사는 일어난 일을 밖에서 기록하는 것이고 회고록은 일어난 일을 안에서 기록하는 것"이라는 명제는 이 자서전의 윤곽을 그려준다.

홉스봄은 자신이 산 20세기를 "가장 별스럽고 끔찍한 한 세기"라고 말한다. 그 예외적인 시대의 사건들은 지은이의 개인사를 처음부터 규

정했다. 1917년 그가 이집트의 알렉산드리아에서 태어난 것부터가 세계사적 격랑의 직접적 결과였다. 영국인 아버지와 오스트리아인 어머니가 만나 결혼한 것까지는 좋았는데, 그때 두 사람의 조국은 세계대전에서 맞붙은 적대국이었다. 양쪽 어디에서도 정착할 수 없었던 두 사람은 그들이 처음 만났던 알렉산드리아에서 둥지를 틀었고, 제1차 세계대전이 끝난 뒤 두 살배기 아들을 데리고 신부 쪽 고향인 오스트리아 수도 빈으로 들어왔다. 장사를 해서 돈이 좀 있었던 홉스봄의 아버지는 자신만만하게 이삿짐을 풀었지만, 금세 전후 유럽의 가혹한 시련에 휘말려 들었다. 돈은 곧 떨어졌고, 가족은 부르주아 계층의 위기와 몰락이라는 일반적 상황을 피해 가지 못했다.

1929년 돈을 구하러 이리 뛰고 저리 뛰던 아버지는 2월의 찬바람 부는 밤에 집 앞에서 심장마비로 쓰러졌다. 열두 살 홉스봄은 아버지를 잃었다. 집안의 버팀목이 무너지자 어머니는 생활전선에 뛰어들어야 했다.

얼마 뒤 어머니마저 피를 토했다. 폐병이었다. 다니던 직장을 접고 어머니는 병원과 요양원을 전전했다. 1931년 여름 어머니도 끝내 세상을 등졌다. 열네 살 소년은 고아가 됐다. 자서전 안에서 이제 노인이 된 지은이는 일찍 떠난 어머니를 하염없이 그리워한다.

> "어머니가 몸져누워 있는 동안 나는 어머니에게 상처를 주지 않으려고 또 어머니의 기대를 저버리지 않으려고 어지간히 신경을 썼다. 어머니가 하는 말이라면 무조건 새겨들었다."

어머니는 죽음을 앞두고도 반듯했던 모양이다. "어머니가 흔들리지 않았던 것은 자긍심이 강하고 정직했기 때문이라고 생각한다."

고아가 된 소년 홉스봄은 삼촌이 살던 베를린으로 간다. 거기서 그는 또다시 20세기적 사건에 맞부닥친다. 나치(국가사회주의)의 '민족혁명'이 독일을 삼킬 듯 으르렁거렸고 반대쪽에선 공산당이 '프롤레타리아 혁명'을 외쳤다. 바이마르 공화국은 두 세력에 끼여 최후의 비명을 지르고 있었다. 유대인 피를 이어받은 데다 아버지의 국적을 따라 영국인의 정체성을 지녔던 홉스봄은 나치즘에 눈 돌릴 이유가 없었고, 허약하고 무력한 사회민주당에도 흥미를 느끼지 못했다. 남은 것은 공산당뿐이었다. 열다섯 살 김나지움 학생은 카를 마르크스의 『공산당 선언』을 읽고 공산주의자로 자처했다. 독일 공산당 계열의 사회주의 학생동맹에 가입해 정치활동을 시작했다. 상황은 파국적이었다.

"우리는 타이타닉호에 타고 있었다. 배가 조만간 빙산에 부딪힐 것이라는 걸 누구나 알고 있었다."

지은이는 자신이 정치운동에 투신한 이유를 긴박한 시대 분위기에서 찾는다. 기질만 놓고 보면 혁명 활동에 참여할 사람이 아니었다는 것이 그의 고백이다. "개인이든 집단이든 그 아이는 인간한테 관심이 없어 보였다. 세상사에 유난히 거리를 두고 살아가는 아이 같았다." 그는 호기심과 탐구열이 남달랐지만, 그 욕구를 충족시킬 일차적 대상은 독서였지 현실이 아니었다. 시대가 그를 현실로 밀어넣었다. 그러나 청소년기의 사회주의 운동도 아돌프 히틀러의 집권과 함께 끝나고 홉스봄은 1933년 4월 아버지의 나라로 떠밀리듯 건너간다. 그는 3년 뒤 장학생으로 케임브리지대학에 입학하고, 열여섯 살 이래 목표가 된 역사학을 전공한다. 대학 신입생 때 자신의 이념에 따라 공산당에 가입한 그는 이후 50여 년 동안 변치 않는 신념으로 공산당원 신분을 지킨다.

그러나 그가 그렇게 생애의 대부분을 바쳤던 공산주의 이념은 스탈린주의로 결정적 왜곡을 겪었고 20세기가 끝나기 전에 파산하고 말았다. 공산주의의 몰락은 그 자신의 삶을 떠받치던 축 하나가 무너진 것이기도 했다. 하지만 무너진 꿈도 꿈이다. 그 꿈이 왜 그를 그토록 사로잡았던가. 뜨겁게 달아오른 대중 시위에서 느끼던 개인과 집단의 일체감, 일종의 집단적 황홀경을 그는 첫 번째 이유로 꼽는다. "변증법적 유물론이라는 완벽하고 총체적인 지적 체계가 주는 미학적 매력"은 마르크스주의 이념 안에서만 얻을 수 있는 것이었다. 새로운 세상을 향한 유토피아적 전망과 "속물근성에 대한 참을 수 없는 지적 혐오감"도 공산주의에 빠져든 이유였다고 그는 말한다.

현실에서 거부당한 공산주의적 열정과 희망을 그는 여전히 가치 있는 어떤 것으로 여긴다. "성배를 포기할 때 우리는 스스로를 포기하는 것"이라는 '아서왕 이야기'의 한 구절을 앞세운 뒤 그는 이렇게 말한다. "자유와 정의라는 이상 없이, 자유와 정의를 위해 생명을 바친 사람들 없이 인류가 어떻게 살아갈 수 있겠는가?"

밀턴 평전 박상익 지음 / 푸른역사

청교도혁명의 논객
밀턴의 자유정신

서사시 『실낙원*Paradise Lost*』의 작가 존 밀턴John Milton(1608~1674)은 영문학 사상 가장 위대한 시인으로 꼽힌다. 그러나 그의 문학적 위대성에 비견되는 정치적 삶의 위대성은 많이 알려지지 않았다. 그는 투철한 공화주의자였고 탁월한 논객이었으며 종교개혁의 선봉이었고 언론자유의 비타협적 옹호자였다. 2008년은 이 혁명적 근대인이 태어난 지 꼭 400년이 되는 해다. 서양사학자 박상익 우석대 교수가 쓴 『밀턴 평전』은 근대의 여명기에 담대한 필설로 자유정신의 장관을 연출한 이 문인-투사의 생애와 사상을 밀도 있게 살핀 책이다. 밀턴 사상을 전문적으로 연구한 지은이는 이 평전에서 만년의 서사시인 밀턴이 아닌 장년의 산문작가 밀턴의 삶에 초점을 맞춤으로써, 정치혁명가이자 종교개혁가였던 밀턴의 모습을 부조한다.

 밀턴의 삶은 올리버 크롬웰Oliver Cromwell이 주도한 '청교도 혁명기'(1640~1660)를 중심으로 하여 그 전과 후를 포함해 세 시기로 나뉜다.
 1608년 런던에서 자수성가한 부르주아 집안의 아들로 태어난 밀턴은 열여섯 살에 케임브리지대학에 입학했다. 그 시대의 관례에 따라 대학을 졸업하면 성직자가 될 터였다. 그것은 부모의 뜻이기도 했다. 그러나 이 명민한 청년은 시대의 분위기도 아버지의 뜻도 따르지 않았다. 대학 시절 가슴속에 타오르기 시작한 시인의 열정이 그의 앞길을 휘감아 버렸다. 대학을 졸업하고도 6년이 더 지난 뒤 아버지는 아들의 뜻에 동의했다. 1638년 서른이 된 밀턴은 유럽 전역을 도는 긴 여행길에 올랐다. 위대한 시인이 되겠다는 막연한 열정은 있었지만 자신감이 확고히 서지 못했던 밀턴은 이 여행을 통해 소명에 대한 신념을 굳혔고, 잉글랜드인으로서 정체성에 눈떴다. "나는 모든 근면과 기예를 다 발휘해 나의 모국어를 아름답게 장식하는 데 사용할 것이다."

1년 6개월의 유럽 편력 끝에 돌아온 영국은 혁명의 열기로 후끈거렸다. 대학 시절에 벌써 급진적 프로테스탄트로서 억압적 시대상황에 민감하게 반응했던 밀턴은 서사시 집필 계획을 접고 정치투쟁의 전선으로 나아갔다. 당시 영국사회는 왕당파와 의회파, 국교도와 청교도가 첨예하게 대립하던 국면이었다. 찰스 1세는 국민의 뜻을 거스르고 의회를 해산한 뒤 전제정치를 행했다. 캔터베리 대주교 윌리엄 로드William Laud의 악행은 국민의 분노에 기름을 끼얹었다. 로드 대주교는 주교제를 비판하는 청교도들을 잡아들여 귀를 자르고 이마에 낙인을 찍는 형벌을 가했다. 1640년 의회파가 왕을 밀어내고 실권을 장악했다. 다시 소집된 의회는 사실상 혁명의회 구실을 했다. 정치적·종교적 개혁이야말로 이 시기 의회의 관심사였다. 개혁 열망을 누를 수 없었던 밀턴은 정치 논쟁에 뛰어들었다. 1641년 '종교개혁론'이라는 제목의 팸플릿을 필두로 하여 밀턴은 여러 편의 팸플릿을 잇따라 써내며 개혁 진영의 논객으로 등장했다.

신문도 잡지도 없었던 그 시대에 팸플릿은 거의 유일한 언론 매체였다. 청교도 혁명기 20년 동안 발행된 출판물이 2만 종이 넘었다.

"팸플릿의 내용은 다양했다. 평신도들은 저명한 성직자들의 설교를 반박했고,

일반 시민들은 의회에서 행해진 연설에 글로써 반응했다. 익명의 논객들이 주장을 펼치면 다른 익명의 논객들이 답변을 제시했다. 정치와 종교 문제에 관한 온갖 다양한 논쟁들이 넘쳐나는 시기였다."

지은이는 이 시기 팸플릿의 여론 형성이 21세기 초고속 인터넷의 디지털 여론 형성과 유사했다고 말한다.

그 논쟁의 한가운데서 밀턴이 과녁으로 삼은 것은 주교제라는 종교 행정체제였다. 밀턴은 영국 국교회의 고위 성직자들이 평신도들을 지배하며 전횡을 휘두르는 데 항거했다. 종교개혁은 곧바로 낡은 정치를 바꾸는 정치개혁과 통해 있었다. 밀턴은 주교제야말로 '절대 악'이라고 주장했다. 주교들은 "우리의 영혼에 대해 무지한 눈먼 안내자들"이었고, "우리의 지갑과 재산에 대해서는 지속적인 약탈과 강탈을 일삼았으며, 우리 국가에 대해서는 해를 끼치고 훼방하는 재난이요, 불화와 반란의 진원"이었다. 대중을 상대로 설교할 수 있는 성직자도 아니었고 의회에서 발언권을 가진 의원 신분도 아니었던 밀턴은 자신의 유일한 표현 수단인 팸플릿을 통해 개혁 논쟁에 불을 질렀다.

1643년 밀턴은 '이혼논쟁'이라는 또 다른 논쟁의 당사자가 되었다. 간통이나 성불구가 아니면 이혼할 수 없었던 법률에 대항해 밀턴은 '정신적 불일치'도 이혼의 사유가 돼야 한다고 주장했다. 이런 주장은 보수파의 거센 비난을 불러일으켰고, 밀턴은 '이혼자'라는 부당한 별명을 얻었다. 그 시절 이혼자라는 말은 '난봉꾼'이라는 의미와 다름없었다. 경건한 청교도였던 밀턴에게 이런 지칭은 씻을 수 없는 오명이었다. 밀턴의 이혼론은 급진적 정치사상을 내장한 것이었다. 이혼 문제에서 개인의 선택의 자유를 옹호한 것이었던 만큼, 그의 주장에는 자유정신이 배어 있었던 것이다. 1649년에 쓴 『왕과 행정관의 재직조건』이라는 팸플릿에서 밀턴은 "잘못된 결혼"이나 "잘못된 정부"가 "무가치한 속박"을 초래한다면 이런 계약은 구속력이 없다고 주장했다.

"공공의 선善이야말로 최고의 법이며, 이것은 신이 인간에게 부여한 올바른 이성에 의해 결정할 수 있다. 그러므로 인민은 전제군주를 폐위하거나 징벌할 권리를 갖는다."

그는 이혼을 정당화한 논거를 국왕 폐위 논거로 확장시켰던 것이다. 이 팸플릿을 쓸 무렵 크롬웰의 공화파가 찰스 1세를 반역죄로 재판해 처형하고 공화국을 성립시켰다. 여러 나라 언어에 능통했던 밀턴은 신생 공화국의 '외국어 장관'(외교부 장관)으로서 사실상 혁명정권의 대변인 구실을 했다. 그러나 반동의 물결은 11년 뒤 이 혁명 공화국을 삼켜버렸다. 공화국이 전복되기 직전인 1660년 밀턴은 『자유공화국 수립을 위한 쉬운 길』이라는 팸플릿을 써 왕정복고를 저지하려는 최후의 사투를 벌였다. 새 왕정 수립과 함께 체포된 밀턴은 가까스로 목숨을 구한 뒤 '내부적 망명자'가 됐다. 마흔네 살 때 두 눈을 실명한 밀턴은 어둠 속에서 영혼의 구원 문제에 몰두해 위대한 서사시 『실낙원』『복낙원 Paradise Regained』『투사 삼손 Samson Agonists』을 구술했다.

밀턴의 후예라 할 시인 윌리엄 워즈워스William Wordsworth는 1802년 밀턴을 기리며 이런 시를 썼다.

"밀턴, 그대야말로 우리 시대에 살아 있어야 하겠다./ (…)/ 지금 이 나라는 고인 물이 썩어가는 늪 같으니,/ 교회도, 군대도, 문학도, 가정도, 웅장한 부호의 저택도/ 마음속의 행복을 잃었도다./ 아, 우리를 일으키라. 우리에게 돌아오라."

■■ 언론 자유의 경전 『아레오파기티카』 ■■

존 밀턴은 근대 최초로 '표현의 자유'를 주창한 사람이었다. 후대에 '언론 자유의 경전'으로 불리게 된 『아레오파기티카*Areopagitica*』가 그의 자유사상 정신을 응집해 보여준 책이다. 밀턴은 이 소책자를 청교도혁명이 한창이던 1644년에 발표했다. 집필의 계기가 된 것은 당시 혁명의회의 다수파였던 장로파가 주도한 '출판허가법' 제정이었다. 출판허가법은 청교도혁명으로 폐기했던 출판 검열제를 부활시킨 것이나 다름없었다. 밀턴은 왕당파와 국교파에 대항해 함께 싸웠던 장로파가 혁명 정신을 배반하고 새로운 지배세력으로 등장해 사상을 억압하자 이들에 맞서 자유정신을 방어했다. 그리하여 『아레오파기티카』는 출판의 자유, 다시 말해 언론과 표현의 자유를 명시적으로 옹호한 최초의 저작이 되었다. 이 책에서 밀턴은 책을 생명과 진리의 담지자라고 강조했다.

"사람을 죽이는 자는 신의 형상인 이성적 창조물을 죽이는 것입니다. 그러나 좋은 책을 파괴하는 자는 이성 그 자체를 죽이는 것이며, 말하자면 눈에 보이는 신의 형상을 죽이는 것입니다."

그는 사전 검열이 사상의 자유 시장을 봉쇄하는 일이라고도 했다.

"진리와 거짓이 서로 맞붙어 싸우게 하십시오. 자유롭고 공개적인 경쟁에서 진리가 패배하는 일은 결단코 없습니다. 진리의 논박이야말로 [거짓에 대한] 최선의 억압이며 가장 확실한 억압입니다."

"진리가 전능한 신 다음으로 강하다는 것을 모르는 자가 누구입니까. 진리가 승리하기 위해서는 정책도 필요 없고 전략도 필요 없으며 검열제 또한 필요 없습니다. 그런 것들은 오류가 진리의 힘에 맞서 싸울 때 사용하는 수단이며 방책입니다. 진리에게 자유로운 공간을 제공해주십시오. 진리는 묶여 있을 때는 진실을 말하지 않습니다."

밀턴은 이 팸플릿에서 "나의 양심에 따라, 자유롭게 알고 말하고 주장할 수 있는 자유를, 다른 어떤 자유보다도 그런 자유를 나에게 달라"고 호소했다. 또 『아레오파기티카』를 출간하면서 표지에 이런 경구를 실었다.

"국가에 대해서 건전한 조언을 할 수 있는 사람이 자유롭게 말할 수 있고, 그렇게 할 수 있고 할 의지가 있는 사람이 칭송을 받을 때, 그리고 그렇게 할 수도 없고 할 의지도 없는 사람이 침묵을 지킬 수 있을 때 이것이 진정한 자유다."

『아레오파기티카』를 우리말로 옮긴 박상익 교수는 이 도저한 자유정신을 담은 저작에 대해 "사상과 표현의 자유에서 '마그나 카르타'(대헌장)"라고 평가한다.

톨스토이 앤드루 노먼 윌슨 지음 / 이상룡 옮김 / 책세상

'탕자에서 성자로', 역설과 모순의 작가 인생

2010년은 소설가 레프 니콜라예비치 톨스토이Lev Nikolaevich Tolstoi (1828~1910)가 세상을 뜬 지 100년이 되는 해다. 영국의 저술가 앤드루 노먼 윌슨Andrew Norman Wilson이 쓴 『톨스토이Tolstoy: A Biography』는 19세기 러시아가 낳은 이 문학적 거인의 82년에 이르는 삶을 찬찬히 살핀 전기다. 지은이는 냉정한 묘사의 메스로 톨스토이의 내면과 생활을 절개해 보여줌과 동시에 작가라는 위상을 넘어 사상가·종교인·구도자로서 그의 위대함이 형성되는 과정을 드라마틱하게 그려 보여준다. 지은이의 이야기 속에서 주인공은 '탕자에서 성자로' 긴 시간에 걸쳐 거듭난다. 그리고 그 두 가지 극단적 존재 방식 사이에 『전쟁과 평화』와 『안나 카레니나』라는 불후의 걸작을 쓴 작가 톨스토이가 놓인다.

　이 전기가 특히 주목하는 것은 톨스토이의 삶에 내재한 모순과 역설이다. "이 작가의 삶은 온갖 모순과 의혹으로 가득 차 있다. 톨스토이에 관한 역설은 셀 수 없이 많다." 지은이는 단적인 사례로 톨스토이에 대한 서구문학의 영향을 든다. "러시아 작가들 중에서 가장 러시아적 특성"이 강했던 톨스토이는 러시아 작가들이 아니라 영국과 프랑스 작가들의 영향을 받았다. 작품을 쓸 때마다 그는 영국 소설가 찰스 디킨스

Charles Dickens의 작품들을 먼저 읽고 집필의 동력을 얻었다. 그는 러시아 농민들과 더불어 살았으나, 그의 정신을 형성한 것은 서유럽의 사상이었다. 18세기 프랑스 계몽주의 시대의 급진 사상가 장 자크 루소를 십대 소년 시절에 읽기 시작해 평생 숭배했다. 또 피에르 조제프 프루동의 사상은 톨스토이의 아나키즘 사상에 커다란 영향을 주었다.

톨스토이의 일생은 두 혁명적 사건 사이에 놓여 있다. 그는 1825년 데카브리스트 반란 3년 후에 태어나 1917년 10월 혁명 7년 전에 죽었다. "마치 그는 1825년 12월 혁명과 1917년 10월 혁명이라는 두 혁명 사이에 누에고치처럼 갇혀버린 꼴이었다." 19세기를 온통 반역과 저항으로 흔들어놓을 혁명적 운동의 출발점이었던 데카브리스트 반란은 최종적으로 20세기 벽두에 터진 1917년 러시아혁명으로 귀결했다. 그 두 거대한 사건 사이에서 살다간 그는 자기 내부에 러시아의 격동과 갈등을 응축시키고 있었다. 그는 체르니솁스키 같은 급진 혁명가들과도 생각이 달랐고 투르게네프 Ivan Turgenev 같은 자유주의자들과도 거리를 두었지만, 이들의 사상을 나름대로 흡수해 톨스토이식 민중주의로 발효시켰다.

가난하고 순박한 농민들 속에서 안식처를 발견하고자 했던 톨스토이는 19세기 러시아의 위대한 작가들 가운데 계급이 가장 높은 귀족 출신이었다. 그의 어머니는 공작의 딸이었고, 아버지는 백작이었다. 톨스토이의 삶에서 특히 어머니의 혈통은 근원적인 의미를 지닌다. 그의 삶의 터전이었던 영지와 저택을 어머니로부터 물려받았기 때문이다. 모스크바에서 남쪽으로 200킬로미터 떨어진 곳에 톨스토이의 저택 '야스나야 폴랴나'('숲속의 밝은 터'라는 뜻)가 있었다. 어머니는 볼콘스키 공작의 외동딸이었다. 공작이 죽은 뒤 어머니는 아버지에게서 물려받은 영지와 농노와 저택을 지참금으로 삼아 톨스토이 백작과 결혼했다. 두 사람은 다섯 아이를 낳았고, 레프 톨스토이는 그중 넷째였다. 어머니는 레프가 두 살 때, 아버지는 레프가 아홉 살 때 세상을 떠났다. 레프는 열아홉 살

이 됐을 때 부모의 유산을 받았는데, 당시의 관습대로 막내아들인 그에게 부모가 살던 저택과 영지가 할당됐다.

톨스토이의 내적 모순 가운데 가장 격렬했던 것은 '탕자와 성자' 사이의 모순일 것이다. 그의 내부에서 탕자와 성자는 쉴 새 없이 으르렁거리며 싸웠고, 특히 젊은 시절 내내 탕자는 날뛰는 말처럼 톨스토이의 정신과 육체를 짓밟았다. 10대 청소년기에 정욕의 세계에 눈을 뜬 톨스토이는 끝없는 색탐으로 정열을 낭비했다. 술과 도박과 여자에 빠져 허우적거리는 세월이었다. 그런 방탕 중에 열아홉 살 톨스토이는 성병에 걸렸고, 병원에 입원해 있던 중 일기를 쓰기 시작했다. 평생 동안 계속될 습관의 시작이었다. 그 일기에 그는 이렇게 썼다.

"만약에 내가 유용한 삶의 목적을 찾지 못한다면 나는 가장 불행한 사람이 될 것이다. (…) 나는 내 온 생을 걸고 소중한 삶의 목적을 성취하기 위해 끊임없이 노력할 것이다."

그러나 탕자의 방황은 쉬 끝나지 않았다. 1851년 군대에 들어간 것은 이런 어지러운 삶에서 벗어나려는 의지의 소산이었다고 이 책은 말한다. 군대에 있던 5년 동안 톨스토이는 소설을 쓰기 시작했다. 1862년 서른네 살의 톨스토이는 베르스 가문의 둘째 딸 소피아와 결혼한다. 이 결혼은 톨스토이에게 『전쟁과 평화』와 『안나 카레니나』라는 러시아문학의 상징과도 같은 작품을 쓸 정신적 안정을 주었다. 그러나 그 결혼은 뒤로 갈수록 격렬해질 불화, "결혼의 역사에서 다른 예를 찾아보기 힘들 정도로 증오가 가득한 가정불화"의 시작이기도 했다. 『안나 카레니나』를 완성하고 난 뒤, 1878년 영적인 각성을 한 쉰 살의 톨스토이는 새로운 종교적 삶으로 난 길을 걷는 구도자가 된다. 그 구도자는 마침내 성자의 위엄을 얻게 된다고 이 전기는 말한다.

엥겔스 평전   트리스트럼 헌트 지음 / 이광일 옮김 / 글항아리

마르크스의 혁명 동지
엥겔스의 삶

프리드리히 엥겔스Friedrich Engels(1820~1895)와 카를 마르크스는 역사상 가장 유명한 사상적 동지다. 엥겔스가 없었다면 마르크스는 그 엄청난 이론적 업적을 남기지 못했을 것이며, 마르크스가 없었더라면 엥겔스는 한 세기를 휩쓴 정치운동의 상징 가운데 한 사람이 되지 못했을 것이다. 사태를 좀더 명확하게 말하면, 마르크스는 1848년 『공산당 선언』이 발표된 이래 국제 공산주의 운동의 얼굴이었고, 엥겔스는 언제나 그 뒷자리에 서 있었다. 공산주의 종주국 소련이 망한 뒤에도 마르크스는 자본주의의 엄청난 생산력과 역동성을 통찰한 사람으로 금세 다시 조명을 받았으나, 엥겔스는 현실 사회주의 몰락과 함께 사실상 잊힌 존재가 됐다. 영국 저술가 프랜시스 윈의 『마르크스 평전』이 공산주의 파산이 선고된 지 10년 뒤인 1999년에 나온 것은 상징적이다. 영국의 소장 역사학자 트리스트럼 헌트Tristram Hunt(런던대학 퀸메리 칼리지 교수)가 2009년에 펴낸 『엥겔스 평전 The Frock Coated Communist』은 엥겔스를 이렇게 홀대해서는 안 된다고 말한다. 그는 엥겔스가 받아야 할 정당한 역사적 자리를 배정해준다.

이와 함께 이 전기는 부제 '프록코트를 입은 공산주의자'가 암시하

는 대로, 엥겔스의 복합적이고 모순적인 삶을 해부한 책이기도 하다. 아마도 엥겔스는 자본가로 살면서 자본주의 타도 운동을 지도했던 유일한 인물일 것이다. 그는 독일 라인란트 지방 부퍼탈에서 방적공장을 운영하는 산업 자본가 집안의 장남으로 태어나, 아버지가 영국 맨체스터에 동업자와 함께 세운 공장을 맡아 운영했다. 동시에 엥겔스는 상류층의 스포츠인 여우사냥을 다니고 최고급 포도주를 즐겨 마시고 매력적인 여성들과 어울리며 인생의 온갖 즐거움을 탐하는 전형적인 부르주아의 삶을 산 사람이기도 했다. 그런가 하면 엥겔스는 부르주아 결혼제도를 거부한 사람이기도 했다. 아일랜드 노동자계급 출신의 메리 번스와 20여 년 동안 동거했으며, 메리가 죽자 그 여동생 리지 번스와 다시 15년을 살았다.

엥겔스가 자본가의 삶을 산 것은 절반쯤은 아버지의 압박을 받아들인 결과였다. 엥겔스는 평생 아버지와 불화했다. 열일곱 살 때 김나지움을 자퇴한 것도 아버지가 보기에 인생에 아무 쓸모없는 '문학 나부랭이'나 끼고 사는 것이 못마땅해서 내린 결정이었다. 엥겔스는 아버지 사업을 전수받는 일에 투입됐으나, 마음은 계속 딴 세계를 향했다. 스무 살 무렵 엥겔스는 독학으로 헤겔을 공부해 청년 헤겔파, 곧 반체제적 철학운동에 눈을 떴다. 1841년 프로이센 군대에 입대해 베를린의 포병 근위대에 배속된 엥겔스는 1년 동안 청강생으로 베를린대학에 드나들었다. 이 무렵 베를린대학 철학교수로 부임한 사람이 프리드리히 셸링 Friedrich Schelling이었다. 젊은 날 헤겔의 동지였다가 이내 갈라져 원수가 된 셸링은 헤겔철학이 낳은 청년좌파들의 사상을 때려 부수라는 특명을 받은 터였다. 셸링의 강좌가 열린 '베를린대학 6호실'은 '19세기 유럽 준재들의 집결지'였다. 야코프 부르크하르트Jacob Burckhardt, 미하일 바쿠닌Mikhail Bakunin, 쇠렌 키르케고르가 함께 강의를 들었고, 엥겔스는 교실 맨 앞자리에 앉아 자신의 철학적 스승에게 논리의 포격을 가하는 셸링의 강의를 열심히, 그러나 마음으로 논박하면서 받아 적었다.

엥겔스의 삶에서 결정적인 전환점은 마르크스라는 평생 동지를 만난 일일 것이다. 엥겔스는 마르크스가 『라인신문』 편집장을 하던 1842년 우연히 신문사에 들러 장래의 인생 파트너를 잠깐 만난 적이 있었다. 싱거운 만남이었다. 그러다 1844년 여름 파리에 망명 중이던 마르크스를 다시 만났다. 이번에는 완전한, 되돌릴 수 없는 의기투합이었다. 이때부터 '제1바이올린을 보조하는 제2바이올린'의 삶이 시작됐다. 1849년 마르크스 가족이 런던에 망명한 뒤 엥겔스는 맨체스터 공장을 이어받아 20년 동안 공장주 노릇을 했다. 거기서 나오는 수입으로 마르크스의 생계를 뒷받침했다. 마르크스는 엥겔스의 헌신적인 지원 덕에 『자본』이라는 프롤레타리아 해방의 이론적 무기를 벼려낼 수 있었다.

이 전기는 엥겔스의 독자적인 삶이 1883년 마르크스가 죽고 난 뒤에 열렸다고 말한다. 그러나 그 삶도 먼저는 마르크스 사상을 보위하고 마르크스주의 혁명이론을 널리 퍼뜨리는 데 바쳐졌다. 엥겔스의 중요한 과업은 마르크스가 초고 상태로 남기고 간 『자본』의 원고들을 정리해 제2권(1885), 제3권(1894)으로 갈무리해낸 일이었다. 1889년 엥겔스는 유럽의 사회주의 운동 분파를 아울러 새로운 국제노동자협회(제2인터내셔널)를 결성했다. 제2바이올린이 마침내 제1바이올린으로 등장한 순간이었다.

1890년대의 엥겔스는 독일 사회민주당의 의회주의 전략을 적극 지지했다. 대중민주주의 시대에 걸맞은 정치 전략의 수정이었다. 엥겔스는 "의식 있는 소수가 의식 없는 대중을 끌고 가는 혁명의 시대는 지났다"고 선언하기도 했다. 의회와 투표를 통해 집권할 수 있다면 그런 방법을 적극 구사해야 한다는 것이었다. 이 시기에 엥겔스는 초기 기독교 역사를 연구해 프롤레타리아 운동의 한 원형을 거기서 발견했다.

"노동계급 운동과 마찬가지로 기독교도 원래는 억압받는 자들의 운동이었다. (…) 양쪽 다 박해당하고 괴롭힘당했다. (…) 그런데 그 모든 박해에도 불구하고, 아니, 오히려 거기서 자극을 받아 멈추지 않는 승리의 행진을 계속한 것이다."

1895년 엥겔스가 숨을 거두었을 때 후배 빌헬름 리프크네히트는 "친구요 조언자요 지도자요 전사"였던 "정신의 거인"을 잃었다고 추도했다.

빅토르 세르주 평전 수전 와이스먼 지음 / 류한수 옮김 / 실천문학사

아나키스트의 심장, 볼셰비키의 두뇌

1917년 러시아혁명은 인간의 집합적 의지가 세상을 바꿀 수 있다고 믿은 사람들이 일으킨 혁명이었다. 혁명은 낙관과 희망과 열정의 힘으로 이루어졌지만, 혁명이 한번 터놓은 역사의 물길은 거대한 소용돌이를 일으키며 사람들을 집어삼켰다. 혁명가들의 의지는 역사의 냉혹한 질주에 부딪혀 깨졌다. 러시아혁명은 스탈린주의로 귀결했다. 인간해방을 꿈꾸던 이들 가운데 많은 수가 출세에 눈멀어 변절했고, 더러는 투항했으며 일부는 삶을 포기했다. 역사의 소용돌이 속에서 안간힘 쓰며 끝까지 저항했던 사람은 소수였다. 빅토르 세르주Victor Serge(1890~1947 · 본명 빅토르 키발치치)는 그 소수 가운데 한 사람이었다.

　세르주는 정치 망명객 집안에서 태어나 그 자신이 정치 망명객이 되어 죽었다. 그의 아버지는 러시아 황제의 근위대 기병이자 '혁명적 인민주의자' 그룹의 지하혁명가였다. 1881년 차르 암살 사건에 연루돼 서방으로 탈출한 아버지는 1890년 벨기에 브뤼셀에서 아들 빅토르를 낳았다. 빅토르 세르주는 러시아혁명이 일어나자 1919년 아버지 나라로 들어가 볼셰비키혁명에 참여했다. 그러나 그는 스탈린 체제 아래서 투옥과 유형을 겪는 패배자로 떨어졌고, 1936년 서방으로 망명해 10여 년

뒤 멕시코에서 죽었다.

세르주는 혁명의 공식 역사에서 거의 완전히 사라진 존재였다. 스탈린주의와 그 유산이 지배하던 동안 이 반스탈린 투사는 역사의 배경 저 뒤쪽에 유폐돼 있었다. 소련이 붕괴한 1991년에야, 그러니까 그가 태어나고 100년이 지난 뒤에야 이 영원한 혁명가에게 조명이 비쳐들었다. 수전 와이스먼Susan Weissman(미국 세인트메리대학 정치학 교수)이 2001년 펴낸 『빅토르 세르주 평전 Victor Serge: The Course is Set on Hope』은 뒤늦게 재발견된 이 혁명가를 복권시키고 그의 사상과 혁명의 행로를 밝힌 책이다.

세르주가 오랫동안 인멸 상태에 있었던 것은 어느 당파에도 완전히 몰입하지 않은 그의 독립적 정신에도 원인이 있다. 열다섯 살 어린 나이에 벨기에 사회당에 가입했던 그는 얼마 지나지 않아 이 당의 '개량주의'에 실망해 아나키즘으로 눈을 돌렸다. 프랑스와 스페인에서 아나키스트로서 투쟁하던 그는 그의 동지들이 "권력의 문제와 대결하는 데 무능하다는 것에 환멸"을 느꼈다. 아나키즘에는 혁명에 필요한 의지도 실천도 이론도 부족하다는 걸 절감한 그는 러시아혁명을 이끈 볼셰비키의 강인하고도 전투적인 권력의지에서 희망을 발견했다. 1919년 5월 러시아 공산당에 가입한 그는 백군의 반혁명에 대항한 적군의 내전에 참여했다. 세르주는 과거의 동지였던 아나키스트들이 볼셰비키를 지지하지 않는 것은 결국 반혁명을 지지하는 행위가 된다고 보았다.

그렇다고 해서 그가 볼셰비키에 조건 없이 동참한 것은 아니었다. 그는 볼셰비키의 권위주의적 중앙집권주의를 언제나 불편한 마음으로 바라보았다. 그의 내부에서는 아나키즘의 '정서'와 볼셰비즘의 '정치'가 언제나 긴장 관계를 이루고 있었다. 러시아에서 일어난 혁명은 '자유의 실현'을 궁극의 목표로 삼았지만, 그 목표를 이루는 일차적 수단은 '집단의 규율'이었다. 세르주는 집단의 규율을 혁명 수단으로 인정하지 않을 수 없었다. 동시에 그는 "혁명이라는 싹에 든 권위주의라는 벌레"를 경계해 마지않았다. 러시아혁명은 권위주의라는 벌레가 혁명의 싹을 먹어치우는 쪽으로 전개됐다. 레닌 사후 이오시프 스탈린이 권력을 장악하자 그는 레온 트로츠키를 정점으로 한 '좌익반대파' 진영에 합류했다. 그것은 과거의 동지에게 굴욕당하고 핍박받는 비극을 자청하는 일이었다. 세르주는 1928년 당에서 제명당하고 감옥에 갇혔으며 시베리아로 유형당했다.

1936년 '모스크바 대숙청'이 시작되기 직전 러시아를 탈출한 그는 트로츠키와 함께 반스탈린주의 혁명운동을 벌였다. 그러나 이 영원한 반항자는 트로츠키와도 완전한 일치를 보지 못했다. 트로츠키와의 불일치는 1921년의 '크론시타트 수병 반란' 때 벌써 벌어졌다. 혁명이 보장한 자유와 권리를 달라고 일어선 이 혁명 동지들의 봉기를 볼셰비키당은 무자비하게 진압했는데, 그 선봉에 트로츠키가 서 있었다. 세르주는 크론시타트 반란이 타협을 통해 진정될 가망이 있었는데도, 당이 봉기를 반혁명세력의 준동으로 규정하고 뭉개버린 것이야말로 미래의 스탈린주의적 권위주의의 출발이었다고 주장했다. 트로츠키는 세르주를 혁명의 논리를 투철하게 인식하지 못하는 '수다쟁이 도덕군자'라고 비난했다.

세르주를 끊임없이 고민에 빠뜨린 문제는 스탈린주의의 반인간적 억압체제가 과연 볼셰비즘의 필연적 결과냐는 것이었다. 그의 최종 결론은 "필연적 결과가 아니었다"는 것이었다. "당의 권위주의적 중앙집권화에 스탈린주의의 씨앗이 들어 있었지만, 볼셰비즘에는 레닌이 1917~1918년에 세우려고 애쓴 새로운 민주주의의 씨앗도 들어 있었다." 어떤 씨앗을 키울 것이냐는 인간의 의지와 행동의 문제라고 생각했던 것이다. 세르주는 관찰자가 아니라 행동가였고 실천가였다. 아무리 상황이 나빠도 "희망행 항로"를 틀 수는 없다고 그는 생각했다. 종교적 신념과도 같은 낙관주의가 그의 삶 전체를 관통하고 있었다. 혁명가이자 역사가였고 소설가였던 그는 자서전 『한 혁명가의 회상』에서 이렇게 밝혔다.

"삶에서 유일한 의미는 역사를 만드는 일에 의식적으로 참여하는 데 있다."

1943년 쓴 소설 『마지막 시간』에서는 또 이렇게 말했다.

"어린아이가 걸음마를 배우기 전에 얼마나 여러 번 넘어집니까? 인간의 운명은 밝을 겁니다."

사르트르 평전 베르나르 앙리 레비 지음 / 변광배 옮김 / 을유문화사

신철학자 레비가 그린 '사르트르의 세기'

『사르트르 평전 *Le Siècle de Sartre*』은 프랑스 '신철학'의 기수 베르나르 앙리 레비Bernard-Henri Lévy가 장폴 사르트르 20주기를 맞아 2000년에 출간한 책이다. 원제가 '사르트르의 세기'인 이 평전은 철학자가 쓴 철학자 평전답게 통상의 전기물과 뚜렷이 구분된다. "사팔뜨기이자 콧소리 나는 작은 목소리의 키 작은 남자"에 관한 전기라면, 그 전기의 주인공이 언제 어떻게 '사팔뜨기'가 됐는지 알려주는 게 보통일 터인데, 이 평전에서는 그런 전기적 사실에 대한 친절한 서술을 찾아보기는 어렵다. 대신 이 평전은 사르트르라는 인간이 만들어간 사유의 역사를 충실히 되밟고, 그와 얽힌 당대 모든 지식인·사상가들을 불러들임으로써 사르트르를 중심에 세운 20세기 지성사를 창출한다. 레비의 서술 속에서 20세기는 그대로 '사르트르의 세기'가 된다.

 이 책이 그렇게 사유의 역사를 밟는다 하더라도, 시작부터 사유 속으로 직진하는 것은 아니다. 지은이는 이 책의 중간쯤에서 사르트르가 전기라는 장르의 요건에 대해 한 발언을 인용하고 있다. "전기라고 하는 것은 아래로부터, 발로부터, 다리로부터, 성기로부터, 요컨대 신체의 다른 부분으로부터 시작해야 한다." 전기는 "신체 전체의 요약"이 돼야 한

다. 사르트르의 이 말을 충실하게 따른 것이 레비의 이 평전이다. 그리하여 이 책은 사르트르의 하복부에서, 다시 말해 그 유명하고도 지칠 줄 모르는 여성 편력에서 이야기를 시작한다.

"나는 오직 여자들을 유혹하기 위해 글을 썼다"라고 공공연하게 이야기한, 이 게걸스러운 정복자의 모습에 뒤이어 사르트르의 영광이 전개된다. 1945년 마흔 살을 기점으로 하여 사르트르는 지식인을 대표하는 지식인이 된다. "사르트르의 등장은 마치 솟아오름과 같았다." 지은이는 사르트르의 출현을 "세계의 탄생" "정신의 혁명"에 빗댄다. 그가 가는 곳마다 열광을 넘어 광기가 흘렀고, 충격과 진동과 범람이 일었다. 사르트르는 그 자신이 하나의 '정당'이었고, '국가'였고, '국가원수'였다. 사르트르의 이런 영광에 비례해 그에 대한 증오도 커졌다. 증오하는 사람들이 보기에 사르트르는 "그 혼자만으로도 내전을 일으키는 전쟁기계"였다.

지은이는 명성과 오명 사이를 자유롭게 유목하던 이 '절대적 지식인'이 '초기 사르트르'와 '후기 사르트르'로 명확하게 갈린다고 말한다. '인식론적 단절'을 연상시키는 그 구분이 이 평전의 특징이기도 하다. 지은이는 사르트르가 사르트르로서 자립하기 위해 두 명의 막강한 적수를 이겨내야 했다고 말한다. 문학의 영역에서 앙드레 지드, 그리고 철학의 영역에서 앙리 베르그송이 그들이었다. 사르트르는 조이스James Joyce · 헤밍웨이Ernest Hemingway · 포크너William Faulkner 같은 영미 작가들을 탐독함으로써 지드의 자장에서 탈출했으며, 베르그송을 극복하려는 투쟁에 후설 · 하이데거 · 니체와 같은 독일 철학자들을 용병으로 기용했다. 지은이가 주목하는 사르트르의 위대함은 문학과 철학을 포함해 모든 지식 장르를 동시에 구사하고 동시에 엮어내는 '총체적 지식인'의 모습에 있다. 그 총체성으로 사르트르는 지드와 베르그송을 넘어 사르트르 자신이 되었다. 그것은 "스피노자이자 스탕달이 되고 싶다"던 소망의 실현이기도 했다. 그 승리의 월계관이 소설 『구토 La Nausée』 (1938), 철학서 『존재와 무』(1943)였다고 지은이는 말한다.

그런 승리의 과정에서 '초기 사르트르'의 진면목이 드러났다. 지은이는 여기서 또 한 번 독특한 주장을 펴는데, 그것은 이 초기 사르트르가 20세기 후반 프랑스를 수놓은 무수한 탈근대적 사유의 출발점이었다는 주장이다. 사르트르야말로 '이론적 반인간주의' '주체의 죽음'의 선구자였다는 것이다. 이 주장이 도발적인 것은 탈근대철학의 대표자들, 이를테면 알튀세르·푸코·들뢰즈가 하나같이 사르트르를 '주체의 철학자' '인간주의(휴머니즘) 옹호자'라고 비판한 사실과 대립하기 때문이다. 지은이는 『구토』와 『존재와 무』 같은 저작에서 이미 사르트르의 반휴머니즘적 주체 비판이 뚜렷하게 나타난다고 말한다.

이 책이 지닌 세 번째 독특함은 후기 사르트르에 대한 평가다. 이 시기, 그러니까 1952년 이후 사르트르는 공산주의 운동의 동반자가 되고 스탈린주의 소련을 옹호하며 마오쩌둥주의자들의 막역한 친구가 된다. 완전한 자유를 주창하고 그것을 실천하던 전기의 '실존주의자' 사르트르가 여기서 자신을 이념과 운동에 구속시키는 존재가 된다. 그런 변신의 바탕을 철학적으로 보여주는 저작이 『변증법적 이성 비판』(1960)이라고 지은이는 말한다. 이 저작은 후기 사르트르의 사유가 집적된 대표작으로 평가받지만, 지은이는 이 책이야말로 사르트르의 철학적 실패를 보여주는 저작이라고 단언한다. 사르트르가 헤겔이라는 거대한 정신에 맞서 일대 결전을 벌였지만 그 헤겔에게 패배한 뒤 헤겔주의의 동일성·주체성 철학으로 떨어지고 말았고, 그런 패배의 정치적 발현이 교조적 좌익 운동 투신이었다는 것이다. 지은이는 전기의 실존주의 자유 투사 사르트르를 사랑하고 후기의 공산주의 동반자 사르트르와 거리를 두려 한다.

폴 포트 평전 필립 쇼트 지음 / 이혜선 옮김 / 실천문학사

폴 포트
혹은 유토피아의 악몽

폴 포트Pol Pot(1925~1998)라는 이름은 악명이라기보다는 차라리 악몽이다. 이 캄보디아 공산주의 지도자의 이름은 즉각 '킬링필드'와 연결된다. 100만 명이 넘는 캄보디아 인민들을 죽음의 구렁텅이로 몰아넣은 이 대참사의 책임은 오로지 폴 포트 한 사람에게 돌려진다. 반공 진영이 만들어낸 이 극악한 신화의 이미지는 아직도 사라지지 않았다. 이 신화는 얼마나 진실에 가까운 것일까? 폴 포트는 어느 정도 책임이 있는 것일까? 영국 언론인 필립 쇼트Philip Short가 쓴 『폴 포트 평전Pol Pot: Anatomy of a Nightmare』은 20세기 후반 캄보디아 비극의 주역 가운데 한 사람인 폴 포트를 면밀히 살펴 이 질문에 답하는 책이다.

    1970~1980년대에 중국과 캄보디아에서 주로 활동했던 지은이는 집권 2년 뒤인 1977년 중국을 방문한 폴 포트를 처음 가까이서 보았다고 한다. 그는 당시에 폴 포트의 매력과 카리스마, 초연한 모습에 마음이 끌렸다고 한다. 그러나 이 매력적인 인물은 머지않아 캄보디아를 광기의 도가니로 빠뜨린 사람으로 드러났다. 뒷날 지은이는 폴 포트가 이끌던 무장조직 크메르 루주Khmer Rouge(붉은 크메르)의 본거지까지 들어가 이 조직의 핵심 인사들을 오랜 시간 인터뷰했다. 거기에 방대한 자료

를 더해 폴 포트와 크메르 루주에 관한 역사를 구성했다.

폴 포트의 본명은 살로트 사르Saloth Sar다. 이 책은 평범한 남자 살로트 사르가 냉혹하기 이를 데 없는 이념가 폴 포트가 되는 과정을 추적한다. 살로트 사르의 젊은 시절은 '뚜렷한 특징 없음'을 특징으로 한다. 다소 여유 있는 집안에서 태어난 그는 아홉 살 때 불교 국가의 전통에 따라 1년 동안 절에서 사미승(어린 남자 승려) 노릇을 했다. 지은이는 불교야말로 훗날의 폴 포트에게 깊은 영향을 끼친 사상이었다고 말한다. 당시 캄보디아는 프랑스의 식민 지배를 받고 있었다. 절을 나온 살로트 사르는 프랑스 신부들이 운영하는 초등학교에 들어가 프랑스어를 배웠다. 어린 시절 살로트 사르는 공부를 뛰어나게 잘하는 학생은 아니었다. 십대 소년은 예의 바르고 유머 감각이 있고 잘 웃었다. "병아리 한 마리 해치지 못하는 아주 귀여운 아이"였다. 스물네 살의 살로트 사르는 인생의 전환점을 맞았다. 정부 장학생으로 선발돼 프랑스 유학길에 오른 것이다. 파리에서 캄보디아 유학생들과 어울리면서 그의 정치의식은 서서히 깨어났다. "크메르 루주의 대참사를 설계한 살로트 사르와 그의 동료들은 모스크바나 베이징이 아닌 파리에서 그 이념의 토대를 세웠다." 1951년 살로트 사르는 '마르크스 클럽'에 가입하고 얼마 뒤 프랑스 공산당에 들어갔다.

지은이는 폴 포트와 그의 동지들의 정신세계를 만든 것으로 스탈린주의와 마오주의, 그리고 프랑스혁명 사상을 든다. 그들은 스탈린이 1938년에 쓴 『소련 공산당사』를 읽었다. 그 책에서 스탈린은 이렇게 썼다. "우리는 건강한 몸에 생긴 질병을 가만히 두지 않는 것처럼 당내의 기회주의자를 묵인하지 않는다." 마오쩌둥이 쓴 「신민주주의론」도 읽었다. 마오쩌둥의 논문에서 그는 캄보디아와 같은 농업국가가 곧바로 사회주의 혁명을 이룰 수 있다는 이론적 보증을 얻었다. 더 결정적인 것은 프랑스혁명에 대한 지식이었다. 살로트 사르는 어느 날 파리 헌책방에서 표트르 크로폿킨Pyotr Kropotkin이 쓴 『프랑스 대혁명』을 구해 탐독했다. 거기서 그는 세 가지를 얻었다. 첫째, 혁명을 위해서는 지식인과 농민이 연대해야 하고 둘째, 혁명은 타협이나 중단 없이 끝까지 진행돼야 하고 셋째, 평등주의야말로 공산주의의 요체라는 것이 그가 찾아낸 핵심이었다.

1953년 조국에 돌아온 살로트 사르는 무장저항조직에서 활동하다 1963년 캄푸치아노동당 서기장이 됐다. 그리고 12년 뒤 그는 프놈펜을 장악하고 혁명정부를 출범시켰다. 지은이는 1975년부터 1978년까지 이어진 대참사의 원인으로 먼저 1970년 이래 계속된 미국의 무자비한 공습을 지목한다. 캄보디아 밀림에 미국은 50만 톤이 넘는 폭탄을 쏟아부었고, 이로 인해 수십만 명의 캄보디아인이 살육당했다. 공포에 질린 농민들은 도시로 피난했는데, 1970년부터 5년 동안 수도 프놈펜 인구는 65만 명에서 250만 명으로 폭증했다. 폴 포트 정권은 미국의 무차별 공습 시기에 급속도로 과격해지고 폭력화됐다. 스탈린주의와 마오주의의 폭력적 요소가 그대로 실천될 토양이 갖추어졌다.

도시는 부패했고 오직 농민만이 오염되지 않았다는 사고는 대참사를 키우는 이념적 원인이 됐다. 수백만 도시민을 가차 없이 소개해 농촌으로 내려보낸 것이다. 수십만 명이 이 과정에서 굶어죽고 병사했다. 지은이는 폴 포트 정권이 인류사의 새 이정표를 세우고 싶어했음을 강조한다. 지상에 유토피아를 세우려 했던 것인데, 그것은 모든 도회적이고 개인주의적인 것을 말소한 상태를 가리켰다. 지은이는 마르크스-레닌주의를 소승불교의 사상으로 변형한 것이 폴 포트의 이념이었다고 말한다. 폭력혁명론에 입각해 불교의 금욕적 삶을 철저하게 실현하는 것이야말로 그의 목표였다는 것이다. 그러나 그 순수한 이념은 악몽으로 끝나고 말았다.

메트로폴리탄 게릴라 박홍규 지음 / 텍스트

루이스 멈퍼드,
작은 것을 사랑한 아나키스트

박홍규 영남대 교수가 쓴 『메트로폴리탄 게릴라』는 20세기 미국의 전방위 지식인 루이스 멈퍼드Lewis Mumford(1895~1990) 전기다. 국내에 거의 알려져 있지 않은 멈퍼드라는 예외적인 인간의 삶과 사상을 비교적 상세하게 알려주는, 한국어로 된 첫 책이다. 지은이는 멈퍼드가 스물일곱 살 때 쓴 첫 저작 『유토피아 이야기 The Story of Utopias』도 번역해 이 전기와 함께 펴냈다. 플라톤의 유토피아에서부터 현대의 유토피아까지 2,500년 유토피아 사상사를 개괄하는 책이자 뒷날 만개할 멈퍼드 사상의 싹을 고스란히 보여주는 책이 『유토피아 이야기』다.

　지은이는 멈퍼드를 '모든 거대한 것에 저항한 사람'이었다고 요약한다. 거대도시·거대기계·거대예술·거대이념이 모두 멈퍼드의 적이었다. 거대한 것은 왕이나 권력자나 자본가 같은 거대인간들이 추구하는 것이며, 그러므로 모든 거대는 추악하다고 멈퍼드는 생각했다. 멈퍼드는 거대한 것의 반대편에 소박한 것을 놓았다. 소박한 것이 아름답다고 그는 주장했다. 바로 그런 점에서 멈퍼드의 저작은 거대한 것을 맹목적으로 찬양하고 추구하는 우리 시대의 거대신화를 해체하고 무너뜨리는 데 사상적 무기를 제공해준다고 지은이는 말한다.

멈퍼드는 다방면의 지식을 두루 섭렵한, 그리고 그 모든 분야에서 독창적인 업적을 남긴 사람이었다. 그는 20세기 최초의 도시연구자·도시사학자였고 건축비평가였으며, 문학·예술 전반에 대해 글을 쓴 문예비평가였고, 인류의 역사를 문명사적 차원에서 조망한 문명비평가였다. 그렇게 넓은 지적 시야를 그는 '주경야독晝耕夜讀'의 삶을 통해 확보했다. 가난한 미혼모의 사생아로 태어난 멈퍼드는 뉴욕 한가운데 맨해튼에서 자랐다. 기술고등학교를 졸업한 멈퍼드는 열일곱 살 때 뉴욕시립대 야간부에 입학했다. 등록금이 싸다는 이유로 택한 곳이었는데, 그는 그곳을 2학년까지 다니고 중퇴했다. 이때부터 그는 독학으로 사상의 지평을 넓혀나가기 시작했다.

스물두 살 때 그는 평생 '제너럴리스트generalist'로 살겠다는 결심을 한다. 『유토피아 이야기』 서문에서 그는 제너럴리스트라는 말을 이렇게 정의한다.

"제너럴리스트는 개별적인 부분을 상세히 연구하기보다 그러한 파편들을 질서 있고 의미 있는 패턴 속에 통합하는 것에 더욱 흥미를 느끼는 사람을 말한다."

지은이는 이 제너럴리스트를 '르네상스적 전인'이라는 뜻으로 이해한다. 멈퍼드의 모델이 되었던 것이 미켈란젤로나 다빈치Leonardo da Vinci 같은 르네상스인들이었고, 멈퍼드의 이후 삶이 그런 사람들과 유사한 전인적 면모를 보여주기 때문이다.

제너럴리스트가 '파편들을 패턴 속에 통합하는' 사람인 이상 '일관된 사상의 틀'이 있다는 뜻일 터인데, 지은이는 멈퍼드에게 그런 틀 구실을 한 것이 '아나키즘'이었다고 말한다. '자유로운 개인이 분권적 지역 자치 안에서 자연과 조화를 이루며 사는 삶'을 일관성 있게 지향했다는 것이다. 거대주의에 대항해 소박주의를 주장하고 집권주의에 대항해 분권주의를 옹호하는 것이 아나키스트 멈퍼드의 모습이었다. 멈퍼드의 아나키즘은 여러 경로를 통해 형성되었다고 이 책은 말한다. 먼저 미국 문학 속에서 랠프 월도 에머슨Ralph Waldo Emerson, 너새니얼 호손 Nathaniel Hawthorn, 헨리 데이비드 소로Henry David Thoreau, 월트 휘트먼Walt Whitman이 멈퍼드의 스승 노릇을 했다. "나는 강제당하려고 태어난 것이 아니다. 나는 스스로 숨을 쉰다." 소로의 이런 독립·자유의 명제는 그대로 멈퍼드 자신의 것이 되었다. 또 영국의 문예비평가 존 러스킨John Ruskin과 윌리엄 모리스William Morris의 아나키즘 사상이 그에게 지속적인 영향을 주었으며, 특히 표트르 크로폿킨의 저술들은 직접적으로 아나키스트 정신을 가르쳐주었다. 그는 이 모든 흐름을 받아들여 멈퍼드적 아나키즘 사상으로 종합했다.

　이 전기는 멈퍼드의 삶을 시간순으로 따라가면서 그의 사상 또는 저작을 횡적으로 살핀다. 1장 '자유'에서 시작해 대학·이상·지역·문화·기술·도시·인간·예술·역사·기계·권력을 거쳐 13장 '자연'으로 끝낸다. 하나하나가 다 멈퍼드의 관심사였다고 할 수 있는데, 이 중 특별히 그의 관심을 끌었던 분야가 기술과 도시다. 그는 이 영역을 다룬 책 『기술과 문명 Technics and Civilization』(1934), 『도시와 문화 The Culture of Cities』(1938)를 쓴 뒤, 다시 저작들을 확장해 『역사 속의 도시 The City in History』(1961)와 『기계의 신화 Myth of the Machine』 1, 2(1967~1970)로 펴냈다. 이 저작들에서 멈퍼드는 거대기술·거대도시를 비판하고 기술과 도시를 인간화해야 한다고 주장했다. 특히 그의 평생 관심사는 도시였는데, 그는 중세의 작은 도시들을 우리 시대의 거대한 '죽음의 도시'에 대비시켰다. 중세 도시들은 동업조합(길드)을 통한 상호부조의 인간관계가 유지되고 있었으며 농촌과 도시가 조화를 이루고 있었다. 그런 점에서 중세 도시야말로 아나키즘적 자치 공동체의 '오래된 미래'였다.

　멈퍼드는 1962년 뉴욕시에서 160킬로미터 떨어진 시골 아메니아로 들어가 나머지 40년 삶을 소박한 목조 농가에서 보냈다. 1990년 1월 그는 침대에서 잠을 자다가 아무 고통 없이 죽었다. "자연스럽게 자연으로 돌아간 것이다." 지은이는 이런 멈퍼드의 삶을 두고 '앎과 삶이 완벽하게 일치한 삶'이었다고 평가한다.

유방 사타케 야스히코 지음 / 권인용 옮김 / 이산

항우의 라이벌 유방의 진실

인류사를 수놓은 역사적 라이벌은 수없이 많지만, 장대한 스케일과 빛나는 인간적 매력, 극적인 반전으로 끝나는 결말에서 유방劉邦과 항우項羽를 따를 라이벌을 달리 찾기도 어려울 것이다. 이들에 비하면, 로마 세계의 향배를 결정한 옥타비아누스와 안토니우스의 경쟁도, 제2차 세계대전의 결정적 전환점을 만든 스탈린과 히틀러의 혈투도 그다지 드라마틱해 보이지 않을 정도다. 진말 한초의 천하대란 한가운데서 제국의 패권을 놓고 다퉜던 두 라이벌의 대결은 2,000년이 지난 지금에도 수없이 재생되고 가공되고 있다.

일본의 중국사학자 사타케 야스히코佐竹靖彦(1939~ , 도쿄도립대 명예교수)가 2004년에 쓴 『유방劉邦』은 중국 세계의 근본적 틀을 짠 한 제국의 성립 시기를 탐구한 역사서이자 제국을 일으켜 세운 중심인물 유방의 삶을 해부한 평전이기도 하다. 지은이 자신의 말을 빌리면, 유방의 개인사를 통해 그 시대 전체 역사를 살핌과 동시에 전체사를 배경으로 삼아 개인사를 추적한 것이 이 책이다.

이 책이 단순한 평전을 넘어 연구서의 위상을 지니는 것은 그동안 정설로 통하던 많은 역사적 기술들을 수정했기 때문이다. 초–한의 대결

과 한 제국의 성립을 다룬 고래의 거의 모든 저술은 한 무제 시대의 역사가 사마천司馬遷이 쓴 『사기史記』에 근거를 두고 있다. 사마천은 궁형을 당해 치욕의 쓴물을 삼키며 이 방대한 저서를 집필했다. 그가 춘추필법春秋筆法의 엄정한 자세로 역사를 냉정하게 서술하려 했다는 건 잘 알려진 이야기다. 그러나 『유방』의 지은이는 그런 사마천도 당대의 정치적 자장에서 완전히 자유로울 순 없었다고 말한다. 사마천이 스스로 역사의 현장을 돌며 현지 사람들을 취재한 결과를 사료로 삼기도 했지만, 역시 가장 중요한 자료는 앞 시대에 남긴 역사 자료였다. 사마천이 유방의 삶을 다룬 '고조 본기高祖本紀'를 쓸 때, 직접적 전거가 됐던 것이 유방 당대의 '논객' 육가陸賈가 쓴 『신어新語』였다고 한다. 육가는 황제가 된 유방 앞에서도 주눅 들지 않고 진실을 이야기한 사람인데, 그가 유방의 삶을 『신어』에 담았다. 요즘으로 치면, 20세기 역사의 중요한 국면을 현장에서 겪은 사람이 쓴 현대사 책인 셈인데, 그만큼 생동감과 박진감이 넘쳤다. 사마천은 이 서술을 이어받았다. 그러나 육가가 아무리 강개한 인물이었다고는 해도, 유방 당대의 역사를 완벽하게 객관적으로 기술할 수는 없었다고 지은이는 말한다. 육가는 교묘하게 유방을 변호하고 합리화했다. 이런 어쩔 수 없는 한계는 사마천의 역사서에서도 그대로 되풀이됐다.

 이 책에서 지은이는 유방의 역사와 관련해 알려진 사실 가운데 상당수를 교정하고 있다. 그 가운데 하나가 유방의 나이다. 역사서에는 유방의 나이가 항우보다 적게는 열다섯 살, 많게는 스물네 살 위인 것으로 나오는데, 그 시대의 역사를 종횡으로 면밀히 따져보면, 다섯 살 정도 위였다는 결론이 나온다고 지은이는 말한다. 유방의 나이가 이렇게 잘못 알려진 것은 항우를 애송이로 낮추고 유방을 어른으로 높이려는 후대의 의지가 개입된 결과라는 것이다. 나이를 이렇게 교정해놓고 보면, 진 제국에 대항해 반란을 일으켰을 때 항우의 나이는 스물네 살, 유방의 나이는 스물아홉 살이며, 최종적으로 유방이 항우의 군대를 괴멸시키고 천하를 통일한 나이는 30대 후반이다. 혈기 방장한 서른 살 전후의 청년들이 천하를 놓고 다투었던 것이다.

유방이 임협任俠의 무리에서 컸다는 점을 특별히 강조하는 것도 이 책의 특징이다. 알려진 대로 유방은 중국 역사상 최초의 서민 출신 황제였다. 아무것도 아닌 필부에서 출발해 권력의 최정점까지 올라간 사람인데, 그런 수직상승을 가능하게 했던 발판이 '임협'이었다고 지은이는 말한다. 임협이란 전국시대에 등장한 인간 유형이다. 유협·협객이라고도 하는 임협은 나쁘게 보면 무뢰한이지만 좋게 보면 의리의 사나이다. 천하 혼란의 시기에 임협은 네트워크를 형성해 '힘과 칼로써 옳은 일을 한다'는 뜻으로 뭉쳤다. 유방은 바로 이 임협 집단에서 일찍이 자신의 역량을 검증해 보였고 임협의 기풍으로 제국을 세웠다.

유방의 '인간됨'에 대해서도 이 책은 고전 역사서의 서술과는 조금 차이를 보인다. 사마천의 『사기』는 유방의 됨됨이를 두고 "어질어서 사람을 사랑으로 대하고 베푸는 것을 좋아하며, 성격이 활달하다"고 썼지만, 여기에는 빠진 부분이 있다. 지은이는 유방이 배신을 하고도 눈 하나 깜짝하지 않는, 능글능글한 인간임을 강조한다. 『사기』에서는 유방과 항우를 다 인의에 밝은 인물로 보고 있지만, 따지고 보면 항우 쪽이 인과 의를 더 지켰다고 지은이는 말한다. 유방은 '의'를 앞세우긴 했지만, 의를 중요시한 것 이상으로 이利(이익)에 강한 사람이었다는 것이다.

시골의 하급 무관에 불과했던 유방이 역사의 큰 흐름에 뛰어들 수 있었던 것은 '여치'를 아내로 맞이한 뒤였다. 여치와 혼인한 것은 여씨 가문을 자기편으로 만든 것을 뜻하는데, 여씨 가문은 대대로 진나라의 원수였다. 여치는 유방이 큰 포부를 품을 수 있도록 헌신적으로 지원했다. 여치 말고도 유방은 수많은 인재를 얻었는데, 결정적인 것은 '군사 천재' 한신韓信을 만난 것이다. 한신이 없었더라면 유방은 천하를 얻지 못했을 것이다. 어떤 면에서는 한신이 유방보다 더 탁월한 존재였는데, 다만 그에게는 천하를 손아귀에 넣겠다는 권력의지가 없었다. 배신이란 걸 몰랐던 한신은 끝까지 유방에게 충성했다. 유방이 항우를 최종적으로 격파한 전투가 '사면초가四面楚歌'의 고사를 낳은 그 싸움인데, 여기서도 항우의 군대를 격파한 것은 한신이 거느린 군대였다. 지은이는 이 마지막 전투가 벌어진 곳이 이제껏 알려진 '해하垓下'가 아니라 '진하陳何'라고 바로잡는다. 패배한 항우는 스스로 목숨을 끊었다. 기원전 202년 한제국이 탄생했다. 한신에게 질투와 두려움을 느꼈던 유방은 제국을 확립한 뒤 곧바로 그를 무장해제하고 사실상 쫓아냈다. 야심과 공모와 배신의 정치 드라마는 그때나 지금이나 변함없이 반복된다.

■■ 항우는 왜 유방한테 패했을까 ■■

사타케 야스히코의 『유방』의 주인공은 제목 그대로 유방이지만, 지은이는 그의 라이벌 항우에게도 상당한 분량의 지면을 할애한다. 유방과 항우의 대결을 그린 많은 책들이 항우의 인간적 매력과 비극적 최후에 마음을 기울이듯이, 이 책의 지은이도 항우에게 향하는 마음을 다 감추지는 못한다.

항우와 비교하면 유방은 거의 모든 면에서 한 수 아래의 인물이었다. 유방은 키가 7척 8촌(180센티미터)에 이르는 듬직한 풍채를 자랑했지만, 8척(190센티미터)의 항우보다 작았다. 어떤 자리에서든 자신만만했던 유방은 오직 항우 앞에서는 기를 펴지 못했다. 유방이 이름 없는 평민('세미') 출신이었던 것과 달리 항우는 초나라 재상의 후예였다. 강한 의지를 지녔고 명석한 두뇌를 자랑했다. '역발산기개세力拔山氣蓋世'(산을 뽑을 만한 힘과 세상을 압도할 만한 기세)라고 스스로 말했듯, 그의 힘과 기는 압도적이었다. 그뿐만이 아니다. 유방이 사람들과 어울려 주색잡기와 음담패설을 즐기는 사람이었다면, 항우는 시를 쓰고 예술을 즐기는 인문적 품성의 소유자였다. 유방은 도무지 항우를 따라갈 수 없었다. 그런데도 항우는 결국 유방에게 처절하게 패배하고 말았다. 그 이유를 이 책은 한신이 한 말을 인용해 설명한다. 강성한 항우를 놔두고 유방의 편에 선 한신은 이렇게 말한다.

"항왕(항우)이 노여움을 품고 질책할 때는 천 명이나 되는 부하도 두려워 감히 일어나지 못한다. 그러나 항왕은 현명한 장군을 임명하여 그 능력을 살려주지 못한다. 이것은 필부의 용기에 불과하다. 항왕은 사람을 대할 때 예의가 바르고 자애가 넘치며, 그 말투도 공손하다. 그러나 그가 공적이 있어 작위를 내려주어야 할 경우에는 그 작위가 아까워 결단을 내리지 못한다. 이는 이른바 아녀자의 인자함이다."

반면에 유방은 손이 크고 가슴이 넓은 사람이었다. 뻔뻔스러울 정도로 붙임성이 좋아 아무하고나 잘 어울렸고 사람들을 품었다. 천하 대업을 이룬 뒤 유방은 스스로 자신의 장점을 이야기했다. 자신은 전술을 구사하는 능력에서 장량張良만 못하며, 국가를 운영하는 데서는 소하蕭何만 못하고, 전쟁을 승리로 이끄는 기술에선 한신만 못하지만, 이 세 사람 위에서 그들을 기용한 것은 자신이다. "이것이 내가 천하를 얻은 이유다. 항우는 범증范增이라는 오직 한 사람의 걸출한 신하조차 잘 쓰지 못했다. 이것이 그가 나에게 진 이유다."

막스 베버, 이 사람을 보라 김덕영 지음 / 인물과사상사

지식인 베버에게서
배워야 할 것들

막스 베버(1864~1920)는 페르디난트 퇴니스Ferdinand Tönnies, 게오르크 지멜Georg Simmel과 더불어 현대 독일 사회학의 창시자로 꼽힌다. 그러나 그가 끼친 영향의 범위는 사회학의 영역에 한정되지 않는다. 그는 현대 사회과학 전반의 토대를 구축한 사람이다. 그는 '전문성'을 학문의 본령으로 내세운 최초의 학자였지만, 그 전문성으로 이룬 업적은 보편성을 성취했다. 사회과학 전반에 끼친 광대한 영향으로 가늠해볼 때 베버와 어깨를 견줄 사람은 앞 세대의 사상가 카를 마르크스뿐이다. 베버는 자기와 사상적 대척점에 있었던 마르크스를 '거인'으로 평가하기를 주저하지 않았다. 그는 마르크스를 "우리가 존재하는 이 세계를 근본적으로 각인한 사람" 가운데 한 사람으로 꼽았다. 마르크스가 그때까지 살았다면, 비슷한 이야기를 하지 않았을까.

베버 전공자 김덕영 독일 카셀대 교수가 쓴 『막스 베버, 이 사람을 보라』는 현대 사회과학의 지평을 열어젖힌 이 학문의 개척자를 소개하는 전기적 저작이다. 이 책에서 특히 지은이가 주목하는 것은 학자로서, 지식인으로서 베버의 삶이다. 베버의 삶을 들여다보면 대학과 학문이 어떤 구실을 해야 하는지, 학자 또는 지식인은 어떤 존재여야 하는지에

대한 하나의 준거를 찾을 수 있다고 지은이는 말한다. 그리고 그 준거로써 한국의 대학 현실과 학문 현실을 비판하는 데 지은이의 근본 관심이 있음을 이 책은 알려준다.

지은이가 먼저 강조하는 것이 '서열 없는 독일 대학제도의 수혜자' 베버다. 베버는 1882년 하이델베르크대학에 입학한 뒤 슈트라스부르크대학, 베를린대학, 괴팅겐대학을 두루 돌며 명망 높은 학자들 밑에서 공부했다. "이처럼 대학을 옮겨 다닐 수 있는 것이 독일 대학의 커다란 장점이다. 독일의 대학 세계에서 중요한 것은 대학들 사이의 서열이 아니라 어떤 대학에서 어떤 학설이나 이론이 주창되고 어떤 연구와 강의가 이루어지느냐 하는 것이다. 그 세계에는 서열이란 개념조차 존재하지 않는다."

더 중요한 것은 베버가 이렇게 여러 대학을 돌면서 '학문의 장벽을 뛰어넘는 연구'를 했다는 사실이다. 오늘날 '베버' 하면 '사회학'과 즉각 동일시되지만, 그의 학문적 출발점은 법학이었다. 그가 사회학을 가르치는 교수가 된 것은 인생 말년의 일이다. 그는 박사학위도 법학으로 받았고, 교수자격(하빌리타치온)도 법학으로 얻었다. 그러나 동시에 그는 학부 시절부터 법학 외에 경제학·철학·신학·역사학·고전학을 가리지 않고 공부했다. 1892년 스물여덟 살의 젊은 베버는 베를린대학 사私강사가 되고 1년 뒤에는 같은 대학 부교수로서 로마법과 독일법을 가르쳤다.

1894년 베버는 프라이부르크대학의 정교수로 취임했는데, 서른 살에 정교수가 된 것도 놀라운 일이었지만, 더 놀라운 것은 그가 경제학과 재정학 전공 교수로 초빙됐다는 사실이다. 그는 법학을 연구하는 중에 경제학 분야의 뛰어난 논문을 썼는데, 이것이 학계의 공인을 받았던 것이다. 정교수가 된 지 3년 만에 그는 다시 하이델베르크대학의 경제학·재정학 정교수로 발탁됐다. 이 사실이 또한 당대 학계에 '센세이션'을 일으켰다. 그도 그럴 것이 베버가 이어받은 자리는 당시 독일 역사학파 경제학의 대표자였던 카를 크니스Karl Gustav Knies의 후임이었던 것이다. 이런 도약은 우선은 베버 자신의 집요한 공부와 노력의 소산이었지만, '학제 간 연구'라는 제도의 도움이 없었더라면 그런 성취도 없었을 것이라고 지은이는 말한다. "지식인으로서 막스 베버는 학제 간 교육을 통해 탄생했다." 학문 사이 장벽이 철옹성처럼 둘러친 한국 대학 현실에서는 불가능한 일인 것이다.

베버의 입신출세는 독일 대학제도를 발판으로 삼은 것이었지만, 그의 진정한 학문적 성취는 당대 독일 정신과의 끈질긴 투쟁 속에서 이루어졌다고 이 책은 말한다. 베버가 산 시대는 독일이 뒤늦게 통일을 이룩하고 산업혁명을 완수한 뒤 제국주의 쟁탈전에 뛰어든 시기였다. '철혈재상' 오토 레오폴트 비스마르크Otto Leopold Bismarck로 대표되는 '제2제국'(1871~1918) 시대였던 것이다. 이 시기에 독일은 군주주의·권위주의·국가주의·관료주의가 맹위를 떨쳤다. 미성숙한 독일 시민(부르주아) 계층은 귀족계급의 지배 아래 얌전한 아들처럼 몸을 수그렸다. 대학도 지식인도 독일 제국의 지배체제를 합리화하고 정당화하는 것을 자신의 사명으로 알고 있었다.

베버가 보기에 독일 시민계층의 이런 정치적 미성숙이야말로 가장 커다란 문제였다. 시민의 미성숙은 "독일 역사의 종말을 고할지도 모를 정도로 위협적인 것"이라는 게 베버의 확신이었다. 1918년에 쓴 '새로운 질서의 독일에서의 의회와 정부'라는 글에서 베버는 '비스마르크의 유산'을 통렬하게 꼬집었다. 비스마르크는 "눈곱만큼의 정치적 교육도 받지 못한 국민"을 유산으로 남겼으며, "눈곱만큼의 정치적 의지도 없는 국민"을 유산으로 남겼고, "군주주의적 정부라는 미명 아래에서 숙명적으로 지배를 받도록 길들여진 국민"을 유산으로 남겼다.

이 유산이 지배하던 세상에서 베버가 저항의 무기로 선택한 것이 '학문을 통한 비판'이었다고 지은이는 말한다. 말하자면 '비판'은 학자의 '직업윤리'였다. 그때 베버가 비판의 거점으로 삼은 것이 '방법론적 개인주의'였다. 독일에 지금 필요한 것이 민주주의와 자유주의라고 믿었던 그는 그것을 실천할 학문적 방법으로 '개인주의'를 선택했다. 그 개인주의로 그는 먼저 자신의 학문적 아버지라 할 '독일 역사학파 경제학'을 공격했다. 독일 역사학파 경제학은 국가를 행위의 주체로 간주하고 있었다. 요컨대 역사학파 경제학은 학문에 뿌리를 튼 국가주의였다. 그는 국가 대신에 개인을 내세웠다. 그것은 국가라는 신성한 개념을 '탈주술화'하는 작업이었다. "막스 베버의 사회학은 집단주의적·국가주의적 사고의 '주술'에 걸려 있던 사회과학을 '탈주술화'한 논리의 혁명이었다."

이 비판과 혁명을 통해 베버는 대학을 '정신의 공화국'으로 만들려 했다. 대학은 정신적 자유의 마당이어야 했다. 다양한 자유로운 정신들이 모여 서로 투쟁하는 곳이 대학이었다. 그 시절 독일 대학에선 유대인이나 사회주의자는 교수로 임용되기 어려웠다. 베버는 독일 학계의 반유대주의와 반사회주의에 대항해 싸웠다. '공화국'엔 우파뿐만 아니라 좌파도 있어야 한다는 것이 그의 믿음이었다. 베버의 싸움은 과거에 사로잡힌 독일에 진정한 '근대성'을 들여오는 작업이었다고 이 책은 말한다.

■■ 베버와 아버지의 갈등 ■■

학자로서 승승장구하던 막스 베버는 30대 중반에 커다란 실존적 위기에 맞닥뜨렸다. 1898년부터 4년 동안 그는 아무것도 쓰지도 읽지도 못했다. 생각하는 것조차도 하지 못했다. 그는 정신적 탈진 상태에 빠져 깊은 우울증을 앓았다. 학자로서 무능력자였던 그 기간 내내 그는 대학을 휴직했고 1903년에는 교수직에서도 물러났다. 베버는 왜 건강을 잃었던 것일까. 김덕영 교수의 『막스 베버, 이 사람을 보라』는 그 근본 원인을 '부자 관계'에서 찾는다.

베버는 유복한 부르주아 집안 출신이었다. 법률가였던 아버지는 독일제국의 수도 베를린의 행정가로 활동하다 나중에는 제국의회 의원을 지냈다. 그는 "자기 자신과 세상에 만족하는 전형적인 부르주아"였다. 권력과 명예를 추구하고 쾌락을 즐기는 세속적 인간이었다. 집안에서 그는 권위주의적인 가부장이었다. 반면에 베버의 어머니는 칼뱅주의의 덕목이 몸에 밴 신앙인이었다. 경건하고 금욕적이고 자애로운 어머니는 아버지와는 정반대의 인물이었다. 아버지는 어머니의 세계를 인정하지 않는 압제자였다. 그들의 결혼은 진즉에 파탄 나 있었다. 1897년 은퇴한 아버지가 어머니와 함께 아들이 막 부임해 살던 하이델베르크를 방문한 것이 발단이었다. 베버는 그때 어머니 위에 군림하는 아버지라는 '폭군'을 다시 목격했다. 그때의 상황을 베버의 아내 마리안네 베버는 이렇게 썼다.

"이때 오랫동안 잠재해 있던 불협화음이 마침내 폭발했다. 아들은 쌓인 분노를 더는 억제할 수 없었다. 용암이 분출했다. 섬뜩한 일이 일어났다. 아들이 아버지를 재판한 것이다. 여자들 면전에서 담판이 벌어졌다."

아들에게 탄핵당한 아버지는 그날로 하이델베르크를 떠났고, 7주 후에 갑자기 숨을 거두었다. 장례식을 치르고 난 뒤 아들은 발병했다. 김덕영 교수는 그 사건을 '아버지 살해'라고 규정한다. 아버지를 상징적으로 죽인 아들은 무의식중에 심한 죄책감에 시달렸고, 그 결과로 아무것도 할 수 없는 우울증에 걸렸던 것이다.

베버의 우울증은 1902년을 기점으로 하여 서서히 나아졌다. 1903년 베버는 연구 작업을 재개했는데, 그때 쓰기 시작한 것이 저 유명한 저작 『프로테스탄티즘의 윤리와 자본주의 정신』이다.

김덕영 교수의 책은 밝히고 있지 않지만, 베버의 그 저작은 '오이디푸스 콤플렉스'와 '아버지 살해'의 학문적 변형이라고 할 수 있다. 자신의 아버지가 떠들썩하게 즐긴 쾌락주의적 세속주의가 부르주아의 진정한 정신인 것이 아니라 어머니가 말없이 보여준 칼뱅주의적 금욕주의가 근대 자본주의를 일으킨 정신적 힘이었음을 논증하고 있기 때문이다. 이 저작을 집필하면서 베버는 무력증에서 완전히 벗어나 과거의 혈기 왕성한 학자로 돌아갔다. 아버지와의 싸움은 베버가 생애 내내 독일제국의 낡은 문화와 벌인 싸움의 가족적 판본이었다.

레오나르도 다빈치 평전 찰스 니콜 지음 / 안기순 옮김 / 고즈윈

'새의 영혼'을 꿈꾼 르네상스 천재

널리 알려진 대로 레오나르도 다빈치(1452~1519)는 이탈리아 르네상스 시대를 대표하는 인물이다. 〈최후의 만찬〉〈모나리자〉 같은 걸작을 남긴 이 화가는 화가라고 특정하기엔 재능이 너무 많았다. 무수한 재능의 이리 떼가 달려들어 이 창조적 정신이 한곳에 오래 머무르지 못하도록 을러댄 것만 같은 것이 그의 일생이었다. 그는 최초로 비행기를 설계하고 장갑차를 구상하고 낙하산을 스케치한 사람이었다. 그의 구상은 다만 공상으로 끝나지 않고 수백 년 뒤 현실이 됐다. 해부학, 동물학, 식물학, 공기역학, 건축학, 의상 디자인, 토목공학, 군사공학, 철학, 음악, 광학, 로봇공학, 천문학, 화석 연구 등등 거의 모든 영역에서 그는 천재성을 발휘했다. 전인全人이란 말이야말로 '역사상 가장 치열하게 호기심에 불탔던' 이 사람에게 걸맞은 이름이다.

말하자면 그는 거의 초인적이고 신비로운 인물이다. 그러나 이 신비에 가까운 인물도 르네상스라는 혼란스럽고도 역동적인 시대의 공기를 호흡하며 의혹, 불안, 고통에 시달렸다. 초인은 보통 사람 안에 있었다. 영국의 저술가 찰스 니콜Charles Nicholl이 쓴 『레오나르도 다빈치 평전Leonardo Da Vinci: The Flights of the Mind』은 '인간' 다빈치의 삶에 주

목함으로써 천재라는 틀에 박제되기 일쑤인 전기 서술의 난점을 피해나가려 한 책이다. 지은이는 다빈치의 삶을 복원하기 위해 조르조 바사리 Giorgio Vasari의 『예술가 평전』을 비롯해 다빈치 시대 직후에 쓰인 초기 전기들을 참조하고, 특히 다빈치 자신이 직접 쓴 글들을 꼼꼼히 살폈다.

다빈치처럼 많은 메모와 노트를 남긴 사람도 찾기 어려울 것이다. 그가 남긴 자필 원고 가운데 지금까지 발견된 것만 해도 7,000쪽이 넘는다. 그는 허리띠에 작은 공책을 항상 매달고 다녔다고 한다. 거리에서든 들판에서든 언제라도 자신의 생각과 경험을 이 공책에 적었다. 아주 간단한 문장이나 휘갈겨 계산한 흔적에서부터 심혈을 기울인 과학적 논문과 문학적인 글에 이르기까지 온갖 주제가 메모됐다. 다빈치가 남긴 자필 원고는 "그의 정신을 그린 지도"였다. 동시에 그의 원고에는 보통사람 다빈치의 삶의 흔적도 남았다. 지은이가 좋아하는 구절은 죽기 1년 전 작성한 기하학 메모 뒤에 뜬금없이 나오는 "수프가 식기 때문에"라는 말이다. 지은이는 만년의 다빈치가 책상에 앉아 수학의 세계에 빠져 있을 때 가정부가 "수프가 식는다"며 빨리 식탁으로 오라고 한 이야기를 듣고 이런 글을 썼을 거라고 추측한다.

쉼 없이 관심사가 바뀌었지만 이 만능인에게도 영원한 삶의 주제가 있었다. 지은이가 이 전기에서 주목하는 것은 '지상에서 벗어나 창공을 비상하는 꿈'이다. 이 전기에 묘사된 다빈치는 새가 되기를 꿈꾼 사람이었다. "어린 시절에 대한 첫 기억을 더듬어보면, 솔개가 요람에 누워 있는 내게 와서 꼬리로 내 입을 벌리고 입술 안쪽을 몇 번이나 쳤던 것 같다." 50대의 다빈치가 회상한 이 기억은 환상이었을 것이다. 그러나 이 환상이 새와 관련됐다는 점이 특이하다. 같은 메모에서 다빈치는 솔개에 대한 관심이 자신의 '숙명인 것 같다'고 이야기한다.

새에 대한 꿈은 '인간의 비행에 관한 억누를 수 없는 욕망'으로 이어졌다. 1485년께 다빈치는 이 욕망을 글로 썼다.

"육중한 독수리가 높디높은 공중을 날기 위해 공기를 가로지르며 어떻게 날개를 퍼덕이는지 보라. (…) 그렇다면 인간도 충분히 커다란 날개를 장착하고, 바람의 저항을 극복하고, 이를 정복하고 마음대로 조종해서 자신의 몸을 띄우는 방법을 배울 수 있을지 모른다."

1505년께 쓴 기록에는 이런 구절이 있다.

"새는 수학 법칙에 따라 움직이는 기계다. 이 기계의 모든 동작을 훨씬 힘을 덜 들이고 재생산하는 것은 인간의 능력으로 가능한 일이다. 인간이 만든 기계에 부족한 것은 바로 새의 영혼뿐이다. 인간의 영혼은 새의 영혼을 닮아가야 한다."

유아기의 새에 관한 환상을 기록했던 시기에 쓴 이 메모는 그에게 '비행'이 '영혼'의 문제였음을 알려준다. 다만 육체가 날아오르는 게 아니라 정신이 날아오르는 것, 그것이 다빈치의 내밀한 꿈이었다. 이 전기의 부제대로 그에게 정말 중요했던 것은 '정신의 비상'이었던 것이다.

루스 베네딕트   마거릿 미드 지음 / 이종인 옮김 / 연암서가

동성애 진통 거쳐 도달한
문화인류학

20세기 미국을 대표하는 두 명의 여성 인류학자로 루스 베네딕트Ruth Fulton Benedict(1887~1948)와 마거릿 미드Margaret Mead(1901~1978)가 꼽힌다. 두 사람은 그들을 결속한 특별한 관계 때문에도 한 묶음으로 거론되는 경우가 많은데, 미드에게 베네딕트는 스승이자 교사였고, 동료이자 친구였다. 미드는 자기 곁을 먼저 떠난 이 선배를 잊지 못해 두 번에 걸쳐 전기를 썼다. 1959년 『연구 중인 인류학자 An Anthropolist at Work』를 먼저 썼고 1974년 『루스 베네딕트 Ruth Benedict: Leaders of Modern Anthropology』를 집필했다. 이 두 번째 책이 우리말로 옮겨졌다. 『국화와 칼 The Chrysanthemum and the Sword』을 쓴 일본문화 연구자로, 좀더 들어가면 『문화와 패턴 Patterns of Culture』을 쓴 문화인류학자로만 알려진 베네딕트의 인간적 면모를 개략적으로 살필 기회를 주는 책이다. 『루스 베네딕트』의 번역 대본으로 쓴 영어 원본은 초판 발행 30돌을 기념해 2005년에 미국에서 재출간된 것인데, 이 새 판에는 후배 인류학자 두 사람의 긴 추천사가 달려, 미드의 전기가 다 이야기하지 못한 비밀을 알려주고 있다. 또 이 책에는 미드가 직접 선정한 베네딕트의 주요 논문 일곱 편이 함께 실려 있어, 이 전기 주인공의 연구 세계를 개괄할

수 있다.

여기 실린 추천사가 알려주는 '비밀'이란 베네딕트의 동성애 성향이다. 그 성향은 미드도 공유하고 있었다. 그러니 두 사람의 특별한 관계에는 '동성 연인'이라는 관계도 추가돼야 한다. 이 관계야말로 두 사람을 내밀하게 묶어주는 끈이었다. 이 책이 집필되던 1970년대에 동성애는 여전히 사회적 금기의 족쇄에서 풀려나지 못한 상태였기 때문에 미드는 그 문제를 내놓고 이야기할 수 없었다. 1990년대에 미국 의회도서관의 문서보관실에 있던 사적인 문서들이 공개되면서 베네딕트와 미드의 레즈비언 관계가 드러났다. 물론 추천사들이 이 문제를 단순한 흥밋거리로 삼아 이야기하는 것은 아니다. 베네딕트의 내적 고통과 투쟁의 한 주요한 계기가 동성애 문제였음을 느낄 수 있도록 해주기 때문이다.

베네딕트의 어린 시절은 성장 중인 인격이 여러 겹의 고통에 심각하게 위협받는 시기였다. 뉴욕에서 태어난 베네딕트는 두 살 때 아버지를 갑작스럽게 잃고, 시골 외할아버지 집에서 자랐다. 집은 궁핍했다. 게다가 어릴 때 열병을 앓아 한쪽 청력을 잃어버렸다. 반 귀머거리가 된 것이다. 홀로 남은 어머니는 딸을 정신적으로 괴롭혔다. 압박감에 눌린 어린 소녀는 극심한 우울증을 앓았다. 그러나 겉으로는 언제나 침착한 모습이었기 때문에, 내적인 혼란이 밖으로 드러나는 경우는 많지 않았다.

베네딕트는 1909년 대학 영문학과를 우등으로 졸업하고 학교 교사가 됐다. 그러나 "나는 누구인가?" "나는 왜 인생에 두려움을 느끼는가?" 하는 의문으로 삶은 어두웠다. 1913년 스탠리 베네딕트Stanley Benedict라는 젊은 생화학자를 만나 평생 따라다닐 베네딕트라는 성을 얻었다. 희망이 보이는 듯도 했지만, 아이를 낳을 수 없게 되자 다시 삶이 절망으로 물들었다. 그 시절 베네딕트는 이렇게 썼다. "열정적인 이상과 일치하는 생활방식을 찾는 것이 필요하다." 1919년 전환점이 찾아왔다. 뉴욕의 '사회연구를 위한 뉴스쿨'에 등록한 베네딕트는 거기서 인류학과 만났다. 인류학을 통해 삶의 전망을 얻을 수 있을 거라는 확신이 들었다. 2년 뒤 서른네 살의 베네딕트는 컬럼비아대학 인류학과 대학원에 진학했다. 이듬해 박사학위를 받은 그는 학부생 미드를 만났다. 미드와의 동성애 체험을 스스로 온전히 받아들이기까지는 10년의 세월이 더 필요했다. 자기 정체성을 긍정하게 된 베네딕트는 1934년 출세작 『문화와 패턴』을 썼다. 그 책에서 그는 문화가 개인에게 어떤 영향을 끼치는지 분석했다. 그 분석으로 그는 자신의 정체성 혼란이 자기 자신의 문제라기보다는 그 혼란을 야기하는 문화 자체의 문제임을 암시했다. 타계하기 2년 전 펴낸 『국화와 칼』로 그의 대중적 명성은 더욱 높아졌다. 내적인 고통으로 인한 극도의 소외감을 학문으로 극복함으로써 그는 자기 삶의 주인이 됐을 뿐만 아니라 인류학 연구의 지평을 넓혔다.

특집! 한창기 강운구 외 58인 지음 / 창비

우리 것의 아름다움
재발견한 심미안

한창기. 시인 황지우 씨는 선배 시인 김수영의 20주기 추도식에서 "씹어 먹고 싶도록 그리운 사람이여!"라고 외쳤지만, 어떤 이들에겐 한창기(1936~1997)야말로 그렇게 외쳐 부르고 싶은 사람일 것임이 틀림없다. 인간 한창기에 대한 그런 목마른 그리움을 품은 사람들이 1997년 세상을 뜬 그를 기리며 책을 펴냈다. 『특집! 한창기』에는 사진가 강운구 씨를 비롯해 일로, 뜻으로 생전의 그와 인연을 맺었던 쉰아홉 사람의 글이 실렸다. 지난해 10월 휴머니스트 출판사에서 세 권으로 펴낸 그의 글 모음 『배움나무의 생각』, 『뿌리깊은나무의 생각』, 『샘이깊은물의 생각』과 짝을 이루는 책이다. 그의 육필의 산물은 세 권의 책으로 모였고, 그와 더불어 한 시대를 보낸 사람들의 기억은 한 권의 책으로 묶였다.

　도대체 한창기는 어떤 사람이기에 그 많은 사람들이 글로써 그를 기리려 모여든 것일까. 가까이 사귀는 사람을 보면 그 사람을 알 수 있다고 하는데, 한창기가 바로 이 말의 진실됨을 증언하는 사람이다. 『특집! 한창기』에 이름을 올린 사람들의 다채로움은 한창기 삶의 다채로움을 보여준다. 사진가·언론학자·편집자에서부터 디자이너·사업가·국어학자·화가·음악인·출판인까지 참 많은 직종의 사람들이 다 여기 모였다. 그는 "국어학자가 울고 가는" 재야 국어학자였고, 안목이 빼어난 문화재 수집가였고, 전통문화의 부활을 이끈 문화운동가였다. 그러나 그보다 먼저 『뿌리깊은나무』와 『샘이깊은물』이라는 특별한 잡지의 편집인-발행인이었다. 한창기라는 이름에 따라붙는 수많은 별칭도 그가 이 잡지들을 창간하고 만든 사람이라는 사실과 깊이 관계돼 있다. 그의 모든 관심의 물줄기는 이 잡지들로 모여들었고, 이 잡지들을 거쳐 다시 뻗어나갔다. 그를 회상하고 추모하는 글들을 모은 『특집! 한창기』가 잡지 형식으로 편집된 것도 잡지 편집인으로서 그의 삶을 기억하려는 뜻의 결과다.

말하자면 한창기는 그대로 『뿌리깊은나무』였고 『샘이깊은물』이었다. 세상에 잡지는 많고도 많지만, 『뿌리깊은나무』가 구현한 독보성과 독창성은 유례를 찾기 어렵다. 언론학자 강준만 교수는 『뿌리깊은나무』의 특별함을 이렇게 묘사한다. "한국 잡지사는 『뿌리깊은나무』 이전과 『뿌리깊은나무』 이후로 구분된다." 다른 언론학자 유재천 교수도 단언한다. "『뿌리깊은나무』는 1970년대 정신사적 변혁운동의 주역이면서, 특히 문화사적 변혁운동의 주역이었다."

한창기가 『뿌리깊은나무』를 창간한 것은 박정희 유신정권의 패악이 극에 달했던 1976년이었다. 그는 그 거친 세상에 자태 고운 잡지를 내놓았다. 그것이 조용한 싸움의 시작이었다. 모든 것을 '외화벌이'로 귀결시킨 박정희 독재는 그 살벌한 체제의 보완물로서 '민족문화'와 '민족주체성'을 내세웠다. 그러나 거기에 진정한 민족도 문화도 주체도 없었다고 강준만 교수는 말한다. "위에서부터 아래로 군사작전식으로 추진된 '우리 것 사랑하기'는 실은 '우리 것'에 대한 모독이었다. 박정희식 히스테리만 계속되었더라면 '우리 것'은 오히려 경멸의 대상이 되었으리라." 그 '박정희식'에 대항하여 참다운 '우리 것'을 제시한 사람이 한창기였다. "한창기의 '우리 것 사랑하기'는 하나에서부터 열까지 박정희의 방식과는 정반대되는 것이었다. 강요할 힘도 없었지만, 그는 강요할 꿈조차 꾸지 않았다. 계몽도 아니었고 설교도 아니었다. 그는 세련된 포장과 알맹이로 '우리 것'의 값어치를 높여버리는 방식을 택했다."

그 시대에 '우리 것' 곧 전통의 생활과 문화는 '낡은 것' '추한 것' 취급을 받았다. 서구식 교양의 세례를 받은 사람일수록 그런 의식이 강했다. 그 자신 교양인이었던 한창기는 바로 이런 생각을 뒤엎었다. 그는 '우리 것'의 지극한 아름다움을 재발견한 놀라운 심미안의 소유자였다. 그는 아름다움을 꿰뚫어보는 눈으로 시대의 뒷길에 팽개쳐졌던 전통을 살려냈다. '뿌리깊은나무'라는 제호가 벌써 그런 의식과 의지를 품고 있었다.

한창기의 독특한 의식과 의지는 잡지의 형식에서도 관철됐다. 『뿌리깊은나무』 창간호는 잡지계의 오랜 금기를 모조리 깨뜨린 위반의 작품이었다. 그리고 그 위반은 머잖아 한국 잡지의 새로운 전범이 됐다. 『뿌리깊은나무』 초대 편집장이었던 윤구병 씨는 그 금기 위반을 열여섯 가지로 정리한다. 그 가운데 가장 눈에 띄는 것이 '한글 전용 가로쓰기'다. 『뿌리깊은나무』는 권위 있는 교양지들이 고수했던 '국한자 혼용'과 '세로쓰기'를 모두 버렸다. 그 사실을 두고 어떤 이는 "19세기 말 서재필 박사가 순 한글로 『독립신문』을 창간한 이래 가장 혁명적으로 한국 고유의 언론 매체를 창간하는 데 성공했다"고 평하기도 했다.

더 중요한 것은 그가 민족을 민중의 관점에서 보았다는 것이다. 민중을 발견한 사람이 한창기였다고 말할 수는 없지만, 민족 문화를 민중의 눈으로 보고 민중의 삶으로 이해했다는 점에서는 그는 문화적 전위 투사였다. 잡지의 민중적 관점은 문화·예술 분야뿐만 아니라 정치·사회 분야로까지 점차 퍼졌다. 1980년 광주를 짓밟고 권력을 틀어쥔 신군부가 그 불온함을 그냥 두지 않았다. 그해 8월호로 『뿌리깊은나무』는 폐간당했다. 민중의 삶에 뿌리를 두고 우리 것의 가치를 키웠던 그 나무는 밑동이 잘렸다.

그러나 한창기의 투쟁은 여기서 그치지 않았다. 1984년 전두환 정권의 위세가 한창이던 시절 『샘이깊은물』을 창간한 것이다. '여성용 가정잡지'로 등록됐지만 『샘이깊은물』은 『뿌리깊은나무』의 정신을 올곧게 이은 또 하나의 『뿌리깊은나무』였다. 이 잡지에서도 한창기는 '당돌하고 발칙한' 꼿꼿함을 한순간도 굽히지 않았다.

한창기는 평생 독신으로 지냈다. 그러나 사람들은 그가 '1남 1녀'를 두었다고 말한다. 그 1남이 『뿌리깊은나무』였다면 1녀는 『샘이깊은물』이었다. 두 잡지를 자식으로 둔 그는 자신의 정신을 온전히 그 자식들에게 쏟았다. 『샘이깊은물』이 태어난 지 13년 되던 1997년 그는 간암으로 세상을 등졌다. 그는 특별한 심미안으로 삶의 후미진 곳에서 아름다움을 발견하고 창조한 사람이었다.

■■ 한창기의 삶 ■■

한창기는 '우리 것'에 대한 한없는 사랑을 품은 사람이었다. 그러나 '우리 것' 전문가이기 이전에 그는 '서양 것' 전문가였다. 그가 삶의 이력을 서양 것을 우리나라에 파는 사람으로 시작했다는 건 기이한 역설이다.

서울대 법대를 나온 한창기는 그 시절의 출세 코스인 법조인의 길을 거부하고 『브리태니커 백과사전』 한국지사 창립자가 되었다. 그는 우리나라 직판 세일즈맨 1세대였다. 그가 『브리태니커』 세일즈의 리더가 된 데는 영어 능통자였다는 사실도 한몫을 했다. 얼마나 영어를 유창하게 했던지 브리태니커 본사 부사장이 그를 만난 뒤 "동양사람 중에서 한창기보다 더 영어를 잘하는 사람을 본 적이 없다"고 찬탄했다고 한다. 그가 나중에 우리말과 글에서 영어 투, 일본어 투를 없애고 민중의 입말을 말과 글의 바탕으로 만드는 일에 나섰던 것도 이런 명민한 언어감각 덕이었다고 한다.

1968년 한국브리태니커회사를 창립한 그는 유망한 젊은이들을 불러 모아 '세일즈 전사'로 키웠다. 그는 본사에서 보내온 '브리태니커 사람들의 신조'를 한국 사정에 맞게 다듬어 매일 아침 조회 때마다 외우게 했다. "나는 적극적이다. 나는 부지런하다. 나는 합리적이다. 나는 끈기가 있다. 나는 목표가 있다. 나는 나의 능력을 믿는다." 종교의식과도 같은 그런 조회를 마친 세일즈맨들은 전국 팔도에서 뛰었다. 당시 고급 피아노 한 대 값이 넘었던 『브리태니커 백과사전』이 날개 돋친 듯 팔려나갔다. 한창기는 회사 창립 2년 만에 수하의 세일즈 일꾼을 250명으로 늘렸고, 전성기 때는 1,500명을 거느렸다. 한창기의 회사는 '세일즈의 사관학교'로 알려졌다. 현대적인 세일즈 기법을 처음 도입한 회사였고, 마케팅이라는 것을 처음으로 시도한 회사였다. "보험회사 중역들이 와서 어떻게 교육시키나 도강을 하기도 했고, 실제로 이력서를 내고 입사해서 판매사원 교육을 받는 사람도 있었다." '브리태니커 신조'는 뒤에 여러 기업체에서 흉내 내 회사 이름만 바꾸어 쓰기도 했다.

그에게서 '설득의 기법'을 배운 뒤 나중에 사업계로 진출한 사람이 여럿이다. 웅진그룹의 윤석금 회장도 한창기가 키운 '세일즈 영웅' 가운데 한 사람이다. "그는 세일즈맨들에게 단순히 책을 파는 사람이 아니라 교육사업 종사자이자 교육의 사절이라는 자부심을 불어넣어 주었다." 윤 회장의 말이다.

그렇게 서양 것을 팔아 번 돈으로 그가 만든 것이 『뿌리깊은나무』였다. 전성기 시절 『뿌리깊은나무』의 정기구독자는 6만 5,000명을 헤아렸다. 당시 『신동아』의 정기구독자가 2만 명이던 시절이었다. 세일즈에서 최고를 지향했던 사람답게 그는 잡지에서도 최고를 추구했다. 그가 추구한 최고는 그대로 그 시대 문화적 심미성의 최전선이었다.

아인슈타인의 우주 미치오 가쿠 지음 / 고중숙 옮김 / 숭산
아인슈타인 삶과 우주 월터 아이작슨 지음 / 이덕환 옮김 / 까치

뉴턴의 우주 무너뜨린
겸손한 혁명가

아이작 뉴턴Sir Issac Newton(1642~1727) 이전 우주는 신화와 미신과 마법의 안개에 싸여 있었다. 1687년 출간된 뉴턴의 기념비적 저작 『자연철학의 수학적 원리』(프린키피아)는 이 모호한 안개를 일거에 걷어버리고 온 우주를 시간과 공간의 좌표 위에 질서정연하게 배치했다. 신화가 사라진 자리에 과학이 들어섰다. 뉴턴의 이론이 열어젖힌 지평 위에서 근대 세계가 건설됐다. 뉴턴의 세계는 결코 흔들릴 것 같지 않았다. 그러나 200년 넘도록 튼튼하게 우주를 떠받치던 뉴턴의 법칙은 20세기에 들어와 한 위대한 물리학자의 혁명으로 한순간에 무너졌다. 낡은 우주가 사라지고 새로운 우주가 나타났다.

다 아는 대로 그 물리학 혁명가는 유대계 독일인 알베르트 아인슈타인Albert Einstein(1879~1955)이다. 아인슈타인의 이름값이 높은 만큼 그에 관한 책은 일일이 열거할 수 없을 정도로 많다. 그러나 그가 남긴 업적은 너무나 커서 사후 50년이 지난 지금도 그에 관한 연구와 저술은 여전히 진행 중이다. 이 진행형의 저술 작업 가운데 뛰어난 성과로 평가받는 두 권의 책이 동시에 번역 출간됐다. 미치오 가쿠加來道雄가 쓴 『아인슈타인의 우주Beyond Einstein』와 월터 아이작슨Walter Isaacson의 최신작

『아인슈타인 삶과 우주 Einstein: His Life and Universe』가 그것들이다.

두 책은 아인슈타인의 삶과 이론을 아우르는 전기 작품으로 묶을 수 있지만, 뚜렷이 구분되는 특장점을 각각 지녔다. 『아인슈타인의 우주』는 주인공의 삶을 소략하게 훑으면서 그의 이론이 진화하는 과정을 집중적으로 추적한 책이다. 말하자면, 이론의 전기다. 『아인슈타인 삶과 우주』는 전기 작품의 기본 공식을 지키면서 아인슈타인의 삶을 충실히 재현하되 이론의 발견과 전개도 아울러 살핀다. 『아인슈타인의 우주』를 쓴 미치오 가쿠는 『평행우주』『초공간』과 같은 저작으로 잘 알려진 이론물리학 분야의 대가다. 1급 학자의 글답게 가쿠는 아인슈타인의 난해한 이론 세계를 거시적 안목으로 정리해 명쾌하게 설명해준다. 아이작슨의 전기는 최근에야 공개된 아인슈타인의 내밀한 자료들을 철저히 검토해 주인공의 세계 안으로 깊숙이 파고드는 것이 특징이다. 저널리스트이자 전기 작가인 아이작슨은 이제까지 나온 어떤 아인슈타인 전기보다 세밀하게 아인슈타인을 묘사했다는 평가를 받는다. 이 책은 미국 인터넷서점 '아마존'의 논픽션 부문 1위에 오르기도 했다.

아인슈타인의 업적은 물리학 역사상 최대의 라이벌인 뉴턴과 맞서울 때 여실히 드러난다. 업적의 내용뿐만 아니라 성품에서도 두 사람은 정반대라 할 정도로 달랐다. 뉴턴은 악명 높을 정도로 과묵했고, 사람들을 피해 자기세계에 파묻힌 은둔형이었다. 그의 신경질과 의심증은 세월이 갈수록 심해져 나중에는 삶이 거의 무너질 상태에 이르렀다. 반면에 아인슈타인은 나이가 들수록 관대해졌고 인자해졌다. 젊은 시절 모든 권위주의에 반항했던 그는 자신의 이론으로 세계를 평정한 뒤 오히려 더 겸손해졌다. 구불구불한 백발의 헤어스타일은 물리학의 상징이 되었고, 그는 대중의 우상이 됐다. 할리우드를 방문한 아인슈타인에게 희극배우 찰리 채플린은 이렇게 말했다. "사람들은 나를 모두 이해하기에 환호하지만 당신에 대해서는 전혀 모르기에 환호합니다." 이해할 수 없는 난해한 이론의 창시자가 대중의 환호를 받을 수 있었던 것은 그의 관용과 호의도 한몫을 했다고 가쿠의 책은 말한다.

그러나 뉴턴과 아인슈타인은 기질적 공통점도 있었다. 하나의 문제에 맞닥뜨리면 체력이 고갈돼 쓰러질 지경에 이를 때까지 문제에 매달리는 가공할 집중력이 그것이었다. 아인슈타인에게 그 집중력이 일대 돌파구를 열어준 해가 1905년이었다. 그 무렵 물리학계의 최대 문제는 '뉴턴의 법칙'과 '맥스웰 법칙' 사이의 화해할 길 없는 모순이었다. 두 이론은 당대 물리학을 떠받치는 양대 기둥과도 같았는데, 두 이론이 화해할 길 없다면 어느 하나는 쓰러져야 했다. 뉴턴의 이론을 따르면, 빛의 속도가 아무리 빨라도 그것은 원리상 따라잡을 수 있다. 그러나 맥스웰 이론으로는 어떤 경우에도 빛의 속도를 따라잡는 것은 불가능하다. 아무리 빨리 다가가도 똑같은 속도로 멀어지기 때문이다. 이 풀리지 않는 난제를 놓고 '사고실험'을 거듭한 끝에 마침내 아인슈타인의 머릿속에서 아이디어가 솟구쳤다. 아인슈타인은 그 순간을 회상하며 "일진광풍一陣狂風이 마음속을 지나갔다"고 썼다. 스물여섯 살 젊은이는 자신의 발견을 정리해 발표했다. '특수상대성 이론'이 탄생한 순간이었다. 아인슈타인이 발견한 것은 '시간·공간과 속도의 함수'였다. 운동속도가 빨라질수록 시간은 천천히 흐르고 크기는 줄어든다. 반대로 속도가 느려질수록 시간은 빨리 흐르고 물체는 늘어난다. 시간과 공간이 절대적이어서 어느 곳에서나 동일하다는 뉴턴의 이론이 이로써 심대한 타격을 받았다.

10년 뒤 아인슈타인은 특수상대성 이론을 더욱 확장해 '일반상대성 이론'을 내놓았다. 일반상대성 이론은 뉴턴의 중력이론을 무너뜨렸다. 이제까지 사람들은 뉴턴의 이론을 따라, 물체가 떨어지는 이유를 '중력'으로 설명했다. 그러나 아인슈타인은 중력이 '힘'이 아니라 '장'(필드)이라고 논증했다. 태양과 같은 거대한 물체는 자신을 둘러싼 공간을 휘게 만들고 그 휘어진 공간을 통해 물질이 이동하는데, 그런 휘어진 공간이 이를테면, 지구가 태양의 주위를 도는 공전 현상을 일으킨다는 것이다. 중력의 장(중력장)을 통과할 때는 빛도 휘어진다고 아인슈타인은 계산하는데, 1919년 일식 관찰을 통해 별빛이 태양이 만든 중력장 때문에 휘어진다는 사실이 눈으로 확인됐다. 이로써 우주적 거시세계에서 뉴턴의 법칙은 영원히 추방당했다. 그해 11월 16일 영국 왕립학회와 왕립천문학회에서 이 사실이 발표되자 세상이 발칵 뒤집혔다. 왕립학회 회장은 이렇게 선언했다.

"이것은 인간 사고의 역사에서 가장 위대한 성과 가운데 하나이며, 외딴 곳에 있는 섬 하나가 아니라 새로운 과학적 아이디어의 큰 대륙 전체를 발견한 것에 해당합니다."

마흔 살의 아인슈타인은 불세출의 스타로 떠올랐고, 인류는 아인슈타인 이전과는 전혀 다른 삶의 지평에 놓였다.

■■ 아인슈타인의 '통일장 이론' ■■

알베르트 아인슈타인은 '상대성 이론'을 발견함으로써 '상대론'의 상징과도 같은 존재가 됐지만, 그 자신은 결코 상대론자가 아니었다고 『아인슈타인의 우주』는 말한다. 뉴턴의 시간과 공간을 무너뜨리고 들어선 아인슈타인의 우주는 나름의 법칙을 지닌 안정적 질서의 세계였던 것이다. 그러나 아인슈타인의 상대성 이론은 물리학자들의 후속 연구로 디엔에이가 자기복제를 하듯 삽시간에 다른 이론으로 번졌다. 우주가 팽창한다는 '팽창 우주론'이 나타났고, 우주의 시작이 있다는 '빅뱅 이론'이 등장했으며, '블랙홀'이 얼굴을 내밀었다. 우주의 안정적 조화를 믿고 싶어했던 아인슈타인은 안정성을 흔드는 이 이론들을 마지못해 수긍했다. 자기가 낳은 자식이 자기와 너무 다르다고 생각했던 것인데, 더 결정적인 것은 '양자론'이었다. 이 미시

세계의 새 이론에 직접적 영감을 준 사람이었던 아인슈타인은 원자보다 작은 세계를 '불확정성 원리'가 지배한다는 양자물리학자들의 이론을 접하고는 프랑켄슈타인이 된 기분이었다. 전자의 위치와 운동량은 확률로만 이야기할 수 있다는 불확정성 원리를 아인슈타인은 죽을 때까지 흔쾌히 받아들일 수 없었다. "신은 주사위 놀이를 하지 않는다"라고 그는 말했다.

그러나 법칙은 법칙이다. 아인슈타인은 양자의 세계를 포함해 우주의 만물을 단일한 원리로 설명하는 '통일장 이론'을 세움으로써 우주의 질서를 다시 확립해보려고 했다. 이 질서를 세우는 데 그는 생애 후반의 30년을 바쳤다. 통일장 이론은 뉴턴의 중력과 맥스웰의 전자기력을 꿰뚫어 우주의 모든 힘을 하나로 합쳐 설명하는 것이기도 했다. 양자 단위의 미시세계와 우주를 포괄하는 거시세계를 하나의 원리로 설명한다는 이 발상은 그동안 쌓아올렸던 아인슈타인의 명성을 끝없이 갉아먹었다. 불가능한 것에 도전하는 미치광이라는 비난이 일었다. 아인슈타인의 친구였던 물리학자 파울리Wolfgang Pauli는 이렇게 말했다. "신이 떼어놓은 것을 사람이 엮으려 하지 말라." 아인슈타인은 자신의 꿈을 실현하지 못한 채 1955년 눈을 감았다. 통일장 이론도 물거품처럼 흩어진 듯했다. 그러나 지난 10년 사이 통일장 이론은 다시 물리학계의 가장 뜨거운 주제로 떠올랐다. 수많은 가설들이 이 최고의 난제에 도전했다가 파산했다. "통일장 이론에 이르는 길에는 실패한 시도들의 잔해가 어지럽게 흩어져 있다." 그 시련에서 살아남은 강력하고도 거의 유일한 가설이 '초끈이론'이다.

아인슈타인은 아침에 일어날 때마다 "내가 신이라면 우주를 어떻게 창조할까" 하고 물었다고 한다. 그는 우주의 통일이야말로 신(자연)의 가장 위대한 구도라고 확신했다. 『아인슈타인의 우주』에서 미치오 가쿠는 초끈이론이 그 통일을 실현시켜줄 날이 손에 잡힐 듯 가까이 왔을지도 모른다고 말한다. 저승의 아인슈타인이 빙그레 웃는 날이 올까?

불완전성: 쿠르트 괴델의 증명과 역설 레베카 골드스타인 지음 / 고중숙 옮김 / 승산

'불완전성 정리'만큼 기이했던 괴델의 삶

"이 논리학자는 자신의 생전에는 물론이고 지금까지도 아주 적은 수의 사람들에게만 알려져 있다. 하지만 그의 업적은 내재적 가치가 아인슈타인의 업적과 맞먹을 정도로 혁명적이며, 우리의 뿌리 깊은 선입관에까지 침투해오는 지난 세기의 가장 근본적이고도 엄밀한 소수의 성과들 가운데 하나로 꼽힌다."

이 문장의 주인공이 오스트리아 빈 출신의 수리논리학자 쿠르트 괴델Kurt Gödel(1906~1978)이다. 괴델의 이름이 아인슈타인과 나란히 놓인 것이 의아하게 여겨질 수도 있지만, 최소한 수리논리학계에서는 당연하게 받아들여지는 일이다. 괴델이라는 이름에 거의 항상 동반되는 '불완전성 정리'라는 놀라운 수학적 업적 때문이다. '불완전성 정리'는 아인슈타인의 '상대성 이론', 하이젠베르크Werner Heisenberg의 '불확정성 원리'와 함께 인간 지성의 토대를 흔든 20세기의 발견으로 꼽힌다. '불완전성 정리'로 하여 괴델은 '아리스토텔레스 이후 가장 위대한 논리학자' '20세기 최고의 수학자'라는 영예로운 칭호를 얻었다. 그러나 그의 삶은 '불완전성 정리'만큼이나 난해하고 기이했다. 끝없는 침묵 속에 스스로 유폐당했던 그는 논리적 명제로 이루어진 짧은 증명으로 자신의

생각을 겨우 알렸다. 그 증명조차도 너무 상식 밖이어서 무수한 오해를 낳았고, 참뜻이 이해되는 데 많은 시간이 걸렸다.

소설가이자 철학자인 레베카 골드스타인Rebecca Goldstein이 쓴 『불완전성: 쿠르트 괴델의 증명과 역설』은 '불완전성 정리'라는 기괴한 증명과 이 증명을 낳은 기괴한 인간에 관한 전기적 해설서다. 지은이는 소설가의 재능을 발휘해 괴델의 삶을 드라마틱하게 보여줌과 동시에, 학자의 꼼꼼함으로 '불완전성 정리'의 논리적 구조를 설명한다. 괴델의 삶을 따라가다 보면, '앨리스의 이상한 나라'와도 같은 '불완전성의 세계' 안으로 깊숙이 들어서게 된다.

괴델이 '불완전성 정리'를 발표한 것은 스물네 살 때인 1930년 10월이었다. 수학자·철학자·논리학자들의 모임인 쾨니히스베르크 학회가 발표 장소였다. 이제 막 박사학위를 받은 이 분야의 신출내기 괴델은 학회의 마지막 날에 자신의 연구 결론을 아주 짧게 이야기했다. 이 책의 지은이는 그 순간을 두고 "가장 조용한 폭발"이라고 묘사한다. 그도 그럴 것이 그 폭발은 너무나 조용해서 그것이 얼마나 엄청난 폭발인지 아무도 즉각 눈치채지 못했다.

20쪽 남짓한 분량에 극히 압축적인 논리로 이루어진 '불완전성 정리'는 '제1정리'와 여기서 딸려 나오는 '제2정리'로 이루어져 있다. 제1정리의 결론을 요약하면 이렇게 된다. '모순 없는 수학적 형식체계가 있다고 할 때, 그 체계 안에는 참이면서 동시에 증명이 불가능한 명제가 존재한다.' 이 결론에서 따라나오는 제2정리는 이렇다. '체계의 무모순성은 그 체계 안에서는 증명할 수 없다.'

이 정리가 폭탄이 된 것은 먼저 수학계 안의 사정과 관련이 있다. 당시 수학계 안의 최대 관심사 가운데 하나는 다비트 힐베르트David Hilbert가 주창한 '형식주의 수학'을 완성하는 것이었다. 수학의 영역에서 '논리적으로 모순 없는 형식 체계'를 만들어낼 수 있다는 것이 힐베르트의 가정이었다. 괴델의 제2정리는 바로 그 가정을 직접 타격하는 것이었다. '어떤 체계가 무모순인지를 증명할 수 없다'는 그 결론이 오직 순수형식으로만 이루어진 수학체계를 만들어보려던 열망을 날려버린 것이다.

더 중요한 것은 괴델의 정리가 수학의 영역을 넘어 논리적 체계 일반으로 확장될 가능성을 보여주었다는 사실이다. 이런 가능성이 수많은 오해의 단서가 됐다. 언뜻 보면 괴델의 정리는 수학이라는 가장 이성적인 논리체계의 붕괴를 입증하는 듯하다. 그리하여 속류 포스트모더니즘과 같은 반이성주의적 운동에 이 '오해된 괴델'이 이용되었다. "괴델은 수학에 대한 악마다. 괴델 이후에는 수학이 신의 언어일 뿐 아니라 우리가 우주와 만물을 이해하기 위해 해독해야 할 언어라는 생각은 더는 할 수 없게 되었다." 이런 식의 주장이야말로 전형적인 오해라고 이 책은 말한다. 괴델이 이야기하려 했던 것은 인간의 머리로 짜낸 어떤 수리체계도 '불완전한' 지점을 안고 있다는 것이었을 뿐, 수학이 근원적으로 쓸모없다는 주장은 아니었다. 그는 증명 불가능하다 해도 '참'인 명제가 있음을 밝혔고, 우리의 이성적 직관으로 그 참(진리)을 알 수 있다고 했다.

괴델의 정리는 오해에 오해를 낳았고, 그것은 불안신경증을 앓고 있던 이 고립된 수학자를 더욱 궁지로 몰아넣었다고 이 책은 말한다. 1940년 미국으로 망명해 프린스턴대학 고등과학원에 정착한 괴델은 한동안 같은 처지의 아인슈타인과 유일한 우정을 나눴지만, 1955년 아인슈타인이 죽고 난 뒤 철저한 자폐 상태에 빠졌다. 말년의 괴델은 세상이 자신을 없애려고 음모를 꾸미고 있다는 강박관념에 시달렸고, 누군가 음식에 독을 탄다는 의심 때문에 식사를 거부하다 굶주림으로 죽었다.

위대한 설계 스티븐 호킹·레오나르드 믈로디노프 지음 / 전대호 옮김 / 까치

물리학자 호킹의 '신 없는 우주'

『위대한 설계The Grand Design』는 물리학자 스티븐 호킹Stephen William Hawking(1942~)의 2010년 저작이다. 동료 물리학자 레오나르드 믈로디노프Leonard Mlodinow의 도움을 받아 쓴 이 책은 호킹의 출세작 『시간의 역사A Brief History of Time』(1988)처럼 난해한 물리학 세계를 가능한 한 쉽게 풀어 쓴 최신 우주론 안내서다. 동시에 이 책은 이제 노년에 접어든 물리학자가 자신이 평생 연구한 분야를 개괄해 세계관적 메시지를 던지는 책이기도 하다.

요컨대, 이 책은 물리학의 언어로 쓴 철학책이다. 호킹은 책의 서두에서 "왜 아무것도 없지 않고 무언가가 있을까? 왜 우리가 있을까? 왜 다른 법칙들이 아니라 이 특정한 법칙들이 있을까?"라는 세 가지 질문을 던지는데, 이런 질문은 물리학자들이 보통은 생략하는 질문이다. "우주를 가장 깊은 수준에서 이해하려면 우주의 행동에 대해서 '어떻게'라는 질문뿐만 아니라 '왜'라는 질문에도 대답할 필요가 있다.(…) 이 (세) 질문이야말로 생명, 우주, 만물에 관한 궁극의 질문이다." 이 책은 이 질문에 대한 대답을 시도한다.

아인슈타인 이래로 물리학의 꿈은 만물을 하나로 꿰어 설명하는

'통일이론'을 찾아내는 것이었다. 통일이론이란 이 우주의 네 가지 기본적인 힘인 중력, 전자기력, 약력(약한 핵력), 강력(강한 핵력)을 단일한 법칙으로 통합하는 이론이다. 이 '만물의 이론'은 '물리학의 성배'로도 불리는데, 호킹은 '모든 것을 통일하는 단 하나의 법칙'이라는 성배를 찾아내기는 어려울 것으로 본다. 대신에 그가 제안하는 것이 '엠M 이론'이다. 엠 이론이란 우주를 설명하는 여러 이론들의 집합이라고 할 수 있다. 호킹은 지도의 비유를 들어 설명한다. 메르카토르 지도는 적도 지방은 정확하게 보여주지만 양극으로 갈수록 면적이 커져 실제 모습을 왜곡한다. 이렇게 지구의 모든 지역을 있는 그대로 보여주는 지도가 없다면 여러 지역에 맞는 지도들을 엮어 지구 전체의 근사치를 얻을 수 있다. 엠 이론이란 우주적 차원의 이런 근사치들을 근저에서 떠받치는 바탕 이론이다.

  호킹은 엠 이론이 정확히 어떤 모습일지 현재로선 알 수 없지만, 그 이론의 몇 가지 핵심 내용이 우주에 대한 중대한 비밀을 알려준다고 말한다. 그 비밀이란 우주가 여럿이라는 사실이다. 그것도 손가락으로 셀 수 있을 정도가 아니라, 10의 500제곱 개, 다시 말해, 1 뒤에 0이 500개나 붙은 거대한 수다. "우리가 알고 있는 우주는 그 무수한 우주들 중의 하나에 불과하다." 그렇다면 우주는 어떻게 탄생했을까? 호킹은 우주의 탄생을 끓는 물에서 수증기 방울이 형성되는 것에 비유한다. 수증기 방울들이 수없이 생겨났다 사라지듯이, 초기 상태에서 수없이 많은 우주 방울들이 생겨났다가 사라진다. 팽창하다가 미시적인 규모를 넘어서지 못한 채 다시 수축해 꺼져버리는 것이다. 아주 소수의 방울들만 충분히 커져 재수축의 위험에서 벗어날 수 있다. 그런 위험을 극복한 어린 우주는 급속한 팽창 단계인 '인플레이션'을 거쳐 거대한 우주로 확대된다. 그렇게 커진 우주 가운데 하나가 우리 우주다.

  이 책에서 호킹이 제안하는 흥미로운 주장이 '인본원리'다. '인간 중심적인 우주 설명 원리'라고 풀어 쓸 수 있는 인본원리로써 인류 탄생이라는 게 얼마나 기적 같은 일인지 이야기하는 것이다. 먼저 호킹이 이야기하는 것이 초기 우주 내부의 미세한 불균일성이다. 만약 초기 우주가 균일했다면 아무런 일도 일어나지 않았을 것이다. 불균일성 때문에 물질들이 뭉쳐 은하와 별을 형성할 수 있었다. 또 유기화합물의 토대인 탄소가 중심이 돼 행성을 형성한 뒤 실제로 유기물을 만들어내려면 100억 년의 시간이 필요하다. 수소 원자가 핵융합을 해 헬륨으로, 헬륨이 다시 융합해 베릴륨으로, 베릴륨이 다시 헬륨과 융합해 탄소로 만들어지는 데 수십억 년이 걸린다. 이 탄소는 초신성이 폭발할 때 별 내부에서 밖으로 튀어나온다. 그 탄소들이 재료가 돼 새로운 별이 만들어지는데 그 중 하나가 지구다. 우주의 나이가 100억 년보다 훨씬 더 먹으면 연료를 소진해 유기화합물이 생성될 조건이 성립하지 않게 된다. 유기화합물에서 인류가 태어나려면 우리 우주의 나이와 같은 137억 년 정도가 적당한 셈이다. 인류의 탄생은 이런 수많은 기적적 조건의 중첩 위에서 일어난 일이다.

이런 기적에 신의 손이 개입했어야 마땅한 것 같지만, 호킹은 결론에서 그럴 가능성이 없다고 잘라 말한다. 우주는 무에서 스스로 탄생했다. 그것도 수없이 많은 우주들 가운데 하나로 태어났다.

> "자발적 창조야말로 무가 아니라 무엇인가가 있는 이유다. 우주가 존재하는 이유, 우리가 존재하는 이유는 자발적 창조다. 도화선에 불을 붙이고 우주의 운행을 시작하기 위해 신에게 호소할 필요가 없다."

책의 제목인 '위대한 설계'란 자연이 스스로 자기를 창조하는 데 쓰인 법칙, 곧 엠 이론을 가리킨다. "엠 이론은 가장 일반적인 초대칭 중력 이론이다. 따라서 엠 이론은 우주에 관한 가장 완전한 이론일 가능성이 있는 유일한 후보다." 우주가 엠 이론이 허락하는 법칙 위에서 스스로 자기 자신을 창조해 오늘에 이르렀다고 호킹은 말한다.

CHAPTER
8

근대의 악몽에서 깨어나기

파놉티콘 제러미 벤담 지음 / 신건수 옮김 / 책세상

거대 통제사회, 그 괴물의 탄생기

"사형 집행인 상송과 쇠집게를 잡고 있던 사람은 그들 주머니에서 칼을 꺼내 관절 부분의 다리 대신에 넓적다리의 윗부분을 도려냈다. 네 마리 말이 전력을 다해 끌어당기자, 처음에는 오른쪽 다리, 다음에는 왼쪽 다리가 떨어져나갔다. 뒤이어 양팔, 어깨와 겨드랑이, 사지도 똑같이 칼질했다. 거의 뼈까지 닿도록 깊숙이 칼로 도려내지 않으면 안 되었다. 그런 후에 말이 전력으로 끄니까 먼저 오른쪽 팔이, 뒤이어 왼쪽 팔이 떨어져나갔다."

능지처참이라고 부르는 이 끔찍한 처형은 1757년 프랑스 국왕 루이 15세 시역죄로 체포된 로베르 프랑수아 다미앵Robert-François Damiens이 당한 것이다. 미셸 푸코는 이 극렬한 신체형을 묘사하는 것으로 『감시와 처벌Surveiller et punir』(1975)을 시작한다. 그러나 정작 그의 관심은 이 처절한 처벌의 역사를 살피는 데 있지 않다. '감옥의 탄생'이라는 부제가 암시하는 대로 푸코의 목표는 죄수의 몸에 직접 위해를 가하는 신체형 대신에 죄수를 감옥에 가두어두는 감금형이 어떤 경로로 일반화했는지, 그것이 발휘한 효과는 무엇이었는지를 탐구하는 데 있다. 그가 이 계보학적 탐사에서 결정적 좌표 가운데 하나로 설정하는 것이 제러미

벤담(1748~1832)이 구상한 '파놉티콘panopticon'이다. 근대적 감옥의 이상적 모델로 제출된 파놉티콘은 그 구상이 태어난 지 거의 200년 만에 푸코의 저작이 일으킨 엄청난 반향과 함께 근대 체제의 원리를 설명하는 강력한 용어로 재등장했다. 『감시와 처벌』의 이론적 거점으로 활용된 벤담의 문건 『파놉티콘*Panopticon*』이 우리말로 번역됐다.

번역의 대본이 된 프랑스어판 『파놉티콘』은 벤담이 1791년 프랑스 국민의회에 제출한 것이다. 애초에 영어로 쓴 원본은 파놉티콘의 기술적 세부사항을 상세히 다루고 있지만, 프랑스어판은 프랑스 의원들을 설득하려고 원본의 핵심만을 뽑아 정리해놓은 것이어서 파놉티콘의 원리를 단숨에 이해할 수 있다고 옮긴이 신건수 씨는 말한다. '감시시설, 특히 감옥에 대한 새로운 원리에 관한 논문'이라는 부제를 단 이 소책자는 프랑스 의원들의 즉각적인 동의를 얻어 그 구상이 실행에 들어갈 예정이었으나 이듬해 프랑스 정국이 급변하면서 폐기되고 말았다. 파놉티콘은 그 후로 한 번도 구상 그대로 실현된 적도 운영된 적도 없지만, 푸코는 이 원리에서 근대사회의 비밀을 푸는 열쇠를 찾아냈다.

'원형 감시 시설'로 옮길 수 있는 파놉티콘은 '한눈에 전체를pan-' '들여다본다-opticon'는 뜻의 라틴어 조합어로 벤담이 만들어낸 말이다. 중앙에 원형 감시탑이 있고 그 둘레로 반지처럼 감옥시설이 들어선 것이 파놉티콘이다. 벤담의 말대로 '아주 단순한 건축 아이디어'에 지나지 않지만, 이 원형 감옥은 기존의 어떤 감옥과도 다른 혁명적인 구상이었다. 핵심은 '시선의 불평등 교환'에 있다. 중앙의 감시탑 안은 밖에서 들여다볼 수 없지만, 감옥 내부는 감시탑에 서면 훤히 들여다보인다. 감시탑에는 감독관이 머문다. 죄수들은 감방에 갇혀 있다. 감독관은 죄수들의 행동을 낱낱이 볼 수 있지만, 죄수들은 감독관을 볼 수 없다. 여기서 예기치 않은 권력효과가 나타난다. "감독관이 자리에 없더라도 있다고 여겨 실제로 자리에 있는 것 같은 효과를 낸다. 자신을 드러내지 않은 감독관은 마치 유령처럼 군림한다." 감시탑 안에 감독관 대신 다른 사람이 있더라도 수감자는 그가 누구인지 알 수 없기 때문에 감시효과는 동일하다. 죄수들은 이제 시선을 내면화해 자기 자신을 감시하고 그 감시에 복종한다. 최소한의 노력으로 최대의 효과를 누리는 완벽한 통제장치인 셈이다.

벤담은 파놉티콘을 사회 구성의 표준 모델이자 보편 원리로 이해했다. "파놉티콘의 원리는 감시와 경제성을 연결해야 하는 거의 모든 시설에 성공적으로 적용할 수 있다." 파놉티콘식 공장은 한 사람이 수많은 작업을 효율적으로 감독하는 '진정한 산업 건물'이 될 수 있으며, 파놉티콘식 병원은 청결·환기·의약품 관리에서 어떤 소홀함도 허락하지 않는 최상의 병원 모델을 제공한다. "마지막으로 이 원리는 다행스럽게도 학교나 병영, 곧 한 사람이 다수를 감독하는 일을 맡는 경우에 모두 적용할 수 있다." 푸코는 『감시와 처벌』에서 벤담의 이 득의양양한 단언에 답하면서, 파놉티콘의 감시원리가 사회 곳곳에 자동 규율 장치로 확장됐으며 통제의 내면화를 일반화시켰다고 말한다. 벤담이 긍정하는 것을 푸코는 비판한다.

그렇다면 벤담은 악의에 차서 거대한 통제사회를 구상한 것인가? 『파놉티콘』의 내용을 살펴보면 벤담이 악의를 품고 있기는커녕 파놉티콘이야말로 도덕적이고 윤리적인 대안임을 애써 입증하고 있음을 발견할 수 있다. 벤담의 윤리적 태도를 가늠할 수 있는 하나의 지표가 감방에 수용되는 죄수의 수다. 푸코는 『감시와 처벌』에서 파놉티콘의 감방이 모두 한 사람씩 수감되는 독방인 것처럼 묘사하고 있지만, 벤담의 글에는 그런 내용이 없다. 벤담은 감옥 관리의 원칙 가운데 하나로 '고통 완화의 원칙'을 이야기하면서, 감방마다 두세 명씩 수감해야 한다고 분명하게 밝히고 있다. 1인 독방은 징벌방과 같아서 불필요하게 수감자의 고통을 증대시키기 때문에 피해야 한다는 것이다. 감옥은 단순히 처벌하는 공간이 아니라 죄수의 심성을 교화해 사회의 일원으로 재탄생시켜야 할 공간이다. '처벌의 공간'이 '갱생의 공간'으로 의미가 바뀐 셈이다. 이 갱생의 차원에서 벤담은 죄수의 '노동'을 강조한다. 생산적 노동을 함으로써 쓸모 있는 정신과 신체를 갖추게 되고 출감 후에 사회에 적응할 수 있다는 것이 벤담의 주장이다. 푸코는 이 나름의 윤리적 주장의 배후를 파고들어가 벤담의 구상에서 근대적 규율사회·감시사회의 원형을 발견하고 그 의미를 추적했던 것이다.

■■ 공리주의 창시자 제러미 벤담 ■■

파놉티콘의 창안자인 제러미 벤담은 공리주의의 창시자로도 알려져 있다. '최대 다수의 최대 행복'이라는 명제는 그의 공리주의를 요약하는 말이다. 그는 사회와 개인의 모든 행위의 원리를 '고통의 최소화'와 '쾌락의 극대화'로 보았다. 행복의 증진이란 고통이 줄고 쾌락이 느는 것을 말한다. 다만 이때의 행복은 행위자 개인만의 행복이 아니라 행위에 영향을 받는 모든 사람의 행복이다. 따라서 어떤 개인에게 행복을 주는 것이 다른 많은 사람들의 행복을 줄인다면, 그 행위는 유용한 행위가 아니다. 벤담은 이 유용성의 원리 위에서 파놉티콘을 구상했다. 파놉티콘은 가장 적은 비용으로 최대의 효과를 낸다는 점에서 유용할 뿐만 아니라, 범죄자를 가두어 둠으로써 사회를 보호하기 때문에 사회에 유용하고, 나아가 범죄자 자신을 갱생시켜 사회에 쓸모 있는 사람으로 만들어낸다는 점에서도 유용하다고 본 것이다.

벤담이 감옥 문제에 관심을 집중한 것은 당시의 감옥이야말로 온갖 사회적 질병의 전시장이자 사회 개혁의 최우선 과제였기 때문이다. 벤담 시대에 자본주의적 도시화의 진전으로 크고 작은 범죄가 양산된 탓에 감옥은 죄수로 범람했다. 사회적 낙오자들이 우글거리는 감옥은 범죄의 학교가 됐다. 감옥 개혁이야말로 시대적 과제였던 것이다.

1786년 파놉티콘을 처음 구상한 벤담은 이후 20여 년 동안 이 구상을 실현하는 데 모든 것을 걸었다. 1791년 그가 프랑스 의회에 자신의 구상을 제시한 것도 보수적인 영국에서 이루지 못한 꿈을 이 혁명의 나라가 받아줄 것으로 기대했기 때문이다. 벤담은 자신의 글을 보내면서 애타는 심정을 털어놓은 편지도 함께 보냈다.

"이 모델을 가지고 감옥을 건설하도록 해주십시오. 그리고 저를 간수로 임명해주십시오."

벤담이 파놉티콘 건설에 집착한 것은 그것이 새로운 사회의 모델을 보여주는 이상적인 실험공간이라고 확신했기 때문이다. 새로운 유형의 감옥 건설에 성공한다면, 사회 전체를 그 원리에 맞춰 재건할 수 있을 터였다. 1792년 아버지가 죽자 벤담은 유산을 몽땅 털어 감옥을 세울 땅을 구입했다. 그러나 지원을 약속했던 영국 정부가 약속을 이행하지 않았다. 벤담은 파산하고 말았다. 친구들은 파놉티콘에 매달리는 벤담이 미쳤다고 비난했다.

프로테스탄티즘의 윤리와 자본주의 정신 막스 베버 지음 / 김덕영 옮김 / 길

금욕주의,
자본주의의 정신적 힘이었다

독일 사회학자 막스 베버(1864~1920)의 주저 『프로테스탄티즘의 윤리와 자본주의 정신 Die Protestantische Ethik und der "Geist" des Kapitalismus』 (이하 『윤리와 정신』)이 베버 전공 사회학자 김덕영 독일 카셀대 교수의 번역으로 나왔다. 김덕영 번역본 『윤리와 정신』은 200자 원고지 850매에 이르는 상세한 옮긴이 해제와 방대한 역주를 거느리고 있어 분량이 원서의 두 배가 넘는다. 전공 학자가 자신의 학문적 역량을 총동원해 이루어낸 고전 번역이자 우리 사회과학 분야에서는 전례를 찾아보기 어려운 꼼꼼한 주해 작업의 모범적 사례로 꼽힐 만한 작업이다. 옮긴이는 이와 함께 베버의 후속 연구논문인 「프로테스탄티즘의 분파들과 자본주의 정신」도 번역해 보론으로 실었다.

베버는 흔히 현대 사회학의 창시자로 거론되지만, 대학 시절 그의 전공은 법학이었고 강단에서는 법제사와 경제사를 동시에 가르쳤다. 생애 말년에야 뮌헨대에 사회학 교수로 부임했으나, 이때에도 경제사·경제학 교수직을 겸했다. 말하자면 베버의 학문은 학제 간 연구를 통해 발전했으며, 인문·사회과학을 포괄하는 통합과학의 성격을 띠었다. 그의 얼굴과도 같은 저작인 『윤리와 정신』이 바로 그런 통합과학적 연구의

결과물이다. 베버는 이 저작에서 신학·경제학·역사학은 말할 것도 없고 철학·문학·문헌학·심리학 같은 여러 학문의 도움을 받아 이론의 건축물을 세웠다.

이 책은 제목이 알려주는 대로 근대 자본주의 정신이 형성되는 데 프로테스탄티즘이라는 금욕적인 종교적 이념이 어떤 영향을 주었는가를 추적해 밝히는 것을 목표로 삼고 있다. 근대 자본주의의 발흥을 가져온 시민계급의 엄격한 직업정신이 어디에서 기원했는지 밝히는 것이 이 책의 내용인 셈이다. 프로테스탄티즘의 금욕주의 윤리가 시민계급의 직업정신을 낳았다고 베버는 말한다.

눈여겨볼 것은 이 책의 주제어 가운데 하나인 '자본주의'에 관한 베버의 독특한 생각이다. 베버는 자본주의가 "우리 근대인의 삶의 운명을 가장 강력하게 결정하는 힘"이라는 일반적인 관념을 논의의 전제로 삼는다. 그러나 그는 자본주의를 영리욕이나 화폐욕과 동일시하는 통념에는 단호하게 반대한다.

"영리욕, 이윤 추구, 화폐 취득, 그것도 가능한 한 많은 화폐 취득을 추구하는 것 자체는 자본주의와 전혀 상관이 없다."

베버는 자본주의를 '탐욕' 자체와 동일시하는 관점을 '천진난만한 것'이라고 규정한다. 자본주의는 "오히려 이런 비합리적인 충동의 억제, 또는 적어도 합리적 조절과 동일할 수 있다." 자본주의는 무제한의 탐욕을 동력으로 삼아 나아가는 체제라기보다는 그 탐욕을 합리적으로 억제하고 조절하는 체제라는 것이 베버의 관점이다.

이 책에서 단적으로 베버가 '프로테스탄티즘 윤리'의 주체로 지목하는 것이 칼뱅주의와 거기서 발전한 영국의 '청교도주의Puritanism'다. 중세 가톨릭에 대항해 기독교를 개혁한 사람이 마르틴 루터Martin

Luther(1483~1546)였음은 주지의 사실이다. 베버는 개념사 연구를 통해 루터가 근대적 의미의 '직업 개념'을 창출했음을 밝힌다. 루터는 기독교 성서를 독일어로 번역하면서 '베루프Beruf'(영어 calling)라는 단어를 사용했다. 이 단어는 '직업'이라는 뜻과 '소명'이라는 뜻을 동시에 품고 있었다. 직업이 신의 소명, 부르심이 되는 것이다. 그러나 이 직업정신이 바로 근대 자본주의로 이어진 것은 아니다. 베버는 루터주의 안에 가톨릭의 전통적인 관념이 남아 있었다고 말한다. 루터주의는 중세 가톨릭의 세계관과 완전한 단절을 이루지 못했다.

장 칼뱅Jean Calvin(1509~1564)의 '예정론'에 와서야 가톨릭의 전통적 관념이 완전히 씻겨나갔다. 누가 구원받을지 누가 버림받을지 이미 영원으로부터 예정돼 있어서 그 어떤 노력으로도 바꿀 수 없다는 것이 칼뱅의 예정론이다. 이 예정론이 초래한 심리학적 결과는 "각자 개인이 직면하는 전대미문의 내적 고독감"이었다고 베버는 말한다. "종교개혁 시대의 인간들은 영원으로부터 확정된 운명을 따라 고독하게 자신의 길을 가는 것 외에 달리 방법이 없었다. 아무도 그들을 도와줄 수 없었다." 설교자도, 성례전(성찬식·세례식)도, 교회도 도울 수 없다. "심지어 신조차도 도울 수 없다." 처음부터 결정된 것을 신이 뒤늦게 바꿀 수는 없기 때문이다.

이것이 칼뱅주의와 루터주의의 차이점이었다. 루터주의는 교회에 가고 예배를 봄으로써 구원받을 가능성을 열어놓았으나, 칼뱅주의는 이 구원의 문을 닫아버렸다. 여기에서 베버 사회학의 핵심적 개념인 '세계의 탈주술화 과정'이 등장한다. 인간이 주문·기도·예배를 통해 구원받을 수 있다는 주술적 사고방식에서 벗어나는 것이 '세계의 탈주술화 과정'이다. 베버는 이 과정이 헬레니즘 시대의 과학적 사고와 더불어 진전되다가 마침내 칼뱅주의에 이르러 완결되었다고 말한다. 그래서 "진정한 청교도들은 심지어 장례식에서도 일체의 종교적 의식의 흔적을 배척했다." 구원과 저주가 태초에 정해졌기 때문에 인간의 어떠한 노력도 간청도 쓸모없다는 생각에서 주술적인 사고와 행위를 모조리 거부했던 것이다.

이런 예정론적 사고방식이 낳은 결과가 투철한 직업윤리와 노동윤리였다는 것이 베버의 통찰이다. 신의 소명, 곧 직업에 헌신하여 이윤을 얻고, 이 이윤을 조금도 낭비하지 않고 계속 사업에 재투자함으로써 신의 영광을 드러내는 것이 이 세상 사람들이 할 일이라는 것인데, 이를 통해 칼뱅주의자들은 신의 은총을 확신하게 되었다.

다시 말해, 근면한 노동과 금욕주의적 생활의 결과인 이윤 획득과 사업 번창이 신의 구원을 확증해주는 주관적인 근거였다. 바로 여기서 자본주의 정신이 형성됐다고 베버는 말한다. 수도원 담장을 넘어 세속으로 나온 금욕주의가 바로 자본주의를 밀고나간 정신적 힘이었던 것이다.

폭력에 대한 성찰 조르주 소렐 지음 / 이용재 옮김 / 나남

폭력에 대한
위험한 찬가

표지 아래 뇌관을 품고 있어서 잘못 건드리면 폭발해버리는 위험한 책들이 있다. 니콜로 마키아벨리Niccolò Machiavelli의 『군주론』, 프리드리히 빌헬름 니체의 『도덕의 계보』, 카를 슈미트의 『정치적인 것의 개념』이 그런 책들이다. 사상의 다이너마이트라 할 이 책들은 예민하고 강력해서 한번 터지면 정신을 폐허로 만들기도 하고 때론 창조의 섬광을 내리치기도 한다. 조르주 소렐Georges Eugène Sorel(1847~1922)의 『폭력에 대한 성찰Réflexions sur la Violence』도 위험한 책들의 계보에서 빠져선 안 될 책이다. 1908년 출간된 이 책은 영향의 즉각성과 직접성의 측면에서 보면 위험한 책 가운데서도 가장 도드라진 책이다. 이 책을 둘러싸고 찬탄과 비난이 맞부딪쳤고 옹호와 거부가 일대 충돌을 일으켰다. 소렐의 이름은 이 책과 더불어 특별한 색채로 물들었다. 주목할 것은 이 책이 좌익 혁명가들과 극우 혁명가들에게 동시에 영향을 끼쳤다는 점이다. 두 극단 세력 모두 이 '폭력의 설교집'을 혁명 운동의 중요한 지침으로 받아들였다. 한 시대의 격랑 위에서 어지러운 운명을 겪었던 이 문제작이 우리말로 처음 번역됐다. 이로써 그동안 2차 문헌으로만 접했던 소렐의 맨얼굴을 그의 대표 저작을 통해 들여다볼 수 있게 됐다.

소렐의 이 책이 위험한 책 중에서도 위험한 책으로 꼽히는 것은 유보 없는 대담함으로 폭력을 찬미하기 때문이다. 극좌 혁명주의에 몰입해 있던 소렐은 이 책에서 부르주아 지배체제, 자본주의 경제체제를 끝장낼 힘은 혁명적 프롤레타리아의 폭력밖에 없다고 단언한다. 그는 폭력을 부정하거나 회피하는 모든 세력을 거부하고 비난한다. 당대 프랑스 사회주의 운동의 대표자 장 조레스Jean Léon Jaurès를 필두로 한 의회 사회주의 세력이 비난의 표적이 된다. 폭력이야말로 역사 진보의 원동력이기 때문에 폭력을 약화시키려는 모든 시도는 평화주의든 타협주의든 일종의 범죄가 된다. 부르주아계급이 노동자계급의 호의를 얻으려고 베푸는 박애주의적 시혜조차 소렐의 눈에는 범죄로 보인다. 부르주아지의 양보가 많아질수록 프롤레타리아의 폭력의지가 약해질 것이기 때문이다. 소렐은 부르주아지에게 단호함과 야수성을 요구한다. 여기가 소렐의 폭력론이 기이한 색채를 띠는 지점이다. 부르주아지는 자본의 기관차로서 무자비하고도 야만적으로 질주해야 한다. 부르주아지가 정복욕에 사로잡혀 노동자들을 물어뜯으며 착취의 피를 빨아먹어야, 노동자들의 분노가 최대치에 오를 수 있다. 부르주아계급이 강인한 적대자로서 계급투쟁의 현장을 지키고 있을 때, 프롤레타리아는 자신들의 잠재된 폭력을 극한으로 분출하게 된다. 그 경우에 계급 적대는 폭동으로 이어지고 폭동은 사회의 총체적 혁명으로 나아갈 것이다.

소렐의 이론을 특이한 색깔로 물들이는 또 하나의 요소는 '신화'다. 마르크스주의가 사회주의 운동에 부여했던 '과학'의 지위를 소렐은 '신화'로 대체한다. 과학적 법칙을 따르는 역사 발전의 자동적 경로는 없다. 역사가 혁명적으로 비약하려면 그 역사를 만드는 대중이 하나의 거대한 신화 속에서 뭉쳐야 한다. 신화는 완전한 혁명의 이미지를 제공한다. "대중에게 수용된 신화들이 없는 한 사람들은 어떤 혁명운동도 촉진하지 못한다." "혁명적 신화들은 결정적 투쟁을 맞이할 채비에 들어가는 인민대중의 행동·감정·관념 들을 이해할 수 있게 해준다." 신화는 유토피아와 혼동하기 쉽지만, 소렐은 그 둘이 전혀 다르다고 말한다. "신화는 사물에 대한 묘사가 아니라 의지의 표현이다. 반면에 유토피아는 지적 작업의 산물이다." 요컨대, 유토피아란 이론가들이 책상머리에서 만들어낸 논리적 조립품일 뿐이며, 따라서 그것은 논박이 가능하다. 그러나 신화는 논박의 대상이 될 수 없다. "신화는 근본적으로 한 집단의 신념체계와 같은 것이고 이 신념을 운동의 언어로 표현한 것이다." 그것은 논리적 구성물이 아니라 이미지이고 드라마다.

소렐이 그 신화의 가장 핵심적인 이미지로 제시하는 것이 '총파업'이다. 프롤레타리아계급이 일거에 일어나 자본주의 체제를 작동 불능 상태로 만들고 전면적 계급전쟁으로 부르주아 체제를 파괴하는 것이 총파업이다. "총파업이란 사회주의의 모든 것이 담겨 있는 신화, 곧 현대 사회에 맞서 사회주의가 벌이는 전쟁의 다양한 표현들에 부합하는 모든 감정을 본능적으로 일깨울 수 있는 이미지들의 총화다." 이 총파업 신화가 하나의 이미지로서 프롤레타리아의 본능을 지배하지 않는다면, 모든 개별적 파업행위·폭력행위들은 파편화하고 만다. 거대한 파국과 붕괴를 거쳐 새로운 세계의 문을 여는 총파업의 드라마가 과연 실현될 수 있느냐를 묻는 것은 중요하지 않다. 소렐은 초기 기독교도들이 '예수 재림'을 기다리며 마침내 로마제국을 몰락하게 했던 것을 상기시킨다. '예수 재림'이라는 신화는 실현되지 않았지만, 기독교도들은 그 신화의 힘으로 온갖 간난신고를 이겨냈고 승리했다는 것이다. 소렐에게 '사회적 신화'는 마르크스주의의 과학적 사회주의의 실질적 내용이다.

신화가 없으면 총체적 봉기도 없고 폭력이 없으면 완전한 혁명도 없다는 소렐의 주장은 거의 염세적이라 할 현실 부정의 세계관을 품고 있다. 그의 마음은 현존 체제를 파괴할 수만 있다면 어떤 어두운 지하의 힘도 불러낼 수 있다는 결의로 가득 차 있다. 1919년 판에 덧붙인 글에서 그는 이렇게 말한다.

"내가 무덤에 들어가기 전에, 현재 파렴치하게 승승장구하는 오만무도한 부르주아 민주주의 국가들이 고개를 떨구는 모습을 볼 수 있기를!"

그 부르주아 민주주의를 매장해버린 레닌의 볼셰비즘과 무솔리니Benito Mussolini의 파시즘에 그가 열광했던 이유가 여기에 있다.

■■ '사회 사상의 카멜레온' 조르주 소렐은 누구인가 ■■

『폭력에 대한 성찰』이라는 위험한 책은 조르주 소렐이라는 '위험한 정신'의 산물이다. 그는 '폭력의 설교자'로, '파시즘의 선구자'로 알려져 있지만, 더 정확히 말하면 '분류할 수 없는 사상가'라고 해야 한다. 이 '사회 사상의 카멜레온'은 문필가로서 산 30여 년 동안 극좌에서 극우까지 거의 자유자재로 종횡했다. 20세기라는 극단의 시대에 양쪽 끝에 서서 으르렁거리며 싸웠던 공산주의와 파시즘이 이 사상가를 동시에 받들었다. 동시대 지식인들이 거의 다 상층 부르주아 출신이었던 것과 달리 소렐은 몰락한 부르주아 집안 출신이었다. 그는 대학을 졸업한 뒤 20여 년을 토목 기사로 살았다. 평범한 엔지니어였던 그는 1875년 노동자계급 출신의 여성을 반려자로 맞이하면서 사회문제에 눈뜨기 시작했다. 아내를 통해 그는 노동자들의 세계를 구체적으로 들여다볼 수 있었다. 마흔다섯 살 때 소렐은 토목 기사직에서 은퇴해 문필가의 길로 들어섰다. 스승이 따로 없었으므로 그의 정신은 자유로웠다. 이 독학자의 사상은 이후 다섯 단계를 거치며 커다란 진폭을 그린다. 제1기(1893~1897)에 그는 마르크스주의 신봉자로서 사회주의 지식인들과 교류했다. 제3공화정의 부패에 분노했던 그는 부르주아 공화파에 대한 단호한 비판자가 됐다. '과학적 사회주의'에 기대를 걸었던 소렐은 제2기(1898~1902)에 독일 사민당 지도자 에두아르트 베른슈타인Eduard Bernstein의 수정주의를 따라 '개량적 사회주의'로 몸을 틀었다. 이 시기의 최대 사건이었던 '드레퓌스 사건'에서 그는 유대인 드레퓌스의 무죄를 주장한 공화주의자와 사회주의자의 연합 진영에 가담했다.

1902년 친드레퓌스 진영이 총선에서 압도적으로 승리해 부르주아 급진파 정부가 들어서자 소렐은 방향을 다시 틀어 극좌 사회주의로 나아갔다. 이 제3기(1903~1908)에 그는 '혁명적 생디칼리즘Syndicalism'(19세기 말부터 20세기 초에 걸쳐 일어난 노동조합주의의 하나로 '혁명적 조합주의'라고도 한다)의 대변인으로 나섰다. 노동조합이 중심이 돼 직접 행동으로 지배체제를 전복하고 프롤레타리아 사회주의 세상을 만든다는 '혁명적 생디칼리즘'의 이념 아래서 『폭력에 대한 성찰』이 탄생했다. 극좌로 기울었던 바로 이 시기에 소렐의 독특한 사상이 꽃을 피웠다. 이후 소렐은 노동운동 진영과 거리를 두고 다시 오른쪽으로 돌아섰다. 이 시기(1909~1913)에 그는 극우 왕정주의 당파와 교류하고 민족주의 세력과도 만났다. 한때 친드레퓌스파였던 소렐은 반유대주의 성향의 글을 발표했다.

1917년 러시아 볼셰비키혁명이 터지자 소렐은 다시 한 번 왼쪽으로 기울어 레닌에게서 새로운 희망을 찾았다. 『폭력에 대한 성찰』에서 말한 대로, '부르주아계급의 제도와 습속을 완전히 파괴한 뒤 그 폐허 위에 우뚝 선 혁명적 프롤레타리아의 영혼'을 발견한 것이다. 『폭력에 대한 성찰』 1919년 판에 덧붙인 글 '레닌을 위하여'에서 그는 이 혁명가를 "마르크스 이후 사회주의가 낳은 최고의 이론가이자 표트르 대제에 버금가는 천재성의 소유자"라고 높이 평가했다.

그러나 바로 그 직후에 소렐은 무솔리니의 파시즘 운동을 부르주아 정치인들의 야합과는 전혀 다른 새로운 모험이라고 찬양했다. 1922년 권력을 획득한 무솔리니는 "내가 가장 큰 빚을 진 사람이 바로 소렐이다"라고 털어놓았다.

모두스 비벤디 지그문트 바우만 지음 / 한상석 옮김 · 후마니타스

정원사인가, 사냥꾼인가

폴란드 출신의 사회학자 지그문트 바우만Zygmunt Bauman(1925~)은 '유동성'(액체성)이라는 개념의 소유권자다. 그는 이 유체역학적 용어를 자신의 서명이 들어간 개념으로 주조해 현대 사회현상을 설명하는 데 적용했다. 우리 시대 세계의 질서와 제도가 고체성을 잃어버리고 끊임없이 유동한다는 것이 그의 근본 통찰이다. 『모두스 비벤디 Liquid Times: Living in an Age of Uncertainity』는 그 '유동성' 개념으로 우리 시대를 진단한 2006년 저작이다.

바우만이 국내에 알려진 것은 비교적 최근의 일이다. 그의 주저 가운데 하나인 『지구화, 야누스의 두 얼굴』이 번역된 것이 2003년이었다. 2008년 이후에 그의 저작들이 본격적으로 소개되기 시작했는데, 먼저 『쓰레기가 되는 삶들』이 나오고, 2009년 『유동하는 공포』와 『유동하는 근대』(한국어판 『액체 근대』)가 번역·출간됐다. 이제 막 우리 학문 세계 안으로 진입했다고 할 수 있는데, 그런 사정은 바우만의 본거지인 유럽에서도 그리 다르지 않다.

1925년에 폴란드에서 유대인으로 태어난 바우만은 사회학과 철학을 공부하고 1954년부터 바르샤바대학에서 가르쳤다. 그의 폴란드 생활

은 1968년으로 끝이 났다. 이 무렵에 폴란드 공산정권이 벌인 반유대주의 캠페인으로 대학에서 쫓겨나고 국적을 박탈당했다. 조국에 버림받고 정치적 망명자가 된 바우만은 1971년 영국에 정착해 리즈대학 교수가 됐다. 바우만이 학자로서 명성을 얻는 계기가 된 것은 1989년, 예순네 살 때 펴낸 『모더니티와 홀로코스트』였다. 이 책에서 그는 홀로코스트라는 야만이 근대성(모더니티)의 산물임을 입증했다. 그 뒤 바우만은 '유동성'이라는 개념으로 현대 세계를 분석하고 비판하는 저술 작업에 노년의 에너지를 쏟아부었다. 2000년 『유동하는 근대』를 펴낸 뒤, 2003년부터 『유동하는 사랑』, 『유동하는 삶』, 『유동하는 공포』, 『유동하는 시대』를 잇따라 출간했다. 이번에 우리말로 나온 『모두스 비벤디』는 이 마지막 저작 『유동하는 시대』의 번역판이며, 제목은 이탈리아어판에서 따왔다.

바우만은 근대를 '견고한 근대'와 '유동하는 근대'로 나누고 견고성(고체성)에 유동성(액체성)을 대비시킨다. 유동성이 바우만의 독창적 개념인 것은 분명하지만, 원천이 없는 것은 아니다. 바우만은 『유동하는 근대』에서 카를 마르크스의 『공산당 선언』을 언급한다. 마르크스는 1848년에 쓴 그 기념비적 팸플릿에서 부르주아 세계를 끝없는 유동성의 세계로 묘사한다.

> "부르주아 시대는 생산의 끊임없는 변혁, 모든 사회적 상황의 부단한 동요, 영원한 불안과 격동을 통해 다른 모든 시대와 구별된다. 견고하고 낡은 모든 관계들은 (…) 녹아버리고, 새롭게 형성된 것들도 모두 자리를 잡기도 전에 낡은 것이 되어버린다."

바우만은 마르크스 시대에 벌써 이렇게 간파된 근대 세계가 최근에 이르러 진정한 유동성의 시대로 전환됐다고 본다. 그가 보기에 이런 전환은 1970년대 10년 사이에 이루어졌다. 그 시대는, 요즘 유행하는 용어로 말하자면, '신자유주의'가 지배적인 것이 된 시대다.

『모두스 비벤디』는 이 유동성의 시대가 만들어낸 악몽과도 같은 현실을 묘사하고 비판한다. 이 책의 요지는 라틴어 제목 '모두스 비벤디'(생활양식)보다는 부제 '유동하는 세계의 지옥과 유토피아'에서 더 빨리 포착할 수 있다. 유동성이 지배하는 우리 시대는 지구적 차원의 지배 엘리트들에게는 '유토피아'일지 모르지만 나머지 대다수 사람들에게는 불안과 공포가 일상이 된 '지옥'의 시대다. 수없이 많은 사람들이 이주자·난민이 돼 정착할 곳을 찾지 못하고 잉여인간으로 떠도는 시대다. 삶이 처치 곤란한 '쓰레기'가 된다. 바우만은 이런 시대의 특성을 '열린 사회'의 역설로 설명한다. 카를 포퍼가 전체주의적인 '닫힌 사회'에 맞서 우리가 지향해야 할 사회로 제시했던 '열린 사회'는 오늘날 "운명의 횡포에 무방비로 노출된 사회"로 귀착하고 말았다. 신자유주의적 세계화가 지구 전체를 휩쓸면서 빈곤과 불안과 범죄와 테러도 지구 전체로 퍼졌다. 그리하여 '열린 사회'는 두려움으로 오그라든, 공포에 휘둘리는 사회가 됐다.

바우만은 이 책에서 '사냥터지기' '정원사' '사냥꾼'이라는 비유를 들어 시대의 근본 특징을 묘사하기도 한다. 전근대 사회는 자연환경을 사냥터로, 인간 자신을 그 사냥터를 지키는 존재로 생각한 사회였다. '자연의 균형'을 유지하는 것이 인간의 사명인 시대였다. 반면에 근대는 '정원사'의 시대다. 세계는 일종의 정원이며, 사람들은 자신이 디자인한 모습으로 정원을 꾸민다. 바우만은 정원사의 시대를 '유토피아의 꿈'을 실현하려고 노력하던 시대라고 말한다. 그 시대가 끝나고 말았다. 지금은 사냥터야 어찌 되든 짐승만 많이 잡으면 된다는 사냥꾼의 시대다. 사람들은 사냥꾼이 되느냐, 사냥감이 되느냐 하는 가혹한 이분법의 처지에 놓였다. 사냥꾼에겐 유토피아지만 사냥감에겐 지옥이다. 바우만은 결론에서 지옥을 거부하고 저항하라고 말한다. "〔이 지옥을〕 받아들이라고 강요하는 온갖 종류의 압력에 맞서 용감하게 싸워야만 한다."

전쟁론 카를 폰 클라우제비츠 지음 / 김만수 옮김 / 갈무리

서양 전쟁이론의 고전

전쟁이론의 고전인 카를 폰 클라우제비츠Carl von Clausewitz(1780~1831)의 『전쟁론Vom kriege』(전3권)이 우리말로 완역됐다. 『전쟁론』은 과거 몇 차례 번역된 바 있지만 축약본이거나 중역본이었다. 세 권으로 된 독일어 원본 전체를 그대로 번역한 것은 이번이 처음이다. 번역은 군사학을 가르치고 있는 사회학자 김만수 대전대 교수가 했다.

클라우제비츠가 사실상 일생을 바쳐 저술한 『전쟁론』은 전쟁이론을 혁신해 완전히 새로운 토대 위에 세운 저작이자 전쟁이론, 군사이론을 넘어 정치이론에까지 큰 영향을 끼친 일종의 정치철학서다. "전쟁은 다른 수단에 의한 정치의 연속"이라는 클라우제비츠의 선언은 이 저작을 압축하는 명제다. 장군이나 정치가뿐만 아니라 레닌, 마오쩌둥, 체 게바라 같은 혁명가들도 이 책을 깊숙이 연구한 것으로 알려져 있다. 또 『전쟁론』은 국제정치를 넘어 기업경영과 같은 분야에서도 활용되고 있다.

클라우제비츠의 『전쟁론』은 나폴레옹 보나파르트의 전쟁과 떼려야 뗄 수 없는 관계에 있다. 이 책에는 나폴레옹이 1796년 이탈리아 전쟁에서부터 1815년 워털루 패배 때까지 벌인 거의 모든 전쟁들이 사례

로 등장한다. 특히 1812년 러시아 원정은 여러 각도에서 집중적으로 검토된다. 나폴레옹 전쟁이 실천이라면, 이 책은 그 실천에 입각한 이론인 셈이다. 그도 그럴 것이 나폴레옹은 국민 전체가 참여하는 국민전쟁으로 전쟁의 개념을 바꾸어버렸다. 나폴레옹을 통과하면서 근대적 전쟁의 새로운 형식이 창출된 것이다. 이 시기를 현장에서 겪은 클라우제비츠는 새로운 전쟁 이론이 필요함을 절감했던 셈이다. 클라우제비츠는 이 책에서 단언한다.

"이전의 모든 평범한 전쟁수단은 보나파르트의 승리와 대담성으로 쓸모가 없어지고 말았다. 1급의 국가들이 보나파르트의 단 한 번의 타격으로 무너지고 말았다."

"절대적인 완벽함으로 수행되는 현실의 전쟁이 오늘날 일어나고 있다. 프랑스 혁명전쟁의 짧은 전주곡 이후에 용맹무쌍한 보나파르트 장군이 전쟁을 곧바로 이 수준으로 올려놓았다."

그 나폴레옹이 스러진 뒤에, 다시 말해 전쟁사의 한낮이 저문 뒤에 저술된 이 저작은 "미네르바의 올빼미는 황혼녘에야 날아오른다"라는 헤겔의 명제를 전쟁철학으로 제출했다고도 할 수 있다.

클라우제비츠는 전쟁의 정신적 요소를 강조한 사람으로도 유명하다. 전쟁이란 살아 있는 사람이 하는 것이기 때문에 사람의 심리적·정신적 상태가 전쟁의 향배를 규정하는 중대한 요소가 된다는 이야기다. 이 책에서 클라우제비츠는 무덕武德·사기·용기와 같은 심리적 측면을 설명하는 데 많은 지면을 할애한다. "이론은 인간적인 측면도 고려해야 하며 용기와 대담성, 심지어 무모함도 고려해야 한다."

클라우제비츠가 똑같은 비중으로 강조하는 것이 '불확실성'이라는 전쟁의 고유한 특성이다. 전쟁은 언제나 우연이 개입하여 사태를 예기치 못한 방향으로 끌고 간다. "인간의 활동 중에서 전쟁만큼 그렇게 끊임없이, 그리고 그렇게 광범위하게 우연과 관련돼 있는 것도 없을 것이다." "전쟁은 불확실성의 세계다. 전쟁행위의 토대가 되는 것의 4분의 3은 커다란 불확실성의 안개에 둘러싸여 있다." 전쟁이란 우연성과 불확실성의 바다를 항해하는 일과 다르지 않다. 클라우제비츠는 바로 이런 특성이 전쟁을 일종의 도박으로 만든다고 말한다. "전쟁은 그 성격상 객관적으로도 그리고 주관적으로도 도박이다."

이 지점에서 클라우제비츠가 각별히 날을 세워 분석하는 것이 전쟁 천재다. 불확실성의 세계를 뚫고 전장을 지배하려면 특별한 정신력으로 무장한 군사적 천재성이 필요하다. 클라우제비츠는 전쟁 천재의 공통 성향을 "많은 힘들의 조화로운 결합"에서 찾는다. 그중에서도 특히 그가 강조하는 것이 '용기'라는 '감성적 요소'와 '지성'이라는 '이성적 요소'의 결합이다. "정신이 예상치 못한 일과 치르는 이런 끊임없는 충돌을 성공적으로 이겨내려면 두 가지 특성이 반드시 있어야 한다. 하나는 이성(지성)인데, 이건 큰 어둠 속에서도 인간의 정신을 진실로 이끄는 내면적 불빛의 흔적 없이는 존재하지 않는다. 다른 하나는 이 희미한 불빛을 따르는 용기다." 지성은 다른 말로 하면 '통찰력'이고, 용기는 '결단력'이다. 클라우제비츠는 이런 요소를 겸비한 전쟁 천재를 나폴레옹에게서 발견했으며, 그를 '최고지휘관'의 모델로 삼는다.

『전쟁론』은 전쟁이론의 고전답게 '전쟁이란 무엇인가'라는 근본적 질문을 제시하고 여기에 충실히 답한다. 클라우제비츠는 전쟁을 "나의 의지를 관철하기 위해 적에게 굴복을 강요하는 폭력행위"라고 정의한다. 이 정의 안에 클라우제비츠가 전쟁의 세 가지 요소로 지목하는, '전쟁의 수단' '전쟁의 목표' '전쟁의 목적'이 다 들어 있다. 물리적 폭력이 전쟁의 수단이라면, 적에게 나의 의지를 강요하여 관철하는 것이 전쟁의 목적이고, 그 목적을 확실히 달성하기 위해 적이 굴복하여 저항할 수 없도록 하는 것이 전쟁의 목표다.

여기서 클라우제비츠는 전쟁의 목표와 목적을 명확히 나누고 있다. 전쟁의 목표는 진정한 목적으로 나아가기 위한 과정일 뿐이다. 적을 쓰러뜨려 굴복시킨다는 목표가 전쟁 자체의 최종 지점이라면, 이 목표를 통해 나의 의지를 관철하는 것, 곧 전쟁의 목적은 정치의 영역이다. 그리하여 전쟁은 정치의 수단이 된다. 전쟁을 정치와 연관된 것일 뿐만 아니라 그 도구로 본 것이야말로 클라우제비츠 전쟁철학의 혁신적 발상이다.

클라우제비츠는 "전쟁과 함께 정치적인 교류는 끊어지고 전쟁 상태는 그 자체의 법칙에 따른다"는 것이 당대의 일반적인 생각임을 상기시킨 뒤 이 생각을 정면으로 뒤집는다. "전쟁에는 전쟁 자체의 문법은 있지만 전쟁 자체의 논리는 없다." 그 논리를 제공하는 것이 상위에서 전쟁을 지배하는 정치다. 이어 그의 유명한 다른 명제들이 튀어나온다.

"전쟁은 정치의 표현에 지나지 않는다. 전쟁을 낳는 것은 정치다."

"전쟁은 외교문서를 작성하는 대신에 전투로 하는 정치다."

"전쟁은 반드시 정치의 성격을 지녀야 하며 정치의 척도로 재야 한다. 그래서 전쟁을 수행하는 일은 그 주요 윤곽을 볼 때 정치 그 자체다. 이때의 정치는 펜 대신 칼을 들지만 정치 그 자체의 법칙에 따라 생각하는 일을 멈추지 않는다."

전쟁의 자체 논리를 부정하고 전쟁을 정치 논리의 한 구성요소로 파악하는 것, 이런 전환을 통해 클라우제비츠의 전쟁이론은 정치이론이 된다.

■■ 클라우제비츠와 나폴레옹의 관계 ■■

'프로이센 장교' 카를 폰 클라우제비츠는 '프랑스 황제' 나폴레옹 보나파르트와 숙명적 인연으로 얽힌 사람이다. 장교 집안의 아들로 태어난 클라우제비츠는 열두 살에 사관학교에 들어가, 열세 살 때 사관생도로서 프랑스군을 라인란트에서 몰아내는 전투에 참가했다. 첫 전투 경험이었다. 열다섯 살에 소위로 임관한 그는 1801년 다시 베를린 전쟁학교에 입학해 3년 동안 전쟁수업을 받고 1804년 이 학교를 수석으로 졸업했다. 전쟁학교 시절 그는 나폴레옹이 프랑스 황제로 등극하는 과정을 비상한 관심을 품고 지켜보았다.

클라우제비츠는 일찍이 전쟁이론가로서 자질을 드러냈는데, 1805년에 쓴 논문에서 전략과 전술을 새롭게 정의했다. 그는 전술을 '전투에서 전투력의 운용에 관한 지침'으로, 전략을 '전쟁의 목적을 위해 전투를 운용하는 지침'으로 규정했다. 뒷날 『전쟁론』에서 그는 전략과 전술을 면밀하게 탐색한다.

청년 장교로서 막 발돋움을 하던 이 시기에 클라우제비츠는 처음으로 나폴레옹 군대와 대면했다. 첫 대면은 치욕이었다. 1806년 프로이센이 나폴레옹 군대에 패배할 때 포로로 잡혀 열 달 동안 프랑스에 억류된 것이다. 그는 프로이센이 패전하게 된 원인을 "프로이센 정부가 전쟁을 대외정치의 수단으로 이용하지 않고 동맹을 결성할 수 있는 국가들과도 거리를 두는 고립정책을 고수했으며, 실행할 수 없는 임무를 군대에 부여한 데 있었다"고 분석했다.

1812년은 클라우제비츠에게 새로운 전환점이 되는 해였다. 그해 나폴레옹은 프로이센과 동맹을 체결하고 러시아 원정에 나선다. 클라우제비츠는 동맹에 반발해 프로이센을 떠나 러시아군에서 복무한다. 그는 러시아군 대령이자 참모로서 프랑스군에 맞서 싸웠으며, 나폴레옹의 대담한 진군과 처절한 퇴각을 목격하는 역사적 증인이 된다.

1815년 나폴레옹이 엘바섬에서 탈출하면서 상황이 급변하자 클라우제비츠는 프로이센 제3군단 참모장으로 임명된다. 나폴레옹 군대는 워털루 전투 직전에 벌어진 다른 전투에서 프로이센 군대에 패배하는데, 이 운명의 전투에서 클라우제비츠는 핵심적인 기여를 했다. 그는 1838년 소장으로 진급하지만 앞길은 순탄치 않았다. 보수반동세력이 득세하자 개혁파였던 클라우제비츠는 베를린 전쟁학교 교장으로 밀려난다. 바로 그 시기에 클라우제비츠는 『전쟁론』 집필을 시작해 이후 12년 동안 이 책의 완성에 매달리다가 1831년 콜레라의 급습을 받고 펜을 놓고 만다.

『전쟁론』은 부인 마리 폰 클라우제비츠가 초고 그대로 수습해 사후에 발간했다. 『전쟁론』에서 클라우제비츠는 전쟁의 본질을 파고들었을 뿐, '정당한 전쟁' '부당한 전쟁' 같은 전쟁의 윤리적 측면은 철학자들의 몫으로 남겨두었는데, 이후 『전쟁론』의 이 공백은 정치철학자들의 중요한 탐구 대상이 됐다.

세 깃발 아래에서 베네딕트 앤더슨 지음 / 서지원 옮김 / 길

반식민 민족주의와
유럽 아나키즘

『세 깃발 아래에서*Under Three Flags*』는 『상상의 공동체*Imagined Communities*』(1983)의 지은이인 정치학자 베네딕트 앤더슨(1936~)의 2004년 저작이다. 이 책은 앤더슨을 세계적인 학자 반열에 올린 『상상의 공동체』와 밀접한 관련이 있는 일종의 후속작이다. 『상상의 공동체』에서 그는 근대 민족주의(내셔널리즘)가 18세기 말~19세기 초 라틴아메리카에서 출현해 유럽에서 발전했음을 입증함과 동시에 그 민족주의가 민족이라는 '상상의 공동체'를 결속해주는 문화적 접착제 구실을 했다고 주장했다. 후속작에서 앤더슨은 이렇게 형성된 민족주의가 19세기 후반에 동남아시아 식민지역에서 급속히 번지게 된 이유와 그 과정을 세계사적 시야에서 살핀다.

　전작 『상상의 공동체』에서와 마찬가지로 앤더슨이 이 책에서 동남아시아를 주요 사례로 끌어들인 것은 그 자신의 출생 이력과도 관련이 있다. 1936년 아일랜드 출신 아버지와 잉글랜드 출신 어머니 사이에서 중국 윈난성에서 태어난 앤더슨은 어린 시절을 그곳에서 보냈다. 그를 키워준 보모는 베트남 출신 여자였다고 한다. 장성한 뒤 아버지가 다녔던 영국 케임브리지대학에 입학한 앤더슨은 스물한 살 때 미국으로 건

너가 코넬대학에서 정치학을 연구했다. 그 후 지금까지 이곳에 거점을 두고 인도네시아·타이·필리핀 지역 연구를 하고 있다. 특이한 것은 그가 여전히 아일랜드 국적을 지니고 있다는 사실이다. 아버지의 고향을 국적으로 간직한 것은 '상상의 공동체'에 대한 그의 어떤 애착을 암시한다.

제목에 쓰인 '세 깃발'은 이 책이 지닌 지역적 성격과 세계적 성격을 동시에 상징한다. 첫 번째는 스페인과 미국에 대항해 혁명전쟁의 포문을 연 필리핀 지하운동단체 '카티푸난'의 깃발이며, 두 번째는 당시 유럽 급진주의 혁명운동을 주도하던 아나키즘의 검은 깃발이고, 세 번째는 스페인에 맞서 독립전쟁을 벌이던 시절부터 쓰인 쿠바의 깃발이다. 이 세 깃발은 필리핀 민족주의 운동이 유럽 아나키즘 운동, 나아가 쿠바의 반식민 독립운동과 긴밀한 관련을 맺고 있었음을 보여준다. 이 책의 부제 '아나키즘과 반식민주의적 상상력'은 그런 세계적 차원의 연결 지점을 가리킨다.

앤더슨의 저작은 추상적인 개념 설명이 아닌 구체적인 사례 분석이 중심인데, 이 책에서는 사례 분석이 사실상 내용의 전부를 차지하고 있다. 필리핀 민족운동에 결정적 기여를 한 세 사람을 중심으로 삼아 유럽과 쿠바의 상황을 교직함으로써 사태의 전모를 보여주는 것이다. 이야기의 중심을 이루는 세 인물, 소설가 호세 리살José Rizal, 인류학자·언론인 이사벨로 데 로스 레예스Isabelo de los Reyes, 저항운동 조직가 마리아노 폰세Mariano Ponce는 모두 1860년대 초반에 태어나 19세기 말 이후 필리핀 민족주의 운동에서 핵심 구실을 한다. 이 세 사람 가운데 특히 호세 리살은 이 책의 사실상 주인공이라고 할 수 있다. 지은이가 필리핀 민족운동 지도자들을 앞세우는 것은 19세기 말 필리핀이 아시아에서 최초로 '민족주의 운동'을 일으킨 선구적 지역이었기 때문이다.

지은이는 이 민족주의 운동에 자극을 준 것으로 유럽 아나키즘을 지목한다. 아나키즘은 당시 경쟁 이념이었던 마르크스주의와 달리 농민에 대해 우호적이었고, '하찮고' '몰역사적인' 민족주의에 대한 편견도 품지 않았다. 억압적 지배질서에 대항해 싸울 수 있는 것이면 무엇이든 환영했다. 초기의 민족주의자들은 아나키즘 운동에서 든든한 국제적 동맹군을 발견했던 것이다.

이 책의 주인공이라 할 호세 리살은 1861년에 필리핀에서 태어나 1882년 식민 종주국 스페인의 수도 마드리드로 유학했다. 그곳 마드리드대학에서 철학·문학 박사학위를 받은 뒤 귀국하지 않고 파리와 런던 등지에 머물며 의학을 공부하고 유럽의 지식인들과 지적·정치적으로 교류했다. 더 중요한 것은 그 시기에 두 편의 소설을 썼다는 사실이다. 스페인어로 쓴 두 소설 『내게 손대지 말라 *Noli me tangere*』(1886)와 『체제전복 *El filibusterismo*』(1891)은 "유럽 바깥에서 쓰인 최초의 선동적인 반식민 소설"이었으며, 당대 서구문학의 아방가르드 양식을 효과적으로 차용한 최정상급 작품이었다.

리살은 두 번째 소설에서 이렇게 쓴다.

"스페인어를 하는 한 줌의 사람들이여, 스페인어로부터 무엇을 얻으려는가? 독창성을 죽이고, 다른 마음에 너희 생각을 종속시키고, 스스로를 자유롭게 하는 대신에 진짜 노예로 변질시키려는 것인가! 언어야말로 한 민족의 사상 그 자체인 것이다."

리살의 소설들은 필리핀 현지로 들어와 반식민 민족운동의 상상력을 폭발시켰다. 1892년 필리핀으로 돌아온 리살은 4년 뒤 터진 반스페인 민족해방전쟁 과정에서 처형당했다.

지은이는 필리핀 민족운동 지도자들이 당시 일본·중국 지식인들과도 교류했음을 상세히 밝힌다. 특히 쑨원·량치차오梁啓超·루쉰魯迅은 필리핀 민족운동의 영향을 직접 받았으며, 그들의 투쟁에서 영감을 얻었다. 옮긴이 서지원 씨는 해제에서 "국제주의 입장이 민족주의와 공존할 수 없는 것은 아님을 이 책은 무척이나 선명하게 증언하고 있다"고 말한다.

후쿠자와 유키치의 '문명론의 개략'을 정밀하게 읽는다 고야스 노부쿠니 지음 / 김석근 옮김 / 역사비평사

후쿠자와 유키치는 왜 아시아를 버렸나

후쿠자와 유키치福澤諭吉(1835~1901)는 일본 메이지 시대(1868~1911)를 대표하는 계몽사상가다. 하급 무사 집안에서 태어난 그는 일찍이 서양 문물에 눈떠 메이지 시대 내내 일본 근대화의 길을 최전방에서 밝히고 이끌었다. 그런 이력 때문에 그는 '메이지 계몽사상 자체의 체현자'라는 평가를 받는다. 동시에 그는 '탈아입구론脫亞入歐論'의 주창자로도 알려져 있다. '아시아에서 벗어나 유럽으로 들어가자'라는 주장으로 일본의 제국주의화를 이론적으로 뒷받침했다는 혐의를 받고 있는 것이다. 그는 여전히 논란 속에 있는 '문제적 인물'이다.

후쿠자와의 사상활동은 『서양사정』 『학문을 권함』 『문명론의 개략』과 같은 여러 권의 저작으로 남았는데, 그 가운데 『문명론의 개략』은 그의 계몽사상이 집약된 대표 저작이자 일본 안에서 '고전 중의 고전'으로 통하는 작품이다. 일본 사상사학자 고야스 노부쿠니子安宣邦(1933~)가 쓴 『후쿠자와 유키치의 '문명론의 개략'을 정밀하게 읽는다 福澤諭吉 '文明論之槪略' 精讀』는 이 사상가의 고전을 비판적으로 독해하는 책이다. 제목이 암시하는 대로 고야스의 책은 한 세대 앞의 일본 사상계 거두 마루야마 마사오가 쓴 『'문명론의 개략'을 읽는다』를 염두에 두고

쓴 책이다. 따라서 고야스가 설정한 대결 전선은 이중적이다. 하나가 후쿠자와의 『문명론의 개략』 자체를 겨냥한다면, 다른 하나는 마루야마의 후쿠자와론을 대상으로 삼는다.

마루야마의 『'문명론의 개략'을 읽는다』(문학동네 펴냄)는 후쿠자와 옹호론을 적극적으로 펴는 책이다. 마루야마는 이 책에서 후쿠자와의 비판성·개혁성·진보성에 주목하고 그 사상의 독창성을 특별히 강조한다. 일본의 많은 진보 지식인들이 후쿠자와를 비판한다는 점을 알면서 일부러 그의 긍정적 측면을 알리려는 의지가 배어 있는 것이 마루야마의 후쿠자와론이다. 이런 옹호론에 대해 고야스는 마루야마가 후쿠자와를 변호하는 데 급급할뿐더러, 후쿠자와의 사상 그 자체를 정밀하게 읽기보다는 자신의 사상으로 후쿠자와를 덮어버렸다고 비판한다.

요컨대, 마루야마의 『문명론의 개략』 읽기는 '근대주의의 한계'를 벗어나지 못한 것이라는 게 고야스의 지적이다. 마루야마는 일본사회가 지닌 문제를 '근대적 정신의 결여 또는 미완숙'에서 찾고 있는데, 후쿠자와를 통해 바로 그런 '근대성 결여' 문제를 상기시키고자 한다. 고야스는 이런 태도에 비판적이다. 마루야마식의 후쿠자와 독해로는 후쿠자와도 제대로 이해하지 못할 뿐만 아니라 일본사회의 문제도 극복하지 못한다는 것이다. 고야스는 자신의 책 곳곳에서 마루야마의 후쿠자와 이해 방식을 신랄하게 공격한다.

이렇게 보면 고야스의 후쿠자와 읽기가 시종 매우 비판적일 것 같지만, 책은 의외로 후쿠자와에 대한 찬탄에 가까운 평가로 시작한다. 고야스의 『문명론의 개략』 읽기 전략은 후쿠자와의 진보성과 개혁성을 먼저 분석한 뒤 그것의 한계를 짚어보는 식으로 이루어진다. 고야스는 후쿠자와가 『문명론의 개략』을 쓸 때의 시점(1875)에 주목한다. 메이지 유신이 일어나고 7년이 지난 그 시점은 일본의 근대화가 어느 방향으로 이루어질지 아직 정해지지 않은 매우 유동적인 때였다. 그런 시기에 후쿠자와는 자신의 '문명론'을 통해 근대화의 방향을 제시하려고 했다. 그런 저술 활동은 그 시기에 떠돌던 여러 근대화 담론과 벌인 치열한 사상 투쟁이기도 했다.

후쿠자와가 대항했던 담론 가운데 가장 유력했던 것으로 지은이가 지목하는 것이 '국체론國體論'이다. '만세일계萬世一系의 황통'을 국체로 삼는다는 당시의 국체론은 천황 중심으로 인민을 통합함으로써, 다시 말해 인민을 천황의 신민으로 재편함으로써 '천황제 국가'를 만드는 것을 목표로 하는 주장이었다. 이 '천황 중심의 국체론'에 대항해 후쿠자와는 인민을 중심에 둔 국체론을 제시한다. 국가의 중심은 인민이라는 것이다. 후쿠자와는 문명화를 '인민의 지혜와 덕성이 드높아진 상태'라고 이야기하면서, 인민이 그런 상태에 이를 수 있도록 나라를 만들어야 한다고 강조한다.

이때 후쿠자와가 문명화의 모델로 가리키는 것이 서구의 선진국가다. 그 국가들이 문명화의 종착점에 이른 것은 아니지만 문명화의 본보기로서 뒤따라야 할 대상이라고 보는 것이다. 문제는 그런 문명화 전략의 실천 방안을 제시할 때 나타난다. 후쿠자와는 문명화의 최종 목적이 인민의 자유롭고 독립적인 삶이라는 것을 말하면서도 그것을 이루기 위해 우선 필요한 것은 근대 주권국가의 건설임을 더 힘주어 강조한다. 그러다 보니, 『문명론의 개략』의 후반부에 가서는 주권국가의 건설이 목표가 되고, 문명화 자체는 수단으로 바뀌게 된다. 바로 그렇게 선후가 뒤바뀌면서 후쿠자와는 인민 중심에서 국가 중심으로 어느덧 기울어진다. 고야스는 『문명론의 개략』에 담긴 이런 문제가 이후 '탈아입구론'으로 드러나게 된다고 진단한다.

태평양전쟁의 사상 나카무라 미쓰오 외 지음 / 이경훈·송태욱 외 옮김 / 이매진

그들은 왜
천황의 품에 뛰어들었나

일본 우익의 뿌리는 깊다. 일본 파시즘의 창시자 기타 잇키北一輝(1883~1937)가 대작 『일본 개조법안 대강日本改造法案大綱』(1919)을 펴낸 것이 이탈리아 파시스트 베니토 무솔리니의 정권 장악 이듬해인 1923년이었다. 1936년 2월 26일 일단의 파시스트 청년장교들은 기타 잇키를 사상적 대부로 삼아 쿠데타를 감행했다. 장교들의 거사는 실패로 끝났고, 일본은 군부 중심으로 위에서부터 아래로 유사 파시즘적 군국주의 체제를 구축했다. 지식인들 가운데 상당수가 이 체제에 반감을 느꼈고 더러는 그 체제에 냉소했다. 사태를 일변시킨 것은 제2차 세계대전의 발발, 더 결정적으로는 태평양전쟁(대동아전쟁)의 발발이었다. 1941년 12월 8일 일본 항공대가 진주만을 난타했을 때, 수많은 지식인들이 '의식의 혼돈 상태'에서 빠져나와 천황의 품 안으로 뛰어들었다. 좌익 지식인들의 전향도 잇따랐다. 일본이 세계사의 주역이 되었다는 것, 영·미로 대표되는 서구에 대항해 새로운 세계상을 펼쳐 보이게 됐다는 것을 이들은 벅찬 감격으로 확신했다.

　이들이 느낀 감격의 내적 논리를 보여주는 중요한 문헌으로 꼽히는 것이 「근대의 초극」과 「세계사의 입장과 일본」이라는 좌담이다. 태평양

전쟁기에 일본의 일급 지식인들이 몇 차례에 걸쳐 대좌한 결과를 모은 두 문헌은 당대의 지식인들이 역사의 전개를 어떻게 바라보았고, 일본의 억압적 체제와 일본이 주도한 전쟁을 어떻게 받아들였으며 나아가 어떤 논리에 기대어 그 체제와 전쟁에 열광했는지 생생하게 알려준다. 『태평양전쟁의 사상』은 이 별도의 좌담을 하나로 묶어 옮긴 책이다.

'근대의 초극'이란 말하자면 이들의 논리를 요약한 시대적 명제였다. 1942년 7월 월간 『문학계』가 주최해 그해 9월과 10월에 연재한 이 좌담회는 '지식계의 통일전선'이었다. 사상의 뿌리가 서로 다른 '『문학계』 그룹' '일본 낭만파' '교토학파'가 모여 군국주의 체제의 침략전쟁을 이론적으로 옹호하는 자리였던 셈이다. 총력전 체제 아래서 사상의 전선에서 벌이는 전쟁, 곧 사상전의 하나가 이 좌담회였던 것이다. 이들에게 서구가 이루어낸 자유주의·진보주의·자본주의, 요컨대 근대문명의 모든 성과는 극복돼야 할 대상, 척결돼야 할 병폐였다. 태평양전쟁은 단순히 영·미 세력 격파 문제가 아니라 "근대문명이 초래한 인간 정신의 질병에 대한 근본 치료"였다. 그러므로 미국에 대항한 전쟁은 침략전쟁이 아니라 서양을 몰아내고 아시아를 지키는 해방전쟁이었다.

교토학파의 대표 학자들의 좌담을 모은 「세계사의 입장과 일본」 편은 「근대의 초극」 편의 논리를 좀더 세밀하게 펼치고 있다. 이들은 발전이나 진보라는 개념을 근대 유럽 특유의 것으로 규정하고, 그런 근대적 역사인식을 넘어서야 한다고 말한다. 근대의 단선적 진보사관으로 보면, 일본은 서구를 뒤쫓는 후발국가의 지위에 설 수밖에 없다. 그리하여 이들은 서양 지성이 구축한 역사의 도식을 부정하는 곳에서 진정한 세계사가 시작된다고 선언한다. 이들은 일본 정신을 중심으로 한 동양 정신을 서양 정신에 대립시키고, 태평양전쟁을 "반역사적인 힘에 대한 역사적 생명의 싸움"이라고 규정한다. 이 싸움의 끝에서 '대동아공영권'이 펼쳐진다. 이들은 '이에家'(집안)의 윤리에 입각해 일본이라는 주체의 지도적 지위를 이야기한다. 집안에서 부모가 자식을 지도하는 것이 마땅한 일이듯, 서양을 타파하고 세운 대동아공영권에서 일본이라는 가장이 동양의 다른 민족들을 이끌어 주체로 만들어야 하며, 이것이 일본에 할당된 특수한 역사적 사명이라는 것이다. 이들의 모든 논리는 침략전쟁을 정당화하고 군국주의 세력의 이데올로기를 강화하는 데로 귀결한다.

　이들이 전개한 '근대 초극론'은 오늘의 눈으로 보면 탈근대주의의 한 원형으로 볼 수도 있다. 유럽중심주의를 비판하고 근대주의를 부정하는 것은 탈근대론의 핵심 논점 가운데 일부이기도 하다. 근대의 폐해에 대한 극복의 논리가 침략과 지배와 파괴에 동원될 수 있다는 것을 이들의 좌담은 상기시켜준다.

유럽 민주화의 이념과 역사 　강정인 외 지음 / 후마니타스

유럽 민주주의는
어떻게 자랐나

정치이념을 횡으로 자르면 단면 곧 구조가 드러나고, 종으로 자르면 형성 과정 곧 역사가 드러난다. 구조를 살피면 이념의 보편적 특성을 추출할 수 있고, 역사를 살피면 그 이념의 특수한 성격을 확인할 수 있다. 국내 정치학자들이 함께 쓴 『유럽 민주화의 이념과 역사』는 유럽 민주주의의 모델이라고 할 수 있는 영국·프랑스·독일의 민주주의가 각각 어떤 과정을 거쳐서 현재의 특성을 지니게 됐는지 그 역사를 살피는 연구서다. 특히 공화주의·자유주의·사회주의·보수주의 같은 이웃 이념들과 어떤 관계를 맺으면서 성숙했는지에 집중해서 그 연관관계를 추적한다. 정치학자 강정인 서강대 교수의 주도 아래 소장 정치학자 이화용(영국)·홍태영(프랑스)·오향미(독일) 박사가 해당 분야를 연구했다. 강 교수가 세 학자의 연구를 종합하여 서론을 집필하고 이어 각 지역의 민주화 역사를 고찰한 논문들을 묶었다.

　　이 책의 가장 큰 특징은 영국·프랑스·독일의 민주화 역사를 이끈 주도 이념을 규명해보려 했다는 점이다. 그 규명의 과정에서 영국과 프랑스는 각각 자유주의와 공화주의가 주도 이념 구실을 했음이 확인된다. 이와 달리 독일은 뚜렷한 선도 이념이 없었던 탓에 정치 과정에서

깊은 상처를 입었다고 이 책은 말한다. 20세기에 겪은 나치즘과 제2차 세계대전 패배 후의 분단이 그런 상처를 보여준다.

영국의 경우 민주화가 장기에 걸쳐서 점진적으로 이루어졌기 때문에 그 기점을 잡기가 쉽지 않다. 1688년 명예혁명을 민주주의의 시작으로 보는 사람이 있는가 하면, 남성 보통선거권이 실현된 1918년을 민주화의 진정한 출발점으로 보는 사람도 있다. 이 책은 이 두 관점을 절충해 19세기를 영국 민주화의 기점으로 삼는다. 이 시기에 차티스트 운동(영국 노동자의 참정권 확대 운동)을 통해 영국 민주주의의 제도적 구현의 시동이 걸렸다. 중요한 것은 이 민주주의 흐름을 주도한 이념이 자유주의였다는 사실이다. 왕과 귀족이 중심이 된 국교회의 특권과 비국교도의 차별이 기본적인 대립 전선을 형성했고, 비국교도의 자유주의 운동이 반국교회 운동을 넘어 사회 전체에 대한 도전으로 확산됐다. 그리하여 19세기를 거치며 자유주의는 자유당과 보수당을 막론하고 거스를 수 없는 이념이 되었다. 자유당한테 주도권을 빼앗기지 않으려는 보수당이 자유주의적 의제를 선점하기도 했던 것이다. "이로 인해 영국 정치의 주요 문법은 자유주의로 조형되었다."

프랑스의 민주화 과정에서 주도 이념 구실을 한 것은 공화주의였다. 프랑스에서 '공화국'은 1789년 프랑스 대혁명을 거쳐 제1공화국이 성립된 뒤로 격변기 때마다 정치적 목표로 등장했다. 그랬던 것이 1848년 2월 혁명 이후 분위기가 급격히 달라졌다. 2월 혁명에 이은 1848년 6월 파리 노동자 봉기로 '노동에 대한 권리' 문제가 정치적 의제로 떠올랐고, 이 의제가 프랑스 정치 지형을 좌와 우로 갈라놓으면서 '어떤 공화국인가' 하는 좀더 근본적인 질문을 던진 것이다. "1848년 이전까지 '공화국'은 계몽주의적 종합으로서 사회적 삶의 문제에 대한 총체적인 답변의 의미를 지닌 것이었고, 2월 혁명과 함께 바야흐로 프랑스는 그 답변을 현실에 실현한 것처럼 보였다." 그러나 노동자 봉기는 '공화국'이

해답이 아니라 풀어야 할 숙제임을 보여주었다. 나폴레옹 3세의 권위주의 통치가 붕괴한 뒤 자유주의자와 공화주의자가 합세하여 1875년 세운 제3공화국은 '어떤 공화국인가'라는 질문에 대한 온건한 답변이었다고 이 책은 말한다. 이 온건 공화국 체제 아래서 민주주의가 뿌리를 내렸다. 프랑스 공화주의는 19세기 말 드레퓌스 사건에서 극우 내셔널리즘을 거부하고 '열린 민족주의'를 지향했으며, 사회주의 운동에서도 장 조레스 중심의 공화주의적 사회주의로 나아가 좌우를 아우르는 양상을 보였다.

반면에 독일에서는 뚜렷하게 주도적인 정치이념이 없었다고 이 책은 말한다. 소국으로 분열돼 있던 독일의 국가통합이 우선적 과제였기 때문에 자유주의를 비롯한 주요 정치이념들이 독일 통일 문제 뒤로 밀렸다는 것이다. 이런 상황에서 그나마 선도적 이념에 가까운 구실을 한 것이 '사회민주주의'였는데, 독일 자유주의가 민족 통일 문제에 매달려 사회적 의제를 방치한 탓에 이 문제를 사회민주주의가 일찍이 떠맡았다. 독일 사회민주주의는 제1차 세계대전 종결 이후 바이마르공화국을 이끌었으나 강력한 구심력이 없었기 때문에 결국 1933년 나치당한테 권력을 빼앗기고 말았다.

이 책은 세 나라의 민주주의 역사가 현재의 정치에 끼치는 영향도 분석한다. 영국의 경우 자유주의가 주도한 탓에 신자유주의 물결이 몰아칠 때 급속하게 거기에 휘말린 데 반해, 프랑스는 공화주의, 독일은 사민주의의 힘으로 이 물결을 저지했다는 것이다. 흥미로운 것은 독일이 두 나라에 비해 민주화 과정이 부실했지만, 제2차 세계대전 이후 민주주의 체제를 제대로 정착시켰고 그 결과로 더 나은 민주주의의 과실을 향유하고 있다는 사실이다. 민주주의가 상처투성이 역사를 통해 오히려 더 풍요로워질 수도 있다는 진단인 셈이다.

민주주의와 법의 지배 아담 쉐보르스키·호세 마리아 마라발 외 지음 / 안규남 외 옮김 / 후마니타스

민주주의 죽이는
나쁜 '법의 지배'

하나의 사례에서 시작해보자. 1930년대 독일 민주주의의 붕괴에 결정적 구실을 한 것은 독일의 사법부였다. 1919년 수립된 독일 바이마르 민주주의 체제 아래서 사법부는 매우 큰 정치적 자율성을 누렸다. 사법부 독립은 법적·정치적으로 보장돼 있었다. 그렇다고 해서 사법부가 중립적인 것은 아니었다. 제2제국 시절 이래 사법부를 채운 법관들은 권위주의적이고 반민주적이었다. 그들은 바이마르 헌법을 존중하지 않았다. 사법부는 좌파를 억압한 반면에, 극우에는 극히 관대했다. 1918~1922년 사이 우익 투사들은 308건의 살인을 저지르고도 열한 명만 유죄 판결을 받았다. 대조적으로 좌파 투사들은 21건의 살인 사건으로 서른일곱 명이 유죄 판결을 받았다. 사법부는 판결을 통해 극우를 격려하고, 민주주의를 지지하는 사람들의 믿음을 무너뜨렸다. 반민주주의적 정치인들이 바이마르 민주주의의 위기를 민주주의 자체를 파괴하는 데 사용할 때, 판사들은 거기에 적극 호응했다. 나치는 권력을 얻기 위해 민주주의적 수단을 이용하고 조작했다. 심지어 '법의 지배'를 존중했다. 정치인들이 민주주의를 붕괴시킬 때 법이 그것을 저지하기는커녕 오히려 부추긴 것이다.

나치의 집권 사례는 민주주의 파괴가 반드시 불법적 수단을 동원하는 것만은 아니라는 사실을 보여준다. 법의 지배는 민주주의를 증진시키기도 하지만, 역으로 민주주의를 훼손하고 죽이기도 한다. 아담 쉐보르스키Adam Przeworski, 호세 마리아 마라발José maría Maravall 등 일군의 정치학자들이 함께 쓴 『민주주의와 법의 지배Democracy and the Rule of Law』는 민주주의와 법의 지배의 관계를 진지하게 따져 묻는 책이다. 민주주의와 법의 지배가 순조롭게 조응한다면 더할 나위 없이 좋겠지만, 현실에서는 이 두 제도는 긴장·갈등·적대 관계에 놓이는 경우가 허다하다. 그럴 때 둘 사이의 관계를 어떻게 하면 올바른 방향으로 재조정할 수 있느냐를 숙고하는 것이 이 책의 내용이다.

법의 지배, 곧 법치法治란 사람의 지배, 곧 인치人治에 대립하는 말이다. 전제권력자가 아무런 제약 없이 멋대로 통치하는 것이 인치다. 이 인치를 대체한 것이 법치다. 민주주의가 발전할수록 법치의 기능은 정교해지고 중요해진다. 최상의 상태는 법의 지배가 민주주의와 일치하는 것이다. 민주주의가 가장 높은 수준에서 작동할 수 있도록 법이 밑받침 노릇을 하는 것이다. 그러나 이런 이상적인 모습은 현실에서는 구현되기 어렵다. 민주주의와 법의 지배는 대립 관계에 놓이기 일쑤다. 문제는 그 대립이 민주주의를 약화시키거나 무력화시키는 경우다.

이 책은 법의 지배가 등장하는 맥락을 권력 독점의 해체에서 찾는다. 권력이 한곳에 집중돼 있을 때 법은 기껏해야 누군가의 지배 도구로 사용될 뿐이다. "상호 갈등적인 정치적 행위자들이 법에 따라 갈등을 해결하려 할 때" 그때가 바로 법의 지배가 등장하는 때다. 이때 법이 정치적 갈등을 효과적으로 중재하는 중립적이고 공정한 판관 노릇을 한다면, 민주주의 체제는 정상적으로 작동할 것이다. 법이 그런 구실을 하려면 사법부의 독립은 필수적인 전제 조건이다. 이 책이 주목하는 지점은 사법부의 독립이 자동적으로 법의 공정성을 보장하지 않는다는 사실이다. 법이 공정성을 구현하지 못하는 상황은 몇 가지 경우로 나누어볼 수 있다.

첫째, 사법부의 독립이 형식적으로만 이루어져 있을 뿐, 실질적으로는 독재적 권력자의 손아귀에 들어 있을 경우다. 이럴 때 '법의 지배'는 말 그대로 껍데기일 뿐이며, 지배자는 법을 앞세운 지배, 법을 수단으로 삼는 지배를 행하게 된다. 법은 권력자의 뜻을 합법으로 포장하는 수단에 머무르게 된다.

둘째, 법원이 정치싸움의 도구가 되는 경우다. 힘이 약한 야당이 법에 호소하려 하거나 반대로 여당이 법원을 통해 자신들의 뜻을 관철하려 하는 경우, 법정은 곧바로 정치투쟁의 장이 된다. 문제는 집권세력이 법의 힘을 빌려 반대파를 봉쇄하고 침묵시키려 하는 경우다. 정부가 야당을 무력화하고, 정부에 적대적인 사회운동을 탄압하고, 비판 여론을 억누르는 일이 법의 지배라는 이름으로 저질러지는 것이다. 법원이 집권세력과 결탁할 때 이런 일이 벌어진다.

셋째, 사법부가 민주주의 가치에 적대적인 경우다. 민주주의 제도가 낳은 합법적 공간에 들어선 사법부가 그 민주주의 자체를 부정하는 것이다. 나치의 집권 과정에서 독일 사법부가 보인 행태가 바로 이 경우다. 이들은 '법의 지배'를 앞세워 자신들의 판결을 사회에 강요하지만, 그때의 '법의 지배'는 '나쁜 법'의 지배일 뿐이다. 계몽된 시민이라면 결코 받아들일 수 없는 법을 법이라는 이름으로 들이미는 것이다.

그렇다면 '법의 지배'가 민주주의의 유지·발전과 조응하려면 어떻게 해야 하는가. 이 책은 '수평적 통제'와 '수직적 통제'가 필요함을 역설한다. 수평적 통제란 국가기관들 사이의 견제와 균형이다. 행정부·입법부·사법부가 서로를 감시하고 제어하는 것이다. 더 중요한 것은 수직적 통제다. 수직적 통제란 선거를 통해 유권자가 정치행위자들을 갈아치우는 것을 말한다. 법의 지배를 악용하는 세력을 정치 영역에서 추방함으로써 민주주의의 터전을 보호하는 것이다. 그러나 이런 방법만으로는 민주주의적 법치를 충분히 보장할 수 없다고 이 책은 강조한다. 선거와 선거 사이 공백 기간에 권력이 남용된다면, 또 선거 자체를 조작하고 유권자를 매수한다면, 수직적 통제는 효과를 발휘하기 어렵다.

이 책이 제시하는 제3의 통제 방안이 '사회적 통제'다. 선거제도나 국가제도에만 맡겨둬서는 민주주의를 지켜낼 수 없기 때문에 시민사회가 일상적으로 통제 활동을 벌여야 한다는 것이다. 광범위한 시민결사·시민운동·언론매체가 이런 활동의 주역이다. 이 책은 "법은 언제나 강자와 부자의 도구"라는 장 자크 루소의 말을 비중 있게 인용한다. 법이 공정한 판결을 할 것으로 믿고 기다릴 것이 아니라, 법이 공정한 심판자 노릇을 할 수 있도록 강제해야 한다는 이야기다. "그것은 억압받는 사람들을 돕고자 하는 모든 사람이 새겨들어야 할 말이다. 만약 여성의 권리를 보호하고 싶다면, 여성운동을 조직하라. 만일 흑인의 시민권을 보호하고 싶다면, 시민권 운동을 조직하라." 법은 법관이 지키는 것이 아니라 궁극적으로 시민이 지킨다는 말이다.

공화국을 위하여 조승래 지음 / 길

'자유 시민'의 나라 공화국의 역사

서양사학자 조승래 청주대 교수가 『공화국을 위하여』는 근년 들어 점점 더 주목받고 있는 공화주의 사상을 역사적 관점에서 살핀 저작이다. 지은이는 18세기 공화주의 연구로 박사학위를 받고 25년 이상 공화주의를 집중 연구한 이 분야 전문 연구자다. 이 책은 '공화주의냐 자유주의냐'의 이분법적 구도 위에서 공화주의 담론의 형성과 변천을 추적하고 있다. 특히 20세기 후반에 공화주의 담론이 재등장해 주목받게 된 과정을 자유주의 담론을 카운터파트로 삼아 설명하고 있다.

지은이는 현대 이탈리아 역사가 프랑코 벤투리Franco Venturi의 발언을 표제어처럼 제시하면서 논의를 시작한다.

"인간이 공화국 안에서 살아간다는 것은 특정한 정치체제 아래 산다는 것이 아니라 특정한 삶의 방식을 살아간다는 것을 뜻한다."

공화국은 단순한 정치체제 이상이며 공화국 주민의 적극적인 참여와 능동적인 역할을 본질적 요소로 삼고 있다는 뜻일 것이다. '공화국republic'이라는 말을 처음 사용한 사람은 로마의 정치가 마르쿠스 툴리우스 키케로라고 이 책은 전한다. 율리우스 카이사르가 공화정을 무너뜨리고 독재로, 제정으로 치달을 때 여기에 맞서 자신의 나라 로마를 '공공의 것res publica'이라고 정의한 데서 비롯했다고 한다. 국가는 한 사람의 것이 아니라 다수 인민의 것이라는 선언이었던 것이다.

키케로는 이 공화국 사상을 고대 그리스의 '폴리스'로부터 물려받았다고 한다. 소포클레스의 비극 『안티고네』에서 안티고네의 약혼자이자 국왕 크레온의 아들인 하이몬은 "한 사람이 지배하는 곳은 폴리스가 아니다"라고 절규하는데, 바로 이 문장에 공화국 사상이 담겨 있다. 아리스토텔레스도 인간을 '폴리스적 동물'이라고 규정한 뒤, 그 폴리스를 "지배하는 자가 지배받고 지배받는 자가 지배하는 곳"이라고 했는데, 공화국은 이렇게 시민이라면 누구나 동등한 자격으로 지배에 참여하는 공동의 국가에서 기원한다. 요약하면, 공화국이란 공동의 이익을 실현하기 위해 공동체의 구성원들이 공동의 참여와 공동의 결정으로 법을 만들어 통치하는 나라다. "따라서 공화국은 자신의 일보다 공동의 일을 더 우선시하는 인간들을 구성원으로 해야 한다. 그들의 정치적·사회적 연대가 곧 공화국이다. 우리는 그들을 시민 혹은 공민이라고 부른다." 바로 이런 정신이 구현된 나라가 이상적인 공화국이고, 공화주의는 이런 공화국을 지향하는 신념 또는 담론 체계라고 할 수 있다. 그런데 이런 공화주의 논리는 자칫 개인의 사적인 자유를 무시하고 공적인 참여만을 긍정하는 논리로 극단화될 수 있다. 바로 그런 이유 때문에 공화주의 담론은 사적인 자유를 강조하는 자유주의 담론과 번번이 충돌하게 된다고 지은이는 말한다.

로마공화정 몰락 이후 공화주의 담론이 부활한 것은 르네상스 시대 정치사상가 니콜로 마키아벨리 덕이라고 이 책은 말한다. 마키아벨리는 "나는 이 도시(피렌체 공화국)를 내 영혼보다 더 사랑한다"고 고백했을 정도로 공화주의 정신에 투철했는데, 근대의 공화주의 이론은 거의 모두

마키아벨리의 공화주의 사상에서 흘러나왔다고 할 수 있다. 특히 17세기 영국의 의회파 지식인들이 공화주의적 신념으로 무장하고서 전제 왕정을 타도했고, 18세기 미국혁명과 프랑스혁명도 공화주의 정신이 결정적 영향을 끼쳤다고 지은이는 말한다. "그러나 공화주의는 미국혁명과 프랑스혁명의 소용돌이가 잦아들고 자본주의가 급속히 진전되면서 빛을 잃어갔다." '공화주의적 자유'는 시대착오적 개념으로 치부되고, 대신 소극적 자유를 강조하는 자유주의적 자유가 주류를 이루게 된 것이다.

이 책은 '공화주의적 자유'와 '자유주의적 자유'가 뚜렷이 구별된다는 점을 강조한다. 공화주의적 자유가 공동의 참여와 공동의 지배를 뜻한다면, 자유주의적 자유는 '간섭의 배제'를 핵심으로 한다. 19세기 이후 이 '자유주의적 자유'가 세력을 키웠으며, 특히 20세기 전반기에 '전체주의'를 겪은 뒤 이 자유주의적 자유는 대세로 자리 잡았다. 이 책은 이 자유주의적 자유론의 20세기 대표자로 이사야 벌린Isaiah Berlin과 프리드리히 하이에크Friedrich August von Hayek 두 사람을 지목한다. 벌린과 하이에크는 공화주의적인 적극적 자유가 전체주의로 귀결될 수밖에 없다고 주장한다. 이들의 논리는 20세기 후반 헤게모니를 장악한 신자유주의의 논리적 지주가 된다. 그러나 벌린과 하이에크의 논리에는 결정적 함정이 있다. "(벌린과 함께) 하이에크는 전체주의에 맞서기 위해 개인의 존엄성을 강조한 나머지 인간 사회의 공동체적 기반마저 허무는 우를 범했다."

이런 어리석음에 맞서 공화주의적 자유론을 새롭게 제시한 사람으로 지은이는 역사학자 퀜틴 스키너Quentin Skinner와 철학자 필립 페티트Philipp Petit를 거론한다. 이들은 경고한다.

"자유주의적 자유론이 인간의 공민적 의무는 도외시하고 사적 영역의 확보를 위한 권리 추구만을 자유라고 정당화한다면, 인간들은 그런 권리마저 상실할 수 있다."

자유주의자들이 요구하는 '개인의 소극적 자유'를 배제하지 않으면서 어떻게 하면 공화주의적 덕을 실현할 수 있는가 하는 문제가 오늘날 공화주의자들의 핵심 관심사라고 이 책은 강조한다.

개인숭배와 그 결과들에 대하여 니키타 흐루쇼프 지음 / 박상철 옮김 / 책세상

스탈린 격하운동의
그 문건

20세기 공산주의 운동은 공포와 환멸로 물들었다. 이 암울한 색조의 가장 직접적 원인이 된 것이 이오시프 스탈린의 국가테러와 개인숭배였다. 스탈린의 무자비한 폭정과 제어할 길 없는 독재는 인류의 유토피아적 소망을 '동물농장'의 진창에 빠뜨렸다. 스탈린 체제는 4반세기 동안 혁명정신을 뿌리 끝까지 오염시켰고 평등과 자유의 보편적 실현을 향한 인류의 열망에 회복할 수 없는 타격을 안겼다.

　니키타 세르게예비치 흐루쇼프Nikita S. Khrushchov(1894~1971)의 『개인숭배와 그 결과들에 대하여』는 스탈린주의가 지배하던 소련 사회주의 체제에 중대한 균열을 낸 역사적인 문건이다. 흐루쇼프는 스탈린 사후 치열한 내부 권력투쟁을 거쳐 제1인자가 된 뒤 1956년 2월 제20차 전당대회에서 이 연설문을 발표했다. 그것은 일종의 정치적 도박이었다. 당시 소련사회는 스탈린에 대한 숭배 분위기가 여전했고, 당과 정부의 모든 조직은 스탈린주의에 깊이 물들어 있었다. 흐루쇼프는 소련 체제를 개혁하고 특히 보수파 세력을 제압하려면 죽은 스탈린과 전면전을 벌일 수밖에 없다고 판단했다. 치밀한 준비 끝에 그는 전당대회에서 개인 이름으로 이 문건을 낭독했다. 이 연설문은 공식적으로는 비밀에 부

쳐졌지만, 당 조직을 타고 하부 단위까지 내려가 낭독되고 토론되었으며, 외국 공산당에도 뿌려졌고, 그해 6월 『뉴욕타임스』에 전문이 소개돼 전 세계에 알려졌다.

이 연설문에서 흐루쇼프는 스탈린 개인숭배를 가차 없이 비판하고 그의 범죄행위를 유보 없이 고발했다. 신성모독을 행하는 듯한 분위기가 대회장을 지배했다. 대회장은 탄식과 놀람과 분노로 웅성거렸다. 몇몇 대의원들은 충격을 받아 실신하기도 했다.

흐루쇼프의 연설문은 스탈린 신격화에 대한 비판으로 시작한다. 특정 인간을 "신처럼 초자연적 성질을 지닌 초인간적 존재"로 들어올려 "마치 모든 것을 알고, 모든 것을 예견하며, 모든 사람을 배려하고, 모든 일을 할 수 있으며, 그의 모든 행위는 완전무결하다"고 떠받드는 것은 마르크스-레닌주의 정신을 배반하는 짓이라고 못 박는다.

그는 소련 공산당 지도자 블라디미르 일리치 레닌이 얼마나 스탈린의 인격을 불신했는지를 이야기한다. 그가 인용하는 것은 1922년 12월 다가올 전당대회에 보내는 편지다.

"스탈린은 너무 거칠다. 이런 결함은 (…) 서기장 업무에서는 용납될 수 없다. 그러므로 나는 동지들에게 스탈린을 그 자리에서 해임시키는 방법을 생각해볼 것을 제안한다."

레닌의 유언으로 알려진 이 편지는 전당대회에 배포됐지만, 대의원들은 레닌의 비판을 존중하되 스탈린을 유임시킨다는 결정을 내렸다. 미래의 커다란 재앙의 씨앗이 싹트도록 놔두고 만 셈이다.

흐루쇼프는 레닌 사후 스탈린이 한동안 레닌주의를 지키기 위해 싸웠지만, 시간이 흐르면서 점차 폭력적 권력자가 돼갔다고 지적한다. 흐루쇼프가 결정적인 전환점으로 지목하는 것이 1934년 제17차 전당대회다. 그 대회 이후 스탈린의 독재는 끝도 없이 강화됐고, 수많은 당 활동가들이 스탈린의 손에 죽었다. 그 결정적 사건이 1937~1938년의 '모스크바 대숙청'이었다. 스탈린은 '인민의 적'이라는 개념을 도입해 자신과 견해가 다르거나 적대적 의도를 지녔다고 의심되는 사람들을 잔혹하게 탄압하고 숙청했다. 고문이 죄를 밝히는 유일한 수단이 됐고 자백이 죄를 입증하는 유일한 증거가 됐다. 그리고리 지노비예프Grigorii Zinovyev, 니콜라이 부하린Nikolay Bukharin을 비롯해 수천 명의 공산주의 전사들이 죽임을 당했다. 제17차 전당대회에서 선출된 공산당 중앙위원회 위원 및 후보 위원 139명 중 98명이 체포돼 총살됐고, 이 전당대회 대의원 1,966명 중 1,108명이 반혁명죄로 체포됐다. 조직사건이 끝도 없이 날조됐고 스탈린에게 아첨을 바치는 관제선동가, 출세주의자들이 대규모 국가테러를 앞장서 저질렀다. 흐루쇼프는 스탈린의 성격적 결함을 다시 거론한다.

> "스탈린은 병적으로 다른 사람을 믿지 못하는 매우 의심 많은 사람이었다. (…) 그는 어디서나 적, 양다리 걸친 자, 간첩 등을 찾아냈다. 그는 무제한의 권력을 지닌 채 무자비한 독재를 자행했으며, 사람들을 도덕적으로 그리고 육체적으로 억눌렀다."

스탈린의 의심은 사회 전체로 확산돼 아무도 서로 믿지 못하는 총체적 불신 사회를 만들었다. 거기에 스탈린 체제의 가장 큰 폐해가 있다고 흐루쇼프는 말한다.

말년의 스탈린은 의심이 피해망상증의 상태에 이르렀고, 현실감각을 완전히 상실할 정도로 과대망상증에 빠졌다고 흐루쇼프는 말한다. 이 문건이 들려주는 '포스티세프 일화'는 불신의 한 극점을 보여준다. 스탈린이 포스티세프에게 물었다. "당신은 도대체 누구요?" "볼셰비키입니다. 스탈린 동지, 나는 볼셰비키입니다." 자신을 볼셰비키 곧 레닌주의에 충실한 공산주의자라고 거듭 이야기하는 이 사람의 발언은 스탈린에 대한 불경으로 이해됐고, 나중에는 적대 행위로 간주됐으며 끝내 그는 아무런 근거도 없이 '인민의 적'으로 지목돼 처형됐다.

흐루쇼프는 스탈린이 개인숭배와 권력남용을 혁명의 성과를 지키기 위해 불가피한 일로 보았다는 데 진정한 비극이 있다고 말한다. 스탈린은 절대적 존재가 되기를 바랐다. 그것은 모든 사람으로부터 절대적으로 사랑받고 싶다는 욕망, 그리하여 나르시시즘을 절대적으로 충족받고 싶다는 욕망의 발로다. 그 실현할 수 없는 욕망을 실현하려다가 그는 절대적 불신에 빠져버렸고, 그것은 소련사회의 총체적 고통으로 귀결했음을 흐루쇼프의 이 연설문은 알려준다.

포퓰리즘 서병훈 지음 / 책세상

포퓰리즘이란 무엇인가

지난 수년 동안 한국정치 현상을 규정하는 용어로 가장 많이 동원된 것 가운데 하나가 '포퓰리즘populism'이라는 말이었다. 주로 수구적 보수 신문·보수정객들이 김대중·노무현 정부를 공격할 때 들이댄 무기가 포퓰리즘이었다. 김대중·노무현 정부는 정말 포퓰리즘 정권이었나. 정치학자 서병훈 숭실대 교수가 쓴 『포퓰리즘』은 한국사회에서 정치적 욕설에 가깝게 사용된 포퓰리즘이란 말의 개념을 명료하게 한정하고 그 함의를 밝히려는 이론적 시도다.

그동안 국내에서 통용된 포퓰리즘이란 말은 '대중 영합적 인기전술'을 뜻했다. 일종의 낙인찍기 효과를 노린 정치용어였다. 그러나 엄밀한 규정 없는 용어의 남용은 언어의 인플레이션 현상만 일으킨다. "언어의 오용이 심해지면 그 말의 값어치와 분석력이 떨어진다." 포퓰리즘이 다양한 스펙트럼을 지닌 말인 것은 사실이다. 인민주의·민중주의·대중주의로 번역될 수 있는가 하면, 인기주의·대중영합주의·인기영합주의로 옮길 수도 있다. 포퓰리즘은 이 모든 의미를 동시에 거느린 말이다. 그런 의미의 산포 때문에 학계에서는 포퓰리즘의 개념 규정을 포기하기도 한다. '포퓰리즘이 무엇인가'에 대한 학문적 합의가 없다는 사실을 두고, "합의가 불가능하다는 사실에 대해서만 합의가 이루어졌을 뿐"이라는 말도 나온다. 이 책은 학문적 사정이 이렇다는 점을 전제하고서 포퓰리즘을 정의하는 일에 뛰어든다.

여기서 지은이가 채택하는 전략이 포퓰리즘의 개념적 범주를 최대한 압축하는 일이다. 지은이는 포퓰리즘의 핵심 요소로 '인민주권의 회복 약속'과 '감성 자극적 단순 정치'를 제시한다. 인민이 역사의 주인이며 정치의 주체라고 선언하고 그 선언을 실현하겠다는 '인민주권론'은 고전적 포퓰리즘에서 뚜렷하게 드러난다. 흔히 '인민주의'로 번역되는 고전적 포퓰리즘은 19세기 러시아 '브나로드'(인민 속으로) 운동이 시발점이며, 특히 19세기 말 흥성했던 미국 인민당 운동이 전형이다. 미국 인민당은 1892년 창당대회에서 이렇게 밝혔다.

> "현재 미국은 도덕적·정치적·경제적으로 파탄 상태에 직면해 있다. 선거는 부패했고, 도덕은 땅에 떨어졌다. 수백만 인민이 땀 흘려 거둔 수확을 극소수 부자가 챙겨가고 있다. 도시 노동자들은 자기 보호를 위한 권리를 박탈당했다. 우리 포퓰리스트(인민주의자)들은 민주주의의 뿌리를 재건함으로써 미국의 본디 모습을 되찾을 것이다."

지은이는 이 고전적 포퓰리즘을 현대의 포퓰리즘과 구별한다. 현대의 포퓰리즘은 '인민주권 회복'이라는 약속을 고전적 포퓰리즘과 공유한다는 점에서는 연결되지만, '감성 자극적 단순 정치'를 또 다른 핵심 요소로 지니고 있기 때문이다.

포퓰리즘 정치는 언제나 인민을 앞세우고 인민에게 호소한다. "포퓰리즘은 한마디로 인민에서 시작해 인민으로 끝난다. 인민을 염두에 두지 않으면 포퓰리즘은 존재할 수가 없다. 따라서 포퓰리즘의 역사가 인민에 대한 찬양, 그리고 인민이 배제되고 무시되는 정치현실에 대한 분노에서 출발한다는 것은 당연한 일이다."

그런 점에서 포퓰리즘은 '인민민주주의'와 공통점이 있지만, 그 공통점은 '인민주권'을 앞세운다는 지점에서 그친다. 포퓰리즘은 인민주권을 말로만 앞세운다. 포퓰리즘의 또 다른 요소는 '감성 자극적 선동 정치'다. 포퓰리즘은 위에서 아래로 향하는 정치운동이다. 카리스마를 지닌 선동 정치가가 엘리트 집단, 특히 기성 정치권을 '인민'의 이름으로 공격하고 규탄하면서 그들을 쓸어버리고 인민이 주인 되는 세상을 열겠다고 약속하는 것이 포퓰리즘이다. 그러나 포퓰리즘은 장기적 변혁·개혁 과제를 제시하지 않고 즉각적이며 모순적인 약속을 남발하기 때문에 대중의 감성에 호소하는 선동 정치에 머무른다. 지은이는 포퓰리즘은 대체로 실패할 수밖에 없는 정치운동이라고 말한다. 왜냐하면 포퓰리즘 정치의 진정한 목표가 인민주권 실현이 아니라 지도자의 권력 쟁취에 있기 때문이다. 권력을 획득하면 그 순간부터 지도자는 권력을 유지하기 위해 기존 제도권과 타협하고 거기에 굴복하게 된다. 포퓰리즘은 자기 원칙이 분명한 정치 프로그램이 아니다.

이 책은 현대 포퓰리즘 정치의 대표적 사례로 아르헨티나의 페론 정권, 베네수엘라의 차베스 정권, 프랑스 극우파 르펜의 국민전선, 하이더가 이끄는 오스트리아 자유당, 이탈리아 베를루스코니 정권 따위를 제시한다. 이 중 일부가 인민민주주의를 확대하는 정책을 펴기도 했지만, 전체적으로 보아 포퓰리즘은 민주주의를 왜곡하고 위축시킨다고 지은이는 말한다. 이성적 토론, 합리적 사유, 건전한 상식을 위협하고 파괴하기 때문이다. 포퓰리즘은 민주주의의 위기에서 자양분을 얻지만 결국엔 민주주의 위기를 심화한다. 그렇다면, 국내 보수파의 주장대로 김대중·노무현 정부는 포퓰리즘 정부였나. 지은이는 두 정부, 특히 노무현 정부가 일부 포퓰리즘적 성격을 보인 건 사실이지만, 포퓰리즘 정부로 규정할 순 없다고 말한다. 인민주권을 내세워 선동 정치를 편 것이 아니라는 얘기다.

궁정전투의 국제화 이브 드잘레·브라이언트 가스 지음 / 김성현 옮김 / 그린비

누가 '시카고 보이스'를 만들었나

'시카고 보이스'는 미국 시카고대학 경제학파가 길러낸 칠레의 경제학자들을 가리키는 별칭이다. 이들이 유명해진 계기는 피노체트 쿠데타였다. 1973년 살바도르 아옌데Salvador Allende Gossens의 좌파정권을 무너뜨리고 집권한 아우구스토 피노체트Augusto José Pinochet(1915~2006) 장군은 과거의 권력 중심에 포진해 있던 엘리트 세력을 추방·살해하고 시카고 유학파 경제학자들을 등용했다. 군사력을 앞세운 군부세력과 미국식 경제학 전문지식으로 무장한 신진 엘리트는 동맹관계를 구축했다. 시카고 보이스는 '학문의 모국'에서 배운 대로 칠레 경제를 신자유주의적 체제로 재편했다. '미국 유학'과 '전문 지식'이라는 무형의 자본은 이들에게 국가권력의 중추를 담당할 기회를 제공했다. 옛 엘리트를 몰아내고 새 엘리트가 들어앉는 권력변동의 과정은 지식을 무기로 삼은 권력투쟁의 한 양상을 보여준다.

시카고 보이스를 낳은 시카고학파의 탄생과 진화는 학문 세계 내부의 권력투쟁을 좀더 고전적인 방식으로 알려준다. 프리드리히 하이에크와 밀턴 프리드먼Milton Friedman으로 대표되는 시카고대학 경제학과는 1950년대까지만 해도 학문적 열세를 면치 못했다. 하버드대학을 비롯

한 이른바 '아이비리그'의 케인스주의가 국가의 경제정책을 좌우하던 때에 시카고대학의 경제학자들은 통화주의라는 이름의 반케인스주의 이론을 개발해 나름의 영역을 확보하고자 했다. 경제학계의 영토를 두고 새로운 무기로 전쟁을 벌인 셈인데, 강력한 적을 공략하지 못한 시카고학파는 국외로 눈을 돌려 인재를 끌어들이기 시작했다. 시카고 보이스는 시카고학파의 국제 전략이 산출한 대표적 후학 집단이었다. 외부에서 자원을 동원한 시카고학파는 1980년대 신보수주의 정권의 수립과 함께 케인스주의자들을 제압하고 학문권력을 장악했다.

『궁정전투의 국제화 The Internationalization of Palace Wars』는 국가권력을 둘러싼 지식투쟁의 양상을 국제적 차원에서 조명한 책이다. 시카고학파의 형성과 시카고 보이스의 출현 과정은 그 투쟁을 날것 그대로 보여주는 대표적인 경우다. 지은이인 프랑스 사회학자 이브 드잘레 Yves Dezalay와 공저자인 미국의 법학자 브라이언트 가스 Byrant G. Garth는 라틴아메리카 네 나라 칠레·브라질·멕시코·아르헨티나를 사례로 삼아 지식의 수출과 수입이 각 나라의 국가권력의 변동과 맺는 관계, 특히 중심부 국가의 지식이 주변부 국가의 권력 구성에 끼치는 영향을 규명하고 있다. 지은이들은 이 과제를 단순히 이론적 차원에서만 살피지 않고, 관련자들에 대한 광범위한 면접 조사를 통해 구체적으로 살피고 있다. 이들이 만난 주요 인사는 라틴아메리카의 두 전직 대통령을 비롯해 수백 명에 이른다.

이들이 말하는 '궁정전투'란 전문 지식인들이 국가권력의 한 축을 장악하려고 벌이는 권력투쟁을 가리킨다. 이들의 모습은 궁정 내부에서 권력을 놓고 벌이던 귀족들의 정치투쟁과 유사하다. 지배집단 내부의 우위를 점한 세력과 상대적으로 열세에 놓인 세력의 경쟁을 국제적 차원에서 조명한다는 점이 이 책의 가장 큰 특징이다.

이 책의 분석을 따르면, 라틴아메리카의 전통적 지배계층은 법률 지식을 독점한 법률가들이었다. 법률적 전문성이야말로 가장 중요한 자산이었고 자본이었다. 1970년대를 거치며 법률 전문가들은 경제 전문가들에게 밀려나기 시작했다. 경제학이 학문자본의 가장 중요한 요소로 등장한 것인데, 시카고 보이스는 이들을 대표한다.

전문 지식은 국제 지식 시장을 통해 유통된다. 유통의 루트를 장악한 것은 헤게모니 국가, 곧 국제사회의 중심 국가인 미국이다. 제2차 세계대전 이전 유럽이 누렸던 학문의 헤게모니적 지위를 제2차 세계대전 이후 미국이 획득했다. 시카고 경제학파의 국제 전략이 보여주듯이, 미국은 지배적 학문을 주변부 국가에 수출하고, 주변부 국가의 지식 엘리트는 중심부 국가의 학문을 수입해 권력경쟁에 활용한다. 이 과정에서 중심부 국가 내부에서 벌어진 학문적 갈등도 주변부 국가에 함께 수출되며, 갈등의 수출은 학문권력을 둘러싼 투쟁 전략의 수출도 동반한다. 주변부 국가는 지식의 내용뿐만 아니라 지식계의 갈등과 전략까지 인수하는 것이다. 이 수출·수입 관계는 아르헨티나의 페소화가 미국의 달러화에 연동되듯이 일종의 연동현상을 일으킨다. 중심국의 지식이 변동하면 그에 맞추어 주변국 지식인의 학문적 입장이 뒤따라 바뀌게 되는 것이다.

지은이들은 이런 현상이 지배권력 내부에서만 일어나는 것이 아니라고 강조한다. 사회적 약자를 옹호하는 저항세력 안에서도 동일한 현상이 발견된다. 억압적 정치권력에 반대해 민주주의와 인권을 말하는 지식인들도 중심국과 긴밀한 관계를 맺고 있으며, 인권운동이나 시민운동은 또 다른 형태의 상징자본을 축적하는 계기로 활용된다. 상징자본을 충분히 확보한 지식인들은 새로운 지배층으로 등장한다. 이 새로운 지식권력은 주로 인권법에 기댄 법률가들이다. 인권담론은 권력투쟁의 수단이 되고 권력을 정당화하는 이데올로기로 바뀐다.

지은이들이 이런 현상을 분석하기 위해 동원한 논리는 프랑스의 사회학자 피에르 부르디외Pierre Bourdieu가 창안한 것들이다. 지식을 자본으로 이해하는 것부터가 부르디외의 발상이다. 특수한 지식이 보편적 지식의 지위를 획득해 국제적으로 통용되는 메커니즘을 밝히는 것도 부르디외적 발상의 연장선에 있다. 부르디외의 사회학적 통찰은 이 책의 논리를 구성하는 핵심 방법론인 셈이다.

이 책의 본문은 라틴아메리카 네 나라의 경우로 사례를 한정하고 있지만, 지은이 드잘레가 새로 쓴 한국어판 서문은 본문의 분석이 아시아에서도 적용될 수 있음을 보여준다. 시카고 보이스가 인도네시아 수하르토 정권 아래서는 '버클리 마피아'로 바뀌었다는 점이 다를 뿐 본질적인 과정은 다르지 않다는 것이 지은이의 주장이다. 한국에서도 상황은 크게 다르지 않을 것이다. 중심국 미국에서 가져온 전문지식을 중개하고 그 과정에서 얻은 이득으로 자본을 불리고 다시 그 자본으로 권력을 확보하는 그 메커니즘은 한국이라고 예외가 아니다. 특히, 한–미 자유무역협정 협상에서 통상·경제 관료들이 경제학적 지식으로 우월한 지위에 올라선 뒤 국민과는 상관없이 협상을 좌우하는 현실은 이 책의 한국적 활용 가능성을 가늠케 해준다.

CHAPTER
9
악마의 맷돌과 애덤 스미스

거대한 전환 칼 폴라니 지음 / 홍기빈 옮김 / 길

'악마의 맷돌'은
국가가 만들었다

"자유방임 시장은 국가 계획의 산물이다."

이 통렬한 역설을 담은 책이 경제인류학자 칼 폴라니Karl Polanyi(1886~1964)의 주저 『거대한 전환 The Great Transformation』이다. 제2차 세계대전의 전화가 최후의 불꽃을 피우던 1944년에 출간된 이 책은 카를 마르크스의 『자본』 이후 가장 강력한 자본주의 비판서로 꼽힐 책이다. 마르크스가 자본주의 체제의 내적 메커니즘을 논리적으로 분석해 그 체제의 필연적 파국을 '논증'했다면, 폴라니의 이 책은 자본주의 시장체제의 형성과 결과를 '역사적으로' 분석해 그 체제의 내적 모순을 폭로했다. 시장자유주의의 모든 핵심 주장들이 그의 폭로를 통해 허구로 드러났다. 그러므로 이 책의 출간은 "시대적 사건"이라 할 일이었다.

그러나 이 책의 운명은 순탄하지 못했다. 자본주의 체제를 근본적으로 비판하면서도 마르크스주의 이론체계에도 동의하지 않았던 탓에 이 책은 좌우 두 극단 사이에 끼여 냉전 시기 내내 학문적 표류 상태에 있었다. 그랬던 것이 1980년대 이후 신자유주의의 폭주와 그로 인한 전 세계 경제의 혼란을 겪으면서 이 책의 가치가 새롭게 발견됐다. 신자유주의의 파괴적 결과인 국제금융위기 이후 『거대한 전환』은 더욱 주목받는 존재가 됐다. 바로 이런 시기에 폴라니의 주저가 폴라니 연구자 홍기빈 씨의 번역으로 다시 출간됐다. 신자유주의의 성찰과 극복이라는 세계적 조류를 거스르며 시장만능주의를 향해 맹목적으로 내달리는 한국의 정치·경제 현실을 분석하고 비판할 이론적 무기가 하나 더 확보된 셈이다.

폴라니가 『거대한 전환』에서 하는 작업을 요약하면, 허구적 신화를 '폭로'하고, 실종된 진실을 '발견'하는 것이다. 그 신화 가운데 이 책이 일차 과녁으로 삼는 것이 '자기조정 시장'이라는 신화다. 시장자유주의자들의 가장 중요한 이론적 거점인 '자기조정 시장' 논리는 모든 것을 시장에 맡겨두면 시장이 스스로 알아서 수요와 공급을 조절해 균형에 이른다는 명제로 요약된다. 폴라니는 이 책의 첫 장에서부터 이 명제를 향해 직진한다.

"이 자기조정 시장이라는 아이디어는 한마디로 완전히 유토피아다. 그런 제도는 아주 잠시도 존재할 수가 없으며, 만에 하나 실현될 경우 사회를 이루는 인간과 자연이라는 내용물은 아예 씨를 말려버리게 되어 있다. 인간은 그야말로 신체적으로 파괴당할 것이며 삶의 환경은 황무지가 될 것이다."

이 '자기조정 시장' 논리를 따르면, 국가는 시장의 외부에 있어야 하며, 시장은 국가의 간섭을 받아서는 안 된다. 더 나아가 이 논리는 시장이 인간의 필요에 따라 스스로 탄생해 성장해왔다는 가정을 전제로 삼고 있다. 『거대한 전환』은 이런 주장들이 역사적 실제와 무관하게 시장자유주의자들의 머릿속에서 그려낸 상상의 논리임을 드러낸다. 폴라니는 역사의 사료들을 꼼꼼히 추적해 '자유 시장'이라는 것이 근대의 발명품이자 국가의 발명품임을 밝힌다. 중세 시대 이전에도 시장이 있었던 것은 사실이다. 하지만 그때 시장은 파편처럼 서로 고립돼 있었다. 자본주의 발전의 동력 구실을 한 것으로 이해되는 원격지 무역이라는 것도 중세 상인 길드의 이해관계 안에서 배타적으로 이루어졌을 뿐이다. 오늘날의 시장과 유사한 전국적 시장을 탄생시킨 것은 16세기 이후 성립한 중앙집권적 절대주의 국가였다. 중상주의를 신봉한 절대주의 국가가 세수를 늘리기 위해 중세 길드의 폐쇄성을 깨뜨리고 보편적인 시장 창출에 앞장섰던 것이다. 시장의 보편화는 국가의 개입과 통제와 폭력의 결과였다. 근대국가의 출현 과정의 부산물로서 전국 규모의 시장이 탄생했던 것이다.

폴라니가 더욱 관심을 집중하는 지점은 19세기 이후 '자유 시장 자본주의'의 등장이다. 18세기 말 산업혁명과 그 혁명의 결과인 상품의 쇄도는 상품의 판매 공간 곧 시장의 확대와 발전을 요구했다. 그러나 당시 시장은 여러 사회 제도와 관습의 방해를 받았다. 이때 국가가 개입해 '자유 시장'이 작동할 수 있도록 무수한 강제와 규칙을 부과했다. 이것이 바로 "자유방임은 국가 계획의 산물"이라는 명제가 가리키는 지점이다.

더 주목할 것은 '자유 시장 자본주의'가 완성되려면 모든 것이 상품이 되어야 한다는 사실이다. 자유 시장 자본주의는 인간이라는 존재를 상품으로 만들었다. 인간은 노동력이 돼 시장에서 사고팔렸다. 인간이 상품이 된다는 것은 인격과 자유를 말살당하고 한갓 사물의 차원으로 떨어진다는 것을 뜻한다. 국가가 폭력적으로 개입해 인간이 사물이 되는 과정을 촉진했음을 폴라니의 저서는 낱낱이 보여준다. 자유 시장 자본주의는 처음부터 그리고 그 이후로 내내 국가의 능동적 개입을 통해 완성되고 작동했다.

그러나 이렇게 완성된 자유 시장 자본주의는 실상 '완성'과는 거리가 먼 체제다. 폴라니는 모든 것을 상품화하는 시장의 광포한 움직임은 필연적으로 거기에 거역하는 대항 운동을 불러일으키지 않을 수 없다고 강조한다. 여기서 등장하는 말이 '사탄(악마)의 맷돌'이다. 산업혁명과 이후 성립한 시장 자본주의는 사회를 통째로 갈아 인간을 원자로 만들어버렸다. 사회의 모든 관계들은 부서져 시장에 먹히고 만다. 그러나 그런 시장의 파괴 작업은 사회적 관계를 복원하려는, 다시 말해 인간의 인간다움을 회복하려는 강력한 반작용을 낳을 수밖에 없다. 자기조정 시장의 폭력성에 반발하는 다른 힘 때문에 시장은 뜻대로 작동할 수 없게 된다. '시장가격'에 따라 임금이 깎이거나 일터에서 쫓겨난 노동자들, 대기업에 밀린 자영업자들은 시장의 폭주에 온몸으로 저항한다. 폴라니는 자기조정 시장이 결코 실현될 수 없는 시장자유주의자들의 '유토피아'라고 못 박는다.

이 지점에서 폴라니가 발견하는 것이 '사회'다. 인간을 인간답게 지켜주는 관계의 총체가 사회다. 시장자유주의자들은 사회를 제거하고 모든 것을 경제와 시장에 복속시키려 한다. 그러나 시장은 사회라는 더 큰 공동체의 일부일 뿐이다. 사회의 가치를 보존하고 키우는 한에서만 시장은 정당성을 얻는다. 마찬가지로 국가도 사회의 가치에 복무하는 한에서만 국가다운 국가라고 할 수 있다. 그러므로 '국가 개입이냐 시장 자율이냐' 하는 물음은 가짜 물음이다. 국가 개입은 '자유방임'에서조차 필수적인 것이었다. 질문은 '사회를 보호하는 국가냐, 사회 파괴를 거드는 국가냐' 하는 질문으로 바뀌어야 한다. 사회를, 인간을 보호하려면 시장의 악마적 파괴성을 제어하고 제압해야 한다. 시장과 국가가 공히 사회에 봉사할 때 인간의 자유가 실현된다고 폴라니는 말한다.

■■ "편협하지 않은 사회주의자" 칼 폴라니 ■■

"그는 확신에 찬 사회주의자였지만 편협하지 않은 사회주의자였다." 『거대한 전환』 프랑스어판에서 루이 뒤몽Louis Dumont은 칼 폴라니를 이렇게 평가한다. 그 평가대로 폴라니는 평생 사회주의자로서 신념을 지켰으나, 볼셰비즘과 같은 극좌적 대안은 거부한 사람이었다. 폴라니는 1886년 오스트리아-헝가리 제국 시대의 수도 빈에서 태어났으나, 아버지 고향인 헝가리의 부다페스트에서 자랐다. 부유한 유대인이었던 아버지는 엄격한 칼뱅주의 품성을 물려주었고, 보헤미안 기질이 강했던 어머니는 진보적인 기풍을 심어주었다. 폴라니는 열여섯 살 때부터 학생운동에 참여했고, 대학 시절엔 진보적 학생 동아리 '갈릴레이 서클'을 창립해 의장을 지내기도 했다. 이 서클에는 당대 헝가리의 젊은 지식이들이 거의 모두 참여했는데, 그중에는 죄르지 루카치도 있었다. 1909년 콜로스바대학 법학과를 졸업한 폴라니는 1914년 급진 시민당이라는 정당을 만들어 잠깐 동안 서기장을 맡기도 했다. 제1차 세계대전이 일어나자 참전한 그는 폐결핵을 앓아 제대했으며, 전쟁의 참상을 겪은 뒤 "인간의 고통과 불행의 근원은 무엇인가" 하는 질문에 빠져들었다고 한다. 평생의 화두를 얻은 셈이다.

종전 뒤 1919년 조국 헝가리에서 볼셰비키혁명이 일어나자 폴라니는 좌익 정권의 '프롤레타리아 독재'를 강력히 비판했다. 새 정권의 내각에는 젊은 날의 친구 루카치가 참여하고 있었다. 1920년 혁명 정권이 극우 쿠데타로 무너졌다. 빈으로 망명한 폴라니는 1924년 이름 높은 경제 전문지 『오스트리아 경제』의 주요 편집자로 들어가, 대공황으로 빨려 들어가는 유럽 경제를 조망하면서 세계경제의 흥망성쇠를 추적한다. 그때 폴라니는 오스트리아경제학파의 루트비히 폰 미제스Ludwig von Mises와 그의 제자 프리드리히 하이에크의 이론을 접했다. 이들이 '자유 시장 자본주의'의 전도사였는데, 이 경제학자들의 주장을 반박하는 것이 그의 필생의 과업이 된다.

1933년 나치가 독일에서 집권한 뒤 영국으로 망명한 폴라니는 거기서 자본주의 시장경제의 반인간적인 모습을 발견하고 큰 충격을 받는다. 그 무렵 그는 청년 마르크스가 쓴 『경제학-철학 수고』를 읽게 되는데, 『자본』의 논리를 거부했던 폴라니는 여기서 인간의 소외에 대한 마르크스의 분노에 깊이 공감했다. 또 19세기 사회주의 운동가 로버트 오언Robert Owen을 통해 '사회'를 발견했다. 1944년 쉰여덟의 폴라니는 『거대한 전환』을 출간한다. 이 기념비적 저작에서 그는 제1차 세계대전 이후의 격동 속에서 19세기 '자유 시장 자본주의'가 종말을 고하고 '거대한 전환'을 이루고 있다는 전망을 내놓는다. 공교롭게도 『거대한 전환』은 하이에크의 대표작 『노예의 길』과 같은 해에 출간됐는데, 두 책은 상반된 세계관을 품은 라이벌 저작으로 판명 난다. 그 시절 하이에크는 루스벨트의 뉴딜 정책을 비판했지만, 폴라니는 자본주의 교정책으로서 뉴딜 정책을 높이 평가했다. 생애 말기에 폴라니는 버트런드 러셀Bertrand Russell, 알베르트 아인슈타인과 함께 냉전 시대를 비판하고 평화를 호소하는 『공존』이라는 잡지 창간에 참여했다. 이 잡지는 1964년 그가 숨을 거둔 뒤 간행됐다.

케인즈&하이에크: 시장경제를 위한 진실게임 박종현 지음 / 김영사

정부 개입 vs. 시장 자유, '세기의 논쟁'

존 메이너드 케인스John Maynard Keynes(1883~1946)와 프리드리히 폰 하이에크(1899~1992)는 현대 경제학의 영토를 양분한 최강의 맞수다. 먼저 승리한 쪽은 케인스였다. 케인스 경제학은 자본주의 역사상 최악의 위기였던 1929년 대공황을 극복하는 이론적 처방이 됐고, 그가 제시한 대안은 '수정자본주의' '혼합경제' '복지국가'의 기반이 됐다. 제2차 세계대전 종결 이후 30년은 케인스의 시대였다. 케인스 경제학은 자본주의 경제학의 정설이자 정통이었다. 이어 하이에크의 반격이 시작됐다. 1970년대 중반 이후 케인스식 경제가 위기에 처하자 새로운 대안으로 나타난 것이 '신자유주의'였다. 신자유주의 이념의 바탕에 하이에크 경제학이 있었다. 대처·레이건 정부의 등장과 함께 하이에크는 케인스를 저만치 따돌리고 신자유주의의 대부로 우뚝 섰다. 신자유주의의 위력이 지속되고 있는 지금 하이에크는 21세기 시대정신의 대변자 노릇을 하고 있다.

김영사의 '지식인마을' 시리즈의 하나로 나온 『케인즈&하이에크: 시장경제를 위한 진실게임』은 경제학의 이 두 거인을 맞세워 그들의 이론·사상의 대립 지점을 명료하게 보여주는 교양서다. 지식인마을 시리

즈의 하나인 만큼, 이 책의 일차적 목표는 누가 옳으냐 그르냐를 따지기보다는 서로 다른 주장을 선명하게 대비해 해당 학문 분야의 이론적 지형을 드러내는 데 있다. 지은이 박종현 진주산업대 교수는 케인스 경제학 전공자이지만, 케인스와 대척점에 있는 하이에크를 가능한 한 공정하게 소개함으로써 균형을 맞춘다. 다만, 한국경제를 포함한 오늘의 세계경제가 신자유주의의 압도적 영향 아래 있는 상황을 고려해, 신자유주의의 허점을 케인스주의의 논리로 드러내는 작업도 병행하고 있다.

케인스와 하이에크는 16년이나 나이 차이가 나고 생각도 아주 달랐지만, 현실에서는 우호적인 관계를 유지했다. 서로 편지를 주고받기도 했다. 오스트리아 빈 출신인 하이에크는 1931년 런던 정경대학 경제학 교수로 옮겨온 뒤 영국 토박이였던 케임브리지대학의 케인스와 가까워졌다. 두 사람은 공산주의 이념에 반대하고 자본주의 체제를 옹호한다는 점에서는 동지였다. 둘 다 '자본주의 시장'이야말로 우리가 선택할 수 있는 최선의 경제적 터전이라고 믿었다. 그러나 그 시장을 어떻게 이해하고 운영할 것이냐를 놓고는 생각이 전혀 달랐다. 이 문제에 관한 한 두 사람은 '이념의 전쟁'도 불사한 영원한 적수였다. 케인스의 주요 관심이 "자본가로부터 자본주의를 지키는 것", 다시 말해 자본가의 전횡으로부터 시장의 질서를 지키는 것이었다면, 하이에크의 가장 중요한 목표는 중앙계획과 정부 개입으로부터 시장의 자유를 지키는 것이었다.

시장의 자유에 대한 하이에크의 옹호는 전투적이었다. 그는 '시장의 자생적 질서'를 위협하거나 부정하는 모든 이념을 인류를 '노예의 길'로 이끄는 악이라고 보았다. 사회주의·집산주의集産主義에 반대했을 뿐만 아니라 시장의 질서를 '왜곡'하는 복지국가도 위험한 것이라고 주장했다. 시장만이 개인의 자유를 보장한다. 그러므로 어떤 이념이든 이 시장을 위협한다면 그것은 결국 인간의 자유를 질식시키게 된다. 국가가 할 일은 사유재산과 경쟁원리를 보호하는 데 있고, 거기서 그쳐야 한다는 것이 그의 지론이었다.

그가 보기에 인간은 '제한적인 지식'에 의존하는 '불완전한 존재'다. 그렇게 오류에 빠지기 쉬운 개인들이 모여 합리적 결과를 도출하는 마당이 시장이다. 개인들이 각자의 불완전성에서 기인하는 오류를 정정하는 가장 확실한 방법은 시장에서 경쟁을 벌이는 것이다. 따라서 시장과 경쟁은 사회 발전의 필수적·절대적 요소이며, 시장과 경쟁의 자유를 훼손하는 계획이나 정책은 사악한 것이 된다. 그는 간섭도 개입도 불공정도 없는 '순수한 시장'을 그렸다. 문제는 그가 내세운 '순수한 시장'이란 것이 거대 기업·사업자 단체·노조·정부와 같은, '현실의' 시장사회에 존재하는 중요한 요소들을 자의적으로 배제했다는 데 있다. 하이에크는 이 조직들을 시장을 오염시키는 단순한 불순물로 취급했다. 그가 개인들의 자유를 보장하고 경제의 효율을 극대화한다고 믿었던 '이상적인 시장'은 현실에는 없는 존재였던 것이다. 지은이는 그런 점에서 하이에크 이론이 관념론의 색채를 띤다고 지적한다.

하이에크의 이런 시장지상주의·경쟁지상주의를 케인스는 분명하게 거부했다. 현실의 시장에서 경제주체들은 대등하지 않고, 그렇게 대등하지 않은 경제주체들 사이의 '자유경쟁'은 약육강식의 정글과 다를 바 없다. 케인스는 이 점을 이렇게 간명하게 요약했다. "이리 떼의 자유가 양 떼에게는 죽음을 뜻하는 경우가 흔하다." 하이에크가 시장의 자유를 지키기 위해 시장 바깥의 간섭을 배제하는 소극적 자유를 주장했다면, 케인스는 개인들이 실질적으로 자유를 누릴 수 있도록 국가가 능동적으로 개입해야 한다는 적극적 자유를 요구했던 것이다.

국가의 역할 장하준 지음 / 이종태·황해선 옮김 / 부키

신자유주의라는
비과학적 이데올로기

통화주의 이론의 대부로 불리던 미국 경제학자 밀턴 프리드먼이 타계했을 때 그의 사망 소식이 경제학계를 넘어 국내 일반 신문에까지 대서특필된 것은 지구촌을 휩쓰는 신자유주의 물결을 빼고선 설명하기 힘들다. 그가 세운 통화주의 이론이 신자유주의 이론의 중요한 한 축을 담당하고 있기 때문이다.

장하준 영국 케임브리지대학 교수가 쓴 『국가의 역할 *Globolization, Economic Development, and the Role of the State*』은 21세기 현재 가장 강력한 경제학 담론이자 정치적 권력이 된 신자유주의 논리를 정면으로 공박하는 책이다. 2003년 영문으로 써 출간한 이 책은 지은이가 다른 한국어판 저작에서 간헐적으로 했던 주장의 이론적 토대를 넓게 보여주는 책이자 신자유주의 광풍 혹은 허풍에 맞서 이론적 대안을 제시한 책이다.

지은이는 먼저 신자유주의라는 이론적 괴물의 탄생 계보를 추적한다. 신자유주의는 근대경제학의 적자인 신고전파 경제학과 오스트리아 자유주의 경제사상의 정략결혼으로 태어났다는 것이 지은이의 지적이다. 오스트리아 자유주의는 '자유'와 '기업가 정신'을 대중에게 먹히는 호소력 있는 담론으로 제출했는데, 문제는 이 담론이 경제학계에서는

인정받지 못했다는 점이다. 이 권위의 공백을 채워준 것이 신고전파 경제학이었다. '시장의 자율적 기능'에 관한 이론으로 학문적 정통성을 얻은 신고전파는 오스트리아 자유사상과 만나 '국가의 개입을 최소화하고 모든 것을 시장에 맡겨라'라는 독트린을 탄생시켰다. 그러나 이 정략결혼 과정에서 신고전파는 '국가의 적절한 개입'이라는 자신들의 또 다른 이론적 축을 무너뜨렸다. 시장이 제대로 작동하려면 국가 개입이 있어야 한다는 논리가 사라진 것이다.

이렇게 성장한 신자유주의 이론은 1970년대 후반부터 '국가의 개입'에 맹렬한 공격을 퍼부어 마침내 경제학 이론과 실천의 패권을 장악했다. 신자유주의는 국민경제에서든 국제경제에서든 국가나 정부 차원의 모든 인위적인 개입을 경제학적 범죄행위로 몰아붙이며 '자유 시장'의 논리를 설파했다. 그러나 지은이는 신자유주의 이론이 토대가 대단히 허약한 비과학적인 이데올로기일 뿐이라고 비판한다. 신자유주의가 진리처럼 모시는 명제들이 사실과 맞지 않는다는 걸 지은이는 몇 가지 논점을 들어 폭로한다.

이를테면, '자유 시장은 국가 개입이 없는 시장'이라는 신자유주의 진리명제는 사실 근거가 박약하기 짝이 없다. 아동 노동 금지, 매연 배출 규제, 엄격한 이민 제한과 같이, 신자유주의자들이 '자유 시장'의 자연스러운 조건으로 보는 것들이 실은 강력한 국가 개입의 결과들이다. 무엇이 인위적인 개입이고 무엇이 자연스러운 시장인지 구분하는 기준이 지극히 자의적임을 보여주는 사례인 것이다.

'태초에 시장이 있었다'라는 명제도 터무니없는 주장이다. 이른바 자유 시장 제도가 가장 먼저 발전한 영국마저도 초기 시장 형성에 국가의 강력한 개입이 있었음은 역사적으로 밝혀진 사실이다. '시장가격은 자연스럽게 결정된다'라는 신자유주의의 믿음도 사실과 다르다. 가격을 결정하는 중요한 요소인 임금과 금리가 국가의 개입에 직접적 영향을 받고 있는 마당에 가격을 시장만의 문제로 보는 것은 어불성설이다. 신자유주의가 '국가 개입'과 '시장 자유' 사이에 그어놓은 선은 이렇게 불분명하다. 지은이는 신자유주의가 자신들에게 유리한 것은 '자연스러운 것'으로, 불리한 것은 '인위적인 것'으로 임의로 나누고 있음을 지적한다.

> "신자유주의자들이 요구하는 시장의 탈정치화는 자신들이 혐오하는 정치행위, 예컨대 노동조합주의 등을 말살하려는 속이 뻔히 들여다보이는 시도일 뿐이다."

지은이는 신자유주의가 실제에서도 무참히 실패했음을 통계를 들어 입증한다. 신자유주의가 '나쁜 옛 시대'라고 비난한 1960~1980년 사이 세계 1인당 소득은 3.1퍼센트가 성장했지만, 그들의 논리가 관철된 1980~2000년 기간에는 2퍼센트 증가에 머물렀다. 개발도상국 1인당 소득증가율도 1960~1980년 3퍼센트에서 1980~2000년 1.5퍼센트로 줄었다. 특히, 뒤 시기에 신자유주의 영향권에서 벗어나 있던 중국과 인도를 빼면 개도국 소득증가율은 1퍼센트에 지나지 않았다. 이 '처참한 성적표'는 사실상 신자유주의의 파산을 보여준다.

지은이는 이 책에서 신자유주의의 대안으로 '제도주의적 정치경제학'을 제안한다. 애초에 경제 시스템의 지도적 구성요소인 국가가 적극적으로 시장에 개입해 '발전'과 '진보'를 촉진하는 구실을 해야 한다는 것이다. 지은이는 특히 국가의 구실을 '기업가 정신'에서 찾는다. 국가가 주도적으로 제도를 만들고 바꿈으로써 국민경제의 비전을 제공해야 한다는 것이다. 또한 국가는 경제의 구조 변동 과정에서 갈등을 조정하는 구실을 해야 한다. 이것은 국가가 회피하거나 포기해서는 안 되는 임무다. 지은이는 국민국가도 새롭게 볼 것을 주문한다. 신자유주의 세계화 파도를 막아낼 국민국가의 주체적 구실이 중요하다는 것이다.

■■ 장하준 교수의 다른 책 ■■

장하준 교수는 『국가의 역할』 말고도, '국가 개입'을 '시장 왜곡'의 주범으로 보던 신자유주의 논리를 비판하는 책을 여러 권 펴냈다. 이 가운데 『사다리 걷어차기』(2004)는 한국어로 나온 첫 책이자 그를 단숨에 논쟁의 한가운데로 진입시킨 책이다. 이 책에서 그는 자유무역주의를 금과옥조처럼 신봉하고 또 개발도상국에 강요하는 선진국들이 실은 보호무역주의를 통해 부를 축적했음을 역사적 사실을 낱낱이 들어 밝혔다. 선진국들의 경제적 위선을 통째로 드러낸 이 책은 2002년 영국에서 출간되어 파문을 일으켰으며 권위 있는 경제학상인 뮈르달상을 받았다. 이어 출간된 『개혁의 덫』(2004)은 1997년 외환위기 이후 신문·잡지에 쓴 글들을 묶은 것인데, 세계화 시대에 살아남으려면 하루라도 일찍 선진국, 특히 미국을 모방해야 한다는 주장이 근거가 부실한 것임을 밝혔다. 싱가포르 국립대 교수로 재직 중인 신장섭 교수와 함께 쓴 『주식회사 한국의 구조조정 무엇이 문제인가』(2004)는 외환위기 이후 한국 정부가 실행한 기업구조개혁 프로그램 배후의 논리에 심각한 결함이 있으며, 그 결함 위에 선 프로그램은 한국경제의 성장 활력을 잠재우고 오히려 국민경제에 막대한 비용을 안겼음을 밝혔다. 2005년 출간된 『쾌도난마 한국경제』는 정승일 교수와의 대화를 엮는 방식으로 한국경제의 근본적 문제점을 조목조목 짚었다. 지은이는 특히, 1997년 한국경제를 강타한 외환위기의 원인이 1993년 금융시장 개방에 있었음을 지적하면서 신자유주의적 시장 개방의 위험성을 거듭 강조했다. 이어 『나쁜 사마리아인들』(2008)과 『그들이 말하지 않는 23가지』(2010)가 번역 출간돼 한국사회에 장하준 신드롬을 일으켰다.

1997년 이후 한국사회의 성찰 김동춘 지음 / 길

한국사회는
기업의 식민지인가

시이오CEO 시장, 시이오 총장, 시이오 목사, 시이오 대통령…. 한국에서 시이오는 모범이자 모델이고 표준이자 이념이다. 지방자치단체를 운영하는 일에서부터 국가와 정부를 통괄하는 일까지, 학문의 전당을 책임지는 일에서부터 사람의 영혼을 돌보는 일까지 모든 것이 '기업경영'을 이상형으로 삼고 있다. '전 사회의 기업화' 논리는 기업가식으로 하는 것이 가장 창조적이고 가장 효율적이며 가장 진취적이라는 가정 위에서 맹렬한 힘으로 사람들을 몰아세우고 있다.

'반공'만이 살길이라고 외쳤던 한국사회는 이제 혁신만이 살길이고 변화만이 살길이라고 외치고 있다. 요컨대, 기업만이 구세주라고 통성 기도하는 형국이다. 이 현상을 그대로 받아들여야 하는가. 여기에 함정은 없는가. 혹시라도 기업가의 피리 소리를 따라 사람들이 벼랑 끝으로 내달리고 있는 것은 아닌가. 김동춘 성공회대 교수(사회학)의 『1997년 이후 한국사회의 성찰』은 한국사회에 불어닥친 기업화 광풍을 강력하게 경고하는 책이다. 지난 10여 년 동안 우리 사회 변화를 성찰한 글을 모은 이 책은 서론 '민주화 이후 한국사회'에 주목할 것을 요구한다. 김 교수는 이 글에서 1997년 외환위기 이래 한국사회가 '기업사회'로 전환했다고 진단하면서, 그 변화의 파국적 본질을 직시할 것으로 촉구하고 있다.

그가 이 책에서 처음 제시한 '기업사회'라는 말은 한마디로 기업이 중심이자 주인이 된 사회다. "기업이 단순히 사회의 일부인 것이 아니라 오히려 사회가 기업의 모델과 논리에 따라 재조직되는 사회"가 기업사회다. 경제학자 칼 폴라니의 논리를 빌리면, 기업사회는 "시장이 사회로부터 분리돼 나와 자율적인 것이 되는 데 머물지 않고, 사회를 식민화한 상태"를 말한다. 이 식민화의 가공할 성격은 사람들이 식민 지배를 당연한 것으로 받아들인다는 데 있다. 과거의 식민화가 총과 칼을 앞세운 것이었다면, 새로운 식민화는 생산성과 효율성을 앞세운다. 사회 전체를 기업의 힘 아래 굴복시킨 기업사회는 강력한 이데올로기 체제다. 구성원들의 자발적인 동의와 헌신을 끌어내고 그것을 동력으로 삼아 작동하기 때문이다.

자본주의 체제, 시장경제 체제라고 해서 모두 기업사회인 것은 아니다. 기업이 사회의 기준으로 서고 기업가 마인드가 지배적 마인드가 되고, 기업의 사회 지배를 불가피할 뿐만 아니라 바람직한 것으로 인식하는 사회가 기업사회다. 기업은 단순히 이윤을 창출할 뿐만 아니라 고용을 창출한다는 것, 그래서 더 많은 이윤은 더 많은 고용으로 이어진다는 것이 기업사회의 바탕에 깔린 일반적 믿음이다. 기업의 이익이 곧 사회의 이익이 되는 것이다. 이 믿음 위에서 이제 기업 바깥의 모든 것이 의심의 대상이 된다. 기업가의 손이, 기업가 마인드가 뻗치지 않은 공공영역은 비효율과 무능력의 온상으로 낙인찍힌다. 그런 인식이 진전되면 "효율성과 경쟁력을 갖춘 대기업이 정부와 정치를 모두 직접 담당하는 게 좋지 않은가"라는 과격한 주장마저 불러들인다. 그리하여 대기업이 국가의 교육과 복지는 물론이고 국가의 최후 보루인 안보와 전쟁까지 담당하는 '기업가 정부' '기업가 국가'가 나타날 가능성이 커진다. 김 교수는 지금 미국이 거기에 가까워지고 있다고 말한다.

　신자유주의의 지구적 확산으로 기업사회라는 미국적 모델은 전 세계를 강타하고 있다. 기업사회는 국경을 치고 들어가 점령군처럼 주둔하고서 연일 포고령을 내린다. 모든 것을 기업의 이익에 맞춰 바꿔라. 부패한 것은 참아도 이익을 내지 못하는 것은 참을 수 없다. 비효율이야말로 부도덕이다.

　기업사회는 수천 년 인류를 이끌어온 도덕의 기준마저 바꾸어놓는다. 그러나 기업사회는 결코 대중의 이익에 복무하는 사회가 아니다. 기업사회는 기업주의 사회이며, 더 좁혀 말하면 대기업 소유주와 경영자의 사회다. 통제받지 않는 기업사회는 대기업의 절대 권력화를 낳으며 그것은 기업사회 이데올로기의 주장과는 정반대로 기업 부패를 불러온다. 기업가의 이윤 추구와 공공의 이익 사이에 심각한 괴리가 빚어진다. 기업의 생산성 향상의 결과는 사회의 특권층에게 집중된다. 공공성은 실종되고 기업의 사익이 공익으로 둔갑해 횡행한다.

　김 교수는 지난 10년 사이 기업사회의 이데올로기가 한국사회의 지배 이데올로기가 되었다고 말한다. 기업은 선과 정의와 올바름의 잣대를 독점하다시피 했다. 기업을 비판하는 것은 곧 공익을 비판하는 것이 됐고 기업가의 잘못을 추궁하는 것은 가장 중요한 사회적 자산을 공격하는 것이 됐다. 김 교수는 여기서 삼성의 경우를 이야기한다. '삼성공화국'이라는 말은 단순한 비유가 아니다. '기업사회 한국'의 한가운데에 삼성이 버티고 있다. 삼성은 국가경제를 책임지는 견인차와 같은 존재로 칭송받고 있다. 심지어 대통령이 나서서 자신이 아니라 삼성이 한국의 대표자라고까지 말한 바 있다. 삼성의 경쟁력 강화는 곧 국가 경쟁력 강화로 통한다. 급기야 정부의 주요 정보가 삼성의 정보망을 통해 사유화된다. 삼성의 힘은 관료사회를 움직여 정부의 정책마저 자신의 이익에 맞게 조정할 정도로까지 강력해지고 있다. 국가와 정부가 껍데기 또는 들러리가 되고 삼성이 나라의 핵심을 장악하는 말 그대로 '삼성공화국'이 현실화하고 있는 것이다.

삼성공화국 현상은 한국사회가 기업사회로 진입했음을 도드라지게 입증하는 사례다. 기업사회는 사회를 재편하려는 이데올로기 공세도 멈추지 않는다. 기업가 단체들이 '중고등학교 경제 교과서가 반시장·반기업 정서를 부추긴다'며 뜯어고칠 것을 요구하고, 비정규직 노동자 보호 법안을 통과시키면 기업을 국외로 이전해버리겠다는 '기업 파업' 위협도 마다하지 않는다. 국민이 기업을 키운 것이 아니라 기업이 국민을 먹여 살리고 있다는 이데올로기를 공격적으로 구사하는 모습이다.

기업사회의 이 진군은 사회적 보호 장치가 폐기되고 약자가 강자의 힘 앞에 무방비로 서게 된다는 것을 뜻한다. "기업사회에서 처벌은 체포·구금·고문·학살이 아니라 명예퇴직 강요, 분사, 비정규직화, 해고, 비연고지 근무 요구"로 나타나며, 더 끔찍한 것은 그것이 "처벌이 아니라 기업 경영 합리화라는 아름다운 이름으로 포장돼 있다"는 사실이다. 수많은 약자들의 자살 행렬이 '기업의 처벌'에서 비롯한다. 김 교수는 이렇게 사회 구성원을 식민화하고 지배하는 기업사회에서 벗어나려면 정치의 기능을 복원해야 한다고 힘주어 말한다. 기업사회의 하수인이 된 정치를 본디 상태로 정상화해야 한다. 대중이 단순히 기업사회의 지배대상인 '소비자'가 아니라 시민으로, 주체로 일어서야 한다.

> "우리는 유권자이며 노동자이며 주민이며 학부모이며 자신의 귀중한 삶의 방향을 선택해야 하는 존엄한 인간이다. 우리는 타인의 고통과 억울한 죽음에 공감해야 할 신성한 의무가 있는 공동체의 구성원이다."

시장전체주의와 문명의 야만 도정일 지음 / 생각의나무

시장의 독재에서
자유를 선언하라

문학평론가 도정일 경희대 명예교수의 『시장전체주의와 문명의 야만』은 문학비평집 『시인은 숲으로 가지 못한다』 이후 무려 14년 만에 펴낸 두 번째 단독 저작이다. 이 저서에는 1990년대 후반에 쓴 에세이 다섯 편이 묶였다. 지은이는 머리말에서 "다시 읽어보니, 이건 꼭 내가 21세기에 부친 영혼의 안부편지 같다는 생각이 든다"라고 썼는데, 그 고백 그대로 이 책은 10년 세월의 풍화작용을 이겨내고 생기를 발한다. 아니, 세월이 지나 오히려 더 생생한 문제의식으로 빛나는 글이 됐다고 해야 맞을 듯하다.

이 책을 관통하는 핵심 어휘를 하나만 고르라면, 책의 제목으로 채택된 '시장전체주의'라는 말일 것이다. 지은이는 문화·교육·대학·문학, 그리고 다른 어떤 것보다 인문의 풍경을 통해 우리 시대를 관찰하고 거기서 시장전체주의의 암울한 징후를 적발해 분석한다. 인문학자의 시선이 미리 포착한 21세기 대한민국의 살풍경이 이 책에서 묘사되고 있는 셈이다. 그가 말하는 시장전체주의란 "시장 논리의 지배가 확립된 사회"다. 시장이 유일 가치가 된 시장 유일 체제가 시장전체주의 사회다. 시장에서 팔리는 것만이 가치 있고 의미 있고 효용 있는 것으로 인정받는 사회가 그 사회다. 시장은 바꿔 말하면, 돈이다. 돈이 모든 것의 주인, 모든 것의 척도, 한마디로 줄여 절대이념이 된 사회가 시장전체주의 사회다.

그 사회가 '전체주의'인 이유를 지은이는 세 가지로 나누어 설명한다. 먼저 이 사회가 시장 논리, 시장 원리, 시장 가치를 향해 사회 전체를 훈육하고 재조직하며 채찍질하는 '동원체제'이기 때문이다. "정치전체주의의 사회동원 방법이 강제적·강압적인 것이라면, 시장전체주의의 사회동원은 자율성과 자발성의 외피를 입고 있다." 사회 구성원이 스스로 결정하고 선택한 것 같은 겉모습을 띠고 있지만, 그 체제만이 생존의 유일한 길임을 설득하고 납득시킴으로써 모든 구성원을 체제에 복속시킨다.

둘째로, 시장전체주의는 주민들을 겁주고 통제하고 관리하는 '감시체제'다. 시장에 적응하고 순응한 자만이 이 무한경쟁 시대에 살아남을 수 있다고 강조하는 이 체제는 그런 이데올로기의 반복을 통해 구성원의 의식을 장악한다. 그리하여 "시장 원리를 수락하는 것은 시민의 '의무'가 되고 거기 적응하는 것은 시민의 '미덕'이, 그리고 그 적응력은 시민의 '능력'이 된다." 여기서 '자기 감시'가 발동하게 된다. '시장의 신'이 내리는 명령을 '자기 자신의 명령'으로 받아들임으로써 "그 명령에 따른 의무·미덕·능력을 갖고 있는지 어떤지를 자기 스스로 점검하고 감시한다. 그는 자기 자신에 대한 감시자·통제자·검열자가 된다." 시장전체주의는 이렇게 작동하는 '자발적 감시체제'다.

지은이가 시장전체주의의 세 번째 특징으로 꼽는 것이 '사회적 이성의 마비'다. 시장의 효율·효용에 도움이 되지 않는다고 판단되는 모든 이성적·비판적 담론들을 '헛소리'로 밀어내버리고, 도구적·기능적 이성 이외에는 어떤 것도 '이성적'이거나 '합리적'인 것으로 보지 않는 사회가 시장전체주의 사회다. "과거 정치전체주의가 사회적 이성의 학살을 중요한 정치적 목표로 삼았던 것과 유사하게 시장전체주의에서도 공적 이성은 학살 대상이 되고 그 사용 능력은 마비된다." 지은이는 우리 시대가 그 '광기'의 사회를 향해 반성 없이 맹목적으로 내달리고 있다고 말한다.

지은이가 이 지점에서 강조하는 것이 인문정신과 인문가치이고, 그 정신과 가치의 담지자인 인문학이다. 인문학은 그 본질적 속성상 인간의 인간다움 실현을 주제이자 목표로 삼는다. 인문학은 시장의 효율·경쟁과 직접적인 관련이 없다. 그러므로 시장의 신은 인문학을 무가치한 것으로 보기 십상이다. 시장의 제국에는 인문학을 위한 자리가 없다. 여기서 지은이는 인문학이 시장과 돈을 무조건 배척하거나 외면하는 것이 아님을 환기시킨다.

"인문학은 돈을 경멸하는 것이 아니라 돈밖에 모르는 사회를 경멸한다. 인문학은 시장을 과소평가하거나 시장 논리를 전면 거부하지 않는다. 인문학이 문제 삼는 것은 시장이 아니라 '시장전체주의'이고 시장 논리가 아니라 '시장 논리의 유일 논리화'이다. 인문학은 돈 버는 사회를 우려하는 것이 아니라 돈에 미친 사회를 우려한다."

교육이 사람다운 사람을 키우는 것을 목표로 하지 않고 '돈 버는 인간'의 생산을 목표로 할 때, 대학이 학문을 닦는 곳이 아니라 오직 '지식인력'만을 공급하는 훈련소가 될 때, 문학이 시대의 비인간성과 맞서지 않고 시장 논리에 함몰돼 한낱 돈벌이의 수단으로 전락할 때, 문화가 인간성의 풍요로운 성찰이 아니라 '문화자본'의 상품으로 그칠 때, 그때가 바로 시장전체주의가 도래하는 때다. 시장전체주의는 그 맹목성과 야수성 때문에 필연적으로 자기 자신을 잡아먹게 된다고 지은이는 말한다. 문민정부 시절, 날이면 날마다 '세계화'를 외치다가 결국 외환위기를 맞아 정권이 파산하고 국가가 부도났던 것이 시장의 자기파멸성을 증거한다. 지은이는 이 시장의 광기를 제어할 것은 비판적 이성이며, 비판이성을 가동할 주체는 시민사회라고 강조한다. "21세기를 통틀어 한국인에게 부과되는 중요한 사회적 과제 중에서도 가장 우선적인 것은 민주사회의 유지·발전·계승이다." 그 사회를 감당할 민주시민을 길러내지 못하는 한, 우리에게 미래는 없다고 지은이는 말한다.

빈곤론 가와카미 하지메 지음 / 송태욱 옮김 / 꾸리에북스

가와카미가 쓴
'가난 이야기'

『빈곤론貧乏物語』은 20세기 전반기 일본 마르크스주의 경제학을 대표하는 학자 가와카미 하지메河上肇(1879~1946)의 저작이다. 서른일곱 살 때 쓴 이 책은 대작도 아니고 대표작도 아니지만, 가와카미의 얼굴과도 같은 구실을 하는 저작이다. 이와나미 서점에서 나온 『가와카미 하지메 전집』 36권 가운데 가장 많이 팔리는 책이 이 저작이라고 한다. 한 손에 잡히는 이 단출한 책에는 가난의 고통을 정직하게 바라보는 '한 윤리적 인간'의 정신이 담겨 있다.

가와카미의 삶은 전력을 다하여 진리를 찾는 구도자의 삶을 닮았다. 만행과도 같은 맹렬한 사상 편력이 여기서 비롯했고, '윤리적 마르크스주의'라는 독특한 경지가 이 편력의 끝에서 열렸다. 1905년 『요미우리신문』에 '사회주의 평론'을 열화와 같은 독자 호응 속에 연재하던 스물여섯 살 도쿄대 강사는 이 연재물을 갑자기 중단하고 '절대적 이타주의'를 내세운 종교단체에 뛰어들었다. 그러나 이 종교단체의 실상이 자신의 이상과 맞지 않음을 알고 두 달 만에 뛰쳐나왔다. 이 일화는 진리를 보았다고 생각하면 좌고우면하지 않고 바로 행동에 돌입하는 그의 삶의 자세를 보여줌과 동시에 그가 '이타적 도덕주의'를 일찍이 삶의 화

두로 삼고 있었음을 알려준다. 부르주아 경제학에서 학문적 이력을 시작한 그는 40대에 이르러 마르크스주의로 행로를 바꾸었고 공산당에 입당했다. 『자서전』에서 그는 이렇게 썼다.

"나는 로자 룩셈부르크 같은 용기 있는 사람은 아니지만, 그보다 더 나이가 들어 비로소 입당 기회를 얻고서 로자처럼 울었다."

가와카미는 결국 마르크스주의 경제학 분야에서 독보적인 업적을 쌓았지만, 도덕주의라는 근본 태도는 마지막까지 기저음으로 남아 그의 사유에 독특한 울림을 심었다.

『빈곤론』은 그가 마르크스주의자가 되기 전인 1916년에 신문에 연재해 이듬해 출간한 책이다. 이 책에는 빈곤과 궁핍의 시대를 향한 가와카미의 분노 섞인 규탄과 이 사회적 질병을 퇴치할 방책에 대한 논구가 담겨 있다. 그는 '자발적 가난'과 '강제된 가난'을 구분한다. 스스로 선택하여 기꺼이 받아들인 가난과 어쩔 수 없이 겪어야 하는 가난은 같을 수 없다. 가난이란 그저 물질이 부족한 것만을 뜻하는 것이 아니다. "결핍의 공포와 두려움, 이것이 바로 가난이다." 그 공포와 두려움이야말로 '강제된 가난'의 본질적 모습이다. "사람은 빵만으로는 살 수 없지만, 빵 없이는 살 수 없다는 것"을 자발적 가난은 절감하지 못한다.

이 강제된 가난의 실상을 규명하려고 그는 '빈곤선'이라는 개념을 도입한다. 육체의 정상적 발육과 유지에 필요한 최소한의 생계비가 이 빈곤선을 긋는 지점이다. 최저생계비조차 마련하지 못하는 '빈곤선 이하'의 상태가 그가 말하는 가난, 곧 절대적·절망적 가난이다.

그는 통계자료를 끌어들여 세계 최대의 부국이라는 영국의 런던에서조차 빈곤선 이하의 가난한 사람이 인구의 30퍼센트에 이른다는 사실을 보여준다. 아울러 최상층 2퍼센트가 전체 부의 72퍼센트를 소유하고 있음도 밝힌다. 그렇다면 세계에서 가장 잘사는 나라에 왜 이렇게 가난한 사람이 많은지 이유가 밝혀진다. "소수의 부자가 엄청나게 많은 부를 소유하고 있기 때문이다."

가와카미는 이어 왜 가난한 사람들이 죽도록 일을 하고도 생필품조차 제대로 얻지 못하는가 하는 물음을 던진다. 그는 '필요와 공급의 불균등'을 원인으로 제시한다. 가난한 사람들이 구매력을 갖추지 못했기 때문에 꼭 필요한 공급도 이루어지지 않는다는 것이다. 오히려 공급은 생활에 하등 필요하지 않은 사치품으로 쏠린다. 구매력이 큰 부자들의 수요 때문이다. 가와카미는 사치품 생산에 생산력이 소비되느라 생필품에 필요한 생산력이 줄어든다고 성토한다. 절대적 빈곤을 없애려면 사치품 소비를 줄이고 생산력을 생필품으로 돌려야 한다. 이런 진단은 산업예비군의 압력이 노동자들의 임금을 끌어내린다는 사실, 그리고 최저생계를 감당할 만큼 임금을 올리려면 노동자들의 투쟁이 필요하다는 사실을 가와카미가 충분히 이해하지 못했음을 보여준다.

어쨌거나 이런 진단 위에서 가와카미는 빈곤이라는 시대적 질병을 퇴치하려면 부자들의 사치 근절이 이루어져야 한다고 역설한다. "유한계급의 사치는 사회의 죄악이다." 왜냐하면 사치품을 생산하느라 사회의 생산력이 생필품에 돌아가지 못하기 때문이다. 산업을 국유화해 나라에서 생필품을 생산하는 식으로 경제 조직(자본주의 체제)을 개조하는 것도 방법임을 가와카미가 이야기하지 않는 것은 아니다. 그러나 그는 그런 체제 개조가 근본 방책이 될 수 없다고 강조한다. 외적인 제도를 바꾸는 것보다 사람의 마음을 바꾸는 것이 더 중요하다고 보기 때문이다.

가와카미의 도덕주의적 관점은 적지 않은 약점을 지니고 있었다. 10여 년 뒤 가와카미는 마르크스주의에 입각해 『제2 빈곤론』(1930)을 써 앞 책의 한계를 고백하고 극복했다. 그러나 『빈곤론』에 담긴 그의 진단과 처방은 당대의 젊은 지식인들에게 큰 영향을 주었다. 가난을 강요하는 사회 현실에 대한 도덕적 분노의 파토스가 사람들의 폐부를 찔렀던 것이다. 1933년 치안유지법 위반으로 체포돼 4년 동안 감옥살이를 했던 가와카미는 끝까지 마르크스주의 신념을 버리지 않았지만 실천의 장에서 물러난 자신을 '전향자'로 간주해 스스로 유폐 생활을 했다. 그는 일본 패전 직후인 1946년 영양실조와 급성폐렴으로 숨을 거두었다.

자본의 본성에 관하여 외 소스타인 베블런 지음 / 홍기빈 편역 / 책세상

금융공황 예측한 베블런의 자본 이론

『자본의 본성에 관하여 외』는 19세기 말~20세기 초에 활동했던 경제·사회사상가 소스타인 베블런Thorstein Bunde Veblen(1857~1929)의 경제학 이론이 요약된 책이다. 두 편으로 된 논문 「자본의 본성에 관하여On the Nature of Capital」와 1904년 작 『영리기업의 이론』 중 제6장 「현대의 영리적 자본Modern Business Capital」이 묶였다. 이 세 편의 논문을 통해 베블런의 독창적인 자본 이론, 특히 금융자본 이론이 핵심을 드러낸다. 베블런 이론의 요점은 '자본은 사회적 권력이다'라는 명제에 있다.

 베블런은 학자로서 독특한 이력을 밟은 사람이다. 출생 배경부터가 비주류적 성격을 띠고 있다. 출생지는 미국 위스콘신이지만 문화적으로는 노르웨이인에 속한다. 노르웨이 이민자들이 모여 살던 그곳은 북유럽의 농촌공동체 분위기가 강했다. 베블런은 노르웨이어를 모국어로 쓰며 자랐고, 사춘기를 지나고 나서야 영어를 배웠다. 예일대에서 철학을 전공한 그는 사회사상가를 거쳐 경제이론가로서 삶을 마쳤다. 그의 출세작은 1899년에 펴낸 『유한계급론Theory of the Leisure Class』이다. 사회심리학적 관점에서 유한계급의 과소비 행태를 분석한 이 책은 그의 전체 이론 작업에 비추어보면 도입부에 해당한다. 베블런 이론의 본령은

경제학에 있다고 편역자 홍기빈 씨는 말한다.

베블런은 경제학자로서도 어느 학파에도 속하지 않는 독자적인 길을 개척했다. 그는 이른바 부르주아 경제학의 주류라 할 신고전파 경제학도 거부했고, 반자본주의 경제학의 중심인 마르크스주의 경제학도 받아들이지 않았다. 신고전파도 마르크스주의도 자본을 생산요소로 규정했는데, 베블런은 이런 규정을 기각하고 자본을 사회적 권력의 한 형태로 보았다. 자본이 왜 사회적 권력인가를 명확하게 논술한 것이 『자본의 본성에 관하여 외』에 담긴 논문들이다.

베블런은 자본이 생산요소라는 주장, 다시 말해 자본가가 자본을 투여해 더 많은 부를 창출한다는 주장은 신화적 허구라고 말한다. 생산성의 진정한 원천은 지식이다. 이때의 지식은 사회 공동체가 오랜 세월에 걸쳐 축적해온 모든 경험과 기술, 발명과 발견의 총체다. 이 총체적인 사회적 지식이 생산성의 진정한 원천이다. 사회의 총체적 지식은 공장이나 기계와 같은 특정 사물로 체현되는데, 바로 이 사물을 자기 것으로 전유한 자본가들이 이 사물을 부르는 이름이 자본이다. 그러므로 사회 전체의 차원에서 보자면, 자본은 생산의 요소가 아니라 생산의 영역에서 발휘되는 자본가의 권력일 뿐이다. 그 권력의 바탕이 바로 소유권이다. 이 소유권은 '무언가를 사용할 권리'가 아니라 '무언가를 다른 사람이 사용하지 못하게 할 권리'다. 자본가가 이 소유권을 근거로 삼아 공동체 전체의 지식을 '볼모'로 잡은 뒤 사회 전체로부터 '몸값'을 뜯어내는데, 그것이 이윤이라고 베블런은 말한다. 자본이란 이 소유권 이외의 다른 것이 아니며, 그 권리는 사회적 차원의 권력인 셈이다.

베블런은 여기서 한 발 더 나아가 자본을 구성하는 두 종류의 자산, 유형자산과 무형자산의 본성을 밝힌다. 유형자산이 기계·공장처럼 눈에 보이는 사물이라면, 무형자산은 눈에 보이지 않는 자산이다. 고객의 충성도나 브랜드 가치 같은 것이 무형자산에 속한다. 무형자산 가운데 특히 중요한 것이 특허권이나 독점판매권 같은 권리다. 베블런은 이런 무형자산들이 자본가 처지에서 보면 이윤을 낳는 자산이지만, 공동체 차원에서 보면 유용성은 없고 해롭기만 한 것이라고 주장한다. 무형자산이야말로 사회적 권력이라는 자본의 본질을 그대로 보여준다. 이 무형자산은 주식회사의 보편화와 더불어 유형자산과는 비교할 수 없을 정도로 비중이 커진다. 증권시장에서 드러나는 주식가치가 이 무형자산의 크기에 좌우되는 것이다.

주식회사의 보편화는 자본주의를 근본적으로 변화시키는데, 그 결과가 금융자본주의의 탄생이다. 금융자본주의는 개별 산업자본에 대한 금융자본의 지배를 가리킨다. 이 단계의 자본주의는 이중지배를 구성한다. 산업자본이 생산과정을 지배하는 하부구조 위에 금융자본이 산업자본을 지배하는 상부구조가 놓이는 것이다. 금융자본이 얻는 이윤은 산업자본이 얻은 이윤을 수탈한 결과물이다. 새로운 가치를 창출한 결과가 아닌 것이다. 산업자본이 사회를 수탈하고, 금융자본은 산업자본을 수탈하는 것이 금융자본주의 체제의 실상이다. 금융자본은 주식을 대거 매수함으로써 산업자본을 통째로 사들일 수도 있고 반대로 팔아넘길 수도 있는, 자본가를 지배하는 권력을 행사한다.

그러나 금융자본주의는 영속적 체제가 아니다. 자본시장의 작동을 통한 자본축적은 끊임없는 신용팽창으로 자산 인플레이션을 낳게 된다. 금융자본이 산업의 수익 창출 능력과 무관하게 부풀어오르면 결국 거품이 붕괴한다는 것이다. 베블런은 이런 결론에 기대 공황을 예견했는데, 1929년 대공황을 몇 달 앞두고 세상을 떠났다. 편역자는 21세기 신자유주의적 금융자본주의의 실상이 베블런이 살았던 20세기 초의 상황과 매우 유사하다며, 바로 그런 이유에서 베블런의 자본 이론을 다시 읽을 필요가 있다고 강조한다.

가치 이론에 대한 인류학적 접근 데이비드 그레이버 지음 / 서정은 옮김 / 그린비

인류학이 발견한 선물경제

인류학은 자주 서구 제국주의 시대 욕망의 산물이거나 서구인들의 이국 취미의 학문적 발현으로 이해된다. 그러나 『가치 이론에 대한 인류학적 접근Toward an Anthropological Theory of Value』은 이런 생각을 정면으로 부정한다. 이 책은 인류학이 대안적 세계에 대한 비전을 열어줌으로써 당대 지배체제에 대한 투쟁의 무기가 될 수 있으며 실제로 인류학의 전통 속에서 그런 투쟁의 역사를 발견할 수 있다고 말한다. 지은이 데이비드 그레이버David Graeber 자신이 학문과 투쟁을 병행하는 사람이자 학문을 투쟁의 장으로 삼는 사람이다. 뉴욕대 교수를 거쳐 런던대 교수(사회인류학)로 재직 중인 그는 '지구적 민중행동' '세계산업노동자조합' 같은 급진 사회운동 조직에서 활동하고 있는 아나키스트 운동가이기도 하다.

    이 책의 관심은 가치 이론에 대한 새로운 대안을 인류학적 연구를 통해 제출하는 데 있다. 그의 문제의식의 출발점은 시장과 화폐를 가치의 중심으로 삼는 이 시대가, 인류학적 조망 아래서 보면 보편적이기는 커녕 오히려 특수한 사례라는 인식이다. 그런 인식 위에서 그는 먼저 우리 시대의 지배 가치에 대한 비판에서부터 논의를 풀어간다. 개인들이

자유로운 시장에서 자신의 이익을 극대화하기 위해 노력하는 것이 만인에게 결국 이익이 된다는 명제는 우리 시대의 거의 보편적인 믿음이 됐다. 지은이는 이런 믿음이 신자유주의 체제의 이데올로기라고 말한다. 개인도 시장도 역사적 차원에서 보면 근대세사의 산물일 뿐이며, '자기이익 극대화 노력'이라는 것도 서구에서 발전한 자본주의 질서에서만 뚜렷하게 확인되는 특징이라는 것이다. 그런데도 자유 시장을 초역사적 보편 체제라고 주장한다면, 그것은 강자·부자의 지배와 이익을 은폐하거나 정당화하는 이데올로기 작업일 뿐이다.

이와 함께 지은이는 '포스트모더니즘' 학문 조류도 비판적으로 검토한다. 포스트모더니즘의 주류가 일체의 보편적 평가기준을 부정하고 모든 것을 상대화함으로써 결국 연대와 저항의 기반을 무너뜨렸다는 것이 지은이의 시각이다. 포스트모더니즘의 상대주의가 귀착한 것은 '개인의 창조적 자기 형성'이었고, 그것은 결국 사회의 파편화일 뿐이었다. 흥미로운 것은 포스트모더니즘의 이런 상대주의가 신자유주의의 총체적·보편적 가치평가 체제와 상응한다는 사실이다. 한쪽은 파편화하고 다른 한쪽은 그 파편적 존재들을 총체적 가치 체제에 복속시키는 것이다. 바로 이 지점에서 지은이는 인류학이 신자유주의 세계 체제, 더 근본적으로는 자본주의 체제를 극복할 새로운 비전을 제시해야 한다고 말한다.

지은이가 이 책에서 집중적으로 살피는 사람이 인류학의 거인 마르셀 모스Marcel Mauss(1872~1950)다. 지은이의 목표는 카를 마르크스의 자본주의 비판과 모스의 인류학적 연구를 결합하는 것이다. 지은이가 보기에 "마르크스와 모스는 서로에 대한 완벽한 보완물"이다. "마르크스가 자본주의에 대한 철저한 비판에 투신했다면 모스는 비교인류학의 성과를 통해 자본주의에 대한 대안적 비전을 제시했다." 또 "마르크스는 지속적으로 인류학에 관심이 있는 사회주의자였으며, 모스는 평생 동안 적극적으로 사회주의 운동에 투신했던 인류학자였다."

여기서 지은이가 관심을 집중하는 것이 '사회주의'로 표출된 모스의 정치적 열망이다. 그의 대표작인 『증여론』이 바로 그런 경우인데 "다른 어떤 저작보다 더 강렬한 정치적 열망의 산물"이었다. 이 저작에서 모스는 자본주의 체제 바깥에 놓인 부족들을 연구함으로써 이 자본주의와는 전혀 다른 가치법칙이 작동하고 있음을 확인한다. 그 대표적인 사례가 북아메리카 북서부 원주민인 콰키우틀Kwakiutl족의 '포틀래치'임은 널리 알려져 있다. 그는 콰키우틀족의 경우에서 보이는 교환양식을 '선물경제'라고 명명했다. 아무런 대가를 바라지 않고 선물을 주고 그 선물을 받은 쪽은 또 아무런 대가를 바라지 않고 다시 선물하는 행위양식이 이 선물경제의 특징이다. '자기 이익 극대화'를 목표로 하는 자본주의 시장과는 아주 다른 교환양식이다. 자본주의 체제가 화폐의 가치, 상품의 가치를 최우선으로 놓을 때, 선물경제권에서는 "공적으로 무언가를 선물하는 기쁨이나 관대한 분배의 기쁨, 공적이고 사적인 향연에서 베푸는 호의의 기쁨"이 최우선의 가치가 된다. 여기서 모스는 자본주의 체제를 넘어서는 새로운 가치법칙이 작동하는 대안 체제를 찾아냈다.

지은이는 모스가 『증여론』을 발간하던 해에 『볼셰비즘에 대한 사회학적 평가』를 함께 출간했음을 상기시킨다. 모스는 1917년 볼셰비키 혁명을 한편으로 긍정하면서도 다른 한편으로는 걱정했다. 그 혁명의 폭력적·당파적 성격에 의구심을 품었고, 특히 권력 중심적 사고에 거부감을 느꼈다. 지은이는 모스의 이런 우려를 수긍할 만한 것이라고 말하면서도, 권력 문제를 회피하는 혁명 열망은 순진한 도덕주의로 귀결할 수 있다고 말한다. 그러나 모스의 도덕주의가 마르크스의 냉철한 이론과 결합한다면 대안을 창출하는 상상력을 발동시킬 수 있을 것이라고 이 책은 강조한다.

베이징의 애덤 스미스 조반니 아리기 지음 / 강진아 옮김 / 길

18세기 중국에서 발견된 애덤 스미스

『베이징의 애덤 스미스 Adam Smith in Beijing』는 2009년 6월 18일 타계한 조반니 아리기Giovanni Arrighi(1937~2009)의 2007년 저작이다. 이탈리아에서 태어나 미국에서 생을 마감한 그는 경제학에서 출발해 역사사회학 분야에서 명성을 얻은 우리 시대의 중량 있는 좌파 학자다. 그의 저술 작업은 세계 자본주의 체제를 거시적 시야에서 조망한 3부작으로 응집됐는데, 『장기 20세기』(1994), 『체계론으로 보는 세계사』(1999), 그리고 『베이징의 애덤 스미스』가 그것들이다. 이 세 번째 책은 미국 헤게모니의 몰락을 논증하고 중국의 흥성에 주목했는데, 출간 뒤 1년 만에 미국 금융위기가 터지자 그의 '예언'에 대한 대중적 관심이 폭발했다.

『베이징의 애덤 스미스』는 『장기 20세기』의 결론에서 출발하는 책이다. 『장기 20세기』에서 아리기는 페르낭 브로델Fernand Braudel의 '장기지속' 아이디어를 발전시켜 세계 자본주의의 흥망과 헤게모니 국가의 이동을 명쾌하게 설명했다. 그가 발견한 것은 헤게모니 국가의 생산력이 실물부문의 팽창으로 정점에 이른 뒤 금융부문의 팽창으로 쇠퇴하는 장기 파동이었다. 실물적 팽창이 한계에 이르면 생산력을 지키기 위해 금융부문에 의존하게 되고, 실물의 지지를 받지 못한 채 금융이 과도하

게 팽창하면 그 거품이 결국 붕괴한다는 설명이다. 금융적 팽창은 헤게모니 국가의 가을을 알리는 '시그널 위기'이며, 이 가을은 후발 헤게모니 국가의 '봄날'과 겹친다. 아리기는 이런 장기 파동이 베네치아(16세기)-네덜란드(17세기)-영국(19세기)으로 이어졌으며, 1870년대 이후 장기 20세기에 미국이 헤게모니를 이어받았다고 논증했다.

『베이징의 애덤 스미스』는 바로 여기서 이야기를 연장한다. 미국 헤게모니는 1960년대 말~1970년대 초 시그널 위기를 겪었으며, 그 위기의 정치적 표출이 베트남전 패배였다. 금융부문 팽창으로 경제력을 떠받치던 미국에 남은 것은 '최종 위기'인데, 그 위기를 회피하려는 폭력적 노력이 이라크 전쟁이었다. 전쟁은 미국의 참담한 실패로 끝났고 미국의 쇠퇴는 더욱 빨라져 '최종 위기'를 앞당겼다. 그렇다면 저무는 미국의 뒤를 이을 자는 누구인가. 아리기가 단적으로 지목하는 나라가 바로 중국이다. 중국은 미국이 불러낸 알라딘 램프의 지니다. 미국은 베트남전쟁의 패배를 정치적으로 무마하려고 중국을 국제무대에 불러냈으며, 조지 부시의 '이라크 모험'의 진정한 수혜자는 중국이었다. 미국의 최대 채권자가 중국이 된 것이다.

이 대목에서 아리기는 좀더 근본적인 질문을 던진다. 한때 세계 최빈국이었던 나라를 그토록 짧은 시간에 주도적 지위로 끌어올린 중국 경제체제를 어떻게 보아야 하는가. 『베이징의 애덤 스미스』의 아주 새로운 지점은 이 질문에 답을 해주는 사람으로 『국부론』의 저자 애덤 스미스를 모신다는 데 있다. 아리기는 『국부론』을 면밀히 검토해 이제까지 '자유방임 경제'의 전도사로 알려졌던 스미스의 상을 완전히 거꾸로 세운다. 아리기는 말한다. 스미스는 자유방임주의 이론가가 아니었다. 스미스가 말하는 '보이지 않는 손'은 실상은 국가의 통치라는 '보이는 손'이었다. 국가가 법과 제도로써 시장이 원활히 돌아가도록 적절히 개입하고 통제해야 한다는 주장이었다. 스미스는 자본 친화적인 사람이 아니라, 노동 친화적인 사람이었다. 그는 독점을 해체함으로써 자본가들 사이의 경쟁을 강화시켜 이윤을 최대한 끌어내려야 한다고 주장했고, 반면에 노동자들의 임금은 가능한 한 올려야 한다고 주장했다.

결정적인 것은 스미스가 자본주의 옹호자가 아니었다는 사실이다. 아리기는 스미스의 관심이 '자본'이 아니라 '국부'에 있었음을 상기시킨다. 스미스는 국가가 시장을 효율적으로 활용하면 국부를 증진시킬 수 있다는 점에 주목했다. 국가가 통치도구로서 시장을 부리는 것, 이것이 말하자면 정치경제학자 스미스의 '시장경제론'이다. 스미스의 시장경제는 카를 마르크스의 자본주의와 극명하게 대비된다고 아리기는 말한다. 마르크스는 경제를 자본가 중심으로, 자본의 노동 착취 중심으로 분석했으며, 그 분석은 19세기 유럽 경제 현실에 합당한 분석이었다. 스미스는 자본가가 사회의 지배자가 되기 이전의 시장경제를 분석의 대상으로 삼았던 것이다. 그렇다면 이런 비자본주의적 시장경제의 모델을 어디서 찾을 수 있는가. 아리기는 스미스가 당대(18세기) 중국 경제에서 그 모범을 발견했다고 말한다. 국가가 시장을 관리하고 그 시장에서 나온 국부를 사회복지에 돌리는 일종의 복지국가가 18세기 청 제국이었다고 보는 것이다. 여기서 '베이징의 애덤 스미스'라는 책의 제목이 성립한다.

그러나 세계적 차원에서 보면 스미스의 시장경제가 아니라 마르크스가 분석한 자본주의 무한팽창 논리가 주도권을 쥐었고 중국의 폐쇄적 경제체제는 서구에 패배하고 말았다. 이어 100여 년의 시간이 흐른 뒤 중국은 자본주의 체제 논리를 일부 수용해 과거의 시장경제를 다시 발동시켰다. 그것이 덩샤오핑鄧小平이 열어젖힌 '사회주의 시장경제'다. 아리기는 여기서 대다수 학자들이 일종의 '레토릭'으로 치부하는 '사회주의 시장경제'를 진지하게 수용한다. 중국의 경제체제는 자본주의라고 규정할 수 없고, 스미스가 말한 시장경제의 부활로 봐야 하며, 그 체제는 사회주의와 통할 수 있다는 것이 아리기의 진단이다. 그렇다면 앞으로 세계 경제의 헤게모니는 어떻게 될 것인가. 아리기는 미국 헤게모니가 해체된 뒤 중국이 그 헤게모니의 일부를 이어받을 것이며, 세계는 경제적으로 더 평등하고 정치적으로 더 평화로운 체제가 될 것으로 기대한다. 그 기대에는 강한 소망이 깔려 있다.

CHAPTER
10

페미니즘 혹은 '여성 너머의 여성'

성 정치학　케이트 밀렛 지음 / 김전유경 옮김 / 이후

케이트 밀렛,
사적인 것이 정치적인 것이다

케이트 밀렛의 『성 정치학 sexual politics』은 '성 정치학'이란 말을 일상어로 만들어낸 현대 페미니즘 이론의 고전이다. '사적인 것이야말로 정치적인 것이다'라는 명제를 확증한 것이 이 저작이다. 미국에서 한동안 절판됐던 이 책은 2000년 밀렛의 새 서문을 달고 다시 출간됐다. 한국어판은 이 2000년판을 옮긴 것이다.

　『성 정치학』은 페미니즘 이론 역사상 가장 도발적이고 공격적이고 논쟁적인 저작으로 꼽힌다. 1970년 7월 출간된 이 책은 30대 중반의 밀렛을 논란의 한가운데로 밀어넣었다. 책 출간 자체가 하나의 사건이었다. 밀렛은 열광의 주인공이 됐고 동시에 증오의 표적이 됐다. 그해 8월 주간지 『타임』은 밀렛을 표지에 싣고 『성 정치학』을 특집으로 다루었다. 『타임』은 밀렛을 "여성해방의 마오쩌둥"이라고 불렀다. 밀렛과 그의 책은 순식간에 시대의 상징이 됐다. 그러나 숨 가쁘게 치솟은 명성은 순식간에 꺼졌다. 그해 열린 여성해방 토론회에 참석한 밀렛이 "왜 레즈비언이라고 밝히지 않느냐?"라는 방청객의 도전적 질문을 받고 자신이 양성애자임을 고백한 것이 전환점이었다. 『타임』이 이 사건을 보도하자 밀렛의 이름은 곧바로 악명으로 바뀌어버렸다. 동성애자들은 밀렛이

마지못해 커밍아웃한 것을 비난했고, 페미니즘 주류는 이 위험한 여성을 멀리했다. 밀렛은 '악마' '말썽꾸러기'로 취급받았다. 애초에 조직적 여성운동에 관심이 없었던 밀렛은 이런 논란을 뒤로하고 자신이 사랑하던 예술 작업 세계로 들어가버렸다.

『성 정치학』은 컬럼비아대학 영문학·비교문학과에 제출한 박사학위 논문이었다. 처음에 문학비평으로 출발한 이 책은 문화비평으로, 다시 역사 연구로, 이론 비판으로 나아갔고, 결국에 일종의 정치철학 저서가 됐다. "남성과 여성의 관계를 인간들 사이의 불평등한 정치적 관계를 사유하는 핵심적 인식 모델로 확장한다"는 점에서 이 책의 정치철학적 성격은 확인된다. 밀렛의 이 책이 목표로 삼는 것은 가부장제의 근거를 뿌리까지 파고들어 폭로하고 해체하는 것이다. 밀렛의 독특한 입지점은 이 가부장제가 가장 사적이고 내밀한 영역, 곧 성(섹스)에 뿌리박고 있음을 포착하고 그 세계를 드러내는 데 있다. 그가 말하는 '섹슈얼 폴리틱스'는 이 성의 정치적 측면을 규명하는 '성 정치학'이자 성행위를 관통하는 정치적 관계를 지칭하는 '성 정치'다.

밀렛은 이 성 정치가 작동하는 현장을 문학작품에서 뽑아내 그대로 보여줌으로써 성이라는 세계가 얼마나 치열하게 정치적인 것인지를 입증해 보인다. '성'이 단순히 개인적이고 사적이며 주관적인 영역이 아니라 권력과 지배 개념이 관철되고 있는, 사회적이고 정치적이고 객관적인 영역이라는 것을 증명하는 것이다. 밀렛이 이 증명 작업에 동원하는 것이 헨리 밀러Henry Miller, 노먼 메일러Norman Mailer 같은 동시대 작가들, 그리고 좀더 멀게는 데이비드 허버트 로런스David Herbert Lawrence의 문학작품들이다. 노골적인 성행위 묘사로 유명한 이들의 작품들은 억압적 성문화를 개방시키고 사회를 진보시키는 데 기여했다는 평가를 받았다. 그러나 밀렛은 이들의 묘사 방식을 꼼꼼히 분석해 이 남성 작가들이 성을 여성 지배의 무기이자 여성 종속의 증거로 삼고 있음을 드러낸다. 남녀의 성관계는 지배·종속의 권력관계, 다시 말해 정치적 관계인 것이다. 이런 분석을 통해 밀렛은 남성과 여성에게 각각 부여되는 성 역할이 가부장제의 산물임과 동시에 그 근거임을 보여준다.

『성 정치학』은 여성해방 운동을 역사적 차원에서 조명하는 역사 연구 작업도 병행하고 있다. 밀렛은 제1차 성 혁명이 1830년대~1930년대 사이 100년 동안 완만하고도 도도하게 이루어졌다고 말한다. 그 시기 페미니즘 운동은 '여성 참정권' 문제를 둘러싸고 벌어졌다. 그러나 이 100년의 해방 운동은 20세기에 들어와 갑자기 멈추어 섰다. 역사는 반동의 물결에 휩싸였다. 밀렛은 성 혁명이 멈추어 선 결정적 이유를 외부의 억압이 아닌 여성 운동 내부에서 찾는다. 이 시기 여성해방 운동이 참정권 쟁취와 같은 1차적 과제를 달성하자 목표를 잃고 스스로 허물어지고 말았다는 것이다. 그러나 제1기 성 혁명은 가부장제의 표면을 걷어냈을 뿐, 그 본체는 전혀 건드리지 못했다. 뒤이은 반동의 세월을 끝내고 성 혁명이 재출발한 것은 1960년대 이후의 일이다. 밀렛의 이 저작은 이 제2기 성 혁명을 이론적으로 뒷받침하고 촉진한 책이라 할 수 있다.

밀렛은 이 책에서 현대 남성 작가들의 작품을 가혹하게 비판하면서도, 프랑스 작가 장 주네Jean Genet만은 유일한 예외로 분류한다. '여성 구실을 하는 남성 동성애자'였던 주네는 자신의 비참한 체험에 기대, 남성과 여성 사이 지배-종속의 성 정치를 폭로하고 규탄했다는 것이다. 주네의 작품을 분석하면서 밀렛은 완전한 성 혁명이 없는 한 진정한 인간해방은 오지 않는다고 단언한다. 성이라는 감옥을 해체하지 않고서는 근본적 사회변혁은 불가능하다는 것이다. 그는 말한다. "가장 치명적인 억압 체제를 폐기하지 못한다면, 다시 말해, 권력과 폭력의 병든 광란 상태인 성 정치학의 중심부로 돌진하지 않는다면, 해방을 위한 우리의 노력은 물거품이 되고 말 것이다."

스피박의 대담 가야트리 스피박 지음 / 이경순 옮김 / 갈무리

나를 '제3세계 여성'이라 부르지 마라

가야트리 차크라보르티 스피박(1942~)은 『오리엔탈리즘』의 저자 에드워드 사이드 이후 가장 강력한 제3세계 출신 문화이론가일 것이다. 그는 서구 제국주의가 남긴 식민주의의 문화적 유산에 도전하는 사상가다. 제3세계 여성의 처지에서 서구 남성 중심의 기존 철학 담론을 해체하는 데 스피박만큼 강력하고 거침없이 덤벼든 사람도 달리 찾기 어렵다.

마르크스주의, 페미니즘, 정신분석학, 탈식민주의를 가로지르는 그의 이론은 난해하기로 악명이 높다. 그는 자신의 글이 난해한 이유를 적절한 용어의 부족에서 찾는다. 서구 중심주의 담론의 문제점을 적발하고 해체하려 할 때 거기에 딱 들어맞는 용어가 없어, 사태를 설명하는 새로운 말을 끊임없이 만들어야 하기 때문이라는 것이다. 익숙한 용어로 상황을 설명할 수도 있겠지만, 그렇게 해독하기 쉬운 글쓰기는 문제를 정확히 드러내지 못하므로 사람들을 속이는 거짓 담론으로 떨어질 수 있다고 그는 말한다.

어쨌거나 이런 복잡하고 어려운 글쓰기는 스피박 사상에 다가가는 것을 차단하는 효과를 낸다. 그러나 길이 아주 없는 것은 아닌데, 『스피박의 대담 The Post-Colonial Critic』은 스피박 자신의 입으로 자신의 사상

을 설명하고 있어 비교적 쉬운 접근 통로를 제공하고 있다. 『스피박 넘기』를 쓴 스티븐 모튼Stephen Morton은 스피박을 처음 읽는 이에게 가장 좋은 책으로 『스피박의 대담』을 추천하고 있다. 1984년부터 1988년 사이 여러 나라에서 한 대담 열두 건을 모은 이 책은 스피박이 다른 저작에서 상술하고 있는 주제를 거의 모두 포괄해 설명하고 있다.

스피박이 서구사회에서 유명해진 것은 프랑스 철학자 자크 데리다의 주저 『그라마톨로지』를 영어로 번역한 것과 관련 있다. 1976년에 나온 이 번역본 서문에서 스피박은 데리다의 해체철학을 독자적인 관점에서 해설했는데, 그 서문이 미국과 유럽 지성계의 즉각적인 반향을 얻은 것이다. 여기서 짐작할 수 있듯이 스피박의 기본 관점은 데리다의 해체철학에 힘입고 있다.

데리다의 해체론은 서구 중심, 남성 중심, 이성 중심의 기존 담론의 내적 모순을 드러냄으로써 그 구조물을 주저앉히는 것을 목표로 하고 있다. 스피박은 이 해체주의적 태도를 제3세계 여성의 관점에서 수용한 뒤 더욱 과격하게 밀어붙여 계급해방이나 여성해방을 이야기하는 모든 거대서사, 거대이론을 비판하는 데 적용한다. 특히 이론이나 지식의 자기성찰을 철저하게 요구하는 것이야말로 스피박 사상의 핵심이다.

『스피박의 대담』은 그의 이론적 출발점이 자기 자신의 구체적 현실임을 명료하게 보여준다. 대담자가 스피박을 '제3세계 여성'으로 지칭하는 데 대해 그는 그런 규정이야말로 '딱지 붙이기'라며 이렇게 말한다.

"1940년대에 〔인도〕 콜카타라는 대도시의 전문직 중류계급 가정에서 태어난 사람을 그런 전문용어로 표현하는 것은 옳지 않다. (…) 지구의 반대편에서 온 우리들은 신식민주의의 논리에 바탕을 둔 하나의 제목 아래 그런 딱지를 붙이는 것에 대항해 커다란 투쟁을 하고 있다."

스피박이 이런 '딱지 붙이기'를 거부하는 것은 그런 식의 일방적 규정이야말로 제1세계 사람들이 타자를 관리하고 소유하려는 욕망의 발로이기 때문이다. 스스로 보편이라고 주장하는 명제들은 그 안에 여러 복잡한 사정과 모순을 감춤으로써 권력 행사의 도구가 된다는 것을 스피박 자신의 처지를 통해 보여주는 것이다.

같은 생각의 연장선에서 스피박은 제1세계 페미니스트들이 여성이라는 이름으로 모든 여성을 대표할 수 있기라도 하듯이 행동하고 그런 담론을 펼치는 데 대해 극도로 비판적이다. 제1세계 지식인 여성과 제3세계 하층 여성은 결코 여성이라는 이름으로 하나로 묶일 수 없다. 패권적 담론 권력을 휘두르는 서구의 '고급 페미니즘'은 오히려 제3세계 여성의 지위를 떨어뜨리는 결과를 빚을 수도 있다는 것이다.

주디스 버틀러의 철학과 우울 사라 살리 지음 / 김정경 옮김 / 앨피

여성이 처음부터
여성인 것은 아니다

주디스 버틀러(1956~)는 페미니즘 이론의 계보에서 최근 세대에 속하는 철학자다. 그러나 그의 영향력은 막강해서 페미니즘 이론을 이야기하는 글마다 버틀러라는 이름은 거의 빠지지 않고 등장한다. 이 여성이 내놓은 논쟁적이고 전복적인 주장은 수많은 쟁점을 만들어냈다. 그가 '미국에서 가장 유명한 페미니즘 철학자'로 꼽히는 것도 이상할 것이 없다. 그에게 따라붙는 또 하나의 타이틀은 '퀴어(동성애자) 이론의 창시자'라는 말이다. 버틀러는 자신이 레즈비언임을 스스로 밝힌 바 있다. 그가 동성애에 관한 매우 도전적인 이론을 내세운 것은 어쩌면 자연스러운 일이다. 다만 그의 경우엔 동성애를 긍정하는 데서 더 나아가 동성애가 이성애보다 더 원초적임을 강조하는 것이 특징이다.

사라 살리Sara Salih(캐나다 토론토대학 교수)가 쓴 『주디스 버틀러의 철학과 우울Judith Butler』은 이 급진 철학자의 사상을 소상히 안내하는 교양서다. 현대 사상의 흐름에서 중요한 지점을 차지하는 이론가들을 소개하는 영국 루틀리지 출판사의 '크리티컬 싱커스' 시리즈의 하나로 나왔다. 지은이는 버틀러의 초기작 『욕망의 주체들』에서부터 『젠더 트러블』, 『의미를 체현하는 육체』, 『흥분하기 쉬운 발화』를 거쳐 『권력의

정신적 삶』까지 주요 저작 전체를 조망하면서, 각각의 저작이 지닌 의미를 살핀다.

버틀러는 난해한 글쓰기로 악명 높은 사람이다. 1999년 미국의 우익 성향 학술지 『철학과 문학』은 버틀러를 '최악의 문체'상 수상자로 뽑기도 했다. 그러나 그가 글을 불명료하게 쓸지는 몰라도 그런 글을 쓰는 이유는 명료하다. 그는 '정치적으로 중립적인 문체'란 있을 수 없다고 단언한다. 명료하고 확정적인 문체는 이미 어떤 이데올로기적 의미를 품고 있다는 것이다. 불투명하고 암시적인 글쓰기는 그 자체로, 진리를 선포하는 듯한 명징한 문체에 내장된 이데올로기적 강요에 대한 저항인 셈이다.

버틀러의 또 다른 독특함은 헤겔 철학을 사유의 모태로 삼았다는 데 있다. 알다시피, 현대 페미니즘 이론을 포함한 이른바 탈근대철학은 '헤겔 반대'를 일종의 구호로 내걸었다. 헤겔 철학이야말로 그들이 거부하는 근대 백인 남성의 이론적 총화라고 보기 때문이다. 그러나 버틀러는 헤겔의 주저 『정신현상학 Phänomenologie des Geists』을 전혀 다른 방식으로 독해했다. 통상의 해석을 따르면, 『정신현상학』은 절대정신이라는 주체가 형이상학적 여행을 떠나 절대지絶對知라는 진리를 완성하는 것으로 끝나는 철학적 드라마다. 출발 지점에 이미 주체가 선명히 서 있는 것이다. 버틀러는 이런 해석을 부정하고, 『정신현상학』의 주체를 '과정 중의 주체' 혹은 '형성 중의 주체'로 이해한다. 끝없는 부정의 과정 속에서 주체가 형성되며, 그 형성 과정은 끝없이 진행된다는 것이다. 주체는 완결되거나 완성된 어떤 것이 아니라 과정 자체다. 주체는 언제까지나 미확정적이다. 확정된 주체는 없다. 이 주체 이론을 페미니즘 영역으로 옮기면, '여성이라는 확정된 주체는 없다'라는 논리가 도출된다. 통상의 페미니즘 이론이 남성에 대항해 저항의 거점으로 설정하는 여성이라는 주체를 부정하는 것이다. 여성을 포함해 모든 주체는 사회적 관계 안에서 잠정적으로 구성되는 것일 뿐이다. 여성을 여성이라고 이야기할 수 있다면 그것은 여성으로 지칭된 존재가 여성의 정체성을 수행하기 때문이다. 버틀러는 사회적 성(젠더)이든 생물학적 성(섹스)이든 완성된 채로 미리 존재하는 것은 없다고 말한다.

이런 급진적 논리는 동성애를 다룰 때도 관철된다. 버틀러는 프로이트의 '오이디푸스 콤플렉스' 이론이 말하는 '근친상간 금지'보다 '동성애 금지'가 더 앞선다고 주장한다. 부모-자식 사이의 동성애 관계가 금지·억압당하면서 이성애로 방향을 트는데, 여기서 '이성애적 우울증'이 발생한다는 것이다. 그 우울증 안에 여전히 동성애 욕망이 숨 쉬고 있다는 게 버틀러의 통찰 혹은 주장이다.

젠더 트러블 주디스 버틀러 지음 / 조현준 옮김 / 문학동네

주디스 버틀러
"여성은 없다"

『젠더 트러블Gender Trouble』은 페미니즘 담론 안팎에 일대 논란을 불러일으킨 저작이다. 1990년 출간한 이 책으로 지은이 주디스 버틀러는 30대 중반의 나이에 페미니즘 세계의 스타로 떠올랐고, 페미니즘 논쟁의 중심에 섰다. 논란이 거셌던 것은 남성 대 여성이라는 이분법적 구도 아래 여성 해방의 정치를 주도하던 페미니즘 운동의 주류를 이 책이 정면으로 치받았기 때문이다. 버틀러는 여성이라는 단일한 주체를 해체하고자 했다. 또 여성이 설령 계급·인종 같은 분할선에 따라 복수로 존재하더라도 최종적으로는 여성이라는 범주 아래 하나의 정체성을 구성한다는 여성 정체성 담론도 해체돼야 할 대상으로 삼았다. 버틀러가 보기에 여성이라는 젠더는 결코 동일한 범주로 묶일 수 없는 이질성의 집합이다. 그러므로 책의 제목 '젠더 트러블'은 '젠더' 내부에 이미 항상 '트러블'이 있다는 선언적 진단이며, 젠더에 트러블을 일으키겠다는 의지의 표현이다.

알려진 대로 버틀러는 '퀴어 이론'의 창시자라는 호칭도 얻었는데, 이 책의 재판(1999) 서문에서 이례적으로 자신의 사적인 삶을 간략하게 소개하고 있다. "자라면서 젠더 규범의 어떤 폭력성을 인식하게 된" 그

는 열여섯 살 때 "격렬한 커밍아웃"을 했다. 사람들이 그를 여성이라고 지칭하고 그렇게 행동하도록 요구했는데, 그런 요구 때문에 고통받다가 자신이 동성애자임을 마침내 밝혔다는 이야기다. 이 책은 이렇게 동성애자로서 자신이 겪었던 삶을 이론화하고자 한 노력의 산물이라고 할 수 있다. 페미니즘 운동 안에서조차 이질적 존재일 수밖에 없는 그 자신의 처지가 그를 급진적·근본적 사고로 이끌었음을 짐작할 수 있다.

이 책에서 버틀러가 시도하는 것은 여성 정체성 문제를 래디컬하게 파헤침으로써 정체성 담론을 재구성하는 것이다. 버틀러가 이론적 수혈을 받은 곳은 프랑스 철학계인데, 이 책에서도 사르트르·푸코·보부아르·크리스테바·이리가레Luce Irigaray의 이론에 대한 인용과 성찰을 만날 수 있다. 그 자신의 말로 표현하면 '프랑스 철학의 미국적 구성물'이 이 책인 셈이다. 이때 버틀러는 푸코를 통해 만난 니체의 계보학을 분석과 비판의 방법론으로 삼아 프랑스 페미니즘 담론을 해체적으로 읽어냄으로써 그 자신의 이론을 재구성한다.

버틀러의 가장 충격적인 주장은 섹스(생물학적 성)가 문화적·제도적 힘 속에서 구성된 것이라는 명제다. 이 명제를 입증해가는 과정에서 그가 먼저 인용하는 것이 보부아르의 유명한 주장, "여성은 태어나는 것이 아니라 만들어지는 것이다"라는 주장이다. 보부아르의 명제에는 여성이 생물학적 성(섹스)과는 별개로 젠더(사회·문화적 성)를 차후에 구성한다는 암시가 깔려 있다. 젠더와 섹스가 분리되는 것인데, 이 분리를 논리적 극한까지 밀어붙여 보면, "섹스/젠더 구분은 섹스로 결정된 몸과 문화로 구성된 젠더 간의 극단적 단절을 시사한다." 젠더가 섹스와 완전히 별개의 것으로 이론화되면, "젠더 자체는 자유롭게 떠도는 인공물"이 된다. 그럴 경우, 생물학적으로는 남성의 특징을 지녔더라도 젠더상으로는 여성인 존재가 나올 수 있게 되고, 그 반대의 경우도 성립한다. "그 결과 남자와 남성적인 것은 남자의 몸을 의미하는 만큼이나 쉽게 여자의 몸을 의미할 수 있고, 여자와 여성적인 것은 여자의 몸을 의미하는 만큼이나 쉽게 남자의 몸을 의미할 수도 있다."

젠더가 이렇게 생물학적 성과는 무관하게 문화적으로 구성된다면, 여성 정체성의 본질적 근거는 희박해질 수밖에 없다. 버틀러는 여기서 더 나아가, 생물학적 성(섹스) 자체가 문화적 구성물이라는 주장을 편다. 생물학적 성이 태어나면서 주어지는 '자연'이 아니라 일종의 문화적 산물이라는 것이다. 여성/남성의 이분법으로 포괄할 수 없는 여러 부류의 이질적 존재들이 있으며, 이들이 문화적 강제 속에서 하나의 생물학적 성으로 고정될 뿐이라는 것이 그 근거다. "따라서 섹스가 자연에 관계되듯 젠더가 문화에 관계되는 것이라고 생각해서는 안 된다." 젠더(사회·문화적 성)의 원인 또는 기원은 섹스(생물학적 성)이며 섹스의 결과가 젠더라는 통념이 여기서 심각한 도전을 받는다. 역으로 섹스는 젠더라는 문화적 강제 속에서 구성되는 것, 다시 말해 젠더의 결과이자 효과라는 것이 버틀러의 주장인 것이다. 그리하여 "여성은 태어나는 것이 아니라 만들어지는 것이다"라는 보부아르의 명제가 비유가 아닌 직설의 지위를 얻게 된다.

버틀러의 주장은 여성성의 본질적 바탕이라는 것이 없다는 것을 강력하게 암시한다. 따라서 여성이라는 범주의 보편성에 입각해 여성성·모성성을 당연한 것으로 받아들이는 '정체성 정치'는 토대를 잃어버린다. 그렇다고 해서 페미니즘 정치가 불가능한 것은 아니다. 이 점을 버틀러는 "정체성의 해체는 정치성의 해체가 아니다"라고 간명하게 이야기한다. 여성이라는 보편적 정체성을 해체하더라도, 해방을 위한 일시적·잠정적 연대는 가능하다는 이야기다.

누가 민족국가를 노래하는가 주디스 버틀러·가야트리 스피박 대담 / 주해연 옮김 / 산책자

버틀러와 스피박, 국가를 말하다

주디스 버틀러와 가야트리 스피박은 페미니즘 이론 영역에서 가장 왕성한 지적 생산력을 보여주는 여성 학자들이다. 버틀러가 동성애자로서 퀴어 이론의 창시자라는 타이틀을 갖고 있다면, 스피박은 인도 출신으로서 탈식민주의 이론의 대모로 통한다. 두 사람의 학문 활동을 관찰하면, 페미니즘 이론의 최전선에서 무슨 일이 벌어지고 있는지 짐작할 수 있다. 이론적 지반에 다소 차이가 있는 이 두 사람은 페미니즘 담론 내부의 경합적 관계를 보여준다고도 할 수 있다. 『누가 민족국가를 노래하는가Who Sings the Nation-State?』는 이 출중한 학자들의 대담을 엮은 책이다. 열다섯 살 아래인 후배 버틀러가 먼저 발제 성격의 문제제기를 한 뒤 두 사람이 토론하는 형식으로 이루어져 있다.

두 사람의 대담은 2006년 5월 미국 캘리포니아주립대 어바인 캠퍼스의 비교문학과에서 '전 지구적 국가, 전 지구적 상태'를 주제로 삼아 연 학회에서 이루어졌다. 제목에서 가늠할 수 있듯이, 이 대담의 내용은 페미니즘 이론 자체를 다룬 것이 아니라, '지구화 시대의 국가'라는 인류적 차원의 문제를 페미니스트적 감성으로 포착하고 있다. 특히 이 대담에서 논의의 초점이 되는 것은 흔히 국민국가 또는 민족국가로 번역

되는 '네이션 스테이트nation-state' 문제다. 여기서 네이션(국민·민족)이 문제인 것은 어떤 기준에 따라 특정 집단을 네이션으로 포섭하고 그 기준 밖의 사람들을 배제하는 메커니즘이 이 네이션 체제에서 작동하기 때문이다.

이 문제가 대담의 주제가 된 것은 그 시점에서 벌어진 사태와 관련이 있다. 2006년 4월 미국 전역에서 '미등록 이민자' 문제가 정치적 쟁점으로 떠올랐다. 이른바 '불법 체류자'들뿐만 아니라 이들을 돕거나 고용하는 사람들까지 처벌하는 법안이 발의된 것이다. 이 법안을 규탄하는 시위가 곳곳에서 벌어졌고, 캘리포니아에서는 수십만 명의 라틴계 이민자들이 거리로 뛰쳐나왔다. 존재 자체가 불법인 이민자들이 '자유롭게' 모여 대규모 시위를 벌였다는 사실, 더 중요하게는 이들이 미국 국가를 스페인어로 번역해 불렀다는 사실에 버틀러는 주목한다. 그는 이런 상황을 '수행적 모순performative contradiction'이라는 개념으로 해석한다. 자신들에게 추방·배제·박탈을 안겨준 나라의 국가를 자신들의 언어로 노래하는 것을 어떻게 이해할 것인가?

통상적인 좌파적 관념이라면, 이런 상황을 국가라는 포획장치에 자발적으로 말려들어간 것으로 이해하기 쉽지만, 버틀러는 그런 통념과는 다른 적극적 이해를 모색한다. 네이션 스테이트의 틀에 균열을 냄으로써 그 틀을 극복할 전망을 얼핏 보여준 것으로 보는 것이다.

"이런 수행적 모순이야말로 우리를 막다른 골목으로 몰아가는 것이 아니라 역동적인 창조의 공간을 열어젖힙니다."

버틀러는 한나 아렌트의 주장을 빌려, 자유는 자유의 요구, 자유의 수행 자체에서 이미 시작된다는 점을 강조한다.

"여기서 중요한 것은 노래를 부름으로써 거리가 자유로운 집회 현장으로 재구성된다는 점입니다. 노래를 부르는 행동은 자유의 표현이자 권리를 향한 호소입니다."

자신들을 추방하는 나라의 국가를 자신들의 말로 부름으로써 그 국가의 의미를 바꿔버리는 이 모순적 사태야말로 어떤 전망을 보여준다는 것이 버틀러의 주장이다.

"그 노래는 언어적 다수집단에 대한 비판이고, 언어적 다수집단이라는 것이 있어야 하는지에 대한 비판이며, 민족을 단일한 개념으로 보는 것과는 다른 다문화주의의 한 방식입니다."

이때 버틀러가 국가 그 자체를 긍정적으로 인식하는 것은 아니다. 대담 내내 버틀러는 국가를 곧 '네이션 스테이트'로 인식한다. 국가란 근본적으로 국민/비국민을 나누는 배제와 분리를 존재 방식으로 삼고 있다는 발상이다. 따라서 어떻게 하면 그 국가를 극복할 수 있을 것인가가 버틀러의 고민이자 질문이다. 바로 이 지점에서 스피박은 조금 다른 목소리를 낸다. 스피박이 보기에 국가 그 자체를 부정할 이유는 없다. 오히려 전 지구적 자본주의의 고삐 풀린 발호로부터 구성원을 보호하는 장치로 국가를 이해하는 것이 필요하다. 세계시민주의는 어찌 보면 전 지구적 자본주의와 어울리는 이념일 수 있다.

"국가는 우리를 위해 유용하게 쓰일 수 있기에 우리가 지켜내야 하는 최소한의 추상적 구조입니다. 이런 의미에서 국가는 재분배의 도구가 돼야 합니다."

자본주의적 착취·수탈·불평등을 막아내고 교정하는 기능을 국가가 수행할 수 있으며, 그런 기능을 수행하도록 국가를 재발명해야 한다는 것이다. 버틀러가 국가의 박탈·추방 성격에 초점을 맞춘다면, 스피박은 국가의 저항 거점 성격을 강조하는 셈이다. 대담 말미에 버틀러는 "역사를 만들어가는 동력으로서 자기창조"에 관해, 다시 말해 혁명에 관해 이야기한다.

"만약 사람들이 함께 모여서 혁명을 일으키려 한다면, 그것은 그들이 고통받았기 때문이고, 비판의 언어를 만들어내고 서로 뭉쳤기 때문이며, 역사와 분석에 기반해 연대를 구축했기 때문일 것입니다."

스피박도 이 설명에 동의할 것이다.

여성의 정체성 이현재 지음 / 책세상

페미니즘의 계보학

"여성은 태어나는 것이 아니라 만들어지는 것이다." 모든 사태는 이 짤막한 문장에서 시작됐다고 해도 지나치지 않다. 시몬 드 보부아르가 1949년에 펴낸 『제2의 성 *Le Deuxième Sexe*』은 현대 페미니즘 이론의 출발점이었다. 보부아르의 선언은 그만큼 강력한 도전이었고 새 지평을 여는 일대 전진이었다. 페미니즘 운동은 거대한 물결로 일어서 20세기 문화 지형을 바꾸었고, 인류의 삶에 새로운 형식을 도입했다. 낡은 인식의 틀을 깨부수었고, 미지의 세계에 인식의 밝은 빛을 던졌다. 페미니즘 운동 안에선 수많은 이론이 등장해 서로 경합하고 비판과 반박을 주고받았다. 그러나 페미니즘 이론은 여전히 완결되지 않은 진행형이다. 발육 중인 이 이론은 이제 막 두 발로 섰을 뿐이다. '여성해방'이 보편적으로 실현된 것도 아니다. 일하는 여성들은 착취당하고 있으며, 어머니들은 신경증에 시달리고 있고, 주부들은 보상 없는 노동에 짓눌리고 있다.

'여성철학' 연구자 이현재 씨가 쓴 『여성의 정체성』은 '어떤 여성이 될 것인가'라는 익숙한 듯 새로운 물음을 던지는 책이다. 다시 말해, 바람직한 페미니즘 운동은 어떤 모습인가를 묻고, 그 물음에서 더 나아가 바람직한 여성 정체성은 어떤 모습인가를 찾는 책이다. 지은이는 여성주의 이론을 세 세대로 나누어 살핀 뒤 성취 속에 깃든 한계를 찾아내고, 그 한계를 극복한 이론을 제출해보려 한다. 페미니즘 운동은 합의가 불가능할 정도로 분열돼 있고, 서로 다른 목소리로 반목과 싸움을 그치지 않는 이론적 혼돈 상태에 있다는 것이 지은이의 진단이다. 어떻게 하면 이 차이의 갈등에 화해의 지반을 마련해줄 수 있을까. 지은이는 '인정 이론'에서 차이를 넘어 화해를 이룰 방법론적 토대를 찾는다.

지은이가 꼽는 페미니즘 1세대 대표자는 보부아르다. 이 세대의 여성은 남자가 되기를, 다시 말해 인간이 되기를 원한 여성이다. 여성은 세상의 중심인 남자의 '타자'이고 '대상'일 뿐이다. 인간 주체로 인정받기를 갈망하는 여성은 치마를 바지로 갈아입고 머리를 자른 잔다르크처럼 영웅적 투쟁에 나선다.

그러나 남성과 동일해지고자 하는 그 싸움은 여성의 자기분열, 자기모순을 낳는다. 여성성을 없앤다는 것은 여성의 자기부정이기 때문이다. 2세대 여성주의 이론가 캐럴 길리건Carol Gilligan은 남성과 여성의 다름에 주목한다. 여성의 세계는 본질적으로 남성의 세계와 다르다. 오랜 세월 여성은 남성보다 도덕적으로 열등하다고 이야기돼왔지만, 오히려 여성이야말로 남성보다 더 도덕적이다. 길리건은 여성의 다름을 '보살핌의 윤리'에서 찾는다. 남성은 '독립'과 '정의'를 이야기하지만, 여성은 사람과 사람 사이 '관계'를 살필 줄 아는 존재다. 그 보살핌의 윤리에서 길리건은 남성과 다른 여성만의 고유한 정체성을 구축하는 논리를 발견한다. 그러나 길리건이 제시한 보살핌의 윤리는 함정도 있다고 지은이는 지적한다. 자칫 잘못하면 전통적 여성성을 강화할 수 있고, 여성의 성역할을 고정시킬 수 있다. "흔히 육아나 가사는 여성이 더 잘할 수 있다는 이유로 여성에게 맡겨진다." 여성 착취에 이바지하는 논리로 떨어질 위험이 있다는 것이다.

길리건의 이론에서 한발 더 나아간 것이 뤼스 이리가레의 이론이다. 길리건이 남성과 구별되는 여성 정체성을 힘주어 말했다면, 이리가레는 여성이 남성과 다를 뿐만 아니라, 여성끼리도 서로 다르다는 점을 강조한다. "여성은 하나가 아니다." 여성은 자기 안에서조차 하나가 아니다. 여성의 심리 내부에는 이미 수많은 타자가 섞여 있다. 그러므로 "여성은 보편 언어로 자신을 표현할 수 없고, 규정될 수 없고 분류될 수 없다." 여성의 정체성, 동일성을 찾는 일은 불가능하다. 이리가레가 여성을 그렇게 규정할 수 없는 존재로 보는 것은, 어떤 지배적인 힘에도 규정받기를 거부하는 일종의 저항 정신의 발로다. 그러나 "이리가레의 주장을 끝까지 밀고나가면 우리는 '여성'이라는 말 자체를 사용할 수 없을 것이다."

이리가레보다 더 급진적으로 '다름'에 주목한 사람은 주디스 버틀러다. 버틀러는 남성과 구별되는 여성의 본질 같은 것은 없다고 볼 뿐만 아니라, 여성과 남성이라는 이분법조차 폐지한다. 우리가 여성이라고 말하는 사람은 여성적 역할을 반복적으로 수행함으로써 여성으로 인식되는 존재일 뿐이다. 남성의 성역할을 반복한다면 여성은 남성이 될 것이다. 성차를 규정하는 고정불변의 본질이 없다고 말함으로써, 버틀러는 여성이라는 집단을 해체하고 개별적인 존재만 남긴다.

버틀러의 논리대로라면 여성주의라는 말도 불가능할 것이고, 여성주의적 연대, 바꿔 말해 사회적 약자로서 여성의 연대도 있을 수 없을 것이다. 지은이는 버틀러까지 이어진 2세대 여성주의 이론은 새로운 여성 정체성을 찾는 3세대 이론으로 넘어갈 수밖에 없다고 말한다. 3세대 이론은 이제껏 탐구해온 '다름'의 정신을 이어받되, 그것을 공동의 지평 위에서 다시 보려 한다. 여성이라는 집합적 정체성은 있다. 그러나 그 정체성이 여성 내부의 차이를 덮어버려선 안 된다. 오히려 그 공통의 지반 위에서 차이가 서슴없이 드러나야 한다. 차이로 말미암은 싸움과 소란과 갈등을 그대로 드러낼 때 거기서 역으로 친밀한 연대가 가능해진다. 다름이 끝없는 분열이 되지 않으려면, 그 다름을 서로 인정하는 것이 필요하다. 인정받고 인정하는 상호 인정은 자기 긍정의 계기이자 타자의 주체화를 돕는 일이기도 하다. 그 인정 행위를 통해 나는 너와 더불어 자기실현에 이를 수 있을 것이라고 지은이는 말한다.

■■ 페미니즘과 '인정 이론'의 만남 ■■

이현재 씨가 『여성의 정체성』에서 방법론적 지침으로 삼은 '인정 이론'은 독일 철학자 게오르크 헤겔에게서 연원한다. 헤겔의 인정 이론을 재해석해 새로운 의미를 끌어낸 사람이 악셀 호네트다. 독일 사회철학자 위르겐 하버마스의 제자이자 하버마스의 뒤를 이어 프랑크푸르트학파의 적통을 넘겨받은 것으로 평가받는 호네트는 대표 저작 『인정투쟁』에서 헤겔의 이론을 현대의 지평으로 확장했다.

 헤겔이 인정 이론에 몰두한 것은 예나대학에 재직하던 30대 초반이었다. 인간들 사이의 모든 갈등은 인정받고자 하는 욕망에서 비롯한다고 그는 생각했다. 인정 욕망을 충족시킴으로써 자기 정체성을 확립한다고 본 것이다. 헤겔은 초기 연구를 결산하는 대작 『정신현상학』에서 정신 발전의 중요한 고리로 '인정 이론'을 집어넣었다. 인정받고자 하는 욕망은 사람들을 생사를 건 영웅적 투쟁으로 이끌어간다. 그러나 승리한 영웅은 자기의 승리를 인정해줄 대상을 없애버림으로써 인정받을 기회를 박탈당한다. 인정투쟁은 새로운 방식으로 전개돼야 한다. 주인과 노예의 관계가 그것이다. 승리한 주인은 패배한 자를 살려둠으로써 인정받고자 한다. 그러나 이 또한 완전한 해결책이 될 수 없다. 노예는 주인보다 못한 비자립적 존재이므로 그에게서 인정받는 것은 별 의미가 없다. 참된 인정은 자신과 동등한 주체에게서 올 때 비로소 가능해진다.

 호네트는 헤겔의 통찰에서 자신의 이론적 거점을 발견한다. 그의 이론의 뿌리가 된 것은 하버마스와 미셸 푸코다. 푸코는 평생 헤겔 변증법에 대항해 싸운 사람인데, 호네트는 푸코에게서 '투쟁 모델'을 찾아냈다. 동시에 호네트는 하버마스에게서 '의사소통 모델'을 이어받았다. 그 두 모델을 결합해 도출한 것이 '인정투쟁'이다. 호네트에게 '인정'은 인간이 자신의 삶을 성공적으로 실현시킬 수 있는 사회적 조건이자 개인들이 자신에 대한 긍정적인 관계, 곧 긍정적 자기의식을 찾아낼 수 있는 심리적 조건이기도 하다. 인정받지 못하는 사람은 특히 사회적으로 '모욕'이나 '무시'를 받을 경우, 분노라는 심리적 반작용을 일으키고 이 분노는 사회적 투쟁에 나서는 심리적 동기가 된다. 인정 욕망을 둘러싼 투쟁은 상호 인정에 이를 때까지 계속된다. 모욕이나 무시가 불의한 것이라면, 인정투쟁은 도덕적인 일이 된다. 호네트는 『인정투쟁』의 서문에서 "오늘날 페미니즘의 정치철학적 작업이 인정이론과 접목되는 방향으로 나아가고 있는데도, 나는 이런 토론과 부딪쳐보는 작업을 못했다"고 털어놨는데, 이현재 씨의 『여성의 정체성』은 이 지점에 대한 나름의 고민을 드러낸 책이라고 할 수 있다.

여성은 이렇게 말했다 한정숙 지음 / 길

페미니즘 이전의 페미니스트들

"학식 있는 사람들을 비롯하여 그토록 수많은 남자들이, 기나긴 명단으로 이어질 그 많은 철학자·시인·도덕론자들이 어찌하여 그 많은 논문과 저작들에서 여성을 사악한 존재로 여기고 여성의 행동을 비난하는가?"

이런 도전적인 질문을 던진 사람은 크리스틴 드 피장Christine de Pisan(1364~1430)이라는 여성이었다. 서양 중세 말기를 살았던 피장은 프랑스에서 (어쩌면 세계에서) 최초로 책을 써서 생계를 꾸린 여성 직업 문필가였다. 시민계급 출신인 피장은 재산도 없이 젊은 나이에 남편과 사별한 뒤 재혼하지 않고 글로써 생활을 이어가기로 결심하였고 이를 실천했다. 글을 아는 여성의 존재가 드물었던 그 시대에 직업 문필가로 살겠다는 피장의 결심과 실천은 전례가 없는 일이었다.

서양사학자 한정숙 서울대 교수가 쓴 『여성은 이렇게 말했다』는 피장이 여성이라는 뚜렷한 자의식을 품고서 글을 쓰고 말을 함으로써 '여성적 대항담론의 선구자'가 되었다고 말한다. 피장의 사례는 200자 원고지 3,200매에 이르는 이 두툼한 저작의 일부를 이룬다. 지은이가 이 책에서 불러세우는 '여성 주체들'은 기원전 7세기 레스보스 섬의 시인 사포Sappho에서부터 18세기 러시아 학술 권력자 예카테리나 다시코바 Yekaterina Dashkova까지 2,500년 서양 역사를 통틀어 강렬한 개성과 행동으로 지울 수 없는 이미지를 남긴 여성들이다.

이 등장인물 중에는 역사 속 실존 인물도 있지만, 고전작품 속 여주인공들도 있다. 지은이는 실존 여성들은 역사학 연구방법으로 그들의 삶과 사상을 충실히 재현하고, 작품 속 인물들은 텍스트를 꼼꼼히 분석함으로써 그들의 존재 의미를 캐묻는다. 이들을 탐구하는 것은 근대 여성주의 탄생 이전의 '원형적 여성의식'을 발굴하는 일이라고 지은이는 말한다. 우리 시대 페미니즘 운동을 예견하고 예비했던 역사적 기원과 흐름을 추적하는 것이 이 연구서인 셈이다.

그 흐름의 한 뚜렷한 변환점을 이루는 여성이 바로 피장이다. 그도 그럴 것이 피장은 최초의 여성 직업 문필가였을 뿐만 아니라, 그 시대 남성들의 거대한 편견에 맞서 글로써 투쟁을 벌인 강인한 지식 전사였다. 사랑했던 남편을 잃은 스물다섯 살의 피장은 학문에서 위안을 받으며 '자기 학습'을 통해 지식을 쌓았다. 그가 서구 중세 역사에서 전대미문의 여성이 된 것은 단순히 학문을 익히는 데서 그치지 않고, "지식과 담론 자체의 생산자"가 되기로 결심했기 때문이다. '여성적 관점'을 감추지 않고 피력했던 피장에게 대중적 논객이라는 타이틀을 안겨준 것은 『장미 이야기 Le Roman de la Rose』를 둘러싼 논쟁이었다.

장 드 묑Jean de Meun이 쓴 『장미 이야기』는 한 세기 전에 출간돼 중세 남성과 여성들의 의식에 지대한 영향을 끼친 문학작품이었다. 이 작품은 여성을 탐욕스럽고 사악하고 음탕한 존재로 그렸다. "장 드 묑이 보기에 여성은 남성의 성욕 충족의 대상일 뿐이다." 여성 혐오적이고 여성 비하적인 내용으로 일관한 이 작품을 피장은 편지 형식의 문학작품으로 격렬하게 비판했다. 여성의 명예를 더럽히는 그 책을 불태워버려야 한다고도 했다. "여자들을 비방하고 헐뜯고 속이는 불성실한 남자들 때문에 그들(여자들)이 날마다 겪는 심한 착취, 비난, 중상, 배반, 엄청나게 고통스러운 분노들, 사기, 다른 수많은 괴로움들"을 모든 여성들을 대신해 토로했다.

피장은 여성 일반을 향한 이런 부당한 공격에 반격하려고 따로 작품을 쓰기도 했다. 『숙녀들의 도시』가 바로 그 반격을 작품화한 것이었다. 이 책에서 피장은 여성의 잠재적 능력을 옹호했다.

> "자연은 분명히 가장 현명하고 학식이 많은 남자들에게 준 것과 똑같은 몸과 정신의 자질을 여자들에게도 주었다. 그런데도 이들이 미개해 보이는 것은 이들이 배우지 못했기 때문이다."

지은이는 이 구절에 이어 "피장이야말로 시몬 드 보부아르보다 몇 세기 앞서서, 여자는 여자로 태어나는 것이 아니라 만들어지는 것이라고 말하고 있었다"라고 설명한다. 『숙녀들의 도시』는 '여성들의 이상향'을 그린 작품이었다. 이 여성 유토피아에 피장은 수많은 신화적·역사적 여성들을 불러들여 찬양했는데, 그 가운데는 '현명한 사포'와 '콜키스의 왕녀 메데이아'도 있었다. 특히 피장은 메데이아를 '탁월한 지성의 소유자'로 평가하는데, '악녀의 대명사'로 여겨져 온 메데이아의 의미를 완전히 전복시킨 이런 평가는 말 그대로 담대한 도전이다.

지은이는 피장이 위대한 여성으로 끌어올린 이 그리스신화 속의 인물 메데이아를, 다른 악명 높은 신화적 인물들과 함께 이 책의 1부에서 분석한다. 메데이아는 남편을 죽인 클리타임네스트라보다 더 끔찍한 살인을 한 '악녀 중의 악녀'로 기록된 인물이다. 영웅 이아손을 사랑해, 모든 것을 다 바쳐 그의 동반자가 됐던 메데이아는 이아손이 자신을 팽개치고 코린토스의 왕녀에게 가버리자, 비참과 절망의 밑바닥에서 두 자식을 죽여버린다. 남자가 가장 소중히 여기는 것을 없애버림으로써 사적 복수를 행하는 것이다. 그러나 에우리피데스의 비극 『메데이아』 속에서 이 여주인공은 개인적 복수심에 불타는 존재를 넘어 여성 일반의 고통을 대변하는 존재다. "생명과 분별력을 가진 모든 것들 가운데 우리 여자들이 가장 비참한 존재입니다."

그런가 하면 남편 아가멤논을 죽인 클리타임네스트라는 '여성의 세계사적 패배'를 상징하는 사람이다. 클리타임네스트라의 살인은 아가멤논이 트로이아 전쟁에 나가려고 큰딸을 죽여 희생물로 바친 데 대한 복수였다. 클리타임네스트라는 모성의 권리가 부정당하는 데 대해 잔인한 방법으로 항거한 셈인데, 비극 작가는 이 여성의 복수를 용인하지 않고 자녀에 대한 권리를 온전히 남성의 것으로 돌려준다. "어머니는 자식이라고 부르는 자의 생산자가 아니라, 새로 씨 뿌려진 태아의 양육자에 불과하다." 클리타임네스트라는 "가부장제가 최종적으로 확립되던 시기의 어머니, 몰락해가는 어머니, 패배하는 어머니"를 보여준다고 이 책은 해석한다. 그 모성의 권리, 여성의 권리가 회복되는 데는 2,000년이 넘는 시간이 필요했다. 19세기 이후 끈질긴 여성해방 운동을 거친 뒤에야 여성은 가부장제의 숨 막히는 봉쇄를 뚫고 겨우 주체로서 인간의 지위에 오를 수 있었다는 것이다.

■■ 한정숙 교수의 '여성 혁명' 제안 ■■

『여성은 이렇게 말했다』는 한정숙 교수의 첫 단독 저서다. 러시아 혁명사를 전공한 학자가 전공 밖의 여성사를 첫 저서의 주제로 삼은 데는 그 자신이 여성이라는 사실이 가장 중요한 이유가 됐다.

책머리에서 한 교수는 어린 시절에 자생적으로 싹튼 여성 문제의식에 대해 이야기한다. 중학생 때 자기 집에 세 들어 살던 젊은 부부의 아이 이름이 그 부모 성을 함께 써서 불렀던 것이 첫 기억이다. 아빠 성만 딴 이름이 못마땅했던 것이다. 당연하게도 주변에서 이상하게 생각했다. "내 머릿속에서 나왔던 '절세의 창작물'이 주변의 환영을 받지 못하는 기미가 역력해지면서 나는 그 새로운 이름 부르기를 스르르 포기하게 되었다."

'여성의식 이전의 여성의식'이었던 셈인데, 그런 자생적 의식은 대학에 들어간 뒤 질적인 변화를 겪었다. "1970년대 유신정권과 1980년대 신군부의 독재 아래서 세상의 모순에 대한 인식 체계를 갖추는 데 여성문제 공부가 출발점이요 바탕이 되어주었다. 우리는 여성의 낮은 지위가 어떻게 사회 전체의 모순과 연결되어 있는가를 공부하면서 가부장제와 자본주의하에서의 사회적 불평등 문제를 논의했다." 독일 유학과 서양사 연구로 오랫동안 여성 문제를 연구하지 못했던 한 교수는 서울대 부임 후 '여성학 협동과정'이 개설되자 거기에 적극 참여했다. 또 교양수업 시간에 고전 그리스 비극을 읽었는데, 그런 공부가 이 책을 쓰는 데 밑바탕이 되었다고 한다.

한 교수는 이 책의 서론에서 '여성 일반'이 있는가 하는 질문을 스스로 내놓는다. 여성 자체가 계급과 신분으로 나뉘는 현실을 무시하고 동질적 집단으로 다루고 있는 것 아니냐는 것이다. 이런 의문에 대해 지은이는 확실하게 답한다. "여자들 내부에서는 분명히 그 나름대로 큰 계급 차가 있으나, 그것과는 별개로 여성 일반이 당해온 공통의 억압과 모욕이 있다는 것도 명백하다." 한 교수는 그런 사례의 하나로 아리스토텔레스의 말을 인용한다. "남성은 본래 우월하고 여성은 본래 열등하다. 일방은 지배하고 다른 일방은 지배받는다. 이 필연의 원칙은 전 인류에 적용된다." 이런 식의 본질주의적 폭력에 맞서는 것은 긴요한 일이다. 한 교수는 말한다. "여성이 주체가 된다는 것은 여성이 누구인가를 여성 자신이 정한다는 것이다. 그것은 여성이 여성 자신이 된다는 것이다." 이렇게 여성이 주체로서 자기 자신을 스스로 만들어가는 사회를 향해 나아가는 것을 두고 '여성 혁명'이라 부르자고 그는 제안한다. 그러므로 이 책은 일종의 여성 혁명사라고도 할 책이다.

외모 꾸미기 미학과 페미니즘 김주현 지음 / 책세상

페미니스트답게 외모를 꾸민다는 것

미학자 김주현 건국대 교수의 『외모 꾸미기 미학과 페미니즘』은 '페미니즘 미학'을 검토하면서 그 미학에 의거해 페미니즘적 '외모 꾸미기 beautification' 전략을 구축하려는 신선한 시도다. 지은이는 전통적인 논문 쓰기의 형식 안에 이른바 여성주의적 글쓰기의 한 양상이라고 할 주관적인 경험·느낌의 솔직한 표현을 담음으로써 이 연구서를 흥미로운 텍스트로 만든다. 지은이가 대화상대로 삼은 독자는 일차로 페미니스트의 자의식을 지닌 여성들이다.

지은이의 고민의 출발점은 여성들의 외모 꾸미기가 아무런 미학적·이론적 성찰도 없이 산업으로서 번창하고 있는 현실이다. 외모 꾸미기가 진지한 탐구 대상에서 제외됨으로써 그 공백을 외모지상주의 문화가 채우고 있다는 진단이다. 상황이 이러하므로 페미니즘 미학이 그 사태를 직시하고 외모 꾸미기의 대안을 제시하는 것은 중요한 이론적 과제가 된다는 것이 지은이의 생각이다.

지은이는 근대 부르주아 미학의 남성중심주의·이성중심주의를 비판하는 데서부터 이야기를 시작한다. 근대 미학의 진정한 창시자라 할 이마누엘 칸트는 이런 말을 했다. "만일 여성들이 고통스러운 학습이나 힘든 숙고에 몰두한다면 그들은 자연스럽게 무르익을 매력과 미덕을 놓치게 될 것이다. 심오한 철학이나 물리학으로 가득 찬 머리를 가지고 있는 여자는 턱수염을 기른 것과 같다." 이 발언에 근대 미학이 품은 반여성적 관념이 그대로 노출돼 있다.

지은이는 근대 미학이 여성의 미(아름다움)를 이중으로 경멸한다고 말한다. 첫 번째 경멸은 여성의 신체는 열등한 미에 속한다는 명제로 나타난다. 진정한 미는 육체의 미를 넘어 정신의 미에서 발견될 수 있는데, 여성에게는 정신 곧 이성이 결여돼 있기 때문에 여성의 미는 결국 정신의 아름다움에 미달한 아름다움일 뿐이라는 주장이다. 두 번째 경멸은 여성의 미는 남성의 쾌락의 대상이라는 명제로 표출된다. 여성 신체의 미를 오직 남성이 음미하고 향유할 대상으로만 보는 것이다. "애초에 신체미를 열등한 것으로 폄하한 뒤 그것을 여성에게 할당한 것이 첫 번째 경멸이고, 그 신체미에서조차 여성을 대상으로 소외시키는 것이 두 번째 경멸이다." 요컨대, 이 이중의 경멸이야말로 가부장제의 여성미 인식이다.

이런 이중의 경멸을 뚫고 여성이 미적 주체로 설 길은 없는가. 지은이는 여기서 여성이 미적 주체가 되기 위해 채택하는 몇 가지 전략들을 비판적으로 검토한다. 먼저 검토 대상이 되는 것이 '미적 금욕주의'다. 많은 여성들이 가부장제의 이중 경멸을 회피하기 위해 스스로 '외모 꾸미기'를 중단한다. 이들은 여성의 미를 영혼의 미, 정신의 미로 재규정한 뒤, 자신의 신체를 부정해버림으로써 쾌락적 대상이 되는 길을 봉쇄한다. 다른 한편, 상당수 여성들은 사회적 성공을 위해 남성적·중성적 복장을 채택해 자신의 외모를 중립화하려 한다. 지은이는 이런 금욕주의 전략이 페미니즘적 실천으로서 무용한 것은 아니지만, 근본적으로 가부장제 미학의 틀 안에 머무는 것이라고 말한다. 이런 부정적·소극적 전략으로는 가부장제 미학을 깨뜨릴 수 없다는 것이다.

지은이가 많은 지면을 할애해 꼼꼼히 따져보는 것이 '도취적 나르시시즘'이라는 외모 꾸미기 전략이다. 도취적 나르시시즘은 이른바 포스트페미니즘 시대에 환영받고 유행하는 전략이다. 과거 페미니즘의 투쟁으로 어느 정도 여성의 권리가 성취된 상태이기 때문에 이제는 여성미를 드러내고 과시해도 좋다는 판단이 이 전략에 깔려 있다. 도취적 나르시시즘은 여성들의 아름다운 외모가 '권력'이 될 수 있고, 이 권력을 통해 남녀의 지배관계를 역전시킬 수 있다는 낙관적 전망을 품고 있다. 지은이는 도취적 나르시시즘이 가부장제 권력관계에 결국 봉사하는 것으로 끝날 뿐이라고 반박한다. 가부장제 지배는 포스트페미니즘 시대라고 해서 근본적으로 달라진 것이 아니며, 그런 만큼 여성의 신체미 과시는 남성의 쾌락 대상에 머물고 만다는 것이다. 더구나 모든 여성이 다 아름다운 외모를 가질 수 있는 것도 아니어서 이 전략은 외모 차별을 당연한 것으로 만들 수 있다. 결정적으로 도취적 나르시시즘은 외모의 아름다움이 시간이 흘러가면서 퇴락할 수밖에 없다는 사실을 망각하고 있다.

지은이는 포스트페미니즘을 '역행의 포스트페미니즘'과 '차이의 포스트페미니즘'으로 구분한다. 도취적 나르시시즘은 '역행'의 대표적인 양상이다. 페미니즘의 정치적 실천을 지워버리는 일종의 반페미니즘으로 보는 것이다. 이와 달리 '차이의 포스트페미니즘'은 페미니즘의 단일한 실천, 단일한 이론은 없다는 것을 인정하면서도 가부장제 극복이라는 공통의 정치적 목표를 향해 다양하고 복합적인 방식으로 실천하는 페미니즘을 가리킨다. 탈가부장제적 페미니즘 실천은 여성들의 외모 꾸미기에도 적용될 수 있다. 신체의 아름다움을 거부하지도 않고 그 아름다움에 도취하지도 않으면서, 페미니즘적 자기인식 안에서 정치적 실천으로서 외모 꾸미기를 할 수 있다는 것이다. 그 방안을 찾기는 쉽지 않지만 포기할 일도 아니라고 지은이는 강조한다.

CHAPTER
11

정신분석과 분석심리

프로이트, 영혼의 해방을 위하여 김덕영 지음 / 인물과사상사

정신분석학이 밝힌
인간 이성의 위대함

『프로이트, 영혼의 해방을 위하여』는 20세기 지성사에 막대한 영향을 끼친 지그문트 프로이트(1856~1939)의 정신분석학을 사회과학적 시야에서 탐색하고 해설한 책이다. 지은이 김덕영 독일 카셀대 교수는 지멜과 베버를 전공한 사회학자이지만, 박사과정에서 정신분석학을 부전공으로 택해 공부한 프로이트 연구자이기도 하다. 이 책에서 그는 프로이트의 지적 발전 경로와 정신분석학의 탄생 과정을 꼼꼼하게 살핌과 동시에 프로이트 이론의 함의를 사회학적 관점에서 진단하고 있다.

지은이는 프로이트가 자신의 발견이 지성사적 혁명이자 일종의 '재앙'임을 뚜렷하게 자각하고 있었다고 말한다. 1917년에 쓴 글 '정신분석학의 한 가지 어려움'에서 그는 자신을 코페르니쿠스와 다윈에 견주었다. 프로이트 자신을 포함한 세 사람을 서구 지성사의 3대 혁명가로 간주한 것이다. 이 세 혁명가는 모두 인간의 나르시시즘(자기애)에 심대하게 상처를 입혔다는 특징을 지녔다. 코페르니쿠스는 지동설(태양 중심설)로 인간의 거처인 지구가 우주의 중심이라는 오래된 생각을 깨뜨렸다. 코페르니쿠스 혁명은 인간에 대한 '우주론적 모욕'이었다. 다윈의 진화론은 인간을 동물의 연장이자 그 일부에 불과한 존재로 떨어뜨렸다. 다

원 혁명은 인간에 대한 '생물학적 모욕'이었다. 그리고 프로이트의 무의식 발견은 인간의 이성과 의식을 무의식의 바다에 떠 있는 작은 섬으로 축소시켰다. 인간의 나르시시즘은 세 번째 중대한 모욕을 당했다. 프로이트는 이 '심리학적 모욕'이야말로 가장 심각한 모욕이라고 설명했다. 그 모욕의 결과를 프로이트는 한마디로 요약했다. "자아는 그 자신의 집에서 주인이 아니다." 주인인 줄 알았는데 하인이었던 것이다. 이성의 지도를 받는 자유의지에 대한 한없는 긍정이라는 계몽주의적 낙관은 이로써 파산했다.

전례를 찾기 어려운 이 지적 혁명가의 삶은 가난과 병고의 연속이었다. 오스트리아 빈대학 의학부를 뛰어난 성적으로 졸업한 프로이트는 가난 때문에 교수가 되는 길을 포기했다. 프로이트는 자기 집에 진료실을 차려 정신과 의사로 개업했다. 먹고살려면 일을 해야 했다. 그의 인생 후년은 가혹한 질병 침탈기였다. 1923년 발병한 구강암으로 그는 죽을 때까지 무려 서른세 차례나 수술을 받았다.

이 간난신고의 삶 속에서 프로이트 이론이 개화했다. 꽃은 아주 천천히 피었다. 이 책은 프로이트의 발견이 세 단계를 거쳐 이루어졌다고 말한다. 첫 단계는 프랑스의 정신의학 교수 장 마르탱 샤르코Jean Martin Charcot와의 만남이었다. 그 만남을 통해 프로이트는 최면술 치료법을 전수받았다. 그러나 최면술 치료는 효험이 크지 않았다. 그의 두 번째 만남 대상은 빈의 개업의 요제프 브로이어Josef Breuer였다. 샤르코나 브로이어나 모두 '히스테리'라는 정신질환을 치료하는 의사였다. 프로이트는 브로이어에게서 카타르시스법이라는 새로운 치료법을 익혔다. 이 치료법의 기본 가정은 정신 내부의 억눌린 감정이 정화되지 못하면 딴 곳으로 터져나와 히스테리를 일으킨다는 것이었다. 최면상태에서 대화를 통해 이 억눌린 감정을 씻어주는 것이 치료였다. 그러나 카타르시스법도 실효성이 떨어지긴 마찬가지였다. 프로이트는 스승들을 떠나 자신만의 새로운 방법을 찾았고, 그 결과는 정신분석학을 향한 결정적 도약이었다.

그 도약의 과정에서 프로이트는 신경증 환자의 정신 내부에 '저항하는 무언가'가 있다는 사실을 처음으로 인식했다. 그것이 바로 무의식이었다. 이 무의식을 끄집어내는 방법으로 프로이트가 도입한 것이 '자유연상법'이었다. 자유연상법은 환자가 떠오르는 생각을 아무런 제약 없이 자유롭게 풀어놓는 것이 요체다. 그렇게 풀어놓다 보면 무의식 속에 억압된 충동이 드러난다. 그리하여 신경증의 원인이 밝혀졌다. 20년에 걸친 암중모색의 시대를 끝내고 프로이트는 이 발견을 1896년 논문으로 발표했고, 1900년 『꿈의 해석』 출판으로 널리 알렸다. 정신분석학이 탄생했다.

이 책은 프로이트 정신분석학의 목표가 인간의 정신세계를 억압으로부터 해방시키는 데 있었다고 말한다. '억압과 해방'은 프로이트 이론의 열쇳말인 셈이다. 그렇다면 계몽주의 운동이 목표로 삼았던 인간 해방과 정신분석학의 목표가 다르지 않은 것이 된다. 바로 이 점에 주목해 지은이는 프로이트를 '반계몽주의적 계몽주의자'라고 명명한다. 이성에 대한 단순한 신뢰를 넘어 인간 정신의 복합성을 들여다봄으로써 오히려 인간을 더 깊은 억압으로부터 해방시키는 것이 프로이트의 작업이었기 때문이다. 계몽 이성을 파산시키고 다시 재건한 것이 프로이트였던 것이다. 프로이트는 무의식적 충동과 같은 비이성을 해석하고 길들이는 것이 이성의 과제라고 보았다. 그는 이렇게 말했다.

"인간의 지성은 인간의 충동에 비해서 허약하다고 얼마든지 주장할 수 있다. 그러나 이런 허약함에는 무언가 특별함이 있다. 지성의 목소리는 부드럽지만, 누군가 들어줄 때까지는 결코 멈추지 않는다. 수없이 거부당하더라도 결국에는 받아들여지는 것이 바로 인간의 지성이다."

프로이트와 모세 요세프 하임 예루살미 지음 / 이종인 옮김 / 즐거운상상

프로이트는 왜 유대 민족 신화를 해체했나

『인간 모세와 유일신교 Der Mann Moses und die monotheistische Religion』는 지그문트 프로이트가 최후에 집필해 출간한 책이다. 생애 내내 인간의 오래된 신념에 반역했던 이 지적 혁명가는 마지막 저작에서 다시 한 번 '반역'을 저지른다. 자기가 속한 민족, 곧 유대인의 신화를 해체하는 작업을 한 것이다.

유대인 역사학자 요세프 하임 예루살미Yosef Hayim Yerushalmi(미국 컬럼비아대학 교수)가 쓴 『프로이트와 모세Freud's Moses』는 프로이트의 이 최후 저작을 분석하는 책이다. 프로이트는 왜 그 책을 쓴 것일까? 유대 민족 기원을 뿌리 뽑는 듯한 저작을 통해 프로이트가 노린 것은 무엇이었을까? 프로이트 자신의 유대인 정체성을 공개적으로 부정하려는 것이었을까? 프로이트는 『인간 모세와 유일신교』에서 "민족의 이익으로 추정되는 것 때문에 진실을 외면해선 안 된다"라고 썼다. 또 그는 그 책이 "유대인들을 불쾌하게 할 것"이라고도 했다. 더구나 프로이트가 이 책을 집필하고 출간한 시기는 유대 민족이 유사 이래 최악의 대참사로 빨려 들어가던 암울하기 그지없는 때였다.

『프로이트와 모세』의 결론을 먼저 밝히면, 프로이트는 유대교를 부

정하려고 이 책을 쓴 것이 아니었다. 자신이 유대인임을 부정하려고 쓴 것은 더욱 아니었다. 역으로 지은이는 프로이트가 그동안 끝없이 모호한 상태로 얼버무리던 자신의 유대인 정체성을 이 최후의 저작에서 밝히려 했다고 말한다. 그 결론을 논증하는 것이 이 책이다.

프로이트의 일생일대 과제는 정신분석학을 '유대인의 학문'이라는 국지적 울타리를 넘어 보편적 학문으로 만드는 것이었다. 그도 그럴 것이 초기에 프로이트의 제자가 된 사람들은 하나같이 유대인들이었다. 그가 1906년 독일계 스위스 의사 카를 융Carl Gustav Jung을 만났을 때 다른 제자들의 반발을 무릅쓰고 그를 후계자로 삼았던 것도 그 '유대인 한계'를 넘으려는 몸부림이었다. 정신분석학의 이 한계에 극도로 민감했던 프로이트는 유대인 문제에서 가능한 한 멀찍이 떨어져 있으려 했다. 프로이트의 그런 노력은 어느 정도 성과를 거두기도 했지만, 독일에서 나치가 권력을 잡은 뒤 물거품이 될 위기에 빠졌다. '타락한 유대 학문'인 정신분석학 책들을 불사르고 정신분석학 연구를 봉쇄했던 것이다. 프로이트가 살던 오스트리아 빈도 1938년 나치의 손아귀에 들어갔다. 프로이트는 어쩔 수 없이 영국으로 망명했다. 예루살미는 이 긴박하고 절망적인 시기에 프로이트가 자신의 정체성을 드러내기로 결심했다고 말한다.

『인간 모세와 유일신교』는 당시 지식대중에게는 충격이 될 주장을 담고 있었다. 프로이트는 모세가 유대인이 아니라 이집트 귀족 출신이라고 단정했다. 유대교도 이집트에서 유래한 종교였다. 이집트 18왕조 마지막 왕 이크나톤Ikhnaton(재위 기원전 1375~1358)은 다신교 신앙을 버리고 진리와 정의의 태양신을 숭배하는 일신교를 받아들였는데, 그가 죽자마자 과거 다신교 사제들이 봉기해 나라가 혼란에 빠졌고 18왕조는 멸망하고 말았다. 이크나톤의 일신교를 깊이 신봉하던 이집트 귀족 모세는 이 혼란의 시기에 노예민족이던 셈족(유대족)을 선택해 이집트를 탈출했다. 이 탈출과 함께 유대인이 탄생했다.

모세는 이크나톤이 믿던 유일신 종교를 더욱 엄격하게 해석해 일체의 성상聖像·성물聖物 숭배를 금지했다. 유대인들은 이 엄격한 신을 견디지 못하고 반란을 일으켜 모세를 죽여버렸다. 여기서 프로이트는 『토템과 터부』에서 자신이 전개했던 '아버지 살해' 논리를 다시 펼친다. 모세를 죽인 유대인들은 그 사건을 잊어버린 듯했다. 그러나 모세 살해는 무의식 속에 잠복해 있다 뒷날 다시 의식으로 떠올랐다. 프로이트는 이 복귀를 '억압된 것의 귀환'이라고 부른다. 유대인들은 모세를 그들의 '태초의 아버지'로 삼았다.

예루살미가 여기서 특히 주목하는 것은 프로이트가 유대교의 핵심 특징으로 꼽는 것들이다. 유대인들은 뒷날 모세의 가르침대로 눈에 보이는 신을 부정하고 추상적인 신을 신봉함으로써 정신의 왕국을 발견했고, 그 정신의 왕국에서 지성을 고도로 발전시켰다는 것이 프로이트의 주장이다. 프로이트는 그 자신을 '신 없는 유대인'이라고 했는데, 이 말 속에는 신앙의 대상인 신은 사라져도 그 신앙이 창출한 유대인의 근본 특성, 곧 윤리적·정신적·지적 특성은 사라지지 않는다는 뜻이 담겨 있다. 프로이트는 유대인의 이런 특성이 결국 자신을 통해 정신분석학 창시로 나타났다고 생각했다. 프로이트가 유대교를 부정하고도 유대인 정체성을 간직할 수 있었던 것은 '유대적 본질'에 대한 믿음이 있었기 때문이라고 예루살미는 말한다.

이와 함께 예루살미가 강조하는 것이 프로이트가 모세와 자신을 동일시했다는 사실이다. "유대인들에게 일신교를 가져다준 '위대한 이방인'이 모세였던 것처럼 세상에 정신분석학을 가져다준 위대한 이방인이 유대인 프로이트였기 때문에 그런 동일시가 이루어졌던 것이다." 이 최후의 저작을 통해 프로이트는 정신분석학이 위기에 빠졌지만 모세처럼 결코 잊히지 않고 부활할 것이라는 믿음을 드러냄과 동시에, 유대 정신의 내적 위대성을 입증하려 했다는 것이다.

융 기본 저작집 카를 구스타프 융 지음 / 한국융연구원 융 저작 번역위원회 옮김 / 솔

무의식은
자기실현을 욕망한다

지그문트 프로이트와 카를 구스타프 융(1875~1961)은 정신분석계의 양대 산맥이다. 프로이트는 정신분석학의 창시자답게 이 세계에서 오랫동안 정신분석의 동의어로 통했다. 프로이트의 제자로서 그와 결별한 뒤 '분석심리학'이라는 새 영토를 개척한 융은 '아버지' 프로이트의 아들이라는 숙명적인 지위에서 벗어나지 못했다. 그러나 근년에 이르러 신화학이나 초과학에 대한 관심이 커지면서 융의 학설은 한층 강한 조명을 받고 있다.

  프로이트와 무의식이라는 영역을 공유했지만 그 영역을 해석하는 데서는 견해가 아주 달랐던 융은 방대한 저술을 남겼다. 그 저술 가운데 융의 학설을 이해하는 데 필수가 되는 저술을 가려 모은 독일 발터출판사판 『융 기본 저작집』이 우리말로 완간됐다. 1권 『정신요법의 기본 문제』부터 『인간과 영혼』까지 모두 9권이다. 분석심리학 연구자이자 한국융연구원 대표인 이부영 서울대 명예교수가 주축이 된 '융 저작 번역위원회'가 10년 동안 공들여 번역한 결과다.

  융의 삶과 학설은 프로이트와 분리해 생각할 수 없다. 융은 1906년 프로이트와 만나 그의 충실한 제자가 되었고, 프로이트는 융을 자신의

후계자로 지목했다. 그러나 둘 사이의 의견 불일치로 6년 만에 사제 관계는 끝이 났다. 융은 프로이트의 '성욕 중심설'을 도저히 수용할 수 없었다. 융은 말년에 쓴 자서전에서 이렇게 말했다.

"프로이트는 억압의 원인을 성적 외상이라고 여기고 있었는데, 나로서는 만족스럽지 않았다. 나는 신경증의 많은 사례에서 성욕의 문제는 다만 부차적인 구실만 할 뿐이고, 다른 요인들이 주요 원인이라는 것을 알 수 있었다."

융과 프로이트의 결별을 공식화한 저작은 1912년 출간된 『리비도의 변환과 상징 Wandlungen und Symbole der Libido』이었는데, 이 저작에서 융은 성 에너지(리비도)를 프로이트와 전혀 다르게 해석했다. 프로이트의 리비도가 생물학적인 개념이었던 데 반해 융은 리비도를 생물학적인 것을 넘어 정신적이고 신성한 의미를 지닌 것으로 이해했다. 결별을 야기한 이 저작이 저작집 7권 『상징과 리비도』다. 이 책을 쓸 시기에 융은 집단무의식이라는 자신의 독창적 개념에 이르렀는데, 무의식 내부의 '원형'인 집단무의식을 탐구한 논문들은 저작집 2권 『원형과 무의식』에 실렸다.

융은 종교에 대한 생각에서도 프로이트와 의견을 달리했다. 프로이트는 신을 인간의 삶에서 영원히 추방하려고 했다. 추방당한 신의 자리에 놓인 것은 리비도였다. "프로이트에게는 성적 리비도가 숨은 신의 역할을 맡았다." 반면에 융에게 종교는 훨씬 더 중대한 의미를 지닌 심리적 현상이었다. 융이 신의 존재를 심리학적으로 증명하려고 했다는 평가가 있을 정도로 그는 신의 문제를 진지하게 숙고했다. 그 숙고의 양상을 보여주는 것이 저작집 4권 『인간의 상과 신의 상』이다. 이 책에 실린 논문 「욥에 대한 응답」은 종교에 관한 심리학적 숙고의 한 정점을 보여준다. 『구약성서』 '욥기'의 주인공 욥이 겪은 고통과 욥에게 고통을 안기는 야훼의 분열적 신격을 끝까지 파고들어감으로써, "성서의 말씀 역시 심혼의 표현"임을 입증한다. 융은 신화와 연금술도 종교와 마찬가지로 무의식의 심층을 보여주는 의미심장한 대상으로 이해했는데, 이 분야에 대한 분석을 담은 것이 저작집 6권 『연금술에서 본 구원의 관념』과 8권 『영웅과 어머니 원형』이다.

그런가 하면 저작집 1권 『정신요법의 기본 문제』에는 오늘날 널리 쓰이는 인간의 성격 유형에 대한 분석글인 '심리학적 유형에 관한 개설'이 실려 있다. 성격 유형을 내향형과 외향형으로 이분하고, 그 두 유형에 각각 사고형·감정형·감각형·직관형이라는 하위 유형을 설정함으로써 융은 인간을 모두 여덟 가지 유형으로 나눈다. 예를 들어 '외향적 사고형'에 관해 그는 이렇게 쓴다.

"외향적 사고형의 사고는 긍정적이다. 즉 창조한다. 그것은 새로운 사실들을 이끌어내거나 아니면 불일치하는 경험 재료들을 보편적으로 이해할 수 있게 해준다."

내향적 사고형을 설명하는 부분은 이렇게 시작한다.

"다윈 같은 사람이 정상적인 외향적 사고형을 나타낸다면, 예컨대 칸트가 그에 대조되는 정상적인 내향적 사고형이라고 할 수 있을 것이다."

내향적 감정형 설명은 이렇다.

"내향적 감정의 우위를 나는 주로 여성들에게서 보았다. 그들은 대부분 말이 없고, 사귀기 힘들고, 이해하기 어렵고, 흔히 어린애 같거나 평범한 가면 뒤에 숨어 있고, 또 침울한 기질을 지니고 있다."

융은 무의식이 여러 층위를 지니고 있으며, 가장 깊은 곳에 '자기'가 있다고 보았다. 그 자기를 의식과 통합해 완전한 인격을 이루는 것이 삶의 목표라고 그는 생각했다. 그 자신이 그런 목표를 지니고 살았다. "내 생애는 무의식의 자기실현의 역사다." 그의 기나긴 학문 과정은 자기 내부의 또 다른 자기와 화해함으로써 자기 삶의 온전함을 이루려는 투쟁이었던 것이다. 이 저작집에서 그 투쟁이 산출한, 인간과 문화에 관한 무수한 통찰들을 만날 수 있다.

에크리: 라캉으로 이끄는 마법의 문자들 김석 지음 / 살림

'욕망의 이론가' 라캉 다시 읽기

프랑스 정신분석학자 자크 라캉(1901~1981)에 대한 관심은 국내에서 몇 번의 변곡점을 그렸다. 프랑스 구조주의 사상이 밀어닥치던 1990년대 중반 라캉의 이론은 루이 알튀세르나 미셸 푸코와 같은 철학자들과 함께 구조주의의 중심 이론 가운데 하나로 거의 빠지지 않고 거명됐다. 그러다 곧바로 탈구조주의 물결이 구조주의 위를 덮쳤다.

라캉은 이 물결에 밀려, 특히 질 들뢰즈의 철학에 밀려 지식장의 주변부로 밀려났다. 들뢰즈의 '생산으로서의 욕망' 개념은 라캉의 '결여로서의 욕망' 개념을 날려버렸고, 들뢰즈의 저작 『안티오이디푸스』는 라캉이 암묵적으로 지지하던 프로이트의 '오이디푸스 삼각형'(아버지-어머니-아들)을 폭파해버렸다. 한동안 세상은 들뢰즈의 것이었다. 그러나 라캉의 이름은 슬로베니아학파를 이끄는 철학자 슬라보예 지젝의 등장과 함께 다시 귀환했다. 지젝이 자기 사상의 이론적 기둥 가운데 하나로 삼고 있는 것이 라캉의 정신분석학이다. 지젝과 더불어 라캉은 부활했다.

라캉 전공자 김석(프랑스 파리8대학 철학박사) 씨가 쓴 『에크리: 라캉으로 이끄는 마법의 문자들』은 이렇게 부활한 라캉을 그의 주요 저서 중심으로 친절하게 소개하는 안내서다. 정신분석학자 라캉은 이 분야의

이론을 창시한 지그문트 프로이트 이후 명실상부한 최고의 이론가다. 라캉은 '프로이트로 돌아가자'라는 구호를 외치며, 프로이트 사후 분화를 거듭하던 정신분석학계에 강력한 이론적 성채를 제공했다.

그러나 라캉이 단순히 프로이트로 돌아가기만 한 것은 아니다. 라캉은 프로이트를 극복하고 혁신하려고 했다. 그는 '리비도'(성 에너지)와 같은 프로이트의 생리학적·생물학적 개념과 완전히 단절해 무의식을 구조주의적으로 해명했다. 특히 프로이트가 거리를 두었던 철학이나 언어학을 적극적으로 끌어들여 정신분석학에 새로운 성격을 부여했다. "무의식은 언어와 같은 구조로 이루어져 있다"라는 라캉의 대표 명제는 이런 사정을 보여준다.

지은이가 이 책에서 해설 대상으로 삼은 것이 제목에 드러난 대로 라캉의 대표 저작 『에크리Écrits』다. 1966년 출간된 『에크리』는 1936년 이래 30년 동안 라캉이 쓴 논문 28편을 엮은 책이다. 라캉 사상의 거의 전부가 이 책에 압축돼 있다. 라캉을 두고 '욕망의 이론가'라고 하는데, 그가 평생토록 해명하려 한 것이 이 욕망의 성격과 구조와 작동이었다. 무의식이란 의식의 밑바닥에서 작용하는 욕망의 질서를 가리키며, 이 욕망을 무의식적으로 실행하는 존재가 주체다. 라캉은 주체가 대상 세계와 관계 맺는 방식에 따라 그 세계를 상상계·상징계·실재계로 나누었다. 1950년 이전 상상계를 설명하는 데 집중했던 라캉은 원숙기에 이르러 상징계를 분석하는 일을 중심 과제로 삼았고, 1960년대 중반 이후로는 실재계에 더 많은 관심을 쏟았다. 그러나 이들은 서로 내적으로 연결된 개념이어서 일종의 세트를 이룬다. 『에크리』의 논문들은 이 세트 개념들을 포괄해 설명하고 있다.

상상계는 어린아이의 자아인식에서 뚜렷하게 드러난다. 라캉은 '거울단계'라는 용어로 이 세계를 설명한다. 어린아이는 거울에 비친 자기 모습을 보고서 그 거울 이미지를 따라 '상상적으로' 자아를 구성한다.

"그러나 (그렇게 구성된) 자아는 주체의 진정한 본질이 아니며 오히려 주체를 속이는 기만적 환영이다." 거울단계를 거친 어린아이는 다시 '오이디푸스 단계'를 거치게 되는데, 그 단계에서 아이는 아버지의 법, 아버지의 권위를 내면화한다. 그 과정을 거쳐 진입하는 곳이 상징계다. 상징계란 말하자면 우리가 살고 있는 현실세계다. 이 세계는 언어로 이루어져 있으며, 언어를 통해서 관계 맺는 세계다. 아버지란 이 질서의 대표자이자, 주체가 동일시하는 '대타자'(큰타자)다. 그 아버지는 남근Phallus을 소유한 자로 간주되며, 남근이라는 특권적 기표를 얻고자 하는 것이 주체의 욕망이다. 욕망이란 그러므로 남근이 없는 상태, 곧 결여를 가리킨다.

그러나 주체의 욕망은 결코 충족될 수 없다는 것이 라캉의 주장이다. 욕망은 상징계의 질서에 갇혀 그 너머로 나아가지 못하는데, 여기서 그 너머가 바로 실재계다. 실재계란 욕망이 최종적으로 목표로 하는 지점이자 절대로 도달할 수 없는 세계다. 그 세계는 상징계가 균열을 일으키거나 구멍이 뚫릴 때 언뜻언뜻 드러날 뿐이다. 억지로 비유하자면 실재계는 '어머니의 자궁' 같은 곳이어서, '주체의 원초적 현실'이자 '균열 없는 충만한 세계'이며 "안과 밖의 구분도, 대상과 주체의 구분도 없는" 세계다. 실재계는 때로 환각으로 때로 광기로 드러나기도 하며, '예술적 영감의 원천'으로 작용하기도 한다. 어떠한 경우에도 가 닿을 수 없고 어떠한 경우에도 포기할 수 없는 이 모순적 대상이야말로 욕망의 궁극적 귀착점이다. 라캉의 후예인 지젝은 실재계로 대표되는 이 후기 이론에 특히 주목하고 있다.

한 신경병자의 회상록 다니엘 파울 슈레버 지음 / 김남시 옮김 / 자음과모음

"저는 망상에 시달리고 있습니다"

다니엘 파울 슈레버Daniel Paul Schreber(1842~1911)가 쓴 『한 신경병자의 회상록 Denkwürdigkeiten Eines Nervenkranken』(1903)은 기이한 텍스트다. 극심한 편집증적 망상에 시달리던 환자가 자신의 신경병 증상 내용을 소상히 기록한 글이기 때문이다. 더욱이 이 회상록은 글쓴이가 당시 독일의 1급 엘리트 지식인이었다는 것, 극히 이성적이고 명료한 언어를 구사해 증상을 보고하고 있다는 것, 동시에 그 증상 내용이 전혀 합리적이지 못한 망상 덩어리라는 것 때문에 정신의학·정신분석학 분야에서 극히 희귀하고도 유용한 텍스트로 남았다. 지그문트 프로이트를 비롯해 여러 학자들의 탐구욕을 자극했던 이 회상록이 처음 우리말로 번역됐다.

이 기록을 남긴 독일인 슈레버는 발병하기 전까지 판사로서 성공적인 경력을 쌓은 사람이었다. 1882년 가을 켐니츠의 지방법원장이었던 마흔두 살의 슈레버는 국가자유당 후보로 제국의회 의원 선거에 출마했다가 낙선하고 말았다. 그해 12월에 그에게 처음으로 정신병이 찾아들었다. 심한 건강염려증, 소리에 대한 과민반응 같은 증상을 보여 라이프치히대학 정신과에 입원했는데, 이듬해 6월에 완치돼 사회로 복귀했다. 그때 슈레버의 치료를 담당했던 사람이 파울 에밀 플레히지히 교수였

다. 판사 생활을 계속하던 슈레버는 8년 뒤 1893년 드레스덴 고등법원 판사회의 의장으로 승진했는데, 직무 압박감에 시달리다 그해 10월 말 두 번째로 발병했다. 첫 번째보다 훨씬 심했던 두 번째 발병은 1902년까지 계속됐고 슈레버는 그 시기 말기에 이 회상록을 집필했다.

슈레버는 병세가 나아지지 않자 첫 번째 발병 때 진료를 맡았던 플레히지히 교수에게로 가 한동안 치료를 받았다. 이 시기에 그의 망상은 점점 신비적이고 종교적인 양상을 보이기 시작했다. 슈레버는 자신이 여자로 변형된다는 생각에 시달렸는데, 나중에는 이 망상 속에서 신과 접촉해 새로운 종류의 인간을 낳을 것이라고 믿게 되었다. 이어 슈레버의 망상은 플레히지히 교수가 자신의 영혼을 살해하려는 음모를 꾸미고 있으며, 신이 그 음모에 가담하고 있다는 데까지 나아갔다. 그는 다른 병원으로 옮겨져 계속 치료를 받았으며, 회상록을 집필하던 1900년 무렵에는 자신의 증상을 스스로 기술할 수 있을 만큼 정상을 회복했다. 슈레버는 1903년 회상록을 출간한 뒤 가정으로 돌아와 비교적 안온한 생활을 하다가 1911년 숨을 거두었다.

이 회상록의 초고는 관련자들의 프라이버시에 관한 매우 직접적인 진술들을 포함하고 있었다. 출판사 편집자가 그런 부분을 삭제한 채 출간했지만, 그래도 걱정이 된 슈레버 집안 사람들이 이 책을 모조리 사들여 폐기하는 통에 하마터면 지상에서 사라질 뻔했다. 그랬던 것이 1911년 프로이트가 이 회상록을 자료로 삼아 슈레버의 편집증을 해석한 논문 「편집증 환자 슈레버—자전적 기록에 의한 정신분석」(한국어판 프로이트 전집 11권 『늑대인간』에 수록)을 발표함으로써 세상에 널리 알려지게 됐다. 이 논문에서 프로이트는 슈레버의 망상을 '아버지 콤플렉스'와 '동성애 소망'의 결과로 해석했다. 일찍 여읜 아버지에 대한 동성애적 애착이 플레히지히 교수에게 전이돼 박해망상으로 진전됐다는 것이다. 실현될 수 없고 용납될 수 없는 소망을 부정하는 과정에서 애착이 증오로 바꾸고, 다시 증오에 뒤따르는 두려움이 박해망상으로 나타났다고 프로이트는 해석했다.

1951년 미국 정신분석학자 윌리엄 니덜랜드William Niederland는 슈레버의 광기를 잘못된 가정교육의 결과로 해석하는 논문을 발표했다. 슈레버의 아버지는 유명한 신체교정 전문의였다. 그는 과학적인 수단을 통해 인간을 더 완전한 존재로 개선한다는 계몽주의적 확신에 찬 개혁가였는데, 어린 슈레버의 자세를 반듯하게 유지시키고 육체에 건전한 정신을 심어주기 위해 자신이 고안한 신체 통제 기구들을 사용했다. 그런 기구들로 육체적 압박을 받았던 슈레버가 훗날 편집증적 망상에 시달리게 됐다는 것이 니덜랜드의 해석이었다.

독일 출신 노벨문학상 수상 작가 엘리아스 카네티Elias Canetti는 1960년 펴낸 인류학적 저서 『군중과 권력Masse und Macht』의 마지막을 슈레버 사례의 분석으로 채웠다. 그는 슈레버가 앓은 편집증이 '권력의 병'이라며 "이 병에 대한 탐구는 권력의 본질을 밝히는 데 가장 명백하고 완벽한 실마리를 제공한다"고 썼다. 슈레버는 망상 속에서 자신이 주변의 수많은 영혼들을 자기 내부로 빨아들여 몸 안에서 파괴한다고 주장했는데, 카네티는 슈레버의 편집증적 망상이 "군중을 먹이로 삼고 군중으로부터 양분을 끌어내는 권력의 원형"이라고 설명했다. 또 카네티는 슈레버의 편집증적 망상 체계와 슈레버 사후 등장한 나치즘 체제가 구조적으로 동일하다고 주장했다. 옮긴이는 이 회상록이 "우리의 상상력을 자극하는 문학적 성격"을 지니고 있음을 강조한다. "이 책은 망상이라는 형태로 변형된, 20세기 초 한 유산시민 계급의 의식과 무의식을 규정했던 사회·정치·역사·문화적 상황들을 보여주는 중요한 자료이자, 자신을 엄습하는 정신적·육체적 고통에 맞서 싸운 한 개인의 생생한 인간 드라마다."

아버지란 무엇인가 루이지 조야 지음 / 이은정 옮김 / 르네상스

잃어버린 아버지의 원형을 찾아서

『아버지란 무엇인가 The Father: Historical, Psychological and Cultural Perspectives』의 영어판 제목은 '역사적·심리학적·문화적 관점에서 본 아버지'다. 여기서 핵심이 되는 것은 '심리학적 관점'이다. 이탈리아 출신인 지은이 루이지 조야 Luigi Zoja(1943~)는 카를 구스타프 융이 설립한 국제분석심리학회 회장을 지낸 분석심리학자다. 그의 이력에서 짐작할 수 있듯이 이 책에서 지은이는 원형·집단무의식 같은 융의 심리학 개념을 근거로 삼아 이야기를 풀어나간다. 서구사회 집단무의식 안에서 발견되는 아버지 상의 원형을 찾아 서구문화의 시원으로 들어간 뒤 거기서부터 역사를 밟아 내려온다.

　이 책의 결론을 먼저 이야기하면, 서구사회, 나아가 오늘날의 인류 전체가 아버지 상을 잃어버림으로써 거대한 공황 상태에 처했다는 것이다. 그러므로 현대의 질환을 치유하려면 아버지를 되찾아야 한다. 아버지를 되찾으려면, 아버지가 어디에서 기원했고 그 특성은 무엇이며 어떻게 변모했는지를 알아야 한다. 이 책은 바로 이 기원과 특성과 변모를 분석심리학자의 관점에서 이야기하는 책이다.

　지은이는 선사시대의 삶 속에서 아버지의 탄생을 추적한다. 지은이

의 독특한 관점은 아버지 곧 부성父性과 남자를 구분하는 데서 발견된다. 여기서 남자가 생물학적 속성이라면, 부성은 사회적·문화적 구성물이다. 남자라고 해서 다 아버지가 되는 것은 아니다. 남자는 파괴적·공격적 충동·욕구에 직접적으로 지배받는다. 반면에 아버지는 충동·욕구를 제어하고 인내·의지·지성으로써 삶을 계획하고 끌어가는 존재다. 책임감이야말로 부성의 핵심 특징이다. 원시 인류가 진화의 어느 단계에 이르러 이런 특성을 지닌 아버지를 탄생시켰고, 그 탄생은 문명의 출발과 다르지 않았다고 지은이는 말한다.

그러나 문화적 형성물인 아버지는 그 내부에서 원시적 남성성과 다툼을 벌이지 않을 수 없다. 그런 다툼을 신화적 장대함으로 보여주는 것이 고대 그리스 서사시인 호메로스의 『일리아스』와 『오디세이아』라고 지은이는 말한다. 그리스의 트로이아 정복을 그린 『일리아스』의 경우, 부성과 남성의 대결은 트로이아의 왕자 헥토르와 그리스의 영웅 아킬레우스의 싸움으로 나타난다. 헥토르는 가족을 걱정하고 자식을 염려하는 전형적인 아버지의 모습이다. 반대로 아킬레우스는 남성적 힘의 분출 욕구만을 따르는 거친 전사다. 『일리아스』에서 헥토르는 아킬레우스에게 패배하는데, 지은이는 이 결말을 부성 내부의 남성이 지닌 힘의 파괴성을 암시한다고 해석한다.

트로이아 함락 후 오디세우스의 귀향을 그린 『오디세이아』도 부성과 남성 사이 대결의 드라마다. 다만 여기서는 오디세우스 내부의 싸움이 이야기를 끌고가는 힘인데, 한없이 충동에 이끌리는 오디세우스와 그런 자신을 추슬러 고향에 돌아가려는 오디세우스가 치열한 경합을 벌인다. 그 싸움은 거인족 키클롭스Cyclops와 오디세우스의 싸움으로 나타나기도 한다. 오디세우스의 부하들을 산 채로 잡아먹는 키클롭스가 원시적 남성성을 상징한다면, 지략을 발휘해 키클롭스를 제압하고 탈출하는 오디세우스는 부성적 존재를 가리킨다. 오디세우스는 긴 항해를 끝내고 마침내 고향으로 돌아온다. 그것은 아버지의 귀환이며 아버지의 승리다.

　그리스문화의 이런 아버지 승리는 동시에 어머니의 패배를 뜻하는 것이기도 했다고 지은이는 말한다. 부성은 남성을 제압함으로써 여성도 함께 종속시켜 가부장제를 확립했다. 가부장제의 승리를 보여주는 것이 아이스킬로스의 비극 『자비로운 여신들』이다. 아버지를 배신한 어머니 클리타임네스트라를 죽인 아들 오레스테스가 존속살해 혐의로 재판을 받는데, 판관은 아버지의 원수를 갚은 오레스테스의 손을 들어준다. 어머니는 "자식의 생산자가 아니라 아버지 씨의 양육자일 뿐"이라는 논리가 재판을 가른 것이다. 이 판결은 서구 문명사에서 어머니의 패배를 상징하는 사건이다. 그 뒤 아리스토텔레스는 이 신화적 판결을 과학과 철학의 이름으로 합리화하고, 그리스를 이어받은 로마는 가부장제를 법률로 확정한다.

　지은이는 이렇게 확립된 아버지의 권위가 곧 저항에 부딪혔다고 말한다. 기독교가 저항의 근거지였다. 기독교는 천상의 신만을 아버지로 섬기고 지상의 아버지를 부정함으로써 부성적 권위를 뿌리부터 흔들었다. 남은 것은 형제 관념과 평등 관념이었는데, 이 힘이 복류하다가 18세기 계몽사상과 프랑스혁명을 통해 분출했다. 또 산업혁명은 아버지들을 공장으로 밀어넣어 무력한 존재로 만들었고, 우울증 걸린 아버지들은 술에 찌든 불량한 아버지가 되어 남은 권위마저 잃어버렸다. 이때 대중운동이 나타나 무력한 아버지들을 규합하고 국가주의가 등장해 텅 빈 아버지의 자리를 대신했는데, 그 운동의 결합이 파시즘이었다고 이 책은 설명한다. 지은이는 파시즘이 겉보기에는 가부장적 권위의 발현 같지만, 실은 부성 상실의 반작용이었다고 말한다. 파시즘이 폭력적으로 보여준 부성 상실 문제는 오늘날 더욱 깊은 문화적 질병으로 산재해 있으며, 그 질병을 극복하려면 잃어버린 아버지를 되찾아야 한다고 지은이는 말한다. 집단무의식 속의 아버지 향수는 사라지지 않는다는 것이다.

전쟁에 대한 끔찍한 사랑 제임스 힐먼 지음 / 주민아 옮김 / 도솔

인간은 왜 전쟁을 혐오하고 또 사랑하나

미국 심리학자 제임스 힐먼James Hillman이 쓴 『전쟁에 대한 끔찍한 사랑 A Terrible Love of War』은 제목 그대로 '전쟁에 대한 끔찍한 사랑'의 기원을 심리학적으로 탐사하는 책이다. 스위스 취리히에서 카를 융의 분석심리학을 오래 연구한 지은이는 융이 제시한 '원형 심리학'을 도구로 삼아 인간 심리의 심층을 굴착한다. 분석심리학의 창시자가 방대한 인문학 지식을 기반으로 삼아 심리학의 영토를 개척했듯이, 지은이도 신화·철학·신학을 종횡하며 자신의 주제를 파고든다. 그는 자기 자신의 경험을 바탕에 깔고 참전자·종군자들의 증언·관찰·고백을 주요 증거 자료로 끌어들인 뒤, 인문 지식들을 동원해 사태를 해석한다.

    책 속에서 지은이는 자신이 전쟁을 혐오하면서도 전쟁에 매료됐음을 고백한다. '공포 속의 매혹'이라고 할 이 심리를 이해해보려는 것이 이 책의 주제인 셈이다. 그렇다고 해서 그가 주전론자이거나 호전론자인 것은 아니다. 조지 부시의 이라크 침략 시기에 쓴 이 책은 인간의 광기 어린 전쟁 열광을 어떻게 하면 제압할 수 있는가 하는 문제의식을 밑에 깔고 있다. 그런 점에서 이 책은 모순적인 저작이다. 전쟁을 근본적인 것으로 보면서 동시에 전쟁을 극복할 방법을 찾고 있기 때문이다.

지은이는 전쟁을 인간 심리 저 안쪽에 자리 잡은 원형archetype이라고 말한다. '원형'이란 자기 반복적 행동 패턴을 일으키는 근원적 충동을 가리킨다. 전쟁이 이 원형의 발현이라면, 역사서들의 전쟁 원인 서술은 표면적인 설명은 될지언정 근본적인 설명은 되지 못한다. "전쟁은 심리학이 풀어야 할 숙제다." 전쟁을 알려면 인간의 심층심리를 고고학적으로 탐사하고 발굴해 그 최저층을 드러내야 한다. 전쟁을 일으키고 수행하는 사람들 마음속 깊은 곳으로 들어가 거기에 '이해'의 조명을 비춰야 하는 것이다. 이때 이해의 필수조건으로 지은이가 거론하는 것이 상상력과 통찰력이다. 상상력은 마음속으로 들어가는 길을 열어주며, 통찰력은 거기서 중요한 심리학적 유물을 발견하도록 해준다.

지은이는 신화를 통해 심층심리로 들어갈 수 있다고 말한다. 신화는 심층심리가 이야기의 형태로 다채롭게 펼쳐진 세계다. 전쟁 자체가 신화적 성격을 지니고 있다는 사실도 신화와 심리의 결속을 보여준다. 수많은 전쟁 문학·증언 들이 전쟁의 신화적 성격을 이야기한다. 지은이가 특히 주목하는 것은 전쟁과 사랑, 전쟁과 아름다움이라는 테마다. 전쟁 속의 증오가 사랑이라는 고귀한 정신과 결합하고, 전쟁의 끔찍한 폭력이 아름다움과 하나가 된다. 고대 그리스–로마 신화는 이 결속을 정확하게 보여준다. 그 신화 속 전쟁의 신은 마르스(로마신화) 또는 아레스(그리스신화)다. 이 신들은 사랑과 아름다움의 신 아프로디테(비너스)와 동침한다.

1914년 서부전선에 있던 독일군 병사는 이런 꿈을 꾸었다.

"어떤 방에 들어갔는데, 아름답고 매혹적인 여자가 날 만나러 왔다. 그 여자에게 입 맞추고 싶어서 다가갔는데, 해골이었다. 한순간 공포로 온몸이 얼어붙었지만, 그 해골에 입을 맞추었다. 너무나 열렬하고 격렬하게 입을 맞추었다."

지은이는 이 꿈 이야기를 전하면서 해석을 덧붙인다. "이런 결합 양상 때문에 그 짧은 한순간에 전쟁은 참으로 장엄하면서 끔찍한 것, 잔인하면서 초월적인 것으로 변한다." 전쟁은 숭고한 것이 된다. 제2차 세계대전 당시 런던 공습을 목격한 사람은 이렇게 썼다.

"그곳은 펑펑 터지는 유탄 때문에 분홍빛 포화로 뒤덮였다. 지금까지 내가 아는 한 세상에서 가장 혐오스럽고도 가장 아름다운 장면을 만들어냈다."

전쟁의 공포는 너무나 쉽게 아름다움으로 변해버린다. 전쟁은 "잔인한 타나토스 영역에 깃든 필사적인 에로스, 그 이상의 의미"를 지닌다. 보들레르의 시집 『악의 꽃』에서 발견할 수 있는 '사악한 아름다움'이 "여신의 몸체와 마녀의 영혼을 지닌 곳," 다시 말해 '전쟁터'에서 꽃핀다. 이 공포스러운 매혹에 대한 열정은 통제할 수 없다. 그곳이 바로 '전쟁에 대한 끔찍한 사랑'이 드러나는 곳이다.

지은이는 탐미적 잔인성이야말로 인간 무의식의 핵심 요소 가운데 하나라고 말한다. 그 요소를 지배하는 신이 마르스 혹은 아레스다.

"마르스건 아레스건 신이란 존재는 전쟁의 원형적 힘, 수많은 호전적인 태도와 행위들의 원형적 힘이 신화적으로 인격화한 것에 불과하다."

이 신들이 로마 시대를 거치며 기독교의 유일신 안으로 통합됐다고 지은이는 말한다. 기독교는 아레스·마르스를 인정하지 않지만, 그가 보기에 기독교 정신의 심층에 놓인 것은 호전적인 신이다. 그러므로 중요한 것은 사랑과 평화라는 위선의 말 안에 든 호전성의 본질을 보는 것이다. 그 위선을 자각할 때에야 비로소 "일신교적 종교에 뿌리박은 전쟁의 뿌리를 제거할 수 있다." 그러나 이 결론은 전쟁의 심리학적 기원에 대한 긴 탐사에 비하면 짧고도 허약하다. 이 책의 가치는 결론이 아니라 과정에 있다.

나는 내가 낯설다 티머시 윌슨 지음 / 진성록 옮김 / 부글북스

나를 다스리는
내 안의 '적응 무의식'

윌리엄 셰익스피어William Shakespeare의 희곡 『베니스의 상인』에서 주인공 안토니오는 이렇게 탄식한다.

"진실로 말하지만, 나는 나 자신이 왜 이렇게 슬픈지 이유를 모른다. 갑갑해서 미치겠다. 내가 왜 그렇게 슬픈지, 원인이 무엇인지, 어디서 생겨났는지 도대체 모르겠어…. 아직 나 자신에 대해 배워야 할 게 너무 많아."

이 독백은 사람들이 얼마나 자기 자신에 대해 무지한지, 그리고 얼마나 자주 그 때문에 삶의 길에서 실족하는지 엿보게 해준다. 자기에 대한 올바른 앎, 곧 '자기 지식'은 더 나은 삶을 살려면 반드시 해내야 할 과제 가운데 하나다. 참선이나 요가, 종교적 성찰, 학문적 탐구는 자기 지식의 길을 밝혀주는 것들 가운데 몇 가지다. 심리학 공부도 자기 지식의 길을 안내해주는 유효한 방편이 될 수 있다. 심리학자 티머시 윌슨 Timothy D. Wilson(미국 버지니아대학 교수)이 쓴 『나는 내가 낯설다Strangers to Ourselves』는 자기 지식이라는 심리학 주제를 비전공자도 이해할 수 있는 쉬운 말로 설명하는 책이다.

이 책이 말하는 '자기 지식'의 대상은 '무의식'이다. 나를 알아간다는 것은 내가 알지 못하는 나, 곧 무의식을 의식의 차원으로 끌어올린다는 것을 뜻한다. 마음의 드넓은 영토에서 의식이 차지하는 부분은 일부에 지나지 않는다고 심리학은 말한다. 나머지 대부분은 의식되지 않은 채로 생각과 행동을 지배하는 무의식의 영역이다. 내가 모르는 '나'가 나를 움직인다는 것, 이 모순을 극복하는 것이 자기 지식의 목표라 할 수 있다.

이 책이 설정하는 무의식의 성격은 정신분석학의 창시자인 지그문트 프로이트가 그린 무의식과는 성격이 다르다. 프로이트의 무의식은 불온하고 불쾌하고 불길한 원초적 충동 또는 기억이다. 의식의 표면에 떠올라선 안 될 이 심리적 퇴적물들은 마음의 가장 깊은 층위에 묻혀 봉인된다. 이 세계는 어둠의 세계이며 통상의 방법으로는 알 수 없는 세계다. 윌슨이 말하는 무의식의 세계는 프로이트의 무의식보다 덜 부정적이다. 의식의 표면에 떠오르지 않는다는 점에서는 프로이트의 경우와 같지만, 삶을 살아가는 데 유용하고도 필요한 것이라는 점에서 프로이트의 무의식과는 사뭇 다르다. 비유로 말하면, 프로이트의 무의식은 정신이라는 가족 중에서 떼를 쓰는 어린아이이며, 윌슨이 말하는 무의식은 그 어린아이를 잘 관리하도록 채용된 보모다.

지은이는 그런 무의식을 가리켜 '적응 무의식'이라고 지칭한다. 인간이 진화하는 과정에서 세계에 더 잘 적응하는 데 필요한 기능을 축적한 결과가 이 적응 무의식이다. 적응 무의식은 말하자면, 제트비행기의 자동항법장치와 유사하다. 조종사가 의식적으로 기계를 작동하지 않아도 스스로 알아서 항로를 찾아가도록 해준다.

"적응 무의식은 이 세상이 돌아가는 모양새를 파악하고, 위험에 대해 경고음을 내고, 목표를 설정하고, 세련되고 효율적인 행동을 시작하게 하는 임무를 탁월하게 수행한다."

적응 무의식의 도움이 없다면 삶의 99퍼센트가 난관에 봉착한다. 적응 무의식은 억압 때문에 의식 바깥으로 밀려난 것이 아니라, 효율성 때문에, 다시 말해 지각되지 않아야 더 효율적으로 작동하기 때문에 무의식의 영역에 머무른다고 지은이는 설명한다. 판단하고 예측하고 반응하는 즉각적 정신작용은 대부분 적응 무의식의 도움을 받아 '효율적으로' 이루어진다.

지은이는 적응 무의식이 두 가지 원칙에 따라 작동한다고 말한다. 하나가 쾌락성이며 다른 하나가 정확성이다. 우리의 무의식은 '내가 좋은 기분을 느낄 수 있도록 정보를 고르고 해석하고 평가하라'는 명령을 따름과 동시에 '사태를 정확히 파악하라'는 명령을 따른다. 문제는 이 두 원칙이 자주 불일치하고 충돌한다는 사실이다. 자아가 겪는 내면의 전쟁은 이 두 원칙 사이에서 벌어진다. 쾌락 원칙에 휩쓸릴 경우 우리는 정확한 판단을 내리지 못하고 엉뚱한 결론에 이를 수도 있다.

적응 무의식이 지닌 또 다른 문제는 익숙한 것으로 새로운 것을 해석하는 경향에 있다. 그런 습관성은 편견이라는 폐해를 낳는다. 인종에 대한 편견이나 남녀에 대한 편견은 의식적으로는 스스로 공정하다고 생각하는 순간에도 무의식 속에서 계속 작동하는 경우가 많다. 신속하게 사태를 판단하려는 적응 무의식은 기존의 정보에 기대어 새로운 정보를 분별하고 선택한다.

"적응 무의식이 급히 결론에 이르고, 정반대의 증거가 나와도 좀처럼 마음을 바꾸지 않으려 드는 경향에서, 이 사회가 안고 있는 가장 골치 아픈 문제 몇 가지의 원인을 찾아도 결코 무리가 아니다."

중요한 것은 이 모든 것들이 의식의 차원이 아닌 무의식의 차원에서 자기도 모르게 이루어진다는 사실이다. 의식과 무의식의 이런 불일치를 보여주는 사례가 '동성애 공포증'이다. 동성애에 대해 혐오감이나 공포심을 느끼는 사람이 동성애에 대해 무관심한 사람보다 더 동성애 성향이 강하다는 것이 실험으로 입증됐음을 이 책은 전한다. 동성애 성향을 지닌 사람이 의식적으로 동성애를 혐오하는 것이 바로 심리학에서 말하는 '반동형성'이다.

무의식의 세계 대부분은 의식으로 아무리 노력해도 알 수 없는 영역이다. 그러나 무의식 가운데 일부는 알려고 노력하면 의식의 차원으로 불러들일 수 있으며, 그렇게 할 때 무의식의 부작용 또는 부산물을 줄일 수 있다고 지은이는 말한다. 그것이 말하자면 자기 지식이다. 이 자기 지식에 이르는 길로 지은이가 제시하는 것 가운데 하나가 자기 관찰이다. "자신의 행동을 조심스럽게 살피는 관찰자가 됨으로써 우리는 자신에 대해 더 많은 것을 배울 수 있다." 의식적인 노력으로 무의식을 바꿔나갈 수도 있다. 훌륭한 역할 모델을 설정하고 끊임없이 그 모델을 따라 배우려 하다 보면 실제로 그 사람처럼 될 수 있다고 지은이는 말한다. 이 지점에서 그는 "우리는 우리가 흉내를 내려고 노력하는 그 존재가 된다"라는 커트 보니것Kurt Vonnegut의 말을 인용한다. 내성적이고 수줍음 많은 사람도 끊임없이 외향적으로 행동하다 보면 외향적인 사람이 된다고 지은이는 자신의 삶을 예로 들어 이야기한다. "작은 걸음이 큰 변화로 이어질 수 있다. 그리고 우리 모두에게는 자신이 되고자 원하는 그 사람처럼 행동할 능력이 있다."

III

교양의 바다

CHAPTER

12

역사의 기관차에 오르기

2차세계대전사 존 키건 지음 / 류한수 옮김 / 청어람미디어

20세기 '아마겟돈 전쟁'의 시작과 끝

화염병을 뜻하는 '몰로토프 칵테일'은 핀란드인들이 붙인 이름이다. 1939년 겨울 소련이 제2차 세계대전 발발을 틈타 핀란드를 쳐들어갔을 때 북유럽의 이 작은 나라 국민들은 맹렬하게 항전했다. 핀란드인들은 도로를 따라 진격하는 소련 탱크부대를 측면 공격으로 툭툭 끊어놓은 뒤 눈 속에 처박힌 탱크들을 화염병으로 공격했다. '몰로토프 칵테일'이라는 이름에는 소련에 대한 비아냥이 담겨 있었다. 당시 소련 외무장관 뱌체슬라프 몰로토프Vyacheslav Molotov는 틈만 나면 "나는 핀란드인의 좋은 친구"라고 떠들었는데, 불시에 공격을 받은 핀란드인들이 '그렇다면 이 술이나 받아라' 하고 화염병을 던졌던 것이다.

'몰로토프 칵테일'은 핀란드인들에게는 그야말로 국운을 건 결사 항전의 상징이었지만, 그 술병에서 피어오른 불꽃은 제2차 세계대전이라는 어마어마한 전화에 비하면 한 점 티끌에 지나지 않았다. 핀란드 병력을 다 합친 17만 5,000명은 이 묵시록적 전쟁의 수많은 격전지 가운데 한 곳에서 발생한 사망자 수에도 미치지 못했다. 1939년 9월 1일 독일의 폴란드 침공에서부터 1945년 8월 15일 일본의 항복까지 만 6년 동안 벌어진 제2차 세계대전은 인류 역사상 가장 참혹한 살육전이었다.

지구의 거의 모든 대륙에서 전쟁의 불길이 치솟았고 5,000만 명이 넘는 사람이 목숨을 잃었다. 전방과 후방이 따로 없었다는 점에서도 제2차 세계대전은 그 이전의 모든 전쟁과 성격이 달랐다. 말 그대로 총력전이었고 총체전이었다. 이 전쟁에서 가장 큰 희생을 치른 소련의 경우만 따져보면, 군인 사망자가 최소 870만 명이었고 민간인 사망자는 그 두 배인 1,700만 명을 넘었다. 무기를 들지 않은 사람들이 이토록 많이 죽어나간 것은 제1차 세계대전에서는 상상도 할 수 없는 일이었다.

영국의 전쟁사학자 존 키건 John Keegan이 쓴 『2차세계대전사 The Second World War』는 그 규모의 거대함으로 인류 역사에 획을 그었고 그 참혹함의 강도로 인류의 정신에 지울 수 없는 화인을 남긴 '20세기의 아마겟돈 전쟁'의 전모를 살핀 역작이다. 영미권 5대 전쟁사가의 한 사람으로 꼽히는 지은이는 유럽에서부터 대서양과 태평양을 건너 아시아까지 제2차 세계대전의 불길이 번진 모든 곳을 지구적 시야에서 살피고 있으며, 전쟁의 기원과 경과와 결말을 선명한 필치로 기술하고 있다. 이 책의 돋보이는 점은 한 권의 책으로는 요약하기 어려운 방대한 사건들을 명료한 분석틀로 짜임새 있게 서술했다는 점이다. 지은이는 전쟁의 양상을 유럽 서부전선의 전쟁, 유럽 동부전선의 전쟁, 태평양전쟁으로 나눈 뒤 각 전쟁의 주요 인물인 히틀러·도조·처칠·스탈린·루스벨트의 전략을 분석한다. 또 전투의 특성을 보여주는 특정한 전투의 형태인 항공전·공수전·항공모함전·기갑전·시가전·상륙전을 살피고 본보기 전투를 상세하게 묘사하며 군수보급·전략폭력·비밀병기 같은 전쟁학의 쟁점을 각각 장을 할애해 다룬다. 이 책은 전쟁의 대동맥을 그림과 동시에 모세혈관을 아울러 그림으로써, 인류의 80퍼센트가 휘말려 들어간 이 거대한 사태의 양상을 충실하게 드러내고 있다.

제2차 세계대전은 속도의 전쟁이었다. 독일군이 폴란드 국경을 넘어가 바르샤바를 포위할 때까지 걸린 시간은 보름 남짓이었다. 거의 숨

돌릴 틈 없이 질주한 이 전쟁을 설명하면서 등장한 말이 '전격전電擊戰'(블리츠크리크blitzkrieg)이다. 신문기자들이 만든 이 말은 제2차 세계대전의 가장 중요한 특징 가운데 하나를 집약한 것이었다. 폴란드의 19세기식 기마부대는 독일의 현대적 전차부대 앞에서 맥없이 무너졌다. 비행기가 적국의 주요 지점을 맹폭해 기선을 제압하면 기갑사단이 땅 위를 훑고 지나갔다. 전격전은 이듬해 독일의 프랑스 침공에서 공포스러운 파괴력을 생생하게 드러냈다. 1940년 5월 10일 독일군은 벨기에와 네덜란드로 밀어닥쳤다. 목표는 프랑스였다. 독일과 프랑스 사이에 구축된 수백 마일의 콘크리트 방어선인 마지노선을 우회하는 전술을 구사한 것이다. 네덜란드가 교전 3일 만에 독일에 항복했고, 같은 날 독일군이 프랑스 국경을 넘었다. 제1차 세계대전의 지루하고도 끔찍했던 참호전의 기억은 쉼 없이 내달리는 전차의 캐터필러 아래서 지워졌다. 6월 14일 파리가 독일군의 총구에 휩싸였다. 한 달 만에 유럽의 군사 대국이 독일 군홧발에 목이 눌린 꼴이 된 것이다. 프랑스 군사력이 독일에 비해 아주 열세였던 것은 아니다. 지은이는 독일이 구사한 전술이 그만큼 탁월했다고 말한다. 독일군은 영국이나 프랑스와는 달리 전차로만 이루어진 기갑사단을 구축했고, 탱크사단이 지닌 기동성과 독자성은 상대국을 압도했다. 마지노선은 탱크를 앞세운 독일의 전격전에 무용지물이 되고 말았다.

전격전은 유럽 동부전선에서도 그 무시무시한 위용을 과시했다. 1941년 6월 22일 독일군이 소련 국경을 넘은 것은 역사상 가장 참혹한 전쟁의 서막을 여는 것이었다. 400만 명에 이르는 병력이 180개 보병사단으로 나뉘어 노도처럼 러시아를 향해 진격했다. 20개 기갑사단이 진두에 섰다. 석 달 만에 소련군 300만 명이 포로로 잡혔다. 레닌그라드가 포위됐고 모스크바가 독일군의 눈앞에 있었다. 붉은군대와 소련 인민은 처절하게 저항했다. 이 전쟁의 일방적 양상을 바꾼 것은 '1812년 요소'였다고 지은이는 말한다. 1812년 러시아 정복전쟁에서 나폴레옹에게 쓰라린 패배를 안겼던 요인들이 다시 등장한 것이다. 소련은 한꺼번에 먹어치우기에는 너무 넓은 땅이었다. 폭주하던 독일 탱크는 동장군이 들이닥치자 진창에 빠져 헛바퀴만 굴렸다. 소련의 대평원은 '라스푸티차' 곧 '진흙의 바다'로 바뀌었다. 독일과 소련 사이 전쟁의 추가 그제야 균형을 이루었다. 밀고 밀리는 소모전은 1942년 8월 스탈린그라드 전투에서 사상 최악의 인명 손실을 냈다. 다섯 달이 넘도록 계속된 공방전은 양쪽 지도자의 자존심이 걸린 결정전이 됐다. 1943년 1월 30일 마침내 스탈린그라드의 독일군 본대가 항복했고, 제2차 세계대전은 이제 독일의 패망을 향해 달리는 형국으로 돌아섰다. 2년 뒤 독일의 수도 베를린이 참혹한 난타전 속에서 소련군의 손아귀에 떨어졌다.

이 책은 드넓은 시야에서 제2차 세계대전의 시작과 끝을 펼쳐 보여주지만 약점이 없는 것은 아니다. 영국과 미국의 관점에 쏠려 있다는 점이 그 약점의 하나다. 그러다 보니 제2차 세계대전의 분수령이 된 독−소 전쟁이 상대적으로 적게 다루어졌다. 이 책의 옮긴이가 연전에 번역한 리처드 오버리Richard Overy의 『히틀러와 스탈린의 전쟁Russia's War』(지식의풍경 펴냄)을 함께 읽는다면, 부족한 지점이 보완될 수 있을 것이다.

핀란드 역으로 에드먼드 윌슨 지음 / 유강은 옮김 / 이매진

역사의 기관차를 움직인 사람들

"별이 빛나는 창공을 보고, 갈 수가 있고 또 가야만 하는 길의 지도를 읽을 수 있던 시대는 얼마나 행복했던가? 그리고 별빛이 그 길을 훤히 밝혀주던 시대는 얼마나 행복했던가?"

서른 살의 죄르지 루카치(1885~1971)가 『소설의 이론』(1915) 첫줄에서 고대 그리스 신화시대의 영광을 떠올리며 이 영탄조의 문장을 내뱉었을 때, 거기에 회한만 깔려 있었던 건 아니다. 이 젊은 문예이론가의 가슴에는 희망도 살아 있었다. 역사에 대한 희망, 진보에 대한 희망이었다. 3년 뒤 루카치는 사회주의 혁명 정당에 가입해 정열적인 활동을 시작함으로써 인간이 역사를 만든다는 믿음을 실천에 옮겼다. 루카치와 거의 같은 시대를 산 미국 문필가 에드먼드 윌슨Edmand Wilson(1895~1972)도 역사의 진보에 대한 믿음을 공유하고 있었다. 윌슨은 인류가 자기 운명의 주인으로 일어서 새로운 역사를 창조할 것이라는 진보적 견해를 평생 고수했다. 공산당에 가입한 적은 없었지만, 그는 마르크스주의 사상을 삶의 지침으로 삼았고 러시아 10월 혁명에 마음으로 동참했다. 그의 젊은 시절 관심과 열정을 응축한 책이 『핀란드 역으로 To the

Finland Station』다. 1935년 쓰기 시작해 5년 만에 펴낸 이 책은 역사의 기관차가 인간 해방의 세상을 향해 난 철로를 달려간다는 신념을 펼쳐놓은 저작이다. 문체의 유려함, 묘사의 생동감, 신념의 절실함으로 인해 이 책은 현실 사회주의 실험이 파산한 뒤에도 여전히 역사교양서의 고전으로 남아 있다. 빌 클린턴과 힐러리 클린턴이 대학 시절 탐독했다는 사실 때문에 더 유명해지기도 했다.

제목이 보여주듯이 이 책은 역사의 기관차가 다다른 가장 중요한 지점이 '핀란드 역' 곧 러시아혁명임을 보여준다. 그러나 영어판 서문을 새로 쓴 루이스 메넌드Louis Menand(뉴욕시립대학 교수)는 이 책의 가치가 '제목'이 아니라 '부제'에 들어 있다고 말한다. '역사를 쓴 사람들, 역사를 실천한 사람들에 관한 탐구'라는 부제는 역사를 창조하려고 분투했던 사람들의 감동 어린 삶이야말로 이 책의 진정한 주제임을 암시한다는 것이다. 역사는 사람들의 신념에 찬 투쟁을 동력으로 삼아 앞으로 나아간다. 지은이 윌슨은 1789년 프랑스혁명 직후부터 1917년 혁명까지 역사의 기관차에 올라탔던 혁명가·사상가 들을 독자 앞으로 불러들인다.

이 책이 그려 보이는 역사의 철로는 한 방향으로 놓인 단선 철로가 아니다. 철로는 두 방향으로 나 있다. 책의 앞부분에서 지은이는 프랑스혁명에서 출발한 두 철로 가운데 하나를 보여준다. 말하자면, 부르주아 철로다. 19세기 프랑스 역사가 쥘 미슐레Jules Michelet에서 시작해 소설가 아나톨 프랑스Anatole France로 끝나는 이 철로는 희망과 믿음의 점진적 쇠퇴를 보여준다. 미슐레는 프랑스혁명의 감격적 순간을 이렇게 묘사했다.

"인간의 가슴이 그렇게 활짝 열리고 훤히 트인 적이 일찍이 없었다. 계급·당파·재산의 구별이 그렇게 완전히 사라진 적도 없었다."

이 역사가에겐 "민중이야말로 주연배우였다." 그러나 미슐레의 낙관은 세대를 거치면서 힘을 잃었다. 두 세대 뒤의 아나톨 프랑스는 1871년 파리코뮌을 세운 민중을 두고 "쓰레기 같은 놈들, 흉측한 놈들"이라고 욕을 퍼부었다. 부르주아의 혁명적 열정은 쇠락했고 이들이 세운 철로는 끊어져 갈 길을 잃었다고 이 책은 말한다.

지은이는 다시 원점으로 돌아가 다른 한 철로를 살핀다. 프랑스혁명의 '자유·평등·박애' 정신을 표어의 차원에서 실제의 차원으로 끌어내려 현실에 구현하려 한 사람들이 만든 철로다. 스물아홉 살 때 혁명에 참여한 그라쿠스 바뵈프Gracchus Babeuf(본명 François Noël Babeuf)가 첫 번째 주인공이다. 1794년 로베스피에르가 단두대에서 처형당하고 '테르미도르 반동'이 개시됐을 때 바뵈프는 '평등협회'를 만들어 민중봉기를 조직하고 '평등선언'을 썼다. "프랑스 인민이여! 우리와 함께 평등의 공화국을 선포하자!" 최초의 혁명적 사회주의 운동의 시작이었던 셈인데, 그러나 바뵈프는 곧바로 체포되었고 형장의 이슬로 사라졌다. 그의 뒤를 이어 생시몽·푸리에·오언과 같은 인도주의자들이 등장해 '사회주의 공동체' 방안을 내놓고 그 방안을 실천했다. 이들의 '유토피아 사회주의'는 머지않아 '공상'에 가까운 실험이었음이 드러났다.

지은이는 이즈음에서 혁명운동의 가장 중요한 인물인 카를 마르크스와 프리드리히 엥겔스를 등장시킨다. 이 책에 서술된 혁명가 마르크스의 삶은 익히 알려진 대로 추방과 망명과 궁핍의 연속이다. 그러나 지은이의 펜은 마르크스의 반항적 정신을 묘사하는 데서 더 빛을 발한다. 스물세 살 마르크스가 쓴 시는 자기 내부의 들끓는 정열을 이렇게 묘사한다. "파도는 왜 으르렁거리는가? 우레와 같은 소리로 절벽에 부딪쳐 깨지기 위해서요." 1845년 "중요한 것은 세상을 바꾸는 것"이라고 썼던 마르크스는 3년 뒤 역사적 문건 『공산당 선언』을 발표한다. 이 팸플릿은 "시종일관 고성능 폭탄 같은 힘으로 가득 찬" '부르주아에 대한 선전

포고문'이었다. 1850년 런던으로 망명한 마르크스는 무려 17년의 세월을 바쳐 『자본』 1권을 완성했다. "고심에 고심을 거듭하고 진통에 진통을 거듭한 끝에 탄생한 도구", 역사를 바꾸고 창조하는 데 곧바로 쓰일 변혁의 도구였다. 『자본』을 출간한 뒤 마르크스는 이 책을 쓰는 일이 "내 건강과 내 삶의 행복과 내 가족을 희생시킨 작업"이었다고 술회했다. 그도 그럴 것이 이 책을 쓰는 동안 런던의 빈민굴에서 세 아이를 병으로 잃었던 것이다.

마르크스는 자신의 전 저작을 통해 자본주의가 불러낸 지하의 힘, 곧 프롤레타리아가 서유럽을 뒤엎을 것으로 예측했다. 그러나 그가 죽고도 한참 동안 혁명은 일어나지 않았다. 최초의 프롤레타리아혁명은 그가 예상하지 못한 곳에서 터졌다. 1917년 4월 망명지에서 돌아온 블라디미르 일리치 레닌은 수도 상트페테르부르크의 '핀란드 역'에 내려 곧바로 단상 위에 올라가 "동지들!"로 시작하는 사자후를 토했다. 그날로부터 일곱 달 뒤인 11월 6일(옛 러시아력 10월 24일) 최초의 사회주의 혁명이 일어났다. 그 혁명은 인간이 역사를 창조한다는 신념이 현실이 될 수 있음을 보여주었다. 이 책에는 그 감격이 채 가시지 않은 채 어른거린다.

축제의 정치사 윤선자 지음 / 한길사

프랑스 대혁명은
10년의 축제였다

2008년의 가장 큰 정치적 사건으로 기록된 '촛불문화제'는 축제가 곧 정치 행위가 되고 정치가 축제 형식을 띠는 독특한 현상이었다. 그러나 축제와 정치의 직접 결합이라 할 이 숭고하고도 열정적인 현상은 역사적 차원에서 보면 유일한 현상은 아니다. 촛불문화제의 독특성은 반복성·연속성·점증성에 있었다고 해야 할 것이다. 서양사학자 윤선자 고려대 역사연구소 연구교수가 쓴 『축제의 정치사』는 프랑스 대혁명기(1789~1799)에 나타난 축제와 정치의 결합 양상을 추적한 책이다. 지은이는 이 책에서 "축제야말로 그 어떤 영역보다 정치적 기능과 역할에 충실했다"라고 말한다.

지은이가 프랑스 대혁명기를 분석 대상으로 삼은 것은 "역사상 그 시기만큼 축제가 순수하게 정치에 봉사한 경우를 찾아보기 힘들기" 때문이다. 이 시기 축제들은 대혁명기 정치문화의 실상을 포착하고 혁명적 이념이 퍼지는 과정을 밝힐 수 있는 열쇠 구실을 한다고 지은이는 말한다. 축제는 기념과 기억을 통해 집단정체성이 형성되는 비밀을 드러내 주는 무대이기도 했다. 낡은 제도와 관습이 파괴되고 전적으로 새로운 제도가 확립되는 전대미문의 격변 속에서 당시 사람들은 혁명의 이념을 지키고 퍼뜨리기 위해 축제의 정치적 함의를 최대치로 끌어올렸다.

이 시기 축제는 비공식적·우발적 축제와 공식적·제도적 축제로 나누어볼 수 있다. 우발적 축제는 정치가 혁명적으로 폭발하는 지점에서 그 폭발과 함께 벌어졌으며, 공식적 축제는 그 정치적 사건의 성격을 규정하고 사건을 제도화하는 방편으로 펼쳐졌다. 우발적 축제는 대혁명이 터지던 날 밤에 최초의 모습을 드러냈다. 1789년 7월 14일 파리 민중들은 바스티유 감옥으로 행진했다. 무기가 그곳에 보관돼 있다는 소문 때문이었다. 파리 민중은 국왕 루이 16세가 외국군을 불러들여 '국민의회'를 위협하자 국민의 대표를 지켜야 한다며 무장을 결의했던 터였다. 바스티유를 함락하고 감옥 사령관 드 로네를 붙잡아 참수한 민중은 그날 밤 "팔레 루아얄 광장에서 바스티유 감옥까지 행진한 후 그곳에서 밤늦도록 춤을 추며 승리를 만끽했다."

민중의 우발적 축제는 그 뒤에도 여러 차례 벌어졌다. 두어 달 뒤 1789년 10월 5일 파리 민중은 베르사유 궁전으로 행진해 들어가 왕을 끌어냈다. 루이 16세가 인권선언을 승인하지 않는 데 대한 정치적 불만과 빵이 없어 굶주리는 데 대한 경제적 불만이 겹쳐 일어난 일이었다. "그날의 행진은 그 자체로 즐거운 축제였다." 국민방위대와 그들의 대표를 선두로 하여 왕의 가족과 밀가루 수레들이 뒤따랐다. 전리품인 밀가루 수레는 마늘창을 든 여인들이, 왕 가족이 탄 수레는 미국 독립전쟁 영웅 라파예트 장군이 호위했다. 수많은 여인들과 군중들이 그 행렬을 따라가며 외쳤다. "우리는 빵집 주인(왕)과 그 마누라와 자식들을 데리고 간다!" 프랑스 역사가 미슐레는 그 행렬에 여인과 어린이들이 많이 참여한 점에 주목해 이날이야말로 혁명 중에 벌어진 진정한 축제였다고 강조했다. 이런 자생적 축제는 혁명 기간 내내 예외적 사건이 벌어질 때마다 되풀이됐다. 지은이는 우발적 축제를 이렇게 요약한다. "혁명의 날들 그 자체가 연극이고 축제였다. 민중들은 그 무대의 주인공이었고, 곧 역사의 주인공이었다."

이런 우발적 축제는 집단적 환희와 현실적 폭력이 공존했다는 점이 특징이었다. 반면에, 혁명 이후의 공식적 축제는 폭력을 가능한 한 뒤로 밀쳐내고 환희를 극대화한 미리 기획된 정치적 무대였다. 대표적인 사례가 바스티유 함락 한 돌을 기념해 1790년 7월 14일 열린 '제1회 연맹제'였다. 이 축제는 프랑스 전체의 민중과 시민이 일체감을 느끼며 하나로 통합되는 상황을 연출한 거국적 행사였다. 그런 축제의 의미를 충족시키려면, 시민이 접근하기 쉬울뿐더러 확 트여 서로 일체감을 확인할 수 있는 공간이 필요했다. 최적의 장소로 '샹드마르스'가 뽑혔다. "넓은 공간은 상호간에 개방된 시선을 가능하게 해서 인민 자신들이 스펙터클이 되고 참가자들이 서로 하나 되는 축제공동체를 가능하게 한다"라는 장 자크 루소의 말은 실천적 지표가 됐다.

제1회 연맹제의 더 큰 중요성은 '조국 대순례'에 있었다. 전국 각지의 국민방위대 대표자들이 파리 연맹제에 참가하려고 전국에서 수도로 행진하는 과정에서 '국민통합'의 정신이 드러났던 것이다. "마을을 지나는 국민방위대를 보기 위해 주민들은 공포를 떨쳐버리고 광장으로 뛰어나와 그들을 환영하고 해방의 기쁨을 공유했다. (…) 조국 대순례는 이런 감동적인 만남과 화해를 통해 프랑스를 하나의 지리적 단위로 결합시켜주었을 뿐만 아니라 심리적으로 프랑스인들에게 통일된 국민 감정을 심어주었다."

그러나 이런 국민통합은 아직 잠정적인 상태를 벗어나지 못했다. 혁명은 미완이었고, 왕과 국민 사이를 꿰맨 실은 곧 끊어졌다. 첫 번째 혁명은 두 번째 혁명으로 나아갔다. 입헌군주제가 시민과 민중의 자유를 보장하지 못하자, 반군주제적 공화주의가 전면에 등장했다. 1792년 4월에 열린 샤토비외Chateauvieux 축제는 프랑스의 모든 공화주의 세력의 연합 축제 성격을 띠었다. 이에 대항해 그해 6월 왕을 지지하는 입헌

군주 세력은 시모노 축제를 벌였다. 두 축제는 세력 대 세력, 이념 대 이념의 대결이었다. 민중이 중심이 된 샤토비외 축제에 대해 당시 파리 시민은 "민중이 명령하고 준비하고 경축한 민중의 축제"라고 묘사했다.

샤토비외 축제와 시모노 축제는 둘 다 거대한 '자유의 마차'를 동원했는데, 그 '자유'의 의미가 서로 달랐다고 이 책은 말한다. 샤토비외 축제는 마차에 "프랑스인이여, 뭉치면 자유롭다"라고 썼는데, 시모노 축제는 "법에 복종하는 사람은 진실로 자유롭다"고 썼다. 이미 있는 법을 존중할 것을 주장한 보수파 세력과 더 많은 자유를 주장한 진보파 세력이 맞서는 형국이다. 이후 혁명은 더 많은 자유를 요구한 민중 세력이 주도권을 잡고 왕정을 폐지한 뒤 최초로 공화정을 세우는 길로 나아간다. 프랑스혁명의 전 과정에 걸쳐 축제는 축제로 이어졌다. '헌법의 축제'를 거쳐 '이성의 축제'로, 다시 '최고 존재의 축제'로 나아간 과정은 집권 세력과 혁명 세력의 끊임없는 긴장과 통합, 갈등과 분할의 과정이었다고 이 책은 말한다.

■■ 축제 준비도 축제였던 '손수레의 날들' ■■

윤선자 교수는 『축제의 정치사』에서 프랑스 대혁명기 축제의 가장 감동적인 장면 가운데 하나로 '손수레의 날들'을 꼽는다. 파리 민중이 한마음으로 단결해 불가능한 과제를 자발적으로 완수한 것이 이 사건이었다. 1790년 제1회 연맹제를 한 달 앞두고 샹드마르스를 축제의 광장으로 만드는 토목공사가 벌어졌다. 축제 광장에 이르는 센 강변길을 닦고 광장에 제단을 만드는 일이었다. 먼저 이 공사에 투입된 사람들은 '실업자 자선단체' 소속 노동자들이었다. 처음 3,000명이었던 노동자 수는 나중에 1만 명으로 늘었다. 이들은 혁명에 대한 열정과 헌신만으로 참여한 것이 아니었기 때문에 낮은 임금에 대해 끝없이 불평했다. 게다가 제단과 연단을 만드는 일은 숙련된 노동이 필요했다. 대목장이·소목장이·장식 화가들이 대거 동원됐다. 이들이 작업을 하는 과정에서 사고가 일어나 여러 사람이 죽고 다쳤다. 불만이 폭력이 돼 터져나오기 시작했다. 파리 시당국은 국민방위대를 시켜 작업장을 감시하게 했다. 공사는 더디고 불평은 늘고 날짜는 코앞으로 다가왔다.

이런 침체되고 불안한 분위기에 활력을 불어넣은 것이 파리 시민들의 자원봉사였다. 이 자원봉사를 이끌어낸 사람은 삼위일체부대 소속의 한 군인이었다. 그는 샹드마르스 작업에 도무지 진척이 없다는 말을 듣고 부대별로 군인 열 명씩을 뽑아 샹드마르스에 보내자는 제안을 했다. 그 제안이 받아들여져 4,200명의 군인이 매일 저녁 6시까지 헌신적으로 공사에 참여했다. 그들의 참여에 고무된 파리 시민들은 각자 손수레를 끌고 샹드마르스로 몰려들었다. "시민의 수는 점점 증가하더니 7월 8일에는 25만~30만 명으로 늘어났다." 공사 자체가 흥겨운 축제가 됐다. 그때의 분위기를 혁명신문 『파리의 혁명』은 이렇게 전했다.

"파리 시민들은 아침 일찍 각자 도구를 메고 수레에 흙을 싣고 행렬을 지어 샹드마르스로 들어온다. 그 수레는 마치 축젯날처럼 나뭇가지로 장식돼 있다."

행사를 앞두고 지지부진하던 작업이 순식간에 완료됐다. "그것은 혁명을 향한 시민들의 열정과 사랑이 만들어낸 기적이었다. '손수레의 날들'은 강제되지 않은 노동, 지치지 않는 운동, 질서와 조화의 축젯날이었다. 시민들은 작업을 하러 갈 때와 끝나고 귀가할 때 행렬을 지어 움직였다. 북을 치는 사람을 선두로 해서 수레와 짐마차·삯마차·시민들이 뒤따르는 즐거운 행렬이었다." 그리하여 시민들의 자발적이고 헌신적인 참여로 이루어진 '손수레의 날들'은 그 참여의 결과인 연맹제 자체보다 더 큰 역사적 의미를 품게 됐다고 이 책은 말한다.

이슬람의 세계사 아이라 M. 라피두스 지음 / 신연성 옮김 / 이산

메카에서 인도네시아까지 이슬람 역사 결정판

이산 출판사의 '히스토리아 문디' 시리즈의 하나로 나온 『이슬람의 세계사 A History of Islamic Societies』 1·2는 국내에 나온 이슬람 소개서 가운데 가장 방대하고 정밀한 연구서로 꼽힐 책이다. 번역본은 1권과 2권 합쳐 1,570쪽에 이르며, 200자 원고지로 8,000매 가까운 분량이다. 원서를 낸 영국 케임브리지대학출판부는 '출판사 서문'을 따로 써 이 책을 "케임브리지 역사 시리즈의 명성에 걸맞은 기념비적 저작"이자 "이슬람 역사서의 결정판"이라고 자평했다. 원서의 초판은 1988년에 나왔으며, 2002년에 내용을 증보한 2판을 펴냈다. 이 재판본은 이슬람교의 창시자 무함마드 Muhammad(?570~632)(마호메트) 시대부터 2000년까지 1,400년의 역사를 포괄하고 있다. 지은이 아이라 M. 라피두스 Ira M. Lapidus(버클리대학 명예교수)는 현존하는 가장 뛰어난 이슬람 역사학자로 평가받는 이 분야의 석학이다.

이 책은 크게 3부로 나뉘어 있다. 1부는 이슬람 세계의 기원을 다룬다. 서기 600년께부터 1200년께까지의 중동 역사가 포괄된다. 10세기부터 19세기까지의 역사를 그리는 2부는 중동에서 생겨난 이슬람 문명의 전형이 세계 각지로 확산되는 과정을 다룬다. 3부는 19세기 이후 현

대까지를 살핀다. 유럽 제국주의의 영향으로 이슬람 문명이 겪은 근대적 변용을 추적하고, 이슬람 국가의 엘리트들 사이에서 벌어진 이념투쟁과 정치투쟁을 검토한다. 이 세 부가 펼쳐져 이슬람 역사에 관한 거대한 지도를 이룬다. 이슬람의 출생지인 아라비아와 중동을 중심으로 하여 스페인에서부터 아시아 내륙과 인도네시아까지 지구상의 거의 모든 지역을 지도 안에 포함시킨다.

지은이는 이 책을 서술하는 방법으로 '역사적·진화론적 방법'과 '분석적·비교론적 방법'을 동시에 구사했다. 통시적 방법과 공시적 방법을 함께 쓴 셈이다. 이슬람 역사의 큰 흐름은 흐름대로 따라가면서 중요한 국면이나 현상들은 가까이 포착해 밀도 있게 서술함으로써 역사적 윤곽과 세부적 특징을 동시에 그려낸다. 특히 이 책은 기술적 요인이나 경제적 요인보다는 이슬람 사회의 공동체·종교·정치 제도에 중점을 두고 있다. 지은이는 "지난 1,000년 동안 이슬람 사회의 역사적 발전은 문화와 정치에서 두드러졌기 때문"이라고 이유를 밝힌다.

이슬람 문명의 출현은 예언자 무함마드의 계시와 활동에 결정적으로 빚지고 있다. 아라비아반도 메카에서 몰락 가문의 후손으로 태어난 무함마드는 마흔이 될 무렵 첫 번째 계시를 받았다. "무함마드는 하느님의 존재를 인식하고 경외감과 두려움, 앞날에 대한 예감을 갖게 됐다." 계시의 핵심은 '최후의 심판'이었다. 이 심판의 계시는 기존 사회에 대한 비판과 도전의 성격을 지닌 것이었다. "메카인은 그릇된 자만심으로 인해 빈자를 외면하고 자선을 게을리하는 탐욕의 죄를 저질렀다"고 그는 설교했다. 그가 받은 계시는 모두 『코란』에 기록됐다.

무함마드의 출현은 나름의 역사적 배경을 지닌다. 아라비아 지역은 유목생활이 중심이었고, 씨족끼리 나뉘어 있었다. 고도의 도시문명을 이루지 못한 전통 사회였다. 다만 메카의 경우는 조금 달랐는데, 전통 아랍인뿐만 아니라 유대인·기독교인이 모여들어 다소 혼합적인 국제도시 성격을 띠고 있었다. 유대·기독교인들은 다신교 사회인 메카에 일신교 관념을 퍼뜨렸다. 혼합도시였던 만큼 경쟁·갈등·혼란도 적지 않았다. 그런 사회적·문화적 복합 상태에서 무함마드가 등장했다. 그의 설교를 받아들인 사람들은 "메카의 도덕적·사회적 환경에 불만을 품고 있던 떠돌이, 빈자, 힘없는 씨족의 성원, 유력 부족의 젊은이 들이었다." 무함마드의 설교가 도전의 성격을 띠자, 기존 사회는 그의 무리를 박해했다. 무함마드는 메카에서 쫓겨나 메디나로 가는데, 거기에서 세력을 얻어 메카를 정복한다. 무함마드의 활동을 보면, 정복이 종교적 성격과 정치적 성격을 함께 띠고 있음을 알 수 있는데, 이런 특징은 후대로 이어진다. 종교적 포교와 정치적 정복이 동시에 이루어진 까닭에 이슬람교는 무함마드 사후 100년도 안 돼 중동 일대를 넘어 아시아와 아프리카에 이르는 거대한 제국을 이루게 된다.

무함마드의 성공은 씨족으로 분열된 사회를 고차원의 종교 관념으로 통합해 보편 문화를 이룰 기반을 세웠다는 의미를 지닌다. 또 개인 관념이 없는 사회에 '하느님의 심판 앞에 선 인간'이라는 개별성 관념을 새겨넣음으로써 개인의 독자성과 평등성이라는 새로운 사고를 보편화시켰다. 이런 보편성 때문에 이슬람은 다른 지역에서도 쉽게 받아들여질 수 있었다. 무함마드 사후 이슬람은 순니(수니)파와 시아파로 나뉘어 내분과 갈등을 겪게 된다. "시아파가 칼리프(이슬람 공동체의 수장)의 종교적 역할을 강조하고 정치적 타협을 반대한 반면, 순니파는 칼리프의 종교적 역할에 일정한 선을 긋되 칼리프의 정치 개입에는 좀더 관대한 입장을 보였다." 두 지파의 분화는 오늘날까지 이슬람 지역의 성격을 규정하는 중요한 요소로 남아 있다.

터키, 1만 년의 시간여행 유재원 지음 / 책문

'문명의 교차로'
터키 역사 기행

유재원 한국외국어대 교수는 그리스 언어·문화 전문가로서 그리스에 관한 여러 권의 책을 쓴 바 있다. 그가 이번에는 그리스 옆 나라 터키에 관한 책을 썼다. 두 권으로 된 『터키, 1만 년의 시간여행』은 "그리스 다음으로 친숙한 나라"에 대한 일종의 여행 안내서다. 여행 안내서라고는 하지만 내용은 오히려 인문학적 역사 탐구 성격이 짙다. 터키의 주요 유적지를 지리적으로 횡단하는 여행기 형식 안에서 1만 년에 이르는 터키 역사를 종단한다. 이 종단 과정에서 역사의 주요 국면들이 깊이 있게 서술된다.

머리말에서 지은이는 터키 지역이 초기 그리스 문명이 시작된 곳이자 그리스인들의 제국이었던 비잔틴제국(동로마제국)의 영토였다는 사실 때문에 이곳에 관심을 품게 됐다고 밝히고 있다. 아시아와 유럽 양쪽에 걸쳐 있는 터키는 이슬람교를 믿는 나라이자 동시에 유럽 문화의 뿌리인 그리스 문명의 발상지이기도 하다. 그런가 하면 터키는 인류 역사상 가장 오래된 도시 유적이 발견된 곳이다. 기원전 6800~5700년께 '차탈회위크Çatalhöyük'라는 세계 최초의 도시가 세워졌다고 한다. 이후 터키 지역은 청동기 문명, 그리스 문명, 기독교-비잔틴 문명, 이슬람 문명을 각각 거치면서 서로 뚜렷이 구별되는 역사·문화적 퇴적층을 쌓아올렸다.

보스포루스 해협의 유럽 쪽에 있는 영토는 터키 전체 영토의 3퍼센트에 지나지 않는다. 나머지 97퍼센트의 땅은 아시아 대륙에 속하는 아나톨리아Anatolia 지역이다. 아나톨리아란 그리스어로 '해 뜨는 곳' '동쪽 땅'이라는 뜻인데, 이 말을 라틴어로 옮기면 오늘날 서양에 대비되어 동양이라는 뜻으로 쓰이는 '오리엔트'가 된다. 이 오리엔트, 곧 아나톨리아 지역의 중앙 고원 지대에서 청동기 시대를 호령했던 나라가 바로 히타이트Hittite다. 기원전 1750~1200년 사이 융성했던 히타이트는 구리와 주석을 합금해 만든 청동 무기를 앞세워 광대한 제국을 세웠다. 히타이트의 라이벌 가운데 하나는 이집트였는데, 두 제국 사이의 전쟁과 화해가 점토판에 쐐기문자로 기록돼 전한다. 기원전 1274년 5월 이집트의 람세스 2세가 히타이트의 무와탈리 2세를 공격했다가 무와탈리 2세의 계략에 빠져 대패하고 몸만 살아 나갔다. 이 싸움 뒤 두 나라 사이에 맺어진 조약이 바로 '카데시 조약'이다. 지은이는 이를 두고 '세계 최초의 평화조약'이라고 말한다.

카데시 조약이 맺어지던 즈음에 소아시아 다르다넬스 해협 쪽 도시국가 트로이아에서는 호메로스『일리아스』의 배경이 된 '트로이아 전쟁'이 벌어져 도시가 폐허로 변했다. 세월이 흘러 기원전 8세기 이후에 그리스 본토 사람들이 소아시아 해안 지역에 식민도시를 세웠는데 그중 하나가 밀레토스다. 밀레토스는 그리스 최초의 철학자 탈레스를 배출한 땅으로 유명하다. 탈레스는 천문학을 연구해 일식을 예측하고 기하학을 활용해 피라미드의 높이를 쟀다고 한다. "하지만 탈레스가 후대에 남긴 가장 혁명적 공헌은 '세상 물질의 근원은 무엇인가' 하는 질문을 던진 것이다." 탈레스는 물을 만물의 근원이라고 답했는데, 탈레스의 질문은 "세계를 정신적 관점이 아니라 물질의 관점에서 본 혁명적 질문"이었고

"신화적 사고에서 벗어나 이성적·합리적 사고로 나아가는 데 결정적 전환점"이었다.

터키 땅은 기원전 4세기 알렉산드로스 대왕의 동방원정로가 됐고, 이어 로마의 속주가 되었으며, 다시 서기 1세기에는 기독교의 발상지가 됐다. 사도 바울의 출생지가 바로 터키 남부 타르수스Tarsus였다. 그의 주요 활동지였던 에페수스Ephesus, 안티오키아Antiochia가 다 터키 땅에 있다. 324년에 로마제국 황제가 된 콘스탄티누스 대제는 비잔티움(지금의 이스탄불)을 새 수도로 삼은 거대한 천도를 감행했다. 비잔티움은 황제의 이름을 따 '콘스탄티노폴리스Konstantinopolis'로 불렸다. 1453년 그 비잔틴제국의 마지막 숨통을 끊어놓은 사람이 오스만제국의 정복자 술탄 메메트Mehmed 2세다. 야심만만한 젊은 군주 메메트 2세는 약관의 나이에 이슬람 세계의 가장 강력한 지도자로 떠올랐고 오스만제국을 유럽 최강의 국가로 만들었다.

그러나 메메트 2세와 같은 정복자보다 터키를 더 흥미롭게 만드는 것은 그 땅이 꽃피운 문화일 것이다. 지은이는 13세기 이슬람 신비주의 수피즘의 지도자 루미 잘랄 아드딘 아르Rūmī Jalāl ad-Din ar(?1207~1273)의 정신세계로 독자를 안내한다. 루미는 평생에 걸쳐 9만 행에 이르는 시를 남겼는데, 이 시들에서 신의 사랑 속에 신과 하나가 되는 것이야말로 인간이 도달할 수 있는 최고의 경지라고 설파했다. 그의 시에는 이런 구절이 있다.

"나는 그리스도 교도도 유대 교도도 조로아스터 교도도 무슬림도 아니다. (…) 나는 하나의 존재만을 찾았고, 하나의 존재만을 알고, 하나의 존재만을 보고, 하나의 존재만을 부른다."

"사랑하는 사람의 종교와 국적은 '사랑하는 존재'(신)이다. (…) 사랑은 신의 신비를 보여주는 나침반이다."

　종교·국적의 편협한 틀을 뛰어넘은 루미의 길을 따라 오늘의 터키가 다시 동과 서의 화해의 상징이 될 수 있을까.

고대 세계의 만남 제리 벤틀리 지음 / 김병화 옮김 / 학고재

불교와 중국 사귀는 데 오백 년 걸렸다

고대 세계의 문명 교류와 융합에 관한 탐구 결과는 문명사학자 정수일 씨의 노력으로 비교적 널리 알려졌다. 그의 연구는 특히 실크로드를 중심으로 하여 동서 문명의 만남에 초점을 맞추고 있다. 하와이대학 역사학 교수인 제리 벤틀리Jerry H. Bentley가 쓴 『고대 세계의 만남 Old World Encounters』은 문명교류사의 시야를 전 세계 차원으로 넓혀 근대 이전의 거의 모든 중요한 문화 전파 양상을 살핀 저작이다. 인류 역사에 심대한 영향을 끼친 기독교·이슬람교·불교는 물론이고 조로아스터교·마니교와 같은 종교문화의 흐름과 스밈과 섞임을 추적한다. 이 책이 나온 시점은 새뮤얼 헌팅턴Samuel Huntington의 문명충돌론이 한창 위력을 떨치던 1993년이다. 그 거친 이론을 염두에 둔 듯 지은이는 문화 간 충돌보다는 '만남'과 '교제'에 더 관심을 쏟고 있다.

    이 책의 특징 가운데 하나는 문화 간 교류의 양상을 공통의 틀로 이해하고 있다는 점이다. 지은이는 한 문화권에서 탄생해 발전한 가치체계가 다른 문화권에 스며들어 사회 전체를 바꾸는 과정을 개종-절충-저항이라는 틀로 설명한다. 여기서 특히 중요한 것이 '절충' 과정이다. 낯선 관념과 가치가 변형 없이 통째로 다른 문화권에 이식되는 경우는

극히 드물었고, 토착문화의 자장 안에서 커다란 변화를 겪으면서 뿌리내렸다.

그런 만남과 변형과 정착의 과정을 보여주는 대표적인 사례가 이 책에서 설명하는 '불교의 중국 전파'다. 불교가 중국문화 속으로 들어가는 과정은 세계 역사에 유례가 없을 정도로 길고 힘들었다. 불교를 매개로 한 두 문화의 만남은 가장 거대한 정신적 변혁을 품은 만남이기도 했다. 언어·심리·도덕·정치 모든 면에서 거의 서로 이해할 수 없는 두 문화가 융합했기에 거기에서 막대한 문화적 자양분이 만들어졌다.

인도가 중국과 만나는 데 결정적 통로 구실을 한 것이 고대 실크로드였다. 중국의 한제국과 유럽의 로마제국 사이 문물 유통의 루트였던 실크로드는 문화적 차원에서 더 큰 의미를 지녔다. "실크로드의 진정한 중요성은 상업적이라기보다는 문화적인 데 있었다." 고대 중요한 종교가 이 길을 따라 맹렬하게 오고 갔기 때문이다.

기원전 5세기께 인도에서 탄생한 불교는 상인들에게 먼저 인기를 끌었다. 지배 종교였던 브라만교가 브라만들만의 종교였던 반면에 불교는 신흥계급인 상인들의 구원을 약속했던 것이다. 인도불교는 상인들의 루트를 타고 실크로드로 번졌고, 중앙아시아 유목민족 출신 중개상들에게 퍼졌다. 기원후 1세기께면 중앙아시아에서 불교는 자발적 개종자들의 넓은 네트워크를 얻었고, 중국에도 들어간 상태였다. 그러나 그러고도 100~200년 동안 불교는 중국 토착민 개종자를 거의 얻지 못했다. 문화 관념이 너무 달라 토착 대중이 수용할 수 없었던 것이다.

5~6세기께 중국 북부에 세워진 유목 왕조인 서조와 북위의 지배 엘리트들이 불교를 적극적으로 받아들인 뒤에야 거점이 마련됐다. 이 지배 엘리트들은 불교에서 자신들의 지배와 권위를 보장해주는 이데올로기를 얻었고, 그 대가로 불교 승려들에게 대규모 토지를 내주었다. 수·당 시대에 이르러 불교는 중국 내부로 완전히 진입했다. 새 지배자

들이 유목 왕조의 불교 활용을 그대로 이어받았던 것이다.

그러나 불교가 대중 속으로 들어가는 데는 한 번 더 중요한 '절충' 과정이 필요했다. 낯선 관념을 친숙한 관념으로 만들기 위해 불교 승려들은 중국 내부의 종교 전통인 도가의 언어에 기댔다. 도가의 관념을 빌려 불교를 통역한 것인데, 그 과정에서 본디 불교 관념에 중국적 색채가 짙게 배어들었다. 또 이 과정에서 인도불교 문헌이 고대 역사상 가장 큰 규모로 옮겨지는 번역 사업이 벌어졌다. 이 번역 사업으로 불교는 본디 모습을 완전히 잃지 않고 뿌리를 간직할 수 있었다. 불교 관념은 유학자들의 저항에 부닥쳐 위기에 봉착하기도 했지만, 13세기 이후 등장한 송·명 신유학의 발흥에도 중대한 영향을 주었다고 이 책은 말한다.

호모 루덴스 요한 하위징아 지음 / 이종인 옮김 / 연암서가

'놀이 정신'으로 읽은 인간의 역사

『호모 루덴스』(1938)는 네덜란드의 문화사가 요한 하위징아(1872~1945)의 대표작 가운데 하나다. 인간을 '놀이하는 존재'로 규정한 저작이자 하위징아의 말년을 장식한 걸작이다.

하위징아의 출세작은 1919년에 출간한 『중세의 가을』이다. 그에게 중세사가로서 불후의 명성을 안겨준 것이 이 저작이다. 『중세의 가을』과 『호모 루덴스』, 20년의 간격을 두고 출간된 두 독창적 저작은 한 사람이 썼다고는 언뜻 믿겨지지 않을 정도로 주제가 다르다. 하나는 중세 말기 유럽인들의 '삶의 양식'을 조명한 것이고, 다른 하나는 인류의 문화와 놀이 사이의 밀접한 관계를 통사적으로 살핀 것이다. 그러나 내용을 보면 두 책 사이에는 자연스러운 물의 흐름 같은 연속성이 있다. 하위징아 자신은 『호모 루덴스』 안에서 이렇게 고백한다.

"나는 『중세의 가을』에서 (…) 문화와 놀이는 친밀한 관계라는 사상의 씨앗을 처음으로 마음에 뿌렸다."

14~15세기 유럽인들의 삶을 들여다보는 『중세의 가을』은 그 시절

중세인들이 겪었던 '삶의 쓰라림'에 대한 절실하고도 고통스러운 묘사에 이어 그 중세인들이 마음에 품었던 '더 아름다운 삶을 향한 열망'을 추적한다. 그 열망의 길 가운데 하나가 '꿈의 길'이다.

> "현실은 너무나도 비참하고 세계를 거부하는 일도 너무 어렵다. 그렇다면 환상의 세계에서나 살자."(『중세의 가을』)

그 길에서 하위징아가 만나는 것이 중세의 '기사도'와 '궁정 연애'인데, 바로 이 기사도와 궁정 연애가 『호모 루덴스』에서 말하는 '놀이 정신'의 중세적 표출이다.

하위징아는 1872년 네덜란드 북부 도시 흐로닝언에서 태어났다. 고등학교 때 그리스어·라틴어·히브리어·아랍어를 공부했고, 흐로닝언대학에 들어가서도 언어학을 사실상 전공으로 삼았다. 특히 박사과정에서는 인도 고전어인 산스크리트를 공부했고, 산스크리트 문헌 연구로 박사학위를 받았다. 1897년 그는 하를럼고등학교 교사가 됐는데, 여기서 역사를 가르치면서 처음 유럽 중세사에 마음이 끌리기 시작했다고 한다. 이어 1905년에 흐로닝언대학, 10년 뒤에는 레이던대학 역사학 교수가 됐다. 수많은 고대어를 공부한 것이 역사학자 하위징아에게는 아주 훌륭한 무기가 되었는데, 『호모 루덴스』에도 그리스·로마·산스크리트 문헌과 단어가 수시로 등장해 논거를 제공한다. '호모 루덴스 Homo Ludens'라는 말도 '놀이하는 인간'이라는 뜻의 라틴어다.

하위징아는 『호모 루덴스』의 머리말에서 '(합리적으로) 생각하는 인간'이란 뜻의 '호모 사피엔스'도, '(물건을) 제작하는 인간'이라는 뜻의 '호모 파베르'도 인간을 제대로 규정하기에는 미흡하다고 지적한다. "그리하여 나는 호모 파베르 옆에, 그리고 호모 사피엔스와 같은 수준으로, 호모 루덴스를 인류 지칭 용어의 리스트에 등재시키고자 한다." 이어 하위징아는 말한다. "나는 지난 여러 해 동안 문명이 놀이 속에서, 그리고 놀이로서 생겨나고 발전해왔다는 확신을 굳혔다." 이 확신을 입증하는 것이 이 책인 셈인데, 그 계획을 수미일관하게 밀고나간 뒤 결론에서 이렇게 말한다. "진정한 문명은 놀이 요소가 없는 곳에서는 존재할 수 없다."

이런 놀이의 본질적 특성 가운데 하나로 하위징아는 '경쟁'을 제시하는데, 그 경쟁의 성격을 가장 확연하게 보여준 것이 고대 그리스인들의 삶이었다. 어떤 점에서 보면 그리스인들의 생활 전체가 그들에게는 놀이, 곧 경쟁으로서의 놀이였다고 하위징아는 말한다. 이 경쟁을 나타내는 그리스어가 '아곤agon'이다. 그리스 사람들은 경쟁의 성격을 지닌 것을 모두 경기, 곧 아곤으로 만들었다.

알렉산드로스 대왕의 일화는 극단적이다. 알렉산드로스는 부하 장수 칼라노스가 죽자 슬픔을 달래려고 아곤을 열었는데, 가장 술을 많이 마시는 자에게 상금을 주겠다고 약속했다. "그리하여 아곤 참가자 서른다섯 명이 현장에서 죽고, 나중에 여섯 명이 더 죽었는데 그중에는 우승자도 들어 있었다." 하위징아는 이 아곤과 결합된 놀이가 예술은 말할 것도 없고 철학·신화·소송·전쟁·정치·상거래에도 깊숙이 개입돼 있음을 입증해간다.

하위징아는 놀이의 정신이 19세기에 소멸했음을 매우 안타까워한다. "노동과 생산이 시대의 이상이자 우상이 되었다. 유럽 전역은 작업복을 입었다." 그렇다면 20세기는 어떨까. 하위징아가 보기에 20세기는 겉보기엔 놀이가 아주 많아진 것 같지만, 놀이 정신은 사라지고 없다. 특히 정치에서 놀이 정신이 죽고 '유치한 행위'가 판친다. 그가 이 책을 쓰던 때는 나치가 독일에서 정권을 잡고 발호하던 때였는데, 그 현상을 염두에 둔 듯 그는 "소리를 지르거나 요란하게 인사를 하고, (…) 우스꽝스러운 집단행위를 한다"고 썼다. 이 시대는 놀이의 정신에 관한 한 명예의 코드도, 게임의 규칙도 내팽개친 천박한 시대였다. 그 나치 독일이 네덜란드를 침략한 것이 1940년 5월인데 이때 하위징아는 대학에서 쫓겨난 뒤 변방 도시 더스테이흐로 유폐됐다가 1945년 2월 숨을 거두었다.

실패의 향연 크리스티아네 치른트 지음 / 오승우 옮김 / 들녘

실패를
실패하게 하라

16세기 네덜란드 화가 피터르 브뤼헐Pieter Brueghel(?1525~1569)의 작품 〈이카로스의 추락〉을 들여다보자. 그림의 전경을 차지하고 있는 것은 쟁기질하는 농부다. 농부의 눈길은 온통 쟁기에 갈리는 땅에 붙박여 있다. 그 아래 양 떼를 돌보는 목동이 있다. 목동은 멍하니 저 먼 하늘을 바라본다. 그리고 그 오른쪽 아래에 낚시질에 정신이 팔린 사내가 쭈그려 앉아 있다. 정작 그림의 주인공인 '이카로스Icaros'는 눈에 띄지 않는다. 자세히 보면 그제야 바다에 거꾸로 처박혀 버둥거리는 다리가 이카로스의 것임을 알게 된다. 아무도 이 신화적 인물의 추락에 관심을 두지 않는다. 타인의 실패 따윈 안중에도 없다. 모두들 제 생각에만 빠져 있는 것이다.

『실패의 향연Keine Sorge, wird schon schiefgehen』에서 지은이 크리스티아네 치른트Christiane Zschirnt는 이 그림을 "실패의 본질을 적나라하게 보여주는 그림"이라고 말한다. 더 정확히 말하면, 현대사회에서 개인의 실패가 드러나는 형식을 아무런 감정이입 없이 냉정하게 보여주는 것이 이 그림이다. 그리스신화의 이카로스는 아버지 다이달로스가 만들어준 날개를 달고 크레타 섬을 탈출한다. 너무 높이 날아오르면 태양열에 날개의 밀랍이 녹아내릴 것이라고 주의를 받지만, 상승의지로 가득

찬 아들은 아버지의 경고를 무시한다. 이카로스는 한없이 날아오르다 바닷속으로 곤두박질친다. 의지가 낳은 몰락이다. 그러나 그림 속 인물들 가운데 아무도 이카로스의 드라마를 아는 자가 없다. 심지어 그가 추락했다는 사실조차 인식하지 못한다.

브뤼헐이 이 그림을 그리던 16세기 중반 네덜란드는 막 해상무역의 중심으로 떠오르고 있었다. 상업자본주의가 팡파르를 울렸다. 그림 속에 등장한 풍채 좋은 범선은 이 시기의 네덜란드 풍경을 들여다놓은 것이다. 그러나 저 듬직한 범선도 이카로스의 운명에 무관심하다. 실패는 오직 개인의 실패일 뿐이다. 〈이카로스의 추락〉은 주인공을 "외롭고, 고립되고, 버림받고, 절망하고, 불행한 실패자"로 그렸다는 점에서, "현대사회에서 실패의 의미를 최초로 보여준 그림"이다.

『실패의 향연』은 수많은 이카로스들을 등장시켜 실패의 역사를, 실패의 뒷면과 앞면을 이야기한다. 요컨대, 이 책은 실패를 열쇳말로 삼아 풀어본 서양 문화사다. 지은이 치른트는 전작 『책: 사람이 읽어야 할 모든 것Bücher: Alles, was, man lesen muss』으로 우리에게 알려진 독일의 에세이스트다. 그 책에서 치른트는 『성경』에서부터 『해리 포터』까지 수많은 책들을 쌓아 '책으로 읽는 문화사'를 꾸며낸 바 있다. 그 책들에서 발견한 것들을 지식의 토대로 삼아 그는 이제 실패의 문화사를 이야기한다. 그런데 다른 이야기를 놔두고 왜 하필이면 실패 이야기인가?

지은이에겐 이 질문에 답할 나름의 문제의식이 있다. 그가 보기에 오늘날 실패는 차고 넘치는 사회적 현상이다. 그런데도 아무도 실패에 대해 말하려 하지 않는다. 실패는 "현대사회 최후의 메가톤급 금기어"다. 다들 실패하고 있는데 아무도 말하지 않으므로 실패는 철저히 개인의 문제가 된다. 홀로 그 두려운 것을 부둥켜안아야 한다. 실패라는 두려운 것에 침묵하는 것은 두려움을 키울 뿐이다. 실패와 맞서려면 터놓고 실패를 이야기해야 한다.

〈이카로스의 추락〉 피터르 브뤼헐, 1558

이카로스의 추락은 '한계'에 관한 이야기다. 현대사회에 실패가 만연한 것은 가능성의 지평이 무한히 확장됐기 때문이다. 어디가 불가능한 국면인지 알지 못하고 인간은 앞으로 나아간다. 결국 한계상황에 부닥치고 날개의 밀랍이 녹아내린다. 지은이는 이런 한계상황에 관한 고전적 영웅담으로 호메로스의 서사시 『오디세이아』를 지목한다. 주인공 오디세우스의 귀환은 끝없는 실패의 연속이다. 암초와 소용돌이와 폭풍우와 괴물이 그의 항해를 방해한다. 이 서사시 안에서 주인공은 "스스로 통제할 수 없는 힘에 직면한다." 오디세우스는 예측불허의 난관과 싸운다. 그의 방황은 10년 동안이나 계속된다. 항해와 표류와 난파의 삶은 현대인의 운명과 유사하다는 점에서 현재적이다. 오디세우스보다 더한 실패도 있다. 그리스 비극의 주인공 오이디푸스다. 그는 신들이 설정한 운명의 덫에 걸려 아버지를 죽이고 어머니와 결혼한다. 마침내 그 되돌릴 길 없는 끔찍한 진실을 알았을 때 그는 자기 눈을 찌른다. 눈 뜨고도 보지 못한 자기 자신을 처벌하는 것이다. 그는 명예와 권력과 자식과 아내를 모두 잃는다. 단단했던 땅은 하루아침에 나락으로 꺼져버린다.

고전 시대의 '실패'는 영웅들의 운명이었다. 이 예외적 운명이 모든 사람의 운명이 된 것은 근대의 축복이자 저주다. 누구나 성공을 향해 도전할 수 있는 시대이기 때문에 축복이지만, 동시에 누구나 실패하고 추락할 수 있기 때문에 저주다. 19세기 산업시대가 되면서 실패의 일반화는 가속페달을 밟는다. 실패의 어두운 심연이 아가리를 벌리고 사람들이 실족하기만을 기다린다. 이 시대에 등장한 것이 보헤미안이었다고 지은이는 말한다. 실패가 모든 사람의 운명이라면 실패를 삶의 양식으로 삼아버린다는 발상이 등장했다. 낙오한 예술가들이 '실패의 생활양식'을 앞장서 구축했다. 이들은 삶의 목적이 실패인 듯 살았다. 실패 안에서 실패와 겨루면서 실패를 즐겼다. "처음부터 실패를 자신의 삶의 방식으로 끌어들여 수용하는 것만큼 잠재적 실패로부터 스스로를 보호하는 데 적합한 방식은 없다."

보헤미안들이 실패를 미적 생활양식으로 변형했다면, 20세기 초 다다이즘은 실패 자체를 예술화했다. 그들은 아무것도 창조하지 않음으로써, 다시 말해 창조에 일부러 실패함으로써 예술의 본질을 실현하려고 했다. 지은이가 보기에 다다이즘을 더 극단적인 방식으로 밀어붙여 문학 안에서 실현한 사람이 사뮈엘 베케트Samuel Beckett다. 베케트는 문학의 실패를 문학화했다. 그는 이렇게 선언했다.

"끊임없이 시도했다. 그때마다 실패했다. 늘 다시 시도했다. 또 실패했다. 이번에는 좀더 세련되게."

지은이는 베케트의 이 말에서 실패의 출구를 발견한다. 우리가 늘 실패한다는 것을 인정하고 그 실패를 견디면서 '한 번 더!'라고 외쳐보자는 것이다. 실패는 실패다. 그러나 이 실패 앞에 무릎 꿇지 않으면 실패는 실패로 끝나지 않는다. 이 책은 그렇게 말한다.

■■ 20세기 남극 탐험가들의 성공과 실패 ■■

근대세계가 열린 뒤로 항해와 모험은 삶에 관한 관용적 비유가 됐다. 이 비유가 비유로 그치지 않고 삶 자체가 된 사람들이 있으니, 탐험가들이 그들이다. 크리스티아네 치른트는 『실패의 향연』에서 20세기 벽두에 남극 탐험에 나섰던 세 모험가를 이야기한다. 남극 정복을 두고 다투었던 영국인 로버트 팰컨 스콧Robert Falcon Scott(1868~1912)과 노르웨이인 로알 아문센Roald Amundsen(1872~1928), 그리고 그들보다 조금 뒤에 남극 횡단을 시도했던 아일랜드인 어니스트 섀클턴Ernest Henry Shackleton(1874~1922)이 그들이다. 스콧은 반면교사로 삼아야 할 사람이다. 아문센과 같은 시기에 남극탐험에 나섰던 스콧은 남극 정복이라는 극한의 시험을 견뎌낼 물질적·정신적 준비가 돼 있지 않았다. 그의 도전은 무모하고도 경솔했다. 온갖 위기를 가까스로 넘긴 뒤 남극점에 이르렀지만, 그곳엔 벌써 노르웨이의 깃발이 휘날리고 있었다. 길을 잃고 체력이 다한 스콧과 대원들은 1912년 눈보라 속에서 숨을 거두었다. "준비에 실패하는 자는 실패를 준비하는 자다"라는 벤저민 프랭클린Benjamin Franklin의 격언은 스콧의 경우에 딱 맞는 말이다.

반면에 노련한 탐험가였던 아문센은 출항 전에 계획을 꼼꼼히 세웠다. 그는 심리적 트릭을 쓰는 일도 마다하지 않았다. "배가 출발할 때 대원들 중 그 누구도 이 배의 행선지가 남극이라는 사실을 알지 못했다." 아문센은 탐험 사실을 숨겼다. 대원들이 빠져나갈 길을 미리 봉쇄해놓고 남극을 향해 내몰았던 것이다. 1911년 12월 14일 아문센의 탐험대는 최초로 남극점을 밟았다.

섀클턴은 패배를 승리로 바꾼 사람이다. 1914년 스물여덟 명의 섀클턴 탐험대는 남극 횡단에 나섰다. 그들이 탄 인듀어런스호가 남극대륙을 몇 마일 앞에 두고 얼음의 감옥에 갇혔다. 배는 열 달 동안 얼음나라를 표류하다 산산조각 났다. 대원들은 다섯 달 동안 얼음 위를 헤맨 끝에 바다를 발견했다. 스물여덟 명의 대원들은 구명보트 세 대에 나뉘어 오른 뒤 폭풍우가 몰아치는 바다에서 며칠 동안 노를 저어 엘리펀트 섬에 도착했다. 그러나 그곳은 무인도였다. 섀클턴은 다섯 명의 대원들과 함께 4주를 더 항해한 뒤에야 고래잡이 기지를 발견했다. 몇 달이나 걸려 섀클턴은 엘리펀트 섬에 남은 다른 대원들을 데려왔다. 고난의 항해 끝에 섀클턴의 대원 스물여덟 명은 모두 살았다. 이들의 생환이야말로 '패배 속의 승리'다.

사무라이의 나라 이케가미 에이코 지음 / 남명수 옮김 / 지식노마드

사무라이 내부의
집단과 개인

 일본이라는 나라를 표상하는 이미지는 여러 가지가 있겠지만, 그중에서도 사무라이는 섬뜩하면서도 매혹적이다. 사무라이는 칼이 지닌 잔혹성과 정신성을 동시에 품고 있다. 일본 출신으로 미국에서 활동하는 사회학자 이케가미 에이코池上英子가 쓴 『사무라이의 나라名譽と順應』는 일본의 대표 이미지 가운데 하나인 사무라이를 통해 일본문화의 모순적 통일성의 기원과 계보를 살핀 역작이다. 여기서 말하는 모순이란 집단성과 개인성의 공존을 가리킨다. 많은 사람들이 집단주의와 개인주의가 기묘하게 통합된 모습에서 일본문화의 특성을 찾는다. 이 책은 이 집단주의와 개인주의의 모순적 통일을 사무라이 문화의 성장과 변모를 통해 설명한다. 역사사회학적 방법론을 구사해 인간관계의 구조를 공시적으로 조망함과 동시에 사무라이 역사를 통시적으로 살피는 방대한 연구 작업을 무기로 삼아 지은이는 '사무라이의 나라' 일본의 본질로 육박해 들어간다.
 지은이가 이 작업을 해나갈 때 열쇳말로 채택한 것이 '명예'라는 개념이다. 사무라이의 명예 관념이야말로 집단주의와 개인주의의 절묘한 결합의 심성적 아교 노릇을 했다고 이 책은 말한다. 사무라이의 출현과

성장과 변화의 과정은 바로 이 명예의 탄생과 전개와 심화의 과정이다. 루스 베네딕트가 『국화와 칼』에서 일본인의 심성을 인류학적으로 고찰할 때 '수치'를 열쇳말로 삼았던 것에 이 책의 지은이는 이의를 제기한다. 오히려 수치의 반대말인 명예야말로 일본인의 심성을 잴 수 있는 '체온계' 구실을 할 수 있다고 말한다. 지은이는 수치 대신 명예를 포착함으로써 일본문화를 베네딕트보다 훨씬 역동적이고 심층적으로 살필 수 있었다고 자신한다.

사무라이는 9세기 헤이안 시대에 유랑하는 무장집단의 모습으로 처음 등장했다. 이들은 무력으로 농지를 점거해 정착함으로써 하나의 사회적 계급을 형성했다. "사무라이란 본디 전문가, 곧 그들이 가지고 있는 군사적 기능으로 지배계급에 봉사하는 직능 집단이었다." 11세기 중반에 이르러 이들은 자기 가문을 세습할 정도로 정체성을 확고히 세웠다. 그리고 1세기가 더 지난 뒤 가마쿠라 막부 시대가 열리면서 지배계급을 이루었으며, 19세기 후반 메이지유신으로 공식적 해체를 당할 때까지 700년 동안 일본사회의 지배 집단으로 군림했다. 그러나 메이지유신으로 근대국가를 형성한 뒤에도 사무라이의 정신은 문화적 근간으로 남아 오늘의 일본문화를 규정하고 있다. 메이지유신을 일으킨 주체부터가 사무라이계급이었다.

이 책은 사무라이의 명예문화가 성립하는 과정에 '소유'와 '폭력'이라는 두 가지 요소가 작동했다고 말한다. 사무라이는 영지를 소유한 무사로서 각자가 독립된 영역을 구축하고 있었다. 이들은 자신의 영지와 재산을 지키기 위해 폭력을 마다하지 않았다. 이 폭력에서 명예의 관념이 태어났다. 위험을 회피하지 않고 자신의 힘을 드러내 상대를 제압하는 것이야말로 명예로운 일이었던 것이다.

이 지점에서 지은이는 일본의 개인주의 문화가 서구에서 유래한 것이 아니라 일본문화의 전통에 이미 굳게 뿌리박고 있었음을 강조한다.

"중세 사무라이 명예문화의 중요한 측면은 사회적으로 자립을 이룬 토지 소유 엘리트의 주권 통치자적 지위의 표명이었다. 봉건제 토지 소유와 더불어 자신의 재산을 지킬 수 있는 군사력도 가지고 있던 결과로 사무라이계급은 그 힘과 독립의 문화적 표현으로서 명예 감정을 더욱 발전시켰다."

그런 독립의 감정은 신체와 정신의 주인은 자신이라는 생각, 더 나아가 죽음도 자신이 결정한다는 생각으로 이어졌다. '할복'이라는 사무라이 자살문화도 이 과정을 통해 형성됐다.

이 책은 사무라이의 명예 관념을 발전시킨 또 다른 힘으로 가마쿠라 막부 시대 이후 확고해진 군신관계를 거론한다. 사무라이들이 주군과 가신으로서 상하관계를 맺을 때, 주군에 대한 충성이 명예의 중요한 준거로 세워졌다. 문제는 봉건적 군신관계라는 것이 일정한 긴장과 갈등을 내장한 관계였다는 점이다. 충성을 바치는 대신 보호를 돌려주는 이 군신관계를 효과적으로 유지하려면 이데올로기적 장치가 필요했는데, 그것이 바로 명예예찬으로 나타났다. 명예 관념이 강화된 것은 사무라이가 완전히 종속된 자도 완전히 독립된 자도 아니라는 이중적 지위에서 비롯한 일이었던 것이다.

사무라이계급이 큰 정치적 변화를 겪은 것은 17세기 에도 막부가 등장한 뒤였다고 이 책은 말한다. 도쿠가와 시대에 쇼군은 가신들의 사회경제적 독립성을 박탈했다. 사무라이는 마상의 무사에서 충직한 관료로 변신해야 했다. 그런 거대한 변화를 밀어붙이는 과정에서 사무라이들의 반발을 억누르기 위해 '명예 관념'이 더욱 강화됐다. 주군에 대한 충성이야말로 명예로운 일이라는 이데올로기를 집요하게 주입해 가신들을 훈육했던 것이다. 그러나 그런 끈질긴 길들이기 작전 속에서도 사무라이의 원초적 독립 정신은 사라지지 않았다. 그 독립 정신을 이 책은 '명예형 개인주의'라고 규정한다. 정치적 종속과 개인적 독립 사이 긴장과 길항의 결과가 주군의 요구는 진지하게 받아들이되, 그것을 최종적으로 받들 것인가 말 것인가는 사무라이 자신의 책임 아래 결단한다는 사고의 강화였다. 그리하여 집단성과 개인성이 기이하게 결합하는 일본문화의 심층 심성이 굳어졌다고 이 책은 말한다.

에도의 몸을 열다 타이먼 스크리치 지음 / 박경희 옮김 / 그린비

외과용 메스로 연
일본의 근대

19세기 후반 근대화의 불길이 일본열도를 빠르게 뒤덮는 데 밑불 노릇을 한 것이 '난학蘭學'이었다는 사실은 널리 알려져 있다. 개항과 유신으로 서구화에 시동을 걸기 한참 전에, 개화에 관한 한 일본은 앞으로 대문을 걸어 잠그고 뒤로 쪽문을 열어둔 형국이었다. 도쿠가와 막부 시대 내내 쪽문이 열려 있었고, 그 작은 문으로 네덜란드인들이 드나들었다. 네덜란드인은 물자만 들여온 것이 아니라 학문도 들여왔는데, 그것이 바로 난학, 다시 말해 네덜란드어로 유통된 서양 근대 학문이었다. 난학은 특히 18세기에 들어와 8대 쇼군 도쿠가와 요시무네德川吉宗의 지원에 힘입어 빠르게 발전했다. 그때 발전을 선도한 것이 서양 의학이었다. 난학은 다른 어떤 것 이전에 먼저 의학이었다.

영국의 일본문화사학자 타이먼 스크리치Timon Screech(런던대학 교수)가 쓴 『에도의 몸을 열다 The Lens Within the Heart』는 바로 그 시기에 불기 시작한 일본 내 서양 의학 열풍과 서양 의학이 일으킨 문화적 변동을 포착해 서술한 책이다. 지은이가 특히 주목하는 것은 서양 의학 중에서도 해부학이다. 신체를 절개해 그 안을 속속들이 들여다보는 해부학이라는 새로운 의학 분야는 그 시대의 일본인에게는 충격이었고 공포였

고 경이였다. 외과용 메스와 가위로 대표되는 '칼날'은 두려움과 호기심을 동시에 불러일으키는 신의학의 아이콘이었다. 칼날 그 자체가 일본인에게 새로운 것은 아니었다. 도쿠가와 막부는 애초에 칼로 세운 체제였다. 지배계급인 사무라이에게 칼은 계급의 상징이자 권력의 표상이었다. 그러나 이 상징은 18세기에 이르면 말 그대로 상징으로 떨어졌다. 사무라이는 외출할 때면 언제나 칼을 찼지만, 칼이 칼집에서 나와 사람을 베는 일은 찾아보기 어렵게 되었다. 정장의 넥타이 같은 구실만 하게 된 칼은 칼집에서 붉게 녹슬었다. 이렇게 사람의 몸을 베고 가르는 칼의 기능이 사라진 자리에 바로 외과용 메스가 등장했다고 이 책은 말한다.

동아시아 전통 의학, 곧 한의학이 다 그렇듯이 일본의 전통 의학에서도 몸에 칼을 대는 절개 시술은 거의 찾아볼 수 없는 일이었다. "한방이라 부르던 동아시아 의학은 신체 절개 따위는 거들떠보려고도 하지 않았다." 반면에 서양에서 인체 절개와 해부는 의학의 본령 가운데 하나였다. 지은이는 두 의학의 차이가 '세계관의 차이'에서 비롯한 것이라고 말한다. 서양에서 인체는 대우주를 축소한 소우주로 여겨졌고, 특히 기독교의 영향으로 신의 형상을 닮은 것이 인체라고 생각됐다. 인체에 대한 해부학적 탐구는 종교적 의미를 띠고 있었다. 그런 관념이 외과학과 해부학의 발달을 자극했다.

18세기에 이 서양 의술로 무장한 네덜란드 의사들이 일본에 들어왔고, 18세기 중엽이면 이들에게서 의술을 전수받은 일본 외과의들이 출현하기 시작했다. 외과학을 더욱 널리 퍼뜨린 것은 해부학의 유행이었다. 산 사람을 대상으로 한 외과 시술은 마취제가 없던 시절에는 큰 고통을 동반하는 일이었으므로, 흔한 일이 아니었다. 이와 달리 죽은 신체를 활용하는 해부는 상대적으로 시행하기가 쉬웠다. 해부학은 관련 책자의 번역·출간으로 더욱 활성화했다. 1759년 최초의 해부도록인 『장지藏志』가 발간됐고, 1774년엔 해부학서의 기념비라 할 『해체신서解體

新書』가 세상에 나왔다.

지은이는 서양 의학의 발흥으로 전통 의학과 서양 의학 사이에 치열한 권력투쟁이 벌어졌다고 말한다. 전통 한방이 보기에 신체를 가르고 뜯어내는 것은 '기氣의 통일체로서의 몸'을 외면하는 짓이었다. 한방 의였던 사노 야스사다佐野安貞는 『장지』 출간 이듬해 『비장지』를 펴내 『장지』를 격렬하게 공격했다.

"무릇 장藏(내장)이 장인 것은 형상을 지녀서가 아니라 기를 간직하고 있어서다. 신체가 사라져 기가 흩어지면 장은 그저 허기일 뿐이다."

그러나 어찌됐든 한번 바람을 탄 외과학과 해부학은 더욱 멀리 번졌다. 지은이는 이쯤에서 해부학으로 대변되는 난학의 융성이 일으킨 문화적 변동에 주목한다. 요컨대 사람들의 세계 감각이 바뀌었다. 그런 변동의 한 양상이 회화에 침투한 리얼리즘 정신이다. 관념적 산수가 아닌 실제의 경치를 그리는 그림이 등장한 것이다. 화가들은 이제 풍경을 제 발로 찾아가 눈으로 보고 그리기 시작했다. 여행이 유행하기 시작했다. "여행자는 풍경의 해부학자가 된다. 이름이 알려진 장소에도 갈 뿐 아니라 생각지도 못한 발견에 이끌려 옆길로 새기도 한다." 신체를 샅샅이 까발려 모든 것을 알고자 한 태도가 그대로 여행에서도 관철됐다는 것이다. 해부학은 지리학에도 영향을 끼쳤는데, 해부학적 세계관이 지리에 투영된 것이다. 예컨대 수도를 나라의 심장이라고 하는 비유가 나타났는데, 당시로선 신선하기 이를 데 없는 발상이었다. 바깥에서 들어온 학문이 봉건시대 일본인들의 삶의 감각을 바꾸어놓기 시작한 것이다.

문학청년의 탄생 소영현 지음 / 푸른역사
부랑청년 전성시대 소영현 지음 / 푸른역사

부랑청년에서 문학청년으로, 청년의 탄생사

'청년'이라는 말은 근대의 도래와 함께 탄생한 말이다. 20세기가 열리면서 조선 땅에 처음으로 청년이라는 말이 등장했다. 말하자면 청년은 번역어였고 수입품이었다. 청년이란 말의 유통은 곧 청년이라는 존재의 출현을 뜻한다. 청년이라는 말에 담긴 의미 규정과 더불어 청년은 주조되고 형성됐다. 국문학자 소영현 성공회대 연구교수가 쓴 『문학청년의 탄생』과 『부랑청년 전성시대』는 20세기 초반에 청년이라는 말이 출현해 진화한 과정을 추적한 책이다. 애초에 박사학위 논문으로 쓴 『문학청년의 탄생』이 청년 담론의 전개 양상을 계보학적으로 살핀 책이라면, 『부랑청년 전성시대』는 박사학위 논문을 구성하는 과정에서 찾아낸 자료들 가운데 뚜렷한 시대적 특성을 보여주는 풍경 열네 장면을 뽑아내 상술한 책이다.

　『문학청년의 탄생』은 청년 담론의 형성과 분화를 면밀히 짚으면서, 문학의 영역에서 등장한 '미적 청년'을 집중 분석하고 있어 특히 주목할 만하다. 청년이라는 말은 1900년을 전후해 근대적 인쇄매체에 처음으로 얼굴을 내밀었다. 와이엠시에이YMCA를 기독교청년회로 번역한 것이 청년이란 말의 출처 가운데 하나가 됐다. 당시 기독교는 종교라기보다는 문명 자체를 뜻했다. 서양 문명이 이식되는 과정에서 통로 구실을 한 것이 기독교였는데, 그런 사정에 따라 '청년'은 근대적인 것, 진보적인 것을 표상했다. 1905년께부터 청년이란 말은 대유행어가 됐다. 그때 청년은 모더니티(근대성)를 체현한 근대적 주체를 대표하는 이미지이자 과거와 결별하고 미래를 선취해야 하는 이상적 주체의 모델이었다. 그러나 동시에 청년은 하나로 통합될 수 없는 상호 모순적인 규정들의 복합체이기도 했다. 청년이란 말을 쓰는 사람마다 거기에 다른 의미를 부여했다.

초기에 청년 담론을 주도한 것은 『소년』 『청춘』 『학지광』 같은 계몽주의적 종합잡지였다. 잡지 자체가 새로운 인간형을 창출하는 것을 목표로 하고 있었다. "잡지 발간 작업은 잡지의 독자를 중심으로 하는 청년 만들기 작업이었던 것이다." 청년 만들기는 근대국가 창출이라는 과업과 맞물려 있었다. 그러나 1910년 국권 상실 이후 국가가 사라져버리자 청년 담론은 구국이냐 출세냐, 인격완성이냐 현실개조냐 따위를 두고 여러 갈래로 나뉘었다. '우리 청년'으로 통칭되던 청년은 "'신대한 건설'이라는 무조건적 목표를 상실한 후, 그 '우리'의 범주를 한층 엄밀하게 분화해갔다."

여기서 지은이가 주목하는 것이 '부랑청년'이라는 범주다. '젊은이라고 해서 다 청년인 것은 아니다'라는 발상이 나타난 것인데, 젊은이 그룹에서 '청년이 아닌 존재'를 규정해 배제함으로써 역으로 '청년다운 청년'을 도출하는 과정이었다. 그때 '청년답지 못한 청년' '청년이 아닌 청년'이 바로 부랑청년이다. 부랑청년은 '게으름과 나태' '사치와 허영심'에 찌든, 요컨대 목표는 없고 겉멋만 든 청년을 가리키는 말이었다. 말하자면, 부랑청년은 1910년대의 '얼치기 개화꾼'이었다. 그런 배제 담론을 통해 자신들을 이상적인 청년으로 규정한 사람들이 '유학생'이었다. 도쿄 유학을 다녀와 선진 지식으로 무장한 이 새 청년 지식인들은 청년 담론을 주도했고 교육과 문화 운동의 선봉에 섰다. 또 유학 가지 않은 '반도 청년들'이 그런 계몽의 수혜자가 되면서 유학생과 반도 청년 사이의 문화적 간격도 차츰 좁혀졌다. 그리하여 그 지식 청년의 지반 위에서 '미적 청년'이 탄생했다고 지은이는 말한다.

미적 청년은 현실을 바꾸고자 하는 열망은 있지만 그 열망을 실현시킬 수단은 딱히 없는 청년들이었다. 이들은 문학이라는 '가상현실'에 자신들의 열망을 투영했다. 1920년대에 등장한 예술가 청년 또는 문학 청년이 바로 미적 청년이었다.

"미적 청년은 이중의 불일치에 의한 이중의 번민을 경험하게 된다. 자아와 세계의 불일치로 번민하고, 동시에 '허위의 자기'와 '참 자기'의 불일치로 번민한다."

이 번민의 해결책으로 미적 청년들이 찾아낸 것이 '아름다움'과 '사랑'이었다. 자아와 세계의 불화를 아름다움과 사랑으로 매개해보려 했던 것인데, 이 협소한 영역을 거점으로 삼아 미적 청년들은 다시 두 갈래로 나뉘었다고 이 책은 말한다. 참 자기를 실현하는 길로 '상호부조의 공동체'를 발견한 쪽이 있었는가 하면, '극단적 세계 부정'을 밀고나간 쪽도 있었다. 다시 말해, 한쪽이 자아와 세계의 화해를 공동체 관계 정립으로 이루어내려 했다면, 다른 한쪽은 고립된 개인의 내면세계로 더욱 깊이 들어감으로써 출구를 찾으려 했다. 그러나 두 부류 모두 문학 또는 예술이라는 가상공간에서 불화를 해결하려 했다는 점에서는 다르지 않았다. '삶'과 '예술'을 일치시키려 했던 미적 청년은 '참된 것'을 향한 열망 끝에 부정과 건설의 새로운 이념인 아나키즘과 사회주의로 나아가기도 했다고 이 책은 말한다.

카리스마의 역사 존 포츠 지음 / 이현주 옮김 / 더숲

바울과 베버 사이, '카리스마' 2,000년사

지성사 연구자 존 포츠 John Potts(오스트레일리아 매쿼리대학 교수)가 쓴 『카리스마의 역사 A History of Charisma』는 '카리스마'라는 말의 역사를 서술한 책이다. 대중매체가 자주 쓰는 카리스마라는 말의 의미를 뿌리에서부터 밝히고 그 의미가 변화하게 된 계기를 살핀다.

    카리스마 개념의 역사를 서술할 때 가장 주목해야 할 두 인물이 사도 바울과 막스 베버다. 서기 1세기의 유대 지식인 바울은 카리스마라는 말을 사실상 창조한 사람이었으며, 20세기 독일 사회학자 베버는 이 말을 현대적 의미로 재창조한 사람이다. 바울이 없었다면 베버의 카리스마 개념은 만들어질 수 없었을 것이고, 베버가 없었다면 바울의 카리스마 개념은 영원히 묻혀버렸을 것이다. 이 책은 바울과 베버, 두 사람의 개념 창조 작업을 집중 조명함으로써 카리스마 개념사의 주요 국면을 들여다본다.

    지은이는 카리스마의 말 뿌리에 고대 그리스어 '카리스 charis'가 있다고 말한다. 카리스는 호의, 사랑, 은혜, 선물, 감사, 개인의 매력이나 아름다움을 두루 뜻하는 말이었다. 호메로스의 서사시 『오디세이아』에서 여신 아테네는 자신이 좋아하는 오디세우스의 아들 텔레마코스에게

이 '카리스'를 준다. "그러자 그가 다가오면 모든 사람들은 탄복하며 그의 얼굴에서 시선을 떼지 못했다." 이 카리스에서 파생한 말이 카리스마 charisma인데, 카리스마의 '−마ma'는 '어떤 행위나 작용의 결과 혹은 나타남'을 의미한다. 카리스마는 카리스의 결과, 특히 '신의 은총의 결과'라는 뜻을 지니게 됐으며, 그 은총이 준 여러 재능을 의미하게 됐다.

바울 시대 한참 전에 그리스문화는 유대문화와 섞여서 혼효작용이 일어났는데, 그 중요한 사건이 '70인 역 성서'의 등장이다. 기원전 3세기에 70명의 번역자들이 히브리어로 된 구약성서를 그리스어로 옮긴 것이다. 이로써 유대 종교 관념이 그리스어로 사유되기 시작했다. 사도 바울은 바로 이런 혼합문화에서 태어나 교육받은 사람이었다. 그는 유대 땅에서 태어난 신생 기독교적 관념을 그리스어로 능숙하게 표현할 줄 아는 사람이었다.

대중 앞에서 연설을 잘하지 못했던 바울은 글을 쓰는 데서 탁월한 기량을 발휘했다. 그는 전도 사업에서 편지 쓰기를 가장 중요한 수단으로 삼았고, 여기서 처음으로 '카리스마'를 종교적 의미를 담아 썼다. 바울은 『신약성서』에서 카리스마란 말을 모두 열여섯 번 사용했는데, '코린토스인들에게 보낸 첫 번째 편지'(「고린도전서」)와 '로마인들에게 보낸 편지'(「로마서」)에서 집중적으로 사용했다. 특히 서기 54년께 집필된 「고린도전서」는 카리스마를 언급한 첫 번째 편지이자 카리스마의 의미를 가장 상세히 설명하고 있는 글이다.

바울은 이 편지에서 예언·치료·방언 같은 초자연적인 능력뿐만 아니라 지혜·지식·믿음 같은 일반적 능력까지도 카리스마의 일종으로 설명했다. 당시 코린토스 지역은 상층 엘리트와 하층 신도들 사이에 불화가 적지 않았는데, 엘리트 계층은 자신들의 방언 능력을 특별한 신의 은총의 증거로 내세웠다. 바울의 편지는 바로 이런 상황에 개입하는 것이었다. 바울은 방언 능력이 카리스마, 곧 신이 주신 선물들 가운데 가장 급이 떨어지는 것이라고 선언하고, 다른 여러 능력들이 다 소중하며 교회 공동체를 위해 함께 쓰여야 할 공동의 정신적 자산이라고 강조했다.

바울의 카리스마 개념은 이렇게 '성령의 은총'이라는 신비주의적인 의미를 품고 있었는데, 2세기 이후 기독교가 제도화하고 주교의 권위가 강해지면서 점차 외면받다가 거의 망각됐다. 그렇게 오랫동안 잊혔던 말이 다시 주목받게 된 것은 거의 전적으로 베버의 작업 덕이었다고 이 책은 말한다. 베버는 미완으로 끝난 대작 『경제와 사회 Wirtschaft und Gesellschaft』에서 '카리스마'를 사회학적 용어로 되살렸다. 그는 세 가지 정당한 지배유형으로 '합법적 지배' '전통적 지배' '카리스마적 지배'를 들고, 카리스마적 지배가 나머지 두 유형과 어떻게 다른지 깊이 논구했다. 그가 내놓은 카리스마의 정의는 다음과 같다.

> "카리스마라는 말은 한 개인의 특징에 적용될 것이다. 그는 그 특징 때문에 초자연적 능력, 초인간적 능력, 또는 적어도 특별히 예외적인 능력을 부여받은 뛰어난 사람으로 간주된다."

베버는 카리스마적 존재의 대표적인 사례로 예수를 거론했다. 그의 설명에 따르면, 예수는 "자기 자신에 대해 독특한 감정"을 지닌 "마법적 카리스마"의 소유자였다. 이렇게 개인 예수에게 초점을 맞춤으로써 그는 카리스마의 의미를 공동체적 차원의 '신의 은총'으로부터 비범한 지도자들에게 내재한 개인적인 능력으로 바꾸어놓았다. 지은이는 베버가 사회의 합리화·관료화에 대해 부정적인 견해를 품고 있었으며, 그런 경향이 강화되는 데 대한 일종의 반작용으로 비합리적인 카리스마적 지배를 다소 낭만적으로 동경했다고 말한다. 베버의 카리스마 개념은 영미권에 알려진 뒤 즉각 대중화의 길을 걸었다. 특히 1960년대 존 에프 케네디 대통령의 등장으로 카리스마는 '정치가의 개인적인 매력'으로 의미가 변한 뒤 대중문화로 퍼져 나갔다고 이 책은 말한다.

CHAPTER
13

문학과 유토피아

바보배 제바스티안 브란트 지음 / 노성두 옮김 / 안티쿠스

르네상스 시대 유럽을 떠돈 '바보배'

15세기 르네상스 시대 유럽의 강어귀에서는 광인 혹은 바보들을 실은 배가 출몰했다. 강이나 바다를 낀 거의 모든 주요 도시에서 광인·바보배를 볼 수 있었다. 이런 역사적 사실을 발굴해 대중적으로 알린 사람은 프랑스 철학자 미셸 푸코다. 푸코는 출세작이 된 『광기의 역사』를 15세기 르네상스 시대 광인의 운명으로 시작한다. 그 시대에 광인은 조롱과 경멸을 받긴 했지만 사회적 배제와 폭력적 감금의 대상은 아니었다. 푸코는 광인이 권리를 완전히 박탈당하고 감호 시설에 조직적으로 수용된 것은 17세기 대감금 시대에 나타난 현상이라고 주장했다.

르네상스 시대 광인의 지위를 설명할 때 푸코가 중요한 전거로 든 것이 그 시대 독일의 인문주의자 제바스티안 브란트Sebastian Brant(?1458~1521)의 작품 『바보배Das Narrenschiff』다. '바보배'는 그동안 주로 '광인들의 배'로 번역돼왔다. 푸코도 '바보'를 '광인'의 측면에서 이해하고 '광기'의 역사를 이해하는 데 유용한 사례로 삼았다. 이런 번역상의 혼란은 바보를 뜻하는 말에 광인의 의미가 포함돼 있다는 데서 비롯한 것으로 보인다. 바보란 말하자면 이성이 결여된 사람이고, 이 이성이 결여된 사람은 이성을 상실한 사람, 곧 광인이 되는 것이다. 중세 시대에 이

성은 기독교의 신이 준 지혜를 뜻했는데, 브란트의 작품 『바보배』에서 말하는 바보는 바로 이 지혜가 없는 사람을 가리킨다.

푸코가 인용함으로써 널리 알려졌지만 브란트의 『바보배』는 독일 근세문학에서뿐만 아니라 르네상스 시대 인문주의 역사에서도 매우 중요한 구실을 한 작품이다. 『바보배』가 출간되고 몇 해 지나지 않아 네덜란드 화가 히로니뮈스 보스 Hieronymus Bosch가 〈바보배〉를 그렸으며, 1509년 또 다른 인문주의자 데시데리위스 에라스뮈스가 『바보 예찬』을 썼다. '바보'는 문학·예술에서 숱하게 등장하는 주제어가 됐다.

바보가 이렇게 문학·예술상의 이슈가 된 데는 브란트의 『바보배』가 휘두른 막대한 영향력이 큰 구실을 했다. 브란트의 『바보배』는 1494년 출간되자마자 맹렬한 속도로 팔려나갔는데, 첫해에만 3쇄를 찍고 지은이가 사망할 때까지 17판을 냈다. 지은이의 허락을 받지 않은 해적판도 줄줄이 쏟아져나왔다. 해적판이 얼마나 기승을 부렸던지, 브란트는 새 판을 찍을 때 '항의문'을 붙여 "『바보배』를 제멋대로 뜯어고치고 새로운 시구를 구구절절 매달아놓는 바람에 『바보배』의 본디 모습이 형편없이 뜯겨나갔다"고 출판 해적 행위를 비난하기까지 했다. 브란트는 『바보배』를 애초에 독일어로 썼는데, 출간 3년 뒤 브란트의 제자 야코프 로허가 라틴어로 번역함으로써 유럽 전역 인문주의자들의 애독서 목록에 올랐다. 또한 이 책은 프랑스어·저지독일어(북부 독일에서 쓰는 독일어 방언)·네덜란드어로도 번역됐다. 『바보배』가 이토록 널리 읽힌 데는 40년 전 요한 구텐베르크 Johannes Gutenberg가 발명한 '활판 인쇄'의 보급이 결정적인 구실을 했다. 브란트의 『바보배』는 인쇄기술 혁명 후 등장한 최초의 베스트셀러였던 셈이다.

『바보배』는 바보들을 태운 배가 출항해 바보들의 천국을 찾다가 끝내 난파한다는 얼개로 전개되는 일종의 풍자시이자 교훈시다. 100여 가지 바보 유형을 등장시켜 그들의 온갖 어리석음을 신랄하게 비꼰다. 책을 옮긴 미술사학자 노성두 씨의 박진감 넘치는 번역은 이 작품의 풍자적 면모를 여실히 보여준다. '늙은 바보'의 어리석음을 풍자하는 한 대목은 이렇다.

"나야 반송장이 되었지만/ 내 아들 하인츠가 바보의 대를 물려받아서/ 내가 미처 못다 한 짓거리를 마무리할 걸세./ 부자지간이 어딜 가겠나? 나를 쏙 빼닮아서/ 바보짓이 썩 어울리고,/ 바보로 살다가 곧 어엿한 남자가 되어서/ 그 아비에 그 아들이로다, 하는 말을 듣겠지."

유행에 휩쓸리는 세태를 비난하는 구절은 오늘날의 한 냉소적 시인이 썼다고 해도 수긍이 갈 정도로 현재적이다.

"한 가지 유행이 지나가면 새 유행이 꼬리를 무니, 우리네 마음이란 놈이 창피한 줄 모르고/ 참으로 경박하고 오락가락한다네./ 이 나라에 유행의 바람이 몰아칠 때마다,/ 치마가 자꾸 짧아지고 배꼽이 드러나니/ 차마 눈 뜨고 못 볼 꼴 불견일세!/ 거리낌 없는 홀러덩 패션으로 예절을 비웃고/ 자연이 감춘 것까지 굳이 까 보인다네!"

브란트에게 르네상스 시대 개성의 표출 양상은 이렇게 못마땅한 것이었다. 그는 인간의 탐욕·부패·나태 같은 갖가지 '죄악'을 규탄하고 하느님의 지혜로 귀의할 것을 촉구한다는 점에서 중세적 세계관을 지닌 보수적 인물이라고 평가할 수 있다. 그러나 이런 보수적 가치관을 설파하려고 끌어들이는 지식은 그야말로 르네상스적이다. 고대 그리스·로마의 수많은 철학자·시인·정치가와 그리스신화의 인물들이 총출동하다시피 해 기독교 성서의 가르침과 교차한다. 그런 전 방위적인 지식과 냉정한 풍자정신은 지은이 자신의 뜻과는 상관없이, 현실 비판 흐름으로 이어져 종교개혁으로 귀결했다.

이 책에는 15세기 말의 판본에 들어가 있던 100여 장의 목판화도 그대로 실렸는데, 이 목판화들은 상당수가 당시 독일의 대표적 판화가였던 알브레히트 뒤러Albrecht Dürer의 작품인 것으로 추정된다. 이 목판화들은 글을 모르는 사람들도 내용을 이해할 수 있도록 한 장치이자, 글을 읽는 사람들이 스스로 바보가 아닌지 비춰보도록 마련한 일종의 '거울'이다. 지은이 브란트 자신이 '머리말'에서 그렇게 밝히고 있다.

"낫 놓고 기역자도 모르는 사람들은 책에 실린 판화에서 자신의 바보 형상을 보겠네. 또 판화에 실린 바보가 어떤 인간인지, 누굴 닮았는지, 어디가 모자라는지 알게 되겠지. 나는 판화를 '바보거울'이라고 부르려고 하네."

신곡 단테 알리기에리 지음 / 김운찬 옮김 / 열린책들
신곡 단테 알리기에리 지음 / 박상진 옮김 / 민음사
신곡 단테 알리기에리 지음 / 한형곤 옮김 / 서해문집

지옥에서 천국까지 나를 찾는 여행

단테 알리기에리Dante Alighieri(1265~1321)는 서양 중세의 가을에 떨어진 첫 낙엽이자 근대의 새벽에 기지개를 켠 최초의 인간이다. 프리드리히 엥겔스의 표현을 빌리면, 그는 "최후의 중세시인인 동시에 최초의 근대시인"이다. 근대인의 원형이 있다면 그가 바로 그 원형에 해당한다. 동시에 그는 현대 이탈리아어의 원형이다. 라틴어가 중세 지식인의 보편언어이던 시절에 그는 고향 피렌체가 속한 토스카나 지방의 민중어로 작품을 썼다. 단테의 영원한 연인 베아트리체가 이 세속의 말로 빚어져 영원한 사랑으로 승화했다. 위대한 시인들이 그의 선례를 뒤따랐다. 프란체스코 페트라르카Francesco Petrarca가 이 민중어로 연인 라우라를 그려냈으며, 조반니 보카치오Giovanni Bocaccio가 같은 말로 연인 피아메타의 형상을 주조했다. 200년 뒤 단테와 비슷한 역정을 걸은 니콜로 마키아벨리도 이 선배가 쓰던 말로 아름다운 산문을 썼다. 그들이 일군 언어의 풍요로움 덕에 피렌체 말은 통일 이탈리아의 표준어가 됐다.

현대 이탈리아어의 뿌리를 이루었고 근대문학에 사랑의 원형을 제공한 단테 필생의 대작이 『신곡』이다. 호메로스의 서사시 이후 서양 역사에서 가장 위대한 운문으로 꼽히는 이 작품의 번역본 두 종이 동시에

출간됐다. 열린책들에서 펴낸 『신곡』(김운찬 옮김)과 민음사에서 펴낸 『신곡』(박상진 옮김)이 그것이다. 이보다 먼저 한형곤 한국외국어대 교수가 서해문집에서 펴낸 『신곡』까지 더하면 최근 출간된 『신곡』 번역본은 모두 세 종이 된다. 세 번역자 모두 이탈리아어를 공부한 이 분야 전문가여서 이탈리아어로 된 『신곡』을 옮겼다. 이로써 독자들은 일어나 영어 중역본이 아닌 원전 직역본을 서로 비교하며 읽을 수 있게 됐다.

'신곡神曲'이라는 제목은 애초 일본인들이 번역하면서 만든 말인데, 단테가 붙인 본디 제목은 '단테 알리기에리의 코메디아 La comedia di Dante Alighieri'다. '희극'으로 흔히 옮겨지는 '코메디아'는 비극이 아닌 작품에 붙이는 이름이다. 단테의 『신곡』은 지옥의 어둠에서 시작해 천상의 환희로 끝나는, 다시 말해 행복한 결말로 끝나는 작품이기에 코메디아라고 붙인 것이다. 열렬한 단테 찬미자였고 단테 전기를 쓰기도 한 보카치오는 이 작품의 장엄과 위엄을 강조하려고 코메디아 앞에 '신적인 혹은 성스러운'이라는 의미의 형용사 '디비나 divina'를 덧붙였다. 보카치오의 뜻을 따라 1555년 『디비나 코메디아 Divina Comedia』라는 이름으로 새 판본이 나왔고, 이후 이 작품은 그 이름으로 굳어졌다. '신곡'이라는 번역어는 바로 이것을 옮긴 것이다. 새로 나온 박상진 번역본은 작품의 본디 제목을 되살려 '단테 알리기에리의 코메디아'를 부제로 실었다.

『신곡』은 당대 인문 지식의 총화다. 단테가 존경해 마지않았던 신학자 토마스 아퀴나스 Thomas Aquinas의 『신학대전』을 기둥으로 삼아 철학과 역사와 신화를 넘나드는 방대한 지식을 쌓아올려 웅장한 문학적 건축물을 축조했다. 그 시대에 재발견된 그리스·로마 신화의 인물들이 등장하고 아리스토텔레스의 윤리학이 소개된다. 단테를 이끌어 지옥과 연옥을 안내하는 사람은 로마 시인 베르길리우스다. 단테는 베르길리우스를 문학적 아버지로 생각해 그의 영광을 재현하고자 했다. 그뿐만이 아니다. 유럽과 이탈리아의 역사가 『신곡』의 건축자재로 쓰이며, 단테를 고통과 원한에 빠뜨렸던 당대 피렌체의 정치 상황이 이야기된다. 이렇게 수없이 많은 소재들이 사용되기 때문에 『신곡』을 이해하는 데 필요한 주석도 방대하다. 『신곡』 용어 사전이 따로 있을 정도다. 세 번역본에서도 옮긴이들은 비교적 충실한 주석을 달아놓았다.

『신곡』은 중세 가톨릭의 세계관이었던 프톨레마이오스의 우주관을 토대로 삼아 저승 세계를 묘사하고 있다. 이 서사시 안에서 순례자 단테는 지옥과 연옥과 천국을 차례로 통과한다. 그 첫줄은 "우리 인생길의 한중간에서 나는 올바른 길을 잃어버렸기에 어두운 숲 속을 헤매고 있었다"로 시작하는데, 여기서 인생길의 한중간은 단테 나이 서른다섯 살이던 1300년을 가리킨다. 작품 안에서 주인공 단테는 그해 부활절을 전후해 7일 동안 저승의 세계를 온전히 체험한다. 이 환상적 세계를 단테의 펜은 극히 정교하고도 숨 막히도록 생생하게 그려낸다. 지옥의 고통이 현실에서 벌어지는 일처럼 묘사된다. 연옥을 거쳐 지상낙원에 이른 단테는 자신이 그토록 사랑했던 연인 베아트리체Beatrice의 손에 이끌려 천국으로 떠오른다. 천상의 꼭대기에서 그는 완전한 사랑, 완전한 기쁨을 맛본다. 베아트리체는 그의 구원자다. 중세의 세계관에 충실한 저승은 순례자 단테의 인생길이기도 하다. 간난신고의 역정을 거쳐 단테는 제 마음속 연인을 만난다. 그것은 곧 자기와의 만남이다. 『신곡』의 순례는 선과 악으로 뒤엉킨 자아의 탐구이자 자기 발견의 기록이다. 중세의 알 속에서 근대적 자아가 자라나 껍질을 깨고 나온 것이다.

■■ 단테의 사랑, 정치 그리고 문학 ■■

베아트리체가 없었다면 『신곡』의 시인 단테도 없었을 것이다. 단테는 자신의 삶을 바쳐 쓴 『신곡』에서 베아트리체를 숭고한 사랑의 이상형으로 창조했다. 베아트리체라는 영원한 연인은 사실상 단테의 펜 끝에서 태어났다. 단테가 베아트리체를 만난 것은 아홉 살 때였다. 1274년 봄 단테는 아버지와 함께 이웃 폴코 포르티나리 가문이 연 잔치에 갔다가 그 집에서 처음으로 베아트리체의 모습을 보았다. 여덟 살 소녀는 소년의 마음 안에서 곧바로 평생의 여인이 됐다. 그 순간의 잊을 수 없는 감격을 뒷날 단테는 『새로운 인생』에서 이렇게 묘사했다.

"진실을 말하자면 바로 그 순간 심장의 은밀한 방 안에서 기거하고 있던 생명의 기운이 너무나 심하게 요동치는 바람에 가장 미세한 혈관마저도 더불어 떨리기 시작했다."

베아트리체를 향한 단테의 사랑은 시작부터 이렇게 가혹할 정도로 맹렬했지만, 두 사람은 숨결은커녕 손바닥의 온기도 교환해보지 못했다. 만남이라고 하기엔 너무 미약한 첫 만남 후 두 번째 만남까지 두 사람은 9년을 기다려야 했다. 두 번째 만남도 미약하기는 마찬가지였다. 단테와 베아트리체는 길 위에서 스치듯 눈인사를 했고, 그리고 그것이 그들 만남의 거의 전부였다. 당시 피렌체의 관례대로 일찍 약혼한 단테는 다른 여인과 결혼했고, 베아트리체도 딴 남자의 아내가 됐다. 결코 가까워질 수 없었던 이 연인은 1290년 스물네 살로 이승을 떠났다. 이 머나먼 여성은 이제 문학적 상상력이 아니고서는 살아날 길이 없게 됐다. 비탄과 상심에 빠진 단테는 몇 해를 우울 속에 갇혔다가 『새로운 인생』을 쓴 뒤 세상 밖으로 나왔다.

단테는 서른에 정치활동을 시작했다. 정치는 그에게 영광을 안겨주었지만, 그를 나락에 빠뜨리는 원인도 됐다. 그는 1300년 피렌체 공화정의 최고책임자인 3인 행정위원 가운데 한 사람으로 뽑혔다. 단테는 문학가 이전에 정치가로 먼저 자신을 알렸다. 그러나 그 무렵 피렌체는 정치적 내홍에 휩싸였고, 교황 보니파키우스 8세의 음모는 단테가 속한 정파를 무너뜨렸다. 1302년 국외에 있던 단테는 피렌체 새 집권파가 꾸민 궐석재판에서 재산을 몰수당하고 사형을 선고받았다. 단테는 베아트리체의 도시에서 쫓겨났고, 그토록 사랑했던 고향에 끝내 돌아가지 못했다.

"로마의 딸 피렌체의 그 부드러운 가슴에서 나를 쫓아내는 것이 피렌체 시민들의 즐거움이 된 뒤로 나는 거의 모든 지역을 떠돌아다녔다. 낯선 나그네가 되어, 거지 신세가 되어 …."

그러나 이 망명자는 자신의 절망적 처지에 주저앉지 않았다. 그는 대작을 구상하고 거기에 자신의 모든 지식, 모든 열정, 모든 에너지를 쏟아부었다. 시적 상상력은 쓰라린 삶의 한복판에서 더욱 뜨겁게 타올랐다. 그 푸른 불꽃 속에서 지옥과 연옥이 피어올랐으며 천국이 광휘를 뿜었고, 베아트리체의 형상이 탄생했다.

1321년 단테는 망명지였던 라벤나에서 열병으로 죽었다. 직전에 『신곡』이 완성된 터였다. 그의 망명지는 새로운 문학의 탄생지였고 새로운 여신의 탄생지였다.

몽테뉴와 파스칼 이환 지음 / 민음사

시대가 만든 지혜의 라이벌

프랑스 말 '모랄리스트moraliste'란 프랑스의 고유한 지적 계보에 속하는 일군의 작가를 가리킨다. 수필이나 잠언 같은 비체계적 글쓰기 형식 안에 인간성에 대한 냉정하고도 신랄한 철학적 성찰을 담아낸 사람들을 일컫는 말이다. 철학과 문학 중간쯤에서 독특한 사유를 펼친 사람들인 셈인데, 이 모랄리스트 계보의 맨 앞자리에 선 두 사람이 미셸 드 몽테뉴Michel de Montaigne(1533~1592)와 블레즈 파스칼Blaise Pascal(1623~1662)이다. 1세기 가까운 시차를 두고 태어난 두 사람은 같은 모랄리스트이면서도 여러 지점에서 선명한 대비를 이루는 지적 라이벌이다.

몽테뉴는 『에세*Essais*』라는 저작을 남겼고, 파스칼은 『팡세*Pensées*』라는 작품을 썼다. 몽테뉴는 "나는 무엇을 아는가?"라는 유명한 질문으로 자신의 회의주의적 사색을 요약했고, 파스칼은 "인간은 생각하는 갈대다"라는 명제로 사상사에 지워지지 않는 이름을 새겼다. 특히 삶에 관한 두 사람의 관점은 정반대라 할 정도로 달랐다. 몽테뉴가 무신론적 인본주의자였다면 파스칼은 신앙에서 출구를 찾은 기독교인이었다. 두 사람이 마주앉는다면 그 대결이 자못 격렬할 것이다. 불문학자 이환 서울대 명예교수가 쓴 『몽테뉴와 파스칼』은 사색의 두 대가를 링 위에 올려

놓고 대결시킨 책이다.

지은이는 불문학 중에서도 파스칼 전공이다. "젊은 시절 파스칼에게 이끌린 뒤로 줄곧 파스칼을 붙들고 살았다." 그렇게 오래 매혹당하는 동안 『파스칼 연구』와 『파스칼: 그 생애와 사상』을 썼다. 그리고 파스칼에게서 자극받아 뒤늦게 몽테뉴에 도전해 몇 년 전 『몽테뉴의 '에세'』를 펴냈다. 이 정도면 두 사람을 한 링에 세울 만큼 준비가 된 셈이다.

세대가 다르니만큼 두 사람이 실제로 대결할 기회는 없었지만, 가상의 대결을 펼친 적은 있다. 파스칼이 몽테뉴를 맞상대로 삼아 퍼부은 공격의 내용이 『팡세』를 비롯한 유작 이곳저곳에 남아 있다. 그렇다고 해서 파스칼이 마냥 몽테뉴를 거부했던 것만은 아니다. 파스칼은 몽테뉴의 『에세』를 평생의 애독서로 가까이했고, 기독교 『성서』 다음으로 많이 읽었다고 한다. 파스칼에게 몽테뉴는 애증이 교차하는 대상이었던 것이다.

이 책에서 두 사람의 대결 지점은 '삶을 어떻게 살 것이냐'로 모인다. 몽테뉴가 살던 시대는 종교개혁의 후폭풍으로 신교와 구교 사이에 참혹한 내전이 벌어지던 때였다. 사람들은 서로 자신들의 신을 믿으라고 강요하며 유럽을 피로 물들였다. 몽테뉴가 본 것은 인간의 광기였다. 그 광기를 낳은 것은 '우리가 믿는 신만이 진짜 신'이라는 맹목적 신앙이었다. 몽테뉴는 이 독단적 맹신이야말로 삶을 파괴하는 요인이라고 생각했다. 그때 그가 내린 처방이 '회의'였다. 회의의 정신을 몽테뉴는 이렇게 묘사했다. "뒤흔들고, 의심하고, 따져 묻고, 어떤 것도 단정하지 않고, 어떤 것도 다짐하지 않는 것."

몽테뉴는 이렇게 발본적으로 의심하는 과정을 통해 모든 맹목적 믿음에서 해방될 수 있고 정신의 자유를 얻을 수 있다고 생각했다. 이렇게 자유로워진 정신이 볼 때 인간에게 주어진 것은 '신 없는 세계의 유한한 삶'뿐이다. 몽테뉴는 절대니 영원이니 하는 불가능한 것을 포기하고 삶의 유한성을 있는 그대로 받아들이는 것만이 행복의 조건이라고 말했다. 이 유한한 삶에 자족하고 거기서 즐거움을 찾아야 한다는 것이다. 마음의 평안은 자신의 한계를 받아들이는 데서 온다.

파스칼 시대에 몽테뉴의 가르침은 꽤 널리 퍼진 일반교양이 되었다. 그러나 파스칼은 몽테뉴와는 전혀 다르게 생각했다. 종교전쟁이 끝나고 유럽이 안정기로 접어든 이 시기에 파스칼은 '불안'을 보았다. 그에게 인간이란 '위대함'과 '비참함' 사이에서 줄타기를 하는 존재였다. 인간은 갈대와 같은 존재여서 무한한 우주에 비하면 한없이 비참하다. 그러나 그렇게 미약한 존재가 전 우주를 사유할 수 있다는 점에서 한없이 위대하다. 파스칼의 강조점은 '비참' 쪽에 찍혀 있었다. '무無'와 '무한無限' 사이에 걸려 있는 유한한 존재인 인간은 불안을 안고 살 수밖에 없다고 파스칼은 생각했다. 파스칼이 보기에 몽테뉴는 이 근본적인 문제를 덮어버리고 그 위에서 적당히 삶을 즐기려고 한다. 몽테뉴처럼 의심만 하고 끝내서는 안 된다. 의심의 끝을 뚫고 '초월'로 나아가야 한다. 기독교의 신에게 귀의함으로써 불안과 불행을 극복하고 참된 행복을 누릴 수 있다는 것이 파스칼의 생각이었다. 『팡세』는 이렇게 기독교 변호론을 펼치는 책이다.

지은이는 두 사람의 대결이 "인간의 삶 속에서 끊임없이 되풀이되는 영원한 대결의 한 표본"이라고 말한다. 몽테뉴는 삶이라는 것이 수많은 결함을 지녔음을 알면서도 낙관과 긍정으로 그 삶을 감싸려고 하고, 파스칼은 삶의 결함을 근원적으로 해결하기 위해 절대자를 불러들인다. 절대자만이 이 해결할 수 없는 모순을 극복할 길을 열어준다는 것이다. 지은이는 두 사람의 견해를 중립적으로 보여주려 하지만, 그의 마음은 최종적으로는 파스칼 쪽으로 향한다.

니코스 카잔차키스 전집   니코스 카잔차키스 지음 / 안정효·이윤기 외 옮김 / 열린책들

붓다와 니체와 조르바로 빚은 자유 영혼

"나는 평생 위대한 영웅적 인물들의 영향을 받았다. 어쩌다가 영웅성과 성스러움을 겸비한 인물이 나타난다면, 그는 인간의 본보기였다. 영웅이나 성자가 될 능력이 없었던 나는 글을 씀으로써 내 무능함에 대한 위안을 조금이나마 얻으려고 시도했다."

이 고백 그대로 니코스 카잔차키스 Nikos Kazantzakis(1885~1957)는 영웅이 되기에는 너무 문학적이었고, 성자가 되기에는 너무 세속적이었다. 그러나 그는 글을 씀으로써 성자의 형상을 창조했고, 우리 시대의 영웅을 그려냈다. 그의 글쓰기는 말하자면, 우리를 성스러움 가까운 곳으로 이끌려는 영웅적인 투쟁이었고, 영웅을 살아 있는 존재로 빚어내려는 성스러운 분투였다. 『그리스인 조르바 *Vios ke politia tu Aleksi Zorba*』 『영혼의 자서전 *Report to Greco*』의 작가 카잔차키스의 전집이 나왔다. 대학생 시절에 쓴 소설에서부터 최후에 쓴 작품까지 소설·희곡·서사시·여행기·편지가 모두 30권으로 묶였다. 전집 가운데 상당수는 과거에 낱권으로 번역된 바 있지만, 그의 모든 작품을 번역해 모은 전집 출간은 이번이 처음이다. 20세기 세계 문학사의 거인이자 현대 그리스를 대표

하는 작가의 문학적 성취를 통째로 살필 수 있는 기회가 온 셈이다.

1883년 그리스 남부 크레타섬에서 태어난 카잔차키스는 자신이 아랍계 아버지의 '불'과 그리스계 어머니의 '흙'을 동시에 이어받았다고 만년의 자서전에 썼다. 해적의 후예였던 아버지는 남성성·투쟁성·에너지의 화신이었고, 농부의 딸이었던 어머니는 온화함·선량함·내향성을 아들에게 물려주었다. 아버지의 불과 어머니의 흙은 그의 핏속에 섞여 평생을 두고 불화하고 적대했다.

"나는 타협이 불가능한 요소를 타협시키는 것이 하나뿐인 내 의무라고 느꼈다. (…) 그것은 벅차고 끝없는 의무다."

터키의 지배 아래 있던 크레타의 정치적 상황은 카잔차키스의 삶에 또 하나의 의무, 정치적 자유를 향한 투쟁의 의무를 얹어주었다. "내 영혼을 처음으로 뒤흔든 것은 자유에 대한 열망이었다." 크레타인들의 해방 투쟁의 기억은 뒷날 소설 『미할리스 대장』으로 열매를 맺었다. 벌써 어린 나이에 자유의 소중함을 느꼈던 카잔차키스는 청소년기에 좀더 넓은 세상과 만나게 되면서 크레타의 경계를 넘어선다. "자유에 대한 갈망은 크레타만의 특징이 아니라 모든 인류의 영원한 특징이었다."

카잔차키스의 자유의지가 지닌 유별난 성격은 정치적 자유와 내면적 자유가 언제나 이원적으로 공존하고 길항한다는 데 있다. '영혼의 작가'라는 이미지에 어울리지 않게 카잔차키스는 정치적 행동주의자로서 공산주의 운동에 가담했으며, 러시아혁명 지도자 레닌을 찬양하는 글을 썼고, 후년에는 그리스 사회당의 지도자로 활동하다 정치 상황이 불리해지자 국외로 망명하기도 했다. 자유를 향한 그의 목마름은 끝없는 여행으로도 나타났는데, 지중해에서부터 극동의 일본까지 세계 거의 모든 곳을 돌아다녔다. 그 결과가 『스페인 기행』 『러시아 기행』 『영국 기행』

『일본·중국 기행』 같은 여러 권의 여행기로 남았다.

동시에 그는 일찍부터 성자의 삶에 이끌려 성지를 순례하고 금욕적 고행에 몸을 내맡기기도 했다. 성자는 그에게 곧 정신의 영웅이었는데, 붓다와 예수, 그리고 아시시의 프란체스코 성인이 그런 존재였다. 희곡 『붓다』와 소설 『성자 프란체스코』는 성자의 삶과 하나가 되려는 내면의 열망이 낳은 작품이다. 뒷날 그는 예수를 살과 피를 지닌 존재로 형상화한 『최후의 유혹』을 썼는데, 두 아내를 거느린, 번뇌하고 갈등하는 인간으로 그렸다는 점 때문에 교회의 격렬한 비난을 샀고 바티칸의 금서 목록에 올랐다.

요컨대, 카잔차키스는 끝없는 모험 속에 자신을 풀어놓은 사람이었다. 자유의 땅을 향한 위태로운 항해가 그의 삶이었다. 그 삶을 신화에 빗댄다면 오디세우스의 방랑이 될 터인데, 그런 삶의 과정에서 탄생한 것이 서사시 『오디세이아』다. 『오디세이아』는 "모두 3만 3,333행으로 이루어진 웅대한 대서사시이자 카잔차키스 일생에 걸친 가장 장엄한 문학적 업적"이라 할 작품이다.

그리고 이 자유의 투사가 가장 생생하고도 도전적인 문체로 그려낸 『그리스인 조르바』는 카잔차키스의 모순적 열정이 만개한 작품이다. 1917년 만나 한동안 같이 생활했던 실존 인물 조르바Aleksi Zorba에 대해 카잔차키스는 이렇게 썼다.

"내 영혼에 가장 깊은 자취를 남긴 사람들의 이름을 대라면 나는 아마 호메로스와 붓다와 니체와 베르그송과 조르바를 꼽으리라. 조르바는 삶을 사랑하고 죽음을 두려워하지 말라고 가르쳤다."

"삶의 길잡이를 선택해야 하는 문제가 주어졌다면, 나는 틀림없이 조르바를 택했으리라. 그 까닭은 글 쓰는 사람이 구원을 얻기 위해 필요로 하는 바로 그것을 그가 갖추었으니, 화살처럼 허공에서 힘을 포착하는 원시적인 관찰력과, 아침마다 다시 새로워지는 창조적 단순성과, 영혼보다 우월한 힘을 내면에 지닌 듯 자신의 영혼을 멋대로 조종하는 대담성과, 결정적 순간마다 인간의 뱃속보다도 더 깊고 깊은 샘에서 쏟아져나오는 야수적인 웃음을 그가 지녔기 때문이었다."

조르바에 대한 서술에는 젊은 시절 그가 광포하게 빠져들었던 니체의 이미지가 어른거린다. 그는 니체를 처음 읽던 순간을 이렇게 묘사한다.

"처음에 그는 나를 완전히 공포로 몰아넣었다. 나는 그의 격렬함과 자부심에 비틀거렸고, 위기에 도취했으며, 마치 굶주린 맹수와 어지러운 난초들이 가득 찬 시끄러운 밀림으로 들어가듯, 두려움과 열망을 느끼며 그의 작품에 탐닉했다."

그는 삶의 어두운 심연을 들여다보았고, 그 심연과 싸웠다. 그 싸움을 영혼과 육체의 싸움으로 번역할 수도 있다. 그는 자서전에서 이렇게 썼다.

"나의 내면에는 인간 존재 이전의 '악한 자'가 지닌 어두운 태곳적 힘이 존재했고, 또한 인간 존재 이전의 신이 지닌 밝은 힘도 존재했는데, 내 영혼은 이 두 군대가 만나 싸우는 격전장이었다. 고뇌는 격렬했다. 나는 내 육체를 사랑해서 그것이 사멸하지 않기를 바랐고, 영혼을 사랑해서 그것이 썩지 않기를 바랐다."

그 힘겨운 싸움이 삶을, 문학을 살찌웠을 것이다. 그는 말한다.

"영혼과 육체가 강할수록 투쟁은 그만큼 수확이 많고, 최후의 조화는 더욱 풍요롭다. 신은 나약한 영혼이나 흐물흐물한 육체를 사랑하지 않는다. 정신은 힘차고 저항력이 넘치는 육체와 씨름하기를 바란다."

1957년 사회주의 중국을 방문하고 돌아온 카잔차키스는 쇠약해진 몸에 독감의 습격을 받고 쓰러져 숨을 거두었다. 생전에 써놓은 그의 묘비명은 이랬다.

"나는 아무것도 바라지 않는다. 나는 아무것도 두려워하지 않는다. 나는 자유다."

카뮈 전집 알베르 카뮈 지음 / 김화영 옮김 / 책세상

반항인과 이방인 사이, 카뮈의 진실

"사람은 어느 한 극단으로 쏠림으로써가 아니라 두 극단에 동시에 닿음으로써 자신의 위대함을 보여준다."(『독일 친구에게 보내는 편지』 제사)

블레즈 파스칼의 글에서 따온 이 문장은 알베르 카뮈(1913~1960)의 삶을 관통한 정신을 보여준다. 사유를 양쪽 극단까지 밀어붙인 뒤 두 극단을 잡아당겨 그 팽팽한 긴장 위에 삶의 화살을 놓는 것, 그것이 카뮈의 일생이었다. 그는 화살을 함부로 쏘지 않았지만, 한번 쏘면 대개 과녁을 적중했다.

20대에 프랑스 지식계의 스타로 떠오르고, 삶의 어느 한 국면을 레지스탕스 운동에 바치고, 아주 젊은 나이(마흔네 살)에 노벨문학상을 타고, 그리고 너무 일찍 세상을 저버린 이 작가는 자신이 떠난 자리에 한 아름의 작품을 유산으로 남겨놓았다. 그 유산 속에 담긴 사상의 힘은 막강해서 50년이 지난 지금도 독자들의 심장과 머리를 타격한다. 그의 정신이 집적된 『카뮈 전집』이 스무 권으로 묶여 한국어로 완간됐다. 불문학자 김화영 고려대 명예교수가 23년에 걸쳐 홀로 벌인 고투의 결과다.

카뮈는 언젠가 자신의 창작 방식과 관련해 이런 말을 한 바 있다.

"나는 행동의 언어로 희곡을 썼고, 합리적인 형식으로 에세이들을, 속을 헤아리기 어려운 마음을 바탕으로 삼아 소설들을 썼다."(『스웨덴 연설·문학비평』)

이 발언에 나타나는 대로 카뮈는 소설과 희곡과 철학적 에세이를 동시에 섭렵한 전 방위 작가였다. 또 삶의 상당 부분을 신문에 기사와 논설을 쓰는 저널리스트 생활에 바쳤다. 이 전집에는 그가 습작기에 쓴 글들에서부터 마지막 시기 인터뷰까지 그의 거의 모든 저술과 발언이 담겼다.

프랑스 식민지 알제리의 수도 알제에서 태어난 카뮈는 열일곱 살 때 폐결핵의 습격을 받았다. 그 뒤로 오랫동안 그의 육체를 괴롭힌 이 질병을 견디며 젊은 카뮈는 죽음의 문턱 저편을 들여다보았다. 죽음의 그림자에 싸여 바라보면 모든 친숙한 것들이 낯선 것으로 바뀌었다. 이 세계도, 타인도, 자기 자신마저도 자기로부터 떨어져 휑뎅그렁한 사물로 나타났다. 삶의 한가운데서 사막이 펼쳐졌다. 젊은 날의 이 강렬한 인식은 제2차 세계대전이라는 극단의 시간을 통과하면서 생생한 현실성과 보편성을 얻었다. 파리가 나치의 수중에 떨어진 시기에 그는 이 뜨겁고도 투명한 인식을 육화시켜 소설 『이방인 L'étranger』과 에세이 『시지프 신화 Le Mythe de Sisyphe』로 탄생시켰다. 이어 희곡 『칼리굴라 Caligula』를 썼다. 이들이 모여 이른바 '부조리' 3부작을 이룬다.

인간은 누구나 언제 올지 모르는 형 집행을 기다리는 사형수와 같다. 그런데도 우리는 먹고 마시고 사랑하고 꿈꾼다. 부조리다. 제2차 세계대전 이후 한동안 카뮈와 막역한 동지였던 장폴 사르트르는 『이방인』과 『시지프 신화』를 다음과 같이 요약했다. "『시지프 신화』는 부조리의 '개념'을 겨누며, 『이방인』은 부조리의 '감정'을 느끼게 해준다." 카뮈의 설명을 따르면, 부조리의 발견은 끝이 아니라 시작이다. 부조리의 발견에서 끌어내는 '귀결'이 중요하다.

"그리하여 나는 부조리에서 세 가지 귀결을 이끌어낸다. 그것은 바로 나의 반항, 나의 자유, 나의 열정이다."

그 반항과 자유와 열정을 집약한 하나의 이미지가 시지프다. 신들로부터 벌을 받아 산꼭대기까지 한없이 돌을 굴려 올려야 하는 시지프는 부조리가 강요하는 운명에 무릎 꿇지 않는 정신의 표상이다.

"그때 시지프는 돌이 순식간에 저 아래 세계로 굴러떨어지는 것을 바라본다. (…) 그가 산꼭대기를 떠나 신들의 소굴로 더 깊숙이 내려가는 그 순간순간 시지프는 자신의 운명보다 더 우월하다. 그는 그의 바위보다 더 강하다."(『시지프 신화』)

반항 속의 열정, 반항 속의 자유를 상징하는 시지프의 모습은 그의 두 번째 창작 사이클을 예고한다. 나치즘의 극단을 겪고 종전 후 다시 냉전의 극단에 처한 카뮈는 소설 『페스트 La peste』(1947), 희곡 『계엄령 L'Etat de siège』 『정의의 사람들 Les Justes』, 에세이 『반항하는 인간 L'Homme révolté』으로 이루어진 '반항의 사이클'을 돈다. 열정과 자유는 반항으로 수렴되고, 반항은 사이클을 돌면서 '절도節度'와 만난다. 카뮈는 반항이 그 순수성을 잃지 않으려면 절도를 품어야 한다고 말한다. 반항이 한계를 넘어 폭력을 찬양하고 살인을 용인하게 되면, 그 순간부터 반항은 반항의 정신을 배반한다. 한계를 모르는 반항은 반항이 아니다. "반항이 곧 절도다." 이 반항 속의 절도를 카뮈는 시계추의 비유로 설명한다.

"반항은 스스로 심오한 리듬을 찾기 위해 광란하는 듯한 진폭으로 흔들리는 불규칙한 진자와도 같은 것이다. 그러나 이 불규칙한 상태가 도를 넘어버리는 일은 없다." (『반항하는 인간』)

이 절도의 사상을 밀고나갈 때 카뮈는 사르트르와 부딪쳤다. 그것이 1952년의 유명한 '사르트르-카뮈 논쟁'이다. 스탈린주의에 기운 사르트르의 '한계 없는 반항'을 카뮈는 절도의 언어로 공격했다. "유럽은 결코 정오와 심야의 투쟁을 벗어난 적이 없다." 카뮈는 자신을 정오의 사상으로, 사르트르를 심야의 사상으로 대립시켰다. 햇살이 직각으로 내리쬐는 한낮의 투명함으로 현실을 냉정하게 보아야 한다고 그는 주장했다.

노벨문학상을 수상한 뒤 그는 이런 연설을 했다.

"진실은 신비롭고 달아나기 쉬운 것이어서 늘 새로이 쟁취해야 하는 것입니다. 자유는 위험하고 우리를 열광시키기도 하지만 그만큼 체득하기 어려운 것입니다."

1959년 어느 인터뷰에서 그는 "내 나이 마흔다섯이고 아직 놀랄 정도로 활력이 남아 있습니다"라고 말했다. 그러나 얼마 뒤 그는 자신의 창작 사이클의 세 번째를 이룰 소설 『최초의 인간 *Le premier homme*』의 원고를 품고 가다 자동차 사고로 그 자리에서 삶을 접었다.

"당신은 당신 속에 시대의 갈등을 요약하고 있었고 그 갈등을 몸소 살아가려는 열정을 통해 그 갈등을 초극하였습니다. 당신은 가장 복합적이고 가장 풍부한 하나의 페르소나였습니다."

사르트르는 카뮈와 논쟁하던 중 그의 삶을 그렇게 묘사했는데, 이 문장은 미리 쓴 추도사처럼 읽힌다.

독서의 알레고리 폴 드 만 지음 / 이창남 옮김 / 문학과지성사

"책은 언제나
의도와 다르게 이해된다"

폴 드 만Paul de Man(1919~1983)은 덴마크에서 태어나 벨기에에서 성장기를 보내고 미국 하버드대학에서 박사학위를 받은 뒤 예일대학에서 학문적 전성기를 보낸 문학이론가이다. 그는 이른바 '예일학파'의 우두머리였다. 그의 이력을 요약하면, 프랑스에서 출현한 '해체주의 사상'을 영어로 번역해 미국에 퍼뜨렸다는 한 줄의 문장이 될 것이다. 말하자면 그는 번역자이고 전파자였는데, 뛰어난 전파자들이 그러하듯 원본을 재해석해 새로운 사유를 덧붙였음은 물론이다. 드 만의 목소리는 특히 문학이론, 문학비평에서 크게 울렸고, 그 울림이 퍼져 사상 일반에까지 미쳤다.

    드 만은 평생 65편이라는 적지 않은 에세이와 평문을 썼지만, 생전에 펴낸 책은 두 권에 지나지 않는다. 『독서의 알레고리 Allegories of Reading』는 그중에서 두 번째로 낸 책이다. 이 책의 출간 연도는 1979년이지만, 실린 글들은 대부분 1960년대 말~1970년대 초에 썼다. 해체주의의 대명사는 프랑스 철학자 자크 데리다인데, 드 만은 데리다를 1966년 처음 만난 뒤 해체주의 사상 활동의 동지가 됐다. 이 책에 묶인 글들은 이 해체주의가 드 만의 언어로 옮겨지는 과정을 보여준다. 그 과정은

그대로 해체주의가 영어권에 번져나가는 과정이기도 하다. 드 만은 이 책의 머리말에서 "이 책의 대부분은 '해체'가 불화의 씨가 되기 이전에 쓰였다"고 밝힌다. 이 책이 출간될 무렵 해체주의는 '이론 전쟁'으로 불린 격한 논란의 한가운데로 진입한 상태였다. 그 전쟁을 더욱 격렬하게 만든 것이 이 책인 셈인데, 드 만은 그 머리말에서 해체주의가 그동안 오해받아왔음을 강조한다. 한쪽에서는 해체주의가 아무런 현실적 불온성도 없는 대학 강단의 유희에 지나지 않는다고 비난하고, 다른 한쪽에서는 해체주의가 모든 가치를 부정하고 파괴하는 지적 테러리즘이라고 비난한다. 드 만은 둘 다 틀렸다고 말한다. '해체'는 단순한 지적 유희도 아니고 허무주의적인 지적 테러도 아니다.

그렇다면 드 만이 생각하는 '해체'는 무엇인가.『독서의 알레고리』는 해체에 관한 드 만의 생각을 드 만의 언어로 이해할 수 있게 해준다. 이 책은 릴케·프루스트Marcel Proust·니체, 그리고 특히 루소의 저작들에 대한 분석이다. 그 저작들을 읽어 추출해낸 결정체가 제목으로 쓰인 '독서의 알레고리'다. 여기서 '독서reading'란 말 그대로 '책을 읽는 행위'를 말하는 바, 책 속의 기호(글자)를 매개로 삼아 저자가 말하는 것을 실제 사태와 연결시키는 작업이다. 쉽게 말해, 책을 읽고 사태를 이해하는 것이 독서다. '독서의 알레고리'는 그 독서가 곧 '알레고리allegory'라는 말인데, 여기서 알레고리는 '(어떤 것으로써) 다른 것을 말하다'라는 어원적 의미로 새겨야 한다. 비둘기로 평화를 나타내고, 왕관으로 권력을 암시하는 것이 그런 경우다. 그렇다면 알레고리는 일종의 은유(메타포)라고 할 수 있는데, 은유가 보통 단어나 문장 같은 작은 단위에서 구사되는 표현 기교라면, 알레고리는 통상 이야기 전체가 하나의 총체적인 은유 구실을 한다.

여기서 요점은 '다른 것을 이야기한다'라는 알레고리의 그 본질에 있다. 우리의 통념으로 보면, 독서란 저자가 말하는 것을 독자가 그대로 읽어내는 행위다. 그러나 실제의 독서는 저자가 말하려는 것을 언제나 다르게 이해한다는 것이 드 만의 논점이다. 기표와 기의의 일치, 단어나 문장이나 책 전체가 가리키는 것과 그 가리킴의 대상 사이의 일치, 요컨대 책이 말하려는 것과 독자가 이해한 것의 일치가 독서의 이상적 상태일 터인데, 이런 완결된 독서가 불가능하다는 것이 드 만의 발상이다. 독서는 언제나 기표와 기의 사이의 차이를 내장하고 있다. 글이 의도하는 바와 실제로 이해되는 바 사이에 거리가 있다. 그러므로 독서는 번번이 오독·오해·오인을 포함한다는 것, 저자가 진짜 의도한 것과는 다른 결과를 낳는다는 것, 이것이 드 만의 주장이다.

더 중요한 것은 이런 독서 곧 읽기가 책을 넘어 삶 일반으로 확장될 수 있다는 점이다. 삶 자체가 읽기의 과정이다. 우리 삶은 끊임없이 읽고 해석해야 할 것들의 연속체다. 사람들의 눈빛, 표정, 몸짓을 읽어야 하고, 책을 읽듯 사람의 말을 읽고 속뜻을 이해해야 한다. 문제는 이런 읽기가 언제나 완결된 읽기에 도달할 수 없고 궁극적 읽기에 성공할 수 없다는 데 있다. 인식이란 언제나 굴절과 착란과 오해를 동반한다. 그렇다면 투명한 인식, 완전한 이해에 도달할 수 있다는 가정 위에 세워진 근대학문은 그 토대를, 근거를 잃어버리게 된다. 객관적인 총체적 인식이 가능하다는 근대적 믿음이 뿌리에서부터 흔들리는 것이다. 여기에 이르면 드 만의 '완결된 독서의 불가능성'이라는 테제가 말 그대로 해체적임을 실감할 수 있다. 이후의 작업은 드 만 사후에 『이론에 대한 저항 *Resistance To Theory*』 『미학적 이데올로기 *Aesthetic Ideology*』 같은 책으로 묶여 나왔는데, 거기에서 그의 해체 사상은 정치적·사회적 이념으로 확장된다.

임화문학예술전집 임화 지음 / 임화문학예술전집 편찬위원회 엮음 / 소명출판

임화,
한국 근대문학의 척추

"오오, 적이여 너는 나의 용기다."

1936년 잡지 『삼천리』에 스물여덟 살의 임화(1908~1953)는 자신의 묘비명을 내걸었다. 식민지 지식인에게는 시대 자체가 적이었다. 그는 도처에서 적을 보았다. 생활의 적, 문학의 적, 이념의 적이 압도했다. 그는 적을 용기라고 부름으로써 현실의 위력을 버텨내는 힘을 얻고자 했다. 그러나 역사는 그가 걸어간 길이 비극으로 끝났음을 보여준다. 임화의 삶은 그대로 근대소설 주인공의 삶, 다시 말해 자기 운명을 시험하는 문제적 개인의 격투다. 시인이자 혁명가였던 임화는 존재 자체로 한국 근대문학사의 척추를 이룬다. 그를 빼놓으면 우리 근대문학사는 주저앉아버린다.

그가 태어난 지 100여 년, 그리고 '월북 문인'이라는 굴레에서 벗어난 지 20여 년 만에 그의 문학 전체를 아우르는 『임화문학예술전집』(전5권)이 출간됐다. 문학 전문 출판사 소명출판(대표 박성모)이 기획하고 국문학자 김재용·임규찬·신두원·하정일·류보선 씨가 편찬위원으로 참여해 10년 만에 이루어낸 지난한 작업의 성취다. 임화 작품은 1988년

해금된 뒤 간헐적으로 출간된 바 있으나, 문학예술전집이 꾸려지기는 남북한을 통틀어 이번이 처음이다. 전집에 들어간 작품들은 꼼꼼한 원문 확인 작업을 거쳐 현대어에 가깝게 다듬었고, 세세한 주석을 달았다.

혁명운동에 참여한 지식인 임화의 모습을 빼놓고 보더라도, 임화의 활동 영역은 넓었고 그가 쌓은 성채는 높았다. 창작·비평·이론에서 두루 당대 최고 수위의 성취를 보여준 전 방위 작가가 임화였음을 이 전집은 보여준다. 그 가운데 시인 임화의 전모를 수합한 것이 제1권 『시』다. 1926년 10대 후반에 쓴 소박한 서정시에서부터 한국전쟁 시기에 쓴 무훈시武勳詩들까지 그가 쓴 모든 시들이 담겼다. 다다이즘에 이끌린 초기를 지나 혁명적·계급적 내용의 시를 쓴 카프KAPF(조선프롤레타리아예술가동맹) 활동 시기, 일제의 탄압에 밀려 내면으로 잠복해 암투하던 시기, 그리고 해방 뒤 활동성이 다시 폭발하던 시기의 시들이 삶의 파노라마를 그려낸다. 특히, 카프 맹원이 돼 스무 살 무렵에 쓴 『네거리의 순이』 『우리 오빠와 화로』에서, '단편 서사시'라는 장르를 개척한 임화의 창조적 재능을 확인할 수 있다.

"오빠의 강철 가슴속에 박힌 위대한 결정과 성스러운 각오를 저는 분명히 보았어요."(『우리 오빠와 화로』)

계급적 각성과 혁명적 열정을 불러일으키는 데는 이야기 형식의 시가 제격이라고 판단했음을 짐작하게 한다.

임화는 시인으로서 창작의 최전선에서 활동했을 뿐만 아니라, 문학이론가로서도 지울 수 없는 족적을 새겼다. 1930년대에 구축한 리얼리즘론과 해방 후 제출한 민족문학론은 반세기 후에 남한에서 부활했고, 여전히 불꽃이 꺼지지 않은 현재형의 이론으로 남아 있다. 창작방법론으로서 리얼리즘에 관해 임화는 이렇게 썼다.

"리얼리즘은 현실을 있는 그대로 그리는 것이다. 그러나 주의할 것은 현실이란 고정된 것이 아니라 부단히 변하고 발전하며 소멸하는 긴 과정임을 이해하는 것이다."

그의 리얼리즘론은 '프롤레타리아 리얼리즘' '변증법적 사실주의' '사회주의적 리얼리즘'을 거치면서 단련한 창작 방법론이었다. 편집위원들은 임화의 리얼리즘론이 당대의 서구 이론에 견주어도 결코 뒤지지 않는 수준에 도달했다고 평가한다.

해방공간에서 임화는 당면한 시대적 과제를 문학으로써 실천할 방법론으로 '민족문학론'을 내놓았다.('조선 민족문학 건설의 기본과제에 관한 일반보고') "우리 민족의 모어로 표현되고 우리 민족의 사상·감정을 내용으로 한 조선문학이 제국주의 지배하에서 순조로이 발전할 수 없었음은 불가피한 일이었다." 그는 민족문학이 한 민족을 통일된 민족으로 형성하는 민주주의적 개혁과 그것을 토대로 한 근대국가의 건설 없이는 수립되지 않는다고 선언했다. 근대적 민족문학이 성립하려면 전근대적('봉건적') 질서를 해체하는 작업이 앞서야 하는데, 일제의 강점 때문에 이 낡은 질서가 온존됐으며, 따라서 이 전근대적 질서를 혁파하는 작업을 완수하여 근대적 민족국가를 수립하는 데 이바지하는 것이 이 시기 문학의 임무라는 것이 임화의 논리였다. 민족문학론은 민주주의에 입각해 통일 민족국가를 세운다는 정치적 주장의 문학적 판본이었다.

임화의 이론적 활동 가운데 빼놓을 수 없는 것이 조선 신문학사 연구다. 1940년을 전후로 해 집중적으로 이루어진 이 연구는 '이식문학론'이라는 악명 높은 논리를 대들보로 삼고 있다. 이식문학론의 핵심은 조선 신문학의 모든 형식이 서구에서 수입돼 이식된 것이라는 주장에 있다. "[조선의] 신문학사는 서구적 문학의 이식으로부터 시작되는 것이다." 이식문학론의 '악명'은 우리 근대문학의 자주적 형성 가능성을 부정했다는 사실에서 기인할 뿐만 아니라 그 논리를 극복하기가 쉽지 않다는 사실에서도 기인한다. 근대문학의 성립은 근대 시민정신의 등장과 근대 시민국가의 건설을 조건으로 한다고 임화는 지적한다. 그런 근대성을 성취하지 못한 채 식민지가 된 탓에 신문학이 왜곡과 혼란을 겪지 않을 수 없었다는 것이다.

창작과 이론에서 두루 임화가 이루어낸 업적은 단순히 역사의 한 장면으로 끝나지 않고, 현재적 생명력을 간직하고 있다는 점이야말로 임화를 오늘에 불러내는 이유라고 편찬위원들은 말한다. "이 작업을 하면서 우리 엮은이들은 예술의 역사란 걸작의 역사이며, 결코 실패작과 범작의 역사가 아니라는 에즈라 파운드Ezra Pound의 말을 절실하게 깨달았다." 임화의 성취는 한국 근대문학이 다다른 높이이자 한계였음을 이 전집은 보여준다.

■■ 임화의 비극 같은 일생 ■■

임화의 길지 않은 일생은 조숙한 시적 정신이 시대의 격랑을 만나 요동치다 난파하는 과정을 드라마틱하게 보여준다. 그는 '모던 보이'로 시작해 혁명가로 살다가 '민족 반역자'로 삶을 마쳤다. 1908년 서울 낙산 밑 소시민 가정에서 태어난 임화(본명 임인식)는 열세 살에 보성중학에 들어갔으나 학업을 다 마치지 못하고 열일곱 살에 중퇴한 뒤 가출한다. 그는 자신의 성장 배경과 가족관계를 한 번도 털어놓은 적이 없는데, 가출할 무렵 집안이 파산했던 것으로 알려졌다. 그는 26,7년께 인생의 전환점을 맞는다. 다다이즘에 기운 시를 쓰던 그가 카프에 가입해 계급혁명적인 시를 쓰기 시작한 것이다. 당시 그를 끌어주었던 사람이 선배 시인 박영희였다. 박영희는 뒷날 카프를 탈퇴한 뒤 "얻은 것은 이데올로기요, 잃은 것은 문학이다"라는 말을 뱉었는데, 임화는 박영희의 전향을 줄곧 비판한다. 빠른 속도로 좌익 문학 이론을 흡수한 임화는 스무 살 무렵 카프의 주요 이론가로 등장하고 선배 이론가들의 논리를 격파하며 조직의 지도자가 된다. 동시에 이 시기에 영화배우로 데뷔해 『유랑』과

『혼가』의 주연을 맡는다. 이런 이력 때문에 임화는 카프 작가의 이미지보다는 영화배우 이미지로 더 알려졌으며, '조선의 발렌티노'라는 별명을 얻었다.

1930년 임화는 현해탄(쓰시마해협)을 건너 도쿄로 유학을 떠나 1년 뒤 돌아온다. 임화는 뒷날 쓴 「현해탄」이란 시에서 이렇게 심중을 표현했다. "아무러기로 청년들이 평안이나 행복을 구하여 이 바다 험한 물결 위에 올랐겠는가? 청년들은 늘 희망을 안고 건너가 결의를 가지고 돌아왔다." 문학평론가 김윤식 교수는 『임화연구』에서 도쿄라는 선진 도시로 유학 가는 임화의 심리를 '현해탄 콤플렉스'라는 말로 요약하면서, 그 현해탄 콤플렉스가 '이식문학론'으로 나타났다고 썼다. 1932년 임화는 스물네 살로 카프 서기장이 되지만, 일제 경찰의 카프 탄압에 밀려 1935년 조직 해산서를 제출한다.

문학사 연구로 후퇴한 임화는 1945년 8·15 해방과 더불어 다시 활동의 전면에 등장한다. 이때 시 「9월 12일-1945, 또다시 네거리에서」를 발표했다. 그는 이 시를 "원컨대 용기이어라"라는 문장으로 끝낸다. 역사의 소용돌이가 그의 삶을 휘몰아가기 시작한 시절에 그는 용기를 갈구했으나, 시대는 그의 편이 아니었다. 1947년 월북한 그는 1950년 한국전쟁이 터짐과 동시에 인민군과 함께 서울로 내려왔다. 그때 「너 어느 곳에 있느냐-사랑하는 딸 혜란에게」를 쓰는데, 이 시가 뒤에 그의 처형의 빌미가 된다. "가슴이 종이처럼 얇아 항상 마음 아프던…" 따위의 시구가 패배주의 감정과 투항주의 사상을 설교한다는 이유였지만, 실상은 한국전쟁 실패의 책임을 박헌영의 남로당파가 뒤집어쓸 때 붙은 구실이었다. 박헌영 노선을 따랐던 임화는 1953년 8월 6일 '미제 간첩' 혐의로 사형선고를 받았다.

귀환 임철규 지음 / 한길사

유토피아를 꿈꾸는
떠돌이 인간의 귀향

『귀환』은 영문학자 임철규 연세대 명예교수가 쓴 문학·예술비평 모음이다. 지은이는 이 책과 함께 그가 왕년에 쓴 비평집 두 권도 다시 펴냈다. 『우리 시대의 리얼리즘』(초판 1983)과 『왜 유토피아인가』(초판 1994)가 그것들인데, 시대의 격랑 속에서 그 시대를 문학과 사상을 통해 사유한 글들이 담겼다. 지은이는 이 두 비평집 이후에 『눈의 역사 눈의 미학』(2004) 『그리스 비극』(2007) 두 권의 책을 써 인류의 역사와 정신을 그의 비극적 세계관으로 조망한 바 있다. 『귀환』은 비평집이라는 형식 속에 비극적 세계관을 담았다는 점에서 두 줄기 저작 흐름의 종합이라고 볼 수도 있다. 지은이는 이 책이 학자로서 자신이 정해두었던 연구 과제를 마무리하는 마지막 작품이라고 머리말에서 말하고 있다. '귀환'과 함께 그의 학문 여정이 종착지에 다다랐다는 이야기다.

『귀환』은 현대 한국의 문학작품과 그리스 고전 문학작품을 겹쳐 읽음으로써 지은이 자신의 문제의식을 심원하게 펼치고 있다는 점이 특징이다. 우리 문학작품으로 특히 지은이가 주목하여 밀도 있게 살피는 것이 박경리의 대하소설 『토지』다. 여기에 '북으로 가는 비전향 장기수들'을 다룬 북한 문학작품 『통일련가』(남대현 지음)가 일종의 보조 텍스트로 등장한다. 이 작품들이 호메로스의 서사시 『일리아스』 『오디세이아』와 나란히 놓여 지은이의 주제의식을 돋을새김한다. 지은이가 설정한 주제는 이 책의 제목대로 '귀환'이며, 더 풀면 '귀환의 비극성'이다. 지은이의 다른 작품들이 다 그러하듯이, 귀환의 비극성이라는 이 책의 주제는 역사의 지평, 더 구체적으로는 우리 근현대사의 지평 안에서 숙고된다.

그 지평을 더없이 광대하게 펼쳐 보여주는 소설이 박경리의 『토지』다. 200자 원고지 4만 매에 이르는 이 대작은 19세기 말 동학혁명 어름부터 1945년 해방의 날까지 60년의 세월을 도도히 흐르는 장강의 물결처럼 보여준다. 경남 하동군 악양면 평사리의 최 참판가를 중심으로 하여 600명에 이르는 인간 군상들이 조선 팔도와 만주·일본을 무대로 삼아 우리 근대사의 비극을 온몸으로 실연한다. 최 참판가를 지켜온 주인공 서희는 일제의 최후의 발악이 끝나던 날 일본 천황의 항복 소식을 듣고 "자신을 휘감은 쇠사슬이 요란한 소리를 내며 땅에 떨어지는 것을" 느낀다. 서희를 휘감았던 쇠사슬이 떨어짐과 동시에 민족을 휘감았던 쇠사슬도 떨어질 것인가. 지은이는 여기서 『토지』가 미완성작임을 상기시킨다. 그 쇠사슬이 떨어지는 것을 느끼는 순간 소설은 수많은 인물들을 그대로 두고 끝나버린다. 그렇다면 이후 이 소설 속 인물들은 어떻게 될 것인가. 조국을 되찾으려고, 평등 세상을 만들려고 감옥으로, 산으로, 만주로 갔던 사람들은 '귀환'할 것이다. 그러나 그 귀환은 귀환으로 끝나지 않을 것이 틀림없다.

이 지점에서 지은이는 호메로스의 『일리아스』를 불러들인다. 전체 24권으로 이루어진 대서사시 『일리아스』는 『토지』와 마찬가지로 미완성작이다. 그리스 연합군과 트로이아 사이의 결전을 앞둔 채로, 트로이아 왕자 헥토르의 장례식을 치르는 것이 이 서사시의 마지막 장면이다. 이후 사태가 어떻게 됐는지는 모두 알고 있다. 헥토르를 죽인 그리스 영웅 아킬레우스는 트로이아 성벽 아래서 전사한다. 이어 '목마의 계략'으로 그리스 군대는 트로이아를 함락하고 트로이아는 끔찍한 살육과 약탈을 당한다. 그리스와 트로이아의 이 전쟁은 인간의 분노와 증오와 어리석음이 상승작용을 일으키면서 한 공동체를 잿더미로 만들고서야 끝이 난다. 『일리아스』는 『토지』의 후속편이라고 할 수도 있다. 한반도는 해방과 함께 귀환한 사람들을 채 반기기도 전에 가공할 분노와 증오의 불더미 속에서 동족살육의 전쟁터로 변하고 만다.

남대현의 『통일련가』는 이 살육의 전장에서 살아남은 '비전향 장기수'의 귀향을 그리고 있다. 한국전쟁 중 소년 빨치산이 되었다가 체포돼 33년 동안 감옥에 갇혔던 주인공은 온갖 고문을 견뎌내고 끝내 비전향으로 출소한 뒤 '마음의 고향' '이념의 조국'인 북으로 간다. 그러나 그들의 귀환은 정녕 '진정한 귀환'일까. 지은이는 호메로스의 두 번째 서사시 『오디세이아』를 통해 '귀환'의 의미를 다시 묻는다. 트로이아 전쟁을 끝내고 고향 이타카를 향해 떠난 오디세우스는 10년 동안이나 바다와 섬과 도시를 표류한다. 죽음의 공포, 망각의 유혹이 그를 질질 끌고 다닌다. 마침내 그는 고향에 돌아와 아내 페넬로페와 재회한다. 그러나 여기서도 귀환은 귀환으로 끝나지 않는다. 오디세우스는 자신에게 부과된 운명을 아내에게 이렇게 이야기한다.

> "우리는 아직 모든 고난의 끝에 도달한 것이 아니오. 앞으로 헤아릴 수 없는 험난한 고난, 그렇지만 내가 그 모두를 완수해야 하는 그런 고난이 남아 있소."

지은이는 이렇게 귀환이 귀환으로 끝나지 않고 다시 표류와 시련으로 이어지는 것을 두고 '귀환의 비극성'이라고 말한다. 고향을 향한 노스탤지어는 결코 충족되지 않는다. 왜냐하면, 노스탤지어는 단순히 아름다웠던 그 고향을 가리키는 것이 아니라, 아름다웠던 그 시절, 고향의 어린 시절을 가리키기 때문이다. 시간은 비가역적이어서 되돌릴 수 없다. 그 고향을 향한 그리움, 곧 노스탤지어가 미래를 향해 역전될 때 유토피아가 떠오른다. 역사는 이 유토피아를 향한 안간힘의 궤적이다. 지은이는 인간 삶은 근본적으로 비극적 조건에 처해 있지만, 그 조건 안에서 또한 유토피아를 꿈꾼다고 말한다.

가슴으로도 쓰고 손끝으로도 써라 안도현 지음 / 한겨레출판

시마에 들린 자에게 권하는
안도현 시작법

시에도 마성이 있다면, 그걸 일러 시마詩魔라 할 것이다. 안도현 시인의 『가슴으로도 쓰고 손끝으로도 써라』는 30년 동안 시마와 동숙한 자가 체험으로 터득해 쓴 '시마 길들이는 법'이다. 시마의 습격을 받고 시마의 횡포에 시달린 자의 육성 고백이다. 그 시달림에는 기이하고도 특별한 쾌락이 함께했으니, 그의 고백은 시마와 교접하여 절정을 만끽한 자가 내뱉는 탄성의 기록이기도 하다.

    이 책은 시를 어떻게 쓰는지 알려주는 시작법이고 시가 도대체 무엇인지 이야기하는 시론이다. 그러나 외국의 이론을 빌려다 모호한 개념으로 채운 통상의 시론서와는 아주 다르다. 지은이 자신을 포함한 우리 시대 시인들의 시가 사례가 되고 그들의 체험이 바탕을 이룬다. 우리 고전을 빛냈던 1급 문장가들의 글을 앞세우고 한자 문화권의 시학을 끌어들인다. 그리하여 이 책은 추상적 이론세계가 아닌 체험적 생활세계에서 추출된 시론이 되고 그 시론의 뒷받침을 받는 시작법이 됐다. 이렇게 살갑고도 생생한 말로써 지은이는 어떤 시가 좋은 시인지 감별하는 법을 들려주고 어떻게 하면 시와 친해질 수 있는지 알려준다. 다른 모든 것에 앞서 이 책은 시작법 안내서다. 좋은 시를 쓰려면 반드시 갖추어야

할 요건들이 스물여섯 꼭지에 나뉘어 실렸다. 그 스물여섯 꼭지를 통과하는 과정은 그대로 아름다운 시 한 편의 탄생기를 이룬다.

시를 쓰고 싶어하는 이들에게 지은이가 가장 먼저 권하는 것이 '겪음'이다. 많이 겪어라. 많이 만나고 많이 마시고 많이 사랑하라. 그리고 이 겪음은 읽기, 곧 글을 통한 겪음으로 수렴한다. "시 한 줄을 쓰기 전에 백 줄을 읽어라." 시 쓰기도 다른 모든 일과 다르지 않아서, 먼저 학습이다.

"시집을 백 권 읽은 사람, 열 권 읽은 사람, 단 한 권도 읽지 않은 사람 중에 시를 가장 잘 쓸 수 있는 사람은 누구이겠는가?"

학습의 한가운데 있는 것이 모방이다. 모방이 창조를 낳는다는 말이 괜히 있는 것이 아니다.

"하늘에서 시적 영감이 번개 치듯 심장으로 날아오기를 기대하지 마라. 차라리 흠모하는 시인의 시를 한 줄이라도 더 읽어라."

모방을 잘하려면 '지독히 짝사랑하는 시인'을 얻어야 한다. 혹독한 짝사랑의 열병에 걸려 시인의 말투며 표정까지 베끼고 외울 때, 그 끝에서 창조의 꽃봉오리가 가까스로 열린다.

시 쓰기는 몰입이고 열정이다. 지은이는 천재시인이란 없다고, 천재란 '식을 줄 모르는 열정'의 다른 말이라고 말한다. 이광웅 시인이 「목숨을 걸고」라는 시에서 "뭐든지/ 진짜가 되려거든/ 목숨을 걸고" 해야 한다고 주문했음을 지은이는 상기시킨다. 이 목숨 거는 자세가 열정이고 그 열정의 흐름이 몰입이다. 시는 몰입의 산물이며 열정의 열매다. "열정의 노예가 되어 열정에 복무할 때" 거기서 시적 재능이 비로소 싹튼다.

시인에게 불구대천의 원수가 있다면, 그것은 상투성이다. 지은이는 롤랑 바르트의 말을 빌려 상투성이란 "어떤 마력도 어떤 열광도 없이 반복되는 단어"를 가리키는 이름이라고 지적한다. 상투성이라는 적을 제압한 자만이 시인의 왕국으로 들어설 수 있다. 그 입장권을 얻으려고 분투하는 자는 이 세상을 낯설게 보아야 한다. 익숙한 것에서 낯선 것을 발견해야 한다. 세계와 불화해야 한다. 이문재 시인이 스무 살 시절에 "우리에게는 파격이 필요했다"고 털어놓은 것은 일상이 전쟁터였음을 증언하는 말이다. "우리는 수업시간에 벌떡 일어나 노래를 불렀고, 본관 앞에서 막걸리에 도시락을 말아 먹었다. 글씨를 왼손으로 썼고, 담뱃갑을 거꾸로 뜯었다."

상투성과 싸우는 자는 관념어와 싸우는 자이기도 하다. 시의 나라에서 관념어는 죽은 말이다. 말의 주검에서는 삶이 나올 수 없다. 시는 몸을, 육질을 더듬고 탐하는 일이지, 추상세계를 고공비행하는 일이 아니다. 죽은 언어는 죽은 인식을 낳고, 진부한 말은 진부한 생각을 만든다. '애수'(유치환)도 '애증'(박인환)도 '견고한 고독'(김현승)도 시의 세계에선 사어死語다. "시간의 무덤에서 하얗게 풍화된 죽은 말들이다." 그러므로 지은이는 말한다.

"진정한 사랑은 개념으로 말하는 순간 지겨워진다. 당신의 습작노트를 수색해 관념어를 색출하라. 그것을 발견하는 즉시 체포하여 처단하라. 암세포와 같은 관념어를 죽이지 않으면 시가 병들어 죽는다."

관념어만 시를 죽이는 것이 아니다. 시는 감정의 과잉에 빠져 죽을 수도 있다. 지은이는 말한다. "감정을 쏟아붓지 말고 감정을 묘사하라." 감정의 홍수가 넘실대는 곳이야말로 시의 금지구역이다. 넘쳐흐르는 감정 속에서 허우적거리는 것은 시가 아니다. 차라리 시는 감정의 홍수에 떠밀려 익사 직전에 이른 자의 그 위태로움을 냉정하게 묘사하는 일이다. 지은이는 가차 없이 말한다. "제발 시를 쓸 때만 그리운 척하지 마라. 혼자서 외로운 척하지 마라. 당신만 아름다운 것을 다 본 척하지 마라. 이 세상 모든 슬픔을 혼자 짊어진 척하지 마라. 유식한 척하지 마라." 이 '척'이야말로 시의 독이다.

과잉 감정은 가짜 감정이다. 시 쓰기는 가짜를, 껍데기를 뚫고 진짜 속으로, 진실 속으로 들어가는 과정이다. 시는 가슴으로도 쓰고 손끝으로도 쓴다. 그러나 시는 가슴으로만 쓰는 것도 아니고 손끝으로만 쓰는 것도 아니다. 지은이는 여기서 김수영의 시론 '시여, 침을 뱉어라!'를 불러들인다. "시작詩作은 머리로 하는 것이 아니고, 심장으로 하는 것도 아니고 몸으로 하는 것이다. 온몸으로 밀고나가는 것이다." 온몸으로 온몸을 밀어 마침내 만나는 것이 '사랑'이라고 김수영은 말한다. 지은이는 이 온몸의 시학, 온몸의 사랑을 두고 "시를 창작하는 일은 온몸으로 하는 반성의 과정이며, 현재형의 사랑이며 고투"라고 다시 새긴다. 이 온몸의 사랑에서 시가 태어난다. 그렇다면 시의 세계는 삶의 세계와 다르지 않다. 시는 삶이다. 지은이는 말한다. "아, 당신도 시를 쓰라."

■■ 안도현의 시 이력 ■■

『가슴으로도 쓰고 손끝으로도 써라』는 지은이 안도현 시인의 시적 체험이 뿌리를 이루는 책이어서, 곳곳에 그의 시 이력이 솔직하게 소개돼 있다. 그 이력을 따라 밟으면 한 소박한 문학청년이 시인으로 서기까지의 경로가 드러난다. 경북 예천의 시골에서 태어난 지은이는 초등학생 때 벌써 시를 썼다. 학교 백일장이 열리면 시를 써냈는데 "시가 좋아서가 아니라 길이가 짧기 때문에 빨리 쓰고 뛰어놀기 위한 속셈"이었다. 시에 자의식이 싹튼 것은 중학교 3학년 때였다. "교지에 처음으로 투고

한 시는 심혈을 기울여 썼는데도 어찌된 일인지 실리지 않았다." 뭔가 억울했던 그는 고등학생이 돼 학교 문예반에 들어갔다. 그는 "이른바 고등학생 문단을 들락거리며 어깨에 힘을 주고 다니던 문학소년"이 됐다. 어른들 입맛에 맞는 시를 척척 써냈는데, 그 기술을 전수해준 것이 '모더니즘'이었다. 말들을 골라 손끝으로 기교를 부리던 시절이었다. "생명이 요동치는 계절이면/ 넌/ 하나씩 육신의 향기를 벗는다"로 시작하는 「개화」라는 시를 썼다. "명사들, 용언들의 매혹에 빠져 미궁을 헤매듯 어지럽던" 그때 시마가 처음 찾아들었던 모양이다.

"어쩌다 새로이 하나의 단어와 문장을 만나면 그것들이 주는 울림 때문에 몇 날 며칠을 아팠다. 어떤 단어는 환각제 같았고 어떤 단어는 하느님 같았다."

경북 소년은 전북 원광대 국문과에 들어갔는데, 그때가 독재의 서슬이 퍼렇던 1980년대 초입이었다. 그 어두운 시대를 응시하려면 손끝의 시 쓰기를 넘어 가슴의 시 쓰기가 필요했다. 대학 1학년 때 만난 것이 일제강점기 시인 백석의 시 「모닥불」이었다. 그때 백석과 사랑에 빠졌다.

"백석이라는 낯선 시인의 시 한 편은 스무 살 문학청년의 심장을 뒤흔들었다. 나는 캄캄해졌다. 그만 눈이 멀어버린 것이다."

백석의 시를 필사적으로 필사하면서 시의 새로운 경지를 넘보았다. 그 시절의 짝사랑은 나중에 그가 낸 시집의 제목으로 이어졌다. 『모닥불』(1989), 『외롭고 높고 쓸쓸한』(1994). 이 두 번째 시집 제목은 "나는 이 세상에서 가난하고 외롭고 높고 쓸쓸하니 살아가도록 태어났다"라는 백석의 시구에서 따왔다.

대학 4학년 겨울 신춘문예를 준비하면서 "나는 혁명에 실패하고 서울로 잡혀가는 전봉준을 그리기 위해 고심하고 있었다. 80년대라는 시대와 시를 어떻게 결합할 수 없나, 하는 것이었다." 그 고심 끝에 "학교 앞 자취방에서 엎드려" 출산한 것이 「서울로 가는 전봉준」이었다. 그는 시의 배경에다 눈을 퍼부어댔다.

"눈 내리는 만경 들 건너가네./ 해진 짚신에 상투 하나 떠가네./ (…)/ 들꽃들아/ 그

날이 오면 닭 울 때/ 흰 무명띠 머리에 두르고 동진강 어귀에 모여/ 척왜척화 척왜척화 물결소리에/ 귀를 기울이라."

이 시로 한 명의 시인이 문단에 자립했다. 그 뒤 지금까지 아홉 권의 시집을 낸 그는 전봉준의 시인보다는 연애 시인으로 더 알려져 있고, 항간에는 '연탄 시인'으로 알려져 있기도 하다.

"연탄재 함부로 발로 차지 마라./ 너는/ 누구에게 한 번이라도 뜨거운 사람이었느냐."

이 시를 사람들이 애송하기 때문이다.

CHAPTER
14

아름다움과 숭고함

아름다움의 미학과 숭고함의 예술론 김수용 지음 / 아카넷

'숭고한 죽음'은
공동체를 깨운다

요한 크리스토프 프리드리히 폰 실러 Johann Christoph Friedrich von Schiller (1759~1805)는 요한 볼프강 폰 괴테와 더불어 독일 고전주의 문학을 대표하는 작가다. 독문학자 김수용 연세대 명예교수가 쓴 『아름다움의 미학과 숭고함의 예술론』은 실러의 고전주의 작품 바탕에 깔린 미학에 대한 연구서다. 지은이는 학부 시절부터 실러에 열광해 졸업논문과 석사학위 논문 모두 실러를 주제로 삼아 썼다고 한다. 이 책은 40여 년에 걸친 실러 공부의 결산임과 동시에 실러에 관한 이렇다 할 연구서가 없는 국내 학계에 주는 노학자의 선물이기도 하다. 지은이는 연전에 『괴테 파우스트 휴머니즘』(책세상 펴냄)을 펴낸 바 있다. 괴테 연구서에 이어 실러 연구서를 씀으로써 '바이마르 고전주의'에 대한 연구를 매듭지은 셈이다.

실러의 일생은 박해·가난·질병의 고난 위에서 이루어진 영광의 삶이었다. 스물두 살 때 완성한 『군도 Die Räuber』(도적 떼)를 만하임 극장에서 상연함으로써 '질풍노도 문학'의 중심으로 떠오른 그는 허가받지 않고 만하임을 여행했다는 이유로, 당시 뷔르템베르크공국의 영주 카를 도이겐 공작에게서 저술 금지령 선고를 받는다. 실러는 자유를 찾아 국

경을 넘어 도망친다. 가난 속에서 극작에 매진하던 그는 폐결핵으로 투병하면서 대표작인 비극 「발렌슈타인 Wallenstein」을 썼다. 마흔여섯 살로 짧은 삶을 마쳤을 때 그의 몸은 만신창이였다. 주검 내부의 여러 장기는 아주 심하게 손상돼 있었으며, 어떤 장기는 녹아서 그 흔적만 남아 있었다고 한다. 실러의 몸을 부검한 의사는 "이 가엾은 사람이 이렇게 오래 생명을 유지할 수 있었다는 것이 그저 놀라울 따름"이라는 소견을 남겼다. 강한 정신과 의지가 육체의 병마를 견뎌내는 힘이었던 것이다.

그의 강렬했던 삶만큼이나 실러 문학은 후대의 격렬한 논쟁의 대상이 됐다고 지은이는 말한다. 실러는 독일 문학 사상 가장 큰 숭배를 받은 시인이자 가장 격한 비판의 대상이 된 시인이었다. 1859년 실러 탄생 100돌을 기점으로 하여 실러 숭배 열풍이 불기 시작했다고 한다. 그의 삶과 문학이 신화적 아우라에 둘러싸였고, 거의 종교적 차원의 찬양 대상이 됐다. 이런 과도한 숭배 현상은 20세기에 들어와 강력한 반작용에 부닥쳤다. 극작가 베르톨트 브레히트 Bertolt Brecht는 "히틀러의 강제수용소의 정신적 근원이 바이마르 고전주의에까지 이르고 있다"고 확언했다. 또 실러의 이상주의 예술론은 예술을 현실 도피의 장으로 만든 주범으로 단죄됐다. 그러나 지은이는 숭배와 거부 모두 일방적인 것이라고 말한다.

이 책이 주목하는 것은 실러를 둘러싸고 형성된 미학적 쟁점이다. 실러는 그의 예술론에서 '아름다움의 이념'과 '숭고함의 이념'을 함께 제출했는데, 두 이념의 관계를 어떻게 볼 것이냐 하는 것이 실러 연구의 주요 관심사 가운데 하나다. 두 이념이 상극적·모순적 성격을 지니고 있어서 어느 이념을 본질로 보느냐에 따라 실러 평가가 달라지기 때문이다. 그도 그럴 것이 실러가 말한 '아름다움'은 균형·조화·통일의 이념이어서 분열·갈등·대립의 이념인 '숭고함'과 사이좋게 놓일 수가 없다. 그래서 연구자들은 실러를 아름다움과 숭고함으로 분열된 모순의 시인으로 보는 사람, 실러 미학의 핵심을 아름다움에서 찾는 사람, 숭고함이야말로 실러의 미학적 결론이라고 보는 사람으로 나뉘어 있다. 이 세 부류 모두 아름다움과 숭고함을 결합하기 어려운 모순관계로 인식한다는 점에서는 다르지 않다. 지은이는 이 책에서 이런 기존 관점과 달리 아름다움과 숭고함이 매개될 수 있고 협력할 수 있는 미학적 이념임을 입증하고자 한다. 예술을 '미적 교육'의 수단으로 인식했던 실러가 두 이념을 함께 추구함으로써 교육 효과를 최대치로 끌어올릴 수 있다고 보았다는 것이다.

그렇다면 실러의 미학에서 아름다움과 숭고함은 어떻게 구분되는가. 아름다움은 육체와 정신, 감각과 이성이 온전히 조화를 이룬 상태를 가리킨다. 사회·역사적 차원에서 보면, 유토피아적 이상 상태를 가리키는 말이 아름다움이다. 실러는 이 아름다움을 이념으로 제시하기는 했지만 그 아름다움이 현실에서 그대로 실현될 수는 없는 것으로 보았다. 아름다움은 '규범적 이상'일 뿐이라는 것이다. 이상이 곧바로 실현될 수 없는 현실을 설명하는 미학적 이념이 숭고함이다. 숭고함이란 화산 폭발이나 폭풍우 같은 거대하고 위압적인 자연현상 앞에서 느끼는 감정이다. 압도적인 자연의 힘에 두려움을 느끼는 인간이 자신의 자유의지로써 두려움을 이겨낼 때 얻게 되는 것이 숭고함의 감정이다.

죽음이야말로 숭고함이 드러나는 장소다. 죽음이 피할 수 없는 일로 다가올 때, 그 공포에 짓눌리지 않고 죽음을 자신의 자율적 의지로 선택하는 도덕적 자살 혹은 순교, 이것이 숭고함이다. "모든 것을 파괴하고 다시 창조하는, 파멸의 두렵고도 장대한 광경"인 역사를 배경으로 삼아 숭고함은 공동체적 현상으로 드러난다. 모순·대립·분열·갈등에 휩싸인 세계에서 비극적 사건으로 출현하는 것이 숭고함이다. 실러는 숭고함이 인간의 공동체 의식을 고양하는 기능을 한다고 말한다. 숭고함을 체험함으로써 인간은 이기적 충동을 억제하고 자기 내부의 도덕적 의지를 일깨울 수 있다는 것이다. 지은이는 실러가 말하는 숭고함의 이 기능이 바로 예술이 담당해야 할 교육적 기능이라고 설명한다. '역사의 끔찍함'이라는 비극적 현실을 숭고함 속에서 인식함으로써 아름다움의 이상을 지향하게 만드는 것이 예술의 교육적 힘이라는 것이다. 지은이는 이렇게 예술의 교육적 성격 안에서 아름다움과 숭고함이 서로 연결될 수 있다고 말한다.

동아시아 미학 리빙하이 지음 / 신정근 옮김 / 동아시아

열두 쌍 개념으로 살핀 동아시아 정신

리빙하이李炳海(1946~, 중국 인민대 문학원 교수)가 쓴 『동아시아 미학周代文藝思想槪觀』은 서양 미학의 위세에 밀려 한동안 주목받지 못했던 동아시아 미학의 개념들을 기원에서부터 살피고 그 변천을 추적하는 연구서다. 책의 원제는 '주대 문예사상 개관'인데, 고대 중국 주나라 혼란기인 춘추전국시대에 형성된 미학적 개념을 열두 쌍으로 묶어 살핀다. 그리하여 이 책은 부제에 쓰인 대로 '동아시아 정신과 문화를 꿰뚫는 핵심 키워드 24'를 추출해 살피는 책이 됐다. 동아시아 정신의 뿌리가 춘추전국시대에 있다는 이야기다.

　　지은이가 뽑아낸 열두 쌍의 개념은 문질文質, 성정性情, 예악禮樂, 중화中和, 은현隱顯, 충신忠信, 형신形神, 기미氣味, 강유剛柔, 동정動靜, 청탁淸濁, 허실虛實이다. 이 열두 쌍, 스물네 개념으로 동아시아 문예사상의 본질을 해부해 정리해보는 것이 이 책의 내용이다. 옮긴이 신정근 성균관대 교수는 이 열두 쌍의 개념들을 우리말로 이해하기 쉽게 옮겨, 그 뜻이 분명히 드러나도록 했다. '중과 화'는 '들어맞음과 어울림'으로, '은과 현'은 '숨김과 드러냄'으로, '강과 유'는 '굳셈과 부드러움'으로, '동과 정'은 '움직임과 고요함'으로, '허와 실'은 '비어 있음과 차 있음'으로 각

각 옮겼다.

이 책에서 가장 깊이 파헤치는 개념이 '문과 질'이다. 이 개념 쌍을 알면 중국(동아시아) 문예사상의 뿌리를 아는 것이 된다. 리빙하이는 '문과 질'의 의미를 세 가지 층위에서 살핀다. 먼저 '문과 질'은 '형식과 내용'을 뜻한다. 문文이 형식·현상·표면이라면, 질質은 내용·본질·실체다. 주나라 역사책 『국어』의 '노어' 편에는 이 개념의 뜻을 알려주는 구절이 있다.

"복식은 마음의 문(무늬)이다. 마치 거북 껍질에 구멍을 내어 불을 붙이면 반드시 문(무늬)이 밖으로 드러나는 것과 같다."

'문과 질'의 더 중대하고 의미 깊은 관계는 '꾸밈새와 본바탕'이라는 뜻으로 해석될 때 드러난다. 이 두 번째 의미를 겨냥하는 대표적인 말이 공자의 가르침인 '문질빈빈文質彬彬'이다. '옹야' 편에서 공자는 이렇게 말한다.

"질(본바탕)이 문(꾸밈새)을 압도해버리면 촌스러워지고(거칠어지고), 문(꾸밈새)이 질(본바탕)을 압도해버리면 추해 보인다. 꾸밈새와 본바탕이 유기적으로 결합한 다음에야(문질빈빈), 참으로 모범적인 인물이라고 할 것이다."

문과 질의 관계를 가장 간명하고도 고전적으로 정식화해놓은 문장인 셈이다. 공자는 여기서 '본바탕이 꾸밈새를 압도한 상태'를 '야野'(거칠다·촌스럽다)라고 표현하는데, 공자의 제자 중에 자로가 이런 유형의 인물이라고 이 책은 설명한다. 공자는 자로에게 "거칠구나, 자로야!"라고 말한 적이 있다. 『대대례기大戴禮記』라는 책에는 공자가 자로를 두고 "굳건하고 씩씩하지만, 문(꾸밈새·예법)이 질(본바탕·천성)을 이기지 못하는구나!"라고 탄식한 것으로 나와 있다. 뒷날 청나라 학자 공광삼孔廣森(1752~1786)은 이 대목에 대해 "이 부분은 자로가 용기를 앞세우고 본마음대로 거침없이 행동하여 아직 자신의 품성을 예악으로 꾸미지 않았다는 것을 말한다"고 주석했다. 여기서 알 수 있듯이 '문'은 우선 '예의'를 가리켰다.

따라서 공자가 말한 '문질빈빈'이란 인격이나 품행의 이상적인 상태를 묘사하는 말이다. 이 문질빈빈을 남송시대의 주희(주자)는 다음과 같이 해석했다. "빈빈은 반반班班하다(반듯하고 아름답다)와 같은 뜻이다. 사물이 서로 뒤섞여 있으면서도 그 상태가 적절하고 균형이 잡힌 모양이다." 이 책은 이렇게 여러 주석들을 두루 참조한 뒤에 '문질빈빈'이라는 말이 형식과 내용의 통일이라는 미학적 이상을 강조한 말이 아니었고, 처음에는 사람의 본바탕이 반드시 예법과 조화롭게 결합해야 한다는 도덕적·인격적 이상을 가리키는 말이었다고 설명한다. 다시 말해 "외재적인 예법으로 사람의 천성을 더 좋은 쪽으로 꾸미거나 고쳐서 바꾸는 것" 곧 도덕수양을 목표로 삼은 말이었다는 것이다.

이렇게 먼저 도덕적 차원에서 사용되던 문질 개념은 차차 미학적 의미를 띠게 되는데, 그것이 세 번째 차원의 뜻인 '화려미와 소박미'다. 1세기 반표班彪라는 사람이 사마천의 『사기』를 평한 말은 그 지점을 보여준다.

"사물의 이치를 정연하게 잘 서술했다. 잘 분별하지만 화려하지 않고 질박하면서도 거칠지 않다. 문과 질이 서로 걸맞으니 실로 뛰어난 사관의 재주다."

이런 미학적 차원의 문질은 과도해질 경우 폐단을 드러내기도 한다고 이 책은 말한다.

"선명함·풍부함·우아함은 문의 범주에 속하는데, 그것들의 폐단은 화려함·번잡함·덧없음이다. 간소함·간결함·단아함은 질의 범주에 속하는데, 그것들의 폐단은 가벼움·현실적임·촌스러움이다. 문체가 너무 질박하면 글맛이 없고 문체가 너무 겉만 번지르르하면 내용을 해치게 된다."

이렇게 먼저 예와 도의 차원에서 출발한 철학적 개념이 후에 미적 의미를 얻게 되는 것이 동아시아 미학의 특징이라고 이 책은 설명한다.

나카자와 신이치의 예술인류학 나카자와 신이치 지음 / 김옥희 옮김 / 동아시아

나카자와 인류학이 찾아낸 '대칭적 삶'

나카자와 신이치中澤新一(1950~, 다마미술대학 교수)는 일본 지성계의 '야생적 별종'이라 할 인물이다. 합리적 세계인식이라는 근대 학문의 일반적 경향을 거슬러, 인간의 합리적 사고 너머의 '야생적 사고'를 추적하고 거기서 인류 삶의 대안을 찾는 사람이 나카자와다. 그는 '가로질러 사유하기'에 능통한 사람이다. 도쿄대에서 종교학을 전공했지만, 나카자와의 전공을 종교학이라고 딱히 규정하기는 어렵다. 종교학은 나카자와 사상을 구성하는 재료 가운데 일부일 뿐이다. 인류학과 신화학을 기본으로 삼아 철학·수학·물리학·생화학·정신분석학을 두루 관통하는 것이 나카자와 사유의 특징이다. 이 모든 학문을 횡단하여 그의 시선이 가리키는 곳은 논리적 사유 질서 이전의 원초적 삶의 상태다. 학문과 지식을 총동원해 학문 너머의 어떤 것을 불러낸다는 점에서 그를 지식의 샤먼, 사유의 주술사라고 불러도 좋을 것이다.

나카자와는 2006년 봄에 다마미술대학에 예술인류학연구소를 세워 소장을 맡고 있다. 그 연구소를 세우기 직전에 출간한 것이 『나카자와 신이치의 예술인류학藝術人類學』이다. 이 책은 나카자와를 한국 독자들에게 알린 『카이에 소바주カイエ·ソバージュ』(야생 수첩) 총서의 속편이

자 변주라고 할 수 있다. 『신화, 인류 최고의 철학』에서부터 『대칭성 인류학』까지 모두 다섯 권으로 묶인 이 총서는 나카자와의 사유가 가장 체계적이고 대중적으로 펼쳐진 강의록이다. 『나카자와 신이치의 예술인류학』은 이 총서에 등장하는 아이디어를 바탕으로 삼되, 특히 『대칭성 인류학』의 논의를 부연하고 심화하고 있다. 총서 발간 직후인 2003년부터 2006년 사이의 강연문 아홉 편을 묶었다. '대칭성 인류학'은 여기서 '예술인류학'이라는 이름으로 바뀌어 '예술의 탄생'과 '대칭성 사유'의 관계를 탐색하는 쪽으로 나아간다.

나카자와가 『대칭성 인류학』에서 밝힌 '대칭성'이란 '비대칭성'의 상대적 개념이다. 나카자와는 2001년 9·11 뉴욕 테러 사건에서 '압도적인 비대칭성'이라는 아이디어를 얻었다고 한다. 9·11 테러는 미국을 정점으로 한 압도적 일극체제, 곧 비대칭적 체제가 낳은 사건이다. 이런 비대칭적 일극주의는 나카자와의 인류학적 사유 지평 위에서 국가의 탄생, 유일신 종교의 등장, 그리고 자본주의 발흥과 일직선상에 있는 근본 구조로 이해된다. '압도적인 비대칭적 구조'가 문명 발생 이후 인류의 삶을 규정해왔다고 보는 것이다. 이 압도적 비대칭성에 대립하는 것이 '대칭성'인데, 국가와 일신교가 생겨나기 이전의 인류의 야생적 삶에서 그 대칭성을 확인할 수 있다는 것이 나카자와의 발상이다. 인간과 인간 사이에, 인간과 자연 사이에 공존·공생의 대칭성이 자리 잡고 있었던 때가 있었다는 것인데, 나카자와는 신화학과 인류학의 연구들이 이 시기 인류의 삶의 모습을 보여준다고 말한다.

『나카자와 신이치의 예술인류학』은 그 대칭성 구조를 구석기 예술을 실마리로 삼아 탐색한다. 나카자와가 여기서 사례로 끌어들이는 것이 프랑스 라스코 동굴벽화다. 이 벽화야말로 신석기 혁명 이전 인류 삶의 예술적 흔적이다. 더 중요한 것은 이 벽화가 초기 현생 인류의 마음이 활동하는 순간을 포착하고 있다는 사실이다. 나카자와는 10만 년 전에 출현한 현생 인류(호모 사피엔스 사피엔스)가 그 이전의 인류와 근본적으로 다른 점이 바로 이 '마음'에 있다고 본다. 현생 인류는 대뇌의 빅뱅을 겪었다. 뉴런과 뉴런이 대거 연결돼 네트워크가 형성되었고 그 네트워크를 통해 자극들이 종횡으로 내달렸는데, 이런 자극들의 종횡무진 상태에서 마음이 탄생했다고 나카자와는 말한다. 생각들이 대뇌를 일시에 유동하면서 형성된 것이 마음이다. '유동하는 마음'은 '망상하는 마음'이기도 하다. 망상이란 생각과 대상 사이의 즉각적 일치가 실현되지 않고, 대상과 상관없이 머릿속에 떠오르는 생각, 곧 자유로운 생각을 뜻한다. 이 망상 속에서 구현된 것이 라스코 동굴의 동물 벽화들이라고 나카자와는 말한다.

이 망상은 제멋대로 날뛰는 경향이 있기 때문에 사회적 압박 속에서 심층으로 가라앉게 된다. 이것이 무의식이다. 따라서 무의식은 현생 인류 초기의 '유동하는 마음'을 그대로 품고 있다. 주목할 것은 '유동하는 마음'의 기본적 활동 양상이 '대칭성'이라는 점이다. 논리적 모순을 아무렇지도 않게 뛰어넘는 것이 대칭적 사유인데, 그런 대칭적 사유를 잘 보여주는 것이 신화들이다. 신화 안에서 인간은 동물로 변하고 동물과 교접하며 동물과 하나가 된다. 따라서 신화가 힘을 발휘하는 곳에서는 인간과 동물 사이에 단절의 벽이 없고, 그런 만큼 자연을 과도하게 약탈하는 행위도 없다. 또 자연에 감사하는 종교적 의식도 여기서 발생한다. 예술의 탄생은 종교의 탄생, 신화의 탄생과 맥을 같이하는 것이다. 나카자와는 예술을 인류학적으로 탐구해 들어가는 것은 우리 마음의 밑바닥, 곧 무의식을 탐험하는 일이 되며, 결국에 비대칭적 구조를 넘어 인류의 태곳적 삶에 깃든 대칭적 질서를 재발견하는 일이 된다고 말한다. 그 대칭적 질서야말로 인류가 도달해야 할 미래라고 나카자와는 말한다.

러시아 미술사 이진숙 지음 / 민음in

창조 열정과 변혁 열망의
가장 아름다운 경합

오랜 세월 '철의 장막'에 갇혔던 러시아 미술의 놀랍도록 풍요로운 세계가 우리에게 알려진 것은 최근의 일이다. 2007년에 출간된 미술평론가 이주헌 씨의 『눈과 피의 나라 러시아 미술』은 낯선 세계의 장대한 광경을 보여주었다. 러시아 미술 연구자 이진숙 씨가 쓴 『러시아 미술사』는 가장 추운 나라에서 가장 뜨겁게 타올랐던 특별한 예술 정신 깊숙한 곳으로 독자를 안내하는 책이다. 이주헌 씨의 책이 모스크바와 상트페테르부르크의 미술관을 여행하는 사람의 눈길로 첫 경험의 설렘을 생생하게 전해준다면, 이진숙 씨의 책은 12세기 이콘화(성화)에서부터 21세기 현대화까지 두루 아우르며 러시아 미술의 역사를 넓은 시야에서 조망하게 해준다.

    동시에 이 책은 150장에 이르는 도판을 활용해 각 시대 화가들이 창조한 작품의 풍성하고도 독창적인 세계에 독자를 마주 세운다. 지은이의 문학적 필치는 그 화가들이 품었던 열정을 끄집어내 그 열정의 빛깔과 강도를 생기 있게 묘사한다. 애초 독문학을 공부했던 지은이는 러시아 여행 중 트레티야코프 미술관에서 만난 그림 작품들에 '충격'을 받아, 평생의 업을 등지고 러시아 미술을 새로 공부했다고 한다.

"그날 트레티야코프 미술관에서 받은 충격은 대단했다. 나에게는 신천지가 열렸고, 인생이 바뀌었다."

인생을 바꿔놓을 만큼 강렬한 힘, 러시아 미술작품들이 뿜어내는 그 힘을 이 책에서 확인할 수 있다.

지은이는 민속학자 니콜라이 르보프의 말을 빌려, 러시아 문화의 핵심을 '격렬한 삶'이라고 요약한다. '격렬한 삶'은 그대로 러시아 미술의 핵심이기도 하다. 러시아 미술은 고통·분노·열정·희구와 같은 '격렬한 삶'이 일렁이는 바다다. 삶이야말로 러시아 미술의 본질이고 목표다. 러시아 화가들의 열망은 삶과 예술의 일치, 다시 말해 예술을 통한 삶의 구현에 있었다고 지은이는 말한다.

러시아 미술의 출발점을 이룬 것은 이콘화였다. "이콘화가 없는 러시아는 상상할 수 없다. 강력한 러시아정교회의 영향과 늦은 근대화로 러시아에서는 서유럽과 달리 오랫동안 이콘화의 전통이 유지됐다." 수도승으로서 성화를 그렸던 안드레이 루블료프Andrei Rublev는 15세기 러시아 이콘화의 정점을 보여준 사람이다. 영화감독 안드레이 타르콥스키Andrei Tarkovsky가 걸작 〈안드레이 루블료프〉에서 절실하게 그려냈듯이, 루블료프는 러시아 민중의 절절한 소망을 종교화로 형상화함으로써 '러시아적 회화'의 한 고원을 이루었다. 17세기 말 표트르 대제의 등장과 함께 러시아 미술은 결정적 방향 전환을 이룬다. 급진적 서구화를 밀어붙였던 이 냉혹한 차르는 이콘화 중심의 러시아 미술 세계를 일변시켰다. 서유럽의 화가들을 초빙하는가 하면 유망한 젊은 화가들을 서유럽으로 유학시킴으로써 러시아에 처음으로 '근대적 화가'가 등장할 발판을 마련했다. 표트르 대제 이후 프랑스식 궁정문화가 번창하고 로코코풍의 미술양식이 퍼졌다.

그러나 이런 껍데기만의 근대화는 러시아 민중의 삶과는 무관한 것이었다. 1812년 나폴레옹의 러시아 침략은 러시아인의 민족적 자각을 낳았다. 이어 1825년 터진 데카브리스트 반란은 이 자각이 사회변혁의 열정으로 표출된 최초의 사건이었다. 젊은 귀족들이 참여한 이 반란을 통해 러시아 특유의 반체제적 지식인, 곧 인텔리겐치아가 탄생했다. 러시아 미술은 이 역사의 흐름 속에서 진화하고 변모했다. 19세기 러시아에서 화가들은 예술가이기 이전에 지식인이었다고 지은이는 말한다. 그들에게 그림은 삶을 담아내는 그릇이었고 삶을 변혁하는 도구였다. '비판적 리얼리즘'은 러시아 화가들의 창작 규범이었다. 그런 예술가 정신을 가장 드라마틱하게 보여준 것이 1870년 결성된 '이동파'였다.

이동파의 등장이야말로 근대 러시아 미술을 서유럽 미술과 근본적으로 단절시키는 지점이다. 이동파란 러시아의 모든 사람들에게 예술작품을 감상할 기회를 주려고 여러 도시로 옮겨 다니며 전시회를 연다는 취지에서 비롯한 이름이다. 이동파는 말하자면, 미술계의 브나로드('민중 속으로!') 운동이었다. 1923년까지 존속한 이동파는 세계 미술운동사에 유례없는 실험이자 성과였다. "이동파는 정치적·경제적으로는 후진국이면서도 정신적으로 이것을 극복하려 했던 지식인들 중심의 민주적 미술 유파였다. 세계 미술사에 이처럼 철두철미하게 반체제적 성격을 유지한 미술운동은 존재하지 않는다. 이동파는 '삶의 진실'을 추구한다는 러시아 미술의 전통을 극대화시켰다."

이동파가 활동을 시작한 1870년대에 서유럽 미술의 중심지 파리에서는 인상파가 최초로 전시회를 열었다. 많은 러시아 화가들이 파리 유학을 다녀왔지만, 이들은 인상파에게서 깊은 '인상'을 받지 못했다. 그들에게 중요했던 것은 '빛의 묘사'가 아니라 '민중의 삶'이었다. 그러나 이동파의 초기 양식은 아직 회화의 기술적 측면에서 완벽한 경지에 이르지 못했다. 이동파 운동의 지도자 이반 크람스코이Ivan Kramskoy는 인상파와 이동파를 이렇게 선명하게 대비했다. "그들(프랑스 인상파)에게는 내용은 없고 형식만 있다. 우리(러시아 이동파)에게는 형식은 없고 내용만 있다." 이 난점을 해결한 사람이 일리야 레핀Ilya E. Repin(1844~1930)이었다. 레핀은 1873년 작 〈볼가 강에서 배를 끄는 인부들〉로 러시아 이동파의 창조성을 극점으로 끌어올렸다. 레핀은 심혈을 기울여 완성한 이 대작에서 회화의 형식을 일신시킴과 동시에 민중의 강인한 삶을 극적으로 구현했다. 레핀의 풍속화에는 러시아사회의 근본적 변혁의 꿈이 내장돼 있었다. "레핀의 모든 그림은 레핀 개인만의 진보가 아니었다. 그것은 러시아 미술 전체의 진보였다." 그 정신은 아방가르드 화가들을 통해 20세기로 이어졌다. 카지미르 말레비치의 절대주의와 블라디미르 타틀린Vladimir Tatlin의 구성주의는 그 정신의 혁명성이 최고의 형태로 드러난 운동이다. 이 전위 운동들은 극단적이고 파격적인 형식 실험 속에 러시아혁명의 이념을 담았다. 지은이는 이들의 운동을 이렇게 평가한다.

"러시아 아방가르드들의 미친 듯한 창조의 열정은 1917년의 혁명 분위기 속에서 가장 아름답게 솟구쳤다. 그 이전에도 그 이후에도 이보다 더 강력하고 뜨겁게 삶과 예술을 일치시키고 동시에 갱신하려는 열정은 세계 미술사 어디에도 없었다."

■■ 19세기 러시아 미술의 모델, 문학 ■■

"19세기 러시아 미술가들은 세계 최고의 이야기꾼들이다. 러시아 화가들에게 가장 중요한 이야기는 당대 러시아의 삶 자체였다."

러시아 미술의 이런 특성은 문학에 빚진 바 컸다. 19세기 러시아 문화를 이끈 것은 문학이었다고 이진숙 씨의 『러시아 미술사』는 말한다.

"푸시킨Aleksandr Pushkin · 고골Nikolai Vasilievich Gogol · 도스토옙스키 Fyodor Dostoevsky · 톨스토이 · 투르게네프 · 오스트롭스키Nikolay Ostrovsky 등 위대한 작가들이 러시아 지성계를 주도하고 있었다. 엄격한 검열이 이루어지던 이 시기에 사회에 대한 진지하고도 급진적인 논의들이 문학비평의 형태로 이루어 졌다."

러시아 미술은 문학으로부터 '이야기 특성'만 빌려온 것이 아니었다. 미술은 문학과 내적인 관련을 맺고 있었고, 작가와 작품의 영향을 짙게 받았다. 그런 영향이 처음으로 나타난 그림이 알렉산드르 이바노프Aleksandr Ivanov의 〈민중 앞에 나타난 예수 그리스도〉다. 20년 세월을 바쳐 1858년에 완성한 이 대작에 이바노프는 작가 고골의 얼굴을 새겼다. 희곡 『검찰관』(1836)에서 러시아의 암담한 현실을 예리하게 풍자했던 고골은 이후 점차 종교적 신비주의에 빠졌다. 현실에서도 예술 속에서도 해답을 찾지 못한 고골은 정신 착란 상태에서 비참한 죽음을 맞았는데, 이바노프는 자신의 그림에서 고골의 그런 마음 상태를 표현했다.

이동파를 이끌었던 이반 크람스코이는 체르니솁스키Nikolay Chernyshevsky 의 소설 『무엇을 할 것인가』를 삶의 모델로 삼았다. 1963년 상트페테르부르크 미술 아카데미에 반기를 들고 뛰쳐나온 크람스코이는 이 반란에 가담한 열세 명과 함께 『무엇을 할 것인가』에 묘사된 혁명가들의 이상적 공동체를 본보기로 삼아 작업실과 주거지를 공유하는 생활공동체를 만들었다. 이 공동체가 이동파의 모태가 됐음은 물론이다. 크람스코이는 레프 톨스토이와도 각별한 인연을 맺어 그의 초상화를 그렸으며, 『안나 카레니나』에 감명받아 이 소설의 주인공 안나 카레니나를 닮은 〈미지의 여인〉을 그렸다.

이동파의 대미를 장식하는 니콜라이 야로셴코Nikolai Yaroshenko는 톨스토이의 소설 주제를 그림으로 옮겼다. 그의 대표작 〈삶은 어디에나〉(1888)는 톨스토이의 『사람은 무엇으로 사는가?』에서 직접 영감을 얻은 작품이다. 톨스토이는 이 작품에서 사람은 결국 '사랑'으로 산다고 말한다. 야로셴코의 〈삶은 어디에나〉는 죄수 호송 열차에 탄 정치범과 그 고난의 길에 동행한 가족을 보여준다. 시베리아 유형지로 가는 열차가 잠시 멈추어 서 있다. 젊은 죄수의 아기가 호송 열차의 창살 밖으로 비둘기들에게 모이를 준다. 모이를 먹는 비둘기를 보며 잠시 기쁨의 미소를 짓는 죄수와 아내와 아이는 성聖가족을 연상시킨다. "예수가 고난 속에서 사랑의 승리를 성취했듯 그들은 어디에서나 삶을, 생명을 발견할 것이다. 비둘기들이 모이를 다 먹기도 전에 기차는 유형지를 향해 덜컹거리며 떠날 것이다. 죄수를 싣고 떠난 기차는 더욱 단련된 혁명 전사를 싣고 올 것이다."

눈과 피의 나라 러시아 미술 이주헌 지음 / 학고재

러시아 미술은 '혁명문학'이다

러시아는 문학의 나라, 음악의 나라, 혁명의 나라다. 1917년 일어난 10월 혁명은 20세기 역사의 향배를 결정지었다. 알렉산드르 푸시킨에서부터 표도르 도스토옙스키와 레프 톨스토이를 거쳐 막심 고리키Maksim Gor'kii에 이르기까지 러시아문학은 세계문학의 젖줄이었다. 표트르 차이콥스키Pyotr Ilich Tchaikovsky와 모데스트 무소륵스키Modest Petrovich Musorgsky는 우리 음악처럼 친숙하다. 심지어는 스탈린 시대의 작곡가 드미트리 쇼스타코비치Dmitry Shostakovich도 낯설지 않다.

그렇다면 러시아 미술은 어떤가? 바실리 칸딘스키와 마르크 샤갈이 있지만 이들은 서유럽에서 활동한 화가들이다. 러시아 땅에서 러시아 민중과 호흡을 함께한 러시아 화가들은 우리에게 거의 알려져 있지 않다. 그러나 러시아는 우리가 알지 못할 뿐 거대한 미술의 산실이다. 미술평론가 이주헌 씨가 쓴 『눈과 피의 나라 러시아 미술』은 동토 깊숙이 숨어 한 번도 전모를 내보이지 않던 러시아 미술을 지면에 초대해 그들의 장대한 아름다움에 흠뻑 젖어들게 해주는 책이다.

여러 권의 전작에서 미술 안내자로서 역량을 보여준 바 있는 지은이는 러시아의 정치·문화 쌍두마차인 모스크바와 상트페테르부르크로

독자를 끌고 들어간다. 두 도시는 트레티야코프 미술관과 러시아 미술관, 에르미타시 박물관과 푸시킨 박물관이 있어 미술의 도시라는 별칭을 얻고도 남을 만한 곳이다. 에르미타시와 푸시킨 박물관은 레오나르도 다빈치의 〈성모자〉에서부터 앙리 마티스Henri Matisse의 〈춤〉에 이르기까지 서구 미술사의 걸작 가운데 상당수를 품고 있다. 러시아 회화만이 지닌 고유한 정취를 느끼려면 트레티야코프 미술관과 러시아 미술관으로 가야 한다. 지은이의 눈길이 오래 머무는 곳도 이 두 미술관이다.

지은이의 설명을 빌리면 러시아 회화는 문학적 특성이 강하다. 그림의 형식 못지않게 내용을 중요하게 다룬다는 뜻이다. 주제의식이 뚜렷하고 이야기가 화면 전체를 가로지른다. 러시아 회화의 이런 특징을 잘 보여주는 유파가 1871년 결성돼 50년이나 지속된 '이동파'다. 이동파라는 이름은 화가들이 수도를 떠나 지방 도시를 돌며 전시회를 연 데서 유래했다고 한다. 변방의 민중에게 조금이라도 더 가까이 다가가려 한 이 화가들의 노력은 현실에 참여해 사회를 변혁하려는 의지의 소산이기도 했다. 이들의 의지는 역사화라는 장르에서 탐스러운 결실을 얻었는데, 그 미적 성취를 보여주는 한 경우가 바실리 수리코프Vasily Ivanovich Surikov(1848~1916)의 작품 〈대귀족부인 모로조바〉(1887)다.

이 작품의 역사적 배경을 이루는 것은 17세기 러시아정교의 대분열이다. 당시 총대주교였던 니콘이 교권을 확장하려 러시아 교회 전례를 뒤바꾸자 전통을 중시하는 성직자와 평신도가 반기를 들었다. 교권 확장은 러시아정교의 우두머리인 차르의 권력을 강화하는 일이기도 했다. 차르의 권력 집중을 받아들일 수 없는 귀족계급이 반대파의 선두로 나섰다. 차르 중심의 '신교도'와 귀족 중심의 '구교도'는 한 치도 양보하지 않았다. 차르는 반대파를 파문하고 주동자를 화형에 처했다. 2만 명의 구교도가 분신자살로 격렬히 항거했다. 구교도의 반차르 저항 정신은 이후 수백 년 동안 도도히 흐를 반역의 저류가 됐다.

〈대귀족 부인 모로조바〉는 이 반대파의 저항을 드라마틱하게 보여준다. 주인공 모로조바는 차르에 맞서다 수도원에 유폐돼 삶을 마감한 인물이다. "화가는 이 순교자를 세상의 어떤 징벌로도 제어할 수 없는 강력한 카리스마의 소유자로 묘사했다. 하늘을 향해 치켜뜬 그의 눈은 자신의 행동이 신의 뜻에 따른 것이라는 확신으로 가득하다." 쇠사슬에 묶인 이 귀족 여성 주위에서 민중들이 눈물을 흘린다. 구교도와 민중이 내적으로 결속돼 있음을 보여주는 이 역사화는 당대 현실을 향한 정치적 발언임이 분명하다.

수리코프와 함께 이동파를 대표했던 화가 일리야 레핀은 더 적극적으로 현실을 역사화 속에 담았다. 그의 작품 〈어느 선동가의 체포〉(1880~1889)는 1877년 열린 '193인 재판'을 배경으로 한 것이다. 귀족층·지주층의 자식들이 농촌으로 들어가 인민 봉기와 차르 전복을 기도했던 나로드니키(인민주의자) 운동은 러시아혁명사의 중대한 전환점이다. 1870년대에 정점에 이른 이들의 활동은 대대적 체포와 '193인 재판'으로 궤멸에 가까운 타격을 입었고, 이후 혁명운동은 지하로 숨어들었다. 레핀의 그림은 이 시기에 체포된 젊은 혁명가를 주인공으로 삼았다. "상기된 얼굴의 운동가는 결코 비굴하게 선처를 호소하거나 절망하여 좌절할 모습이 아니다. 자신의 신념이 옳다고 확신하는 이상 언젠가 이 수고와 희생의 결실을 보리라는 믿음을 잃지 않고 있다." 열정과 믿음으로 부릅뜬 눈은 200년 전 차르에 대항했던 구교도 여성 귀족의 눈과 겹친다. 그렇게 러시아 미술에는 러시아혁명의 역사가 흐른다.

일상적인 것의 변용 아서 단토 지음 / 김혜련 옮김 / 한길사

변기가 작품이 되는
'현대예술의 풍경'

'한길그레이트북스' 100번째로 나온 『일상적인 것의 변용 *The Transfiguration of the Common Place*』은 1982년에 출간된 아서 단토 Arthur C. Danto (1924~)의 저작이다. 단토는 현대 미국을 대표하는 철학자·미술비평가 가운데 한 사람이다. 단토가 이 저작에서 의도하는 것은 '예술이란 무엇인가'라는 예술철학의 고전적 물음에 대한 답을 다시 찾아내는 것이다. 지은이가 논의를 펼 때 염두에 두는 것이 현대예술의 풍경이다. 현대예술이란 고전예술과 달리 예술과 비예술 사이의 경계가 너무도 흐릿하여, 과연 어떤 것이 예술인지, 예술이라면 왜 예술인지 설명하기가 지극히 어렵다는 것이 그가 예술 정의를 다시 시도하는 이유다. 평범한 관람객들이 현대예술에 맞닥뜨릴 때 종종 느끼는 당혹감, '과연 이걸 예술이라고 할 수 있나' 하는 그런 의혹에 하나의 답을 주는 책이라고도 할 수 있다.

그런 당혹감을 불러일으키는 가장 대표적인 사례 가운데 하나인 마르셀 뒤샹의 〈샘〉과 앤디 워홀의 〈브릴로 상자〉에서 시작하면, 이 책의 논리 속으로 들어가기 쉽다. 뒤샹의 작품은 남자 화장실에 달린 '소변기'를 뜯어내 거기에 '샘'이라고 써놓은 것이다. 기성품에 제목을 덧붙

여놓았을 뿐인데, 현대 미술사에 남는 작품이 됐다. 앤디 워홀의 작품은 한발 더 나아간다. 부엌 세제를 넣는 '브릴로 상자'를 쌓아올려 놓고 예술이라고 한 것이다. 이 상자 더미가 미술작품이 된 것은 순전히 워홀이라는 유명 화가가 미술 전시장이라는 공간에 그것을 들여놓았다는 그 사실 때문이다. 여기서 자연스럽게 따라 나오는 질문이 '일상적인 것'(평범한 것)이 어떻게 예술작품으로 '변용'되는가 하는 질문이다.

단토는 여기서 '창작자의 의도'를 작품의 한 근거로서 제시한다. 예술가가 제목을 달아 작품으로 전시함으로써 어떤 물리적 대상에 '예술의 지위'를 부여하며, 동시에 '의미론적 기능'도 부여한다는 것이다. 그러나 예술가의 주관적 의도나 의미가 언제나 통하는 것은 아니다. 그 주관적 의도가 객관적인 맥락 속에서 수용돼야 한다는 점을 단토는 강조한다. 그 '객관적 맥락'으로 지은이가 지목하는 것이 예술계, 예술사, 예술이론이다. 그런 장 안에서 이해되고 납득될 때, 변기와 같은 평범한 사물이 예술작품으로 새롭게 태어날 수 있다는 것이다. 따라서 〈샘〉과 같은 작품은 그것을 수용할 장이 확보되지 않은 시대에는 그저 변기에 지나지 않는다. 워홀의 〈브릴로 상자〉도 〈샘〉이라는 미술사적 선례가 있었기 때문에 작품이 될 수 있었다.

그런데 그 객관적 장이라는 것도 따지고 보면 어떤 주관적 해석의 장이다. 따라서 중요한 것은 '해석'의 문제다. 해석이야말로 예술을 예술로 존재하게 해주는 요건이다. 사물적 대상이 해석을 통과해 비로소 존재론적으로 다른 지위, 곧 예술작품이라는 지위를 얻게 되는 것이다. 그렇다면 감상자마다 해석이 다르다면, 작품은 그때마다 달라진다고도 할 수 있다.

이런 논의를 통해 단토는 현대예술을 이해할 방법론적 근거를 마련하지만, 그렇다고 해서 그가 현대예술의 전망을 긍정적으로 보는 것은 아니다. 그는 예술사가 사실상 종말을 고했다고 말한다. 현대의 예술이 자신의 본질을 탐구하는 예술철학으로 변모하면서 마침내 작품은 사라지고 이론만 남았다는 것이다. 〈브릴로 상자〉는 그 종말을 보여주는 단적인 사례다. 개별 작품은 계속 창작되겠지만, 예술사적 의미는 이미 소진했다는 것이 단토의 결론이다.

CHAPTER
15

예수와 붓다의 저녁식사

신을 옹호하다 테리 이글턴 지음 / 강주헌 옮김 / 모멘토

테리 이글턴이 만난 신

영국의 저명한 문학비평가·문화이론가 테리 이글턴(1943~)이 쓴 『신을 옹호하다 Reason, Faith, and Revolution: Reflections on the God Debate』는 제목만 보면 특별할 게 없는 책 같다. 종교인·신앙인이라면 신을 옹호하는 것이 당연한 일 아닌가. 이 책의 포인트는 부제 '마르크스주의자의 무신론 비판'에 있다. 통상 마르크스주의자들은 '무신론자 = 유물론자'로 통하는데, 마르크스주의자가 무신론을 비판하고 신을 옹호한다는 사실이 이 책을 눈에 띄게 만든다. 지은이 이글턴이 마르크스주의자이자 기독교인이다. 그는 가톨릭을 믿는 아일랜드계 노동계급 가정에서 태어나 자랐는데, 이 원초적 환경이 그대로 그의 정신세계의 뼈대가 된 셈이다. 이 책에서 이글턴은 자신의 종교적 신념을 걸고 무신론을 비판한다. 2008년 4월 미국 예일대학에서 했던 특강이 이 책의 바탕이 됐다.

이 책의 또 다른 포인트는 이글턴이 비판하는 대상이 명성에서 이글턴에 결코 뒤지지 않는 진화생물학자 리처드 도킨스Richard Dawkins와 저널리스트 크리스토퍼 히친스Christopher Eric Hitchens라는 사실이다. 두 사람은 정치적 스펙트럼상 '진보적 자유주의'에 가까운 사람들이다. 도킨스는 신자유주의 세계화에 반대하고 조지 부시의 이라크 전쟁

을 강력하게 비판했다. 히친스도 헨리 키신저Henry Kissinger를 베트남·캄보디아 민간인 학살의 전범으로 재판에 부쳐야 한다고 주장하는 『키신저 재판 The Trial of Henry Kissenger』(아침이슬 펴냄)을 썼다. 이 두 사람은 강경한 기독교 비판자라는 점에서도 유사한데, 도킨스는 2006년 『만들어진 신 The God Delusion』(김영사 펴냄)을 출간했고, 히친스는 2007년 『신은 위대하지 않다 God is Not Great』(알마 펴냄)를 펴냈다. 두 사람은 여기서 기독교가 저지른 잘못과 종교가 지닌 불합리성을 가차 없이 성토했다. 얼마나 강력하게 비판했던지 "반종교적 광기를 내뿜는 도킨스 앞에서는 종교재판소장이 무기력한 자유주의자로 보일 지경"이다. 2001년 9·11테러 이후 맹렬해진 미국 내 기독교 근본주의 창궐에 대한 비판의식이 이런 종교 비판으로 나타났던 것일 터인데, 이글턴은 이들보다 더 급진적이고 좌파적인 관점에서 두 사람의 종교 비판이 지닌 문제점을 반비판한다.

그렇다고 해서 이글턴이 도킨스와 히친스의 모든 비판을 다 부정하는 것은 아니다. "(두 사람이) 기존 종교에 대해 퍼붓는 비난 중 아주 많은 부분이 지극히 옳은 소리며, 종교의 문제점들을 그토록 설득력 있게 제시한 데 대해서는 아낌없는 찬사를 보내 마땅하다." 문제는 이들이 종교에 관해 어이없을 만큼 무지한 상태에서 열변을 토한다는 데 있다. 이글턴은 "『영국 조류도감』을 어쩌다 좀 들여다봤다고 해서 생물학의 심원한 문제에 대해 왈가왈부할 자격을 갖추었다고 착각하는 사람의 오만"이라고 비판한다. 또 두 사람의 신학 이해가 소박한 수준에 머물러 있다는 걸 안타까워하면서, "어떤 소설에 대해 재미있는 부분도 있고 무서운 부분도 있는데 끝에 가서는 무척 슬프다는 식의 평을 해놓고는 문학 비평가를 자임하는 사람과 비슷하다"고 꼬집는다.

그렇다면 이글턴이 생각하는 신은 어떤 존재인가. 그는 통상의 기독교 비판자들이 주장하는 것과는 다른 모습으로 신을 제시한다. "예수가 '아버지'라고 일컫는 이 존재는 심판자가 아니고 가부장도 아니며 비난하는 자도 아니고 초자아도 아니다. 그는 사랑하는 자이고 친구이며, 함께 비난받는 피고이고 우리를 비호해주는 변호사다." 그렇다면 심판자·비판자 하느님은 누구인가. 지은이는 그 존재가 바로 사탄이라고 말한다. "사탄은 이를테면 못되게 구는 힘센 왕초로 해석된 하느님이다."

지은이는 마르크스주의자답게 예수 그리스도를 사회주의 운동 창시자에 가까운 모습으로 그린다. 예수는 "성경에서 '아나빔'이라 부르는, 가난하고 버림받은 사람들과 연대한" 죄로 "고문받고 처형당한 정치범"이다. "로마는 정치범만을 십자가에서 처형했다. 바울의 서신에서 아나빔은 세상의 보잘것없는 인간들을 뜻한다. 사회에서 버림받은 인간쓰레기, 그러나 하느님 나라로 알려진 새로운 형태의 인간 세계에서는 주춧돌 구실을 할 사람들이다." 예수는 이들을 대표하는 존재다. 그리하여 기독교에서 말하는 구원이란 "굶주린 사람의 배를 채워주고 이민자를 환영하며 아픈 이들을 찾아가 돌보고 부자들의 횡포로부터 가난한 사람들과 고아와 과부를 보호하는 문제다."

이글턴은 자본주의가 기독교와 잘 어울릴 것 같지만, 실상 자본주의야말로 그 본질상 무신론적이라고, 그것도 "한결같이 나쁜 방향으로 무신론적"이라고 말한다. "자본주의 옹호자들이 경건한 태도로 뭐라고 주장하든 간에, 현실에서 드러나는 물질적 행태와 거기에 내재된 가치관과 신조들은 신을 부정한다." 하느님 나라를 실현하려면 이 무신론적이고 사랑 없는 자본주의 체제를 극복해야만 한다.

이글턴은 도킨스와 히친스가 19세기 계몽주의자·합리주의자들의 단순한 이성주의에 입각해 종교를 미신으로 보고 있다고 비판한다. 그는 철학자 찰스 테일러가 『세속의 시대』에서 한 주장을 받아들여 "'인류의 역사가 진행되면서 과학적 증거가 꾸준히 축적된 결과로 세계에 대한 종교적 관점이 패퇴했다'는 닳고 닳은 신화, 경이로우리만큼 단순하고 일차원적인 신화"를 단호하게 반박한다. 이런 신화 속에서 "믿음의 시대"는 '이성의 시대' 앞에서 장렬하게 전사한다." 그러나 자기 한계를 알지 못하는 이성이란 또 하나의 극단, 일종의 자기도취일 뿐이다. 도킨스와 히친스는 "우리가 신화와 미신의 해로운 유산을 떨쳐버리기만 하면 자유로워질 수 있다고 주장하지만, 이런 주장 자체가 신화다." 지은이는 도킨스와 히친스의 종교 비판에 맞서 이렇게 선언한다. "종교는 오만하게 거부해야 할 대상이 아니라 끈질기게 해독해야 할 대상이다."

만들어진 신 리처드 도킨스 지음 / 이한음 옮김 / 김영사

진화생물학자의
'종교적 광신' 탄핵문

21세기 대명천지는 종교에 관한 한 중세의 암흑기와 조금도 다를 바 없다. 인종청소라는 말을 탄생시킨 보스니아 내전은 종교의 분할선을 따라 원한과 복수의 화염을 피워 올렸다. 어제까지 친구였던 이웃 사람들이 다음 날 원수가 돼 서로 죽이고 죽임을 당했다. 2001년 9월 11일 뉴욕 한복판 쌍둥이 빌딩이 주저앉았다. 현대판 십자군전쟁이 뒤따랐다. 9·11과 아무런 관련도 없는 아프가니스탄이 불바다로 변했고, 이라크가 생지옥으로 변했다. 전쟁은 끝날 줄 모른다. 침략 전쟁은 내전으로 뒤엉켜 종파 간 골육상쟁이 온 나라를 피로 물들였다. 모두 종교의 이름으로 저질러지는 반인간적 악행이다. 종교를 이대로 두어도 좋은가?

저명한 생물학자 리처드 도킨스가 어떤 지식인도 건드리기 어려운 껄끄러운 주제에 대해 과감한 발언을 했다. 발언을 한 정도가 아니고 아예 탄핵문을 썼다. 2006년 출간돼 영미권을 강타한 『만들어진 신』이 바로 과학자의 양심을 걸고 맹신의 폐해를 폭로하는 장문의 고발장이다. 진화생물학의 최고 권위자답게 지은이는 이 고발장에서 종교가 논리적으로든 과학적으로든 성립 불가능한 것임을 입증한다. 글머리에서 자신이 무신론자임을 밝힌 그는 이 책의 전편에 걸쳐서 '신이 없다고 믿는

것'이 '신이 있다고 믿는 것'보다 왜 더 바람직한지 설명한다. 그러나 이런 설명은 자신의 우월성을 자랑하려는 차원의 설명은 아니다. 그는 이 책이 특히 미국 독자들에게 읽히기를 바란다고 밝힌다. 종교적 근본주의가 광신의 지경에까지 이른 이 나라의 몽매 상황이 21세기의 재앙을 불러오고 있다고 보기 때문이다.

그가 이 책에서 모든 종교를 다 비난하는 것은 아니다. 지은이가 표적으로 삼은 것은 아브라함이라는 태곳적 부족장에게 뿌리를 두고 있는 세 종교, 곧 기독교·이슬람교·유대교다. 그 가운데서도 오늘날 가장 큰 위력을 발휘하는 기독교가 비판의 주요 대상이 된다. 기독교를 필두로 한 세 종교가 믿는 신은 유일신이고 인격신이며 창조신이다. 수염 달린 할아버지가 우주와 인간을 창조해 주재한다는 믿음은 합리적 정신의 소유자에겐 '망상'으로 치부될 일이지만, 미국에서라면 사정이 전혀 다르다고 지은이는 말한다. 미국은 인류의 과학적 성과인 진화론이 창조론의 집중포화를 받고 있는 기독교 근본주의의 나라다. "현재 미국에서 무신론자의 지위는 50년 전 동성애자의 처지와 다를 바 없다." 무신론자임을 밝힌 사람이 정치인으로 성공하는 것은 이 나라에선 거의 불가능에 가까운 일이다. 그러나 바로 그렇기 때문에 종교를 이성의 빛으로 해석하고 비판하는 것은 절박한 문제가 된다.

그는 미국이라는 나라가 결코 기독교 원리 위에 세워진 나라가 아님을 상기시킨다. 미국의 국부들은 절대 다수가 종교적 아집에서 자유로운 사람들이었다. 그들은 정치와 종교를 엄격히 구분하는 세속주의 신봉자들이었다. 2대 대통령 존 애덤스는 "최상의 것은 종교가 없는 세계일 것"이라고 했고, 3대 대통령 토머스 제퍼슨은 "기독교는 여태껏 인간이 갈고닦은 체계 중 가장 비뚤어진 체계"라고 말했다. "오늘날 종교적 광신주의가 미국에서 마구 날뛰는 모습을 미국의 국부들이 보았다면 충격을 받았을 것이다." 그도 그럴 것이 2대에 걸쳐 대통령이 된 조지 부시 집안이 이 미국적 광신주의의 두드러진 사례를 보여주고 있다. 무신론자인 미국 시민도 동등한 시민권과 애국심을 지닌다는 것을 인정하는지 묻는 기자의 질문에 아버지 부시는 이렇게 답했다. "아니오. 이곳은 신의 나라입니다." 그런 나라에서 아들 부시가 대통령이 됐다. 아들 부시의 광신은 요크셔의 살인마 피터 섯클리프의 광신을 닮았다. "섯클리프는 여자들을 죽이라는 예수의 목소리를 또렷이 들었다고 했다. 아들 부시는 신으로부터 이라크를 침공하라는 말을 들었다고 한다." 지은이는 한마디 덧붙인다. "딱하게도 신은 그곳에 대량살상 무기가 없다는 계시는 내려주지 않았다."

지은이는 기독교의 광신적 행태가 『성서』의 뒷받침을 받고 있음을 강조한다. 『구약 성서』의 야훼는 "모든 소설을 통틀어 가장 불쾌한 주인공이다." 그 신은 "시기하고 거만한 존재, 좀스럽고 불공평하고 용납을 모르는 지배욕을 지닌 존재, 복수심에 불타고 피에 굶주린 인종 청소자, 여성을 혐오하고 동성애를 증오하고 인종을 차별하고 유아를 살해하고 대량 학살을 자행하고 자식을 죽이고 전염병을 퍼뜨리는 변덕스럽고 심술궂은 난폭자"로 등장한다. 기독교 광신주의자들의 행태는 거의 모두 이 신을 빼닮았다.

그런데도 신을 믿어야 하는가? 많은 신앙인들이 종교가 있기 때문에, 신이 있기 때문에 이 땅에 도덕이 있고 정의가 설 수 있다고 말한다. '신이 없다면 무엇 때문에 선하게 살려고 애쓰겠는가?'라고 묻는 사람들도 있다. 지은이는 이런 질문이야말로 인간을 저급하게 만드는 것이라고 잘라 말한다.

"그것은 하늘에 있는 거대한 감시카메라를 돌아보면서 혹은 당신의 머리에 든 아주 작은 도청 장치에 대고 아첨하고 비위를 맞추는 것이지 도덕이 아니다. 오로지 처벌이 겁나서 그리고 보상을 바라기 때문에 사람들이 선한 것이라면 우리는 정말로 딱한 존재가 아닐 수 없다."

신에 대한 믿음이 인간을 오히려 악의 구렁텅이로 빠뜨리기도 한다는 점을 지은이는 신앙심 깊었던 17세기 프랑스 철학자 블레즈 파스칼을 인용해 이야기한다. "사람은 종교적 확신을 가졌을 때 가장 철저하고 자발적으로 악행을 저지른다." 만약 십계명을 진지하게 받아들인다면, 그래서 '다른 신을 섬기지 말라'라는 계명을 충실히 지킨다면, 그런 기독교인은 탈레반을 비난할 수 없다. "아프가니스탄 산악지대에서 있던 높이 45미터의 바미얀 불상들을 폭파시킨 탈레반의 어처구니없는 문화 파괴 행위를 비난하기보다는 그들의 강직한 신앙심에 찬사를 보내야 한다."

지은이는 무신론도 얼마든지 도덕과 윤리와 양심을 세울 수 있음을 강조한다. 신이 있다는 확신 속에서 그 신의 이름으로 저지르는 무수한 만행을 생각하면, 그의 주장을 마냥 외면할 수만은 없을 것이다.

■■ **지식계의 대중 스타, 리처드 도킨스** ■■

리처드 도킨스는 활동 중인 생물학자 가운데 최고의 대중적 영향력을 지닌 사람이다. 1941년 케냐 나이로비에서 태어나 영국 옥스퍼드대학에서 박사학위를 받은 그는 1976년 펴낸 『이기적 유전자 The Selfish Gene』로 과학계를 넘어 지식계의 샛별로 떠올랐다.

"우리는 생존 기계다. 곧 우리는 로봇 운반자들이다. 유전자로 알려진 이기적인 분자들을 보존하기 위해 맹목적으로 프로그램이 만들어졌다."

인간을 '이기적 유전자'의 지배를 받는 일종의 자동인형으로 묘사한 이 책은 그에게 대중적 명성을 안겨줌과 동시에 그를 엄청난 오해와 논란의 소용돌이로 밀어넣었다. 인간을 유전자 단위의 비참한 수준으로 축소시키고 인간의 모든 고귀한 자질을 이기주의로 환원한다는 비난이 쇄도했다. 그러나 도킨스는 자신의 견해를 굽히지 않았다. 유전자는 자기를 보존하고 번식하는 이기적 목적만 지니고 있지만, 바로 그 이기적 목적을 효과적으로 이루려는 과정에서 인간의 모든 이타적 덕성들이 나타난다고 그는 설명했다. 유전자 차원의 이기주의야말로 인류적 차원의 이타주의의 원천임을 논리적으로, 생물학적으로 증명한 것이다.

5년 뒤 쓴 『확장된 표현형The Extended Phenotype』에서 그는 유전자를 생물학을 넘어 문화의 차원으로 확장했다. '밈'이라고 이름 붙인 '문화적 유전자'가 생물학적 유전자처럼 자기 진화를 거듭해 모든 문화 현상을 만들어낸다는 것이 그의 논증이었다.

다시 5년 뒤 쓴 『눈먼 시계공The Blind Watchmaker』은 이번에 나온 『만들어진 신』의 전편과도 같은 작품이다. 이 책에서 도킨스는 세계를 설계하고 창조한 초월적 존재를 상정하지 않고도 우주가 스스로 진화를 거듭해 복잡한 지적 생명체까지 탄생시킬 수 있음을 설득력 있게 보여주었다. 생명을 설계한 '시계공'이 있다면 그것은 바로 찰스 다윈이 말했던 '자연선택'임을 그는 입증했다. 자연의 시계공은 아무런 목적도 욕망도 없이 스스로 설계하고 작동하는 '눈먼 시계공'이다.

그가 지식계의 대중스타가 된 데는 1급 에세이스트다운 필력도 한몫을 했다. 그의 문장력이 어느 정도인지는 최근에 동료 과학자들이 쓴 글을 모은 『리처드 도킨스』에서도 확인할 수 있다. 『이기적 유전자』의 뛰어난 문체에 대해 이 책은 증언한다. "도킨스의 문장은 운율이 아주 잘 맞았고, 사용된 용어도 아주 정확했고, 유익한 논증으로서만이 아니라 세련된 문학으로 볼 수 있을 정도로 생각이 조리 있게 표현돼 있었다."

『만들어진 신』에서도 그가 자신의 견해를 입증하려고 얼마나 문장을 갈고닦는지 확인할 수 있다.

죽은 신을 위하여 슬라보예 지젝 지음 / 김정아 옮김 / 길

예수라는 유물론적 혁명가

슬라보예 지젝은 옛 유고연방 출신의 철학자다. 슬로베니아학파라는 이름으로 불리는 최신 사상의 중심이자 태두가 지젝이다. 20세기 사상의 거목들이 쓰러진 자리에서 그의 사상적 지위는 거의 독보적으로 빛난다. 국내에서도 그는 소수이지만 맹렬한 지적 사도들을 거느리고 있다. 지난 10여 년 사이 그의 거의 모든 주요 저작이 우리말로 번역된 것은 그에게 쏠리는 관심의 강도를 보여준다.

지젝의 사상은 옛 유고연방이라는 지역적 특수성 속에서 영근 것이다. 스탈린주의의 영향권 아래 있었던 이 발칸의 다민족국가는 소련의 헤게모니가 무너지면서 급속한 '자유화' 과정을 겪다가 민족주의의 광기 어린 폭발로 만신창이의 상처를 입었다. 한때 '서구식 민주화'에 기대를 걸었던 지젝은 그 민주화의 결과가 아무런 해방의 전망도 제시하지 못한 채 파멸적 재앙으로 귀결하는 것을 보면서 서구식 민주주의에 대한 기대를 접었다.

애초에도 삐딱하고 반주류적이었던 그의 사상은 더욱 발본적이고 급진적이고 과격한 국면으로 나아갔다. 특이한 것은 20세기 후반의 체제 반란적 사상운동을 이끌었던 포스트모더니즘(탈근대주의)에 대립하는

지점에 그가 서 있다는 사실이다. 지젝은 칸트에서 헤겔에 이르는 독일 정통 관념론을 이어받고 자크 라캉의 '정통적' 정신분석학을 그 흐름에 접목해 매우 정통적인 방식으로 반역적 사상을 펼치고 있다. 『죽은 신을 위하여』에서도 그는 헤겔과 라캉을 위시한 유럽 정통 사상을 입론의 주춧돌로 삼고 있다. 그러나 그 정통의 세례를 받은 그의 사상은 거의 외설스러울 정도로 반정통적이다.

『죽은 신을 위하여』는 '기독교 비판 및 유물론과 신학의 문제'라는 부제가 얼핏 보여주는 대로 기독교에 대한 오래된 해석체계를 전복하는 작업이다. 요약하자면, 기독교를 유물론적으로, 다시 말해 신이 없는 종교, 신이 죽어버린 종교로 재해석하자는 것이다. 더욱 불온한 것은 그리스도를 20세기 혁명가 블라디미르 일리치 레닌과 연결 지어 이해하는 방식에 있다. 요컨대, 예수를 종교상의 레닌으로, 유물론적 혁명가로 이해하는 것이다.

지젝의 기독교 해석의 관점을 지젝 자신의 목소리로 들어보면 다음과 같다.

> "여기서 나의 주장은, 내가 뼛속까지 유물론자라거나, 기독교의 전복적 핵심은 유물론적 방법을 통해서도 접근할 수 있다거나 하는 것이 아니다. 나의 주장은 훨씬 더 강도 높은 것이다. 기독교의 전복적 핵심은 오로지 유물론적 접근을 통해서만 이해할 수 있으며, 역으로 진정한 변증법적 유물론자가 되기 위해서는 기독교적 경험을 거쳐야 한다는 것이 나의 주장이다."

지젝은 이 논의를 펼치기에 앞서 오늘날 서구에서 기독교의 대안으로 자주 거론되는 불교에 대한 자신의 견해를 먼저 풀어놓는다. 그가 불교를 이야기하는 것은 기독교의 폭력적·독재적 전횡을 중화시키거나 치유할 방법이 불교에 있다는 생각이 널리 퍼져 있기 때문이다. 그러나 그는 서구에 이식돼 유통되는 '서양 불교'를 단호하게 부정한다.

> "서양 불교는 광란의 시장 경쟁 속도에 대하여 내적 거리를 두고 무관심할 것을 설교하는 대중문화의 한 현상이다. 이는 정신 건강을 유지하는 듯 보이면서 자본주의 역학에 가장 효율적인 방식으로 완벽하게 참여하는 방법이라 할 수 있다. 요컨대, 이는 후기 자본주의의 전형적 이데올로기다."

'서양 불교'의 원형인 '동양 불교'도 그는 대안이 될 수 없다고 단언한다. "일본의 사례가 결정적 근거다." 그는 일본 군국주의와 선禪을 결합했던 일본 선사 스즈키 다이세쓰鈴木大拙의 선 사상을 사례로 끌어들인다.

> "군국주의적 선 지도자들은 선의 기본적 메시지를 순진한 군사적 충성, 곧 명령에 즉각 복종하고 자아의 이익을 고려하지 않고 자기의 임무를 다하는 것과 동일한 것으로 해석한다."

문제는 무념무상無念無想이라는 불교의 내적 평화의 원리에 있다. '분별적 사고를 중지하고 무無의 상태로 돌입하는 것'이 윤리적 판단 자체를 거부하게 만든다는 것이 지젝의 지적이다. 그런 무차별의 종교에서는 진정한 혁명도 사랑도 불가능하다고 지젝은 판단한다.

그렇다고 해서 그가 즉각 기독교를 인정하는 것은 아니다. 이 책의 목표는 '유신론적 기독교'를 해체하고 전복하는 것이다. 다시 말해 정통 기독교의 원리를 뿌리부터 잘라버리는 것이다. 그가 보기에 기독교는 신의 죽음 위에 성립된 종교다. 「신약성서」에서 십자가에 못 박힌 예수가 최후에 외치는 말, "아버지, 왜 저를 버리시나이까?"라는 구절이 결정적이다. 지젝은 이 말로써 그리스도 자신이 기독교가 범할 수 있는 궁극의 죄를 범했다고 말한다. 바로 믿음을 부인하는 죄다. "그리스도가 죽을 때, 그와 함께 죽은 것은 아버지가 존재한다는 소망이다." 말하자면, 기독교는 이렇게 '신이 없다'는 확인에서 출발한 종교다.

이런 역설 혹은 도착은 예수의 행적 곳곳에서 발견된다. 유다의 배반을 어떻게 이해할 것인가? 예수가 유다의 배반을 사전에 몰랐을까? 몰랐을 리 없다. 지젝은 여기서 유다의 배반이 기독교의 성립에 필수적임을 지적한다. 유다의 배반을 통해 예수는 십자가에 못 박히고 진정한 구원자로 등극한다. 유다는 배반 행위를 통해 예수의 혁명 사업을 적극적으로 실행한 일종의 영웅이다. 왜 영웅인가. 유다는 영원히 예수의 배신자라는 오명을 뒤집어쓸 것을 알면서도 예수를 위해 배반을 저지른 인간이기 때문이다. 전적으로 사랑하기 때문에 전적으로 배신하는 것이다. 지젝은 예수가 유다에게 이렇게 은밀히 명령했다고 추정한다. "내가 너의 전부임을 보여라. 그러려면 우리 둘 다를 위한 혁명 과업을 위해 나를 배반하라." 그런 사랑의 배반 행위를 통해 그리스도가 성립했다. 그 그리스도는 지젝이 보기에 혁명가다. '사랑의 과업'을 실현하려고 목숨을 던진 혁명가다. 그 혁명가는 우리와 같은 인간이며, 우리 가운데 한 사람이며, 우리와 가장 가까운 곳에 있는 초인이다. 그 초인의 진정한 모습을 찾으려면 신이라는 관념에 입각해 구축된 기독교 제도를 버려야 한다. 그렇게 지젝은 말한다.

큐복음서 김용옥 편·역주 / 통나무
도올의 도마복음 이야기 1 김용옥 지음 / 통나무

잊힌 복음서로
만나는 예수

기독교 성서학자들 사이에서 오랜 논란거리 가운데 하나가 「큐Q복음서」 문제다. 『신약성서』 중 공관복음서의 기초 자료가 된 원텍스트가 있었다는 것이 이 논란의 핵심인데, 그 원텍스트를 부르는 이름이 '큐복음서'다. 「큐복음서」는 가설로만 존재하다가 점점 실체성을 얻어가고 있다. 철학자 도올 김용옥 씨가 「큐복음서」의 성립 과정을 살피고 그 텍스트를 우리말로 옮긴 두 권의 책을 동시에 펴냈다. 『큐복음서』가 「큐복음서」의 텍스트를 도올의 관점에 따라 편집해 번역하고 상세한 주석을 단 책이라면, 『도올의 도마복음 이야기 1』은 「큐복음서」의 실체성을 뒷받침하는 「도마복음서」를 이야기의 줄거리로 삼고, 이집트·이스라엘의 초기 기독교 성지 순례기 형식을 빌려 '예수의 가르침'의 의미를 찬찬히 음미하는 책이다.

「도마복음서」가 고고학적 발견을 통해 20세기에야 알려졌듯이, 「큐복음서」도 오랫동안 성서학적 가설로 나돌았을 뿐 실체성을 입증할 증거는 없었다. 「큐복음서」 가설이 처음 제기된 것은 19세기 초였다. 독일 신학자 크리스티안 헤르만 바이세Christian Hermann Weisse(1801~1866)가 공관복음서를 연구하던 중 1838년 '큐자료' 가설을 제시했던 게 발단이었다. 공관복음서란 『신약성서』 가운데 공통의 자료와 공통의 관점으로 서술된 「마가복음」 「마태복음」 「누가복음」을 가리킨다. 이 세 복음서 가운데 「마가복음」이 가장 먼저 성립됐으며 나머지 두 복음서가 마가복음을 공통 자료로 삼아 기술된 것임이 바이세 당대에 밝혀졌다. 바이세는 여기에 더해 「마태」 「누가」 두 복음서가 「마가복음」 말고 또 다른 '자료'에 근거해 기술됐다는 '제2자료설'을 내놓았다.

이 제2자료가 바로 '큐자료' 또는 '큐복음서'다. 제2자료를 큐자료라고 부르게 된 건 '자료'를 뜻하는 독일어 크벨레Quelle의 머리글자를 그냥 빌려다 쓴 데서 비롯했다.

이 큐자료는 1세기 뒤 다른 독일 신학자 아돌프 폰 하르나크Adolf von Harnack(1851~1930)가 그동안의 연구 성과를 총괄해 고대 그리스어로 된 「큐복음서」를 '복원'함으로써 나름의 실체성을 얻었다. 그러나 그 복음서는 순전히 문헌학적 연구와 논리적 추론에 의지해 도출해낸 결과였으며, 물증은 따로 없었다. 그런 이유로 「큐복음서」는 성서학자들 사이에서만 관심거리였을 뿐, 일반에 공개되지는 않았다. 기존의 기독교 신앙에 일대 타격을 줄 수도 있는 '복음서'를 널리 알릴 용기가 성서학자들에게 없었던 것이다.

그러다가 터진 것이 '도마복음서 출현 사건'이었다. 1945년 12월 이집트 나일강 상류 나그함마디 지역의 바위틈에서 대량의 성서 고문서가 발견됐는데, 거기에 「도마복음서」가 끼어 있었던 것이다. 공관복음서보다 더 이른 시기에 성립된 것이 분명한 「도마복음서」는 놀랍게도 내용의 35퍼센트가 「큐복음서」와 일치했다. 더 놀라운 것은 공관복음서가 모두 예수의 죽음과 부활에 관한 이야기로 구성돼 있음에 반해, 「도마복음서」는 예수의 말씀으로만 이루어졌다는 사실이었다. '예수께서 가라사대'라는 말씀 형식으로 이루어진 「도마복음서」는 그 형식이 「큐복음서」와 똑같았다. 이로써 「큐복음서」가 가설적 차원을 넘어 실체성을 획득하게 되었다.

도올이 번역하고 해설한 『큐복음서』는 모두 83장으로 이루어져 있다. 여기에는 '신의 아들 예수가 십자가에 못 박혀 죽었다가 부활했다'라는, 기독교 신앙의 근간이 되는 이야기는 전혀 없고, 대신에 어떻게 살 것인가를 가르치는 지혜의 말씀이 내용의 대부분을 차지한다. 도올은 「큐복음서」야말로 도그마화하기 이전 초기 '예수교'의 실상을 보여주는 자료이자 "살아 있는 예수의 직접적 말씀"이라고 말한다.

다르마키르티와 불교인식론 권서용 지음 / 그린비

허무주의 극복한
합리적 불교 사상

다르마키르티Dharmakirti(600~?680)는 7세기에 활동한 인도의 불교사상가다. 한자식 이름으로 법칭法稱이라고도 하는 다르마키르티는 한국에서는 많이 알려져 있지 않지만, 유럽·미국·일본에는 다르마키르티학회가 구성돼 활발히 연구되고 있다고 한다. 그는 인도 불교학파들의 주요 사상을 비판적으로 흡수하여 독자적인 사상체계를 세웠다. 오늘날 인도 불교와 티베트 불교를 이해하는 데 그의 사상이 관건 구실을 한다고 한다. 7세기 이후 인도 철학사 연구는 다르마키르티 사상의 각주에 지나지 않는다는 평가가 있을 정도로 그의 영향은 심대했다. 불교철학 연구자 권서용 씨가 쓴 『다르마키르티와 불교인식론』은 다르마키르티의 사상이 불교철학사에서 차지하는 위치를 밝히고 그 사상의 체계를 인식론 중심으로 설명하는 책이다. 국내 연구자가 쓴 매우 드문 다르마키르티 안내서인 셈이다.

다르마키르티가 활동하던 7세기 전반은 인도 '육파(여섯 학파) 철학'과 같은 비불교적 사상들이 득세하던 시기였다. 이 시기에 다르마키르티는 매우 설득력 있는 논리체계를 세워 비불교 사상들과 대결하고 불교 사상을 일신시켰다. 다르마키르티가 인도 육파의 하나인 '미망사'의 저명한 학자 쿠마릴라Kumārila와 벌인 논쟁에 관한 이야기는 다르마키르티가 어떤 식으로 공부하고 활약했는지를 다소 드라마틱하게 보여준다.

다르마키르티는 브라만의 어떤 '비교秘教'를 배우고 싶어 쿠마릴라를 찾아가 그의 노예가 됐다. 그의 근면함과 성실함에 감동한 쿠마릴라는 비교 배우는 것을 허락했는데, 공부를 마친 뒤 브라만 학자들과 논쟁해 그들을 모두 불교도로 개종시켰다. 분노한 쿠마릴라는 500명의 브라만과 함께 다르마키르티에게 도전했다. 쿠마릴라는 논쟁에서 패한 자를 죽여도 좋다는 조건을 내걸었다. 다르마키르티가 논리로 쿠마릴라를 패배시켰고, 쿠마릴라는 500명의 브라만과 함께 불교에 귀의했다.

이 전설에서 엿볼 수 있듯이 당대 인도에서는 논쟁이 일종의 결투 같은 것이었고 이 논쟁에서 승리하기 위해 논리학이 극도로 발달했다. 다르마키르티는 논리학의 대가였던 셈인데, 이 논리학을 구사해 그는 독자적인 불교인식론을 세웠다. 이 책은 다르마키르티 사상의 특징을 그 인식론의 '합리성'에서 찾는다. 종교의 가르침은 많은 경우에 신비적·초월적 인식을 강조하는데, 다르마키르티의 사상은 그런 비합리적 인식을 배격한다는 것이다. "왜 철학하면서 성스럽게 되지 못하고, 종교를 수행하면서 합리적·논리적 사유를 하지 못하는가? 왜 종교인이면서 합리적 인간을 동시에 구현할 수 없는가? 이것이 다르마키르티의 문제의식이라고 생각한다."

지은이가 여기서 '합리성'이라는 말로 강조하는 것은 '무아無我' 사상이다. 다르마키르티의 사상과 인도 육파 철학의 다른 점은 결정적으로 '무아냐 유아냐'에 있다. 이 세계의 현상 아래 불변하는 본질적 실체가 있느냐 없느냐의 대립인 것이다. 그런 실체가 있다고 믿는 학파는 그 실체를 아트만我이라고 부른다. 불교의 가르침은 이 불변의 실체인 아트만이 없다는 것인데, 그것이 '무아론'이다. 다르마키르티의 가르침은 이 무아론으로 집약되는데, 여기에 이르는 과정에서 그는 불교의 선대 사상을 철저하게 자기식으로 소화한다. 대승불교의 기초를 확립한 나가르주나nagarjuna(용수龍樹, 150~250년께)의 공空 사상과 바수반두vasubandhu(세친世親, 320~400년께)의 유식唯識 사상을 흡수하고, 특히 바수반두의 4대 제자 가운데 한 명으로 꼽히는 디그나가Dignāga가 세운 불교논리학을 받아들여 방대한 불교인식론의 사유체계를 완성했다. 다르마키르티는 모두 일곱 권의 저서를 남겼는데, 그중 디그나가 사상의 주석서인 『프라마나바르티카 Pramana-Varttika』는 다르마키르티 철학의 핵심을 담고 있다.

다르마키르티 철학을 한마디로 요약하면, "무상無常이라는 존재론적 원리와 연기緣起라는 상대성 원리를 근간으로 한 무아론"이라고 할 수 있다. 이 무아론에 입각해 밖으로는 아트만이라는 영원한 실체를 주장하는 비불교적 학설을 격파하고, 안으로는 불교의 무아론에 내재하는 허무주의적인 사유를 극복하려고 했다는 것이 이 책의 설명이다. 붓다가 가르친 3법, 곧 제행무상·제법무아·일체개고一切皆苦는 자칫 잘못 이해하면, 세상 모든 것이 다 헛것이고 세상사가 다 고통이라는 허무주의로 빠지기 쉽다. 그러나 '바른 인식'을 통해 참된 깨달음에 이르면, 집착과 고통에서 해방될 수 있음을 다르마키르티 철학이 보여준다고 이 책은 말한다.

이때 '바른 인식'이란 자기 자신을 제대로 아는 것인데, 다르마키르티는 자기 자신을 알 수 있는 올바른 수단을 '프라마나pramana'라고 부른다. "이 프라마나는 두 가지가 있다. 하나는 '지각'이고 다른 하나는 '추리'다." 지각과 추리를 통해 바른 인식, 곧 무아無我와 공空의 인식에 이를 수 있다는 것이 다르마키르티의 인식론이다. 이렇게 올바른 인식 수단을 통해 세계의 실상을 꿰뚫어보고 그 인식을 통해 자기 자신의 본디 모습을 있는 그대로 보는 것이 불교인식론의 목적이라고 지은이는 강조한다.

신의 베스트셀러 브라이언 모이너핸 지음 / 김영우 옮김 / 민음in

신의 말씀을 통역한
성서 번역의 혁명가

과학혁명과 종교개혁은 유럽을 중세의 무지와 억압에서 해방시킨 거대한 변혁이었다. 특히 종교개혁은 그 직접성과 즉각성에서 전례 없는 사건이었다. 16세기 초 로마 가톨릭의 수장은 부패와 타락이 극에 이른 사실상의 세속군주였고, 교황을 정점으로 한 교회 조직은 탐욕의 피라미드였다. 성 베드로 대성당 건축비를 마련하려고 교황은 면죄부를 남발했다. 그 시절 썩어 문드러진 교회 안에서 성직을 수행하던 독일 비텐베르크 성당의 마르틴 루터는 극심한 '영혼의 위기'를 겪었다. 30대 중반의 이 땅딸막한 사내는 자신이 죄에 물들어 있다고 자책했다. 아무리 기도를 하고 금식을 하고 고해를 해도 양심의 고통이 가시지 않았다. 괴로움과 두려움에 시달리던 그는 어느 날 성서를 읽다가 "의인은 믿음으로 말미암아 살리라"라는 구절과 만났다.

그 순간 이 문장이 번갯불처럼 그의 양심을 강타했고, 그를 완전히 새로 태어나는 듯한 경험 속으로 몰아넣었다. 죄는 오직 '믿음'으로만 씻길 수 있다는 깨달음이 그를 덮쳤다. 루터는 전통적인 가톨릭교회를 통해서는 구원받을 수 없고 오직 그리스도에 대한 믿음, 성서 말씀에 대한 믿음만이 구원의 길임을 뼛속까지 확신했다. 1517년 그는 비텐베르크 성당 정문에 교회의 타락을 비판하는 '95개조 반박문'을 붙였다. 반향은 전광석화와도 같았다. 도화선에 불이 붙자마자 종교개혁의 거대한 들불이 유럽 전역으로 번졌다. 1522년 이 개혁 전사는 『신약성서』를 독일어로 번역했다. 초판 4,000부가 3개월 만에 동이 났다. 독일 민중이 쓰는 생생한 구어체로 쓰인 새 성서는 종교개혁의 불길에 기름을 끼얹었다. 라틴어라는 속박에서 풀려난 성서는 민중의 생활 속으로 들어갔다. 암호문 같은 죽은 말을 주문처럼 외던 교회 권력자들은 이단을 파문하고 진압하는 반개혁으로 맞섰지만, 지식 독점이 권력 독점을 보장하던 시대가 저무는 것을 끝내 막지 못했다.

루터의 종교혁명은 바다 건너 영국에도 즉각 폭풍우를 불러일으켰다. 루터의 선동적인 글들이 밀려들자 영국의 보수파 권력자들은 그의 책들을 불태웠다. 그러나 한번 타오른 변혁의 불길은 사그라들지 않았다. 이 시대에 가톨릭교회에 맞서 새로운 사상을 옹호하고 전파하는 데 삶의 전부를 바친 영국의 종교개혁가가 윌리엄 틴들William Tyndale(1494~1536)이다. 영국의 저술가 브라이언 모이너핸Brian Moynahan이 쓴 『신의 베스트셀러God's Bestseller』는 틴들의 삶을 줄거리로 삼아 종교개혁과 성서 번역을 둘러싸고 터진 영국 내부의 갈등을 드라마틱하게 그린 책이다. 신학자였던 틴들이 역사에 남은 것은 처음으로 성서를 영어로 번역해 출간한 탁월한 번역가였기 때문이다. 그가 번역한 성서는 오늘날 쓰이는 영어 성서의 모본인 『킹 제임스 성경』(1611)의 원형이 됐다. 민중의 생생한 언어를 뛰어난 표현력으로 구사한 그의 번역어는 오늘날에도 거의 그대로 통용된다.

당시 영국에서 성서 번역은 그 자체로 '종교적 반역'이었다. 교회 권력에 비판적이었던 개혁가들은 민중이 계몽되기를 바랐고, 성서를 그들이 이해할 수 있는 말로 번역하는 것에 사명감을 느꼈다. 틴들 이전에도 '번역이라는 반역'이 간간이 일어났고, 이 때문에 교회는 '성경 번역'을 이단적 범죄로 규정해 화형에 처하는 법률을 제정했다. 존 위클리프John Wycliffe의 개혁운동 흐름 속에 있었고 루터의 혁명에 직접 영향을 받은 틴들은 성서 번역을 신의 소명으로 받아들였다. 반역자가 된 이 번역자는 독일로 망명을 떠나 11년 동안이나 은신처를 바꿔가며 성서 번역에 매진했다. 『신약성서』 영어판은 영국으로 밀반입돼 놀라운 반향을 일으켰다.

그의 번역은 교회와 신앙을 근본적으로 혁신하는 일이었다. 그는 '교회'를 '회중'으로 번역함으로써, 가톨릭 제도로서 교회가 아닌, 믿음 지닌 사람들의 모임이야말로 진정한 교회임을 천명했다. 또 '사제'를 '장로'로 옮겨 사제 권력을 부정했다. 또 '고해'를 '회개'로 바꾸었다. 사제 앞에서 행하는 '고해'가 아니라 신 앞에서 행하는 '회개'만이 구원을 가져온다는 믿음의 반영이었다. 그것은 신과 인간의 개별적 관계를 강조하는 것이었고, 기독교 안에 개인이 등장했음을 알리는 신호탄이었다. 또 전통적으로 '자선'으로 번역되던 것을 '사랑'으로 바꾸었다. 위에서 아래로 시혜를 베푸는 것이 아니라 동등한 사람들 사이의 교류라는 뜻을 품은 이 말은 평등의 사상을 품고 있었다. 그의 번역 혁명은 결국 그를 망명지에서 붙들어 화형대로 끌고 갔지만, 머잖아 그는 최고의 성서 번역가로 추앙받는 자리에 올랐다.

화두를 만나다 　김영욱 지음 / 프로네시스

세상에서 가장
알쏭달쏭한 두 글자

불교가 재발견되고 선 수행이 대중화하면서 보통 사람들의 입에도 자주 오르내리는 말이 '화두話頭'라는 두 글자다. 그러나 세상에 알쏭달쏭한 말치고 '화두'에 어깨를 견줄 말도 달리 찾기 어렵다. 불교철학 연구자 김영욱 씨가 쓴 『화두를 만나다』는 백지장 같기도 하고 깜깜한 밤 같기도 한 '화두'라는 말을 주제로 잡아 선불교의 걸출한 선사들의 사례를 들어 비교적 명료하게 설명해주는 책이다. 화두가 설명도 해답도 끊긴 자리에서 오직 의심 중에 붙드는 것이라면, 이 책은 화두의 본성을 배반해 화두를 이야기하는 책이라 할 수 있다.

　화두는 깨달음을 얻기 위해 눈앞에 걸어놓고 자나 깨나 궁구하는 말이다. 성철 스님의 '이 뭐꼬?', 조주 선사의 '뜰 앞의 잣나무'나 '차나 마시게' 같은 말이 화두가 된다. 지은이의 표현을 빌리면, 화두는 철거 도구다. 모든 인식, 이론, 교설의 보금자리를 쳐부수고 그 어디에도 안주할 곳이 없게 만드는 것이 화두다. 다른 말로 하면 화두는 관문이자 빗장이다. 화두는 오래 거주했던 생각의 자리를 털고 나와 새로운 인식으로 나아가는 데 관문 노릇을 하며, 동시에 그 관문을 걸어 잠그는 빗장이기도 하다. 탄탄대로인 줄 알았는데 오리무중인 것이 화두의 세계다.

선은 중국 불교에서 꽃피웠지만, 인도 불교에서 이미 널리 쓰이던 수행법이었다. 인도에서 중국으로 와 불교를 널리 퍼뜨렸다는 달마 대사가 한 것도 전통의 좌선이었다. 여섯 번째 조사 혜능慧能(638~713) 시대에 이르러 인도식 좌선을 대체한 획기적인 선법이 출현했으며, 그 뒤 조사들의 언행을 깨달음의 지표로 삼는 조사선祖師禪이 성립했고, 이 조사선에서 한 걸음 더 나아간 것이 화두를 붙들고 수행하는 간화선看話禪이라고 한다.

화두에 대한 가장 일반적인 비유는 '은산철벽銀山鐵壁'이다. "얼음으로 덮여 우뚝 솟은 은산은 오르기 어렵고, 강철로 막힌 철벽은 뚫고 나가기 힘들다." 화두를 붙든다는 것은 이 은산철벽 앞에 선다는 것을 뜻한다. "책 속에서 얻은 정보, 명망가들의 가르침, 각종 철학이 전하는 인식의 틀, 경전의 다양한 교설" 같은 온갖 지식을 내던지고 무장해제된 정신으로 서는 것이다. 무장해제된 사람이 화두와 맞서서 대결하는 것을 '공부'라 한다. 어떤 것에도 기대지 않고 백척간두百尺竿頭에 홀로 서서 온갖 헛된 지각, 그릇된 인식을 깨부수는 것이야말로 공부다.

육조 혜능의 '바람인가 깃발인가'는 어떤 타성적 해답에도 의지하지 않는 선의 본디 모습을 보여준다. 깃발이 바람에 펄럭이고 있다. 한편에서는 "바람이 움직인다" 하고, 다른 한편에서는 "깃발이 움직인다"고 하며 논쟁이 그치지 않는다. 혜능이 그 광경을 보고 말한다. "바람이 움직이는 것도 아니고, 깃발이 움직이는 것도 아니다. 바로 당신들의 마음이 움직이는 것이다." 지은이는 이 이야기를 전하며, "모든 것을 마음이 지어낸다는 뜻이로군" 하고 결론짓는 건 혜능에게 한방 먹는 것이라고 말한다. 그렇다고 해서 "마음도 움직이지 않는다"라고 반대로 생각하는 것도 혜능의 뜻과는 아무 관련이 없다. 지은이는 말한다.

"움직인다고 하거나 움직이지 않는다고 하거나 모두 올가미에 불과하다. 이와 같은 상황에 노출돼 달아날 길이 전혀 없게 되면 바람과 깃발을 둘러싸고 제시된 말 하나하나가 모두 온전한 화두로 반전된다."

이 진퇴유곡의 상황은 수행자가 화두를 제대로 붙들었음을 알려주는 지표다. 이제 이 수렁을 빠져나갈 길을 알려주겠다고 유혹하는 것들이 다가오는데 그게 모두 미망이다. "부처를 만나면 부처를 죽이고 조사를 만나면 조사를 죽인다"라는 임제 선사臨濟禪師(?~867)의 말은 이 대목을 가리킨다. 깨달음이란 뭘까. 빈 손바닥을 오무려 주먹 안에 감춘 것과 같다. 주먹을 펴면 아무것도 없다. 단도직입, 일도양단, 쾌도난마의 정신이 화두의 정신이다. 모든 것을 단칼에 쳐 없애고 마침내 아무것도 남지 않을 때, 거기에 깨달음이 있을 것이다. 그 깨달음의 내용이 무엇인지 이 책은 이야기하지 않는다. 삶을 살아가는 사람들 각자가 스스로 얻어야 할 것이다.

CHAPTER
16

동아시아 고전의 재발견

실증주역 황태연 지음 / 청계

주역은
왜 과학적인가?

서양 정치철학 전공자인 황태연 동국대 교수가 유학의 4서3경 가운데 하나인 『주역』을 해설한 『실증주역』을 펴냈다. 동아시아 철학사상에 관한 연구서로는 2003년 펴낸 『사상체질과 리더십』에 이은 두 번째 책이다. 지은이는 머리말에서 1994년 처음 『주역』 공부를 시작했지만 내내 헤매기만 하다 2002년 세밑에 원주의 젊은 역학자의 도움으로 역학의 세계로 들어가는 길을 찾았다고 말한다. 1,000쪽에 이르는 두툼한 분량의 이 연구서는 그런 경로로 알게 된 『주역』의 정치철학적 함의를 학술적 연구와 실증적 경험을 통합해 서술하고 있다.

지은이는 자신의 『주역』 연구 방법을 크게 세 가지로 나누어 설명한다. 첫째가 '고증'이다. 고대 한자에 대한 고고학적·문헌학적 풀이와 『주역』의 배경이 되는 사건에 대한 역사적 고증을 결합해 "최대한 과학적으로 괘사卦辭와 효사爻辭의 원의를 파악하려고 노력하는 것"이다. 둘째가 '논증'이다. 동서양의 『주역』 대가들의 견해를 참조함으로써 괘사와 효사에 대한 더 나은 해석을 논증적으로 도출했다는 것이다. 셋째가 '실증'이다. 과거 역학자들의 서점筮占 사례뿐만 아니라 지은이 자신이 직접 겪은 일에서 얻은 사례를 통해 괘·효사의 모호한 의미를 최종적으로 확정하는 것을 말한다.

지은이는 『주역』의 문헌적 가치를 한마디로 이렇게 요약한다. "『주역』은 문자로 전해진 세계 유일, 세계 최고의 신탁서다." 고대 그리스의 아테네 사람들이 국가 중대사를 결정할 때 신탁에 의지했듯이, 고대 중국인들은 점을 통해 '천명天命'을 받았던 것이다. 다행히도 고대 중국인들의 신탁 결과는 문자로 정리돼 후대에 전승됐다. 그런 까닭에 "『주역』은 4,000년 전 동양의 태고대에 창안되어 오늘날까지 거의 원형 그대로 전래된 '초월적 지식과 영험한 지혜'의 운영체계다." 요컨대 『주역』이란 우리가 알지 못하는 미래를 예지하게 해주는 비의적 말씀인 것인데, 이것을 단순히 비과학으로 치부할 수만은 없다고 지은이는 강조한다. 그는 칸트의 순수이성이 대표하는 합리적 지식으로는 영적·직관적 인식의 세계를 파악할 수 없으며, 그런 세계는 사람의 지혜를 뛰어넘는 초월적 지혜를 요구한다고 말한다. 그 지혜에 이르는 길을 보여주는 것이 『주역』인 셈이다.

이런 전제 위에서 이 책은 『주역』의 첫 괘인 '건괘乾卦'에서부터 마지막 괘인 '미제괘未濟卦'까지 차례로 따라가며 64개의 괘사와 386개의 효사를 해설한다. 특기할 것은 지은이가 앨프리드 후앙Alfred Huang 등의 견해를 빌려 괘사와 효사의 그 모호하고 비의적인 이야기들이 주나라 창업기를 비롯해 은─주 왕조의 역사적 사실을 품고 있다고 본다는 점이다. 예를 들어 '건괘' 첫 효인 '잠룡물용潛龍勿用'은 주나라 창업자 가운데 한 사람인 '문왕文王'의 고사를 말하는 것으로 푼다.

"이것은 정확히 은나라의 폭군 주왕이 문왕을 7년 동안 '유리의 옥'에 가두어 두었던 상황이다. 문왕은 대단한 인내심과 자제력으로 옥살이를 견뎌냈다."

이런 이해에 따라 지은이는 '잠룡물용'의 뜻도 '물에 잠긴 용이니 쓰지 말라'라는 통상의 의미로 풀지 않고 '잠룡은 나서지 말라'로 풀이한다. '어둠 속에서 양생하며 때를 기다리라'는 뜻으로 보는 것이다. 그런가 하면 건괘의 다섯 번째 효사인 '비룡재천飛龍在天'은 문왕의 뒤를 이은 무왕이 은의 폭군을 타도하고 천자에 오른 고사에 대한 은유로 풀이한다.

이 책에는 지은이가 현실 정치에 깊숙이 개입해 겪은 갖가지 크고 작은 경험들이 괘·효사들의 뜻을 푸는 데 실례로 제시되고 있다. '곤괘坤卦'의 5효인 '황상원길黃裳元吉'(노란 치마로다, 아주 선하게 길하리라)을 해석하면서 이런 일화를 이야기한다.

> "여섯 명의 대통령을 모신 고건 전 총리가 여섯 명의 임금을 받든 황희의 이미지를 활용하는 것이 어떤지를 물은 서례(2006년 5월 20일)에서 이 '황상원길'을 얻었다. 필자는 '황상'과 '황희'의 '황'자가 일치하고 또 황희가 세종 때의 '황상' 같은 현신이므로 '황희의 이미지를 활용하면 이기고(원길), 그러지 않으면 크게 불리하다'고 점단했다. 그러나 고건 전 총리는 황희 이미지 활용을 거부했다. 결과는 지속적인 지지도 하락으로 나타났고 6개월 뒤 대선 불출마를 선언하고 말았다."

이런 서례는 『주역』의 뜻을 좀더 실감 나게 느끼는 데 도움을 주기도 하지만, 진지한 학문과 정치 컨설팅의 경계가 흐릿하다는 인상을 주기도 한다.

이 책에는 공자가 인생 운을 점쳐보았다는 『공자가어孔子家語』의 이야기가 인용돼 있다. "공자는 일찍이 스스로 주역 괘를 뽑아 '비괘賁卦'를 얻자 안색이 변해 평안치 않은 모습을 보였다." 왜 그랬을까. '비괘'는 "내심 계획은 화려하고 광대하나 공적 세계에서는 실현하지 못하는" 괘다. "따라서 정치 세계에 출사하기를 간절히 바랐던 공자는 비괘를 얻고 수심에 잠길 수밖에 없었던 것이다." 그러나 비괘는 그 본질적 속성상 길한 괘다. 공자는 정치 세계에서는 인정받지 못했지만 학문 연구와 제자 양성과 같은 분야에서는 전무후무한 성공을 거두었던 것이다.

주역의 발견 문용직 지음 / 부키

주역의
'정통' 해석을 깨다

『주역의 발견』은 만만찮은 책이다. 그 만만찮음은 우선 '발견'의 대상인 『주역』이 동아시아 고전 가운데 가장 난이도 높은 텍스트라는 사실에서 비롯한다. 그 언어가 고대 한문으로 쓰였다는 점, 사태를 매우 축약해 서술하고 있다는 점, 후대의 해석자마다 그 뜻을 두고 중구난방이었다는 점 들이 이 고전 텍스트를 이해하는 데 거대한 장애물로 서 있다. 『주역의 발견』이 만만찮은 더 결정적인 이유는 이 책이 『주역』에 대한 권위 있는 해석으로 통용되던 정통적 견해들을 과감하게 뒤엎었다는 데 있다. '상수와 의리가 무너진 주역의 본질'이라는 이 책의 부제는 그 뒤엎음의 사태를 요약해서 보여준다. 상수학象數學과 의리학義理學은 지난 2,000여 년 동안 『주역』을 이해하는 방식을 놓고 다툰 두 갈래 학파인데, 이들이 모두 『주역』의 원리를 이해하지 못한 채 헛소리를 늘어놨다는 게 이 책의 주장이다.

이런 파격적 주장을 편 지은이 문용직 씨는 영문학과 정치학을 전공하고 현재는 직업 기사(프로 바둑 5단)로 활동하는, 『주역』 연구에 관한 한 아웃사이더라고 할 사람이다. 그러나 그는 "전문가라고 해서 주역의 본질을 더 잘 이해하는 것은 아니다"라고 단언한다. 오히려 『주역』 전문 연구자들이 『주역』에 대한 정통 해설을 비판 없이 받아들임으로써, 똑같은 오류를 되풀이한다고 그는 말한다. 『주역』의 근본을 꿰뚫어볼 능력만 있다면 오히려 아웃사이더가 『주역』을 이해하는 데 유리하다는 것이 그의 주장이다. 지은이는 고고학적 성과와 괴델의 불완전성 정리, 그리고 인지언어학을 지렛대로 삼아 『주역』 해석의 전복을 시도한다.

이 책의 파격적인 주장 가운데 가장 먼저 나오는 것이 『역경易經』과 『역전易傳』의 분리다. 흔히 『주역』으로 통칭하는 텍스트는 원텍스트인 『역경』과 파생 텍스트인 『역전』으로 이루어져 있다. 그런 구분은 누구나 다 하는 것이다. 지은이의 관점이 드러나는 곳은 『역경』과 『역전』의 텍스트 성격을 명확하게 분리하는 지점이다. 지금까지는 대체로 『역경』이든 『역전』이든 어떤 심오한 삶의 의미를 지닌 철학적 텍스트로 이해됐다. 그러나 지은이는 『역경』을 '재현'의 텍스트로, 『역전』을 '설명'의 텍스트로 이해한다. 『역경』이란, 점을 관장하던 고대 지식인들이 제출한 보고서의 모음이라는 것이다. 점을 친 결과가 실제의 사태와 맞아떨어졌을 때 그 사태를 기록해놓은 것, 다시 말해 사실의 재현이 『역경』의 내용이다.

그러므로 그 내용에는 아무런 철학적 해석이 없다. 반면에 『역전』은 『역경』의 내용을 재해석한 후대의 2차 저작물이다. 지은이는 『역경』의 성립 시기를 은말 주초인 기원전 12세기께로 본다. 『역전』의 성립 시기는 기원전 3세기 전국시대 말기까지 이어진다.

지은이의 더 중요한 관점은 『역경』의 구조를 이해하는 방식에 있다. 『역경』은 64괘의 괘사와 386개의 효사를 합쳐 모두 450개의 점사占辭(점친 결과를 써놓은 말씀)로 이루어져 있다. 괘마다 여섯 개의 효사가 딸려 있다. 지금까지는 그 450개의 점사가 어떤 특정한 형상이나 관념에서 도출된 것이라고 이야기돼 왔다. 『역전』의 일부인 「계사전繫辭傳」에서 태극이 양의(음과 양)를 낳고 양의가 4상을 낳고 4상이 8괘를 낳았다고 한 것이 그런 이야기의 대표적인 경우다. 따라서 64괘는 8괘에서 도출된 것이고, 386개의 효사는 괘의 모양을 보고 의미를 찾아내 붙인 것이라는 이야기가 자연스럽게 이어진다.

그러나 지은이는 이런 연역적 도출은 없었다고 단언한다. 고고학적 자료를 살피면, 『역경』이 성립할 즈음, 당대 사람들이 수없이 많은 점을 쳤으며, 그 점의 결과 가운데 유사한 내용끼리 묶어 점사로 요약하고 그것들을 다시 450개의 점사로 분류해 정리한 것이 현재의 『역경』임을 알 수 있다는 것이다. 도서관에서 책을 분류해 정리하는 것과 다르지 않은 방식이었다. 초기에는 괘상이 숫자로 이루어져 있었으며, 후대에 와서 오늘날과 같이, 양효(−)와 음효(--)를 여섯 개 겹쳐놓은 모양으로 변형됐다고 그는 설명한다.

그러므로 모든 점사는 그것이 효사든 괘사든 역사적으로 볼 때 독립적으로 성립된 것이며 서로 아무런 관련이 없다. 예를 들어, 건괘의 괘사인 '원형이정元亨利貞'과 그 아래 딸린 여섯 개의 효사는 아무런 관련이 없고, 또 건괘의 효사인 '잠룡물용'(첫 번째 효사)과 '항룡유회亢龍有悔'(여섯 번째 효사)도 서로 아무런 직접적 관련이 없다. 비슷한 것끼리 묶어놓았을 뿐 서로 독립적으로 성립된 것들이라는 것이다.

이런 설명을 전제하면, 괘의 모양이나 효의 위치를 놓고 이야기하는 상수학은 아무런 근거가 없는 것이 되고 만다. 또 상수학을 기초로 삼아 점사의 의미를 철학적으로 따진 의리학도 근거가 사라지는 것은 마찬가지다. 이를테면, 어떤 효가 6획괘에서 몇 번째 자리에 놓이느냐를 따지는 것도 무의미하고, 특정한 효가 중심에 바르게 자리 잡았다고 하여 길하다고 이야기하는 '중정中正'이란 말도 의미를 잃는다. '상수와 의리가 무너진 주역의 본질'이라는 이 책의 부제는 바로 이 지점을 두고 하는 말이다.

그렇다고 해서 지은이가 주역점의 효능을 부인하는 것은 아니다.

주역점은 미래를 예측하거나 행동의 방향을 정할 때 길을 제시하는 기능을 하는 것이 사실이다. 삶의 패턴은 수없이 다양한 것 같지만 수십 혹은 수백 가지 정도로 한정돼 있고 역경의 점사는 이 패턴을 알려준다는 것이다. 『역경』의 점사가 삶의 패턴을 보여줄 수 있는 것은 그 내용이 고도로 응축된 '은유'로 이루어져 있기 때문이라는 것이 지은이의 주장이다. 『역경』의 언어가 은유로 이루어져 있다는 것은 적용의 폭이 넓다는 것이다.

그렇다면 『주역』, 특히 『역전』의 철학적 내용은 모두 쓸모없는 것인가. 그렇지는 않다. 그것들은 인간의 지혜가 농축된 것이어서 그 자체로 삶을 이해하는 데 훌륭한 지침이 될 수 있다. 다만, 그 철학적 내용이 『역경』의 본질과는 아무런 상관없이 성립된 것이기 때문에, 해석자의 세계관에 따라 여러 해석이 나올 수 있고, 특히 권력을 가진 자에게 유리한 해석이 담기기 쉽다고 지은이는 이야기한다.

관자 김필수·고대혁·장승구·신창호 옮김 / 소나무

『관자』,
목민과 경세의 백과전서

관중管仲(?~기원전 645)은 중국 역사상 가장 뛰어난 재상으로 꼽히는 인물이다. 제나라 환공桓公을 보필해 경세가로 이름을 떨쳤던 그는 '국가 경영'의 최상급 모델을 세운 사람으로 후세에 기억됐다. 친구 사이의 돈독한 우정을 일컫는 고사성어 '관포지교管鮑之交'의 주인공으로 더 유명한 그는 추종자들에게 '관자'라는 이름으로 숭배받았다. 『관자管子』는 그의 언행과 사상을 집대성한 방대한 저작인데, 그동안 축약 번역본으로 나돌던 이 책이 전공자들의 공동 작업으로 완역됐다.

중국 역사에서 『관자』의 운명은 이중적이었다. 한대 이래 국가철학의 지위를 확보한 유가가 도덕과 윤리에 입각한 이상주의를 내세웠기 때문에 『관자』의 현실주의는 폄하의 대상이었다. 유가의 눈으로 보면 『관자』의 사상은 세속의 때가 너무 많이 묻어 있었다. 『관자』는 경계받고 외면당했다. 유교 사상을 이념적 기틀로 삼았던 조선사회도 『관자』를 멀리하기는 마찬가지였다. 그러나 중국인들처럼 실제적이고 실용적인 사람들도 없다. 그들에게 『관자』의 가르침은 삶의 구체성을 제대로 반영한 현실 밀착형 사상이었다. 조선 후기 새로운 사상 기풍을 진작시킨 다산 정약용도 『관자』의 이런 현실주의에 깊이 공감했다고 한다. 다산의 대표작 『목민심서』의 제목은 『관자』의 첫 편 '목민'에서 따온 것이었다. 덩샤오핑의 개혁 개방 이후 『관자』는 중국인들 사이에서 새로운 학습 대상으로 떠올랐다.

경세의 모범인 이 인물도 마흔 이전엔 간난신고의 쓰라린 삶을 살았다. 귀족의 후손으로 태어났지만, 집안이 이미 기울어 젊은 관중은 장사일로 생계를 꾸렸다. 장사하러 여러 나라를 돌면서 그는 '국제 관계'에 눈을 떴고 틈나는 대로 학문과 무예를 익히고 병법을 연구했다. 그 시절 만난 친구가 포숙아鮑叔牙다. 관중은 이 영원한 벗과 함께 장사도 하고 전쟁에 나가기도 하고 벼슬을 구하기도 했다. 그는 실패를 거듭하며 여러 번 궁지에 빠졌지만 포숙아의 한없는 믿음과 도움으로 어려움을 이겨냈다.

마침내 제나라 희공僖公이 두 사람을 등용해 두 아들의 스승으로 삼았다. 총애하던 큰아들 규糾를 관중에게 맡기고, 작은아들 소백小白은 포숙아에게 맡겼다. 희공이 죽고 뒤를 이은 양공襄公이 실정으로 살해당하자, 빈 권좌를 놓고 두 아들이 다투게 됐다. 평생 친구 관중과 포숙아는 규의 편과 소백의 편으로 갈라졌다. 소백이 승리해 제의 환공으로 등극했다. 규는 자살했고, 그를 따르던 관중도 따라 죽어야 했다. 그러나 큰 야망을 품고 있던 관중은 순사하지 않았다. 재상은 당연히 포숙아의 몫이었지만, 여기서 '관포지교'의 정신이 빛을 발했다. 포숙아가 환공을 설득해 자신보다 더 능력 있는 관중을 재상으로 삼게 한 것이다. 관중은 이후 수십 년 동안 제나라를 가장 부유하고 강성한 나라로 키웠고, 외교로써 다른 나라들의 신뢰를 얻고 그들을 규합했다.

『관자』에는 재상 관중의 경세의 목표와 전략, 그것을 떠받치는 철학적 원칙이 잘 드러나 있다. 그러나 이 고전은 관중 당대의 저작은 아니다. 관중의 언행과 사상을 뼈대로 삼아 후대의 관자학파 사람들의 저술로 풍부하게 살을 붙인 결과다. 한대의 저술까지 들어가 있다고 하니

『관자』가 제 모습을 갖추는 데 거의 700년이나 걸린 셈이다. 이 오랜 세월의 지혜와 경험이 농축돼 '경세의 바이블' '국가 경영의 백과전서'가 완성된 것이다. 책은 정치·경제·행정·법률·군사 등 나라를 다스리는 데 필요한 춘추전국시대의 실제적 지식을 드넓게 포괄하고 있다.

『관자』의 사상을 요약하면, 정치란 백성을 부유하게 함으로써 나라를 부유하게 한다는 것이다. '목민' 편의 첫 구절이 요점을 보여준다.

"무릇 백성을 다스리는 사람은 그 임무가 사계절을 살펴서 농사가 잘되게 하는 데 있고, 그 직분은 곡식창고가 가득 차도록 하는 데 있다." 부의 분배를 강조하는 구절도 있다. "천하에 재물이 모자람을 걱정하지 말고 재물을 (공평하게) 분배할 인물이 없음을 걱정해야 한다."

논어 한글 역주 김용옥 지음 / 통나무

도올이 전하는
논어 읽기의 희열

『논어 한글 역주』(전3권)는 도올 김용옥 박사가 한자문명권의 최고 고전인 『논어論語』를 번역하고 주석한 책이다. 권당 600쪽이 넘는 방대한 분량의 완역판이다. 1982년 하버드대학에서 박사학위를 받고 귀국한 이래 줄곧 고전 번역의 중요성을 강조하고 스스로 번역의 범례를 세우겠다고 약속하기도 했던 그는 이제야 그 약속의 일단을 실천한 셈이 됐다. "한 갑자를 돌고 난 내 인생을 회고해보면서, 나는 갑자기 나의 학문 세계의 초라한 모습을 깨닫게 됐다." 그래서 생각한 것이 4서3경을 포함한 중국 고경 13경 전체를 번역하고 주석하는 작업이었다고 그는 이 책 서문에 밝히고 있다. 그 첫 작업이 『논어』 역주인 셈이다.

    도올은 본문에 들어가기에 앞서 먼저 『논어』의 세계사적·문명사적 위치와 의미를 찾는 긴 서문을 통해 '인류문명'을 '전관展觀'하고 있다. 이 문명사적 조망은 그리스·로마 문명을 뿌리로 삼는 서구 문명을 상대화하려는 뜻을 품고 있다. 이집트·메소포타미아·인더스·황하 문명이라는 세계 4대 문명이 범아시아 대륙에서 태어났음을 고려하면, 그리스·로마 문명은 그 문명권 바깥에서 일어난 역외의 문명이다. 고대 문명 전체의 시야에서 보면 '원류 속의 말류'에 해당한다. 그런데도 그

문명이 오늘날 지배문명이 된 것은 '연역적 사유'의 발견에 있다고 지은이는 말한다. 근대 서구가 산업혁명과 자본주의를 일으키고, 민주주의를 발전시켰으며, 과학기술을 흥성시킨 것은 이 그리스 문명의 사유 방식에 기댄 성과였다. 도올은 서구의 지배를 가능케 한 이 세 위업 가운데 자본주의와 민주주의는 동아시아가 어느 정도 따라잡았으며, 아직 미치지 못한 것이 자연과학 분야라고 말한다. 그러나 과학이라는 것이 보편타당한 최종적 진리를 보증하는 것은 아니다. '과학적 진리' 이상의 어떤 새로운 진리관이 필요하다는 이야기다. 바로 여기서 『논어』라는 서구 문명 바깥의 사유를 새로이 탐구할 필요성이 나타난다.

종교 문명사적 차원에서도 『논어』의 자리는 의미심장하다고 도올은 말한다. 고대 문명 초기에 등장한 다신교적 신앙은 메소포타미아를 중심으로 하여 일신교 신앙으로 나아갔고, 이어 인더스·갠지스 문명을 통해 일신교 자체의 극복인 불교를 낳았다. 불교가 보여준 신神 없는 종교 체계는 중국 문명에서 그대로 재현됐는데, 그것이 유교 문명이다. 공자는 신을 배제한 인간 중심의 사유, "인문학적 윤리학"의 건설자였다. 그런 점에서 유교 문명은 "고대 문명 세계에서 가장 현대적인 문명"이며, 바로 그런 이유로 『논어』를 탐구한다는 것은 우리 시대 사유의 새 지평을 탐색하는 일이 된다.

지은이는 공자의 생애에 관해서도 상세히 기술하고 있다. 이렇게 공자의 삶 자체를 추적하는 것은 공자가 살았던 구체적 삶을 알지 못하고 『논어』를 이해할 수 없기 때문이다. 역설적인 것은 공자의 삶을 가장 구체적으로 느끼게 해주는 책이 바로 『논어』라는 사실이다.

"공자는 오직 『논어』 속에만 살아 있다. 나는 『논어』 이상 진실한 공자에 관한 기록을 발견할 수 없다. 공자의 숨결이 생동 치고 있는 것이다."

공자는 쉰다섯 살 때 노나라를 떠나 14년 동안 '주유천하周遊天下'를 한 뒤 고국에 돌아왔다. 『논어』는 그가 귀환한 예순여덟 살 때부터 일흔세 살 때까지 말년의 생각을 뼈대로 삼고 있다. 원숙기의 사상이 담겨 있는 셈인데, 그 사상이 수미일관한 체계 속에 추상적으로 기술돼 있지 않고 상황적 텍스트들의 콜라주로 이루어져 있다는 점이 이 경전의 특징이다. "'논어論語'의 '어'는 공자가 그의 제자들이나 당시의 사람들과 대화한 말, 그리고 제자들끼리 토론한 말, 그리고 공자에게 접문한(가까이 가 들은) 말이다. '논'은 '집이논찬輯而論纂'이란 뜻으로, 그 말들을 편찬했다는 뜻이다."

이어 『논어』 해석의 역사를 살핀 '논어해석사강論語解釋史綱'과 신주新註의 틀을 세운 주자의 '논어집주서설論語集註序說' 번역문, 그리고 지은이 자신의 번역론을 본문 앞에 배치했다. 본문에서 지은이는 '학이學而' 편에서 마지막 '요왈堯曰' 편까지 20편을 차례로 번역하고 고주古注와 신주 등 동서고금의 주석문들을 가능한 한 폭넓게 참조한 뒤 지은이 자신의 시각으로 새 주석을 단다. 가령, 요즘 논란이 되고 있는 '정명正名'이라는 말이 등장하는 '자로子路' 편의 해당 구절을 지은이는 이렇게 번역한다.

"자로가 말하였다. '위나라의 군주가 선생님을 모셔다가 정치를 하려 한다면, 선생님께서는 무엇을 먼저 하시겠습니까?' 공자께서 말씀하셨다. '반드시 이름을 바로잡는 정명을 먼저 할 것이다.' 자로가 말하였다. '역시나 했더니만, 선생님도 참 아둔하기 그지없으시구려. 왜 하필 이름을 바로잡는다고 하십니까?' 이에 공자께서 말씀하셨다. '(…) 이름이 바르지 않으면 바른 논리를 따라가지 않고, 말이 바른 논리를 따라가지 않으면 사업이 이루어지지 않는다.'"

생생한 현대 구어체로 이루어진 번역이다.

『논어』를 읽고 깨닫는 즐거움에 대해 정자가 이런 말을 했음을 도올은 상기시킨다. "논어를 읽으매, (…) 어떤 자는 읽고 나서 그중의 한두 구절을 깨닫고 기뻐한다. 또 어떤 자는 읽고 나서 참으로 배움을 즐기는 경지에 오르는 자도 있다. 그런데 어떤 이는 읽고 나서 곧바로 자기도 모르게 손으로 춤을 추고 기뻐 발을 구르는 자도 있다." 이 책은 이 희열로 가는 긴 여행이다.

맹자, 진정한 보수주의자의 길 이혜경 지음 / 그린비

'맹자의 보수'
'오늘의 보수'

『맹자, 진정한 보수주의자의 길』은 2,300년 전에 살았던 맹자孟子(기원전 372~289)를 우리 시대로 끌어와 사유의 생생한 숨결을 느끼게 해주는 책이다. 중국철학 전공자인 지은이 이혜경 씨는 이 고색창연한 인물과 친구가 되어보자고 권유한다. 맹자는 이 책에서 아득한 세월의 더께를 훌훌 털어버리고 시원스러운 걸음걸이로 성큼성큼 걸어 나온다. 그는 친구가 된 독자와 함께 유쾌하게 걸으면서, 그 독자에게 자신의 원대한 사상을 막힘없이 풀어놓는다.

지은이는 맹자의 성격적 특성을 한 문장으로 요약한다. "맹자는 내가 아는 사람 가운데 가장 자존심이 강한 사람이다." 그때의 자존심이 나르시시즘에 갇힌 자기애가 아님은 말할 것도 없다. "맹자만큼 자기 자신을 숭고한 존재로 여기는 사람을 나는 보지 못했다." "자기 마음의 위대함을 확신한 맹자는 욕망의 노예가 되어 자신의 가치를 축소시키고 스스로를 소모품으로 전락시키는 인간을 구원하기 위해 세상에 나섰다."

맹자가 활동했던 시대는 전국시대(기원전 403~221), 곧 전국 칠웅이 중원의 패권을 놓고 다투던 전쟁의 시대였다. 나라마다 부국강병을 목표로 삼아 무한경쟁을 벌였다. 수많은 지식인들이 등장해 정치·외교·

전쟁의 전문가를 자처하며 자신의 재능을 시험하고 야심을 실현하려 분투했다. 백가쟁명百家爭鳴의 시대였다. 이 난세의 한가운데서 맹자도 자신의 사상적 청사진을 제출했다. 쉰이 넘어 20년 동안 천하를 편력하며 제후들 앞에서 유세했다. 그러나 그의 아이디어는 받아들여지지 않았고 일흔이 된 그는 고향으로 돌아와 제자들과 토론하며 저술에 매진했다. 『맹자』는 말하자면, 그 실패의 산물이다.

지은이는 맹자가 실패한 것이 시대의 흐름을 거슬렀기 때문이라고 말한다. 모두들 이익을 따지고 욕망을 채우려고 몸부림치던 시대에 맹자는 '인仁'과 '의義'를 이야기했던 것이다. 『맹자』 첫머리에 나오는 '양혜왕' 편의 대화가 단적인 사례가 된다고 지은이는 말한다. '어떻게 내 나라에 이익을 줄 것인가'라고 묻는 혜왕의 질문에 맹자는 이렇게 답한다.

"왕은 어째서 이익에 대해서만 말씀하십니까? 진정 중요한 것은 '인'과 '의'입니다. (…) 위아래가 다투어 자신의 이익을 취하려 하면 나라는 위태로워집니다."

전쟁과 탐욕의 시대에 인과 의를 설파한 맹자는 오늘의 기준으로 보면 명백한 보수주의자였다고 지은이는 말한다. 맹자는 공동체를 가족관계의 확대된 형태로 보았고 그 공동체의 인륜을 강조했다. 그러나 그 인륜의 출발점이 개인의 마음이었다는 것이 맹자 사상의 특징이라고 이 책은 강조한다. 모든 것이 마음에서 비롯한다고 보았던 맹자는 인간의 마음이 본래 선하다는 '성선설'을 주창했다. 그 선한 본성은 그 자체로 완전하지 않고 돌봄과 기름을 통해 완성된다. 선한 본성은 막 솟아난 싹과 같은 것이어서 지극정성으로 키워야만 인의예지라는 열매를 맺는다. 이것이 맹자의 도덕철학이라면, 이 도덕철학에 입각해 세운 정치철학이

'왕도정치'다. 왕이 선한 본성에 따라 배려와 사랑으로 세상을 다스림으로써 공동체에 인륜과 평화가 실현된다는 것이 왕도정치다.

맹자는 사상투쟁을 불사하는 사람이기도 했다. 그는 부국강병을 지상목표로 삼은 현실을 비판했을 뿐만 아니라, 그런 현실을 부정하는 다른 사상들과도 맹렬하게 싸웠다. 이를테면 양주와 묵자가 맹자의 사상적 경쟁자였다. "이들과 대결하는 맹자는 흡사 검투사처럼 거칠고 공격적이었다." 극단적 개인주의자였던 양주는 "내 털 하나를 뽑아 천하를 이롭게 할 수 있다 해도 그렇게 하지 않는다"고 했는데, 그런 양주를 맹자는 임금과 신하 사이의 '의'를 무시한다고 공박했다. 또 평등주의를 주창했던 묵자에 대해서는 "아버지를 부정했다"고 비판했다.

그런 점에서 보면 맹자는 틀림없는 보수주의자였다. 그러나 동시에 맹자는 바로 '인'과 '의'의 정신에 입각해 '혁명'을 정당화한 사람이기도 했다. 군주가 왕도를 저버리고 패도에 빠질 때 그 왕을 갈아치울 수 있다고 서슴없이 말했던 것이다. "신하가 임금을 시해해도 되는 것입니까?" 제선왕이 묻자 맹자가 대답했다. "남을 해치고 잔인하게 구는 자는 일개 사내일 뿐입니다. 저는 일개 사내인 걸桀(하의 마지막 왕)과 주紂(은의 마지막 왕)를 처형했다는 말은 들었어도 군주를 시해했다는 말은 듣지 못했습니다."

왕 앞에서 혁명을 말하기를 겁내지 않았던 맹자는 '호연지기'의 적실한 사례라 할 만하다. 자긍심과 자존감에 찬 맹자의 모습이야말로 '세상의 중심에서 주인으로 사는 삶'의 모범이라고 지은이는 말한다. "내면의 가치를 믿으며 외적 조건에 흔들리지 않는 사람의 당당함과 명랑함, 그것은 맹자가 사람들에게 보여주고자 했던 유학자의 삶이었다."

노자 강의 야오간밍 지음 / 손성하 옮김 / 김영사

『노자』에서 발견하는 생활의 지혜

인류가 산출한 가장 심오한 지혜서 가운데 하나로 꼽히는 것이 『노자老子』다. 전체 81장에 5,000여 자로 압축된 이 밀도 높은 고전을 놓고 지난 수천 년 동안 수많은 사람들이 수많은 방식으로 주석을 달고 해설했다. 중국의 이름 난 노자老子 연구자 야오간밍姚淦銘이 쓴 『노자 강의老子百姓生活』는 생활 밀착형 설명이 두드러진 『노자』 해설서다. 중국 국영방송의 고전 강의 프로그램 '백가강단'에서 한 열여덟 번의 강의를 바탕으로 삼았다. 실용적이고 대중적으로 고전을 해설한다는 프로그램 원칙에 어울리게 음식·외모·건강·연애·결혼·가정·성공·인간관계 같은 세속적 주제를 노자의 가르침을 통해 설명한다. 그리하여 이 책은 매우 일상적인 소재를 거쳐 깊은 사유의 세계로 들어갈 수 있도록 해준다.

　『노자』는 『도덕경』이라고도 하는데, '도道'라는 글자로 시작하는 상반부 '도경'과 '덕德'에 관한 내용으로 시작하는 하반부 '덕경'으로 이루어져 있기 때문이다. 그렇다면 『노자』를 쓴 사람은 누구인가? 이 책은 사마천의 『사기』 '노자한비열전老子韓非列傳'의 기록을 빌려 노자의 초상을 스케치한다. "노자는 초나라 고현 여향의 곡인리 사람이다. 성은 이李씨이고 이름은 이耳, 자는 담聃이다. 주나라 장서실을 지키는 관리였다." 그러나 노자의 실체는 모호해서 사마천도 노자에 관한 여러 주장을 병렬적으로 소개했다. 노자는 여전히 시간의 안개 저 너머에 은둔한 인물이다.

이 노자가 남겼다는 『노자』는 중국과 동아시아를 넘어 전 세계에서 읽히는 책이다. 레프 톨스토이는 이렇게 말했다고 한다.

"중국의 공자와 맹자에게서 아주 큰 영향을 받았다. 하지만 노자에게서 받은 영향은 실로 거대하다."

철학자 마르틴 하이데거는 『노자』 44장의 두 구절을 벽에다 걸어놓고 수시로 보았다고 한다.

"누가 탁한 곳에 처해도 차츰차츰 맑게 할 수 있으며, 누가 편한 곳에 처해서도 움직여서 서서히 살아나게 할 수 있겠는가?"

이 강의록은 중국 역사에 등장하는 무수한 에피소드들을 끌어들여 『노자』의 구절을 이해하는 데 필요한 생생한 사례로 삼는다. '음식의 도'에 관한 강의에서 지은이는 "오미五味가 사람의 입맛을 버린다"라는 구절을 설명하는 방편으로 춘추시대 제나라 환공의 이야기를 소개한다. 여기서 '오미'는 다섯 가지 맛, 곧 시고 쓰고 맵고 짜고 단 맛을 말하는데, 갖은 양념과 재료가 들어간 미식을 뜻한다. 환공은 천하의 미식을 모두 먹어봤는데, 어느 날 문득 사람고기를 먹어보지 못했다는 생각이 들어 사람들에게 이야기했다. 그러자 신하인 '역아易牙'가 자기 어린 아들을 잡아 요리한 다음 환공에게 바쳤다. "이야말로 미식이 불러온 재앙이다." 재앙은 여기서 그치지 않았다. 환공을 보필하던 관중, 관포지교의 그 관중이 죽으면서 역아를 포함해 네 명의 간신을 멀리하라고 간언했다. 환공은 관중의 말을 따라 그 네 신하의 관직을 빼앗았으나, 미식의 맛을 잊을 수 없어 다시 등용했다. 복귀한 네 사람은 반란을 일으킨 뒤 환공을 골방에 가둬버렸다. 물도 밥도 못 먹고 굶주리던 환공은 두건으로 목을 매 자살하고 말았다. 오미가 사람의 입맛을 버리고, 사람 자체까지 앗아간 것이다. 『노자』 63장은 "맛이 없음을 맛있게 여긴다"라고 말하는데, 소찬과 숭늉만으로도 깊은 맛을 느낄 줄 아는 것이 지혜임을 이 구절은 알려준다.

『노자』의 가르침은 37장의 "도는 늘 함이 없지만, 하지 못함이 없다"(도상무위이무불위道常無爲而無不爲)에 나오는 '무위無爲'라는 말로 집약된다. 지은이는 중국 사상사에 정통했던 영국 과학사가 조지프 니덤 Joseph Needham의 견해를 소개한다. 니덤은 말한다. "'무위'의 의미는 자연에 위배되는 행위를 하지 않는다는 것이다. 즉 사물의 본성에 어긋나는 일을 고집하지 않는 것이다. 대상 사물이 갖지 못한 부적합한 기능을 강제하지 않는 것이다." "무위는 사물의 내재 법칙을 따르고, 객관적 조건에 근거해서 상황에 적합한 행동을 하는 것을 말한다." 니덤의 해석을 소개하면서 지은이는 이렇게 부연한다.

> "우리가 자연환경을 보호하려고 한다면, '무위이무불위' 식으로 자연의 법칙에 따라 일을 처리해야 한다. 그러지 않으면 생태 평형이 파괴되어 심각한 홍수나 모래바람과 같은 자연의 징벌을 받게 된다. 이런 상황을 벌써 숱하게 경험하지 않았는가?"

지은이가 들려주는 『노자』의 말씀은 하나같이 간결하면서도 의미심장하다.

"타인을 아는 자는 지혜롭고, 자신을 아는 자는 명철하다."(33장) "미더운 말은 아름답지 않고, 아름다운 말은 미덥지 않다."(81장) "뛰어난 솜씨는 서툰 듯하고, 빼어난 언변은 더듬는 듯하다."(45장) "만족할 줄 알면 욕되지 않고, 그칠 줄 알면 위태롭지 않다."(44장)

그런가 하면 『노자』 16장은 '치허극 수정독致虛極守靜篤' 여섯 글자를 앞세운다. "욕심을 버려 마음을 완전히 비우고 맑고 고요한 상태를 굳세게 지켜라." 노자는 인생과 우주의 한가운데서 어떻게 해야 재앙을 피하고 행복하게 살 수 있을까 숙고했는데, 그 결론이 이 여섯 글자였다고 지은이는 말한다.

장자, 차이를 횡단하는 즐거운 모험 강신주 지음 / 그린비

장자의 길,
노자의 길

그린비 출판사의 '리라이팅 클래식' 시리즈의 하나로 중국철학 연구자 강신주 씨의 『장자, 차이를 횡단하는 즐거운 모험』이 나왔다. 오래된 양피지에 쓰인 텍스트들을 음미해 그 위에 해석자의 견해를 겹쳐 쓰는 것 같은 이 시리즈의 특징을 강신주 씨의 글에서도 맛볼 수 있다.

    수없이 다양하게 읽히고 변주되는 것이 고전 텍스트들의 운명이듯이, 『장자莊子』 또한 연구자마다 다른 눈으로 보고 다른 말로 푸는 운명을 겪고 있다. 강신주 씨의 『장자』 읽기는 그중에서도 도발성이 강해 '다르게 읽기'의 과격한 사례에 속한다. 이 책에는 비트겐슈타인·레비나스·스피노자·들뢰즈의 이름이 수시로 등장한다. 특히 스피노자 철학의 현대적 재해석인 들뢰즈 철학은 이 책의 논리를 세우는 척추 구실을 한다. 바꿔 말하면, 이 책은 들뢰즈의 눈으로 읽은 『장자』라고 할 수 있다.

    논의를 펼치기에 앞서 지은이는 흔히 '노장 사상'이라고 한 묶음으로 제시돼온 『노자』와 『장자』를 엄격하게 구분할 것을 제안한다. 그런 구분은 이 책에서 입론의 토대이자 핵심 구실을 한다. 그동안 『장자』는 노자 철학의 확장이거나 보충이라고 이해돼왔다. 그러나 지은이는 이런

전통적 견해에 단호히 반대한다. 『장자』와 『노자』는 동일한 사유의 변형이기는커녕 대척 지점에 놓인 상반된 저작이라는 것이 지은이의 주장이다. 요컨대 『노자』가 국가주의를 옹호하는 텍스트라면, 『장자』는 국가를 거부하는 아나키즘 텍스트라는 것이다.

지은이는 『노자』의 국가주의를 입증하는 사례로 『노자』 11장을 인용한다.

"학문을 하는 자는 날마다 더하고, 도를 하는 자는 날마다 덜어낸다. 덜고 덜어내어 마침내 무위에 이르게 된다. 무위하면 하지 못할 것이 없다. 장차 천하를 취하려고 한다면 항상 무사無事로써 해야 한다."

이 구절에서 드러나는 대로 노자의 '무위'는 천하를 획득하려는 자가 쓰는 전략적 기술에 가깝다. 국가주의를 지향하는 정치철학자로 노자를 보아야 한다는 뜻이다. 반면에 장자는 국가를 부정하는 사람이다. 사마천의 『사기』는 초나라가 장자를 재상으로 모시려 하자 그가 이렇게 말했다고 전한다. "나를 더럽히지 말라. 나는 국가를 가진 자의 포로가 되느니 차라리 더러운 도랑 속에서 즐겁게 헤엄치면서 놀겠다."

그렇다면 장자의 사유는 그의 텍스트 안에서 어떻게 펼쳐지는가. 지은이는 『장자』가 서구의 어떤 철학자보다 먼저 '차이의 철학' '타자의 철학'을 펼쳤다고 말한다. 『장자』의 첫머리 '소요유逍遙遊'에 등장하는 '대붕大鵬 이야기'는 의미심장하다.

"북쪽 바다에 물고기 한 마리가 있었는데, 그 물고기의 이름은 '곤鯤'이다. 곤의 둘레 치수는 몇 천 리인지 알지 못할 정도로 컸다. 그것이 변해 새가 되는데, 그 새의 이름이 붕이다. 붕이 가슴에 바람을 가득 넣고 날 때, 그의 양 날개는 하늘에 걸린 구름 같았다."

지은이는 이 대붕 이야기를 일상의 틀을 초월하는 비약으로, 인식론적 도약으로 이해한다. 자기 자신을 가두어두고 있던 시스템을 훌쩍 뛰어넘어 아득한 높이에서 거리를 두고 자기 세계를 조망하려는 의지의 행위가 대붕의 비상이라는 것이다. 여기서 '낯섦'이 튀어나온다. 친숙했던, 그래서 아무 생각 없이 자연스럽게 여겼던 자기 세계가 그 아찔한 높이에서 보면 낯선 세계로 느껴진다. 낯섦의 경험은 자기 안에서 차이를, 다름을 보는 일이다.

그러나 좀더 정확히 말하면, 자기를 낯설게 인식하려는 자는 반드시 먼저 타자와 만나야 한다. 그 만남의 경험 속에서 타자를 타자로서 인식함과 동시에 자기 자신을 거리를 두고 인식할 수 있다. 따라서 중요한 것은 타자와의 만남 혹은 마주침이다. 지은이는 『장자』의 철학이 이 타자와의 마주침에 대한 진지한 사유라고 말한다. 타자와의 만남이 단순히 다름의 외면적 경험으로 끝나지 않고 새로운 지평의 열림으로 나아가려면, 내가 타자 속으로 들어가야 한다. 그것은 나를 가둔 시스템의 작동을 중지시키고 타자를 받아들일 때 가능하다. 내가 내 안에 갇혀 있어서는 타자와 내적으로 만날 수 없다. 먼저 나의 선입견을 버려야 한다. 그것은 쉬운 일이 아니다. 힘든 훈련과 수양을 요한다. 『장자』는 '망각' 또는 '비움'이라는 말로 그 수양의 필요성을 이야기한다. 이어, 그렇게 비운 마음으로 타자와 연대하라고 가르친다. 그것이 말하자면 '소통'이다. 종교·국가·자본 따위 어떤 초월적 가치에도 휩쓸리거나 포섭되지 않은 채 자유로운 개인으로서 타자와 더불어 삶을 향유하는 것이 『장자』가 보여주는 '삶의 철학'이라고 이 책은 강조한다.

CHAPTER
17

교양의 힘

교양, 모든 것의 시작 서경식·노마 필드·가토 슈이치 지음 / 이목 옮김 / 노마드북스

교양, '쓸모없는 것의 쓸모'

『교양, 모든 것의 시작 敎養の再生のために』은 '교양이란 무엇인가?'라는 질문을 반성적으로 던지게 하는 책이다. 우리가 교양이라고 생각했던 것이 정신의 껍데기를 장식하는 조화일지도 모른다는 의혹을 불러일으키게 하는 책이다. 이 책의 기원이 된 것은 2003년 7월에 열렸던 '교양의 재생을 위하여'라는 제하의 도쿄경제대학 연속 강연이다. 같은 대학에 재직 중인 재일동포 학자 서경식徐京植 교수가 중심이 돼 '인문교양 부흥' 프로그램의 하나로 마련한 것이 이 강연이었다. 강연에는 서 교수 외에 일본의 원로 지성인 가토 슈이치加藤周一(리쓰메이칸대학 객원교수)와 일본문학 연구자인 노마 필드Norma Field(미국 시카고대학 교수)가 함께 참여했다. 자기 분야에서 지성의 탑을 세운 이 진보적 지식인들의 강연 원고가 이 책의 본문을 이루었다. 여기에 서 교수와 가토 교수가 함께한 장문의 대담이 덧붙여졌다. 책 안에서 세 지식인은 우리 시대의 교양은 어떤 모습이어야 하는가를 진지하게 묻고 그 물음에 답한다. 이렇게 물을 때의 '우리 시대'는 풍요와 향락의 저편에서 전쟁과 폭력과 증오와 고통이 창궐하는 이 지구촌의 시대다.

　　이 책은 '교양'을 어떻게 정의할 것인가에서부터 이야기를 시작한

다. 노마 필드는 교양에 해당하는 영어 단어 '리버럴 아츠Liberal Arts'의 뜻을 따진다. 여기서 '아츠'는 학문과 예술을 통칭하며, '리버럴'은 '자유인에게 합당한' '신사에게 적합한'이란 의미를 품고 있다. 그러므로 '리버럴 아츠'로서 교양이란 '자유인에게 어울리는 학예'를 뜻한다. 교양을 이렇게 이해한다면 교양 습득은 자기 자신을 자유인으로 키워가는 정신적 활동이라고 할 수 있다. 가토 슈이치는 교양의 독일적 의미에 주목한다. 일본에 교양이란 말이 등장한 것은 다이쇼 천황 시대(1912~1926)다. 이 시기에 독일어 단어 '빌둥Bildung'이란 말이 교양으로 번역돼 유통되기 시작했다. 그때의 빌둥은 '인간의 정신적·내면적 형성'을 뜻한다. "지식을 축적해가는 학습 과정을 통해 인격을 형성하는 것, 개성 있는 인간이 자아를 실현해가는 과정"이 '빌둥'의 본디 뜻이다.

이 책에 자세히 설명돼 있지는 않지만, '빌둥'이라는 말이 일반용어로 쓰이기 시작한 것은 18세기 말이다. 독일 최초의 보편적 교양인이라고 할 요한 볼프강 폰 괴테가 교양의 시대를 연 주인공이다. 그의 소설 『빌헬름 마이스터의 수업시대 Wilhelm Meisters Lehrjahre』는 '교양소설'의 원형이었다. 서경식 교수는 '빌둥' 또는 '리버럴 아츠'의 뜻을 좀더 부연해 교양을 이렇게 정의한다.

"나 자신을 더 면밀히 알고 싶고 더 깊이 사고하고 싶다는 욕구를 통해 충실하게 배우고, 다시 그 배움이라는 행위를 통해 자기 자신을 자유로운 존재로 만들어가는 것, 그것이 바로 교양이다."

나를 알고 나를 일굼으로써 나 자신을 자유인으로 세우는 것이 서 교수가 말하는 교양이다.

그러나 교양은 여기서 그치는 것이 아니다. 20세기 초반 '다이쇼 시대'는 '다이쇼 교양주의'라는 말이 있을 정도로 교양이 유행하던 시기였다. 그 시대 많은 지식인들이 스스로 교양인이 되려고 노력했고 교양인으로서 품위를 지키려고 공부했다. 그러나 그들 가운데 상당수가 1930년대 일본의 제국주의적 침략을 방관하거나 아예 거기에 투항했다고 가토 슈이치는 지적한다. 자기 안에 지식을 쌓아 교양인이 되는 것만으로는 부족하다. 여기서 세 사람은 공히 '상상력'을 강조한다. 이때의 상상력은 감수성의 다른 말이다. 타인의 자리에 나를 놓아보는 그런 상상력이 지은이들이 말하는 상상력이다. 그리하여 타인의 처지를 나의 처지로 느끼고 타인의 고통을 나의 고통으로 겪는 것이 이 상상력의 핵심이다. 교양의 습득이란 이렇게 고통을 함께 느끼는 상상력과 감수성을 키워가는 일과 다르지 않다. 그럴 때 우리는 자기를 둘러싼 울타리를 넘어 고통받는 타자의 자리에서 타자의 눈으로 세상을 볼 수 있게 된다는 것이 지은이들의 지적이다. 그렇게 타자의 자리에 설 때 이 세계에 들끓는 억압과 불의를 외면할 수 없게 된다. 자유인의 교양은 틀림없이 거기에 저항하라고 말할 것이다. 교양은 언제나 반성적 교양이며 비판적 교양이다.

■■ **서경식 교수가 말하는 교양의 힘** ■■

교양은 '쓸모없는 것의 쓸모'라는 역설의 주인공이다. 경제적 효율이 모든 것을 압도하는 시대, 과학기술을 필두로 한 실용적 지식이 대세를 이룬 시대에 인문교양은 무능하고 무력하다. '한가롭고 게으른 짓'이라는 비난도 따른다. 그러나 『교양, 모든 것의 시작』에서 서경식 교수는 아우슈비츠에서 생환한 이탈리아 유대인 작가 프리모 레비Primo Levi의 경우를 들어 이 무능하고 무력한 것의 힘을 역설한다. 프리모 레비는 자신의 증언록 『이것이 인간인가 Se questo è un uomo』에서 아우슈비츠의 '기적'을 소개한다. 언제 죽을지 모를 강제수용소의 비인간적 상황은 갇힌 사람들을 인간 이하로 떨어뜨린다. 어떻게 하면 자기보다 더 약한 인간을 짓밟아 살아남을까만 궁리하는 곳이 바로 강제수용소다. 그 비인간성을 견딜 수 없는 사람은 더 살기를 포기해버리기도 한다. 그 지옥의 공간에서 레비는 피콜로라는 프랑스어를 쓰는 유대인을 만났다. 이 수용소 동료가 레비에게 '아무 시라도 좋으니 읽어달라'고 청하자, 그의 기억 속에서 불현듯 단테 『신곡』 「지옥편」 중 '오디세우스의 노래'가 튀어나온다.

"그대들은 자신의 타고난 본성을 생각하라. 그대들은 짐승처럼 살려고 태어난 것이 아니라 덕과 지혜를 구하려고 태어났다."

그렇게 이어지는 '오디세우스의 노래'를 어떻게 해서든 전달해보려고 레비는 이탈리아어 노래를 프랑스어로 옮겨 읊었다. "이봐, 피콜로! 정신을 집중해주게, 귀를 기울이고 머리를 좀 써보라고. 자네가 꼭 알았으면 좋겠어." 트로이아 전쟁을 끝내고 귀향선에 오른 오디세우스는 지중해 곳곳을 헤맨다. 가도 가도 끝이 없는 난항과 표류 끝에 '여기서 끝나는가' 하고 생각하는 순간, 그는 '우리는 짐승처럼 살아가려고 태어난 것이 아니다. 덕과 지혜를 구하려고 태어났다. 그것이 바로 인간이다'라고 결연히 외친다. 강제수용소라는 끔찍한 공간에서 아무짝에도 쓸모없어 보였던 그 시는 동료 죄수에게 잃어버린 희망을 되찾아주었고, 더 나아가 레비 자신을 구원했다. "교양은 지금 당장 이 강제노동으로부터 벗어나는 데, 또는 남보다 한 숟가락 더 많은 밥을 차지하는 데는 아무런 도움이 되지 않는다." 그러나 그런 극한 상황에서 교양은 그대로 생生의 의지가 되었다.

서경식 교수는 무력한 듯 보이는 그 교양의 힘으로 우리 시대의 반인간적 현실과 맞서자고 말한다. 약육강식·우승열패의 신자유주의 가치가 노도처럼, 해일처럼 덮쳐오는 이때 교양이 지닌 저항적·비판적 정신을 일으켜 세우자고 말한다. "그런 시도는 승산 없는 무의미한 저항이 아닌가?"라는 물음이 제기될 것이다.

"그 질문에는 이렇게 대답하자. 인간은 '승산'이 있을 때만 저항하는 존재가 아니다. 그리고 '승산' 없는 저항은 무의미하고 쓸모없는 것도 아니다. '저항'이 목적이고 이 저항을 통해 자기 자신을 인간으로서 더 풍요롭게 만드는 게 목적이라면 그 저항은 결코 무의미하지 않다. 그리고 종국엔 그런 저항을 거쳐야만 진정한 '승산'까지 바라볼 수 있다. 아무런 저항도 없는 곳에서는 애초에 '승산' 같은 것은 없기 때문이다."

교양은, 그것이 참된 교양이라면, 결코 무력하지 않다.

인문 고전 강의 강유원 지음 / 라티오

고전 깊이 읽기, 교양의 출발

『인문 고전 강의』는 철학 연구자 강유원 씨의 고전 강의 묶음이다. 2009년 일주일에 한 번씩 40주 동안 서울 동대문구 정보화도서관에서 행한 강의를 바탕으로 삼았다.

 이 책은 동서양 고전 12편을 함께 읽고 그 핵심을 찾아내 곱씹어보는 방식으로 이루어져 있다. 동서양이라고는 하지만 서양 고전이 11편을 차지한다. 호메로스의 서사시 『일리아스』에서 시작해 아리스토텔레스의 『니코마코스 윤리학』, 소포클레스의 비극 『안티고네』, 단테의 서사시 『신곡』, 이어 마키아벨리의 『군주론』, 데카르트의 『방법서설』, 존 로크의 『통치론』, 몽테스키외의 『법의 정신』, 막스 베버의 『직업으로서의 정치』, 제러미 벤담의 『파놉티콘』, 칼 폴라니의 『거대한 전환』을 읽는다. 마지막으로 동아시아 고전 『논어』를 공부함으로써 이 강의를 마무리한다.

 지은이는 고전이란 우리 모두가 나눠 가질 수 있는 '공동의 지혜와 지식'을 담고 있는 책이며, 인간과 세계에 대한 근본적이고 총체적인 이해에 도움이 되는 책이라고 말한다. 이런 고전을 통해 인간과 세계를 제대로 이해하고 통찰하게 되었을 때, 그런 경지에 이른 사람을 '인문학적 교양인'이라고 부를 수 있다. 인문학적 교양인은 "상황에 따라 올바른 것을 감지할 수 있는 힘, 구체와 추상을 구별할 수 있는 감각, 역사적 맥락에서 사태를 파악할 수 있는 시야, 언어 표현의 미묘함을 감별할 수 있는 능력"을 지닌 사람이다.

고대 그리스 비극 가운데 지은이가 텍스트로 삼은 『안티고네』는 '신의 법'과 '인간의 법'이 맞붙어 겨루는 드라마다. 근친상간과 부친 살해의 죄를 저질렀다는 사실을 안 오이디푸스 왕이 스스로 두 눈을 찌르고 테베 왕국을 떠난 뒤 두 아들 에테오클레스와 폴리네이케스가 왕국을 놓고 다투다 둘 다 전사한다. 이들의 외삼촌이자 왕국의 새 왕이 된 크레온은 에테오클레스의 장례는 성대히 거행한 반면에, 왕국을 공격한 폴리네이케스의 주검은 새 떼의 밥이 되도록 방치한다. 또 폴리네이케스의 장례를 치르지 못하도록 국법으로 금지한다. 바로 이때 여동생 안티고네가 등장해 오빠의 장례를 치르겠다고 나선다. 크레온의 국법과 안티고네의 천륜이 대결하는 것이다.

여기서 안티고네의 여동생 이스메네가 언니에게 말한다. "명심해야 해요. 우리는 여자들이며 남자들과 싸우도록 태어나지 않았어요." 이 구절은 흔히 페미니즘 연구에서 비판적 논평의 대상이 되는 구절이다. 그러나 지은이는 이 구절의 남/여 대립을 생물학적 성의 대립으로 이해해서는 안 된다고 말한다. "여기서 여자는 가족, 가정, 사적인 것을 가리키고, 남자는 폴리스, 정치공동체, 공적인 것을 가리킨다." 공적인 일에는 남자 시민들만 참여하고, 여자들은 가정이라는 사적인 공간에 머물러 있었던 그 시대 아테네 상황을 염두에 두면, 이 문장의 의미가 쉽게 온다는 이야기다.

바로 이런 국면에서 안티고네가 천륜의 이름으로 크레온의 국법을 부정하고 나선 것이다. "근대인의 관점에서는 크레온의 말이 이해하기 쉽고 안티고네는 생떼를 쓰고 있는 것처럼 느껴진다." 그러나 그 시대 사람들은 안티고네의 주장에 더 동조했을 것이라고 지은이는 설명한다. 이어 지은이 자신은 안티고네 입장에 동조하기 어렵다고 말한다. "안티고네는 국법을 완전히 무시하면서 굉장히 사적인 영역에서 움직이고 있기 때문이다."

이 강의의 대상이 된 고전들은 크게 고·중세의 세계와 근대의 세계로 나뉘어 있다고 볼 수도 있는데, 그 구분의 지점을 이루는 것이 마키아벨리의 『군주론』이다. 니콜로 마키아벨리는 『신곡』을 쓴 단테 알리기에리와 같은 이탈리아 피렌체 사람이었고 활동 시기도 200년밖에 차이가 나지 않지만, 단테와는 '전혀 다른 세계'에 산 사람이었다. 신과 도덕과 당위의 시대에서 나와 인간과 현실과 존재의 세계로 들어가기 시작한 것이다. 이 과정이 바로 '세속화'인데 『군주론』은 그런 세속화를 드라마틱하게 보여준다. "신의 은총을 향해 가는 단테의 『신곡』과는 달리, 마키아벨리의 『군주론』에는 신에 대한 이야기가 없다. 마키아벨리는 완전히 세속화된 인간이다."

이 세속적 인간의 냉정하고 현실적인 눈이 정치의 세계를 들여다본다. 그 냉혹한 눈과 함께 근대 세계가 열리는데, 그 근대는 칼 폴라니가 『거대한 전환』에서 묘사한 '악마의 맷돌', 곧 시장이 인간을 포함해 모든 것을 갈아먹는 세계로 드러난다. 이런 시대에 인문학은 어떤 일을 할 수 있을까? 지은이는 그런 물음을 던지면서 『논어』가 군자의 덕목으로 제시한 의義와 예禮의 정신이 우리 시대에 필요하다고 말한다.

생각의 탄생 로버트 루트번스타인·미셸 루트번스타인 지음 / 박종성 옮김 / 에코의서재

창조적 상상력은
어떻게 작동하는가

"나는 젊음의 막바지에 이른 한 여인을 떠올렸다. 그 여인은 창문 옆 의자에 고적하게 앉아 있다. 달빛이 흘러들어와 그 여인의 쓸쓸한 얼굴을 비춘다. 여인 옆에는 결혼할 남자가 서 있다."

극작가 테너시 윌리엄스Tennessee Williams는 희곡 『욕망이라는 이름의 전차』를 쓰기 전 이런 이미지를 떠올렸다고 한다. 모든 것은 이 최초의 이미지에서 태어났다. 화려한 삶을 꿈꾸었지만 비참과 퇴락만 남은 여인 블랑슈는 자기가 만든 환상 세계 속으로 들어가 현실이 허락하지 않은 주목받는 삶을 산다. 이 환상 세계가 깨지면 현실의 삶도 깨질 것이다.

스위스에 망명 중이던 혁명가 블라디미르 일리치 레닌은 1917년 러시아에서 '2월 혁명'이 터지자 고국으로 돌아가 '4월 테제'를 발표했다. 이 지침에서 그는 붕괴한 차르 체제 대신 들어선 '임시정부'를 거부하고 프롤레타리아가 권력을 장악해야 한다고 선언했다. 멘셰비키나 사회혁명당 같은 온건파 사회주의자는 말할 것도 없고 레닌을 따르던 볼셰비키도 임시정부를 지지하고 있던 터였다. 이들은 프롤레타리아혁명이 무

르익지 않았다고 보았다. 사회발전 법칙을 신봉하던 이 혁명가들은 러시아가 부르주아혁명 단계에 있으며 자본주의 발전을 거쳐 사회주의에 이르러야 한다고 보았다. 레닌은 '레닌당' 안에서조차 혼자였다. 그는 열정과 확신을 품고 자신의 생각을 관철했고 여섯 달 뒤 혁명 권력을 거머쥐었다. 남들이 역사법칙에 매달리는 동안 그는 혁명을 창조했다.

'상대성 원리'를 발견한 알베르트 아인슈타인은 '사고실험'의 대가였다. 사고실험이란 '어떤 물리학적인 상황을 구체적인 형체가 있는 것처럼 보고 느끼고 조작하고 관찰하되, 이 모든 것을 머릿속에서 상상하는 것'을 말한다. 그는 상상 속에서 자신을 빛의 속도로 움직이는 '광자'(빛 알갱이)라고 생각했다. 광자인 그가 보고 느낀 것을 원자료로 삼아 그는 새로운 물리학 원리를 찾아냈다. 복잡한 수식과 논리가 동원됐을 것 같지만 그에게 수학공식은 부차적인 문제였다. 그는 머릿속 실험실에서 먼저 통찰했고, 후에 그것을 수식으로 설명했을 뿐이다. 자신을 광자로 만들어낼 정도의 강력한 상상력이야말로 이 탁월한 물리학자가 꽃피운 독창성의 바탕이었다. 상상력은 예술가에게 필요한 것만큼이나 과학자에게도 필요하다는 것을 그의 두뇌는 증명한다.

과학자든 혁명가든 예술가든 모든 뛰어난 창조자는 보통 사람은 따라잡기 어려운 놀라운 상상력의 소유자들이다. 이들의 사고는 특별한 데가 있다. 계시와도 같은 통찰이 난데없는 복병처럼 머리를 급습하기도 하고, 오랜 생각 끝에 하나의 그림이 새벽 지평선의 태양처럼 천천히 떠오르기도 한다. 미국의 생리학자 로버트 루트번스타인Robert Root-Bernstein과 역사학자 미셸 루트번스타인Michele M. Root-Bernstein 부부가 함께 쓴 『생각의 탄생 Sparks of Genius』은 창조의 순간을 포착해 그 비밀을 알려주려는 책이다. 두 사람이 주목하는 것은 논리나 공식이나 언어로 표현되기 이전의 느낌, 상상, 직관이다. 이것들을 찬찬히 살피면 독창적인 생각의 불꽃이 발화하는 순간을 간파할 수 있다고 이들은 말한다. 창조의 계기와 과정을 이해하면 그 능력을 학습을 통해 단련할 수도 있을 것이라고 이들은 가정한다.

이 책은 창조적인 작업을 하는 사람들이 연장으로 쓰는 '생각의 도구'가 있다고 말한다. 지은이들은 '생각의 도구'를 유형별로 나눠 모두 열세 가지를 제시한다. 관찰, 형상화, 추상화, 패턴인식, 패턴형성, 유추, 몸으로 생각하기, 감정이입, 차원적 사고, 모형 만들기, 놀이, 변형, 통합이 그것들이다. 말하자면 이것들은 상상력을 구성하는 여러 측면들이다. 지은이들은 과학자, 수학자, 예술가, 사상가 들을 끌어들여 이 측면들을 차례로 찬찬히 살핀다. 예를 들어, 형상화란 이미지를 만들어내는 것을 말한다. 형상화와 관련된 소설가 도로시 캔필드 피셔Dorothy Canfield Fisher의 고백은 테너시 윌리엄스의 말을 떠올리게 한다.

"나는 어떤 장면을 강렬한 이미지로 만들어낸다. 만일 그 장면을 절대적이고 완전한 이미지로 형상화하지 못한다면 나는 아무것도 쓰지 못할 것이다."

'감정이입'은 단순히 감정의 주파수를 맞추는 것이 아니라 나를 버리고 타자가 돼보는 것을 말한다. "문제 속으로 들어가 그 문제의 일부가 되는 것"이야말로 감정이입이다. 그 문제가 사람일 수도 있지만 동물일 수도 있다. 배우는 극중 인물 속으로 들어가 그 인물이 돼 인생을 자신의 인생으로 만들어야 한다. 소설가는 소설 안에 단순히 인물을 배치하기만 하는 것이 아니라 그 인물의 삶을 그대로 반복해 살아야 한다. 동물학자 제인 구달Jane Goodall은 침팬지의 세계 속으로 들어가 침팬지의 삶을 산 사람이다. 또 다른 동물학자 데즈먼드 모리스Desmond Morris는 이렇게 말했다.

"나는 어떤 동물을 연구할 때마다 그 동물이 됐다. 그 동물처럼 생각하고 또 느끼려 했다. 그럼으로써 그들의 문제는 곧 내 문제가 됐다."

심지어 식물의 삶 속으로 들어가는 학자도 있다. 옥수수를 연구한 유전학자 바버라 매클린톡Barbara McClintock은 이렇게 말한다.

"옥수수를 연구할 때 나는 그것들의 외부에 있지 않았다. 나는 그 안에서 그 체계의 일부로 존재했다. 나는 염색체 내부도 볼 수 있었다."

이 책이 가장 강조하는 것은 '통합적 사고'다. 오늘날의 교육이 학문 간 장벽에 따라 나뉘어 파편적으로 이루어지는 것이 창조적 사고의 발육을 가로막는다는 것이다. 수학자가 오직 수식 안에서만 생각하고 음악가가 음표 안에서만 생각하고 소설가가 단어 안에서만 생각한다면 진정한 창조는 있을 수 없다. 프랑스 물리학자 아르망 트루소Armand Trousseau의 말은 이 책의 요약이라고 할 만하다.

"모든 과학은 예술에 닿아 있다. 모든 예술에는 과학적 측면이 있다. 최악의 과학자는 예술가가 아닌 과학자이며 최악의 예술가는 과학자가 아닌 예술가다."

시대를 건너는 법 서경식 지음 / 한승동 옮김 / 한겨레출판
사라지지 않는 사람들 서경식 지음 / 이목 옮김 / 돌베개

시대의 어둠을 고발하는
서경식의 문장들

서경식(1951~). 그를 어떻게 규정할 수 있을까? 그는 증언하는 사람이고 고발하는 사람이며 깨우치는 사람이다. 그의 무기는 글이다. 펜을 비수처럼 쓰는 사람도 있지만, 그는 자신의 펜을 불빛처럼 쓴다. 그가 들어올린 펜은 촛불이 돼 시대의 어둠을 밝힌다. 거의 사어가 된 말로 하자면 그는 '문필가'다. '문文'과 '필筆'로 그는 우리 시대를 향해, 우리 시대의 불안과 위험과 어둠을 이야기한다. 그가 전통적 문필가와 다른 점이 있다면, 위에서 아래를 향해 말하는 것이 아니라, 아래에서 위를 향해 말한다는 점이다. 마치 낮은 땅이 물을 받아 안듯 그는 낮은 자리에서 깨달아 얻은 '진실'로 끊임없이 세상을 향해 이야기한다.

그 이야기들을 담은 책들은 근년 들어 줄줄이 한국어로 옮겨졌다. 그렇게 쌓인 책들 위에 다시 두 권의 책이 얹혔다. 『시대를 건너는 법』과 『사라지지 않는 사람들過ぎ去らない人々』이 그것들이다. 『시대를 건너는 법』이 『한겨레』 지면에 연재한 '서경식의 심야통신'을 묶은 것이라면, 『사라지지 않는 사람들』은 1995년에 쓴 '20세기를 온몸으로 살아간 49인의 초상'을 엮은 것이다.

『사라지지 않는 사람들』은 일본 아사히신문사에서 기획한 '20세기

천 명의 인물' 일부로 들어간 것이긴 하지만, 지은이 자신이 직접 고른 사람들이어서 그의 생각과 관심이 그대로 투영돼 있다. 스페인의 시인 페데리코 가르시아 로르카Federico Garcia Lorca에서부터 한국의 독립운동가 김구에 이르기까지 출신 지역과 활동 내용은 제각각이지만 "사형·전사·암살·객사·자살로 삶을 마감한 사람들"이라는 점에서는 거의 일치한다. 말하자면, 이들은 20세기의 야만과 폭력에 저항한 사람들이었다. 지은이는 그들의 삶을 읽고 공부하는 동안 '글쟁이'에게 필요한 지식과 사고의 토대를 닦았다고 말한다. 그 토대 위에서 이제 그가 좀더 넓은 시야로 세상을 둘러보며 자신의 예민한 안테나에 걸려든 것들을 글로 쓴 것이 『시대를 건너는 법』이다.

다른 책들에서 여러 차례 밝힌 대로, '한국 국적의 재일조선인 2세'라는 사실은 지은이의 삶을 규정하는 원초적 조건이다. 스무 살 무렵 그의 형 두 사람(서승·서준식)이 '대학가에 침투한 재일교포 간첩단'이라는 조작사건에 걸려 20년 가까이 감옥살이를 한 것은 그의 원초적 조건에 또 하나의 특수한 조건을 덧씌웠다. 박정희 유신정권 시절 내내, 그리고 그 후로도 오랫동안 그는 형들의 옥바라지와 석방운동에 청춘을 바쳤다. 일본이라는 옛 식민지 종주국에서 핍박받고, 해방된 자기 조국에서조차 탄압받은 그의 가족은 말 그대로 '자기 땅에서 유배된 자들'이었다. 그 상처투성이 체험에서 획득한 자기 정체성이 디아스포라(이산자)이고 마이너리티(소수자)다. 디아스포라나 마이너리티나 본디는 부정적 의미의 말이지만, 그는 이 말들의 의미를 역전시켜 적극적으로 재해석한다. 지은이는 그렇게 적극적으로 재해석한 말들을 방침으로 삼아 '시대를 건너는 법'을 찾는다.

『한겨레』 연재물의 제목이자 『시대를 건너는 법』의 부제인 '심야통신'은 우리가 건너야 할 시대가 아주 어두운 시대라는 뜻을 품고 있다. 심야라는 건 우선은 지은이가 살아온 나라인 일본이 그렇다는 말이다.

"지금은 밤이다. 밤이 계속되고 있다. 일본이라는 사회가 빠르게, 거침없이 추락을 거듭하고 있다. 그 끝에는 파국이 기다리고 있다. 전쟁 전야, 파국 전야다."

일본은 식민지 침략과 지배의 과오를 반성할 줄 모르고 '전쟁을 할 수 있는 나라'로 복귀하려고 안달이다. 그런 사정에 둔감한 그의 모국 한국 또한 이 심야의 어둠에서 그리 멀리 떨어져 있지 않다. 전쟁과 학살로 뒤엉킨 지구촌 전반의 상황을 보면 밤은 더욱 깊어 보인다. 그 깊은 밤 어두운 곳에서 그는 한 줄기 빛을 던지려고 되풀이하여 위험 신호를 발한다. 이때 이 신호를 보내는 자의 처지가 디아스포라이고 마이너리티다. 그는 국가든 세계든 주류와 중심에 틀어 앉은 자의 눈에는 보이지 않는 시대의 환부를 이산자·소수자의 처지에서 들여다보면서, 이 상처를 치유해야 한다고 나직이, 그러나 힘주어 말한다.

그가 이렇게 말할 때 그의 신념에 뒷심을 받쳐주는 사람이 여럿 있으니, 그 가운데 한 사람이 에드워드 사이드다. 예루살렘에서 쫓겨난 '팔레스타인 디아스포라'인 에드워드 사이드는 1960년대 이래 죽을 때까지 이스라엘의 팔레스타인 침략과 지배에 자신의 지력을 다 뽑아내 저항했다. "학자로서 편안하게 살 수 있는 길을 택할 수도 있었을 텐데, 왜 실천적인 정치영역에 발을 들여놓았는가"라는 질문에 사이드는 이렇게 답했다고 지은이는 전한다.

"내게 정말 선택의 여지가 있었다고는 생각할 수 없다. 1967년(제3차 중동전쟁) 이후 어느 시점에서 나 자신이 '소집'당했다고 느꼈다. 팔레스타인 투쟁은 정의가 무엇인지 묻는 것이었기 때문에 거의 승산이 없음에도 불구하고 계속 진실을 설파해가려는 의지의 문제였다."

사이드가 내면에서 들려오는 '소집' 명령에 달리 어찌할 수 없이 응답했듯이, 지은이 자신도 그 운명을 감당하겠다는 것이다.

"(사이드의 대답은) 현대 지식인이 맡아야 할 역할에 대한 명확한 답변이었다. 코리안 디아스포라의 한 사람인 나 또한 사이드가 남긴 말을 잊지 않고 진실을 계속 이야기해가려 한다."

러시아사상가 이사야 벌린 지음 / 조준래 옮김 / 생각의나무

'무엇을 할 것인가?'
러시아 인텔리겐치아의 '저주받은 질문'

1990년대 초 카를 마르크스 평전이 번역되면서 우리에게 익숙해진 영국의 정치사상가 이사야 벌린(1909~1997)이 최근 들어 다시 주목받고 있다. 1997년 『비코와 헤르더』 출간을 빼면, 벌린의 저작은 한동안 주목받지 못했다. 그러던 것이 2005년 『낭만주의의 뿌리 The Roots of Romanticism』가 번역되고 이어 『이사야 벌린의 자유론』이 옮겨지면서 이 자유주의 사상가에 대한 관심이 재점화했다. 정치철학자 로널드 드워킨 Ronald Dworkin 등이 쓴 『이사야 벌린의 지적 유산 The Legacy of Isaiah Berlin』이라는 해설서도 뒤이어 출간됐다. 여기에 더해 『러시아 사상가 Russian Thinkers』가 출간됨으로써 벌린 번역서 목록이 하나 더 늘었다.

벌린의 관심 분야는 드넓게 펼쳐져 있지만, 그 가운데서도 러시아 사상의 흐름은 집요한 천착의 대상이었다. 그 자신이 어린 시절을 러시아 상트페테르부르크에서 보내다 1917년 볼셰비키혁명 뒤 영국에 정착한 사람이어서, 자기 존재의 뿌리에 대한 관심이 표출된 것으로 이해해도 좋을 것이다. 그의 저작 『러시아 사상가』에서 그 끈질긴 관심의 양상을 확인할 수 있다. 이 책은 벌린이 쓴 글들 가운데 19세기 러시아문학과 사상에 관한 에세이 열 편을 뽑아 엮은 것이다. 레프 톨스토이의 사

상 구조를 분석한 유명한 논문 「고슴도치와 여우」를 비롯해 알렉산드르 게르첸Aleksandr Gertsen, 미하일 바쿠닌, 비사리온 벨린스키Vissarion Belinsky, 이반 투르게네프 같은 19세기 문학가·혁명가들의 사상을 살핀 글들이 여기에 묶였다. 벌린의 유려한 문체와 뛰어난 통찰이 곳곳에서 빛난다.

이 에세이들에서 벌린이 예민한 촉수로 추적하는 것은 19세기 러시아 사상의 그 독특한 성격이 어디에서 기원했는가, 그리고 그 긴 흐름 속에서 일관성 있게 지속된 것은 무엇인가 하는 것이다. 여기서 벌린이 특별히 주목하는 시간은 1848년이다. 이해에 서유럽에서 '1848년 혁명'이 일어났다. 온 유럽을 태우던 그 혁명의 불길은 러시아를 비껴갔다. 이 유럽의 변방에선 아무 일도 일어나지 않았다. 차르 체제의 질식할 것 같은 폭압이 어떤 혁명적 분출도 허락하지 않았기 때문이다. 뚜렷한 혁명조직도 없었고 민중운동도 없었다. 벌린은 60년 뒤에 터진 1905년 혁명이 뒤늦게 찾아온 러시아판 1848년 혁명이라고 말한다. 그 60년의 지체야말로 러시아 사상의 풍경을 독특하게 채색했다.

그러나 그 시기에 혁명운동이 없었다 해서 혁명 사상까지 없었던 것은 아니다. 벌린은 1848년을 앞둔 10년 동안 새로운 사상의 조류가 탄생했다고 말한다. 서유럽의 선진 지식을 광포하게 빨아들였던 러시아의 지식인들이 이 시기에 나름의 독자적 사상 체계를 갖추기 시작했다는 것이다.

이 지식인들을 대표하는 사람들이 벨린스키, 투르게네프, 바쿠닌, 게르첸 들이었다. 이들의 대표자였던 비평가 벨린스키가 창안한 '사회비평'은 이 시기 지식인들의 정신의 단면을 보여주는 말이다. 문학작품을 삶 또는 사회와 분리시키지 않은 채 평가하고 이해하는 것이 사회비평이었다. 문학작품 속의 주인공들은 현실의 살아 있는 인간과 다름없이 분석됐고, 그들을 평가하면서 윤리적 목적이 최우선의 자리에 놓였다. 소설관이 곧 인생관이었고 미학적 목표는 윤리적 목표와 겹쳐졌다. 바로 여기서 19세기 러시아에 고유한 급진적 지식인 곧 '인텔리겐치아'가 태어났다고 벌린은 말한다.

"인텔리겐치아의 개념을 지식인의 개념과 혼동해선 안 된다. 인텔리겐치아 지식인들은 이념에 대한 관심을 넘어선 어떤 것으로 서로 결집돼 있다고 생각했다. 그들은 자기 자신들을 기독교 경전처럼 어떤 특정한 생활태도를 전파하기 위해 헌신하는, 환속한 사제라든지 종파의 지도자에 가까운 존재로 여겼다."

이렇게 탄생한 인텔리겐치아의 후예들이 19세기 후반 내내 그리고 20세기 러시아혁명 때까지 이어진 허무주의자·인민주의자를 비롯한 온갖 종류의 혁명가들이었다. 러시아 인텔리겐치아들의 고뇌는 톨스토이의 사상에까지 스며들었는데, 톨스토이 자신도 평생토록 '저주받은 질문'을 품고 살았다. "무엇을 할 것인가? 우리는 어떻게 살아야 하는가? 왜 우리는 여기에 있는가?" 모든 러시아 인텔리겐치아들이 반드시 답하지 않으면 안 됐던 이 질문은 니콜라이 체르니솁스키의 소설로, 블라디미르 일리치 레닌의 팸플릿으로 변주됐다.

벌린이 이 책에서 특별한 호감을 품고 분석하는 사람이 게르첸이다. 게르첸은 1세대 인텔리겐치아였고, 러시아 인민주의 운동의 선구자였다.

"열세 살 이후로 나는 하나의 사상만을 섬겼고, 하나의 군기 아래서 행군했다. 그것은 강요된 모든 권위에 대한 투쟁이자, 온갖 종류의 자유의 박탈에 맞서는 저항이었다."

벌린은 게르첸이 이렇게 신념 굳은 사람이었음을 보여줌과 동시에,

그가 정치적 독재뿐만 아니라 사상의 독재에 맞서 개인의 자유를 비타협적으로 옹호한 사람이었음을 강조한다. 자유사상가 벌린의 이미지가 게르첸에 대한 묘사에 그대로 투영돼 있는 셈이다.

행복은 어디에 있는가 리처드 스코시 지음 / 정경란 옮김 / 문예출판사

에피쿠로스에서 '바가바드기타'까지 행복의 기술

"행복한 가족의 모습은 모두 비슷해 보인다"라고 레프 톨스토이는 소설 『안나 카레니나』의 첫 문장을 시작했지만, 『행복은 어디에 있는가The Secrets of Happiness』의 지은이 리처드 스코시Richard Schoch는 톨스토이의 진술이 꼭 맞는 것은 아니라고 말한다. 행복의 표정은 각양각색이며, 거기에 이르는 길도 여러 갈래라는 것이다. 영국 런던대학 문화사 교수인 지은이는 이 책에서 고대 그리스·로마 철학을 비롯해 힌두교·불교·이슬람교·기독교·유대교의 가르침을 두루 횡단하며 행복의 얼굴과 행복의 기술을 찾아나간다.

위대한 종교·철학 속 주인공들의 삶을 들여다보면 행복에 이르는 길의 뚜렷한 이미지를 얻을 수 있다. 지은이는 행복이라는 목적지에 닿으려 분투했던 사람들의 모습을 돋을새김해 보여준다. 이 책에서 독자가 만나는 첫 번째 인물은 고대 그리스의 철학자 에피쿠로스다. 쾌락주의의 창시자로 알려진 에피쿠로스는 쾌락주의라는 말 때문에 숱한 오해의 대상이 됐다. 그러나 그의 삶을 보면 차라리 비쾌락주의의 삶을 설교한 사람으로 이해해야 맞을 듯하다. 에피쿠로스가 '쾌락'이야말로 행복의 열쇠라고 말한 것은 사실이다. 문제는 쾌락의 성격이다. 그가 강조한

쾌락은 감각의 탐닉이 아니라 내면의 평정이었다. '욕망의 부재' 상태가 곧 쾌락이었다. 우리가 욕망의 집착에서 떠난다면, 어떤 불행·재난·고통도 행복을 침해하지 못한다. 비유로써 표현하면, 최고의 쾌락은 갈증의 해소가 아니라 더는 목이 마르지 않는 상태다. 다시 말해, 갈증이라는 고통의 부재가 행복이다.

에피쿠로스는 이런 쾌락의 상태를 유지하려면, 번잡한 시민의 삶에서 벗어날 필요가 있다고 보았다. 그가 아테네 외곽에 비밀스러운 정원을 마련하고 거기에 거주했던 것도 이런 이유 때문이다. 그 정원에는 일반 시민은 물론이고 노예·거지·여자들도 동참했다. 재미있는 것은 그 여성들 가운데는 '아기 사자' '작은 정복자' '죽여주는 여자' 같은 요상한 이름의 여자들도 있었다는 사실이다. 이들은 자신들만의 공동체에서 다소 밋밋하지만 어쨌거나 유쾌한 삶을 살았다.

에피쿠로스학파와 비슷한 시기에 등장한 스토아학파 또한 행복에 이르는 길을 숙고했다. 시민의 삶을 적극적으로 살면서도 괴로움에 빠지지 않고 내면의 평화를 유지하는 방법을 찾아내는 것이 이들의 목표였다. 이들은 쾌락에도 고통에도 무감각한 무관심과 부동심의 마음을 강조했다. 부동심의 마음을 지키면 격노한 폭풍우 속에서도 웃음을 지을 수 있다. 변화무쌍한 운명의 소용돌이 속에서 그 소용돌이에 휘둘리지 않으려면 분노·미움·슬픔 따위 감정의 노예 상태에서 벗어나야 한다. 지은이는 스토아학파의 삶을 모범적으로 보여준 사람으로 로마제국 시대의 정치가 세네카Lucius Annaeus Seneca를 꼽는다. 세네카는 행운과 불운, 명예와 치욕으로 만신창이가 된 삶을 살았다. 네로 황제의 스승이 된 그는 권력과 영광의 정점에 섰으나, 행운은 여기서 그쳤다. 그는 폭군 네로의 명령을 받아 네로 어머니 아그리피나를 암살하는 '살인청부업자'가 돼야 했다. 그러고도 네로의 의심을 사 끝내 자결 명령을 받았다. 세네카는 팔목과 발목의 동맥을 자르고 이어 독배를 마셨다. 세네카는 이 모든 일을 그가 익힌 스토아학파의 가르침을 따라 마치 남의 일을 보듯 아무런 감정의 동요 없이 해냈다. 세네카는 행복의 비밀이 "자유롭고 공정하며, 공포나 욕망에 흔들리지도 않으며 이에 굴복당하지 않는 정신"에 있다고 말했다.

힌두교의 경전 『바가바드기타』는 세네카의 경우와 유사한 평정심과 부동심의 경지를 보여준다. 이 경전의 주인공인 아르주나 왕자는 자신의 사촌들과 싸워야 할 전쟁 상황에 처한다. 아르주나는 싸우기를 거부한다. 『바가바드기타』는 크리슈나로 화한 비슈누 신과 아르주나의 기나긴 대화로 이루어져 있다. 크리슈나는 아르주나에게 왜 무기를 들어야 하는지 설득한다. "그대의 의무인 이 전쟁을 수행하지 않으려 한다면, 이는 의무와 동시에 그대의 명예를 저버리고 스스로 악행을 저지르는 꼴이다." 아르주나는 전투를 결심하기까지 극심한 심리적 혼돈을 겪는다. 크리슈나는 초연함이야말로 완전한 자유의 비밀이라고 말한다. 그는 언제나 무심하게, 결과에 연연하지도 않고, 다른 것을 회피하려고 절망적으로 애쓰지 않으면서 행동해야 한다고 가르친다. 우리는 자신을 행동의 주체가 아닌 행동의 도구로 보아야 한다.

그 초연함의 정신으로 위대한 싸움을 벌인 사람이 마하트마 간디 Mahatma Gandhi다. "아르주나와 마찬가지로 그 역시 초연함의 정신 속에서 자신의 의무를 실천했다." 개인의 삶에서든 집단의 삶에서든 우리는 옳은 것을 얻기 위해 분투해야 하지만, 그 결과에 얽매이지도 않고 감정의 사슬에 묶이지도 않고 언제나 할 일을 하는 것이야말로 행복의 요체라고 지은이는 말한다.

"실패할 수도 있다. 그러나 실패보다 우리 자신이 더 강하다는 것도 배울 수 있다. 인간의 삶은 끊임없이 도전하고 행복을 추구해가는 과정 그 자체다."

철학카페에서 문학 읽기 김용규 지음 / 웅진지식하우스

파우스트와 데미안과 카뮈가 가르쳐주는 것들

비블리오테라피Bibliotherapy. '독서치료'를 이르는 말이다. 책을 읽음으로써 마음을 다스리고 정신을 일깨우며, 자기 신뢰를 회복하고 삶의 전망을 얻는 것, 독서에는 그런 치유의 힘이 있다. 철학자 김용규 씨가 쓴 『철학카페에서 문학 읽기』는 카페에서 가벼운 정신 상담을 받듯, 문학작품을 놓고 '멘토링'을 듣는 기회를 주는 책이다. 삶이 왜 이렇게 힘든가, 인생에 의미가 있긴 있는가, 허무한 마음을 벗어날 길은 없는가. 이런 의문을 품고 있다면 누구든 이 카페에 들러 이야기를 들어보는 것도 나쁘진 않을 것이다.

지은이는 『영화관 옆 철학카페』 『데칼로그』 『타르콥스키는 이렇게 말했다』와 같은 전작에서 대중예술을 재료로 삼아 철학 요리를 선보인 바 있다. 새 책에서는 생텍쥐페리Saint-Exupéry의 『어린 왕자』, 셰익스피어의 『오셀로』, 카프카Franz Kafka의 『변신』, 프루스트의 『잃어버린 시간을 찾아서』, 그리고 최인훈의 『광장』, 이청준의 『당신들의 천국』을 포함해 모두 열세 편의 문학작품을 실마리로 삼아 철학의 길, 삶의 해법을 찾고 있다. 세계를 알고 자기를 아는 것, 그리하여 세계 안으로 자신을 던져넣을 용기를 얻는 것이 이 책의 목표다.

지은이가 먼저 내미는 작품이 요한 볼프강 폰 괴테의 『파우스트』다. 독일어로 쓴 최고의 근대문학으로 꼽히는 이 비극은 주인공 파우스트를 근대인의 전형으로 일으켜 세운 기념비적 작품이다. 스물다섯 살 청년이 여든한 살 노인이 될 때까지 괴테가 전력을 다해 창조한 파우스트는 윤리적 관점에서만 보면 결코 반듯한 삶을 살았다고 할 수 없는 인물이다. 그는 무한대의 욕망을 지닌 사람이다. 이기적이고 거만하고 자기밖에 모른다. 그는 세계의 모든 비밀을, 모든 진리를 파헤쳐 알려는 '진리의지'에 불타는 사람이며, 감각적 즐거움을 마지막 한 방울까지 만끽하려는 '쾌락의지'에 몸을 내맡기는 사람이다. 그는 이 욕망 때문에 악마 메피스토펠레스와 계약해 젊은 사람으로 재탄생하고, 아름다운 처녀를 탐하는가 하면 살인을 저지르고, 그리스신화의 미인 헬레네를 찾아 지하세계를 다녀오고, 전쟁터에서 승리를 거머쥐어 황제의 하사품으로 드넓은 바닷가 땅을 얻는다.

이 땅을 간척해 옥토로 바꾸는 꿈에 취한 그는 그 최고의 순간을 향해 "멈추어라! 너 참 아름답구나"라고 외치며 죽는다. 악마와 거래하고 살인도 마다하지 않는 그는 도덕관념으로 보면 구원받을 인간이 아니다. 그런데도 천사들은 이 '영혼을 팔아넘긴 자'를 신의 품으로 끌어올린다. 여기에 이 작품의 비밀이 있다. 그가 구원받는 것은 끝없이 노력하고 분투했기 때문이다. 요컨대, 자기실현을 향한 투쟁에서 한 발짝도 물러서지 않았기 때문이다.

"자기 내면이 진정으로 원하는 것을 찾아 실현하는 일, 오직 이 목표 하나만을 바라보고 파우스트는 수많은 죄악과 슬픔, 그리고 절망을 견디면서 다시 희망을 품고 폭풍같이 일생을 헤쳐온 것이다."

이 무자비한 열정, 한계 없는 용기야말로 구원의 비밀이라고 지은이는 말한다.

이 자기 탐험과 자기실현을 향한 끝없는 도전의 드라마는 괴테 이후 독일 문학에 '성장소설'(교양소설)이라는 장르를 낳았다. 그 성장소설의 20세기적 모델로 평가받는 것이 헤르만 헤세Hermann Hesse의 『데미안Demian』(1919)이다. 헤세는 에밀 싱클레어라는 주인공을 내세워 열세 살부터 스무 살 무렵까지 성장기를 겪는 젊은이의 내적 갈등과 진통을 빼어나게 묘사했다. 에밀의 삶에 '멘토'로 등장하는 것이 상급생 데미안이다. 어린 에밀에게 데미안은 "어른처럼 낯설고 성숙하며, 너무나도 우월하고 냉정하고 의지에 가득 찬 완벽한 초인"이다. 에밀은 데미안을 통해 자기 투쟁과 자기 극복의 비전을 본다. 청년이 된 그가 발견한 삶의 진리는 이 소설의 유명한 문장으로 요약된다.

"새는 알을 깨고 나온다. 알은 세계다. 태어나려는 자는 세계를 파괴해야 한다."

알을 깨고 나온 새, 미숙에서 성숙으로 진화한 새는 '아브락사스'에게로 날아간다. 아브락사스는 악마적인 것과 신적인 것을 통합한 신이다. 이 신은 인간 내면에 거주한다. 그러므로 헤세가 말하려는 것은 분명하다. 선과 악, 정신과 본능, 성스러운 것과 추한 것이 공존하는 내면을 직시하고 그 대립하는 두 세계를 조화시킴으로써 삶을 온전히 사는 것이다. 성숙한 인간은 여성적인 것과 남성적인 것이 하나로 포개져 있다. 자기실현은 절망과 고통의 강을 건너는 일이다. 거센 물살이 두려워 거기서 멈춰서는 강 건너의 세계로 갈 수 없다고 지은이는 강조한다.

그러나 자기실현은 세계 안에서 세계와 더불어 이루는 일이다. 세상이 폐허고 허무라면, 자기실현이 무슨 의미가 있는가 묻지 않을 수 없게 된다. 20세기 혼란의 한복판을 살았던 장폴 사르트르는 소설 『구토』

의 주인공 앙투안 로캉탱의 입을 통해 "삶이란 아무것도 아니며 그저 텅 빈 껍데기일 뿐이다"라고 외치게 한다. 익명성과 평균성의 도시, 불안과 권태가 스모그처럼 낀 도시는 삶의 사막이다. 그러나 사람은 그 사막에서 '견디는 법'을 배워야 한다. 사르트르와 함께 실존주의 문학의 최전선에 섰던 알베르 카뮈는 소설 『페스트』에서 사막 같은 삶에 덮쳐든 무의미라는 역병과 싸우는 인간을 그려냈다.

카뮈가 시지프 신화를 빌려 보여주는 인간의 삶은 무의미 자체다. 시지프는 산꼭대기로 바위를 굴려 올리는 형벌을 받았다. 바위가 굴러떨어지면 그는 다시 처음부터 시작한다. 이 무한한 반복의 형벌을 카뮈는 '반항'으로 역전시킨다. 자유를 품은 인간의 결단으로 카뮈의 주인공들은 구원도 희망도 없는 사막에서 자살에도 포기에도 호소하지 않고 반항을 통해 존재의 의미를, 존재의 승리를 확인한다. "이리하여 일관성 있는 유일한 철학적 입장은 반항이 된다. 반항은 인간이 자신의 어둠과 벌이는 끝없는 대결이다." 반항을 삶의 형식으로 삼은 시지프는 자기 운명 앞에서 절망하지 않는다. 카뮈는 말한다.

"그가 꼭대기를 떠나 신의 소굴을 향하여 조금씩 더 깊숙이 내려가는 순간 시지프는 자신의 운명보다 더 우월하다. 그는 그의 바위보다 강하다."

철학 정원 김용석 지음 / 한겨레출판

'미운 오리 새끼' 속 열림과 닫힘의 철학

철학이 놀이가 된 사람이 있다면 철학자 김용석 영산대 교수가 그런 사람의 대표자 가운데 한 사람일 것이다. 그에게 철학은 유희다. 다만 그 유희는 골방에 갇혀 문자와 씨름하면서 희열을 느끼는 자폐적 유희가 아니다. 그는 세상 사람과 만나고 통하는 철학, 사람들과 더불어 즐기는 철학을 하려고 한다. 그는 철학 대중화의 전선에 서 있는 사람이다. 그에게 철학적 사유의 씨앗을 제공하는 것은 가까운 곳에 널려 있어서 언뜻 비철학적인 것으로 보이는 것들이다. 앞서 쓴 『미녀와 야수, 그리고 인간』에서는 디즈니 애니메이션 영화를 철학적으로 분석했고, 『일상의 발견』에서는 우리 주변의 사소한 일상들에서 철학적 발견을 시도했다. 『두 글자의 철학』에서는 고통·유혹·희망·행운·안전 같은 익숙한 말들로 철학적 풍경화를 그렸다.

『철학 정원』은 '고전'을 사유의 재료로 삼았다. 고전이라는 말이 위압감을 줄 수도 있겠지만, 내용을 보면 꼭 그렇지만도 않다. 여기에 등장한 고전에는 철학·사상·과학의 고전도 있지만, 문학·영화의 고전도 있고, 심지어는 고전에는 어울리지 않을 법한 동화의 고전들도 있다. 루이스 캐럴Lewis Carroll의 동화 『이상한 나라의 앨리스』부터 일리야 프리고진Ilya Prigogine의 과학서 『혼돈으로부터의 질서 Order out of Chaos』까지 55편의 '철학-유희'가 실렸다. 어떤 분야든 지은이는 특유의 경쾌한 논리의 힘으로 작품들을 분석한다. 이 분석 행위를 지은이는 철학 연습 또는 철학 훈련이라고 말한다. 왜 철학적 사고를 연습하고 훈련할 필요가 있는가. 인간과 세상을 심오하게 이해할 수 있도록 해주기 때문이다. 그렇게 심오해지면 무거워질 것 같지만, 지은이는 '무거워지기는커녕 오히려 가벼워진다'고 말한다. 생각이 깊어질수록 자유로워진다는 말이다. "자유의 특징이 바로 중력을 어기는 가벼움의 내공 아니겠는가." 사유의 진중함이야말로 우리 삶의 경쾌함을 보장해준다는 걸 지은이는 확신한다.

지은이의 철학적 통찰이 남다르게 발휘되는 분야는 역시 동화다. 한스 크리스티안 안데르센Hans Christian Andersen의 『미운 오리 새끼』에서 그 통찰의 한 모습을 만날 수 있다. 『미운 오리 새끼』는 흔히 자기 성장과 자기실현의 우화로 이해되지만, 지은이는 이 고전 동화를 '열림'과 '닫힘'의 이야기로 읽어낸다. 오리들 사이에서 태어난 주인공은 '다름'을 받아주지 않는 '닫힌 사회'에서 쫓겨나 외딴 농가로 숨어든다. "그곳에는 할머니와 고양이, 암탉이 서로 다른 종족이지만 이해관계 때문에 함께 살고 있다. 할머니는 잠자리를 제공하고, 암탉은 알을 낳고, 고양이는 쥐를 잡기 때문이다." 그러나 이 공간도 닫혀 있기는 마찬가지다. "그 작은 집단에 아무런 이득을 제공하지 못하는 미운 오리 새끼는 역시 따돌림을 당한다." 다시 혼자가 된 주인공을 받아주는 곳이 있으니, 바로 백조 무리다. 백조의 세계야말로 열린 사회인 것 같지만, 실은 그 '오리 새끼'가 백조였기 때문에 받아주었을 뿐이다. 지은이는 여기서 '열린 사회의 적들'만 찾아내는 관성적 사고에서 벗어나 '닫힌 사회의 친구들', 다시 말해 '끼리끼리 친구인 사회'의 폐쇄성을 고민해보자고 말한다.

"이 세상 곳곳에서 쉽게 만날 수 있는 수많은 사회는 '우리'라는 이름의 닫힌 사회다. 이들은 백조의 무리가 백조를 받아준 것처럼, 자신들의 동일성이 요구하는 '우리'의 조건에 맞는 자에게만 열린 사회다."

'철학이 도대체 무슨 쓸모가 있나'라고 생각하는 사람에겐 오손 웰스Orson Welles의 영화 〈시민 케인〉을 같이 보자고 권한다. 이 영화의 주인공 케인은 죽어가면서 '로즈버드'라는 말을 남긴다. 도대체 무슨 뜻인가. 영화는 그 최후의 말이 지닌 의미를 찾아가는 기자의 눈으로 케인의 삶을 복원한다. 영화의 끝에 이르러서도 기자는 '로즈버드'의 의미를 밝혀내지 못한다. 그러나 관객은 그 과정을 함께 겪으며 케인이라는 인간의 복잡한 세계를 깊이 이해하게 된다. 로즈버드는 일종의 '형이상학적 화두'다. 그 화두가 최종적으로는 무의미하다 해도, 그 화두를 붙들고 사유하는 과정에서 삶을 풍부하게 이해하게 된다고 지은이는 말한다.

철학을 전 존재를 걸고 실천하는 사람도 이 책에 등장한다. '철인 황제' 마르쿠스 아우렐리우스Marcus Aurelius Antoninus다. 카이사르의 『갈리아 전기Commentarii de Bello Gallico』가 외부의 적과 벌인 싸움의 객관적 기록이라면, 아우렐리우스의 『명상록Tōn eis heauton diblia』은 내면의 적과 벌인 싸움의 냉정한 기록이다. 아우렐리우스는 철학적 원칙을 버리지 않으면서 현실 정치 원칙을 지켜가려고 자기 자신과 사투를 벌인 사람이다. 그 싸움을 아우렐리우스는 '판크라티온pancration'(온몸으로 싸우는 격투기)에 비유했다. "너의 기본 원칙을 적용할 때는 판크라티온 선수처럼 해야지, 검투사처럼 해서는 안 된다. 검투사는 사용하던 칼을 잃으면 죽지만, 판크라티온 선수는 항상 주먹을 갖고 있어 그것을 꽉 쥐기만 하면 되기 때문이다." 온몸으로 익힌 철학적 원칙은 현실에서도 힘을 잃지 않는다는 이야기다. 그 힘, 그 진중함이 삶의 자유를 줄 것이라고 지은이는 넌지시 말한다.

서사철학 김용석 지음 / 휴머니스트

플라톤과 다윈이 들려주는
이야기의 철학

작은 것들에서 철학적 주제를 발견하는 '일상의 철학자' 김용석 영산대 교수가 쓴 『서사철학』은 '이야기'를 주제로 다룬다. 인간은 '이야기하는 동물'이라고 불러도 좋을 만큼 끊임없이 이야기를 짓고 푸는 존재다. 이야기가 없다면 삶도 없다고 해도 될 정도다. 그런데 지은이가 보기에, 이야기 자체를 철학적 탐구 대상으로 삼은 경우는 뜻밖에 많지 않다. 이 책에서 그는 이야기의 양상과 구조를 추적하고 탐색하는 '서사철학'을 시도한다.

 이 책의 부제는 '이야기 탐구의 아이리스'인데, 아이리스는 고대 신화에 등장하는 무지개 여신의 이름이다. 무지개가 일곱 빛깔로 이루어져 있듯이, 이 책도 일곱 가지 하위테마로 이루어져 있다. 신화·대화·진화·동화·혼화·만화·영화가 그것들이다. 여기서 '혼화魂畫'는 '애니메이션' 또는 '애니메이티드 필름'이라고 부르는 장르를 지은이가 나름대로 번역해 붙인 이름이다. '혼이 살아 있는 만화'라는 원뜻을 살린 번역어인 셈이다. 이 혼화를 포함해 동화·만화·영화는 지은이가 다른 책에서도 종종 탐구 주제로 삼았던 것들이다. 이 책에서 특히 두드러지는 것이 바로 대화와 진화다. 언뜻 보기에 이야기와 별 관련 없어 보이는 대상을 이야기 철학의 주제로 삼은 것인데, 그의 설명을 통해 대화와 진화는 이야기의 보고로 드러난다.

'대화'와 관련해 지은이가 이 책에서 사례로 삼는 것이 플라톤의 대화편, 그중에서도 초기 4부작 『에우티프론』, 『소크라테스의 변론』, 『크리톤』, 『파이돈』이다. 이 4부작은 기승전결의 구조를 지닌 완결된 작품으로 읽어도 좋다. 주인공은 플라톤의 스승 소크라테스다. 『에우티프론』에서 시작해 『파이돈』으로 끝나는 이 4부작은 소크라테스의 마지막 한 달 남짓 기간을 그리고 있다. 젊은이들을 타락시키고 신을 믿지 않는다는 죄목으로 기소된 소크라테스가 법정으로 가 재판을 받고 수감돼 독배를 드는 것까지가 이 대화편의 내용이다.

이야기를 처음 철학적으로 탐구한 사람은 아리스토텔레스라고 지은이는 말한다. 아리스토텔레스는 『시학』에서 비극 이야기의 핵심 원리로 '플롯'을 지목한다. 플롯은 사건들의 짜임이라고 풀어 쓸 수 있는데, 이 플롯이 얼마나 튼튼하냐로 이야기의 이야기다움이 판가름 난다. 그런 점에서 보면 플라톤의 이 4부작은 튼튼한 플롯을 내장한 긴장감 넘치는 이야기라고 할 수 있다. 그 긴장감은 주인공 소크라테스 자신이 평생 자랑스러워하고 사랑해 마지않은 조국 아테네의 시민들에게 무고誣告를 당했다는 역설적 사실에서 비롯한다. 이 역설적 상황에 처한 소크라테스는 자신이 옳다고 믿는 바의 신념으로 시민들을 설득하려 한다. 그는 법정에서조차 시민들에게 올바른 것을 가르치려 든다. 이런 태도가 오히려 시민들의 반감을 키운다. 소크라테스는 자신이 옳다고 믿기 때문에, 국외로 탈출하라는 친구 크리톤의 간절한 호소도 뿌리친다.

플라톤의 이 4부작에는 이야기의 재미를 느끼게 해주는 요소들이 많다. 착하고 순진한 친구 크리톤은 "못 말리는 범인적 사소함"으로, 독약을 마시려는 소크라테스에게 말한다. "해가 아직 산등성이에 있네. [다른 사형수들은] 좋은 식사를 하고 [술을] 잔뜩 마시기도 하고 더러는 욕정을 느끼는 상대들과 성관계까지도 한다고 알고 있네. 하니, 서두르지 말게. 아직 시간이 있으니까." 이런 일상의 대화가 이 작품의 사실감을 높여준다. 소크라테스의 굴하지 않는 신념과 담담하고 의연한 죽음은 이 4부작을 '아름다운 비극'으로 만든다고 지은이는 말한다.

소크라테스만큼이나 흥미진진한 사람이 찰스 다윈이다. 더 정확히 말하면 다윈이 세운 진화론과 그 이론을 품은 저작들이다. 지은이가 보기에 진화론이야말로 이야기의 빅뱅을 일으킨 이론적 사건이다. 하나의 기원에서부터 시작해 생명의 나무가 무수히 뻗어나갔다는 공통조상론, 그리고 '변이'와 '선택'이라는 두 개념으로 모든 진화를 설명해내는 단순한 논리는 진화 이야기가 풍성하게 자랄 수 있는 토양 노릇을 한다. 다윈은 "찰스 디킨스, 토머스 하디Thomas Hardy, 조지 엘리엇George Eliot, 버지니아 울프Virginia Woolf 못지않은 창조성과 상상력으로 가득한 작가"다. 실제로도 다윈은 어릴 적부터 "대단한 이야기꾼"이었다고 한다.

더 주목할 것은 다윈의 진화론 설명이 무수한 은유적 표현으로 가득 차 있다는 사실이다. 『종의 기원』의 원제는 '자연선택에 의한 종의 기원, 혹은 삶을 위한 투쟁에서 유리한 종족의 보존에 대하여'인데, 이 제목에서부터 은유는 힘을 발휘한다. '삶을 위한 투쟁'이라는 말로써 다윈은 생명세계를 극화하고 있다. 생명의 드라마를 쓰고 있는 것이다. 『종의 기원』은 그런 드라마적 서술로 넘친다.

"기나긴 세월 동안 몇 종류의 나무들 사이에서 얼마나 극심한 투쟁이 벌어졌던가. 나무들은 저마다 매년 무수한 씨앗을 뿌렸을 것이다. (…) 나무들과 씨앗들과 묘목들이 싸우고, 먼저 땅바닥을 덮어 다른 나무들의 성장을 저지하기 위해 몸부림쳤다."

이런 드라마 작법은 『종의 기원』에 이어 펴낸 『인간의 유래』에서 인간 자체를 대상으로 삼아 반복된다. 다윈은 여기서 인간이 몇 백 년 안에 새로운 종으로 진화해 지금의 미개 인간을 절멸시킬 것이라고까지 전망한다. 이런 서사적 설명과 비전이 후대에 수없이 많은 다른 이야기들을 폭발시켰다. 지은이는 말한다. "진화론에 대한 창조론의 거센 반발은 '이야기의 기원'을 빼앗겼기 때문이 아닐까."

세계철학사 한스 요아힘 슈퇴리히 지음 / 박민수 옮김 / 이룸

칸트의 물음을 나침반 삼은
교양 철학사

독일 학자 한스 요아힘 슈퇴리히Hans Joachim Storig의 『세계철학사Kleine Weltgeschichte der Philosophie』는 수많은 철학사 책들 가운데 돋보이는 자리에 놓일 만한 책이다. 이 책은 철학을 전공하는 사람들 사이에서 '누구나 읽지만 아무도 언급해서는 안 될 책'으로 통한다고 한다. 철학사를 명료하고도 일관성 있게 알려주기에 읽으면 큰 도움을 받지만, 한편 일반인을 독자로 삼아 쓴 교양서이기 때문에 전문가들은 모른 체해야 하는 책이라는 뜻이다. 1915년에 태어난 지은이는 철학과 법학 두 분야에서 박사학위를 받은 전문 연구자이면서 오랫동안 출판 편집인·번역가·사전 편찬자로 활동했다. 이런 독특한 이력이 대중성과 정확성을 동시에 품은 철학사 책을 쓰게 한 힘이 된 것으로 보인다. 이 책은 1950년 처음 출간된 뒤 1999년까지 모두 열일곱 번이나 판을 갈았다. 그때마다 내용을 보충하고 확장했으며, 그 결과로 20세기 현대철학 전반을 마저 아우르게 됐다. 우리말로 번역된 것은 마지막으로 나온 1999년 판이다.

이 책의 또 다른 미덕은 인도·중국 철학을 주목한 데 있다. 지은이는 책의 제1부를 '동양철학'이라는 이름으로 인도·중국 철학의 성립과 전개에 할애한다. '동양철학'에 대한 이런 관심은 초판이 나온 시점에서

보면 이례적인 일이었다. 그런 공정성은 개별 철학자들의 사상을 객관적으로 소개하는 데서도 그대로 나타난다. 그렇다고는 해도 지은이가 서술의 중심으로 삼고 있는 철학자가 없는 것은 아닌데, 그 중심이 그가 '서양철학의 정점'으로 평가하는 이마누엘 칸트다. 칸트 철학을 설명하는 데 한 장(챕터)을 할당한 것도 그렇거니와, 철학사 서술의 방향을 설정하는 데도 칸트는 나침반 노릇을 한다. 말년의 칸트는 자신의 연구가 세 가지 물음에 답하기 위한 것이었다고 회고했는데, 그 세 가지 물음이란 다음과 같다. '우리는 무엇을 알 수 있는가?'(인식), '우리는 무엇을 해야 하는가?'(행위), '우리는 무엇을 믿어도 좋은가?'(믿음) 흥미로운 것은 "철학의 역사적 전개 과정에서 이 물음들은 칸트가 나열한 것과는 정반대의 순서로 등장했다"는 사실이다. 먼저 종교적 믿음이 출현했고 이어 인간 행위를 문제 삼는 윤리학적 물음이 나타났으며, 세계 자체에 관한 앎의 문제가 마지막에 솟아났다는 것이다. 이 세 물음에 대한 나름의 답변들을 순차적으로 보여주는 것이 이 철학사 서술의 기본 방향이 된다.

명확성과 체계성이라는 이 책의 장점은 인도 철학사를 설명하는 부분만 보아도 분명해진다. 아리아족의 정복과 함께 성립한 브라만교는 철학적 사고의 첫 씨앗을 품고서 전개됐다. 고대 인도철학의 모든 물음은 '브라만'과 '아트만'이라는 개념으로 응축됐다. 브라만이란 애초 지배자인 승려 계급의 기도·주문을 뜻하다가 이어 '신성한 지식'이란 뜻으로 확장됐고, 마침내 '세계 창조의 원리'로 승격됐다. "자신 안에 머물면서 모든 것을 탄생시키고 또 모든 것이 그 안에서 쉬고 있는 거대한 세계정신"이 브라만이었다. 브라만이라는 관념에 이어 아트만이라는 관념이 생성됐다. 본디 입김·호흡을 뜻했던 아트만은 '우리 자아의 가장 깊은 핵심'이란 뜻으로 진화했다.

인도철학에서 결정적인 지점은 이 브라만과 아트만이 하나라는 인식에 도달했다는 데 있다. 이 놀라운 인식의 도약은 동시에 지배이데올로기의 강화 기능을 포함하고 있었음이 분명하다. 거기에 대항해 유물론이 나타나 오직 감각적 세계만이 있을 뿐이라는 주장을 설파했다. 브라만교에 가장 강력한 타격을 가한 것은 기원전 6세기에 출현한 불교였다. 불교는 브라만이니 아트만이니 하는 영원한 실체를 모두 부정하고, 무상한 감각적 세계만을 인정했다. 그러나 전 시대의 유물론처럼 이 감각적 세계를 즐기라고 하지 않고, 이 세계에 대한 애욕과 집착에서 벗어나라고 가르쳤다. 그 벗어남이 바로 '타던 불이 꺼진 상태'를 뜻하는 '니르바나 Nirvana'(열반)였다.

더 흥미로운 것은 이 불교의 도전에 맞서 브라만교의 반격이 시작됐다는 사실이다. 목숨을 걸다시피 한 이 사상 투쟁은 유례없이 풍요로운 사유의 마당을 열었다.

"여러 정신사조가 치열한 경합을 벌였던 이 시대의 인도만큼, 철학 문제에 대한 관심이 일반 민중에게까지 퍼진 경우는 어느 시대, 어느 민족을 막론하고 찾기 어려울 것이다."

도처에 철학 학당이 들어섰고, 철학 논쟁이 가는 곳마다 벌어졌다. 인도철학의 이런 장관은 비슷한 시기에 그리스 지역에서도 나타났다. 소피스트들의 활보와 함께 소크라테스-플라톤-아리스토텔레스라는 3대 천재의 시대가 열렸다. 특기할 것은 페리클레스가 이끌던 아테네 민주주의의 황금기가 저물고 난 뒤에 철학이 만개했다는 사실이다. 지은이는 여기서 "미네르바의 올빼미는 황혼녘에야 날아오른다"라는 헤겔의 명제를 확인한다.

철학 vs 철학: 동서양 철학의 모든 것 강신주 지음 / 그린비

100명이 벌이는
동서 철학자 논리 경연

장자 철학을 새롭게 해석해 주목받은 강신주 씨가 쓴 『철학 vs 철학: 동서양 철학의 모든 것』은 동서양 철학을 아우른 일종의 철학사 책이다. 독특한 것은 2,500년 철학사의 주요 철학자 100여 명을 쌍으로 등장시켜 이들을 대결시키는 방식으로 철학의 역사를 포괄했다는 점이다. 서양편에서 '플라톤 대 아리스토텔레스'부터 '카를 슈미트 대 조르조 아감벤'까지 불려 나오는가 하면, 동양편에서는 인도·중국·한국·일본의 주요 철학자들이 논리의 경연장에 나와 일합을 겨룬다. 특히, 동양과 서양이 서로 넘나들며 섞이는 '동서회통東西會通'의 방식으로 철학자·사상가들의 사유를 비교하고 검토하는 서술방식이 주목할 만하다.

    동양과 서양이 서로 만나 대화하는 서술 방식의 한 사례로 '왕필 대 곽상' 편을 들 수 있다. 이 꼭지는 질 들뢰즈의 철학에서 먼저 시작한다. 들뢰즈는 나무 이미지가 주류를 이루는 철학사에서 예외적으로 리좀 Rhizome(뿌리줄기) 이미지로 사유한 사람이었다. 들뢰즈는 『천 개의 고원』에서 리좀과 나무를 이렇게 구별한다.

    "리좀은 출발하지도, 끝에 이르지도 않는다. 그것은 언제나 중간에 있으며, 사

물들 사이에 있는 '사이' 존재이고 간주곡이다. '나무'는 친자관계를 이루지만, '리좀'은 결연관계를 이룬다."

나무 이미지는 뿌리부터 가지 끝까지 위계와 서열과 계통의 체계, 곧 아버지-아들-손자로 이어지는 수직계열을 보여준다. 이와 달리 리좀 이미지는 대나무 뿌리나 잔디 뿌리 같은 뿌리줄기들이 서로 만나고 얽히는 무한한 평등 관계들의 연속일 뿐이다. 이어 지은이는 위진남북조 시대의 요절한 천재 왕필王弼(226~249)의 철학을 설명한다.

왕필은 노자 철학의 대가다. 지은이가 보기에 왕필의 주석은 들뢰즈가 말한 '나무 이미지'를 그대로 구현하고 있다. 왕필의 사유는 '본말의 형이상학'이라고 불리는데, '본本' 곧 뿌리에서 시작해, '말末' 곧 가지로 끝나기 때문이다. 인간을 포함한 모든 개체들은 가지와 같고 이 개체들은 모두 하나의 뿌리에서 기원하므로 결국 가족적 관계를 이룬다. 이때 왕필은 '없음'(무위)이 뿌리이며, 그 뿌리에서 '있음'이 자라난다고 본다. 군주가 뿌리의 자리에 들어가서 고요함의 자세를 지키는 무위의 정치를 해야 한다는 정치철학이 여기서 도출된다. 본말의 형이상학은 일종의 부드러운 지배의 철학인 셈이다.

그런데 세계를 나무 이미지로 이해한 대표적인 철학사상을 꼽으라면, 인도의 『우파니샤드』 철학을 들 수 있다. 고대 인도의 종교 문헌이 베다이고 이 베다 중에서 철학적 사유 부분을 묶은 것이 『우파니샤드』다. 따라서 『우파니샤드』야말로 고대 인도 사상의 정수를 담고 있다고 할 수 있는데, 『우파니샤드』의 권위를 인정하느냐 하지 않느냐가 인도에서 정통과 이단을 가르는 중대 기준이다. 그러면 『우파니샤드』의 핵심 가르침은 무엇인가. 그것은 '범아일여梵我一如'와 '윤회사상'으로 요약된다. 여기서 '범아일여'라는 브라만(범)과 아트만(아)이 하나라는 주장인데, 이것을 거꾸로 선 나무로 설명할 수 있다. 하늘에 뿌리를 둔 브라만이라는 나무에 수없이 뻗어 있는 잔가지들이 아트만인 것이다. 『우파니샤드』는 아트만이 윤회의 고리를 끊고 브라만과 하나가 되는 것이 해탈이라고 가르친다.

바로 이 우파니샤드 사상에 정면으로 반기를 들고 나온 종교 사상이 불교다. 붓다의 가르침의 핵심은 브라만도 아트만도 본디 없다는 '무아無我' 사상에 있다. '아我'(아트만)라는 자기 동일적 실체, 곧 '영원한 나'가 없으므로 윤회도 없다. '나', 자아란 "오온五蘊(내 몸과 마음을 구성하는 다섯 가지 요소)이 결합해 발생한 일종의 효과"일 뿐이다. 이 자아에 대한 집착에서 고통이 생겨나므로, 이 집착에서 벗어나야 한다는 것이 불교의 기본 가르침이다. 지은이는 '윤회사상'을 불교의 핵심 교리로 보는 것은 불교가 중국에 이식된 직후 초기의 승려들이 불교의 본질을 잘못 이해한 데서 비롯했다고 말한다. '무아'에서는 '윤회'가 나올 수 없다는 것이다. 이 무아의 논리를 극한에서 구현한 사람이 인도의 나가르주나다. 나가르주나의 사상은 '공空'이란 말로 집약되는데, 이 공으로써 나가르주나는 "불변하는 실체가 존재하지 않는다"는 생각을 체계적으로 보여주었다. 이 공 사상을 밀고나가면, 모든 것은 다 인연(가까운 원인과 먼 원인)에 따라 임시적으로 생겨나고 다시 흩어질 뿐이다.

나가르주나의 공 사상은 중국 불교로 이어지는데, 특히 이 공 사상을 제대로 감득해 펼친 사람이 임제종의 비조鼻祖인 임제 선사다. 임제는 인간을 고통에 빠뜨리는 실체나 본질에 대한 모든 집착을 산산이 부숴버리려고 했다. "부처를 만나면 부처를 죽이고, 조사를 만나면 조사를 죽여라." 지은이가 보기에 "해탈이란 다른 어떤 것의 지배도 받지 않고 스스로 주인으로 서게 되는 경험"이다. 임제는 우리 안에 우리 주인으로 들어서서 해탈을 막는 것들을 죽이라고 했는데, 그 주인들이 말하자면 지그문트 프로이트가 이야기한 '초자아'라고 지은이는 해석한다.

누가 아렌트와 토크빌을 읽었다 하는가 박홍규 지음 / 글항아리

토크빌과 아렌트가
말하는 민주주의

알렉시스 드 토크빌Alexcis de Tocqueville(1805~1859)과 한나 아렌트는 정치사상 또는 정치철학 분야에서 빈번하게 참조되고 인용되는 학자다. 그러나 두 사람이 동시에 논의되는 경우는 많지 않고, 특히 하나의 관점 아래 통합적으로 해석되는 경우는 드물다. 다작의 저술가인 법학자 박홍규 영남대 교수가 두 학자의 사상을 '자유와 자치의 민주주의'라는 관점에 따라 새롭게 해설한 책 『누가 아렌트와 토크빌을 읽었다 하는가』를 펴냈다. 지은이는 토크빌의 대표작 『미국의 민주주의De la Démocratie en Amérique』(1835)와 아렌트의 출세작 『전체주의의 기원』(1951)을 중심에 놓고 그들의 사유를 꼼꼼히 독해한다.

 아렌트와 토크빌이 하나의 주제 아래 묶일 수 있는 것은 그들 사이에 내적 연관성이 있기 때문이다. 아렌트 자신이 토크빌의 영향을 받았다고 밝힌 바도 있다. 그러나 국내 학계 동향을 보면 두 사람에 대한 관심에 큰 편차가 있다. 아렌트의 경우 최근 들어 그의 저작들이 잇따라 번역되면서 '아렌트 르네상스'라 할 현상을 불러일으키고 있지만, 토크빌에 대한 관심은 그리 크지 않다. 지은이가 보기에 "지금 대한민국에는 아렌트의 선배인 토크빌에 대한 연구가 더욱 시급하고, 그의 작품을 완

역하는 것이 더욱 긴요하다." 또 아렌트에 대한 관심도 '철학'에 치우쳐, '정치'가 상대적으로 무시되고 있다고 지은이는 지적한다.

우리 학계에 대한 이런 불만이 '한국 인문학의 왜곡된 추상주의 비판'이라는 이 책의 부제로 나타나 있다. 지은이는 이 책에서 두 사람의 사상을 설명하는 데 동일한 분량을 할애하고 있지만, 특히 토크빌에 더 많은 주의를 기울이고 있다. 아렌트에 비해 토크빌이 소홀히 다뤄지고 있다는 학계 현실을 고려한 것이기도 하지만, '자유와 자치의 민주주의' 관점에서 볼 때 아렌트보다 토크빌이 훨씬 더 중요한 인물이라는 판단에 따른 것이기도 하다. 지은이는 토크빌의 민주주의 사상에서 2008년을 밝힌 촛불시위의 함의, 곧 직접민주주의의 가능성을 살필 지적 도구를 얻을 수 있다고 말한다.

토크빌이 『미국의 민주주의』를 출간한 것은 서른 살 때인 1835년이었지만, 그 책의 바탕이 된 경험은 스물여섯 살 때인 1831년의 미국 여행이었다. 귀족 출신의 판사였던 토크빌은 1830년 7월 혁명으로 들어선 새 왕정에 환멸을 느껴 '감옥 시찰'이라는 핑계를 대고 미국으로 건너갔다. 아홉 달 동안 미국 전역을 돌며 이 신생 공화국의 정치·경제·사회·문화를 세심하게 관찰했다. 공화주의자이자 민주주의자로서 토크빌은 이 나라가 실행하는 민주주의에 깊은 감명을 받았다. 그 결과가 『미국의 민주주의』인데, 여기서 토크빌의 강조점은 '미국'이 아니라 '민주주의'에 찍혀 있다고 지은이는 말한다. 미국이란 나라가 실제의 미국 그 자체를 말한다기보다는 그의 관념과 소망이 투영된 '이상형'에 가까웠다는 것이다.

"토크빌은 지금 우리가 우리의 민주주의를 고민하듯이 19세기 초 자기 나라인 프랑스의 민주주의를 고민하며 그 책을 썼다."

토크빌의 민주주의론에서 특징적인 것은 그가 민주주의의 형식적 조건을 '평등'으로 보고 있다는 점이다. '사회 상태의 전반적 평등'을 그대로 민주주의와 동일시하기도 한다. 이런 규정은 그가 민주주의의 반대말을 귀족주의라고 이해하는 것과 관련 있다. 민주주의란 소수 지배, 신분 차별이라는 사회적 불평등이 해체된 상태를 가리키는 말인 셈이다. 이렇게 이해된 민주주의는 요즘으로 치면, 대중의 보통선거를 허용하는 형식적 민주주의와 다르지 않은데, 토크빌은 이런 민주주의가 자칫 잘못하면 '다수의 폭정' '민주적 전제'로 타락할 수 있다고 말한다. 그의 진정한 관심은 이런 평등 민주주의 혹은 형식적 민주주의를 제어하고 진정한 민주주의를 실현할 요소를 찾아내는 데 있다. 그 요소란 다름 아닌 '자유'다. 지은이는 토크빌이 평등보다 자유를 더 중요하게 여겼다고 말한다. 민주주의 형식보다 내용에 더 주목했다는 이야기다. 평등과 자유의 조화야말로 민주주의가 전제주의로 추락하지 않고 건전하게 발전할 수 있는 조건이라고 보았던 셈이다.

이때 토크빌이 말하는 자유란 "신과 법을 빼고는 그 누구도 주인으로 섬기지 않고 거리낌 없이 말하고 행동하고 숨 쉬는 기쁨"이다. "자유에서 자유 그 자체 이외의 무엇인가를 찾는 사람은 오직 하인 노릇에 적합할 따름이다." 자유에 대한 그의 옹호는 뒷날 쓴 『앙시앵 레짐과 프랑스혁명』에서도 반복된다.

> "자유만이 때때로 안락에 대한 애착을 더 강렬하고 더 고상한 열정들로 대체할 수 있으며, 부의 획득을 넘어선 숭고한 목적들에 대한 야망을 불러일으킬 수 있고, 인간의 미덕과 악덕을 식별할 수 있게 해주는 빛을 제공할 수 있다."

이렇게 이해된 '자유'가 자유방임주의나 시장자유주의 같은 부르주아 자유주의의 '자유'와 다름은 물론이다. '자유로운 민주주의'는 어떻게 실현될 수 있는가. 『미국의 민주주의』에서 토크빌은 '자치'와 '결사'와 '배심제'를 자유가 실행되고 실현될 근거로 제시했다고 지은이는 말한다. 중앙집권에 대항해 마을(코뮌·타운) 자치를 실행하는 것, 국가의 일방적 지배에 맞서 정치적·사회적 결사를 행하는 것, 사법 독재를 막는 장치로 민중이 재판에 참여하는 배심제를 실시하는 것이야말로 민주주의의 타락을 막을 방어 장치인 것이다. 이 세 요소가 보여주는 민중 자치의 직접민주주의가 뒷받침될 때 민주주의가 온전히 꽃필 수 있다. 지은이는 2008년의 촛불이 토크빌이 말한 그 직접민주주의의 한 가능성을 보여준다고 말한다.

토크빌은 『미국의 민주주의』에서 민주주의 교육의 중요성을 다음과 같이 강조했다.

"오늘날 사회를 지도하는 사람들에게 부과된 제1의 의무는 민주주의를 교육하고, 가능하다면 그 신앙적 믿음을 다시 일깨우고 (…) 그 맹목적인 본능을 억제하기 위해 그 참된 가치를 가르치는 것이고, 민주주의 정치를 때와 장소에 적응시키고, 인간과 조건에 따라 수정하는 것이다. 새로운 세계에는 새로운 정치학이 필요하다."

■■ 토크빌-아렌트엔 민중개념 없다 ■■

박홍규 교수는 『누가 아렌트와 토크빌을 읽었다 하는가』에서 "토크빌을 현대화한 사람이 아렌트이고 그 집약이 『전체주의의 기원』"이라고 말한다. 19세기에 토크빌이 경고한 것이 20세기에 전체주의로 나타났으며, 아렌트는 바로 그 현상의 기원을 분석한 셈이다. 지은이는 이 책의 2부에서 아렌트의 저서들을 살핀 뒤 이 정치철학자의 사상을 '아나키즘적인 자치민주주의'로 요약한다. 그러면서도 전체적으로 보아 아렌트의 사상은 "자유와 자치의 민주주의에 관한 한 토크빌의 아류에 불과하다"고 진단한다. 아렌트 사상에 대한 나름의 냉정한 평가이자 우리 학계의 아렌트 열풍에 대한 일종의 저항 혹은 이의 제기라고도 할 수 있다.

이 책에서 지은이는 아렌트나 토크빌 같은 외국 사상이 유통되는 방식에도 비판적인 논평을 하고 있다. 아렌트와 토크빌을 맹목적으로 추종해서는 우리의 문제를 제대로 짚어낼 수 없다는 것이다. 가령, 토크빌이나 아렌트가 자신들의 고유한 정치적 문제들을 파고든 것은 그런 문제들이 그들 당대의 절실한 과제였기 때문이었으나 그들의 고민이 그 자체로 우리의 고민이 될 수는 없다고 지은이는 강조한다.

"우리는 '민족'과 '민중'을 중심에 놓고 오랫동안 고민했다. 식민지와 분단을 경험했기에 언제나 '민족'을 고민해야 했고, 독재와 빈부 갈등을 경험했기에 '민중'을 고민해야 했다."

그러나 19세기의 토크빌은 말할 것도 없고 20세기의 아렌트에게서도 우리와 같은 고민을 찾아보기는 어렵다.

"두 사람에게 '민족'은 도리어 민주주의의 반대인 전체주의를 낳는 것이었고, '민중' 역시 전체주의의 기반인 '대중'으로 이해했으며, '민중'보다는 개인으로서의 '시민'이나 '인간'을 더욱더 강조했기에 그들에게는 '민중'이라는 개념이 없었다고 해도 과언이 아니다."

이런 문제를 지적하면서 지은이는 다른 사상가들의 생각을 정확하게 이해하고 습득하되, 그들을 뒤좇는 방식이 아니라 주체적으로 소화하는 방식이어야 한다고 말한다.

반민주적인, 너무나 반민주적인 박홍규 지음 / 필맥

반민주주의자
니체를 만난다

　박홍규 영남대 교수가 쓴 『반민주적인, 너무나 반민주적인』은 근년 들어 부활해 거침없이 활보하고 있는 니체 사상을 정면으로 비판한 저작이다. 지은이는 부활한 니체의 등 뒤에 감추어져 있던 반민주주의자 니체의 모습을 돋을새김한다. 니체 르네상스라고 할 만한 최근의 현상은 프랑스판 탈근대주의 물결과 함께 등장했다. 미셸 푸코가 사유의 지렛대로 삼은 '계보학'이 국내에서 니체의 탈근대적 재해석의 도화선 노릇을 했고, 뒤이어 질 들뢰즈 철학의 유행이 니체의 전면적 복권을 이끌어냈다. 이 흐름이 발굴한 니체는 도발적이고 반항적인 니체, 급진적이고 전복적인 니체다. 니체의 사유를 거점으로 삼아 근본적이고 근원적인 반역을 꾀할 수 있을 것이라는 기대가 니체 르네상스의 바탕에 깔려 있다.
　지은이는 이런 식의 니체 해석이 니체를 '오독'하는 일이라고 단언한다. 니체의 일부를 전부로 치환하고, 니체의 핵심적인 주장을 지워버리며, 왜곡·과장으로 니체의 본모습을 감추고 있다는 것이다. 지은이는 니체가 처음부터 끝까지 오늘날의 니체 이해와는 정반대로 인종주의자·제국주의자·반여성주의자였다고 말한다. 이 모든 점을 요약해 지은이는 니체가 반민주주의자였다고 강조한다. 니체는 강자·주인·귀족·지배자를 위한 철학을 했으며, 그 지배자의 지배를 정당화했을 뿐만 아니라 그 지배의 실현을 총체적으로 요구했다. 반면에 약자·여성·노예·피지배자를 멸시했고, 그들의 사상과 제도인 민주주의를 극단적으로 혐오했다. 지은이는 니체의 이런 면모가 그의 저작 전편에 일관성 있게 깔려 있음을 보여준다.

니체 사상의 본질을 보여주는 가장 대표적인 구절로 이 책에 소개되는 것이 말기의 저작 『도덕의 계보』 중 '금발의 야수'다. 니체는 이렇게 말한다.

"그들은 아마도 소름 끼치는 일련의 살인·방화·능욕·고문에서 의기양양하게 정신적 안정을 지닌 채 돌아오는 즐거움에 찬 괴물[이다.] (…) 이런 모든 고귀한 종족의 근저에 있는 맹수, 곧 먹잇감과 승리를 갈구하며 방황하는 화려한 금발의 야수를 오해해서는 안 된다. (…) 로마·아라비아·독일·일본의 귀족, 호메로스의 영웅들, 스칸디나비아의 해적들—이러한 욕망을 지니고 있다는 점에서 그들은 모두 같다."

이 '소름 끼치는 야수'야말로 니체가 지배자 종족의 표상으로 인식하고 옹호했던 대상이라고 지은이는 말한다. 니체의 이 근본 이미지는 다른 저작에서 다양한 형태로 끝없이 변주되고 반복된다. 약자에 대해 니체는 이렇게 말했다.

"인간에게 가장 커다란 위험은 병자다. 악인이나 '맹수'가 아니다. 처음부터 실패자, 패배자, 좌절한 자—가장 약한 자들인 이들은 대부분 인간의 삶의 토대를 허물어버리고, 삶이나 인간이나 우리 자신에 대한 우리의 신뢰에 가장 위험하게 독을 타서 그것을 의심하게 만드는 자들이다."

마찬가지로 니체는 여성에 대해서도 경멸적인 시선을 감추지 않았다. "사내는 전투를 위해, 또 여인은 전사에게 위안이 될 수 있도록 양육되어야 한다. 그 밖의 모든 일은 어리석은 일이다." 여성을 남성의 도구로 보는 관점이 그대로 드러나 있다. 니체는 제국주의적 침략과 전쟁을 권하기도 한다.

"세계에 아직 남아 있는 야만적이고 신선한 지역의 주인이 되고 무엇보다도 나 자신의 주인이 되려 하자. (…) 모험과 전쟁을 회피하지 말고 최악의 경우에는 죽을 각오를 하자. (…) 유럽의 주민 중 4분의 3만큼이 빠져나가면 좋을 것이다."

지은이는 니체가 노동자들을 노예로 두어야 한다고 생각했음도 상기시킨다. 니체는 노동자들을 교육하고 조직하는 것이 강자의 지배를 무너뜨리는 일이라고 보았다. "목표를 원한다면 수단도 원하지 않으면 안 된다. 노예를 원하면서 노예를 주인으로 교육한다면 바보가 아닐 수 없다." 니체의 이런 반민중적·반여성적·반민주적 발언들은 다음과 같은 말로 요약된다.

"오늘날은 소인배들이 주인이다. 여인의 근성을 지닌 자, 하인의 피를 타고난 자, 그리고 누구보다도 천민 잡동사니, 이제 그런 자들이 인간의 온갖 숙명 위에 군림하려 드니, 오, 역겹도다! 역겹도다! 역겹도다!"

지은이는 애초 독일정신을 찬양했던 니체가 1871년 이후 반독일로 돌아섰던 것도 독일에서 민주주의가 번지는 데 실망한 결과라고 해석한다. 아리아인의 지배자 정신을 체현해야 할 독일이 자신의 정신을 배반했다고 보았다는 것이다. 많은 '탈근대적' 니체주의자들이 니체의 반독일주의를 인종주의·국가주의·군국주의에 대한 니체의 반대를 뜻한다고 보는 것과 전혀 다른 관점이다. 지은이는 니체주의자들이 니체의 이런 본모습을 의도적으로 무시하거나 회피한 채로 니체의 몇몇 발언에 기대 그를 민주주의·페미니즘·급진주의의 새로운 대안으로 삼는 것은 억지스러운 일이라고 비판한다. 니체를 여과 없이 찬양함으로써 반민주적인 엘리트주의자·귀족주의자 니체가 활보할 수 있도록 해서는 안 된다는 것이 지은이가 이 책에서 가장 힘주어 강조하는 지점이다.

미개 사회의 범죄와 관습 브로니슬라프 말리노프스키 지음 / 김도현 옮김 / 책세상

말리노프스키의
'참여 관찰' 인류학

『미개 사회의 범죄와 관습 Crime and Custom in Savage Society』은 현대 인류학의 창시자인 브로니슬라프 말리노프스키Bronislaw Malinowski(1884~1942)의 법인류학 저작이다. 이 책에서 말리노프스키는 원시사회에서 작동하는 법을 생동감 있게 드러낸다. 국가도 없고 법원도 경찰도 없지만, 이 사회를 규율하는 법적 장치가 나름대로 정교하게 발달되어 있음이 말리노프스키의 연구를 통해 드러난다. 특히 금기와 처벌이라는 종교적 형식의 '형법'이 중심일 것이라는 통념과 달리, 구성원들의 경제관계를 규제하는 '민법'이 상대적으로 더 발달되어 있음도 이 연구에서 밝혀진다.

 말리노프스키는 처음부터 인류학을 연구한 사람이 아니다. 폴란드에서 태어난 말리노프스키는 수학과 자연과학 분야를 전공해 박사학위를 받았다. 그 뒤 제임스 프레이저의 유명한 인류학 고전 『황금가지』를 읽고 큰 감명을 받아, 영국 런던정경대학에서 인류학 공부를 시작했다. 말리노프스키 생애의 일대 전환점은 제1차 세계대전 중에 찾아왔다. 이 시기에 그는 남태평양 뉴기니섬 북동쪽 트로브리앤드군도 원주민들의 삶을 조사했다. 그의 조사방법은 획기적인 것이었다. 말리노프스키는

원주민들 삶의 현장으로 뛰어들어 천막을 치고 2년 동안 그들과 함께 살았다. 또 원주민의 언어를 완벽하게 습득해 그들의 생각과 의견을 생생하게 이해했다. 이로써 그는 19세기 '안락의자 인류학'과 결별하고 현대 인류학의 이정표를 세웠으며, 그가 처음으로 행한 '참여 관찰'은 이후 인류학 연구의 보편적인 방법으로 정착했다. 그 '참여 관찰'의 결과 가운데 하나가 이 책이다.

말리노프스키가 관찰 대상으로 삼은 트로브리앤드 원주민 사회는 초보적인 농경과 어로를 생계 수단으로 삼아 살아가는 부족사회다. 바닷가 원주민은 카누를 타고 물고기를 잡으며, 내지인들은 밭을 일구어 얌(고구마와 비슷한 작물)을 키운다.

말리노프스키는 이 연구에서 기존 인류학이 당연하다고 생각한 가정들을 통렬하게 논박한다. 기존 인류학은 미개 사회에는 민법이라고 할 만한 것이 없으며, 법적 사실이라고는 가끔씩 발생하는 관습의 위반, 곧 범죄밖에 없다고 가정했다. 그러나 말리노프스키는 현지 조사를 통해 이런 가정이 근거가 없으며 원시사회에 형법보다는 민법이 더 발달해 있음을 보여준다.

더 중요한 것은 그의 연구가 '인류학이 만든 허수아비'를 날려버렸다는 데 있다. 그때까지 인류학은 미개인들이 관습에 절대적으로, 무조건적으로, 거의 무의식적으로 복종한다고 생각했다. 어떤 초자연적인 것에 대한 두려움 속에서 관습이 강요하는 질서를 맹종하는 것이 미개인의 법적 현실이라고 가정했던 것인데, 말리노프스키는 이런 가정이 터무니없는 것임을 밝혀낸다. 미개 사회의 구성원들은 자동인형처럼 관습을 준수하는 허수아비가 아니라, 합리적으로 계산하고 판단해 행동하는 사람들이다.

트로브리앤드 원주민 사회의 법적 현실에서 가장 중요한 것은 '모계제'라는 이 사회의 근간적 질서다. 이 모계사회에서 혈통은 모계 중심으로 이어진다. 아버지는 자식에 대해 아무런 법적 권한이 없다. 그렇다고 해서 어머니가 권리를 행사하는 것도 아니다. 모든 권리는 어머니의 남자형제인 외삼촌에게 있다. 외삼촌은 권리의 주체이자 의무의 주체이기도 하다. 외삼촌은 여동생과 조카를 먹여 살리는 존재이며, 재산이나 지위도 조카에게 물려준다. 아버지는 이 관계의 바깥에 놓인 이방인이다. 아버지는 아들이 아니라 조카와 연결된다.

민법적 질서는 이 모계적 관계에서 발생하는데, 가장 두드러진 특징이 '호혜성'이다. 외삼촌은 밭에서 생산한 얌 중에서 가장 좋은 것을 더미로 쌓아올린 뒤 그것은 조카네 집으로 보낸다. 외삼촌네는 아들의 외삼촌에게서 얌을 받는다. 이 선물과 증여의 순환이 평형을 이루어 이 사회의 안정된 경제적 질서를 만든다. 그런데 이 호혜적 관계는 '전시성'이라는 의미심장한 성격을 품고 있다. 얌 생산자는 가장 좋은 것을 최대한 많이 증여함으로써 자신의 관대함을 과시한다. 관대함은 최고의 미덕이다. 사람들은 쌓아놓은 얌 더미의 크기와 품질을 보고서 당사자를 칭찬하거나 비난한다. 비난을 피하고 칭찬을 받으려는 그 허영심과 자존심 때문에 사람들은 증여 의무를 더욱 충실히 지키게 된다. 사람들의 칭찬과 비난이 의무를 밀고가는 힘으로 작용하는 것이다.

여기서 말리노프스키가 강조하는 것이 누구나 자동적으로 증여의 의무를 이행하는 것은 아니라는 사실이다.

"위신을 잃지 않고 이득을 상실할 염려 없이 의무를 회피할 수 있다면 원주민들은 언제나 그렇게 한다. 그들은 문명사회의 사업가와 다를 바 없다."

원주민들이 의무를 준수하는 것은 그렇게 하지 않으면 불명예를 뒤집어쓰고 결국 사회 바깥으로 쫓겨나기 때문이다. 문명인 못지않게 트로브리앤드 원주민들도 할 수만 있다면 의무를 피하려고 하고 또 의무를 이행할 때는 거들먹거리거나 젠체하는 그런 사람들이다. 이 책은 이렇게 미개인을 터무니없이 이상화하거나 비하하지 않고, 그들의 삶의 모습을 실제 그대로 이해하려 한다.

찾아보기

ㄱ

가라타니 고진 32, 59~69
가스, 브라이언트 435
「가슴으로도 쓰고 손끝으로도 써라」 624, 627
가와카미 하지메 462~465
「가치 이론에 대한 인류학적 접근」 469
가타리, 펠릭스 257, 265, 290
가토 슈이치 715~717
「갈리아 전기」 743
강신주 709, 751
강유원 719
강정인 416
「개인숭배와 그 결과들에 대하여」 427
「개혁의 덫」 453
「거대한 전환」 441~442, 445~446, 719, 721
「계몽의 변증법」 7~8
「고대 그리스인의 생각과 힘」 220~221
「고대 로마인의 생각과 힘」 220
「고대 세계의 만남」 563
고야스 노부쿠니 410~412
골드스타인, 레베카 374
「공론장의 구조변동」 131
공자 638~639, 689~690, 699~700, 706
「공자가어」 689
「공통도시」 297
「공화국을 위하여」 423
「관자」 695~697
관중 695~696, 706~707
「광기의 역사」 591
괴델, 쿠르트 373~375, 692
괴벨스, 요제프 311
「괴테 자서전: 시와 진실」 305
괴테, 요한 볼프강 폰 305~308, 716, 738~739
「교양, 모든 것의 시작」 715~716
「구름」 230
「구토」 339, 739
「국가의 역할」 450
「국부론」 131, 160~162, 473
「국화와 칼」 360, 362, 576
「군도」 633
「군중과 권력」 526
「궁정전투의 국제화」 435
권서용 675
「귀환」 620
「그들이 말하지 않는 23가지」 453
「그라마톨로지」 78, 483
그람시, 안토니오 44, 54, 295
그레이버, 데이비드 469
「그리스 비극」 233, 236~237, 620
「그리스 비극에 대한 편지」 275
「그리스 전쟁」 223
「그리스인 조르바」 603, 605
「극단의 시대」 316
「근대의 사회적 상상」 129~130
「글쓰기와 차이」 78
「글쓰기의 영도」 174, 177
「기억: 제3제국의 중심에서」 310
기타 잇키 413
「기호의 제국」 177
길리건, 캐럴 496~497
김덕영 352, 355~356, 388, 510
김동춘 454
김상봉 179, 248~250, 270, 274
김석 521
김수용 633
김영욱 681
김용규 737
김용석 741, 744
김용옥(도올) 672, 674, 698~699, 701
김용헌 291
김주현 505
김헌 213
「까다로운 주체」 31

「꿈의 해석」 65, 513

ㄴ

나가르주나 677, 753
「나는 내가 낯설다」 534
「나르시스의 꿈」 271, 274
「나쁜 사마리아인들」 453
「나의 투쟁」 122, 213, 310
나카무라 미쓰오 413
나카자와 신이치 641~643
「나카자와 신이치의 예술인류학」 641~642
「남겨진 시간」 86
「낭만주의의 뿌리」 730
낭시, 장뤼크 70
「내 이웃 사드」 146~147
네그리, 안토니오 46~61, 115, 259, 278, 297
「네그리의 제국 강의」 50~51
「네이션과 미학」 64
「노마디즘」 252
노자 289, 705~406, 708. 710
「노자 강의」 705
「논리-철학 논고」 165
「논어 한글 역주」 698
「누가 민족국가를 노래하는가」 491
「누가 아렌트와 토크빌을 읽었다 하는가」 754, 757
「눈과 피의 나라 러시아 미술」 644, 650
「눈먼 시계공」 667
뉴턴, 아이작 368~372
니덜랜드, 윌리엄 526
니덤, 조지프 707
니체, 프리드리히 빌헬름 8~10, 53, 55, 142~144, 146~153, 180, 186, 262, 264, 269, 273, 284, 392, 489, 605~606, 759~762
「니체」 147, 149~150
「니체, 영원회귀와 차이의 철학」 142
「니체와 니힐리즘」 149
「니체와 악순환」 146~147
「니코마코스 윤리학」 199~204, 719

ㄷ

다르마키르티 675~677
「다르마키르티와 불교인식론」 675
다미앵, 로베르 프랑수아 383
다빈치, 레오나르도 344, 357~359, 651
다시코바, 예카테리나 501
「다중」 46~47, 50~51, 53
단토, 아서 653~655
달, 로버트 108
데리다, 자크 77~82, 135, 142, 177, 269~270, 483, 612
데모스테네스 215
데모크리토스 209~211
「데미안」 739
「도덕감정론」 160~162
「도덕의 계보」 392, 760
「도올의 도마복음 이야기 1」 672
도정일 458
도킨스, 리처드 659~660, 662, 666~667
「독서의 알레고리」 612~613
「동아시아 미학」 637
「동원된 근대화」 294
뒤몽, 루이 445
드잘레, 이브 435, 437
들뢰즈, 질 50, 52, 54, 83~84, 86, 115, 147, 150, 156~159, 252~254, 257, 259, 261, 265~267, 269, 290, 521, 709, 751~752, 759
「들뢰즈가 만든 철학사」 156
「들뢰즈 사상의 진화」 53
「디오니소스의 노동」 53
디킨스, 찰스 326, 746
「뜻으로 본 한국역사」 248~249

ㄹ

라캉, 자크 28~30, 313, 521~523, 669
라클라우, 에르네스토 43~45
라피두스, 아이라 M. 556
랑시에르, 자크 70~73, 89~97
량치차오 408

러셀, 버트런드 446
러스킨, 존 345
『러시아 미술사』 644, 647
『러시아 사상가』 730
레비, 베르나르 앙리 337~338
레비, 프리모 717~718
레비나스, 에마뉘엘 167, 709
레비스트로스, 클로드 170, 172~173
레예스, 이사벨로 데 로스 407
로드, 윌리엄 321
로런스, 데이비드 허버트 480
『로마의 축제들』 238~240
로베스피에르, 막시밀리앙 39~41, 549
『로베스피에르: 덕치와 공포정치』 39
로브그리예, 알랭 176
로스, 크리스틴 71~72
로일, 니컬러스 77~78
로크, 존 130, 719
로허, 야코프 592
롤스, 존 101, 103
루소, 장 자크 72, 157, 327, 422, 553, 613
루쉰 408
『루스 베네딕트』 360
『루이 보나파르트의 브뤼메르 18일』 68
루카치, 죄르지 307~308, 445, 547
루크레티우스 157, 209~210
루터, 마르틴 389~390, 678~680
루트번스타인, 로버트 723
루트번스타인, 미셸 723
『리비도의 변환과 상징』 518
리빙하이 637~638
리살, 호세 407~408
『리시스트라테』 231
리오타르, 장 프랑수아 269
리쾨르, 폴 186
릴케, 라이너 마리아 146, 613

■

마라발, 호세 마리아 420
마루야마 마사오 59, 410~411

마르크스, 카를 29~30, 59~64, 68~69, 81~82, 87, 180, 186, 205, 209~210, 253, 256, 278, 329, 331, 352, 398, 441, 446, 474, 549~550
『마르크스 그 가능성의 중심』 62
『마르크스의 유령들』 80
마야콥스키, 블라디미르 33
마오쩌둥 36, 40, 341, 400
『마오쩌둥: 실천론·모순론』 39
마키아벨리, 니콜로 392, 424~425, 595, 721
『막다른 길』 186, 188
만, 폴 드 612~614
『만들어진 신』 660, 663, 667
말레비치, 카지미르 33, 647
말리노프스키, 브로니슬라프 763~765
매클린톡, 바버라 725
매킨타이어, 알래스데어 101
맹자 293, 702~704, 706
『맹자』 292~293, 703
『맹자, 진정한 보수주의자의 길』 702
멈퍼드, 루이스 343~346
메넌드, 루이스 548
메를로퐁티, 모리스 167
메일러, 노먼 480
『명상록』 743
『모더니티와 홀로코스트』 398
『모더니티의 지층들』 252, 259
『모두스 비벤디』 397~399
모리스, 데즈먼드 724
모리스, 윌리엄 345
모스, 마르셀 470~471
모슨, 게리 솔 182
모이너핸, 브라이언 679
『목소리와 현상』 78
몽테뉴, 미셸 드 284, 600~602
『몽테뉴와 파스칼』 600
묑, 장 드 501
『무지한 스승』 95~96
무페, 샹탈 44, 125
『문명론의 개략』 410~412

「'문명론의 개략'을 읽는다」 410~411
문용직 691
「문제적 텍스트 롤랑 바르트」 174
「문학이란 무엇인가」 175
「문학청년의 탄생」 582
「문화와 가치」 165
「문화와 패턴」 360, 362
「문화정치학의 영토들」 252
믈로디노프, 레오나르드 376
「미개 사회의 범죄와 관습」 763
「미국의 민주주의」 754~755, 757
미드, 마거릿 360~362
「미래는 오래 지속된다」 312
「미-래의 맑스주의」 255
미슐레, 쥘 548~549, 552
「미완의 시대」 316
「미운 오리 새끼」 742
미제스, 루트비히 폰 445
「미학 안의 불편함」 95, 97
「민주주의는 죽었는가?」 70
「민주주의와 법의 지배」 420
밀러, 헨리 480
밀렛, 케이트 479~481
밀턴, 존 320~325
「밀턴 평전」 320

ㅂ

바디우, 알랭 35, 70~71, 83~88
바르트, 롤랑 174~177, 626
바바, 호미 133~134, 136
「바보 예찬」 592
「바보배」 591~592
바뵈프, 그라쿠스 549
바사리, 조르조 358
바수반두 677
바우만, 지그문트 397~399
바이세, 크리스티안 헤르만 672~673
바커, 제이슨 83
바쿠닌, 미하일 330, 731
바타유, 조르주 142, 146

바흐친, 미하일 182~185
「바흐친의 산문학」 183
박상익 320, 325
박종현 195, 448
박홍규 343, 754, 757, 759
「반민주적인, 너무나 반민주적인」 759
발렌슈타인 634
발리바르, 에티엔 115
「백색신화」 133~134
버틀러, 주디스 43, 45, 485~494, 497
벌린, 이사야 425, 730~733
베네딕트, 루스 360~362, 576
「베니스의 상인」 534
베르그송, 앙리 157, 262, 264, 338, 605
베르길리우스 238~239, 596
베른슈타인, 에두아르트 395
베버, 막스 187~188, 236, 259, 352~356, 388~391, 511, 585, 587, 719
베블런, 소스타인 466~468
「베이징의 애덤 스미스」 472~473
베케트, 사뮈엘 573
벤담, 제러미 102, 384~387, 719
벤사이드, 다니엘 70
벤투리, 프랑코 423
벤틀리, 제리 563
「변신」 737
보니것, 커트 537
보드리야르, 장 269
보부아르, 시몬 드 171, 489~490, 495~496, 502
보임러, 알프레트 150
보카치오, 조반니 595~596
「부랑청년 전성시대」 582
부르디외, 피에르 437
「부르주아의 지배」 276
부르크하르트, 야코프 330
부버, 마르틴 178~181
「부정적인 것과 함께 머물기」 31
부하린, 니콜라이 429
「불안에 떠는 인간」 62

브라운, 웬디 70, 72
브란트, 제바스티안 591~594
브레넌, 티모시 57
브레히트, 베르톨트 634
브로델, 페르낭 472
브로이어, 요제프 512
브뤼헐, 피터르 570~572
블랑키, 루이 오귀스트 70
비스마르크, 오토 레오폴트 354
「비탄의 노래」 239
비트겐슈타인, 루트비히 164~166, 709
「빈곤론」 462~464
「빌헬름 마이스터의 수업시대」 716

ㅅ

사노 야스사다 581
「사다리 걷어차기」 453
「사도 바울」 86
「사라지지 않는 사람들」 726
「사랑의 기술」 239
「사랑의 치료약」 239
사르, 살로트 341~342
사르트르, 장폴 134~135, 167, 170~173, 175, 337~339, 489, 609, 611, 739~740
「사르트르 평전」 337
「사무라이들」 270
「사무라이의 나라」 575
사이드, 에드워드 W. 134~135, 178, 235, 728~729
사타케 야스히코 347, 350
「사회구성체론과 사회과학방법론」 251
살렘, 장 209~210
살리, 사라 485
「상상의 공동체」 130, 406
「상징과 리비도」 518
샌델, 마이클 101~107
「생각의 탄생」 723
샤르댕, 테야르 드 248
샤르코, 장 마르탱 512
서경식 715~718, 726

「서로주체성의 이념」 179, 271
서병훈 431
「서사철학」 744
「성 정치학」 479~481
「세 깃발 아래에서」 406
「세계공화국으로」 59, 63
「세계철학사」 748
세르주, 빅토르 333~335
「세속의 시대」 132, 661
셰익스피어, 윌리엄 534, 737
셸링, 프리드리히 330~331
소렐, 조르주 392~396
소로, 헨리 데이비드 345
소영현 582
「소크라테스의 변명」 191
「소품집」 165
쇠네만, 릴리 307
쇼트, 필립 340
수자, 필립 드 223
「순수이성비판」 118, 139~141
「순수현상학과 현상학적 철학의 이념들」 167~169
「숲길」 153
쉐보르스키, 아담 420
슈레버, 다니엘 파울 524~526
슈미트, 카를 125~128, 392, 751
슈퇴리히, 한스 요아힘 748
슈페어, 알베르트 309~311
스미스, 애덤 131, 160~163, 473~474
스코시, 리처드 734
스크리치, 타이먼 579
스키너, 퀜틴 425
스트라우스, 레오 93
스피노자, 베네딕트 데 115~117, 157, 278, 709
스피박, 가야트리 차크라보르티 134, 136, 482~484, 491, 493~494
「스피박의 대담」 482~483
「시대를 건너는 법」 726~727
「시장전체주의와 문명의 야만」 458

『시지프 신화』 609~610
『시차적 관점』 31~32
『신곡』 239, 595~599, 718~719, 721
『신은 위대하지 않다』 660
『신을 옹호하다』 659
『신의 베스트셀러』 679
『신족과 거인족의 투쟁』 262
『신학대전』 596
『신화론』 177
『실낙원』 320, 323
실러, 요한 크리스토프 프리드리히 폰 633~635
『실증주역』 687
『실천이성비판』 139~141
『실패의 향연』 570~571, 574
『씨알 생명 평화: 함석헌의 철학과 사상』 247

o
아감벤, 조르조 70, 86, 125, 751
아렌트, 한나 118~124, 141, 492, 754~755, 757~758
『아름다움의 미학과 숭고함의 예술론』 633
아리기, 조반니 57, 472~475
아리스토텔레스 91, 103, 199~201, 203~208, 214, 424, 504, 529, 745, 750
아리스토파네스 220, 229~232
『아리스토파네스 희극 전집』 229~232
『아버지란 무엇인가』 527
아옌데, 살바도르 434
아우렐리우스, 마르쿠스 743
아이스킬로스 222, 226~228, 234~235, 529
아이작슨, 월터 368~369
아이히만, 아돌프 121~124
아인슈타인, 알베르트 368~373, 375~376, 723
『아인슈타인 삶과 우주』 369
『아인슈타인의 우주』 368~369
아퀴나스, 토마스 596
『안나 카레니나』 326, 328, 648, 734
안데르센, 한스 크리스티안 742

안도현 624, 627
안토니우스, 마르쿠스 219
『안티오이디푸스』 252, 257, 265, 521
안티폰, 데이나르코스 213
『알랭 바디우 비판적 입문』 83
알리기에리, 단테 595~599, 721
알튀세르, 루이 50, 83, 89~90, 134~135, 174, 255, 312~314, 339
『앙시앵 레짐과 프랑스혁명』 756
앤더슨, 베네딕트 66, 130, 406~407
앨런, 그레이엄 174
야스퍼스, 카를 167
야오간밍 705
『어린 왕자』 737
『에도의 몸을 열다』 579
에라스뮈스, 데시데리위스 217, 592
에머슨, 랠프 월도 345
에머슨, 캐릴 183
에베르, 자크 175~176
『에세』 600~601
『에우리피데스 비극 전집』 226
에커만, 요한 페터 305
『에크리』 522
『에크리: 라캉으로 이끄는 마법의 문자들』 521
엥겔스, 프리드리히 329~332, 549, 595
『엥겔스 평전』 329
『여성은 이렇게 말했다』 500, 503
『여성의 정체성』 495, 498~499
『역경』 692~694
『역사와 반복』 67
『역사의 종언과 최후의 인간』 81
『역사철학강의』 41
『역전』 692, 694
『연금술에서 본 구원의 관념』 519
영, 로버트 J. C. 133
『영웅과 어머니 원형』 519
『영혼의 자서전』 603
『예루살렘의 아이히만』 121~122
예루살미, 요세프 하임 514~516
『예수: 가스펠』 39

『오디세이아』 5~7, 241~242, 528, 572, 585, 605, 621~622
『오레스테이아』 227
『오리엔탈리즘』 134~135, 178, 482
오버리, 리처드 546
오비디우스 238~240
『오셀로』 737
오언, 로버트 446, 549
『오이디푸스 왕』 228, 235
오향미 416
옥타비아누스, 가이우스 219, 347
『외모 꾸미기 미학과 페미니즘』 505
『욕망이라는 이름의 전차』 722
우드, 엘린 57
『우리 시대의 리얼리즘』 236, 620
『우연성, 헤게모니, 보편성』 43
우치무라 간조 248
워즈워스, 윌리엄 323
『원형과 무의식』 518
월저, 마이클 101, 110
『위대한 설계』 376
『위대한 연설』 213
위클리프, 존 680
윌리엄스, 테너시 722, 724
윌슨, 앤드루 노먼 326
윌슨, 에드먼드 547~548
윌슨, 티머시 534~535
유방 347~351
유재원 559
『유한계급론』 466
윤선자 551, 554
융, 구스타프 카를 515, 517~519, 527, 530
『의사소통행위 이론』 121
『의식과 사회』 186~187
『이것이 인간인가』 717
이광래 268
이글턴, 테리 31, 659~661
『이기적 유전자』 666~667
『이데올로기라는 숭고한 대상』 31
이리가레, 뤼스 489, 496~497

『이방인』 176, 609
『이사야 벌린의 지적 유산』 730
『이상한 나라의 앨리스』 741
이소크라테스 215~216
『이슬람의 세계사』 556
이정우 262, 265
이종영 276
이주헌 644, 650
이진경 251, 253~256, 259
이진숙 644, 647
이케가미 에이코 575
이현재 495, 498~499
이혜경 702
이화용 416
이환 600
『인간 모세와 유일신교』 514~515
『인간의 문제』 179~181
『인간의 상과 신의 상』 518
『인문 고전 강의』 719
『인물로 보는 서양 고대사』 217
『일리아스, 영웅들의 전장에서 싹튼 운명의 서사시』 241
『일본 근대문학의 기원』 62
『일상적인 것의 변용』 653
『잃어버린 대의를 옹호하며』 35
『잃어버린 시간을 찾아서』 737
임철규 233, 236
임화 615~619
『임화문학예술전집』 615

ㅈ

『자기의식과 존재사유』 274
『자본의 본성에 관하여 외』 466~467
자코토, 조제프 96~97
『자크 데리다의 유령들』 77
『장미 이야기』 501
장자 710
『장자』 709~711
『장자, 차이를 횡단하는 즐거운 모험』 709
『장지』 580~581

장하준 450, 453
『전쟁론』 400, 402, 404~405
『전쟁에 대한 끔찍한 사랑』 530
『전체주의의 기원』 118, 754, 757
『정신요법의 기본 문제』 517, 519
『정신현상학』 112, 486, 498
『정치론』 115~116
『정치신학』 125~126
『정치적 평등에 관하여』 108
『정치적인 것의 개념』 126, 392
『정치학』 203~205
『제2의 성』 495
『제국』 46, 50~51, 53, 56~58, 61
조레스, 장 393, 418
조르바, 알렉시 605~606
『조선 성리학, 지식권력의 탄생』 291
조승래 423
조야, 루이지 527
조이스, 제임스 338
조정환 297
조희연 294
존스, 로이드 루엘린 223
『존재와 무』 170, 172, 339
『존재와 사건』 83~85
『존재와 시간』 153, 282
「종언을 둘러싸고」 67~68
『종의 기원』 746~747
주네, 장 481
『주디스 버틀러의 철학과 우울』 485
『주식회사 한국의 구조조정 무엇이 문제인가』 453
『주역의 발견』 691
『죽은 신을 위하여』 86, 669
『중세의 가을』 566~567
『즐거운 학문』 8~12
『증여론』 471
지노비예프, 그리고리 429
지드, 앙드레 146, 338
지멜, 게오르크 352, 511
『지식인들의 망명』 186, 188

지젝, 슬라보예 27~43, 45, 71, 86, 89, 91, 521, 523, 668~671
『지젝』 27, 29~30
진은영 142
『쪽지』 165

ㅊ

차베스, 우고 38
『차이와 반복』 157, 265
『책: 사람이 읽어야 할 모든 것』 571
『천 개의 고원』 252, 265~266, 751
『천하나의 고원』 265~266
『철학 정원』 741
『철학적 탐구』 165~166
『철학카페에서 문학 읽기』 737
『철학 vs 철학: 동서양 철학의 모든 것』 751
『청색책·갈색책』 165
체르니솁스키, 니콜라이 327, 648, 732
『축제의 정치사』 551, 554
치른트, 크리스티아네 570~571, 574

ㅋ

카네티, 엘리아스 526
『카리스마의 역사』 585
카뮈, 알베르 176, 608~611, 740
카이사르, 율리우스 68, 219, 424, 743
카잔차키스, 니코스 603~605, 607
칸트, 이마누엘 32, 60~61, 63~66, 102~103, 109~110, 118, 139~141, 157, 179~180, 273, 505, 688, 749
『칼리굴라』 609
칼뱅, 장 390
캐럴, 루이스 741
캘리니코스, 알렉스 56~58
케인스, 존 메이너드 447~449
『케인스 & 하이에크: 시장경제를 위한 진실 게임』 447
켈젠, 한스 125
코르테스, 후안 도노소 126~128
코제브, 알렉상드르 29

『쾌도난마 한국경제』 453
쿠마릴라 676
『큐복음서』 674
크로체, 베네데토 187
크로폿킨, 표트르 342, 345
크리스테바, 줄리아 269~270, 489
클라우제비츠, 카를 폰 400~405
클로소프스키, 피에르 146~148
키건, 존 544
키르케고르, 쇠렌 180, 330
『키신저 재판』 660
키케로, 마르쿠스 툴리우스 217~219, 424
『키케로니아누스 또는 최상의 문체』 217

ㅌ

『태평양전쟁의 사상』 414
『터키, 1만 년의 시간여행』 559
『테바이를 공격하는 7인의 전사』 235
테일러, 찰스 101, 129~132, 661
토크빌, 알렉시스 드 754~758
톨스토이, 레프 니콜라예비치 326~328, 648, 650, 706, 730, 732, 734
『톨스토이』 326
퇴니스, 페르디난트 352
투르게네프, 이반 327, 648, 731
『트랜스크리틱』 32, 63~64
트로츠키, 레온 36, 39~41, 335
『트로츠키: 테러리즘과 공산주의』 36, 39~41, 335
트루소, 아르망 725
『특집! 한창기』 363~364
티토, 요시프 28
틴들, 윌리엄 679~680

ㅍ

파스칼, 블레즈 284, 600~602, 608, 666
파운드, 에즈라 618
『파이돈』 192, 745
파커, 이안 27, 30
『판단력비판』 139~141
『팡세』 600~602
『페르시아 사람들』 202
『페르시아인들』 235
『페스트』 610, 740
페트라르카, 프란체스코 595
페티트, 필립 425
『편지들』 191
포숙아 696
포츠, 존 585
포크너, 윌리엄 338
포트, 폴 340~342
포퍼, 카를 레이몬드 194, 399
『포퓰리즘』 431
『폭력에 대한 성찰』 392, 395~396
폰세, 마리아노 407
『폴 포트 평전』 340
폴라니, 칼 441~446, 455, 719, 721
푸코, 미셸 62, 112, 134~135, 142, 157, 252, 259, 268~270, 291, 339, 383~386, 489, 498, 521, 591~592, 759
『프라마나바르티카』 677
『프랑스 대혁명』 342
프랑스, 아나톨 548~549
프레이저, 제임스 277, 763
프로이트, 지그문트 64~66, 69, 186~188, 273, 307, 487, 511~518, 521~522, 524~526, 535, 753
『프로이트, 영혼의 해방을 위하여』 511
『프로이트와 모세』 514
『프로테스탄티즘의 윤리와 자본주의 정신』 356, 388
프루동, 피에르 조제프 60~61, 327
프리고진, 일리야 741~742
프리드먼, 밀턴 434, 450
플라톤 157~158, 179, 191~197, 199~200, 203~204, 206~208, 214~215, 262~264, 281, 745
피셔, 도로시 캔필드 724
피장, 크리스틴 드 500~502
『핀란드 역으로』 547

필드, 노마 715~716

ㅎ
하버마스, 위르겐 112, 121, 131, 142, 498
하위징아, 요한 10, 566~569
하이데거, 마르틴 37, 142, 147, 149~155, 167, 180, 280~283, 338, 706
『하이데거와 마음의 철학』 281
하이에크, 프리드리히 폰 425, 434, 445~449
하이젠베르크, 베르너 373
하트, 마이클 46~48, 53~58, 61
『학벌 사회』 275
『한 신경병자의 회상록』 524
한정숙 500, 503
한창기 363~367
함석헌 247~250
해밀턴, 이디스 220~221
『해체신서』 580
『해체주의와 그 이후』 268
『행복은 어디에 있는가』 734
허승일 217
허치슨, 프랜시스 160~161
헌트, 트리스트럼 329
헌팅턴, 새뮤얼 563
『헤게모니와 사회주의 전략』 44
헤겔, 게오르크 빌헬름 29, 33~34, 41~42, 53, 55, 68, 112~113, 134, 157, 179, 206, 236, 273, 330, 339, 401, 486, 498, 669, 750
헤세, 헤르만 739
헤켈, 발데마르 223
『형이상학』 206~208
호네트, 악셀 112~114, 498~499
『호모 루덴스』 10, 566~567
『호모 에티쿠스』 274
호손, 너새니얼 345
『호치민: 식민주의를 타도하라』 39
호킹, 스티븐 376~379
『혼돈으로부터의 질서』 742
홀링데일, 레지널드 152

홉스봄, 에릭 316~318
홍태영 416
『화두를 만나다』 681
『확실성에 관하여』 165
『황금가지』 277, 763
황태연 687
횔덜린, 프리드리히 5, 146, 153
후설, 에드문트 167~169, 338
후쿠야마, 프랜시스 35, 67, 81, 92
후쿠자와 유키치 410~412
『후쿠자와 유키치의 '문명론의 개략'을 정밀하게 읽는다』 410
휘트먼, 월트 345
휴스, H. 스튜어트 186
흄, 데이비드 109~110, 157
흐로티위스, 휘호 130
『흑해에서 보낸 편지』 239
히친스, 크리스토퍼 659~662
히틀러, 아돌프 36~37, 120, 122, 188, 213, 309~311, 318, 544, 634
『히틀러와 스탈린의 전쟁』 546
힐먼, 제임스 530
힐베르트, 다비트 374

기타
『1997년 이후 한국사회의 성찰』 455
『2차세계대전사』 544